Enabling Innovation

Sabina Jeschke · Ingrid Isenhardt · Frank Hees ·
Sven Trantow
Herausgeber

Enabling Innovation

Innovationsfähigkeit - deutsche
und internationale Perspektiven

 Springer

Herausgeber

Prof. Dr. Sabina Jeschke
RWTH Aachen University
ZLW/IMA & IfU
Dennewartstraße 27
52068 Aachen
Deutschland
sabina.jeschke@ima-zlw-ifu.rwth-aachen.de

Dr. Ingrid Isenhardt
RWTH Aachen University
ZLW/IMA & IfU
Dennewartstraße 27
52068 Aachen
Deutschland
ingrid.isenhardt@ima-zlw-ifu.rwth-aachen.de

Dr. Frank Hees
RWTH Aachen University
ZLW/IMA & IfU
Dennewartstraße 27
52068 Aachen
Deutschland
frank.hees@ima-zlw-ifu.rwth-aachen.de

Sven Trantow
RWTH Aachen University
ZLW/IMA & IfU
Dennewartstraße 27
52068 Aachen
Deutschland
sven.trantow@ima-zlw-ifu.rwth-aachen.de

Das Buch wurde gedruckt mit freundlicher Unterstützung der RWTH Aachen.

Das dieser Publikation zugrunde liegende Vorhaben wurde mit Mitteln des Bundesministeriums für Bildung und Forschung (01XZ11001) sowie mit Mitteln des Europäischen Sozialfonds gefördert. Die Verantwortung für den Inhalt dieser Veröffentlichung liegt bei den Autoren.

ISBN 978-3-642-24298-4   e-ISBN 978-3-642-24299-1
DOI 10.1007/978-3-642-24299-1
Springer Heidelberg Dordrecht London New York

Die Deutsche Nationalbibliothek verzeichnet diese Publikation in der Deutschen Nationalbibliografie; detaillierte bibliografische Daten sind im Internet über http://dnb.d-nb.de abrufbar.

Einbandentwurf: Integra Software Services Pvt. Ltd., Pondicherry

Gedruckt auf säurefreiem Papier

Springer ist Teil der Fachverlagsgruppe Springer Science+Business Media (www.springer.com)

Vorwort

Die Fähigkeit, kontinuierlich Innovationen hervorzubringen, ist eine entscheidende Voraussetzung für eine nachhaltige sozioökonomische Entwicklung und ein nachhaltiges wirtschaftliches Wachstum. Dabei hat sich das wissenschaftliche, wirtschaftliche und politische Innovationsverständnis grundlegend geändert. So wurde die klassische Produkt- und Technikorientierung zugunsten eines ganzheitlichen Verständnisses aufgebrochen, um die sozialen und organisationalen Aspekte von Innovationen zu erweitern. Menschen und deren Arbeitsbedingungen kommen in dieser Sichtweise eine entscheidende Bedeutung zu, sie werden damit zu zentralen Treibern von Innovationen.

Damit ist die Frage, wie sich die Innovationsfähigkeit von Individuen, Organisationen, Netzwerken und Gesellschaften steigern lässt, nicht nur eine Frage technischer Entwicklungen – ebenso bedeutsam ist die Klärung der Frage, wie innovationsförderliche Personal-, Organisations- und Kompetenzentwicklung auszugestalten ist. Was zum Beispiel macht ein innovatives Unternehmen aus? Welche Kompetenzen brauchen Menschen, um Innovationsprozesse zu initiieren und zu managen? Wie können Humanpotenziale als Innovationsfaktoren genutzt und als Vermögenswerte sichtbar gemacht werden? Mit dem erweiterten Fokus auf die Rolle des Menschen und dessen alltägliche Arbeit gehen neue Einsichten in das Wesen und die Voraussetzungen von Innovationen einher, die weit über produkt- und technikorientierten Betrachtungen hinausreichen.

Das vorliegende Buch unterstreicht die fundamentale Bedeutung und analysiert Möglichkeiten der Personal-, Organisations- und Kompetenzentwicklung zur Stärkung der Innovationsfähigkeit. Um eine möglichst interdisziplinäre, internationale und praxisnahe Einsicht zu geben, hat das vom Bundesministerium für Bildung und Forschung (BMBF) und dem Europäischen Sozialfonds (ESF) geförderte Projekt „International Monitoring" zentrale Erkenntnisse des deutschen Forschungs- und Entwicklungsprogramms „Arbeiten – Lernen – Kompetenzen entwickeln. Innovationsfähigkeit in einer modernen Arbeitswelt" mit Beiträgen internationaler Experten aus den Bereichen Wissenschaft, Wirtschaft und Politik kombiniert. Entstanden ist ein Sammelband, der das noch junge Themenfeld der Innovationsfähigkeit aus breiter fachlicher und internationaler Perspektive beleuchtet. Die Ergebnisse zeigen, dass ein effektives Zusammenspiel von Wissenschaft, Wirtschaft und Politik eine große Hebelwirkung zur Stärkung der Innovationsfähigkeit besitzt.

Ilona Kopp
Projektträger im DLR
Arbeitsgestaltung und Dienstleistungen

Inhaltsverzeichnis

Teil 4 – Intellektuelles Kapital – Humanpotential als Innovationsfaktor

Die Fähigkeit zur Innovation – Einleitung in den Sammelband

Sven Trantow, Frank Hees, Sabina Jeschke

Abstract

Die Fähigkeit kontinuierlich Innovationen hervorzubringen avanciert in der komplexen und dynamischen Wirtschafts- und Arbeitswelt von heute zum entscheidenden Schlüsselfaktor – die Frage der Wettbewerbsfähigkeit wird zur Frage der Innovationsfähigkeit. Als Einführung in den Sammelband diskutiert der Beitrag sowohl die Genese als auch Charakteristika von Innovation und erarbeitet ein grundlegendes Verständnis von Innovationsfähigkeit. Darauf aufbauend werden zentrale Herausforderungen des wirtschaftlichen Handelns skizziert, die auf dem Weg zu einer nachhaltigen Stärkung der Innovationsfähigkeit zu bewältigen sind.

1 Innovationsfähigkeit und die Genese von Innovation

„Die einzige Konstante im Universum ist die Veränderung". Diese Erkenntnis Heraklits scheint nach über 2500 Jahren treffender denn je. So besticht gerade unsere heutige Wirtschaftswelt durch ein hohes, vielleicht gar überhöhtes Maß an Dynamik und Komplexität. Das gigantische Wachstum der Schwellenländer, ein rasanter technologischer Fortschritt und eine nie dagewesene globale Vernetzung führen zu gravierenden Schwankungen ganzer Märkte und Volkswirtschaften, zu immer kürzeren Planungszeiträumen und immer unübersichtlichen ökonomischen Rahmenbedingungen. Wie eine solche Unübersichtlichkeit als Konsequenz von Komplexität menschliche Ohnmacht erzeugen kann, hat uns die globale Finanzkrise mit all ihrer Wucht aufgezeigt (vgl. Financial Crisis Inquiry Commission 2011, 15ff.). Und wie ungeheuer dynamisch, volatil und unvorhersehbar Märkte und Umfeld von Unternehmen geworden sind, lässt sich am freien Fall und der sofortigen kometenhaften Wiederauferstehung der weltweiten Automobilindustrie eindrucksvoll ablesen (vgl. Wissmann 2011).

Aber wie können Menschen als Entscheidungsträger in Wirtschaft, Politik und Wissenschaft mit diesen Bedingungen umgehen? Wie können wir handlungsfähig bleiben, ohne selbst zum Spielball eines Systems zu werden, dessen Eigendynamik die Grenzen unserer Erkenntnismöglichkeiten längst überschreitet (vgl. Henning 1992, 41ff.)?

Innovation ist die neue alte Zauberformel (vgl. Schumpeter 1964), um in diesem turbulenten Umfeld langfristig überlebens-, handlungs- und wettbewerbsfähig zu

S. Jeschke et al. (eds.), *Enabling Innovation*, DOI 10.1007/978-3-642-24299-1_1,
© Springer-Verlag Berlin Heidelberg 2011

bleiben. Längst umfasst der Begriff weit mehr als neue Produkte oder technologische Entwicklungen. „Innovation suggeriert vielmehr, die neue, auf den letzten
Stand gebrachte Navigationskarte zu sein, die auf der ungewissen Fahrt in eine
fragile Zukunft Orientierung bieten soll" (Nowotny 2005, 18). In ihr drückt sich
die Hoffnung eines selbstbewussten und verantwortlichen Umgangs mit einer
unplanbaren, sich ständig verändernden Zukunft aus. Auf den dynamischen Märkten
von heute avanciert Innovation zur eigentlichen Essenz des wirtschaftlichen Erfolgs.
Diese fundamentale Bedeutungssteigerung führt auf der Ebene der wirtschaftlichen
Praxis zu einer Art Innovationsdruck (vgl. Riedel und Schraps 2010, 97f.) – Wer
nicht innovativ genug ist, bleibt auf der Strecke.

Aber was macht ein innovatives Unternehmen aus? Oder genauer gefragt:
Was befähigt ein Unternehmen, kontinuierlich Innovationen hervorzubringen?
Soviel steht fest: Innovationen entstehen nicht ex nihilo. So bauen Produkt- und
Serviceinnovationen häufig auf bereits vorhandene Erzeugnisse oder Dienst-
leistungen auf (inkrementelle Innovationen): Microsoft Windows 8 ist ein
Nachfolger von Windows 7 und der E-Postbrief ist ein Hybridpostbrief, der die
Sicherheitsvorteile klassischer Briefe mit der Geschwindigkeit digitaler eMails
kombiniert. Das Nächste als Ergebnis des Letzten – ist es wirklich so einfach?
Könnte es Windows 8 auch ohne die Heerschar exzellenter Softwareentwickler
geben, die für Microsoft arbeiten? Hätte der E-Postbrief je eine Chance, wenn die
Deutsche Post AG nicht auf eine weit verzweigte Infrastruktur für Logistik- und
Postdienstleistungen zurückgreifen könnte? Neben der Technik spielen also auch
menschliche und organisationale Aspekte eine entscheidende Rolle für die Genese
von Innovationen. Dieser Zusammenhang wird bei den radikalen Innovationen
noch deutlicher. So wäre das World Wide Web sicher nicht am CERN entstanden,
wenn nicht dessen akute Probleme chaotischer Informationsflüsse (vgl. Berners-
Lee 1989) auf die strukturierte Genialität von Tim Berners-Lee getroffen wären.
Die wohl weitreichendste Innovation des 20. Jahrhunderts erwuchs aus einer
Verflechtung der besonderen intraorganisationalen Umstände und Probleme des
CERN, der außergewöhnlichen Kompetenzen von Tim Berners-Lee sowie der tech-
nischen Entwicklung des Hypertexts – die Genese dieser fundamentalen Innovation
auf eine dieser Dimensionen zu beschränken käme einem reduktionistischen
Fehlschluss gleich und würde die eigentlichen Charakteristika der Entstehung von
Innovationen verschleiern. Denn diese sind weder bloße Ergebnisse technischer
Entwicklungs- oder Verbesserungsprozesse noch bloße Umsetzungen kreativer
Ideen. Betrachtet man Innovationen ganzheitlich und berücksichtigt ihren Facet-
tenreichtum bezüglich Entstehung und Art, sind sie vielmehr als Emergenzen des
gesamten soziotechnischen Systems zu betrachten, das sie erzeugt.

Wenn wir uns also fragen, was Unternehmen befähigt, Innovationen hervorzubringen, dann fragen wir nach dem komplexen Zusammenspiel der Dimensionen
Mensch, Organisation und Technik (vgl. Henning et al. 2009, 33f.). Jede Innovation ist immer ein Ergebnis der tiefschichtigen Verflechtungen dieser Dimensionen
und der interdependenten Prozesse, die sich daraus ergeben. Diese Prozesse eines
Unternehmens genau kontrollieren oder gar beherrschen zu können, ist ein weit
verbreiteter Irrglaube. Und es ist der gleiche moderne Irrglaube, der uns vermitteln

will, dass Innovationen plan- und beherrschbar sind (vgl. Nowotny 2005, 129; Scherzberg 2006, 261f.), dass sie allein mit dem richtigen Management initiiert, durchgeführt und gesteuert werden könnten. Natürlich kann ein – wie auch immer geartetes – Management Teil eines Innovationsprozesses sein. Aber Innovationen entstehen weder am Reißbrett noch durch Abarbeiten von Checklisten oder Durchlaufen von Phasenmodellen. Innovationen entstehen durch das komplexe Denken, Handeln und Interagieren von Menschen, die innerhalb bestimmter Rahmenbedingungen ihre tägliche Arbeit verrichten. Gerade vor dem Hintergrund des Übergangs moderner Industrienationen zu Wissens- und Dienstleistungs- gesellschaften und dem damit verbundenen „Paradigmenwechsel des Innovations- systems" (Bullinger 2006, 6) ist es entscheidend, dass die traditionell technik- und produktorientierte Perspektive auf Innovation in einer ganzheitlichen Sichtweise mündet, die den Menschen sowie dessen Arbeitsbedingungen eine zentrale Rolle im Innovationsverständnis einräumt (vgl. Schmauder 2007; Howaldt 2009).

Ein ganzheitliches Innovationsverständnis orientiert sich deshalb auch nicht einfach am Management von Produkt- oder Technikentwicklungsprozessen. Es beginnt nicht erst bei der Ideengenerierung, sondern stellt zunächst die weitaus grundsätzlichere Frage, welche Voraussetzungen geschaffen werden müssen, damit ein System kontinuierlich – nicht nur punktuell – Innovationen erzeugt. Diese Voraussetzungen machen die Innovationsfähigkeit aus, die sich als mehrdimen- sionales und vielschichtiges Konstrukt auf Individuen, Unternehmen, Netzwerke und Teams sowie auf ganze Gesellschaften[1] beziehen kann (vgl. Hansen et al. 2010, 55f.). Vor dem Hintergrund der dynamischen und komplexen Wirtschafts- und Arbeitswelt von heute ist sie zu einem der bedeutendsten Erfolgsfaktoren bei der Sicherung der Wettbewerbsfähigkeit von Unternehmen und ganzer Volks- wirtschaften avanciert (vgl. Dreher et al. 2006, 1): Die Fähigkeit langfristig am Markt zu bestehen, basiert demnach mehr und mehr auf der Fähigkeit zu innovie- ren. Zusammenfassend lässt sich festhalten:

- Unternehmen müssen Innovationen hervorbringen, um in einem turbulenten Marktumfeld langfristig wettbewerbsfähig zu bleiben.
- Im Rahmen eines ganzheitlichen Verständnisses sind Innovationen als Emer- genzen soziotechnischer Systeme nicht vollständig plan-, steuer- oder be- herrschbar.
- Die Innovationsfähigkeit von Unternehmen umfasst das komplexe Zusammen- spiel der menschlichen, organisationalen und technischen Voraussetzungen zur kontinuierlichen Hervorbringung von Innovationen.

---

[1] So vergleichen kontinuierliche internationale Benchmarkings, wie z. B. der Innovations- indikator Deutschland (http://www.innovationsindikator.de) oder das Innovation Union Scoreboard (http://www.proinno-europe.eu/metrics) die Innovationsfähigkeit verschiedener Länder. Zu beachten ist, dass diese Untersuchungen in höchstem Maße von der Auswahl der Indikatoren und damit der Operationalisierung von Innovationsfähigkeit abhängen.

2 Nicht Alles ist Innovation

Um Voraussetzungen zur kontinuierlichen Hervorbringung von Innovationen identifizieren und damit den Begriff der Innovationsfähigkeit schärfen zu können, ist eine Konkretisierung der grundsätzlichen Charakteristika von Innovationen notwendig. Die Frage ist also: Was genau soll eigentlich hervorgebracht werden? Was ist eine Innovation?

Es scheint verwunderlich, doch der Innovationsbegriff besitzt die besondere Eigenschaft, einen gemeinhin anerkannten zentralen Erfolgsfaktor unserer heutigen Wirtschafts- und Arbeitswelt zu beschreiben, ohne dass letztlich geklärt ist, worauf er referiert. Längst gehört Innovation zum großen Fundus der Management-Buzz-Wörter, stilisiert zu einer Art Heilsbringer (vgl. Paech 2003, 16), der per se Wachstum generiert, Arbeitsplätze schafft, Krisen bewältigt und gesellschaftlichen Wohlstand fördert. Die Allgegenwart und der inflationäre Gebrauch des Begriffs (vgl. Krüger 2006, 165) führen zu einer Überreizung seiner Bedeutung. Im Zuge dieser Verwässerung des Innovationsbegriffs bleibt zwangsläufig auch ungeklärt, ob Innovation nur mit Hoffnung aufgeladen ist oder aber die erhoffte Veränderungskraft tatsächlich besitzt:

> „It only seems appropriate that, in times of economic challenge, global competition, and an overabundance of similar products and services, leaders would turn to innovation as the new corporate mantra. Unfortunately, the concept of innovation has been so widely used and misused that many people are now confused as to what it really is" (Dundon 2002, 5).

Was fehlt ist zunächst einmal ein Kriterium, um Innovation und Nicht-Innovation differenzieren zu können. Bereits seit Schumpeter ist klar, dass neue Ideen, Produkte oder technische Erfindungen allein noch keine Innovation ausmachen. Ihm kam es vor allem auf eine weitreichende Veränderungskraft der Innovation hinsichtlich der wirtschaftlichen Entwicklung an – wie beispielsweise beim Übergang von der Postkutsche zur Eisenbahn (vgl. Schumpeter 1964, 94ff.). Die Marktanwendung und der damit verbundene wirtschaftliche Erfolg werden daher häufig als notwendige Kriterien herangezogen (vgl. Witt 2010, 202). Doch mit der Abkehr von einer produkt- und technikzentrierten Sichtweise und der Etablierung eines ganzheitlichen Innovationsverständnisses sind auch diese längst nicht mehr eindeutig. So zielen beispielsweise soziale Innovationen (vgl. Howaldt und Jacobsen 2010), also grundsätzliche Veränderungen menschlicher Verhaltensmuster, überhaupt nicht auf eine Markteinführung und ihr monetärer Gewinn ließe sich – wenn überhaupt – nur sehr vage feststellen. Organisationale Innovationen, wie die Einführung von Arbeitsschutzvorschriften oder die Etablierung von Umweltstandards, fokussieren häufig eher eine Steigerung der sozialen oder ökologischen Nachhaltigkeit als eine des wirtschaftlichen Erfolgs – obschon dieser dennoch äußerst beträchtlich ausfallen kann (vgl. Sanidas 2005; Ramstad 2009).

Vor diesem Hintergrund ist es also sinnvoll, die rein wirtschaftliche Bewertung der Konsequenzen von Innovationen auszuweiten. Bullinger und Schlick definieren Innovation daher als „nutzenstiftende Problemlösung durch einen neuen Ansatz [...] Sie umfasst den gesamten Prozess von der Idee über Entwicklung und Produktion bis hin zur Markteinführung bzw. Realisierung" (Bullinger und Schlick 2002, 16). Das Kriterium des wirtschaftlichen Erfolgs lässt sich mithin durch den allgemeineren Begriff des Nutzens und die Markteinführung eines Produkts durch die Realisierung eines neuen Ansatzes bzw. einer neuartigen Idee ersetzen. Dabei müssen sowohl der Nutzen als auch die Realisierung zusätzlich eine zeitliche Dimension umfassen. So besitzt ein rein kurzfristiger Nutzen oder eine bloß kurzzeitige Umsetzung nicht die nötige wirtschaftliche, soziale oder ökologische Veränderungskraft, um als Innovation gelten zu können – ein neues Geschäftsmodell, das zwar eingeführt wird, sich letztlich am Markt nicht durchsetzen kann ist eben so wenig eine Innovation wie die Einführung eines Qualitätsmanagementsystems, das die Produktqualität nur in den ersten beiden Wochen steigert. Die zeitliche Komponente verdeutlicht das zentrale Charakteristikum der Ungewissheit und des Unplanbaren von Innovationen – denn ob etwas wirklich eine Innovation ist oder nicht, lässt sich niemals a priori, sondern immer erst im Nachhinein bestimmen.

Weitet man, wie beschrieben, den Nutzenbegriff über die wirtschaftlichen Aspekte auch auf soziale und ökologische aus und bezieht das Kriterium der Veränderungskraft mit ein, lassen sich im Rahmen eines ganzheitlichen Innovationsverständnisses folgende grundsätzliche Beschreibungen geben:

- Innovation ist die Realisierung neuartiger Ideen, die zu nachhaltigen[2] Veränderungen beitragen.
- Innovationsfähigkeit von Unternehmen umfasst das komplexe Zusammenspiel der menschlichen, organisationalen und technischen Voraussetzungen zur kontinuierlichen Hervorbringung und Realisierung neuartiger Ideen, die zu nachhaltigen Veränderungen beitragen.

3 Dilemmata der modernen Arbeitswelt

Im Jahr 2007 rief das deutsche Bundesministerium für Bildung und Forschung das Forschungs- und Entwicklungsprogramm „Arbeiten – Lernen – Kompetenzen entwickeln. Innovationsfähigkeit in einer modernen Arbeitswelt" (A-L-K) ins Leben (vgl. BMBF 2007). Im Rahmen eines transdisziplinären Forschungsansatzes befähigt das Programm mit aktuell über 100 Verbundprojekten Unternehmen und Beschäftigte, innovationsförderliche Voraussetzungen zu identifizieren und erfolgreich umzusetzen. Dabei liegt dem Programm eben jenes nachhaltigkeitsorientierte Leitbild von Innovation zu Grunde, das neben dem wirtschaftlichen Erfolg auch

---

[2] Nachhaltigkeit wird hier im Sinne des Drei-Säulen-Modells verstanden, das den ursprünglich ökologisch besetzten Begriff um eine soziale und eine ökonomische Säule erweitert (vgl. Enquete-Kommission 1993, 23; vgl. Brand und Jochum 2000, 75).

den gesellschaftlichen Fortschritt als notwendiges Kriterium von Innovation mit einbezieht (vgl. BMBF 2007, 7). Diese Erkenntnis der Einseitigkeit rein ökonomischer – und damit zumeist strikt zahlenorientierter – Bewertungsmaßstäbe setzt sich im wissens- und wirtschaftspolitischen Kontext auf immer breiterer Ebene durch. Die Idee einer notwendig integrierten Betrachtung von wirtschaftlichem und gesellschaftlichem Nutzen, also das eigentliche Grundprinzip einer sozialen Marktwirtschaft (vgl. Müller-Armack 1976, 245), gewinnt mehr und mehr an Bedeutung.[3]

Auf der anderen Seite stehen diesen integrativen Bestrebungen die harten Realitäten einer finanzkapitalistischen Weltwirtschaft gegenüber. Im tagtäglichen globalen Wettbewerb entscheidet letztlich weder der soziale noch der ökologische Nutzen über das Fortbestehen eines Unternehmens – entscheidend ist allein sein wirtschaftlicher Erfolg. Im Rahmen dieser Bedingungen orientiert sich das Handeln von Wirtschaftsakteuren zwangsläufig primär an ökonomischem Nutzen. Hinzu kommt, dass die heutige Dynamik und Komplexität globaler Märkte zu derart verkürzten Planungszeiträumen führt, dass eine langfristige Ausrichtung des Handelns erheblich erschwert, teilweise sogar unmöglich wird. Zum einen treibt der ökonomische Druck Unternehmen und ihre Akteure dazu, Gewinne möglichst zeitnahe zu realisieren. Zum anderen ändern sich die Umwelt- und Marktbedingungen derart rasant, dass die längerfristigen Neben-, Fern- und Rückwirkungen des Handelns rational gar nicht mehr eingeschätzt werden können. Konsequenz dieser fundamentalen Ungewissheit ist eine Fokussierung des wirtschaftlichen Handelns auf die kurzfristige und meist monetär orientierte Maximierung des eigenen Nutzens.

Im Rahmen des deutschen ALK-Programms hat das Forschungs- und Entwicklungsprojekt „International Monitoring"[4] (IMO) eben dieses Spannungsfeld zwischen Nachhaltigkeit und kurzfristiger Nutzenmaximierung als Meta-Dilemma der modernen Arbeits- und Wirtschaftswelt und damit als paradigmatische Herausforderung eines innovationsförderlichen Handelns identifiziert. Die Quadratur des Kreises wirtschaftlichen Handelns basiert demnach auf der Unvereinbarkeit der Doktrin des *Homo oeconomicus* mit den Bestrebungen zur Nachhaltigkeit. Die grundlegende ökonomische Maxime der kurzfristigen Realisierung des größtmöglichen Nutzens drängt Wirtschaftsakteure zu einem einseitig monetären und rücksichtslosen Handeln, das mit einem vorausschauenden, verantwortungsbewussten sowie dauerhaft erfolgreichen Management nicht vereinbar ist (vgl. Thielemann 2009, 113ff.). Es stellt sich die berechtigte Frage, inwieweit die neoliberale

---

[3] Entsprechend steht die europäische Wachstumsstrategie auf den Säulen eines intelligenten, nachhaltigen und integrativen Wachstums (vgl. Europäische Kommission 2010).

[4] Das IMO-Projekt wird vom Institutscluster IMA/ZLW & IfU der RWTH Aachen University durchgeführt. Gesamtziel des Vorhabens ist es, ein kontinuierliches Internationales Monitoring (IMO) und damit verknüpfte Aktionsbereiche zum Themenfeld Innovationsfähigkeit aufzubauen, um die inhaltliche Weiterentwicklung des BMBF F&E-Programms „Arbeiten – Lernen – Kompetenzen entwickeln. Innovationsfähigkeit in einer modernen Arbeitswelt" (A-L-K) zu unterstützen sowie Beiträge zur Steigerung der nachhaltigen Wettbewerbsfähigkeit von Deutschland und Europa im globalen Kontext zu liefern. Online: www.internationalmonitoring.com.

Unterordnung gesellschaftlicher Verantwortung[5] langfristig nicht vor allem zu deren Ausblendung führt.

Die Ursachen, warum Wirtschaftsakteure ihr Handeln trotz der breitflächigen Bestrebungen zur Nachhaltigkeit häufig an der kurzfristigen Nutzen- und Gewinn-maximierung orientieren, lassen sich anhand von vier Dimensionen ökonomischen Drucks beschreiben:

- Kostendruck,
- Erfolgsdruck,
- Zeitdruck und
- Flexibilisierungsdruck.

Diesen Dimensionen hat das IMO-Projekt vier grundlegende Voraussetzungen sozial und ökonomisch nachhaltiger sowie innovationsfähiger Unternehmen gegen-übergestellt (vgl. Hansen et al. 2010, 57). Das Ergebnis sind vier interdependente Dilemmata, die als elementare Problemstellungen des wirtschaftlichen Handelns im Allgemeinen und der Stärkung der Innovationsfähigkeit im Besonderen angesehen werden können (vgl. Abbildung 3.1)[6]:

- *Verantwortlicher Umgang mit Humanressourcen vs. Kostendruck* beschreibt den Anspruch an ein umfassendes, weitsichtiges und verantwortungsbewusstes Management von personengebundenen Wissenspotenzialen, Fähigkeiten und Kompetenzen unter dem gleichzeitigen ökonomischen Druck zur Senkung von Ausgaben.
- *Langfristige Strategien zur Erhöhung der Innovationsfähigkeit vs. Erfolgs-druck* beschreibt die zunehmende Anforderung an grundsätzliche struktu-relle und prozessuale Veränderungen in Organisationen zur Stärkung der Innovationsfähigkeit unter den Vorgaben möglichst schneller und objektiv messbarer Erfolge.
- *Zeit für Lernprozesse vs. Zeitdruck* beschreibt die individuelle, organisationale und gesellschaftliche Notwendigkeit von Lern- und Entwicklungsprozessen unter den Bedingungen und mit den Konsequenzen eines zunehmenden zeit-lichen Arbeitsaufwands.
- *Stabilitätsbedarf vs. Flexibilisierungsdruck* beschreibt das Verlangen von Individuen, Organisationen, Netzwerken und Gesellschaften nach Sicherheit in gegenwärtigen und Planbarkeit von zukünftigen Prozessen unter dem stei-genden sozioökonomischen Druck zur Prozessbeschleunigung, zum perma-nenten Wandel und dem damit verbundenen Umgang mit Ungewissheit und Veränderung.

---

[5] „The social responsibility of business is to increase its profits" (Friedman 1970).
[6] Die Dilemmata stellen darüber hinaus auch einen Referenzrahmen bereit, mit Hilfe des-sen das IMO-Projekt inter- und transdisziplinäre Erkenntnisse im Themenfeld Innovations-fähigkeit strukturieren und in einen gemeinsamen Sinnzusammenhang bringen kann (vgl. Trantow et al. 2010, 314).

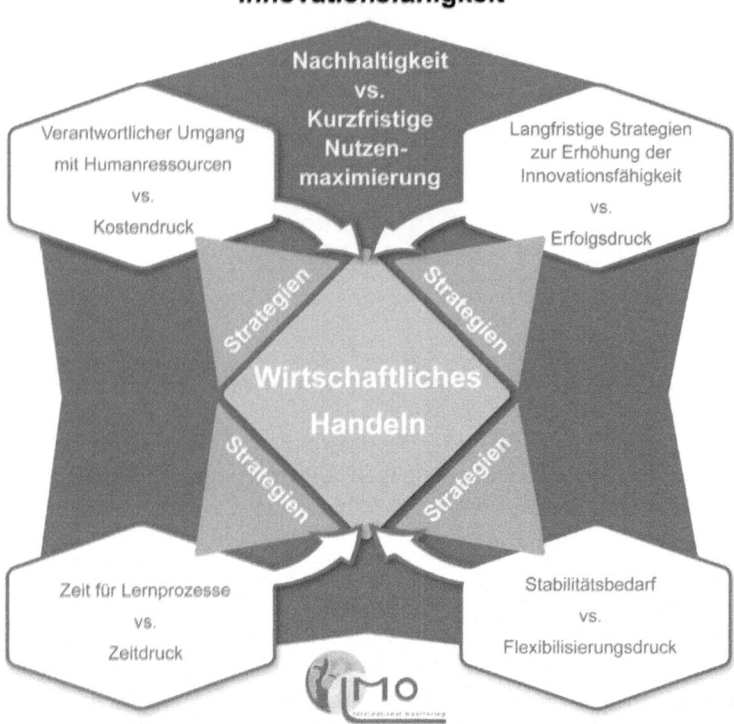

Abbildung 3.1: Dilemmata des wirtschaftlichen Handelns in der modernen Arbeitswelt

Diese Dilemmata bilden also die zentralen Herausforderungen ab, die die Akteure in der heutigen Wirtschafts- und Arbeitswelt zu bewältigen haben. Ihre prinzipielle Eigenart besteht darin, dass sie nicht aufgelöst oder beseitigt werden können. Die vier Dimensionen des ökonomischen Drucks sind konstitutive Bestandteile einer jeden – und auch einer sozialen – Marktwirtschaft. Sie sind Charakteristika des gesunden und produktiven Wettbewerbs und dienen damit als Motor wirtschaftlicher Performance und Dynamik. Die eigentliche Herausforderung besteht vielmehr darin, geeignete Strategien des wirtschaftlichen Handelns zu finden, die einen effizienten Umgang mit den Dilemmata – also ihre Bewältigung – ermöglichen und dadurch die Innovations- und Wettbewerbsfähigkeit von Unternehmen nachhaltig zu steigern.[7]

---

[7] Das IMO-Projekt hat elf grundsätzliche Unternehmensstrategien zur Bewältigung der Dilemmata identifiziert (vgl. Trantow et al. 2011).

4 Aufbau des Buches

Das vorliegende Buch entstand im Rahmen des Forschungs- und Entwicklungsprojekts „International Monitoring". Die Beiträge deutscher und internationaler Experten skizzieren das Themenfeld Innovationsfähigkeit aus praxisorientierter Perspektive und blicken dabei hinter die Kulissen von Innovationen. Die zentrale Frage ist demnach nicht, wie Merkmale erfolgreicher Innovationsprozesse aussehen oder wie Innovationen effizient gesteuert und gemanagt werden können, sondern unter welchen Bedingungen sie überhaupt erst entstehen. Auf welche Weise also können Individuen, Organisationen, Netzwerke und Gesellschaften zur kontinuierlichen Erzeugung von Innovationen befähigt werden?

Experten aus dreizehn verschiedenen Ländern geben mit insgesamt 25 Artikeln und 20 Kommentaren einen multiperspektivischen, internationalen und transdisziplinären Einblick in die theoretischen Forschungs- und praktischen Handlungsfelder der Innovationsfähigkeit. Durch den starken Bezug zur betrieblichen Praxis sowie der Ableitung politischer Empfehlungen richten sich die Beiträge in gleichem Maße an Akteure aus Wissenschaft, Wirtschaft und Politik, die mehr über die Entstehungsbedingungen und Grundvoraussetzungen von Innovationen erfahren wollen. Die Artikel und zugehörigen Kommentare des Sammelbands sind in vier thematische Hauptkapitel[8] unterteilt, die das Themenfeld Innovationsfähigkeit aus unterschiedlichen Blickwinkeln beleuchten. Sie werden abschließend in einem fünften Kapitel durch die Skizzierung einiger zentraler Ergebnisse aus dem deutschen Forschungs- und Entwicklungsprogramm „Arbeiten – Lernen – Kompetenzen entwickeln. Innovationsfähigkeit in einer modernen Arbeitswelt" ergänzt.

4.1 Management der Ungewissheit – Schlüssel zur Innovation

Ungewissheit ist ein zentrales und konstitutives Merkmal von Innovation. Mit Bezug auf das Dilemma *Stabilitätsbedarf vs. Flexibilisierungsdruck* wird deutlich, dass ein Umgang mit Ungewissheit gefunden werden muss, der Handlungssicherheit bietet und gleichzeitig ein hohes Maß an Offenheit für das Unplanbare lässt. Dabei impliziert das traditionelle, produktionsorientierte Bestreben zur Beherrschung und Beseitigung von Ungewissheit die Gefahr, Innovationen eher zu gefährden statt sie zu fördern. In seinem einleitenden Beitrag plädiert *Fritz Böhle* daher für einen neuen, produktiven Umgang mit Ungewissheit, der nicht auf die Beseitigung, sondern auf die Bewältigung von Ungewissheit zielt. Auf dieser systematischen Analyse aufbauend diskutiert *Harald Wolf*, wie alternative Managementansätze den

---

[8] Die Titel dieser Hauptkapitel entsprechen vier Aktionsfeldern des IMO-Projekts, in denen deutsche Experten aus Wissenschaft und Wirtschaft im Zeitraum von 2008-2010 grundlegende Themenschwerpunkte, aktuelle Wissensbestände und zukünftige Trends der Innovationsfähigkeit erarbeiteten. Die insgesamt 19 erstellten Expertisen der Aktionsfelder finden sich online im Internet: http://www.internationalmonitoring.com/en/downloads/project_research.html.

notwendigen Spagat zwischen einem sicherheitsorientierten Risikomanagement und einer auf Vertrauen und Selbstorganisation basierenden Ungewissheitstoleranz gewährleisten können. Vor dem Hintergrund der zunehmenden Projektorientierung von Arbeitsprozessen zeigt *Sibylle Peters*, dass auch die klassischen Formen des Projektmanagements durch neue, soziale und akteursausgerichtete Ansätze ergänzt werden müssen, um einen effizienten und innovationsfördernden Umgang mit Ungewissheit zu integrieren. Die notwendige Stärkung der Akteurs- und Handlungsorientierung zur Bewältigung von Ungewissheit impliziert ein Umdenken hinsichtlich des Bildungs- und Lernverständnisses. *Johannes Sauer* argumentiert in seinem Beitrag für die Erweiterung der engen, institutionsgebundenen Idee der Weiterbildung hin zu einem umfassenden Verständnis des Weiterlernens, das insbesondere arbeitsintegrierte, informelle und kompetenzorientierte Lernprozesse umfasst. *Martin Elbe* greift schließlich die Frage auf, wie Individuen mit der ungewissen Situation umgehen können, dass die klassischen und Sicherheit bietenden Normalarbeitsverhältnisse ein Auslaufmodell der flexibilisierten Arbeitsmärkten von heute darstellen.

4.2 Kompetenzentwicklung, Arbeitssysteme, Arbeitsprozesse – eine innovative Herausforderung

Das zweite Kapitel vertieft die Frage nach einer innovationsförderlichen Gestaltung von Arbeiten und Lernen. Dabei impliziert das Dilemma Zeit für *Lernprozesse vs. Zeitdruck*, dass der steigende Bedarf nach einer kontinuierlichen individuellen und organisationalen Weiterentwicklung nur durch eine umfassende Integration von Arbeits- und Lernwelten gedeckt werden kann. *Ernst Hartmann* und *Francesco Garibaldo* skizzieren in ihrem einleitenden Artikel einen konzeptionellen Rahmen lernorientierter Arbeitssysteme. Vor dem Hintergrund des bereits vorhandenen Wissens über die Merkmale lernintensiver Arbeitsplätze rücken sie die Frage in den Fokus, wie diese im realen Unternehmensalltag tatsächlich entstehen und umgesetzt werden können. Die zunehmende Verknüpfung von Arbeits- und Lernprozessen lässt informelles und ungesteuertes Lernen zu einem entscheidenden Treiber von Innovationsfähigkeit werden. *Yvonne Salazar* und *Sibylle Peters* untersuchen die neuen Akteursgruppen, die unabhängig von klassischer und professionalisierter Personalentwicklung zunehmend Schlüsselfunktionen bei arbeitsintegrierten Lernaktivitäten einnehmen. Mit Möglichkeiten der Anerkennung und Akkreditierung solcher Lernaktivitäten sowie Ansätzen zur verstärkten Kooperation zwischen Hochschulen und Unternehmen setzt sich der Beitrag von *Barbara Light* und *Ernst Hartmann* auseinander. Die beiden abschließenden Beiträge des Kapitels erweitern den Fokus über die Integration von Arbeiten und Lernen hinaus. *Peter Totterdill* verdeutlicht, dass Innovationsfähigkeit in einer wissensbasierten Wirtschaft auf Formen der Arbeitsorganisation angewiesen ist, die über die klassischen Maßnahmen der Economy of Scale hinaus eine gleichzeitige Steigerung von Produktivität und Qualität der Arbeit gewährleistet (High-Road-Ansätze). Das Kapitel schließt mit einem Beitrag von *Francesco Garibaldo*, der die Herausforderungen bei der Etablierung innovationsförderlicher Unternehmensbedingungen vor dem Hintergrund der aktuellen industriellen Umstrukturierungsprozesse analysiert.

4.3 Innovationsfähigkeit und Wandel der Arbeit

Die gewaltigen Umbrüche in der modernen Arbeitswelt und der Übergang von der Industrie- zur Wissens- und Dienstleistungsgesellschaft implizieren eine paradigmatische Änderung des Innovationsverständnisses – Menschen und Arbeitsprozesse avancieren zu entscheidenden Treibern und sogar selbst zum Gegenstand von Innovationen. *Jürgen Howaldt* und *Michael Schwarz* analysieren diesen Paradigmenwechsel und geben Einblicke in die besonderen Charakteristika und Potentiale sozialer Innovationen. Ausgehend vom kreativen Menschen als Quelle aller Innovation untersucht *Matthias Trier* in seinem Beitrag die Frage, welche Bedingungen in den menschlichen Lebensverhältnissen die individuelle Innovationsfähigkeit stärken. Die aktuellen Veränderungsprozesse in der modernen Arbeits- und Wirtschaftswelt sind entscheidend durch den demografischen Wandel geprägt. Vor diesem Hintergrund setzt sich *Tarja Tikkanen* mit den zentralen Herausforderungen und insbesondere den Chancen alternder Belegschaften auseinander. Der Artikel von *Frank Emspak* verlässt die individuelle Ebene der Innovationsfähigkeit und erläutert vor dem Hintergrund des Zusammenspiels von Arbeit und Innovation sozioökonomische Bedingungen zur Etablierung eines Systems kontinuierlicher Innovation. *Claudia Jooß et al.* schlagen schließlich eine Brücke zur Forschungsarbeit und zeigen auf, wie die gesamtgesellschaftliche Innovationsfähigkeit durch interdisziplinäre Forschungsnetzwerke gestärkt werden kann.

4.4 Intellektuelles Kapital – Humanpotential als Innovationsfaktor

Die steigende Bedeutung des Menschen, seines Wissens und seiner Kompetenzen für die Innovations- und Wettbewerbsfähigkeit spiegelt sich im Begriff des Intellektuellen Kapitals wider. Humanpotentiale stellen auch aus Managementsicht nicht länger einen Kostenfaktor dar, sondern avancieren zum zentralen Vermögenswert von Unternehmen. Dabei weist das Dilemma *Verantwortlicher Umgang mit Humanressourcen vs. Kostendruck* darauf hin, dass diese geänderte Wertigkeit in der unternehmerischen Praxis nach wie vor mit dem Zwang zur Senkung von Ausgaben kollidiert. *Peter Pawlowsky* leitet das Kapitel mit einer umfassenden Betrachtung der aktuellen Entwicklungen im Bereich der immateriellen Vermögenswerte und des Intellektuellen Kapitals ein. Ein entscheidender Aspekt dabei ist die wirtschaftlich ebenso notwendige wie umstrittene Bewertung immaterieller Vermögenswerte. *Sabine Bischoff* und *Gergana Valdova* skizzieren Ansätze zur Messung des Intellektuellen Kapitals und machen anhand des Open Innovation Konzepts Zusammenhänge zur Innovationsfähigkeit deutlich. Vor dem Hintergrund typischer Zielkonflikte und Dilemmata der unternehmerischen Managementpraxis zeigt *Hans-Georg Schnauffer* effiziente Gestaltungsansätze zum Umgang mit Wissen und Intellektuellem Kapital auf. *Bodo von der Heiden et al.* diskutieren

Potentiale von Serious Games als spielerische Lern- und Wissensinstrumente in Unternehmen. Auf gesellschaftlicher Ebene und vor dem Hintergrund eines Mangelns an nachhaltigen Dialog- und Kommunikationsformen beschäftigt sich *Günter Szogs* mit dem Konzept der Future Center sowie verwandten Ansätzen zur transdisziplinären Initiierung von Innovationsprozessen.

4.5 Erkenntnisse aus dem deutschen F&E-Programm „Arbeiten – Lernen – Kompetenzen entwickeln. Innovationsfähigkeit in einer modernen Arbeitswelt"

Das deutsche Forschungs- und Entwicklungsprogramm „Arbeiten – Lernen – Kompetenzen entwickeln. Innovationsfähigkeit in einer modernen Arbeitswelt" (A-L-K) des Bundesministeriums für Bildung und Forschung fördert in aktuell vier thematischen Schwerpunkten und über 100 wissenschaftlichen Verbundprojekten die Befähigung von Unternehmen und Beschäftigten zur Schaffung und Gestaltung innovationsförderlicher Arbeitsbedingungen:

1. Präventiver Arbeits- und Gesundheitsschutz
2. Innovationsstrategien jenseits traditionellen Managements
3. Balance von Flexibilität und Stabilität
4. Innovationsfähigkeit im demografischen Wandel[9]

Aus den ersten drei Förderschwerpunkten liegen bereits vorläufige Ergebnisse vor, welche in diesem Kapitel kurz skizziert werden. Dabei geben *Max Haarich et al.* zunächst eine Einführung in die inhaltliche Ausrichtung und operative Struktur des A-L-K-Programms. *Ingo Leisten, Ursula Bach* und *Frank Hees* zeigen, dass ein präventiver Arbeits- und Gesundheitsschutz ein entscheidendes und mehrdimensionales Merkmal der Innovationsfähigkeit in einer modernen Arbeitswelt darstellt. *Heike Jacobsen, Arno Georg* und *Milena Jostmeier* skizzieren neuartige organisationale Innovationsstrategien, die sich vor allem durch Nicht-Linearität, Überschreitung von Organisationsgrenzen und Subjektivierung von einem traditionellen Management unterscheiden. Aus dem Förderschwerpunkt Balance von Flexibilität und Stabilität berichten *Uta Renken* und *Angelika Bullinger* über den Einsatz von Social Software zur effizienten Wissens- und Akteursvernetzung in der Forschung.

Die Beiträge in diesem Sammelband verdeutlichen, dass eine kontinuierliche Hervorbringung von Innovationen nicht einfach top-down verordnet werden kann, sondern auf bestimmte Rahmenbedingungen angewiesen ist, die Menschen zu einem innovativen Denken, Handeln und Interagieren befähigen. Sie geben Antworten auf die Frage, wo die Stellschrauben zur Stärkung der individuellen, organisationalen und gesellschaftlichen Innovationsfähigkeit liegen, unter welchen Voraussetzungen Menschen neue Ideen entwickeln und nachhaltig umsetzen und was Unternehmen

---

[9] Der jüngste Förderschwerpunkt „Innovationsfähigkeit im demografischen Wandel" trat erst im Juli 2010 in Kraft. Erste Ergebnisse sind Ende 2011 zu erwarten.

unter den Bedingungen der heutigen Arbeits- und Wirtschaftswelt tun können, um sie dabei zu unterstützen. Die folgenden Artikel und Kommentare spiegeln den aktuellen Erkenntnisstand im Themenfeld Innovationsfähigkeit und leiten grundlegende Empfehlungen ab, auf welche Weise Wissenschaft, Wirtschaft und Politik zu einer nachhaltigen Stärkung der Innovations- und Wettbewerbsfähigkeit beitragen können.

Literaturverzeichnis

Berners-Lee T (1989) Information Management: A Proposal. CERN, http://www.w3.org/History/1989/proposal.html. Zugegriffen im April 2011

BMBF, Bundesministerium für Bildung und Forschung (2007) Arbeiten – Lernen – Kompetenzen entwickeln. Innovationsfähigkeit in einer modernen Arbeitswelt. Forschungs- und Entwicklungsprogramm. http://www.bmbf.de/pub/innovationsfaehigkeit_arbeitswelt.pdf. Zugegriffen im April 2011

Brand KW, Jochum G (2000) Der deutsche Diskurs zu nachhaltiger Entwicklung. Abschlussbericht eines DFG-Projekts zum Thema „Sustainable Development/Nachhaltige Entwicklung – Zur sozialen Konstruktion globaler Handlungskonzepte im Umweltdiskurs", http://www.sozialforschung.org/wordpress/wpcontent/uploads/2009/09/kw_brand_deutscher_nachh_diskurs.pdf. Zugegriffen im April 2011

Bullinger HJ (2006) Vorwort. In: Bullinger HJ (Hrsg) Fokus Innovation. Kräfte bündeln, Prozesse beschleunigen. Hanser, München: 5-8

Bullinger HJ, Schlick GH (2002) Wissenspool Innovation. Kompendium für Zukunftsgestalter. Frankfurter Allgemeine Buch, Frankfurt am Main

Dreher C, Eggers T, Kinkel S, Spomenka M (2006) Gesamtwirtschaftlicher Innovationswettbewerb und betriebliche Innovationsfähigkeit. In: Bullinger HJ (Hrsg) Fokus Innovation. Kräfte bündeln, Prozesse beschleunigen. Hanser, München: 128

Dundon E (2002) The Seeds of Innovation: Cultivating the Synergy that Fosters New Ideas. Amacom, New York

Enquete-Kommission „Schutz des Menschen und der Umwelt" des Deutschen Bundestages (1993): Zwischenbericht. Bundesanzeiger, Bonn

Europäische Kommission (2010) Europa 2020: Eine Strategie für intelligentes, nachhaltiges und integratives Wachstum. http://ec.europa.eu/eu2020/pdf/COMPLET%20%20DE%20SG-2010-80021-06-00-DE-TRA-00.pdf. Zugegriffen im April 2011

Financial Crisis Inquiry Commission: The Financial Crisis Inquiry Report. Final Report of the National Commission on the Causes of the Financial and Economic Crisis in the United States. Public Affairs, New York

Friedman M (1970) The Social Responsibility of Business is to Increase its Profits. New York Times, 13. September 1970

Hansen A, Trantow S, Hees F (2010) Enabling Innovation: Innovationsfähigkeit von Organisationen vor dem Hintergrund zentraler Dilemmata der modernen Arbeitswelt. In: Arbeit – Zeitschrift für Arbeitsforschung, Arbeitsgestaltung und Arbeitspolitik, Jg 19, Heft 1: 53-67

Henning K (1992) Zukunftsgestaltung in einer Welt wachsender Turbulenzen. In: Henning K, Harendt B (Hrsg) Methodik und Praxis der Komplexitätsbewältigung. Duncker & Humblot, Berlin: 41-62

Henning K, Hees F, Leisten I (2009) Unternehmenskybernetik 2020: Betriebswirtschaftliche und technische Aspekte von Geschäftsprozessen. In: Henning K, Michulitz C (Hrsg):

Unternehmenskybernetik 2020. Betriebswirtschaftliche und technische Aspekte von Geschäftsprozessen. Duncker & Humblot, Berlin: 25-37

Howaldt J (2009) Vom Wandel des Innovationsverständnisses von der Industrie- zur Wissensgesellschaft. Expertise im Rahmen des Projekts „International Monitoring", IMA/ ZLW & IfU, RWTH Aachen University, http://www.internationalmonitoring.com/ fileadmin/Downloads/Experten/Expertisen/Expertisen_neu/Expertise_Howaldt.pdf. Zugegriffen im Mai 2011

Howaldt J, Jacobsen H (2010) (Hrsg) Soziale Innovation. Auf dem Weg zu einem postindustriellen Innovationsparadigma. VS Verlag, Wiesbaden

Krüger F (2006) Innovation Journalism in Tech Magazines: Factors of Influence on Innovation Communication in Special Interest and Specialist Media. In: Innovations Journalism, Jg 3: 163-173

Müller-Armack A (1976) Wirtschaftsordnung und Wirtschaftspolitik: Studien und Konzepte zur sozialen Marktwirtschaft und zur Europäischen Integration. 2., unveränderte Auflage. Haupt, Bern

Nowotny H (2005) Unersättliche Neugier. Innovation in einer fragilen Zukunft. Kadmos, Berlin

Paech N (2003) Innovation und Nachhaltigkeit: Lösung oder Teil des Problems? In: Politische Ökologie, Jg 84: 16-18

Ramstad, Elise (2009) Expanding innovation system and policy – an organisational perspective. In: Policy Studies, Jg 30 (5): 533-553

Riedel C, Schraps S (2010) Wie Unternehmen innovativer werden. In: Gundlach C, Glanz A, Gutsche J (Hrsg): Die frühe Innovationsphase: Methoden und Strategien für die Vorentwicklung. Symposion, Düsseldorf

Sanidas E (2005) Organizational innovations and economic growth: organosis and growth of firms, sectors and countries. Edward Elgar, Cheltenham, UK

Scherzberg A . Kluges entscheiden: disziplinäre Grundlagen und interdisziplinäre Verknüpfungen. Mohr Siebeck, Tübingen

Schmauder M (2007) Innovation: Arbeitsforschung – Ingenieurwissenschaftliche Sichtweise. In: Ludwig J, Moldaschl M, Schmauder M, Schmierl K (Hrsg): Arbeitsforschung und Innovationsfähigkeit in Deutschland. Hampp Verlag, München und Mering: 21-22

Schumpeter JA (1964) Theorie der wirtschaftlichen Entwicklung. 6. Auflage. Duncker & Humblot, Berlin

Thielemann U (2009) System Error: Warum der freie Markt zur Unfreiheit führt. Westend, München

Trantow S, Schuster K, Hees F, Jeschke S (2010) Spannungsfelder der Innovationsfähigkeit. Internationales Monitoring im BMBF-Forschungs- und Entwicklungsprogramm A-L-K. In: Henning K, Bach U, Hees F (Hrsg): Präventiver Arbeits- und Gesundheitsschutz 2020: Prävention weiterdenken! Wissenschaftsverlag Mainz, Aachen: 310-332

Trantow S, Hansen A, Richert A, Jeschke S (2011): Emergence of Innovation. Eleven Strategies to Increase Innovative Capability. In: Huizingh K.R.E., Conn S, Torkkeli M, Bitran I (Hrsg): Proceedings of the XXII ISPIM Conference. Sustainability in Innovation, 12.-15. Juni 2011, Hamburg (in Vorbereitung)

Wissmann M (2011) Automobilindustrie: Realistischer Optimismus. In: Die Erwartungen der Wirtschaft für 2011, Wirtschaftsdienst Jg 91, Nr 1: 7-9, http://www.springerlink. com/content/75u2667380665q28/fulltext.pdf. Zugegriffen im Mai 2011

Witt P (2010) Innovationen aus betriebswirtschaftlicher Sicht. In: Bertram U (Hrsg): Innovation – Wie geht das?: Eine Veranstaltung der [ID]factory, Zentrum für Kunsttransfer, TU Dortmund, Institut für Kunst und Materielle Kultur. BOD: 201-215

Teil 1

Management der Ungewissheit – Schlüssel zur Innovation

Management der Ungewissheit –
ein blinder Fleck bei der Förderung von Innovationen

Fritz Böhle

Abstract

In industriellen Gesellschaften entstand die Vorstellung, dass es möglich ist Ungewissheit zu beseitigen. Wissenschaft, Organisation, Technik und damit verbunden Planung und Kontrolle richten sich hierauf – insbesondere in der industriellen Produktion. Auch bei Innovationen finden sich im Rahmen des Innovationsmanagements zunehmend Bestrebungen der Planung und Kontrolle. Bei Innovationen ist Ungewissheit jedoch nicht grundsätzlich ein Defizit, sondern ein wichtiges Potential. Das Bestreben Ungewissheit zu beseitigen enthält die Gefahr, dass Innovationen nicht gefördert, sondern gefährdet werden. Zur Förderung von Innovationen ist ein neuer Umgang mit Ungewissheit erforderlich. Es ist notwendig Ungewissheit anzuerkennen und zugleich die Handlungsfähigkeit aufrechtzuerhalten. Besser hierfür scheint die Bezeichnung *Bewältigung* von Ungewissheit anstelle der Beseitigung oder Ohnmacht. In verschiedenen wissenschaftlichen Disziplinen liegen Ansätze vor, die sich hierauf beziehen, wie bspw. das Konzept des erfahrungsgeleiteten-subjektivierenden Handelns, oder neue Ansätze im Projektmanagement. Sie werden bisher jedoch noch kaum in der Perspektive eines neuen Umgangs mit Ungewissheit systematisch aufgegriffen und miteinander verbunden. In dem Beitrag werden die Notwendigkeit eines neuen Umgangs mit Ungewissheit begründet und die Perspektive der Bewältigung von Ungewissheit als Grundlage für die weiteren Beiträge zu diesem Thema umrissen.

1 Innovationen erfordern einen neuen Umgang mit Ungewissheit

Das Management von Innovationen richtet sich bisher darauf, auch Innovationsprozesse weit möglichst zu planen und zu kontrollieren. Damit verbindet sich jedoch die Gefahr, dass Innovationen nicht gefördert, sondern eher behindert werden. In diesem Beitrag wird die These vertreten, dass Innovationen einen produktiven Umgang mit Ungewissheit erfordern. Gegenüber der Beseitigung von Ungewissheit durch Planung und Kontrolle wird das Konzept der Bewältigung von Ungewissheit vorgestellt und begründet. Dies tritt nicht an die Stelle der Planung, sondern ergänzt diese im Sinne eines *Sowohl-als-auch.*

S. Jeschke et al. (eds.), *Enabling Innovation*, DOI 10.1007/978-3-642-24299-1_2,
© Springer-Verlag Berlin Heidelberg 2011

In industriellen Gesellschaften wird bisher jedoch Ungewissheit primär als Defizit und Bedrohung gesehen. Ein neuer Umgang mit Ungewissheit erfordert daher einen tief greifenden kulturellen Wandel und grundlegende Neuorientierungen. Dies gilt nicht nur für die Praxis, sondern vor allem auch für die Wissenschaft. Die wissenschaftliche Forschung muss sich Phänomenen und Problemstellungen in der Praxis zuwenden, die bisher weitgehend außerhalb wissenschaftlichen Denkens liegen.

2 Bewältigung statt Beseitigung von Ungewissheit

Im Folgenden wird zunächst kurz der bisher vorherrschende Umgang mit Ungewissheit in industriellen Gesellschaften geschildert (2.1) und daran anschließend Ungewissheit als ein strukturelles Merkmal von Innovationen dargelegt (2.2) sowie die Bewältigung von Ungewissheit als neue Perspektive für das Management von Innovationen umrissen (2.3).

2.1 Die Beseitigung von Ungewissheit als Programm industrieller Gesellschaften

Ungewissheit ist eine grundlegende Erfahrung menschlicher Existenz. In traditionellen Gesellschaften resultiert sie vor allem aus der Abhängigkeit von der Natur und es wird versucht, durch die Anpassung an die Natur sowie religiöse Praktiken, Opfergaben und Magie den Bedrohungen durch Ungewissheit zu entgehen. In modernen industriellen Gesellschaften entstand demgegenüber die Vorstellung „alle Dinge – im Prinzip – durch Berechnen beherrschen zu können" (Weber 1968, 593). Durch Wissenschaft und die Verwissenschaftlichung praktischen Handelns und auf dieser Grundlage Planung und Herstellung von Planbarkeit wurde es möglich, Ungewissheit zu überwinden (vgl. Parsons 1980, 145; Beck et al. 2004, 27). Vor allem im Bereich industrieller Produktion schien es möglich, Ungewissheit gänzlich zu beseitigen oder zumindest den Bereich des Planbaren gegenüber dem Unplanbaren deutlich abzugrenzen. Zu Letzterem zählen insbesondere der Markt, wissenschaftliche Entdeckungen und technische Erfindungen sowie der soziale Wandel. Sie fügen sich nicht ohne Weiteres in das Ziel, Ungewissheit zu beseitigen, sind aber gleichwohl zentrale Merkmale und Triebkräfte industrieller Gesellschaften. Sie erscheinen zum einen entweder als Bedrohung oder als Freisetzung menschlicher Potenziale, durch die (erst) der gesellschaftliche Fortschritt ermöglicht wird. So unterschiedlich hier der Umgang mit Ungewissheit ist, hat er gleichwohl eine Gemeinsamkeit: Ungewissheit erscheint als quasi schicksalhafte Begleiterscheinung menschlicher und gesellschaftlicher Entwicklung, die nur unter Verzicht auf Veränderung und Wandel vermieden werden kann. Gegenüber dem Nicht-Berechenbaren und Nicht-Planbaren bleibt somit der Mensch in dieser Sicht – auch in modernen Gesellschaften – weit gehend ohnmächtig. Zugleich besteht jedoch auch hier die Annahme, dass sich die gesellschaftliche Entwicklung insgesamt nach einer immanenten Entwicklungslogik, die erkennbar und voraussehbar ist, vollzieht. Die Metapher der *invisible hand* bei der Regulierung des Marktes sowie Theorien und Prognosen eines kontinuierlichen linearen wirtschaftlichen Wachstums, technischen Fortschritts u. a. sind hierfür Beispiel. Zum anderen wird aber auch versucht (und empfohlen), sich gerade auch gegenüber dem Nicht-Planbaren planmäßig-rational zu verhalten und dementsprechend bspw. Entwicklungen auf dem Markt zu analysieren und zu kalkulieren. Die Beseitigung von Ungewissheit wird dabei durch die Transformation von Ungewissheit in Risiken ergänzt. Risiken unterscheiden sich von Ungewissheiten dadurch, dass sie zwar nicht vollständig planbar und beherrschbar sind, jedoch scheint es möglich, die Wahrscheinlichkeit ihres Eintretens und ihre konkreten Erscheinungsformen abzuschätzen und zu kalkulieren. Dementsprechend erscheint es auch möglich, den Umgang mit Risiken zu planen (vgl. Lupton 1999, 7). Des Weiteren wird durch neue Organisationstechniken versucht, Prozesse auf dem Markt und den technischen und sozialen Wandel zu planen und planbar zu machen.

Der Umgang mit Innovationen ist in der Entwicklung industrieller Gesellschaften in besonderer Weise durch den skizzierten Umgang mit Ungewissheit geprägt:

In den Anfängen der Industrialisierung bis zum Beginn des 20. Jahrhunderts wurden Innovationen überwiegend als Ergebnis der „schöpferischen Persönlichkeit" (Schumpeter 1934) und des allgemeinen wissenschaftlichen Fortschritts betrachtet. Innovationen wurden auf besondere Berufsgruppen in und außerhalb der Unternehmensorganisation verlagert. Der Schwerpunkt der Unternehmensorganisation und des Managements richteten sich auf die Realisierung der Ergebnisse von Innovationen und damit auf die Re-Produktion und weniger die Innovation. In der Entwicklung nach dem 2. Weltkrieg wurde demgegenüber vor allem in Großunternehmen zunehmend versucht, auch Innovationsprozesse gezielt zu steuern, und in der Forschung und Lehre wurde das Innovationsmanagement als eine spezielle Managementdisziplin entwickelt (vgl. Hausschild 2004). Die Verfahren des Innovationsmanagements orientieren sich an den klassischen Managementaufgaben: Planen, Bewerten, Steuern und Kontrolle (vgl. Gärtner 2007, 120f.). Angesichts des verschärften Wettbewerbs und der Beschleunigung von Innovationen wird Management von Innovationen zu einer neuen Herausforderung, nicht nur für Groß-, sondern vor allem auch für Klein- und Mittelbetriebe (vgl. z. B. Mikael und Weiss 1990; Bullinger 2006). Fraglich ist, ob hierfür die vorherrschenden Methoden des Innovationsmanagements geeignet sind.

2.2 Die Wiederkehr der Ungewissheit – Ungewissheit als strukturelles Merkmal von Innovationen

Ohne Zweifel wurden und werden in industriellen Gesellschaften große Erfolge bei der Überwindung von Ungewissheiten erzielt. Vieles spricht dafür, dass hier speziell im Bereich von Ökonomie und Technik eine besondere Stärke Deutschlands besteht. Es besteht jedoch die Gefahr, dass diese Stärke nun zu einer zentralen Schwäche wird. Denn trotz dieser unbestreitbaren Erfolge wird zunehmend erkennbar: Ungewissheiten lassen sich nicht vollständig beseitigen oder in Risiken transformieren, sondern entstehen immer wieder in neuer Weise – und zwar gerade durch die fortschreitende Wissenschaft, komplexe Organisationen und technische Systeme. Sie bleiben bestehen und entstehen in neuer Weise gerade (auch) dort wo – wie bspw. bei technischen Produktionsanlagen – die Überwindung von Ungewissheiten vergleichsweise erfolgreich ist (vgl. Böhle et al. 2004). In aktuellen Gesellschaftstheorien, wie der Theorie reflexiver Modernisierung, wird angesichts dieser Entwicklungen eine „Rückkehr der Ungewissheit" diagnostiziert (Beck und Bonß 2001, 53). In besonderer Weise wird dies durch die Beschleunigung von Innovationen und der hierdurch hervorgerufenen Verschiebung von Stabilität zu Dynamisierung und Flexibilisierung verstärkt – vom Wandel der Unternehmensorganisation und Technik bis hin zur individuellen Lebensgestaltung.

Die Beseitigung von Ungewissheit zielt darauf ab, Handlungsspielräume und -möglichkeiten zu erweitern. Dies ist z. B. in der industriellen Massenfertigung bei Maschinen und Produktionsanlagen der Fall. Wenn ihr Verhalten berechenbar und planbar ist, können sie gezielt zur seriellen Herstellung einer größeren Anzahl gleichbleibender Produkte eingesetzt werden. Bei Innovationen ist jedoch eher das Gegenteil der Fall: Je mehr Ungewissheiten beseitigt werden, umso größer ist die Wahrscheinlichkeit, dass die Innovation eingeschränkt wird und anstelle einer Innovation lediglich die Fortsetzung oder geringe Modifikation des bereits Bestehenden und Bekannten stattfindet.

Ungewissheit ist ein strukturelles Merkmal und Potenzial von Innovationen, ohne die sie nicht möglich sind. In der hierzu vorliegenden Forschung werden hierfür mehrere Gründe angeführt:

- Ziel von Innovationen ist es, bisher Bekanntes durch bisher noch nicht Bekanntes und somit Ungewisses zu ersetzen oder zu ergänzen. Innovationen sind daher grundsätzlich durch Offenheit des Ergebnisses charakterisiert (z. B. Rammert 2008, 294; Erdmann 1993; Wegner 1995, 88; Lazonick 2005). Ob eine Innovation erfolgreich ist, lässt sich aufgrund der Vielzahl materieller, sozialer und kultureller Einflussfaktoren und Wirkungszusammenhänge nicht exakt erfassen und beurteilen (z. B. Wegner 1995, 189; Mistri 2008, 299f.). Der Erfolg von Innovationen ist oft erst ex post definierbar, da vorab nicht erkennbar ist, welche Probleme durch die Innovation gelöst werden können und welche Effekte möglich sind (z. B. Siebel et al. 2001, 530f.; Pavitt 2005, 100ff.).
- Innovationsprozesse verlaufen nicht sequenziell-linear, sondern iterativ. Je nach Erfolg oder Misserfolg erfolgt ein Schritt in verschiedene Richtungen. Da Innovationsprozesse von Bekanntem abweichen müssen, lassen sich vorab auch weder ihre Hemmnisse und Widerstände noch Erfolgsfaktoren absehen (z. B. Pavitt 2005, 106f.). Auch Meilensteine und Zwischenevaluationen (vgl. Cooper 2002) sind kaum möglich, da es keine verlässlichen Kriterien gibt, den Erfolg einer Innovation während des Innovationsprozesses zuverlässig zu beurteilen (vgl. Ibert 2005, 600ff.).
- Für Innovationsprozesse kann es weder Standardmodelle noch Best-Practice-Modelle geben. Innovationsprozesse verlaufen jeweils unterschiedlich, je nach Gegenstand, technisch-organisatorischen und personellen Rahmenbedingungen,

Problemstellungen, Hemmnissen usw. und müssen daher, unter Bezug auf diese Einflussfaktoren, individuell gestaltet werden (vgl. Pavitt 2005, 95ff.; Nippa 2007; Coopey et al. 1998, 279f.).

- Vorab festgelegte Vorgaben, Regeln und Kontrollen behindern Kreativität (vgl. Amabile und Gryskiewicz 1989; Schuler et al. 2007; Kanter 2006). Aber auch Kreativitätsspielräume für bestimmte Berufsgruppen und Abteilungen bis hin zu Unternehmensneugründungen führen zur Beschränkung von Innovationen. An die Stelle des technisch-produktorientierten Verständnisses von Innovation tritt zunehmend ein umfassendes Informationsverständnis, das auch organisatorische und soziale Innovationen einbezieht (vgl. Lazonick 2005; Howaldt 2009). Damit verbunden sind Innovationen immer weniger Spezialaufgabe bestimmter Personen und Berufsgruppen, sondern Teil der Arbeit jedes Mitarbeiters in Unternehmen sowie auch über die Unternehmensgrenze hinweg, von Kunden, Lieferanten usw. (vgl. Moldaschl 2007). Das Erfahrungswissen der Mitarbeiter in den operativen Prozessen ist daher wichtige Ressource für Innovationen (vgl. Kocyba 2000, 50ff.; Ortmann 2009, 208ff.).

Um Innovationen zu fördern, ist es somit notwendig, die Ungewissheit bei Innovationen anzuerkennen. Sie ist nicht als ein Defizit zu sehen, das es zu beseitigen gilt, sondern als ein Potenzial zu nutzen. Dies besagt jedoch nicht, nun Innovationen (wieder) der *schöpferischen Persönlichkeit* und dem Vertrauen in den allgemeinen wissenschaftlichen Fortschritt zu überlassen. Zur Förderung von Innovationen ist ein *Management* von Innovationen unverzichtbar. Notwendig ist dabei jedoch ein *anderer* Umgang mit Ungewissheit, der nicht darauf abzielt, Ungewissheit zu beseitigen, sondern sie zu bewältigen. Es geht somit darum, *mit* Ungewissheiten Innovationen bewusst zu gestalten.

2.3 Die Bewältigung von Ungewissheit – eine neue Perspektive

Dass es im Bereich der Ökonomie nicht möglich ist, Ungewissheiten vollständig zu beseitigen, ist keine grundlegend neue Erkenntnis. Sie wurde bereits Ende der 1950er Jahre in Forschungen zu Entscheidungen in Unternehmen festgestellt. Sehr prominent geworden ist hier das Konzept der „bounded rationality" (Simon 1957). Es geht davon aus, dass in der Praxis die für eine rationale Entscheidung notwendigen Informationen über Einflussfaktoren, mögliche Alternativen und Konsequenzen von Entscheidungen im Normalfall nicht vollständig gegeben sind. Doch ähnlich wie beim Konzept des Risikos wird hier zwar Ungewissheit anerkannt, aber zugleich nach Wegen gesucht, trotz der Ungewissheiten zu planen und Planbarkeit herzustellen.[1] Des Weiteren finden sich Forschungsansätze, die Ungewissheit anerkennen, aber daraus folgern, dass damit keine bewusste Steuerung und Gestaltung der Organisation von Unternehmen (mehr) möglich ist. Folgen der Ungewissheit sind daher Kontrollverlust, Anarchie oder/ und eine nicht steuerbare, nach eige-

---

[1] Siehe hierzu sowie zu ähnlich ausgerichteten Forschungsansätzen ausführlicher Neumer (2009, 12ff.).

nen Regelungen ablaufende Selbststeuerung.[2] Ein Beispiel hierfür ist das Garbage-Can-Model (vgl. Cohen et al. 1972). Trotz der Anerkennung von Ungewissheit bleibt bei diesen Forschungsansätzen somit die Annahme bestehen, dass Prozesse in Unternehmen nur dann bewusst gesteuert und gestaltet werden können, wenn Ungewissheiten weit möglichst beseitigt werden.

Weitere neuere Forschungsansätze leiten aus der Unmöglichkeit, Ungewissheit zu beseitigen, die Notwendigkeit ab, Entscheidungen und Planungen zu *politisieren*. An die Stelle des gesicherten Wissens von Experten treten demnach die Interessen der von Entscheidungen und Planungen direkt und indirekt Betroffenen (vgl. Beck und Holzer 2007).[3] Die Aufmerksamkeit richtet sich hier vor allem auf die Beurteilung der Folgen von Entscheidungen (vgl. Stadelbacher 2010, 25). Die Diagnose einer Politisierung, anstelle der Orientierung an gesichertem Wissen, ist einerseits vergleichsweise radikal, andererseits bleibt aber auch hier die Orientierung am Leitbild der Planung als Grundlage eines bewussten und zielorientierten Handelns bestehen.

Gegenüber diesen Forschungsansätzen richtet sich das Konzept der Bewältigung von Ungewissheit nicht allein darauf, Grenzen der Beseitigung von Ungewissheit anzuerkennen. Wesentlich sind vielmehr auch die Erkenntnis und Anerkennung, dass bewusstes und zielorientiertes Handeln auch ohne Planung und rationalem Entscheiden möglich ist.[4] Dieser Umgang mit Ungewissheit liegt zwischen der Strategie der Beseitigung einerseits und Ohnmacht andererseits. Auch hierzu liegen Forschungsansätze vor. Sie sind in unterschiedlichen Wissenschaftsdisziplinen aufgrund unterschiedlicher Problemstellungen entstanden. Bisher werden sie jedoch (noch) kaum miteinander verbunden und für einen *anderen* Umgang mit Ungewissheit bei Innovationen aufgegriffen und weiterentwickelt – weder in der Forschung noch in der Praxis. Sie zeigen aber, dass ein neuer produktiver Umgang mit Ungewissheit bei Innovationen keineswegs eine bloße Wunschvorstellung und Utopie ist.

Bei Forschungen zur informationstechnischen Abbildung menschlichen Handelns wurde das Konzept des planmäßig-rationalen Handelns durch das Konzept des situativen Handelns ersetzt (vgl. Suchman 1987). Menschen handeln demnach – gerade auch bei der Lösung technischer Probleme – nicht nach dem Grundsatz *erst entscheiden und dann handeln*, sondern prozessual und situativ durch die praktische Auseinandersetzung mit jeweils konkreten Handlungsanforderungen und -bedingungen.

---

[2] Siehe zu solchen Forschungsansätzen im Umgang mit Ungewissheit ausführlicher Neumer (2009, 31ff.).

[3] Siehe hierzu ausführlicher unter Bezug auf Entscheidungen in Organisationen die Beiträge von Robert T. Gephart, John Van Maanen und Thomas Oberlechner „Organisation and Risk in late modernity" sowie den Beitrag von Kent D. Miller „Organizational Risk after Modernism" in der Sonderausgabe der Zeitschrift Organization Studies, 30/ 2-3, 157-180, 2009 sowie Stadelbacher (2010).

[4] Siehe zur Diskussion der Modifizierung grundlegender Ergänzung und Erweiterung der vorherrschenden Konzepte des rationalen Entscheidens und Handelns vor allem auch die Beiträge in Böhle und Weihrich (2009).

In Forschungen zur künstlichen Intelligenz orientierte man sich ursprünglich am Modell bewusster, rationaler Informationsverarbeitung und Handlungssteuerung. Angesichts der Schwierigkeiten und Misserfolge, damit menschliches Handeln zu programmieren, entstand eine neue Orientierung an Konzepten des *embodied intelligence* bzw. *embodied mind* (vgl. Mainzer 2003; Lenzen 2002). So richtet sich im Rahmen der Robotik die Aufmerksamkeit nicht mehr auf eine möglichst vollständige Antizipation praktisch möglicher Handlungssituationen. Im Mittelpunkt der technischen Konstruktion stehen nun vielmehr die situative Interaktion mit der Umwelt und deren Verarbeitung.

In der Organisationstheorie wurde der Frage nachgegangen, wie Organisationen, die in besonderer Weise nicht-kontrollierbaren Umwelteinflüssen ausgesetzt sind (Notfallmedizin, Feuerwehr, Flugzeugträger usw.), zuverlässige Leistungen hervorbringen (vgl. Weick und Sutcliffe 2003). Dabei wird *Achtsamkeit* als eine besondere Form von *managerial practices* herausgestellt. Sie richtet sich u.a. auf die Antizipation von Unerwartetem durch die besondere Sensibilität und ein Gespür für Situationen. Des Weiteren wird das Unvorhersehbare nicht nur als Gefahr für die Organisation gesehen, sondern auch positiv als Gelegenheit, die eigene Performance zu verbessern. Dabei spielt vor allem auch das Lernen aus Fehlern eine wichtige Rolle.[5]

Im Rahmen des Wissensmanagements wurde das im praktischen Handeln erworbene *implizite Wissen* (tacit knowledge) als eine wichtige Wissensressource in Unternehmen entdeckt (vgl. Nonaka und Takeuchi 1997). Der Begriff des impliziten Wissens geht auf den Wissenschaftsphilosophen Polanyi zurück und bezieht sich vor allem auf ein leiblich-körperliches Wissen, das für praktisches Handeln unverzichtbar ist, aber kaum verbal beschrieben werden kann (vgl. Polanyi 1985).

Forschungen zur Arbeit bei Dienstleistungen zeigen, dass hier der Umgang mit Ungewissheit weit mehr als bei industrieller Produktion und Verwaltungsarbeit eine zentrale Anforderung ist. Bei der Frage, wie diese Ungewissheiten in der Praxis bewältigt werden, wird u.a. eine Ähnlichkeit mit künstlerischem Handeln festgestellt. Als ein wesentliches Element künstlerischen Handelns wird dabei die Fähigkeit, sich vorbehaltlos auf Neues einzulassen sowie ein situatives und prozessuales Vorgehen herausgestellt (vgl. Brater et al. 1989).

Untersuchungen zum Wandel von Arbeit bei fortschreitender Technisierung in der industriellen Produktion und Verwaltung zeigen, dass menschliche Arbeit keineswegs nur auf Restfunktionen beschränkt wird. Zu einer wichtigen Aufgabe wird es vielmehr, Unwägbarkeiten in technischen und organisatorischen Prozessen auszugleichen und damit Störungen zu vermeiden (vgl. Böhle et al. 2004). Hierzu sind ein besonderes Erfahrungswissen und Arbeitspraktiken notwendig, die von dem vorherrschenden Leitbild eines wissenschaftlich geleiteten, planmäßig-rationalen Arbeitshandelns abweichen. In weitergehenden Untersuchungen hierzu wurde das Konzept des erfahrungsgeleitet-subjektivierenden Arbeitshandelns entwickelt. Damit werden sinnlich-körperliche Erfahrungen und subjektives Empfinden und Erleben sowie assoziatives Denken und ein interaktiv-dialogischer Umgang (auch)

---

[5] Siehe hierzu ausführlicher auch Neumer (2009, 50ff.) und Stadelbacher (2010, 27ff.).

mit Gegenständen sowie einer persönlich-emotionalen Beziehung zu ihnen als wichtige berufliche Kompetenz ausgewiesen (vgl. Böhle 2009; Böhle 2008; Pfeiffer 2007). Hieran anknüpfend wird in Untersuchungen zur Kooperation unterschieden zwischen der formell organisierten planungsgeleiteten Kooperation in Gremien und Meetings einerseits und der informellen erfahrungsgeleiteten Kooperation in laufenden Arbeitsprozessen (vgl. Böhle und Bolte 2002; Bolte und Porschen 2006). Dabei werden auch Möglichkeiten des Austausches implizierten Wissens aufgezeigt (vgl. Porschen 2008).

In den nachfolgenden Beiträgen zum Themenfeld Management der Ungewissheit werden weitere Forschungsansätze und Perspektiven vorgestellt, die sich auf individuelle Kompetenzen und Formen des Lernens sowie der Organisationsgestaltung für einen neuen Umgang mit Ungewissheit richten. Die soeben skizzierten Forschungsansätze sowie deren Ergänzung durch die nachfolgenden Beiträge zeigen, dass für die Bewältigung von Ungewissheit Handlungsweisen und Organisationsformen notwendig sind, die bisher in modernen Gesellschaften – speziell im Bereich wirtschaftlichen Handelns – wenig beachtet und größtenteils auch diskriminiert wurden. Situatives Handeln und die Suche sowie die Definition von Zielen (erst) im und durch praktisches Handeln sowie spürende und empfindende sinnliche Wahrnehmungen, implizites Wissen usw., gelten allzu leicht als *unprofessionell* und Indiz für *menschliche Schwächen*. Dies ist bisher nicht nur in der Praxis, sondern vor allem auch in der Wissenschaft der Fall und wird in besonderer Weise durch die Akademisierung der Ausbildung sowie praktische Nutzung wissenschaftlicher Erkenntnisse und Verfahren gefördert. Ein neuer produktiver Umgang mit Ungewissheit erfordert daher nicht nur ein Umdenken und neue Orientierung in der Praxis, sondern vor allem auch in der Wissenschaft. Die zuvor und in den weiteren Beiträgen vorgestellten Forschungsrichtungen sind wichtige Ansätze zu einer solchen neuen Orientierung, sie sind aber bisher in den unterschiedlichen Disziplinen, in denen sie entstanden sind, überwiegend noch Randerscheinungen, zu deren weiteren Entwicklung und Verankerung in der Wissenschaftslandschaft eine gezielte Förderung notwendig ist. Nur hierdurch kann es gelingen, dass die wissenschaftliche Forschung zur Förderung von Innovationen Phänomene und Problemstellungen in der Praxis aufgreift, die bisher weitgehend außerhalb wissenschaftlichen Denkens lagen und zu deren Geringschätzung bisher gerade auch die Verwissenschaftlichung von Arbeit erheblich dazu beigetragen hat.

3 Zusammenfassung

In modernen, industriellen Gesellschaften entstand – im Unterschied zu traditionellen Gesellschaften – die Vorstellung, dass es möglich ist, Ungewissheit in Gewissheit zu transformieren und damit zu beseitigen. Wissenschaft, Organisation, Technik und damit verbunden, Planung und Kontrolle, richten sich hierauf. In besonderer Weise ist dies im Bereich industrielle Produktion der Fall. Auch auf Innovationen richten sich dabei zunehmend Planung und Kontrolle (Innovationsmanagement).

Vieles spricht dafür, dass eine besondere Stärke Deutschlands auf einem solchen Umgang mit Ungewissheit beruht. Es besteht jedoch die Gefahr, dass diese Stärke nun zu einer zentralen Schwäche wird.

Trotz großer Erfolge bei der Überwindung von Ungewissheit zeigt sich: Ungewissheit lässt sich niemals vollständig beseitigen, sondern entsteht immer wieder in neuer Weise und zwar gerade auch durch die fortschreitende Wissenschaft, komplexe Organisationen und technische Systeme. In besonderer Weise ist dies bei Innovationen der Fall. Hier sind Ungewissheiten kein Defizit, sondern vielmehr ein strukturelles Merkmal. Das Bestreben, Ungewissheiten zu beseitigen, beinhaltet daher die Gefahr, dass hiermit Innovationen nicht gefördert, sondern vielmehr behindert, wenn nicht gänzlich verhindert werden.

Zur Förderung von Innovationen ist ein neuer Umgang mit Ungewissheit notwendig. Es ist notwendig, Ungewissheiten anzuerkennen und sie produktiv zu nutzen. Ein solcher Umgang mit Ungewissheit liegt zwischen der Strategie der Beseitigung einerseits und Ohnmacht andererseits. Passend hierfür erscheint die Bezeichnung *Bewältigung von Ungewissheit*. Hierdurch soll das Bestreben, Ungewissheit zu überwinden, nicht ersetzt, sondern ergänzt werden. Es handelt sich um eine Erweiterung im Sinne eines *Sowohl-als-auch*.

In unterschiedlichen wissenschaftlichen Disziplinen sind in der neueren Entwicklung Forschungsansätze zu einer Neuorientierung im Umgang mit Ungewissheit entstanden. Sie richten sich darauf, das bisher vorherrschende Leitbild rational-planmäßigen Handelns zu erweitern und lenken den Blick auf situatives Handeln, implizites Wissen, sinnlich-körperliche Wahrnehmungen und subjektives Empfinden und assoziatives Denken als wichtige Elemente professionellen Handelns (in den nachfolgenden Beiträgen zum Themenfeld Management der Ungewissheit werden diese Ansätze und Forschungsrichtungen unter Bezug auf Lernen und individuelle Kompetenzen sowie Organisationsgestaltung weiter geführt).

Vor diesem Hintergrund ist die Forderung nach einem neuen Umgang mit Ungewissheit in Innovationsprozessen keine bloße Utopie und Wunschvorstellung. Bisher werden jedoch die verschiedenen Forschungsansätze und -richtungen im neuen Umgang mit Ungewissheit (noch) nicht systematisch miteinander verbunden und zur systematischen Förderung von Innovationsprozessen genutzt und weiter entwickelt. Sie sind in den unterschiedlichen Disziplinen, in denen sie entstanden sind, überwiegend (noch) Randerscheinungen. Ihre Weiterentwicklung und Verankerung fordert ihre gezielte Förderung, da nicht nur in der Praxis, sondern gerade auch in der Wissenschaft ein Umdenken notwendig ist.

4 Zukünftiger Forschungsbedarf

Forschungen zur Förderung von Innovationen orientieren sich bisher überwiegend an einem Management von Innovationen im Sinne der Planung, Steuerung und Kontrolle. Das BMBF hat im Rahmen des Forschungs- und Entwicklungsprogramms

„Arbeiten – Lernen – Kompetenzen entwickeln. Innovationsfähigkeit in einer
modernen Arbeitswelt" mit dem Förderschwerpunkt „Innovationsstrategien jenseits
traditionellen Managements" neue Anstöße für die Erweiterung und Ergänzung des
Managements von Innovationen gegeben. Das Management der Ungewissheit bei
Innovationen jenseits der vorherrschenden Strategien der Planung und Beseitigung
von Ungewissheit ist dabei bisher jedoch kein Schwerpunkt, wird aber gleichwohl
in drei Forschungsverbünden aufgegriffen.[6] Hieran anknüpfend besteht dringender
Forschungsbedarf auf folgenden Gebieten:

- Identifizierung und Systematisierung der konkreten Erscheinungsformen von
  Ungewissheiten in Innovationsprozessen auf der Grundlage eines breiten Innovationsverständnisses. Es ist eine Systematik zu entwickeln, mittels derer es
  möglich ist, Ungewissheit als strukturelles Merkmal und Potenzial gegenüber
  Ungewissheit als überwindbares Hindernis und Beschränkung in Innovationsprozessen zu unterscheiden.
- Analyse und Entwicklung von Handlungsweisen, durch die eine Akzeptanz und
  produktive Nutzung von Ungewissheiten (Bewältigung von Ungewissheiten)
  in Innovationsprozessen möglich wird. Hierzu sind bereits vorliegende Forschungsansätze zur Erweiterung des Modells planmäßig-rationalen Handelns
  aufzugreifen und auf den Umgang mit Innovationsprozessen zu beziehen, miteinander zu verknüpfen und weiter zu entwickeln.
- Es ist zu prüfen, in welcher Weise Innovationsarbeit ein besonderer Typ
  von Arbeit ist, der im Unterschied zur Produktions- und Verwaltungs- bzw.
  Dienstleistungsarbeit, besondere Merkmale aufweist. Hierzu sind sowohl theoretisch-konzeptuelle, grundlagenorientierte Forschungen, als auch empirische
  Analysen unterschiedlicher Erscheinungsformen von Innovationsarbeit notwendig.
- Identifizierung der für die Bewältigung von Ungewissheit notwendigen individuellen Ressourcen (physisch, psychische Verfassung, Kompetenzen usw.)
  sowie möglicher neuer Belastungen bei der Bewältigung von Ungewissheit
  und Möglichkeiten ihrer Vermeidung (siehe hierzu ausführlicher den Beitrag
  von Martin Elbe).

---

[6] Im Forschungsverbund KES-MI (künstlerisch, erfahrungsgeleitet, spielerisch – Management
des Informellen zur Förderung innovativer Arbeit, www.kes-mi.de), im Forschungsverbund
MICC (Music – Innovation – Corporate culture, www.micc-projekt.org) und im Forschungsverbund THINK (Theatrale Interventionen im Innovations- und Kooperationsmanagement,
www.forschungsprojekt-think.de). Des Weiteren richtet sich auf einen neuen Umgang mit
Ungewissheit der Forschungsverbund KUN-DIN „Dienstleistung als Kunst – Wege zu
innovativer und professioneller Dienstleistungsarbeit" (www.dienstleistungskunst.de) im
Rahmen des Förderschwerpunktes „Professionalisierung von Dienstleistungen" sowie der
Forschungsverbund HELD (Innovationsdramaturgie nach dem Heldenprinzip (www.udk-
berlin.de/sites/innovation-heldenprinzip/content/index_ger.html;   www.heldenprinzip.de/
html/extra.html) im Rahmen des Förderschwerpunktes „Balance von Flexibilität und Stabilität in einer sich wandelnden Arbeitswelt".

- Entwicklung, der für die Bewältigung von Ungewissheit geeigneten Formen des Lernens. Zu prüfen ist dabei insbesondere die Rolle des selbst gesteuerten informellen Lernens im Prozess der Arbeit und dessen gezielte Unterstützung und Förderung (siehe hierzu ausführlicher den Beitrag von Johannes Sauer).
- Identifizierung und Entwicklung von Formen der Arbeits- und Unternehmensorganisation, durch die eine Bewältigung von Ungewissheit ermöglicht und gefördert wird. Dies schließt auch Prinzipien der Führung und Leistungsbeurteilung ein. Besonders ist dabei zu prüfen, in welcher Weise Organisationsformen, die sich auf die Bewältigung von Ungewissheit beziehen, mit Organisationsformen, die sich auf die Überwindung von Ungewissheiten und Herstellung von Planbarkeit richten, kompatibel sind und welche neuen Spannungsverhältnisse dabei ggf. entstehen (siehe hierzu ausführlicher die Beiträge von Harald Wolf und Sibylle Peters).
- Identifizierung und Weiterentwicklung von Technikkonzepten, die sich nicht auf die Ausschaltung, sondern Bewältigung von Ungewissheit richten. Anknüpfungspunkte bestehen hierfür in Konzepten des *embodied mind* und Robotik im Rahmen der Entwicklung künstlicher Intelligenz. Des Weiteren ist zu untersuchen, welche Technikkonzepte geeignet sind, um Mitarbeiter bei der Bewältigung von Ungewissheiten zu unterstützen. Anknüpfungspunkte hierfür bestehen im Konzept von Technik als *Werkzeug* und handlungsorientierter Gestaltung der Mensch-Technik-Interaktion.

Zur Klärung dieser Fragen sind sowohl theoretisch-konzeptuelle Forschungen als auch empirische Untersuchungen sowie experimentelle Gestaltungsvorhaben notwendig. Im Besonderen sind Innovationsprozesse in Unternehmen daraufhin zu untersuchen, in welcher Weise hier bereits praktisch entwickelte Ansätze zu einer produktiven Nutzung von Ungewissheiten bestehen. Im Besonderen ist zu prüfen, in welcher Weise hier Potenziale in KMU bestehen, die es aufzugreifen und weiterzuentwickeln gilt.

5 Perspektiven für Deutschland

Folgt man der Beurteilung durch internationale Experten, so hat sich in Deutschland vor allem in Großunternehmen in der Vergangenheit eine besondere Kultur des Planens entwickelt. Hierin kann durchaus eine Stärke Deutschlands im internationalen Vergleich gesehen werden. Diese Stärke kann in Zukunft jedoch nur dann weiter genutzt und entwickelt werden, wenn zugleich eine Öffnung für die Anerkennung von Grenzen der Planung erfolgt und Möglichkeiten für eine Bewältigung von Ungewissheiten eröffnet und systematisch gefördert werden. Gelingt dies, so könnte gerade in Deutschland in besonderer Weise eine höchst produktive neue Innovationskultur durch die Verbindung von Planung (Beseitigung von Ungewissheit) und produktive Nutzung von Ungewissheiten (Bewältigung von Ungewissheit) in Innovationsprozessen entstehen. Aufgrund der vergleichsweise hoch entwickelten Kultur der Planung kann sich dabei die Forschung und Praxis in besonderer Weise der Bewältigung von Ungewissheiten widmen. Daraus ergeben sich auch neue Wege, vor allem das Innovationspotenzial von KMU weiter zu stärken. Klein- und Mittelbetriebe (KMU) spielen in der wirtschaftlichen Entwicklung in Deutschland eine bedeutsame Rolle. Gerade KMU verfügten in der Vergangenheit über ein hohes Innovationspotenzial und es ist davon auszugehen, dass die zukünftige Entwicklung in Deutschland wesentlich davon abhängt, ob es gelingt, dieses Innovationspotenzial weiter zu erhalten und auszubauen. Angesichts der allseits beschleunigten Innovation und internationalen Konkurrenz geraten jedoch auch KMU zunehmend unter Druck, ihre Innovationsprozesse stärker als bisher gezielt zu gestalten und zu organisieren. Es liegt nahe, hierbei auf bisher entwickelte Methoden eines planmäßigen Innovations- und Projektmanagements zurückzugreifen. Exemplarisch hierfür ist die Einführung des Stage-Gate-Modells (vgl. Wühr et al. 2010; Pfeiffer et al. 2010). Die einseitige Konzentration auf solche Methoden des Innovations- und Projektmanagements beinhaltet jedoch die Gefahr, dass hierdurch das Innovationspotenzial von KMU nicht gefördert, sondern ggf. sogar beeinträchtigt wird. Vieles weist darauf hin, dass in der Vergangenheit das Innovationspotenzial KMU gerade darin bestand, eher unbewusst und quasi naturwüchsig Ungewissheiten in Innovationsprozessen zuzulassen und zu bewältigen (vgl. Böhle und Kalkert 2010). Mit dem Konzept der *Bewältigung von Ungewissheit* eröffnet sich ein neuer Weg, die bereits in KMU bestehenden Ansätze zur Bewältigung von Ungewissheiten aufzugreifen und systematisch zu unterstützen und weiterzuentwickeln.

Literaturverzeichnis

Amabile TM, Gryskiewicz N (1989) The Creative Environment Scales: The Work Environment Inventory. In: Creativity Research Journal, 2: 231-254

Beck U, Bonß W (2001) Die Modernisierung der Moderne. Suhrkamp, Frankfurt a.M.

Beck U, Bonß W, Lau C (2004) Entgrenzung erzwingt Entscheidung. Was ist neu an der Theorie reflexiver Modernisierung? In: Beck U, Lau C (Hrsg) Entgrenzung und Entscheidung. Suhrkamp, Frankfurt a.M.

Beck U, Holzer B (2007) Organizations in World Risk Society. In: Pearson CM, Roux-Dufort C, Clair JA (Hrsg) International Handbook of Organizational Crisis Management. Sage, Los Angeles: 3-24

Böhle F (2009) Weder rationale Reflexion noch präreflexive Praktik. Erfahrungsgeleitet-subjektivierendes Handeln. In: Böhle F, Weihrich M (Hrsg) Handeln unter Unsicherheit. VS Verlag für Sozialwissenschaften, Wiesbaden

Böhle F (2008) Erfolgreiche Bewältigung des Unplanbaren durch „anderes" Handeln. In: Pawlowsky P, Mistele P (Hrsg) Hochleistungsmanagement. Leistungspotenziale in Organisationen gezielt fördern. Gabler, Wiesbaden

Böhle F, Bolte A (2002) Die Entdeckung des Informellen. Der schwierige Umgang mit Kooperation im Arbeitsalltag. Campus, Frankfurt a. M./ New York

Böhle F, Kalkert P (2010) Unbestimmtheit und Offenheit als Potenzial für Innovationen. In: Gatermann I, Fleck M (Hrsg) Innovationsfähigkeit sichert Zukunft. Beiträge zum 2. Zukunftsforum Innovationsfähigkeit des BMBF. Duncker & Humblot, Berlin

Böhle F, Weihrich M (2009) Handeln unter Unsicherheit. VS-Verlag für Sozialwissenschaften, Wiesbaden

Böhle F, Pfeiffer S, Sevsay-Tegethoff N (2004) Die Bewältigung des Unplanbaren. VS Verlag für Sozialwissenschaften, Wiesbaden

Bolte A, Porschen S (2006) Die Organisation des Informellen. VS-Verlag für Sozialwissenschaften, Wiesbaden

Brater M, Büchele U, Fucke E, Hertz G (1989) Künstlerisch handeln. Die Förderung beruflicher Handlungsfähigkeit durch künstlerische Prozesse. Verlag Freies Geistesleben, Stuttgart

Bullinger HJ (2006) Verdammt zur Innovation. In: RKI-Magazin, Bd 57: 12–14

Cohen MD, March JG, Olsen JP (1972) A Garbage-Can-Model of Organizational Choice. In: Administrative Science Quaterly, Heft 17: 1–25

Cooper RG (2002) Winning at New Products. 2. Auflage. Perseus Books, Reading/ Massachusetts

Coopey J, Keegan O, Emler, N (1998) Managers' Innovations and the Structuration of Organizations. In: Journal of Management Studies, Jg 35, Heft 3: 263–284

Erdmann G (1993) Elemente einer evolutorischen Innovationstheorie. Mohr, Tübingen

Gärtner C (2007) Innovationsmanagement als soziale Praxis. Hampp, München/ Mering

Gärtner C, Lederle S (2007) Innovation am lunatic fringe: Ist der Rand die Heimat der Innovation? In: Bergknapp A, Gärtner C, Lederle S (Hrsg) Sozioökonomische Organisationsforschung. Hampp, München/ Mering

Hauschildt J (2004) Innovationsmanagement. Vahlen, München

Howaldt J (2009) Zum Wandel des Innovationsverständnisses. Von der Industrie- zur Wissens- und Dienstleistungsgesellschaft. Expertise im Rahmen des Projekts „International Monitoring", IMA/ZLW & IfU, RWTH Aachen University, http://www.internationalmonitoring.com/fileadmin/Downloads/Experten/Expertisen/Expertisen_neu/Expertise_Howaldt.pdf. Zugegriffen im Mai 2011

Ibert O (2005) Wie lassen sich Innovationen planen? In: Informationen zur Raumentwicklung. Heft 9/ 10: 599-608

Kanter R (2006) Innovation. The classic traps. In: Harvard Business Review Bd 84, Nr 11: 72-83

Kocyba H (2000) Jenseits von Taylor und Schumpeter: Innovation und Arbeit in der „Wissensgesellschaft". In: Institut für Sozialwissenschaftliche Forschung (ISF) (Hrsg) Jahrbuch sozialwissenschaftliche Technikberichterstattung. Berlin: 25-58

Lazonik W (2005) The Innovative Firm. In: Fagerberg J, Mowery DC, Nelson RR (Hrsg) The Oxford Handbook of Innovation. Oxford University Press, Oxford

Lenzen M (2002) Natürliche und künstliche Intelligenz. Campus, Frankfurt a.M./ New York

Lupton D (1999) Risk. Routledge, London/ New York

Mainzer K (2003) Künstliche Intelligenz. Grundlagen intelligenter Systeme. Wissenschaftliche Buchgesellschaft, Darmstadt

Michel R, Weiss A (1990) Die permanente Innovation. Anleitung für die Unternehmenspraxis. Campus, Frankfurt a.M./ New York

Mistri M (2008) Innovative processes and procedural rationality. Innovation as outcomes of a sequence of strategic actions. In: Human Systems Management, Jg 27: 295-304

Moldaschl M (2007) Innovationsarbeit. In: Ludwig J, Moldaschl M, Schmauder M, Schmirl K (Hrsg) Arbeitsforschung und Innovationsfähigkeit in Deutschland. Hampp, München/ Mering

Neumer J (2009) Neue Forschungsansätze im Umgang mit Unsicherheit und Ungewissheit in Arbeit und Organisation. Zwischen Beherrschung und Ohnmacht. Expertise im Rahmen des Projekts „International Monitoring" im Aktionsfeld „Management der Ungewissheit", IMA/ZLW & IfU, RWTH Aachen University, http://www.internationalmonitoring. com/fileadmin/Downloads/Experten/Expertisen/Expertisen_neu/Expertise_Neumer.pdf. Zugegriffen im Mai 2011

Nippa M (2007) Zur Komplexität der Innovationsorganisation. In: Engel K, Nippa M (Hrsg) Innovationsmanagement: Von der Idee zum erfolgreichen Produkt. Physica, Heidelberg

Nonaka I, Takeuchi H (1997) Die Organisation des Wissens. Wie japanische Unternehmen eine brachliegende Ressource nutzbar machen. Campus, Frankfurt a. M./ New York

Ortmann G (2009) Management in der Hypermoderne. Kontingenz und Entscheidung. VS-Verlag, Wiesbaden

Parsons T (1980) Health on certainty and the Action structure. In: Fiddle S (Hrsg) Uncertanty, behavioural at social dimensions. Praeger, New York

Pavitt K (2005) Innovation Process. In: Fagerberg J, Mowery DC; Nelson RR (Hrsg) The Oxford Handbook of Innovation. Oxford University Press, Oxford

Pfeiffer S (2007) Montage und Erfahrung. Warum ganzheitliche Produktionssysteme menschliches Arbeitsvermögen brauchen. Hampp, München/ Mering

Pfeiffer S, Schütt P, Wühr D (2010) Standardization of Production and Development Processes – Blessing or Curse? In: Grubbström R, Hinterhuber H (Hrsg) Sixteenth International Working Seminar on Production Economics. Pre-Prints, Bd 2: 411-422

Polanyi M (1985) Implizites Wissen. Suhrkamp, Frankfurt am Main

Porschen S (2008) Austausch impliziten Erfahrungswissens. VS-Verlag für Sozialwissenschaften, Wiesbaden

Rammert W (2008) Technik und Innovation. In: Maurer A (Hrsg) Handbuch der Wirtschaftssoziologie. VS Verlag, Wiesbaden

Schuler H, Görlich Y (2007) Kreativität. Hogrefe, Göttingen

Schumpeter JA (1934) The Theory of Economic Development. Harvard University press, Cambridge

Siebel W, Ibert O, Mayer HN (2001) Staatliche Organisation von Innovation: Die Planung des Unplanbaren unter widrigen Umständen durch einen unbegabten Akteur. In: Leviathan. Jg 29, Heft 4: 526-543

Simon H (1957) Models of Man. Social and Rational. Wiley, New York

Stadelbacher S (2010) Aktuelle Ansätze zum „Management der Ungewissheit". Eine Auswertung des internationalen Diskurses zum Thema „Organisations and Risk" auf der Grundlage der Dokumention der Zeitschrift Organisation Studies. Expertise im Rahmen des Projektes „International Monitoring" im Aktionsfeld „Management der Ungewissheit", IMA/ZLW & IfU, RWTH Aachen University, http://www.internationalmonitoring.com/ fileadmin/Downloads/Experten/Expertisen/Expertisen_neu/Expertise_Stadelbacher.pdf. Zugegriffen im Mai 2011

Suchman L (1987) Plans and situated actions : The Problem of Human-Machine Communication. Cambridge University Press, New York

Wegner G (1995) Innovation, Komplexität und Erfolg. Zu einer ökonomischen Handlungstheorie des Neuen. In: Seifert EK, Priddat BP (Hrsg) Neuorientierung in der ökonomischen Theorie. Metropolis, Marburg

Weick KE, Sutcliffe KM (2003) Das Unerwartete managen. Wie Unternehmen aus Extremsituationen lernen. Klett-Cotta Verlag, Stuttgart

Wühr D, Pfeiffer S, Schütt P (2010) Innovation trotz Standardisierung?! Aktive Mitgestaltung von Innovation als zentrale Aufgabe für Interessenvertretung. In: Computer und Arbeit. Vernetztes Wissen für Betriebs- und Personalräte, Heft 5/ 2010: 5-9

Kommentar zum Hauptartikel „Management der
Ungewissheit – ein blinder Fleck bei der Förderung von
Innovationen"

Management von Ungewissheit – Widerspruch in sich?

Petra Dassen-Housen

Es ist mir eine Ehre einen kurzen Kommentar zu dem Artikel von Fritz Böhle zu erstellen. In seinem Artikel skizziert Böhle die Notwendigkeit eines produktiven Umgangs mit Ungewissheit. Innovationen erfordern einen neuen Umgang mit Ungewissheit, denn Ungewisses kann neue Wege aufzeichnen und damit eine Innovationskraft darstellen. Es gilt neben den Konzepten der Planung und Kontrolle neue Konzepte der Bewältigung von Ungewissheit zu entwickeln und einzusetzen, eine *Sowohl-als-auch* Strategie. Böhle stellt fest, dass dieser neue Umgang mit Ungewissheit einen tiefgreifenden kulturellen Wandel und grundlegende Neuorientierungen erfordert.

Die Notwendigkeit einen guten Umgang mit Ungewissheit zu finden, könnte vielleicht sogar einen neuen Paradigmenwechsel bedeuten. Planung und Kontrolle sind nicht mehr die ultimativen Instrumente, sondern müssen mit Kreativität und Flexibilität ergänzt werden. Das ist so leicht dahingestellt, aber wie bewirken wir eine derartige Neuorientierung?

Böhle setzt diese Neuorientierung in der Praxis und in der Wissenschaft an. Ich möchte dies ergänzen mit der Erziehung und Ausbildung: Umgang mit Ungewissheit braucht auch pädagogische Ansätze. Es gilt, Kindern und Jugendlichen ein gewisses Maß an Freiraum zu bieten in denen sie selbst Dinge erfinden und gestalten. In der Ausbildung könnte das von Böhle benannte erfahrungsgeleitete-subjektivierende Handeln eine zentrale Rolle einnehmen. Studenten erwerben somit wichtige Kompetenzen im Umgang mit Ungewissheit.

Umgang mit Ungewissheit ist ein kontinuierlicher Prozess. Denn Ungewissheit, so stimme ich Böhle zu, ist Bestandteil der menschlichen Existenz und in gewisser Weise auch der Reiz des Lebens; denn wenn alles planbar und kontrollierbar wäre, wo bliebe dann die Verwunderung, die Freude, die Hoffnung und die Enttäuschung? Die Gefahr des Managements von Ungewissheit besteht jedoch darin, dass wir Instrumente suchen um das Ungewisse einzuschränken. Denn ist es nicht Ziel von

S. Jeschke et al. (eds.), *Enabling Innovation*, DOI 10.1007/978-3-642-24299-1_3,
© Springer-Verlag Berlin Heidelberg 2011

vielen Managementstrategien Risiken einzuschätzen und einzudämmern? An sich ist dieses Bestreben aus der Sicht der Unternehmen absolut notwendig, nur ist es zu beachten, dass immer etwas unvorhersehbar sein wird und dass Flexibilität und Kreativität wichtige Merkmale einer erfolgreichen Managementstrategie sein werden. Die Frage soll gestellt werden, warum wir dem Management von Ungewissheit so viel Aufmerksamkeit widmen? Wollen wir doch nicht wieder planen und kontrollieren was eigentlich nicht planbar oder kontrollierbar ist? Management von Ungewissheit – Widerspruch in sich?

Philosophisch gesehen ist der Widerspruch vielleicht tatsächlich vorhanden. Dennoch sind wir Menschen fast unfähig Unsicherheit auszuhalten und werden immer wieder nach Mechanismen suchen, die uns ein Gefühl der Sicherheit geben. Wenn Ungewissheit vorhanden ist, ist Gerechtigkeit für Menschen von besonderer Bedeutung (vgl. Bos 2000). Die Erfahrung eines gerechten Vorganges kann Gefühle der Unsicherheit verdrängen. Es bleibt dennoch ein menschliches Bestreben, Unsicherheit einzudämmen. Der Umgang mit Ungewissheit will gelernt werden, auf persönlicher, unternehmerischer und gesellschaftlicher Ebene. Auf persönlicher Ebene gilt es neue Lernkonzepte zu entwickeln in denen der Umgang mit Ungewissheit zentrales Element ist; Lernen wird integrierter Bestandteil des Lebens und Arbeitens sein (vgl. Dassen-Housen 2000). Auf unternehmerischer Ebene gilt es, Organisationskonzepte zu entwickeln, die Flexibilität und Kreativität fördern und Mitarbeiter ermutigen Freiräume zu nutzen. Vor allem müssen derartige Strukturen dynamisch sein und jenseits von Hierarchien und alten Sitten neue Wege einschlagen. Das lebenslange Lernen der Mitarbeiter bedeutet auch eine kontinuierliche Entwicklung von Arbeits- und Organisationsstrukturen, sicherlich im Hinblick auf technologischen Fortschritt. Auf gesellschaftlicher Ebene gilt es, das Spannungsfeld zwischen Verantwortung und Ohnmacht kontinuierlich zu reflektieren.

Eine weitere Bemerkung zu dem Artikel von Böhle betrifft die Empirie. Welche Methoden des Innovationsmanagements sind vorherrschend, und mit wie viel Erfolg werden sie unter welchen Umständen eingesetzt? Auf Grund der Empirie könnte sich durchaus herausstellen, dass es erfolgreiche Fälle gibt wo Innovationen und Risikomanagement zusammengehen. Wie zum Beispiel in der Pharma-Industrie, wo sehr grundsätzliche Forschung stattfindet, strukturiert mit Meilensteinen, Zwischenevaluationen und ständiges Monitoring von Risiken. So gesehen könnte es sogar fraglich sein, ob es gilt, Ungewissheit zu bewältigen statt zu beseitigen. Beseitigung eines Risikos ist vielleicht die ultimative Bewältigung und damit sicherlich, wenn möglich, eine akzeptable Strategie. Beseitigung soll jedoch nicht dazu führen, dass Ungewissheit *vermieden* wird. Denn das wäre fatal für die Neugier, die Kreativität und das Gespür für das wirklich grundsätzlich Neue und damit für die entscheidenden Voraussetzungen zur erfolgreichen Förderung von Innovationen.

Zum Schluss, einige Bemerkungen zum Thema Perspektiven für Deutschland: Wie wir wissen, werden Innovationen vor allem gefördert, wenn sie über die Grenzen des einzelnen Unternehmens oder Instituts hinaus stattfinden. Konzepte wie offene Innovation oder Innovation in der ganzen Supply Chain (also mit

Zulieferern und Kunden) sind in diesem Zusammenhang interessante Beispiele. Frage ist, wie man erfolgreiches Innovationsmanagement in dieser Kette organisieren kann. Es geht darum gemeinsame Ansätze zu entwickeln. Für Deutschland, mit seinen weltführenden Instituten und Unternehmen, ergibt sich somit eine große Chance auf eine Erhöhung des Innovationspotenzials, vorausgesetzt dass man in der Lage ist, das Innovationsmanagement unternehmensübergreifend zu organisieren.

Innovationen und Ungewissheit – sie sind miteinander verknüpft. Und diese Verknüpfung kann den angeblichen Widerspruch überwinden. Wir brauchen Innovationen, Innovationen brauchen Ungewissheit. Ungewissheit ist Bestandteil des Lebens, Strategien müssen auf verschiedenen Ebenen darauf hingerichtet sein dass wir lernen diese Ungewissheit auszuhalten und zu unseren Gunsten zu nutzen. Ein perpetuum mobile!

Literaturverzeichnis

Bos K van den (2000) Omgaan met onzekerheid. Het belang van rechtvaardigheid in organisaties. In Gedrag en Organisatie 2000-13, Nr 5

Bowden J, Marton F (1998) The University of Learning, Beyond Quality and Competence in Higher Education. London

Brödel R (Hrsg) (1998) Lebenslanges Lernen – Lebensbegleitende Bildung. Luchterhand Verlag, Neuwied

Dassen-Housen P (2000) Responding to the global political-economical challenge: the learning society exemplified by the working environment. Wissenschaftsverlag Mainz, Aachen

Dohmen G (1996) Das lebenslange Lernen, Leitlinien einer modernen Bildungspolitik. Bonn

Keuning D, Eppink D (1982) Management en Organisatie. Theorie en Toepassing. Stenfert Kroese B.V., Leiden/ Antwerpen

Weinerth AB (1987) Lehrbuch der Organisationspsychologie, Menschliches Verhalten in Organisationen, 2. erweiterte Auflage. Psychologie Verlags Union, München/Weinheim

Jenseits von Planung und Kontrolle. Alternative Ansätze des Managements industrieller Forschung und Entwicklung

Harald Wolf

Abstract

Der Beitrag zeichnet das Schwanken des Managements von Forschung und Entwicklung zwischen alternativen Ansätzen nach: dem eines „Risikomanagements" und dem einer „Ungewissheitstoleranz". Das dominante Risikomanagement setzt auf externe Planung des Neuen und direkte Kontrolle seiner Erzeugung, Ungewissheitstoleranz auf Vertrauen und Selbstorganisation der unmittelbar im Innovationsprozess tätigen Beschäftigten. Auf Basis empirischer Befunde wird gezeigt, dass bestimmte Entwicklungstendenzen in der aktuellen Innovationspraxis – wie etwa die zunehmende Kapitalmarktorientierung vieler Unternehmen – Risikomanagement-Konzepte stärken, aber dass auch alternative Ansätze noch Chancen haben, wenn sie an die vorhandene Vitalität innovations-förderlicher Kooperationskulturen und die Selbstregulierungskompetenzen der Innovationsarbeiter anknüpfen. Diese Befunde verweisen ebenfalls auf die oft übersehene hohe Relevanz von sozialer Sicherheit als Innovationsbedingung, aber auch auf deren Gefährdung.

1 Einleitung

Im Problemkreis Innovation, so ist zu Recht bemerkt worden, spiegeln sich zentrale Probleme und Herausforderungen gegenwärtiger Gesellschaften (vgl. Hage 2000, 68). Anspruch und Verheißung grenzenloser Erneuerungsfähigkeit und Leistungssteigerung treffen hier auf die gleichzeitige Dominanz eines Denkens und Handelns in Kategorien von rationaler Planung und Kontrolle und bilden mit ihm ein spannungsvolles Gemisch. Sie treffen nicht zuletzt auf optionenbegrenzende (Macht-) Strukturen und die pluralen, potenziell gegenläufigen Interessenorientierungen der unterschiedlichen gesellschaftlichen Akteure. Innovationsfähigkeit zu sichern und zu steigern und auf dieser Grundlage Innovationen hervorzubringen wird so einerseits zur fraglosen Crux und erweist sich andererseits als sozial höchst voraussetzungsvolles, immer wieder auch gefährdetes komplexes Unterfangen.

Innovationsfähigkeit verhält sich zur Innovation wie das Arbeitsvermögen zur Arbeit. Die abstrakte *Potenz* muss sich im *Akt* auch verwirklichen, die vorhandenen individuellen und sozialen *Fähigkeiten* und *Ressourcen* an Personal bzw. an

S. Jeschke et al. (eds.), *Enabling Innovation*, DOI 10.1007/978-3-642-24299-1_4,
© Springer-Verlag Berlin Heidelberg 2011

Wissenspotenzial, das es verkörpert, an objektiviertem Wissen etc. müssen sich in Innovationen, d. h. neuen Produkten und Dienstleistungen bzw. einem marktgängigen und gewinnbringenden „Innovation" (Sombart) niederschlagen. Wie beim Arbeitsvermögen allgemein ergibt sich damit auch hier ein ständig zu lösendes *Tranformationsproblem*, und mehr noch als dort ist höchst ungewiss, ob und inwieweit diese Transformation gelingen wird.

Mehr noch als dort: Denn der Arbeitsvertrag, den Unternehmen mit ihren *InnovationsarbeiterInnen* abschließen, bleibt auf doppelte Weise offen bzw. un(ter)bestimmt. Nicht nur in Bezug auf den Prozess der konkreten Leistungsverausgabung, sondern vor allem auch in Bezug auf sein intendiertes Resultat: die Produktinnovation. Industrielle Forschung und Entwicklung (F&E) eröffnet mit ihrem Ziel damit ein besonders weites Feld der Ungewissheiten. Sie geht von diesen – im Hinblick auf Erneuerungs- und Verbesserungsmöglichkeiten der Produkt- bzw. Leistungspalette – aus und versucht gezielt, (technische, gestalterische) Gewissheiten zu erzeugen, die zugleich marktfähig und gewinnbringend sein müssen. Die Bearbeitung dieses Dauerproblems der Erhaltung und der Transformation von Innovationsfähigkeit in Innovation obliegt dem Innovationsmanagement (z. B. Hauschildt und Salomo 2007). Der vorliegende Beitrag skizziert einige Aspekte, aktuelle Entwicklungstendenzen und Probleme des Managements industrieller Forschung und Entwicklung sowie diesbezügliche Forschungsperspektiven unter dem Gesichtspunkt des Umgangs mit und der Bewältigung von Ungewissheit.

2 Management von Forschung und Entwicklung: Zwischen Risikomanagement und Ungewissheitstoleranz

Dass betriebliche Akteure, die im Rahmen von Innovationsprozessen arbeiten und Entscheidungen treffen, dies angesichts enormer Ungewissheiten tun, ist bekannt. Das Bild vom Innovationsprozess als *gamble*, als Glücksspiel, bei dem man Einsätze wagen muss in der Hoffnung auf möglichst günstige Ergebnisse, deren Zustandekommen man aber nur begrenzt beeinflussen kann, wurde und wird von vielen Innovationsmanagern immer wieder gebraucht, wenn sie auf die Grenzen ihres Metiers verweisen (vgl. Shapin 2008, 142).[1] Seit Schumpeters Versuch, Innovation als zentralen Motor des Kapitalismus durch Verweis auf das Merkmal der großen Ungewissheiten – neben dem Erfordernis von *speed* und der zu überwindenden *Trägheit* – genauer zu bestimmen, hat die Innovationsforschung diesen Aspekt als konstitutiv für die Problematik theoretisch wie empirisch hervorgehoben (vgl. Fagerberg 2005).

Alternative Ansätze des Innovationsmanagements kann man gut danach unterscheiden, wie sie mit diesen konstitutiven Ungewissheiten als Kern des Inno-

---

[1] „Forschung und Entwicklung ist Zocken", meinte auch ein ein F&E-Leiter in einem Interview, das wir jüngst im Rahmen unseres Forschungsprojekts „Innovation und Mitbestimmung" führten (siehe dazu auch 2.3).

vationsprozesses umgehen. Die Managementkonzepte können in traditioneller Weise – und im Zeichen des Misstrauens gegenüber den Problemlösungsfähigkeiten der Akteure im Innovationsprozess selber – vor allem auf Planung und Kontrolle abheben, um Ungewissheit gezielt und *von außen* zu reduzieren. Aus der Machterhalts- und Kontrollperspektive (sei es der Unternehmenseigner oder des leitenden Managements) sind solche Konzepte des *Risikomanagements* sogar durchaus nahe liegend, wenn sie auch zugleich das Innovationsziel gefährden (2.1). Dagegen können alternative Konzepte, die auf Vertrauen, das Einräumen von Spielräumen für möglichst viele Innovationsakteure und auf deren Selbstregulation setzen, aus Eigner- und Managementperspektive betrachtet zwar eventuell Macht- und Kontrollverluste mit sich bringen, dürften aber – so eine Annahme, die sich aus der Innovationsforschung entnehmen lässt – am ehesten dazu in der Lage sein, vorhandene Innovationspotenziale auch auszuschöpfen (2.2). Einige Schlaglichter auf die aktuelle Innovationspraxis in Industrieunternehmen verdeutlichen, dass Varianten beider Konzeptalternativen auch heute noch, in Kombination und im Konflikt, die Realitäten industrieller F&E prägen (2.3).

2.1 Risikomanagement:
Planung des Neuen und Kontrolle seiner Erzeugung

Man kann das Neue zu planen und seine Erzeugung zu kontrollieren versuchen. Das ist sogar eine der zentralen Innovationen und Grundzüge der Moderne. Man verwandelt dann – scheinbar – eine prinzipiell ungewisse Zukunft in eine zwar immer noch riskante, aber vermeintlich schon heute berechenbare Unternehmung. Das ist die moderne Tendenz zum *Risikomanagement* (vgl. Power 2007). Beherrschungsvisionen und Sicherheitsfiktionen, wie sie das Rationalisierungsprogramm der Moderne in allen möglichen Bereichen bestimmen und leiten *(vgl. Böhle in diesem Band), prägen auch seit langem die Versuche, auf breiter Stufenleiter wissen*schaftliches und technisches Wissen zum Zwecke vor allem der Produktinnovation in der industriellen F&E zu organisieren und zu mobilisieren. Diesen Zugriff hatte Alfred N. Whitehead im Blick, als er von der „Erfindung der Methode des Erfindens" als einem der Kerne der zweiten industriellen Revolution im Übergang zum 20. Jahrhundert sprach.

Seitdem hat sich eine Vielzahl von Organisationen und Vielfalt von Organisationsformen der geplanten und kontrollierten F&E in Industrieunternehmen herausgebildet. Gewiss ist dabei prinzipiell anerkannt, dass eine Besonderheit solcher Organisationsformen, um mit Luhmann zu sprechen, darin besteht, dass *Zweckprogramme* und nicht so sehr die deterministische Wenn-dann-Logik der *Konditionalprogrammierung* hier einen hohen Stellenwert besitzen (vgl. Luhmann 2000). Nicht die Wiederholung von bereits Bekanntem und Beherrschtem, sonst die Grundoperation der meisten Organisationen, sondern die Diskontinuität und das Finden von bisher Unbekanntem müssen hier als erwünscht *programmiert* werden. Die Wege dahin müssen von Fall zu Fall neu bestimmt werden. Dafür bietet sich die Form des Projektes an, und in der Tat besteht heute die Organisation von industrieller F&E in ihrem Kern, was die Gestaltung der konkreten Innovationsarbeit anbelangt, in Projektorganisation und Projektmanagement (vgl. Kalkowski und Mickler 2009; vgl. auch Peters in diesem Band).

Als „klassische, in ihren Grundzügen bis heute gültige Standardperspektive des Projektmanagements" (Nausner 2006, 43) hat sich damit aber ein Organisationsleitbild auch für Innovationsprozesse durchgesetzt, das eine traditionelle Planungs- und Kontrollzielsetzung in den Vordergrund rückt. Zentrale Elemente sind der sogenannte Stage-Gate-Prozess (als Phasenplanung von Innovationsprojekten), eine *Work-Breakdown-Structure* (als Projektstrukturplanung), die Termin- und Ablaufplanung sowie systematisierte Soll-/ Ist-Vergleiche (vgl. Hauschildt und Salomo 2007). Der Akzent liegt auf der Planung der Prozesse von außen und auf einer *mechanistischen* Grundorientierung. „Aus organisationstheoretischer Sicht kann man die Standardperspektive dem Theoriekanon der administrativen Verwaltungsführung zuordnen, indem Organisation, Management und Unternehmensführung unter dem Blickwinkel von Regelhaftigkeit und Präzision entfaltet wird (Scientific Management)." (Nausner 2006, 44) Das erscheint als Fortführung der Theorielinie Weber, Taylor, Fayol... mit anderen Mitteln. Auch ernüchternde Forschungsergebnisse über die Anwendung von Projektmanagementsystemen in F&E-Prozessen (etwa dass Projektpläne oft nicht einzuhalten sind, dass viele Prozeduren eher legitimatorische Funktionen zu besitzen scheinen, dass neue und komplizierte Planungstools in der Praxis selten genutzt werden, dass allzu präzise Pläne sich als untauglich erweisen, dass die meisten Projektmanager nur eher triviale Instrumente und Methoden anwenden, etc.) irritieren die Protagonisten eines solchen Risikomanagements via *Projektifizierung* offenbar nicht sehr. „Die Reaktion der meisten AnhängerInnen der Standardperspektive ist einigermaßen verblüffend: Es werden immer mehr und immer komplexere Methoden und Instrumente aus verschiedensten Fachrichtungen in den Projektmanagementkanon eingebaut" (ebd., 44).

2.2. Ungewissheitstoleranz: Alternative Ansätze in Innovationspraxis, Organisationstheorie und Innovationsforschung

Angesichts dieser auch heute noch dominierenden Planungs- und Kontrolllogik mag es überraschen festzustellen, dass die Realgeschichte der industriellen F&E-Organisation, des F&E-Managements und der Innovationspraxis des 20. Jahrhunderts voll ist von Beispielen, in denen alternative Prinzipien zum Tragen kommen, ja hochgehalten werden (vgl. Shapin 2008, Kap. 5 und 6). Eine der einflussreichsten Galionsfiguren der privatwirtschaftlichen konzerngetriebenen F&E in den USA, C. E. Kenneth Mees (1882-1960), Gründer und langjähriger Leiter des Eastman Kodak Research Laboratory, propagierte (auch in Lehrbüchern) bis in die 1950er Jahre *Organisationskonzepte*, die eingestandenermaßen von der weitgehenden Nicht-Planbarkeit der Forschungs- wie auch der meisten Entwicklungsarbeiten (!) ausgingen und die man als „laissez-faire laboratory non-organization" bezeichnet hat (ebd., 140). Die schlichte – ungewissheitstolerante – Leitlinie von Mees lautete:

"In actual [research and development] practice, the individual can be assigned a problem or problems on which he is expected to report regularly and is allowed to spend the remainder of his time on work of his own choosing as long as it is in the field of the laboratory's interests" (Mees zit. n. ebd., 136f.).

Gesetzt wurde auf die professionelle Selbstdisziplin der als InnovationsarbeiterInnen tätigen Wissenschaftler und Techniker, denen das – ebenfalls aus Wissenschaftlern und Technikern bestehende – Innovationsmanagement Vertrauen entgegenbrachte (und, da Innovationsarbeit eben als kaum kontrollierbar galt, entgegenbringen musste).

Zur systematischen Einführung und Ausbreitung von F&E-Kosten-Controlling, Teamarbeitsstrukturen und von Projektmanagementsystemen kam es in der 2. Hälfte des vorigen Jahrhunderts (vgl. Noble 1977). Solche Organisationsformen überlagerten und modifizierten sicherlich solche überkommenen Strukturen grundlegend und verhalfen letztlich der rationalen Planungs- und Kontrolllogik auch im Innovationsmanagement zur Vorherrschaft. Man sollte indes blueprint und Konzept gerade hier nicht vorschnell mit den organisationalen Realitäten und der Arbeitspraxis gleichsetzen. Leider wissen wir, trotz einiger instruktiver Studien (Hinweise bei Hage 2000 und im Folgenden), immer noch zu wenig über diese Realitäten und Praxen. Dass F&E eines sensiblen und toleranten Umgangs mit Ungewissheiten und mit denjenigen, die im Innovationsprozess an ihrer konkreten Bewältigung – und erneuten Schaffung – arbeiten, bedürfen, ist eine *Lehre*, die nicht von außen an sie herangetragen werden muss, sondern vielfach – der *herrschenden Lehre* zum Trotz – immer noch gelebt wird (siehe 2.3).

Dass dies auch gar nicht anders sein kann, bestätigt die empirische Innovationsforschung zumindest indirekt. Verschafft man sich einen Überblick über die Ergebnisse der Innovationsforschung so zeigt sich zunächst zweifelsfrei, dass organisatorische *Zentralisierung* – als grober Indikator für Konzepte zentraler, direkter Planung und Kontrolle „eine sehr robuste negative Korrelation mit Innovationsraten" besitzt (Hage 2000, 71). Es rücken zwei Gruppen von positiven Schlüsselfaktoren für Innovationserfolg in den Vordergrund: *organische* Organisationstrukturen und eine *innovationsfreundliche, risikofreudige* Organisationsstrategie. Organische Strukturen implizieren vor allem einen geringen Differenzierungsgrad (z. B. kleine Anzahl von Abteilungen, relative Autonomie der Untereinheiten), geringe hierarchische und bürokratische Koordination (niedriger Standardisierungsgrad von Regeln und Abläufen, Rahmenkontrollen durch Budget- und Personalmanagement) und Ausrichtung auf Qualität (vgl. ebd., 84; Burns und Stalker 1994). Die organisationstheoretische Diskussion von Innovationsfragen kreist um viele weitere Aspekte solcher organisationsstrukturell günstigen Bedingungen für Innovationsfähigkeit und Innovation (vgl. Böhle in diesem Band sowie Neumer 2009). Als zweiter Schlüsselfaktor werden riskante, komplexe Strategien zur Integration von Vielfalt und von Neuem ausgemacht (z. B. strategische Ausrichtung auf Integration unterschiedlicher Unternehmensfelder wie auch auf Besetzung von Produkt- oder Service-Nischen, auf Bereitstellung ausreichender finanzieller Mittel sowie auf

Rekrutierung hochqualifizierten, diversifizierten Personals, und die Fähigkeit zu Adaptionen und Fehlerkorrekturen im Kontext einer innovationsfreundlichen, unterstützenden Unternehmenskultur).

Hage (2000) fügt als dritten, eigentlich wichtigsten Faktor die Komplexität der Tätigkeiten und der Kooperation hinzu. Hier dürfte letztlich der Schlüssel im Umgang mit Ungewissheiten liegen. Von der Komplexität der Tätigkeiten und Kooperationsstrukturen hängt die Vielfalt (heterogene Unternehmensbereiche mit einer heterogenen Aufgaben- oder Kontrollpalette, hohe Anteile von Personen mit reichhaltigen Berufserfahrungen aus anderen Feldern) und die Tiefe wie Breite der vorhandenen Wissensbasis ab. Hinzu kommt die Bedeutung der Kooperation zwischen unterschiedlichen Unternehmensbereichen (die Häufigkeit und die Intensität von Interaktionen, gemeinsame Produktions- oder Service-Aktivitäten, das Vorhandensein einer interaktiven, kommunikationsfreundlichen Unternehmenskultur) (vgl. ebd., 83). So verstandene Komplexität bedeutet auch mehr Ungewissheit. Die Befunde zeigen, dass entsprechende Öffnungen und Ungewissheitstoleranzen nötig sind, um Innovationserfolge zu erzielen.

In dieser Richtung können schließlich durchaus auch aktuelle Ansätze wie *Open Innovation, verteilte Innovation* bzw. *Nutzer-Innovation* gedeutet werden (vgl. West und Bogers 2010; von Hippel 2005). Man kann diese Forschungsansätze und ihre Pendants in der Managementpraxis begreifen als eine Suchbewegung in Richtung solcher Öffnungen, als Gegenteil zum Ausschluss von Ungewissheit im geschlossenen Chandler'schen Managementsystem, als toleranteren Blick auf insbesondere *externe* Ungewissheit, um sie *intern* zu nutzen.

2.3 Entwicklungstendenzen in der aktuellen Innovationspraxis

Hier soll nun, freilich nur beispielhaft, auf einige Veränderungstendenzen hingewiesen werden, denen sich industrielle F&E-Prozesse derzeit ausgesetzt sehen. Sie zeigen einerseits die weiterhin große Prägekraft der Planungs- und Kontrollperspektive. Andererseits wird aber auch Potenzial alternativer Ansätze und Herangehensweisen deutlich, die in der Praxis selber schlummern bzw. sich dort bemerkbar machen. Dabei greife ich, soweit nicht anders angegeben, auf Befunde aus einem Forschungsprojekt zurück, das ich zusammen mit Hans Joachim Sperling, Jürgen Kädtler und Volker Wittke am Soziologischen Forschungsinstitut (SOFI) in Göttingen durchgeführt habe.[2]

---

[2] Es handelt sich um das von der Hans Böckler Stiftung von 2007-2009 geförderte Projekt „Innovation und Mitbestimmung: Regulierungsbedarfe, Interessenorientierungen und die Entwicklung von Spielregeln für Innovationshandeln". In diesem Rahmen wurden 4 Intensivfallstudien und 8 Kurzfallstudien in Industrieunternehmen durchgeführt. In den 12 Unternehmen führten wir insgesamt rund 120 Gespräche, darunter 76 Beschäftigteninterviews mit Naturwissenschaftlern, Ingenieuren, Technikern und Laboranten in F&E-Abteilungen. Der Forschungsbericht ist z. Zt. (Juni 2010) noch in Arbeit.

(1) Kapitalmarktorientierung versus Innovation?
Der Risikomanagement-Ansatz des Innovationsmanagements findet offenbar, so zeigen auch alle neueren Befunde, immer wieder genügend Stützung und Deckung durch entsprechende Macht- und Interessenkonstellationen in der Industrie und in den Unternehmen. Für Innovationsprozesse gelten zwar, wie angemerkt, *organische* Strukturen zumindest nach den Befunden der Innovationsforschung als angemessen und effizient. Die *organische* Logik sieht sich in den Unternehmen aber stets mit konkurrierenden Logiken konfrontiert: mit wirtschaftlichen Zwängen der Marktbearbeitung und Profiterzielung sowie mit Anforderungen, die sich durch die Einbindung in eine Unternehmensbürokratie ergeben. Die Balance zwischen diesen Logiken erscheint heute zunehmend gestört. Sie hat sich offenbar zugunsten finanzmarktgetriebener Ausrichtungen von Innovationsentscheidungen an pseudo-exakten Kennzahlen und Analysten-Ratings und zuungunsten von Fach- und Innovationskompetenz verschoben. Eine Kurzformel für solche Konstellationen ist heute die verstärkte *Kapitalmarktorientierung*. In der aktuellen Diskussion taucht die entsprechende Problematik unter den Rubriken *Finanzialisierung, Finanzmarkt-Kapitalismus* oder *Shareholder-Value* auf. Es stellt sich die Frage, ob die hiermit einhergehenden Tendenzen nicht die sozialen Bedingungen und Erfordernisse von Innovation(sarbeit) zunehmend unterminieren (vgl. Deutschmann 2005; Hirsch-Kreinsen 2008).

Dafür gibt es in der Tat Anhaltspunkte. Ökonomische und organisatorische Einflussgrößen werden zunehmend als Einschränkung der professionellen Leistungserbringung und des daraus gespeisten Innovationsprozesses wahrgenommen. Konstatiert werden eine stärkere Ökonomisierung der Unternehmens- und Betriebsorganisation sowie eine größere Abhängigkeit der F&E-Projekte von Markteinschätzungen und Renditeerwartungen. Marktparameter (z. B. Produkteinführungszeiten) gelten als gut planbar bzw. werden vom Management als fix gesetzt. Demgegenüber wird der Zeit- und Ressourcenbedarf der Innovationsarbeit mit seinen vielfältigen Unwägbarkeiten und Planungsunsicherheiten unter dem Druck der Ökonomisierung als ebenso wägbar und planungssicher behandelt wie andere Größen. Das schlägt auf die fachliche Aufgabenerledigung durch – mit der starken Tendenz, lieber nicht zu viel Ungewissheit zu tolerieren und sich im Zweifel gegen *zu viel Innovation* zu entscheiden. Mit Ökonomisierung, kontinuierlichen Organisationsumbauten (vor allem in multinationalen Unternehmen) und neuerlichen (IT-gestützten) Planungs- und Kontrolldurchgriffen auf F&E wachsen aber zugleich die Ungewissheiten (die man dadurch doch den Prozessen *austreiben* wollte). Das Hauptproblem besteht offenbar nicht selten darin, unter solchen Bedingungen überhaupt noch Prozesssicherheit zu gewährleisten und gerade das dafür nötige Erfahrungswissen älterer InnovationsarbeiterInnen noch (oder wieder) ins Spiel zu bringen (vgl. Grewer et al. 2007).

Aber es gibt auch Gegenkräfte. So ist die Einflussposition von F&E im Unternehmen in den von uns untersuchten Fällen (noch) stark genug – und keineswegs z. B. vom Controlling *ausgespielt*–, um nötige Freiräume zu sichern. „Mit noch so ausgefeilten Controlling-Instrumenten können Sie keine Innovationen erzwingen" – diese Aussage aus einem Unternehmen steht nicht allein. Trotz gewachsenem

Legitimations- und Erfolgsdruck scheint es um die Ermöglichungsbedingungen für unkonventionelle und unvorhergesehene Innovationsverläufe, für das Umsteuern, das produktive Warten auf neue Projekte im Großen und Ganzen immer noch recht gut bestellt zu sein. Innovation und Innovationsarbeit werden durch eine dominante *Shareholder Value*-Orientierung gewiss nicht einfach und unwiderruflich behindert bzw. beschädigt. Neue *ungewissheitstolerantere* Balancen zwischen Markt-, Organisations- und Innovations(-Arbeits)logiken sind möglich. Sie sind freilich voraussetzungsvoll und auf passende Interessenarrangements und Aushandlungsprozesse der betrieblichen Akteure angewiesen.

(2) Kooperationskulturen und soziale Sicherheit als Innovationsbedingungen
Betrachtet man die aktuelle soziologische Debatte über hochqualifizierte Angestellte (zu denen InnovationsarbeiterInnen gehören): Das Spektrum der Thesen und Interpretationen reicht hier von der Betonung einer nach wie vor engen Firmenbindung dieser Beschäftigtengruppe (vgl. Kotthoff und Wagner 2008) bis zur These ihrer zunehmenden Abwendung von überkommenen Firmenloyalitäten in Richtung „Arbeitskraftunternehmer" (z. B. Heisig und Ludwig 2004) oder wieder stärkerer „Arbeitnehmerorientierung" (vgl. Boes und Trinks 2006). In dieser allgemeinen Diskussion über *Hochqualifizierte* werden indes die spezifische Arbeits- und Kooperationsförmigkeit von Innovationsprozessen sowie die besonderen Fach- und Sachorientierungen in ihrer Bedeutung zu wenig berücksichtigt. Diese Dimension spezifischer Kooperationskulturen von InnovationsarbeiterInnen, auch und gerade in ihrer Relevanz für die Fähigkeit zur Ungewissheitsbewältigung und zum Innovationserfolg, versuchen die Communities of practice-Diskussion (vgl. Brown und Duguid 1991; Braun-Thürmann 2005) oder auch die „Theorie des innovativen Unternehmens" (Lazonick 2005) zu fokussieren.

Zu Entwicklung und längerfristigem Erhalt solcher Kulturen kommt aber noch der allgemeine *Sicherheitsbedarf* von Arbeit und Beschäftigung hinzu. Globalisierung und Finanzmarktorientierung lösen in der Industrie gravierende Veränderungen aus, permanente Organisationsumbauten, Stellenabbau und Eigentümerwechsel prägen die Erfahrungen. Gerade dadurch, so ein wichtiger Befund, ist die Bedeutung von Betriebsrat und Mitbestimmung als Garanten eines abgesicherten, regulierten Arbeits- und Beschäftigungsumfeldes aus der Sicht der InnovationsarbeiterInnen aufgewertet worden. Das erscheint nur verwunderlich, wenn man Sicherheit und Freiheit sowie Erneuerung als Gegensätze betrachtet. Soziale Sicherheit, hier vor allem im Sinne von Beschäftigungssicherheit und -stabilität, wird in Innovationsprozessen aber geradezu zur Vorbedingung einer vernünftigen Bewältigung von großer Handlungsunsicherheit: Nur durch Stabilisieren *längerer Zweckreihen* und *Auf-Dauer-Stellen* der nötigen gemeinsamen Handlungs- und Lernspielräume ist dies längerfristig möglich. Der Befund bestätigt eine bereits ältere Erkenntnis aus der Soziologie der Sozialpolitik (vgl. Vorbruba 2009) auf unerwartete Weise und verdient auch aus gesellschaftspolitischen Gründen besondere Beachtung. Und erst auf der Grundlage entsprechender Sicherheiten und Dauer von Beschäftigungsverhältnissen können sich jene Kooperationskulturen entwickeln, von denen zuvor die Rede war.

(3) Hohe Selbstregulierungskompetenz – noch...

Auf der Grundlage der Kooperationskulturen in F&E und – günstigenfalls – gestützt durch Arrangements relativer sozialer Sicherheit hat sich in den Unternehmen eine hohe Selbstregulierungskompetenz entwickelt. Durch sie wird gleichsam die Bewältigung der Ungewissheit von unten gewährleistet. Die Spielregeln der Kooperation und der Innovation in den Unternehmen sind dabei Gegenstand dauernder Reflexion und Kommunikation der InnovationsarbeiterInnen selbst. Eine solche Dauerreflexion über Sinn und Angemessenheit geltender Regelungen ist gewissermaßen schon in einer Art von Arbeit angelegt, die immer wieder ihre eigenen Prämissen in Frage zu stellen und zumindest *im Kleinen*, etwa der Projektorganisation, häufig zur Neujustierung zwingt. Es geht aber über das ständige Erfordernis der Selbstregulierung in diesem Rahmen hinaus in Richtung des kritischen Reflektierens und eines Bedarfs am Mitbestimmen über Regeln.

Ökonomisierungstendenzen gefährden allerdings nicht nur Kooperationskulturen und soziale Sicherheit, sondern auch die Bedingungen des Erhalts und der Weiterentwicklung von Selbstregulierungskompetenz und Innovationsfähigkeit. Angesichts permanenter organisatorischer Umstrukturierungen und der Beschleunigung der Innovationsprozesse wird das Vorhalten von Kenntnissen und erfahrungsgesättigtem Fachwissen, die bei Bedarf ganz selbstverständlich abgerufen werden können, immer mehr erschwert. Konstatiert wird die Erosion von rasch verfügbarem Erfahrungswissen und von abfedernden informellen Strukturen (vgl. Hack und Hack 2005, 219f. sowie 292f., Grewer et al. 2007). Die in gewachsene Kooperationskulturen erlernte und ausgeübte hohe Selbstregulierungskompetenz, essenziell für die tagtägliche produktive Bewältigung von Ungewissheit, scheint heute zunehmend geschwächt und gefährdet.

3 Zusammenfassung

Das Management von Forschung und Entwicklung schwankt historisch wie aktuell zwischen Risikomanagement und Ungewissheitstoleranz. Risikomanagement-Ansätze setzen auf externe Planung des Neuen und direkte Kontrolle seiner Erzeugung. Der Gedanke der Ungewissheitstoleranz und der Bewältigung von Ungewissheit kommt dagegen in alternativen Ansätzen in Innovationspraxis, Organisationstheorie und Innovationsforschung zum Ausdruck. Entwicklungstendenzen in der aktuellen Innovationspraxis wie etwa die zunehmende Kapitalmarktorientierung vieler Unternehmen und die noch vorhandene Vitalität innovations-förderlicher Kooperationskulturen verweisen auf die hohe Relevanz von sozialer Sicherheit und von Selbstregulierungskompetenz als Innovationsbedingungen, aber auch auf deren Gefährdung.

4 Zukünftiger Forschungsbedarf

Die bisherige Innovationsforschung ist im Mainstream sehr auf den Innovations-outcome (Innovationserfolg, Wettbewerbsfähigkeit) und allgemeine Entwicklungs-trends ausgerichtet. Innovation und Innovationsmanagment in der direkten Inno-vationspraxis, vor allem die konkrete Arbeit an Innovationen, sind dagegen in Zukunft selbst noch viel genauer zu erforschen. Dabei sind die konkreten Problemlagen in unterschiedlichen Branchen zu berücksichtigen, und vor allem neben industriellen auch der zunehmend wichtige Bereich der Dienstleistungsinnovationen. D. h. auch, dass die eigentliche Innovationsarbeit (Arbeitsplätze, Kooperation, informelle Regelungen, Communities of practice, Innovations- und Projekt-Ökolo-gien) verstärkt zu beforschen wäre. Dabei müsste mehr als früher – und darin auch neueren Managementdiskursen wie *Open Innovation* folgend – über die betrieb-lichen und organisatorischen Grenzen hinaus und quer zu diesen geforscht wer-den, denn Innovationsverläufe sprengen Unternehmensgrenzen und die Schlüssel-faktoren für Innovationserfolg finden sich auch nicht nur im Inneren von einzelnen Organisationen.

Schließlich muss künftige Forschung danach fragen, wie die immer noch vor-herrschende, tief in den etablierten Organisationsstrukturen und -leitbildern veran-kerte Standardperspektive eines *Risikomanagements* der Innovation erschüttert und vielleicht sogar überwunden werden kann. Wie gesagt, die Standardperspektive ist auch in Machtinteressen verankert. „Wie sehen für eine Überwindung jener Standardperspektive günstige Machtkonstellationen und Interessenkoalitionen (im Hinblick auf die Rolle von unterschiedlichen *Stakeholdern* und z. B. auch von Mitbestimmungsinstitutionen) aus?" wäre eine überaus sinnvolle Forschungsfrage (in dieser Richtung vgl. Sperling und Wolf 2010).

5 Perspektiven: Innovationsfähigkeit aktivieren durch mehr Vertrauen und Selbstregulierung statt noch mehr Risikomanagement

Für Innovation sind zwar Ungewissheiten konstitutiv, sie ist aber deswegen kei-neswegs ein regelloser Prozess. Er wird durch Planung und Kontrolle immer schon – und nicht nur, wie die Forschung zeigt, im positiven Sinne – *verregelt*. Hier wünschte man sich – im Sinne einer Ungewissheitstoleranz und der Bewältigungs-perspektive auf Ungewissheit – auch offiziell und als Gegengewicht weit mehr Selbstregulierungskompetenz in den Innovationsprozessen selbst. Voraussetzung dafür ist mehr Vertrauen und mehr Handlungsspielraum für die eigentlichen Inno-vationsarbeiterInnen in den Forschungslabors und Entwicklungsbüros. „Demokra-tisierung von Innovation" meint bei Hippel (2005) das Empowerment der Nutzer. Warum nicht auch der Produzenten? Den Risiken – möglicher Machtverlust der Planer und Kontrolleure – stehen, durch Befunde der Innovationsforschung gut belegte, Chancen höherer Innovationsraten und -erfolge gegenüber – die meines Erachtens auf jeden Fall höher zu gewichten wären.

Literaturverzeichnis

Boes A, Trinks K (2006) „Theoretisch bin ich frei!" Interessenhandeln und Mitbestimmung in der IT-Industrie. Edition sigma, Berlin

Braun-Thürmann H (2005) Soziologie der Innovation. Transcript, Bielefeld

Brown JS, Duguid P (1991) Organizational Learning and Communities-of-Practice: Toward a Unified View of Working, Learning, and Innovation. In: Organization Science 2 (1): 40-57

Burns T, Stalker GM (1994) The Management of Innovation. 3. Auflage OUP, Oxford/ New York

Deutschmann C (2005) Finanzmarkt-Kapitalismus und Wachstumskrise. In: Windolf P (Hrsg) Finanzmarkt-Kapitalismus – Analysen zum Wandel von Produktionsregimen. (KfZSS, Sonderheft 45): 58-84

Fagerberg J (2005) Innovation: A Guide to the Literature. In: Fagerberg J et al (Hrsg) The Oxford Handbook of Innovation. OUP, Oxford/ New York: 1-26

Grewer HG, Matthäi I, Reindl J (2007) Der innovative Ältere. Warum die Entwickleruhr länger als sieben Jahre tickt. Rainer Hampp, München/ Mering

Hack L, Hack I (2005) Wissen, Macht und Organisation. Internationalisierung industrieller Forschung und Entwicklung – ein Fallvergleich. Edition sigma, Berlin

Hage J (2000) Die Innovation von Organisationen und die Organisation von Innovationen. In: Österreichische Zeitschrift für Geschichtswissenschaft 11 (1): 67-86

Hauschildt J, Salomo S (2007) Innovationsmanagement. 4. Auflage, Vahlen, München

Heisig U, Ludwig T (2004) Regulierte Selbstorganisation. Arbeitssituationen und Arbeitsorientierungen von Wissensarbeitern in einem High-Tech Unternehmen. IAW Forschungsbericht 6/ Juli 2004

Hippel v E (2005) Democratizing Innovation. MIT Press, Cambridge/ Mass

Hirsch-Kreinsen H (2008) Technologische Innovationen und Bedingungen des Finanzmarktes. Beitrag zur Tagung „Theoretische Ansätze der Wirtschaftssoziologie". Berlin, 18.-19. Februar 2008

Kalkowski P, Mickler O (2009) Antinomien des Projektmanagements. Eine Arbeitsform zwischen Direktive und Freiraum. Edition sigma, Berlin

Kotthoff H, Wagner A (2008) Die Leistungsträger. Führungskräfte im Wandel der Firmenkultur – eine Follow-up-Studie. Edition sigma, Berlin

Lazonick W. (2005) The Innovative Firm. In: Fagerberg J et al (Hrsg) The Oxford Handbook of Innovation. OUP, Oxford/ New York: 29-55

Luhmann N (2000) Organisation und Entscheidung. Westdeutscher Verlag, Opladen/ Wiesbaden

Moldaschl M (2006) Innovationsfähigkeit, Zukunftsfähigkeit, Dynamic Capabilities. Moderne Fähigkeitsmystik und eine Alternative. In: Schreyögg G, Conrad P (Hrsg) Management von Kompetenz (Managementforschung 16). Gabler Verlag, Wiesbaden: 1-36

Nausner P (2006) Projektmanagement. Die Entwicklung und Produktion des Neuen in Form von Projekten. WUV, Wien

Neumer J (2009) Neue Forschungsansätze im Umgang mit Unsicherheit und Ungewissheit in Arbeit und Organisation. Expertise im Rahmen des Projekts „International Monitoring" im Aktionsfeld „Management der Ungewissheit", IMA/ZLW & IfU, RWTH Aachen University, http://www.internationalmonitoring.com/fileadmin/Downloads/Experten/Expertisen/Expertisen_neu/Expertise_Neumer.pdf. Zugegriffen im Mai 2011

Noble DF (1977) America by Design. Science, Technology, and the Rise of Corporate Capitalism. Alfred A. Knopf, New York

Power M (2007) Organized Uncertainty. Designing a World of Risk Management. OUP, Oxford/ New York

Shapin S (2008) The Scientific Life. A Moral History of a Late Modern Vocation. University of Chicago Press, Chicago

Sperling HJ, Wolf H (2010) Zwischen Sicherung und Gestaltung – Varianten mitbestimmter Innovation in der Industrie. In: WSI-Mitteilungen 63 (2): 79-86

Vobruba G (2009) Die Gesellschaft der Leute. Kritik und Gestaltung der sozialen Verhältnisse. VS Verlag für Sozialwissenschaften, Wiesbaden

West J, Bogers M (2010) Contrasting Innovation Creation and Commercialization within Open, User and Cumulative Innovation. Paper to be presented at the Academy of Management, Montréal, 9.–10. August 2010, http://www.joelwest.org/Papers/WestBogers2010.pdf. Zugegriffen im Juni 2010

Die Rolle des psychologischen Vertrags bei der Unterstützung von Innovationsaktivitäten

Elise Ramstad

Der Artikel von Dr. Wolf behandelt die geänderte Rolle von Planung und Kontrolle sowie Risikobereitschaft als Grundlagen von Innovation bei sich gleichzeitig verstärkender Kapitalorientierung in vielen Unternehmen. Frühere Untersuchungen haben gezeigt, dass im Innovationsprozess beide Faktoren erforderlich sind. Unsicherheit und Risikobereitschaft sind erforderlich als Quellen für neue Ideen und Innovationen, während Planung und Kontrolle für die Handhabung und Akzeptanz von Unsicherheit und die Umsetzung der Innovationen nötig sind. In der Innovationszone wird kontinuierlich der Ausgleich von Planung und Kontrolle und Chaos gesucht (Abbildung 1). Ein Extrem besteht darin, dass Planung und Kontrolle sowie geringe Diversität des Wissens nicht zu Lern- und Innovationsprozessen anregen. Zu starke Übereinstimmung von ähnlichen Kenntnissen reduziert den

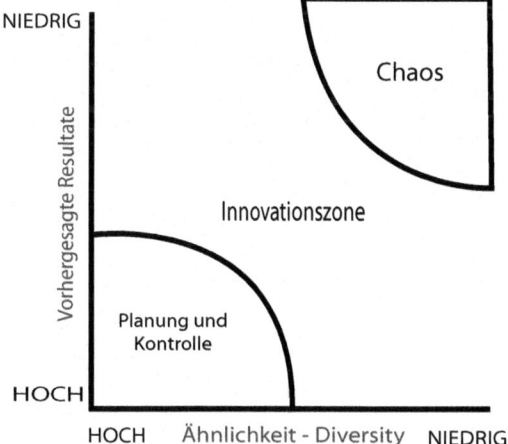

Abbildung 1: Die Innovationszone im Verhältnis zu Similarität und Diversität von Eigenschaften und prognostizierten Ergebnissen

S. Jeschke et al. (eds.), *Enabling Innovation*, DOI 10.1007/978-3-642-24299-1_5,
© Springer-Verlag Berlin Heidelberg 2011

Fluss neuer Informationen, da redundante Verbindungen desselben Wissenstyps bedeuten, dass weniger Verknüpfungen mit Partnern vorhanden sind, die potenziell zu innovativen Ideen beitragen können. Das andere Extrem besteht, wenn die Wissensbasis völlig unterschiedlich ist und Interaktionen und Wissensaustausch unmöglich werden. Die Gefahr besteht darin, dass das System im Chaos endet und die Prognose von Ergebnissen schwierig wird. Es besteht Bedarf an ausgewogener Zusammensetzung von Diversität des Wissens und kognitiver Distanz (vgl. Noteboom 2000). Daher bildet die Diversität und Komplementarität des Wissens der Beteiligten einen wichtigen Faktor für Lernmöglichkeiten, kollektive Problemlösung und, bis zu einem bestimmten Punkt, das Innovationspotenzial. Dies macht das Management des Innovationsprozesses zu einer Herausforderung.

Die Herausforderung in der modernen Arbeitsorganisation besteht darin, die gesamte Organisation nach Innovation streben zu lassen. Nach Dr. Wolf haben sich die Regeln der Innovationsfindung durch die Ökonomisierung geändert, wodurch nicht nur Kooperationskulturen und die soziale Sicherheit gefährdet sind, sondern auch die Bedingungen für Entwicklungsaktivitäten und Innovationsfähigkeit. Der Autor weist darauf hin, dass ein Bedarf an alternativen Ansätzen und Methoden besteht, etwa mehr Vertrauen und kontinuierliche Reflexion und Kommunikation der Innovationsaktivitäten der Beteiligten.

Zurzeit finden ähnliche Diskussionen unter dem Konzept des *psychologischen Vertrags* auch in Finnland und anderen entwickelten Ländern statt. Heute stimmen immer mehr Wissenschaftler darin überein, dass sich der psychologische Vertrag auf das Innovationsverhalten und die Innovationsaktivitäten von Angestellten und Organisationen und damit auf die Leistungsfähigkeit des Unternehmens auswirkt. Die Ursprünge des psychologischen Vertrags reichen Tausende von Jahren zurück, doch vor kurzem ist er als Teil der Globalisierung von Unternehmen in Erscheinung getreten. Als psychologischer Vertrag werden die gegenseitigen Erwartungen bezeichnet, die ein Angestellter an die Organisation und das Management an den Angestellten stellt. Im Kern betrifft der psychologische Vertrag gegenseitige, typischerweise unausgesprochene Erwartungen – Dinge, die der Angestellte vom Arbeitgeber erwarten kann und die die Organisation von Angestellten und Teammitgliedern erwarten kann. Jeder Angestellte hegt bestimmte Erwartungen, etwa zu Gehalt oder Lohn, Arbeitszeiten, guter Arbeitsumgebung, Arbeitgeberleistungen und Privilegien. Ebenso hat die Organisation die Erwartungen, dass sich der Angestellte loyal verhält, sein Bestes gibt und produktiv arbeitet.

Früher wurden Angestelltenverträge als selbstverständlich angesehen. Gegenwärtig jedoch stehen Angestellte und Organisationen unter enormem Druck, ihre Erwartungen an Menschen und damit ihre psychologischen Verträge zu ändern. Nach Schein (1980) ändern sich mit geänderten Anforderungen und externen Kräften auch die Erwartungen, was dazu führt, dass der psychologische Vertrag ständig neu verhandelt werden muss. Derzeit steht der psychologische Vertrag unter dem Druck der dramatischen Änderungen in der Weltwirtschaft, u. a. der Liberalisierung der Märkte, sich ändernder Verbrauchererwartungen und der Entwicklung preiswerter, qualitativ hochwertiger Technologien und Dienstleistungen in Asien. Organisationen werden zu Innovationen, Kostensenkungen, Markterweiterungen und immer besserer Erfüllung der Kundenanforderungen gedrängt, wozu sie dramatische Änderungen von Arbeitspraktiken, Management und Angestelltenverhalten durchsetzen. In diesem Klima von Wandel müssen Arbeitsorganisationen nun die Bedingungen der Verträge kontinuierlich neu verhandeln, um sie an die sich verändernden Umstände anzupassen (vgl. Altman und Post 1996). Der traditionelle psychologische Vertrag ist nicht mehr gültig und Arbeitnehmer wie Arbeitgeber müssen ihre Erwartungen und Verpflichtungen neu überdenken.

Derzeit zeigt sich in einem immer größeren Teil der Literatur zum Personalwesen und zum Innovationsmanagement ein erhebliches Interesse an der Diskussion eines neuen Typs von psychologischem Vertrag sowie an der praktischen Gestaltung in unterschiedlichen Organisationen. Die Globalisierung und der Wettbewerb der Innovationen haben zu neuen Arten von Erwartungen geführt. Da Unternehmen in immer hektischeren Umgebungen arbeiten, werden Teile von Unternehmen in billigere Länder ausgelagert und es besteht ein permanenter Wettbewerb um Verbesserungen und Innovationen. Für Arbeitgeber ist es wichtiger geworden, innovative und loyale Angestellte zu haben, während die Arbeitnehmer die soziale Sicherheit (Sicherheit und Stabilität des Arbeitsplatzes) und die Entwicklung ihrer Fähigkeiten als prioritär ansehen. Es wird argumentiert, dass diese neuen Erwartungen beider Seiten geklärt und anerkannt werden müssen, um Arbeitnehmer zu mehr Innovation anzuspornen und Innovationen zu fördern und damit hohen Geschäftsertrag und intensive kollektive Beziehungen zu erreichen.

Der psychologische Vertrag besteht jedoch nicht nur zwischen Arbeitnehmern und Management, sondern auch zwischen jedem Einzelnen und allen anderen Partnern der Innovationsaktivitäten des Unternehmens. Zudem sind die internen Beziehungen von Kollegen und die externen Netzwerke einzelner Arbeitnehmer und Teams von Bedeutung, da sie kontinuierlich Lernmöglichkeiten und Zugang zu neuem Wissen bieten. Das heißt, Kontakte mit Kunden, Lieferanten und externen Experten wie Universitäten, Fachhochschulen und Beratungsunternehmen sind wichtige Quellen für neue Ideen und Innovationen.

Der psychologische Vertrag kann als wirkungsvolle Methode zur Förderung innovativen Verhaltens von Arbeitnehmern und der Unternehmensleistung eingesetzt werden. Zur Steigerung von Innovationen sind Organisationen aktiv bestrebt, das innovative Verhalten ihrer Angestellten zu stärken. Innovative Manager hören auf die Ideen und Sorgen ihrer Angestellten und reagieren entsprechend. Sie belohnen einzelne Mitarbeiter entsprechend ihrer Beiträge. Auch die Verträge von Arbeitnehmern können je nach Anstellung, eigenen Interessen und stattgefundenen Gesprächen unterschiedlicher Art sein. Es müssen nicht immer finanzielle Belohnungen sein, es kann sich auch um sinnvolle Karrierechancen und Arbeitsplatzsicherheit handeln.

Es wird behauptet, dass in Kollaborationen, bei denen die Beteiligten ihre gemeinsamen und eigenen Interessen kennen und anerkennen und zudem einander ergänzende Informationen und Fähigkeiten besitzen, neue Lösungen für die Arbeitsorganisation wie für einzelne Teilnehmer gefunden werden können und dass dieser Weg zu einer besseren Wettbewerbsfähigkeit des Unternehmens führt. In Abbildung 2 sind verschiedene Ziele (gemeinsame und eigene) dargestellt. Die

Beteiligten haben alle ein gemeinsames Ziel (z. B. Innovation), wohingegen die
Ansätze, Aktivitäten, Werte und Kenntnisse zum Entwickeln von Innovationen
voneinander abweichen können. Die Akteure arbeiten zusammen, um durch
Reflexion Kompromisse und neue Lösungen zu finden. Daneben können die
Beteiligten auch eigene Interessen und Motive haben, die berücksichtigt werden
müssen. Andere Ziele können beispielsweise das Wohlbefinden bei der Arbeit, die
Sicherheit des Arbeitsvertrags, die Entwicklung von Fähigkeiten, bessere Produkte
und Dienstleistungen usw. sein.

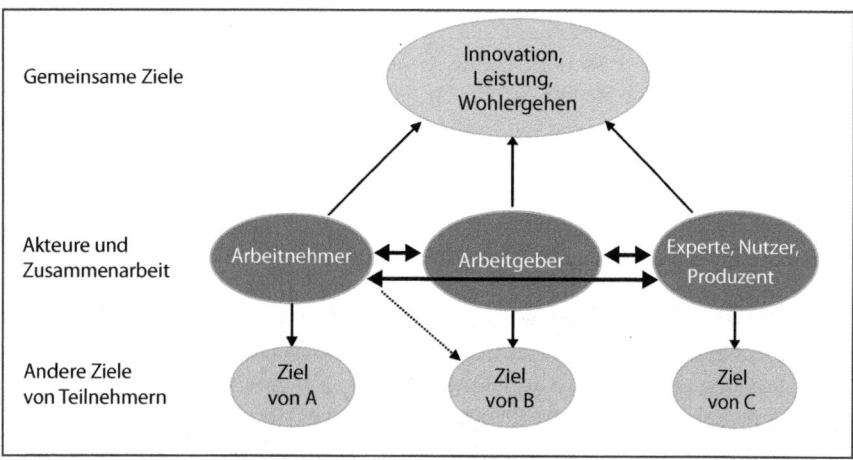

Abbildung 2: Multisubjektive Orientierung auf Innovationsaktivitäten

Diese Art der Wissenszusammenführung kann das Ziel von Innovationsaktivitäten
auf neue Weise verständlich machen und auch die (Neu-)Gestaltung der Arbeitsorganisationen selbst ermöglichen. Knorr-Cetina (1982) hat Projekte mit mehreren Motiven und Zielen als transepistemische Felder bezeichnet, in denen unterschiedliche Interessen kollidieren können. Die unterschiedlichen Wissensarten der
Akteure können gleichzeitig miteinander in Wettbewerb stehen und kollaborieren.
Insbesondere die Fragen der Organisationsentwicklung und des Personalwesens können sehr heikel sein, da sie eng mit den Fragen des Weisungsrechts des Arbeitgebers
verknüpft sind. Beispielsweise können mehrere verschiedene Herangehensweisen
zur Verbesserung der Produktivität der Arbeitsorganisation existieren, die gleichzeitig widersprüchlich sind, beispielsweise eine neue Organisation der Arbeit,
Personalreduzierungen und Investitionen in neue Technologien. Weiterhin kann
die Dauer – kurz- oder langfristige Entscheidungen – Auswirkungen auf die Entwicklungsstrategie und Lösungen haben (vgl. Ramstad 2008). Die Widersprüche
sollten jedoch nicht als negativer Faktor angesehen werden, sondern als Quelle
von Lernprozessen aus Konflikten und qualitativ verbessertem Wissen. Die
Herausforderung besteht darin, aus unterschiedlichen Herangehensweisen das
bestmögliche Potenzial für die gemeinsame Problemlösung und das gemeinsame
Lernen zu entwickeln.

Literaturverzeichnis

Altman BW, Post JE (1996) Beyond the social contract: An analysis of executives; views at 25 large companies. In: D. T. Hall (Hrsg) The Career is Dead- Long Live the Career: A Relational Approach to Careers. Jossey-Bass, San Francisco: 46-71

Hargadon AB (2003) How Breakthroughs Happen. The Surprising Truth about How Companies Innovate. Harvard Business School Press, Cambridge, MA

Knorr-Cetina K (1982) Relativism – What Now? Social Studies of Science, Bd 12: 133-136

Noteboom B (2000) Learning and Innovation in Organisations. Oxford University Press, Oxford

Ramstad E (2008) Innovation Generating Model – Simultaneous Development of Work Organization and Knowledge Infrastructure. Helsinki University of Technology. Report 65 by the Finnish Workplace Development Programme Tekes, Helsinki

Schein EH (1980) Organisational Psychology. Englewood Cliffs, NJ: Prentice-Hall

Neue Formen von Projektorganisation und Projektmanagement – dynamisch und offen

Sibylle Peters

Abstract

Die zunehmende Strukturierung von Arbeits- und Organisationsprozessen durch Projektformen implizieren neue Herausforderungen hinsichtlich des Umgangs mit Wissensarbeit und erweitern den Handlungsspielraum zur Generierung von Innovationen. Das klassische Projektmanagement allein ist jedoch immer weniger in der Lage komplexe, unsichere, wissensorientierte Prozesse bewältigbar zu machen. Durch Alternative Ansätze müssen vielmehr soziale, akteursausgerichtete Themen der Bewältigung aufgegriffen werden.

1 Einleitung

Die Zunahme wissensbasierter- und orientierter Arbeitsinhalte verändert auf nachhaltige Weise Arbeits- und Organisationsprozesse. Das heißt, die Entstehung neuer wissensintensiver Tätigkeiten wandelt bestehende Arbeitsmarktsegmente und generiert neue Entwicklungen in Arbeitsprozessen, die sich in veränderten Organisationsstrukturen widerspiegeln, und darauf basieren, dass immer mehr Arbeits- und damit Wertschöpfungsprozesse in Projektformen verlagert und vollzogen werden. Das heißt, Arbeit und Organisation werden direkt über neue Formen von Projektorganisation miteinander gekoppelt – Arbeit und Organisation werden quasi *projektifiziert*. Arbeitsprozesse und Organisationsstrukturen rücken im Hinblick auf ihre Leistungsfähigkeit zur Generierung von Innovationen zunehmend in den Fokus der Betrachtung. Die Leistungsfähigkeit von Innovationsoptionen wird somit in den Mikrofeldern operativer Arbeitsprozesse und dezentraler Organisationsstrukturen zum Gegenstand innovationsorientierter Analyse- und Steuerungsprozesse werden. Das Interesse an Innovationen in Arbeitsprozessen und gleichermaßen Organisationsstrukturen ist deshalb so groß, weil das soziale System Organisation strategischen Regelwerken folgt, die jedoch bei zunehmend komplexeren und wissensintensiveren Tätigkeiten im Sinne von strategischen Planungs- und Vorentscheidungen eher unzureichend greifen. Grundlegendes Anliegen in immer komplexer werdenden Planungsprozessen ist die Suche und Erweiterung von Möglichkeiten steuerbarer Vorgehensweisen, die die Beherrschbarkeit und Steuerung derselben aufrechterhalten. Da, wo Ungewissheit von Planung und Steuerung aufscheint, versucht man, diese durch effektivere Modelle aufzufan-

S. Jeschke et al. (eds.), *Enabling Innovation*, DOI 10.1007/978-3-642-24299-1_6,
© Springer-Verlag Berlin Heidelberg 2011

gen. Projektorganisation erscheint in diesem Kontext als eine durchorganisierte Form zur Ermöglichung von Innovation, die aber *blinde Flecken* bei der Förderung von Innovation hinterlässt. Dies lenkt den forschungsorientierten Blick auf die Sichtbarmachung der in Projektformen erzeugten *blinden Flecken* (vgl. die Beiträge von Böhle und Wolf in diesem Band).

Gegenstand und Fokus von Analyse und Gestaltung sind in diesem Beitrag folglich Projektarbeit, Projektorganisation und Projektmanagement. Sie sind gleichermaßen als Arbeits- und Organisationsform von Interesse, weil sie den Aufbau und Ablauf von Organisationsstrukturen, die Dynamisierung von Führung und den Prozess des Organisierens betreffen. Das berührt die Schnittstellen von Struktur- und Handlungsebene, da aufgrund der Zunahme wissensabhängiger Tätigkeiten die Handlungsebene als Ebene des operativen Organisierens an Bedeutung gewinnt und die Bewältigung von *blinden Flecken* aufgreifen kann. Der dynamische Charakter von Projekten eröffnet neben der objektiven Ausrichtung von Arbeits- und Organisationsstrukturen zunehmend auch akteurssteuernde Gestaltungsoptionen. Infolgedessen werden neben formalen Steuerungsaspekten in Projekten nunmehr professionelle Handlungen hinsichtlich der Koordination von Arbeit und der Gestaltung von Organisation immer wichtiger. Hier sind entsprechende Wege und Formen zu finden, die die steigenden Wissensanteile von in Projekten arbeitenden Akteuren für Innovationen generieren können.

2 Neue Herausforderungen in der Projektorganisation

2.1 Zusammenhänge von Projektorganisation und Wissensarbeit

Projekte und Projektorganisationsformen sind als *Phänomen* der Moderne in immer mehr Tätigkeitsfeldern von Produktions-, Dienstleistungs- und Verwaltungsprozessen anzutreffen (vgl. Nausner 2006). In Folge dessen lösen sich Leitbilder einer technischen Rationalisierung und Kontrolle von Arbeits- und Organisationsprozessen auf. Die dadurch entstehenden Öffnungen werden jedoch noch zu wenig für Forschungs- und Entwicklungsfragen in operativen Mikroprozessen genutzt. In diesen Formen werden neue Muster von Arbeitsorganisation generiert, um wissensintensiven Tätigkeiten Raum zu geben, oder beispielsweise die Auflösung/Reorganisation tayloristischer Arbeitssysteme vorzunehmen. Auf der operativen Ebene der Projektorganisation hat sich somit ein ganz neuer Bereich – Projektmanagement – entfaltet, in welchem Arbeit und Organisation in hybriden Formen verschmelzen.[1]

Im Projektmanagement gehen Organisationsprinzipien mit einer Systematik von Methodensets eine Melange ein. Der ursprüngliche Sinn ist, mit Hilfe von spezifischen Managementsystemen Innovationsprozesse jenseits von klassischen

---

[1] Unter Projektorganisation versteht man eine Arbeits- und Organisationsform, die den strukturellen Rahmen für Projekte stellt (Dies ist nicht identisch mit Gruppenarbeit). Dagegen umfasst Projektmanagement den Prozess der Steuerung von Projekten (vgl. Bea und Göbel 2002; Becker 2004; Bergmann und Garrecht 2008; Bea et al. 2008; Kerzner 2003).

funktionalen Aufbau- und Ablaufprozessen zu ermöglichen. Die Projektteams sollen darin eine effiziente Aufgabenbearbeitung sicherstellen und ebenso Konflikte in geregelte Bahnen lenken, d. h. Pfade für neue Ideen schaffen (vgl. Bröckling 2006; Madaus 2000; Bea et al. 2008). Projektentwicklungen und damit gekoppelte klassische Managementstrategien geraten hinsichtlich ihrer Wirksamkeit zunehmend an ihre Grenzen. Immer neue Modellkonstruktionen werden mit dem Anspruch entwickelt, Strukturen und Prozesse besser steuern zu können, wobei veränderte Arbeits- und Organisationsentwicklungsinstrumente gefragt sind. Personalentwicklungsinstrumente stehen da eher am Anfang einer Neuorientierung (vgl. Meifert 2010). Dies lässt sich aus der Perspektive neuerer Ansätze zum Projektmanagement aufzeigen, da die Steuerung wissensintensiver Tätigkeiten nicht mehr nur aus den gegebenen Bedingungen der Organisation beantwortet werden kann (vgl. Wilkesmann 2010, 481ff.). Die Projektorganisation gerät an Grenzen ihrer Effektivität sowie Innovationserwartungen, weil wissensintensive Tätigkeiten und gegebene Strukturen Unvereinbarkeitsmomente aufzeigen. Besonders gravierend zeigt sich das in der Arbeitsteilung, welche geregelte wiederkehrende Routinehandlungen symbolisiert und über Koordination/Konfiguration diese immer wieder verstetigt. Da innerhalb von Projektorganisation die Innovationsfähigkeit dominantes Ziel ist, werden zunehmend Handlungsspielräume aller dort tätigen Akteure gezielter gesucht, um mit den Unwägbarkeiten in Aufbau- und Ablaufstrukturen umzugehen. Die Akteure nehmen in unterschiedlichen Projekten verschiedene Mitgliedschaftsrollen ein. Ihre Arbeit in Schnittstellen und Unsicherheitszonen verstärkt Ungewissheit und ist eine Herausforderung für Innovationen sowie individuelle Karriereentwicklungen in Verbindung mit Personalentwicklung. Die verschiedenen Mitgliedschaften dieser Akteure entsprechen nicht unbedingt der Logik der Organisation, d. h. sie sind in der Organisation nicht zweifelsfrei präsent (vgl. Lang und Rattay 2005). Projekte und Projektmanagement sind ständig auf der Suche nach neuen Arbeits- und Organisationsformen sowie veränderte Regelungen von Management- und Führungssystemen, die Innovationsoptionen bieten. Innerhalb dessen sind Projektmanagement und Innovationserwartungen eng miteinander verknüpft.

2.2 Forschungsstand zum Projektmanagement

Innerhalb von Projektorganisation und Projektmanagement sorgt die Fixierung auf Regelwerke und Leitlinien dafür, einen stabilen Orientierungsrahmen für das Management gegenüber den Mitarbeitern vorzugeben. Das schließt Optionen für andere professionelle Handlungsoptionen als das klassische Management aus, denn das klassische Projektmanagement orientiert sich in Planung und Steuerung an den zu erwartenden Ergebnissen von Effizienz und Effektivität. Wissensorientierte Tätigkeiten folgen dagegen anderen Mustern der Generierung von Handlungsoptionen, folglich ist eine Öffnung zu interdisziplinären Ansätzen im Umgang bzw. Ermöglichung von Innovationen außerhalb des klassischen Managements gefragt. Regelwerke nach Rationalitätsorientierungen weisen auf Grenzen hin, so dass Betrachtungsweisen wie die „Beherrschung von Unsicherheit, bzw. Ohnmacht gegenüber Unsicherheit" möglich werden (Neumer 2009; vgl. auch Böhle in diesem Band). Die Einbeziehung einer Akteursebene neben der Strukturebene bietet dazu Alternativen.

2.2.1 Klassische Projektmanagementansätze und Gegenentwürfe

Das klassische Projektmanagement konzentriert sich auf die Steuerung technischer Prozesse bei Berücksichtigung sozialer Aspekte, die die Motivation (mit)laufend berücksichtigen. Die Projektorganisation sowie das Projektmanagement sind dabei eingebettet in Projektordnungen mit spezifischen Ziel- und Zeitdimensionen sowie Abgrenzungen gegenüber anderen Vorhaben zur Herstellung von Neuem. Sie zeichnen sich durch eine Festlegung von Mittel- und Ressourceneinsatz in planbare, kontrollierbare und steuerbare Projektprozesse aus (vgl. Bröckling 2007, 248f.; Nausner 2006). Projekte sind dabei in Weisungs- und Entscheidungsbefugnisse der Organisation eingebunden und die Standardisierung in Projektstrukturen sichert die Einbindung in Ablaufprozesse der Organisation (vgl. Bergmann und Garrecht 2008; Madauss 2000). Kennzeichnend ist hierbei, dass ursprünglich in diesen zusätzlichen Organisationsformen abseits von Organisationsroutine neue Elemente für innovative temporäre Vorhaben gesucht wurden. Dazu haben sich verschiedene Modelle von Projektmanagement[2] ausdifferenziert, in denen Arbeitsteilung und Mitgliedschaften in die Strukturen der Organisation verankert bleiben. Daraus ergibt sich ein Spannungsfeld für die Mitglieder zwischen Routine und Kreativität zu arbeiten. Von ihnen wird die Einhaltung von Standardisierung zur Erreichung von Effizienz erwartet, da sie nur temporär den jeweiligen Projektformen zugeordnet sind, jedoch Innovationsfähigkeit das Credo der jeweiligen Projektformen ist. Innerhalb der Entwicklungen und der Akzeptanz von Projektarbeit in unterschiedlichen Organisationen wird erwartet, mit der Ausdifferenzierung von Organisations- und Managementformen Neues/Innovatives immer wieder neu herstellen zu können. Gleichermaßen wird über die Einbindung in bestehende Organisationsstrukturen Standardisierung von Tätigkeiten erwartet. Insbesondere im angloamerikanischen Raum finden Gegenentwürfe zum klassischen Projektmanagement innerhalb von technischen Steuerungsmomenten eine Resonanz in der Weise, dass bei Berücksichtigung der technischen und sozialen Dimensionen Modellierungen einer Steuerung besonders gestaltet werden. Sie heben Entwicklung und Gestaltung einzelner Aspekte im Modus des Planbaren und der Ausdifferenzierung von IT-Prozessen besonders hervor (vgl. Söderlund 2002). In diesem Sinne werden Steuerungssysteme über Rationalität entwickelt, Änderungen dieser Prinzipien sind nicht intendiert und alle Prozesssteuerungen gelten für die operativ ausführende Perspektive. Projekte werden in diesem Sinne kausal strukturiert abgearbeitet. Vor dem Hintergrund dieser Sichtweise auf Projektmanagement haben sich auch formale Ausbildungswege und -programme entwickelt, die darauf abzielen, notwendige Kompetenzen zu entwickeln und zu vermitteln (vgl. Madauss 2000; Kuster et al., 2006; Peters und Steckel 2010).

---

[2] vgl. Matrix-, Stabs- und auch Multiprojektmanagement

2.2.2 Alternative Ansätze zur Projektmanagementforschung

Infolgedessen, dass Innovationen nicht mehr nur in strategischen Projekten durch eine Steigerung von Effektivität und Effizienz erwartet werden, erfährt die Berücksichtigung von Ungewissheit innerhalb strategischer Planungsvorhaben eine gewisse Aufmerksamkeit. Es geht folglich nicht mehr nur um eine systematische Beseitigung von nichtplanbaren Organisations- und Managementproblemen, sondern will man Neues entwickeln, geht dieses nicht ohne Abweichungen von Bestehendem, indem gezielt Überraschungen zu produzieren sind, d. h. begrenzte Irritationen sind zuzulassen (vgl. Luhmann 1999). Es muss versucht werden, die Grenzen von Planbarkeit entscheidungstheoretisch in den Fokus von Organisations- und Managementproblemen bewusst aufzugreifen. Somit folgen alternative Ansätze dem Grundgedanken, dass die Ablauf- und Aufbaustrukturen grundlegenden Kriterien der Organisationsstrukturen folgen, jedoch Projekte teilweise ihre eigenen Kopplungen entwickeln und eigene Modi der Bearbeitung wählen, wobei diese zunehmen, je offener die Struktur der wissensteiligen Arbeitstätigkeit ist. Das heißt, hinsichtlich von Entscheidungs- und Planungsprozessen wird in alternativen Ansätzen nach neuen Wegen der Einbindung sozialer Systeme gesucht, um die technische mit der sozialen Dimension dynamischer zu koppeln. Somit wird angestrebt, über Planungs- und Steuerungselemente die funktionalen und operativen Ausprägungen des klassischen Projektmanagements zu überschreiten, und zum Beispiel die Veränderungsbereitschaft und das Skizzieren von Visionen zur Voraussetzung für das Design neuer Lösungen zu machen. Kommunikation und so genannte weiche Faktoren werden inhärenter Teil von Arbeitsphasen. Dafür steht insbesondere das Change Management in Verbindung mit dem Projektmanagement, um Diskontinuitäten in den laufenden Projektprozessphasen aufzufangen. Vier alternative Forschungsansätze von Projektmanagement werden gegenwärtig verstärkt diskutiert. Zu ihnen gehören im Einzelnen:

Das systemisch-evolutionäre Projektmanagement verfolgt die Einbeziehung sozialer Systeme (Wirklichkeitskonstrukte) über verschiedene Theoriekonstruktionen, die gleichberechtigt Aufmerksamkeit neben technischen Systemen beanspruchen. Die in den Projekten gegebene Eigendynamik wird im Sinne eines selbstreferenziellen Modells bewusst in die Steuerungsprozesse integriert. In dieser Form ist das Projektmanagement auf unterschiedliche Kooperationen und Kopplungen der Anordnung von Aktivitäten in Ablaufstrukturen angewiesen. Dieses Modell will verdeutlichen, dass die Komplexität hinter der Strukturierung von Planbarkeit und Beherrschung mit den dazu gehörenden Regelwerken nicht die gesamte Situation erfassen kann und deshalb alle Planungsvorhaben immer nur Teile des Systems berühren. Im evolutionären Element soll die Nichtplanbarkeit mit absichtsvollen Mustern in determinierten Ziel- und Zeitvorgaben betont werden. Schlüsselprinzipien sind der Umgang mit offenen Zielen und das Praktizieren eines Varietäts- Engineerings, d. h. mehrere Optionen von Steuerungen werden erhalten. In dieser Projektform gilt es als unhintergehbar, dass Projekte und Projektmanagement um ein Vielfaches komplexer sind als in klassischen Formen angenommen. Dies wird in den 4 Welten-Dimensionen von Projektmanagement thematisiert[3].

Das virtuose (konfigurierte) Projektmanagement wird auch umschrieben mit dem Konzept des *Projektmanagements 2. Ordnung* (PM-2).[4] Ausgangspunkt ist die zunehmende Komplexität und der Umgang mit einer unbeständigen Umwelt, die Einfluss auf das Projektmanagement nimmt. Deshalb wird hier versucht, die 4 Welten des Struktur- und Prozessmodells zu einem konfigurierten System zu ordnen. Das Basiskonzept des PM-2 besteht aus zwei Elementen, zum einen aus dem klassischen Projektmanagement (PM-1) der Steuerung und zum anderen aus dessen Ergänzung, Managementhandeln dynamischer zu verstehen. Das klassische Projektmanagement (PM-1) erlaubt nur die Bearbeitung eines mittleren Komplexitätsausmaßes. Insbesondere mit Hilfe der systemisch-evolutionären Prinzipien sollen diese um selbstorganisatorische Prinzipien infolge eines offeneren Verständnisses der Festlegung von arbeitsteiligen Anforderungen innerhalb der Aufbaustruktur des Projektes erweitert werden. Insofern bedürfen die Arbeitsprozesse der reflexiven Information und Kommunikation und der Beobachtung, um die Projektentwicklung und die Projektmitarbeiter dynamisch zu beeinflussen (vgl. Saynisch 2008, 233ff.). Das PM-2 Modell soll Gestaltungsanleitungen bieten, indem es als ein universelles Referenzmodell verstanden wird und für alle Projektarten als Umgang mit Komplexität anwendbar erscheint. Das Spezifische dieses Ansatzes liegt auf der Projektorganisationsebene in der Konfiguration, also der Schaffung eines optimalen Verhältnisses zwischen Struktur und Chaosgestaltung, um im systemischen Umgang und der Gestaltung von Strukturen und Prozessen ein optimales Verhältnis von Systematisierung und Innovation zu ermöglichen.

Zum Verständnis des *agilen Projektmanagement* ist auszuführen, dass eine flexible und dynamische Gestaltung des Managements auch bei Anwendung von komplexen Softwaresystemen zu gelten habe. Die Prinzipien des virtuellen Ansatzes gelten auch hier in Verbindung mit einer geringen Führungsintensität und einer kooperativen Projektarbeit. Unter unbeständigen Rahmenbedingungen wird das Zusammenführen und Zusammenwirken von Experten aus unterschiedlichen Teams innerhalb einer gemeinsamen Zielsetzung als besonders wichtig erachtet. Individuen und Interaktion bedeuten mehr als Prozesse, Tools und Werkzeuge, d. h. die Qualität der Zusammenarbeit erhält einen zentralen Wert. Professionelle Akteure neben dem klassischen Management treten innerhalb dieser Ansätze bereits in Erscheinung, werden jedoch noch nicht als solche benannt. Umfangreiche Reglementierungen in der Anwendung von Prozessen und Instrumenten gelten innerhalb dieser Ansätze als ungeeignet, verlangt wird jedoch, sich Prozessen der vorherrschenden Ziel-Dynamik anzupassen. Hier geht es nicht

---

[3] Welt 1: Tradition faktischer Abläufe einer Soll-Ist-Ermittlung. Welt 2: Komplexität und ihre Aufeinanderangewiesenheit Welt 3: Organisation des Motivierens, die Kommunikation von Visionen, die Erwartungsstrukturen im Kontext personalpolitischer Maßnahmen. Welt 4: Prinzip zyklischer Prozesse, vernetzter Sprünge (vgl. Saynisch 2008).

[4] Erarbeitet im Programm „Neue Wege im Projektmanagement" Saynisch (2005 und 2008)

um die Konfiguration als Schlüsselprinzip sowie eine detaillierte Dokumentation, sondern um den Erhalt und den Effekt von Dynamik, um ein funktionstüchtiges Ergebnis zu erzielen (vgl. Koch 2010, 69f.; Kastl und Schmid 2009, 213ff.).

Das *erfahrungsgeleitete Projektmanagement* und agile Handeln ergänzen sich. Das Konzept setzt sich von modernen Rationalitätsvorstellungen ab und betrachtet insbesondere menschliche Handlungsweisen als maßgeblich zur Bewältigung von Komplexität in Projekten. Ein Schwerpunkt liegt dabei auf der Annahme, dass menschliche Tätigkeiten nicht auf dem Vollzug vorgezogener Entscheidungen beruhen, sondern vor allem auch in der Situation des Erkundens von Handlungsoptionen, d. h. im praktischen Vollzug des Handelns erzeugt werden. Bewusst aufgegriffen wird, das das Fehlen von planbaren Handlungsstrukturen nicht zu einem Verlust an (Management-) Handlungsfähigkeit führen muss, es wird durch das Handeln der Mitglieder durch Selbstorganisation im Sinne eines *sowohl-als-auch* ergänzt und modifiziert.[5] Offene und situative Projektsteuerungen bieten Möglichkeiten der Bewältigung, indem die Aufbaustruktur und ihre funktionalen Stellenzuweisungen dynamischer gesehen werden (vgl. Habler und Bürgermeister 2010).

Zusammenfassend ist festzuhalten, dass die alternativen Ansätze durch die Einbeziehung der Dimension *Konfiguration*, als Spezifikum der Arbeitsteilung, die Öffnung der Planungs- und Steuerungsprozesse insbesondere in Richtung einer sozialen Bewältigung von Grenzen der Planbarkeit thematisieren. Die Bewältigung ist proaktiv von den Akteuren zu leisten, vor dem Hintergrund ihrer individuellen Kompetenzen und Profile und wird erst im Zusammenspiel aller Akteure im Kontext veränderter Aufbau- und Ablaufstrukturen möglich. In der Erprobung und Durchsetzung akteursabhängiger Problementscheidungen und -lösungen wird Reflexion möglich. Es geht um die Zulassung von Entscheidungen auf der Basis von Selbstorganisation und um die Aushandlung und die Entwicklung von Handlungsoptionen durch die Akteure auf einem anderen Professionshintergrund als dem des klassischen Managementhandelns. Wissen in und über Projekte hinaus kann erst dann genutzt werden, wenn zwischen individuellem und organisatorischem Wissen ein interaktiver reflexiver Austausch aus jeweils gegebenen Gewissheiten gefördert wird. Dieser kann wiederum Voraussetzung für Lernoptionen und neue personalpolitische Entscheidungen sein. Erst dadurch dürften sich neue Optionen für die Organisationsentwicklung jenseits der einzelnen Projekte ergeben und innovationsfördernd wirken.

2.3 Die personale Dimension als Akteursebene

Interaktive und reflexive Bearbeitungsformen haben innerhalb von alternativen Projektmanagementformen eine Schlüsselfunktion inne, deshalb sind ihre Akteure und ihr professionelles (Leistungs-) Handeln neben der Dominanz von Organisationsstrukturen in den Blick zu nehmen. Die Thematisierung des Wissens

---

[5] Das Referenzmodell für erfahrungsgeleitetes Projektmanagement bezieht sich auf die Dimensionen *Organisation, Vorgehen, Wissen und Lernen,* Zusammenarbeit und der *Verfahren.*

dieser Akteure gewinnt bei Zunahme wissensintensiver Tätigkeiten eine verstärkte Aufmerksamkeit, da diese nicht mehr nur die Gestaltung ihrer Arbeitsaufgaben aus Erfahrungen (selbstorganisiert) generieren. Sie müssen sich professionell neues Wissen aneignen, sind auf außerbetriebliche Kooperationen und Netzwerke angewiesen und nehmen Projektleitungsfunktionen neben Akteuren des klassischen professionellen Managements wahr, was beinhaltet, dass sie sich von anderen Professionsstrategien neben dem klassischen Management leiten lassen. Folglich nehmen auf der mikropolitischen Ebene Akteursarenen und Akteurskonstellationen Einfluss auf den Aufbau und die Dynamik von Ablaufprozessen. Von dieser Ebene ausgehend sind die Spielräume der Führungskräfte und anderen professionellen Experten zu untersuchen, denn sie handeln folgeorientiert mit Wirkung auf Projekt und Organisation. Es ist von Bedeutung, ob sich in Ansätzen und Analysen von Projektorganisation und Projektmanagement Hinweise finden lassen, in welcher Weise diese spezialisierten temporären neuen Organisationsformen neue Akteursgruppen einbinden und Innovationsquellen aktivieren. Führungskräfte und Experten gehen in Projektformen als professionell Handelnde neue Verbindungen und Kooperationen ein, die gleichermaßen neue Formen der Gestaltung von Autonomie, Vertrauen und Spielräume für Netzwerke in der Prozessorganisation nach sich ziehen und Organisationsentwicklung[6] und Arbeitsprozesse verändern. Solange professionelles Management mit strategischen Steuerungs- und Kontrollfunktionen als das dominante professionelle Handeln angesehen wird und diese strategische Ausrichtung allein für Steuerungsprozesse in Projekten gilt, können sach- und entscheidungstheoretische Anforderungen selbst bei Einbeziehung der sozialen Dimension die vertrauten Bearbeitungsmodi nicht in Frage stellen. Mit dem Fokus auf die Mikroebene wird der Blick auf die Innenseite der Organisation, d. h. auf die Interaktionen zwischen den Akteuren und ihren organisationalen Kontexten gelenkt. Das Eingehen auf die Innenseite der Organisation ist erforderlich, damit Akteure im Kontext der Außenseite des Projektmanagements als temporäre Mitarbeiter auch über Personalentwicklung und ihre Einbindung in die Organisation sichtbar werden. Folglich ist die Akteursebene mit Hilfe von evolutionären als auch professionspolitischen Konzepten in organisationalen Steuerungsprozessen zu entfalten (vgl. Beckenbach und Daskalakis 2010, 259ff.; Krajewski 2004; Salazar und Peters in diesem Band).

2.4 Beispiele zur Sichtbarmachung neuer Akteure in Projektorganisation: *Wissenspromotoren*

Wissensintensive Tätigkeiten werden von verschiedenen Akteuren in der Peripherie von Organisationen oder oft jenseits von funktionalen Aufbaustrukturen ausgeübt und dadurch von Führungskräften in den Ablaufstrukturen mit klassischen Managementstrategien kaum wahrgenommen. Diese Akteure verfügen über Wis-

---

[6] Professionelles Management basiert auf klassischen Managementstrategien, dagegen umfasst Professionalität von Akteursgruppen in wissensintensiven Tätigkeiten idealtypische Elemente des Professionsverständnisses (vgl. Langer und Manzeschke 2009, 5ff.).

sen als individuelle Erfahrungen und auch über Erfahrungen im Umgang mit organisationalen Gewissheiten. Sie operieren in verstreuten Kontexten außerhalb der ihnen zugewiesenen Aufgaben. Diese Wissensressourcen gilt es aufzuspüren. Eine Möglichkeit stellt die *Wissenspromotion* dar. Hierunter werden systemspezifische und funktionsgebundene Operationen verstanden, die Störungen bzw. Potenziale im Arbeitsprozess identifizieren und deren Bearbeitung oder Nutzung mit dem Ziel der Förderung und Beschleunigung von Wissensflüssen vorantreiben (vgl. Schnauffer et al. 2006, 80; Peters und Dengler 2010, 563ff.). Die so genannten Wissenspromotoren, auch als *Lotsen* zu verstehen, sind Akteure, die über betriebsinterne Wissensvernetzungen verfügen, welche wiederum Möglichkeiten bieten, systematisch Teilmengen des personalen und organisationalen Wissens in Wertschöpfungs- und Innovationsprozesse einzubinden (vgl. Peters et al. 2010, 43ff.). Die Vorgehensweise der Wissenspromotion zeigt, dass komplexe Tätigkeiten jenseits von Aufbaustrukturen Steigerungsformen von Komplexität sind und über den gezielten Einsatz von Erfahrungswissen Kompetenzentwicklungen erfordern, die personalpolitisch aufzugreifen sind.

Akteure in Multiprojektleitungsfunktionen
Multiprojektmanagement ist der Inbegriff der Zunahme von Komplexität durch die Parallelität von Projekten mit dem Anspruch, die Projekte effizient und zudem als Ganzes zu steuern. Dies scheinen erhebliche Herausforderungen für Unternehmen zu sein, da es in der Praxis durchaus vorkommt, dass Projektleitern mit unterschiedlicher Schwerpunktsetzung mehr als ein halbes Dutzend Projektvorhaben überantwortet werden. Sie haben Verantwortung und diverse heterogene Autonomiespielräume etc., konzentrieren sich jedoch dominant auf Routinehandlungen. Aufgrund von Komplexität werden hier jedoch Grenzen einer Steuerbarkeit offensichtlich. Nicht selten werden infolge nicht zu bewältigender Komplexität Projekte vorzeitig abgebrochen, z. B. beim Wechsel der Steuerung einzelner Prozessphasen. Somit wird eine professionelle Strategie notwendig, um die Dynamik der Projekte, jenseits einer Steuerung, aufrechtzuerhalten, und gleichermaßen auf der strukturellen und handlungsbezogenen Ebene jeweils Raum für Gestaltungsoptionen bieten zu können. Entscheidend für die Steuerung ist die Dynamik. Die Projektleiter als Akteure nehmen in unterschiedlichen Projekten eine *Spagat-Gesamtverantwortung* wahr und sind einer Dynamik ausgesetzt, die *den Zwang zum Handeln* unter das Diktat von Zeit stellt. Detaillierte Informationssammlung, Konfigurationsaspekte etc. werden dem Dynamiksog des Systems untergeordnet. Mit der Zunahme von Entwicklungen zum Muliprojektmanagement mehren sich in der Praxis Beispiele, die deutlich machen, das die Sicherstellung der eigenen Handlungsfähigkeit die entscheidende Herausforderung für die Akteure darstellt, da diese immer stärker in Schnittstellen von Projektorganisation und Organisation arbeiten, also in Bereichen, wo das klassische Management an die Grenzen der Beherrschung gerät.

3 Resümee

Projekt- und Netzwerkstrukturen werden gegenüber klassischen Organisationsstrukturen immer präsenter. Begriffe wie *Projektgesellschaft* (Ladwig et al. 2010) und *Projektwirtschaft* signalisieren diese Entwicklungen, jedoch sind Formen wie die Projektorganisation bisher noch kaum in die strategische Unternehmensführung integriert. Infolge der Einmaligkeit von Projektstrukturen löst die Projektorganisation keinen Änderungsdruck auf Organisationen aus und Innovationsfähigkeit wird als solche nicht bewusst aufgegriffen. Komplexität und Dynamik werden erst in den alternativen Ansätzen zu einem Betrachtungsgegenstand, wo in Form von Selbstorganisation, aber unabhängig von Stellenzuweisungen der Aufbaustruktur, Handlungen und Interaktion als ergänzende Gestaltungsprinzipien neben technischen und organisationalen Steuerungselementen zentral werden. Das rückt Änderungsprozesse und die Grenzen der Bewältigbarkeit in das Blickfeld von forschungstheoretischen und praktischen Gestaltungsaufgaben. Katastrophen, die durch die unbeherrschbare Komplexität von Projekten ausgelöst werden, belegen die Relevanz für Wirtschaft und Gesellschaft.

Die soziale, bzw. personale Dimension ist in allen skizzierten Ansätzen untergeordnet, auch wenn z. B. aus systemischer Sicht allen Koordinationsdimensionen ein eigener Stellenwert der Bearbeitung zugesprochen wird. Die Verstetigung der jeweils einzelnen Aspekte wird unverändert durch Arbeitsteilung gesteuert. Die Zusammenstellung als Kodifizierung dient somit dazu, eine Basis zu benennen, die Sicherheit ermöglicht und Unsicherheit als Teil von Projektarbeit akzeptiert. Die Organisation selbst bleibt jedoch außen vor, die interdisziplinäre sowie auch international verteilte Aufgabenteilung verbleibt innerhalb von Projektorganisation ohne eine Verstetigung in der Organisation. Aber auch Formen von Kodifizierung beziehen sich nicht auf eine Verzahnung von Struktur und operativer Handlungsebene, d. h. Ziel- und Zwecksetzungen betreffen immer die Strukturebenen, die bedingt durch Akteure revisionsfähig sind. Ein grundlegendes Problem ist, dass Lernprozesse in Projektstrukturen ungenügend gefördert und thematisiert werden. Das Zusammenspiel von Strukturen und Handlungsebenen kann Spielräume für Lernen und damit für Innovationsfähigkeit schaffen. Insofern sind Mitgliedschaftsfragen ein wichtiger Fokus, wenn Akteure parallel in mehreren Projektformen arbeiten. Ihre Vertragssituation folgt temporären Mustern eines *projektorientierten Berufslebens* nach dem Prinzip der Zerlegung und Neuzusammensetzung spezifischer Projektvorhaben und Expertise mit sich wiederholenden gleichen Regeln (Peters und Steckel 2010). Das beinhaltet, dass ihre Expertise bereits so speziell ist, dass sie in Projekten zunehmend temporär beschäftigt werden ohne Kernmitgliedschaft im Unternehmen. Das erhöht ihr Karriererisiko, denn die wechselnden Mitgliedschaften ziehen jeweils Abschwächungen sozialer Inklusion nach sich, weil die Akteure als Personal immer wieder neu mit Ausschließungsprozessen konfrontiert werden. Gleichwohl ist es Aufgabe von Forschung und Entwicklung, Karriereoptionen in Projektstrukturen (Projektkarrieren) zu verfolgen, soll diese temporäre Tätigkeit nicht zu Verlusten von Karriereorientierungen in Form von prekären Beschäftigungen führen. Hier ist die Personalpolitik gefragt.

4 Forschungsbedarfe unter der Perspektive von Innovationsfähigkeit

Der forschungs- und entwicklungspolitischen Integration von Struktur- und Handlungsebenen einschließlich einer theoretischen Bearbeitung sind bisher zu wenig Aufmerksamkeit entgegen gebracht worden, nicht zuletzt wegen der Dominanz professioneller Managementstrategien. Managemententscheidungen bedürfen zunehmend interdisziplinärer sowie diplomatisch geführter Gestaltungsszenarien, die das Aushandeln gegenüber der Durchsetzung technischer Determinanten in den Fokus stellen, bzw. über die Entscheidungsprozesse Ungewissheit thematisiert werden kann. Es entstehen Forschungsbedarfe, die Kopplungen von Struktur- und Handlungsebene aufgreifen unter Fragestellungen, wie z. B.:

* Wie sind auf der Struktur- und Handlungsebene neue Szenarien zu entwickeln, die neben dem institutionellen einen akteursorientierten Fokus hinsichtlich einer zu fördernden Varietät zulassen?
* Welche Bedeutung haben Formen von Kooperationen und Konfigurationen, die z. B. Vertrauen und Autonomie theoretisch stärken und damit Macht, Hierarchie und professionelles Management ergänzen können, um Innovationsfähigkeit zu fördern?
* Welche Bedeutung haben Vertrauen und Offenheit inklusive der Form von Vertragssituationen und Bindung auf der Akteursebene für Wissensverankerung- und austausch in hochkomplexen Strukturen?
* Wie kann klassische Personalentwicklung in Projektstrukturen entwickelt werden und agieren?

5 Ideen und Visionen für den Wirtschaftsstandort Deutschland

Die Projektorganisation wird zur dominanten Arbeitsform der Wissensgesellschaft. Vor diesem Hintergrund haben forschungs- und entwicklungspolitische Fragestellungen dieses aufzugreifen, um Forschungsanschlüsse für notwendige Innovationen zu suchen. In der Projektform liegen Potenziale auch für eine neue Integration der Mitglieder in sich wandelnden Organisationen, bzw. sie sind die Basis für Kreativität und damit Innovationsfähigkeit, die Ungewissheit zukunftsoffen gestalten kann. Regelwerke für Akteure in wissensintensiven Tätigkeitsfeldern folgen anderen Gestaltungsaspekten als z. B. Selbstorganisation über Erfahrungswissen, ihr innovationsförderndes Handeln liegt u. a. in Vernetzungen und neuen erweiter-

ten Regelwerken, z. B. in Richtung gehenden Governance-Regeln und darin gelei-
teter Interessen an sinnstiftenden Entwicklungen.

Literaturverzeichnis

Bea FX, Göbel E (2002) Organisation. UTB, Stuttgart

Bea FX, Scheurer S, Hesselmann S (2008) Projektmanagement. UTB, Stuttgart

Beckenbach F, Daskalakis M (2010) Invention und Innovation als kreative Problemlösungs-
prozesse. In: Moldaschl M, Stehr N (Hrsg) Wissensökonomie und Innovation. Metropolis, Marburg

Becker J (2004) Prozessmanagement – Ein Leitfaden zur prozessorientierten Organisationsgestaltung. Springer, Berlin

Böhle F, Weihrich M (Hrsg) (2009) Handeln unter Unsicherheit. VS-Verlag, Wiesbaden

Böhle F, Voß GG, Wachtler G (2010) Handbuch Arbeitssoziologie. VS-Verlag, Wiesbaden

Bröckling U (2007) Das unternehmerische Selbst. Suhrkamp, Frankfurt

Habler T, Bürgermeister M (2010) Erfahrungsgeleitetes Projektmanagement bei produk-
tionsnahen Dienstleistungen. In: Heidling E, Böhle F, Habler T (Hrsg) Produktion und
Dienstleistung, München/ Mering

Hagen S (2009) Projektmanagement in der Öffentlichen Verwaltung, Wiesbaden

Hardwig T (2007) Interessen und Konflikte als Ansatzpunkte des Organisationslernens
München/ Mehring

Hölzle K (2009) Die Projektleiterlaufbahn, Wiesbaden

Kastl T, Schmid A (2009) Projektmanagement unter dem Blickwinkel von Komplexitäts-
und Netzwerktheorie. In: Mayer TL, Wald A, Gleich R, Wagner R (Hrsg) Advanced
Project Management. Lit, Berlin

Koch D (2007) Neue Ansätze und Entwicklungen im Projektmanagement. Diplomarbeit an
der Wirtschaftswissenschaftlichen Fakultät der Universität Augsburg

Kurtz T, Pfadenhauer M (2009) Soziologie der Kompetenz. VS-Verlag, Wiesbaden

Kuster J, Huber E, Lippmann R, Schmid A, Schneider E, Witschi U, Wüst R (2006) Handbuch Projektmanagement. Springer, Berlin

Krajewski M (2004) Projektemacher. Kadmos, Berlin

Lang K, Rattay G (2005) Leben in Projekten: Linde, Wien

Langer A, Manzeschke A (2009) Professionelles Management in der Medizin und Sozialen
Arbeit. In: Schaeffer T, Pfadenhauer M (Hrsg) Profession, Habitus und Wandel. Peter
Lang, Frankfurt a. M.

Luhmann N (1999) Gesellschaftsstruktur und Semantik. Suhrkamp, Frankfurt

Madauss BJ (2000) Handbuch Projekt Management. Schäffer-Poeschel, Stuttgart

Meifert M (2010) Personalmanagement. Springer, Berlin

Moldaschl M, Stehr N (2010) Wissensökonomie und Innovation. Metropolis, Wiesbaden

Nausner P (2006) Projektmanagement. UTB, Basel

Neumer J (2009) Neue Forschungsansätze im Umgang mit Unsicherheit und Ungewissheit
in Arbeit und Organisation. Arbeitspapier, Aachen

Pawlowsky R, Mistele P (2008) Hochleistungsmanagement. Gabler, Wiesbaden

Peters S, Dengler S (2010) Wissenspromotion als Element von Wissensarbeit. In: Moldaschl
M, Stehr N (Hrsg) Wissensökonomie und Innovation. Metropolis, Wiesbaden

Peters S, Spengler T, Spiliopoulou M (2010) Wissensmanagement kleiner und mittlerer Unternehmen in Zeiten demographischen Wandels. In: Kathan D, Letmathe P (Hrsg) Wertschöpfungsmanagement im Mittelstand. Gabler, Wiesbaden

Peters S, Steckel M (2010) Führungsnachwuchs in Projektwelten. In: Ladwig D, Kunze, Hartmann M (Hrsg) Exit matters – Auf dem Weg in die Projektgesellschaft. Frankfurt a.M.: 97-114

Saynisch M (2009) Management im Zeitalter hoher Komplexität und radikalen Veränderungen: Das Projektmanagement 2. Ordnung. In: Mayer TL, Wald A, Gleich R, Wagner R (Hrsg) Advanced Project Management. Lit, Berlin

Schnauffer HG, Stieler- Lorenz B, Peters S (Hrsg) Wissen vernetzen, Berlin/ New York

Söderlund J (2002) On the Development of Project Management Research: Schools of Thought and Critique. In: International Project management journal, Bd 8, Nr 1: 20-31

Wilkesmann U (2010) Die Organisation von Wissensarbeit. In: Moldaschl M, Stehr N (Hrsg) Wissensökonomie und Innovation. Metropolis, Wiesbaden

Wittig A (2010) Professionalisierung von Projektleitern. Magisterarbeit an der Otto-v-Guericke Universität, FGSE, Magdeburg

Kommentar zum Hauptartikel „Neue Formen
von Projektorganisation und Projektmanagement –
dynamisch und offen"

Management und Ungewissheit

Harold Jarche

Eines der zentralen Themen in *Neue Formen von Projektorganisation und Projektmanagement – dynamisch und offen* ist der Mangel an Flexibilität herkömmlicher
Projektmanagementmethoden im Umgang mit Komplexität.

Mit den steigenden Erfordernissen komplexer und kreativer Arbeit werden
neue Modelle für die Praxis nötig. Viele unserer Vorgehensweisen fußen weiterhin auf der Annahme, daß Arbeit einfach oder kompliziert ist. Einfache Systeme
lassen sich leicht erfassen, während komplizierte Systeme zwar nicht einfach sind,
aber trotzdem durch Analyse erfasst werden können. Solche Systeme lassen sich
einfach verwalten. Komplexe Systeme sind jedoch nicht vollständig erfassbar,
auch wenn sie durch die Interaktion mit ihnen teilweise nachvollziehbar werden.
Dieser Umstand steht im Gegensatz zu vielen Kontrollprotokollen des traditionellen Projektmanagements.

In der industrialisierten Welt wird einfache Arbeit fortlaufend automatisiert
(Beispiel Geldautomaten), während komplizierte Arbeit auf den günstigsten
Arbeitsmarkt ausgelagert wird (Beispiel Offshore-Callcenter). Wenn Unternehmen
auf dem globalen Markt ihre Wettbewerbsfähigkeit erhalten wollen, müssen sie
sich auf komplexe und kreative Arbeit konzentrieren. Ein Großteil komplexer
Arbeit besteht im Umgang mit Ausnahmen, und wenn Ausnahmen die Regeln darstellen, werden feste Regeln ihrerseits zur Ausnahme.

Wir müssen verstehen, wie komplexe adaptive Systeme funktionieren, und
Arbeitsstrukturen entwickeln, die es erlauben, Anstrengungen auf das Lernen
während der Arbeit zu konzentrieren, um fortlaufend neue Vorgehensweisen entwickeln zu können. An wissensintensiven und kreativen Arbeitsplätzen kommen
der Führungsrolle viel eher die Funktionen der Unterstützung und der Inspiration
als die der Anweisung zu. Künstliche Grenzen behindern Zusammenarbeit und
Kommunikation und führen nur dazu, dass Projekte (und Unternehmen) gelähmt
werden und Gelegenheiten für beweglichere Wettbewerber entstehen.

Bewegliche Projektmanagementtechniken werden zwar in *Neue Formen von
Projektorganisation und Projektmanagement – dynamisch und offen* erörtert, aber
darüber hinaus ist auch eine generell bewegliche Haltung erforderlich. Eine solche

S. Jeschke et al. (eds.), *Enabling Innovation*, DOI 10.1007/978-3-642-24299-1_7,
© Springer-Verlag Berlin Heidelberg 2011

Einstellung lässt sich in einer Kultur des *Perpetual Beta* fördern. Beim *Perpetual Beta* wird das Endstadium der Arbeit nie erreicht und der Lernprozess niemals abgeschlossen. Bewegliche Organisationen wissen, dass sie niemals einen Punkt in der Zukunft erreichen werden, an dem sich die Situation stabilisiert und nichts Neues mehr erlernt oder getan werden muss.

Neben einer Haltung der Beweglichkeit müssen sich Mitarbeiter außerdem den Fähigkeitskomplex der Autonomie aneignen. Wir werden jedoch früh im Leben dazu erzogen, nach Autorität zu suchen, die uns bei Lernen und Arbeit führt. Der Gedanke, dass es eine richtige Antwort oder einen Experten mit der richtigen Antwort gibt, wird uns schon zu Schulzeiten vermittelt. Viel zu oft gilt später auch am Arbeitsplatz, dass ein guter Mitarbeiter wartet, bis der Vorgesetzte ihm mitteilt, was er zu tun hat. Dieser Ansatz ist im Umgang mit Komplexität und Arbeiten im *Perpetual Beta* jedoch kontraproduktiv: Er zerstört Kreativität.

Wenn wir uns von der Haltung *erst entwerfen, dann produzieren* wegbewegen, können alle Beteiligten in ein kritisches und systemorientiertes Denken eingebunden werden. Mitarbeiter an beweglichen Arbeitsplätzen müssen leidenschaftlich, anpassungsfähig, innovativ und kooperativ sein. Autonomie ist der Grundstein dazu.

Autonomie und Beweglichkeit zu fördern heißt, anders über Arbeit zu reden. Eine Möglichkeit, diese Änderung einzuleiten, ist beispielsweise, das Konzept der Bezahlung nach Zeit aufzugeben. Ein Stundenlohn bedeutet, dass Mitarbeiter austauschbar sind – dabei gleicht ein Kopf nie dem anderen. Bezahlung nach Zeit fördert weder Autonomie noch Beweglichkeit. Es gibt noch viele andere Personalpraktiken, die infrage gestellt und aufgegeben werden sollten, darunter das Konzept der beruflichen Kompetenzen.

Der neue, vernetzte Arbeitsplatz erfordert Zusammenarbeit und Kooperation. Komplexe Probleme können nicht durch Einzelpersonen gelöst werden. In Netzwerken wird implizites Wissen durch soziales Lernen weitergegeben. Die Autonomie des Lernenden ist die Grundlage für die Effektivität dieses sozialen Lernens: Sie ist das Schmiermittel beweglicher Organisationen. Und Beweglichkeit wird mit steigender Komplexität zu einer Notwendigkeit. Um die erforderlichen neuen Praktiken für den Umgang mit Komplexität entwickeln zu können, müssen also die Besonderheit und Autonomie jedes Mitarbeiters ausgebildet werden. Darüber hinaus müssen engere und tiefgehendere Beziehungen unterstützt werden. Solche Beziehungen lassen sich durch sinnhaftes Gespräch aufbauen. Darin besteht soziales Lernen am Arbeitsplatz.

Selbst im Projektmanagement ist die wahre Arbeit der Lernprozess.

Ein Beispiel für die Förderung sozialen Lernens ist ein Projekt der Regierung von British Columbia, Kanada[1], die ein interaktives Intranet entwickelte, um Zusammenarbeit und Kommunikation zu unterstützen:

---

[1] http://www.ragan.com/Main/Articles/42471.aspx

Der Erfolg sozialer Intranets hat letztendlich weniger mit Technologie als mit Planung, Steuerung und Management von Änderungen zu tun. [Kathleen] Walsh, [Managerin für kreative Strategien von British Columbia], *hatte folgende Einsichten weiterzugeben:*

Perfektionismus abschaffen [Perpetual Beta]
Kommunizieren! Kommunizieren! Kommunizieren! [soziales Lernen]
Dem Team vertrauen [Autonomie]
Nicht wie eine Regierung klingen

Mit der Automatisierung und Auslagerung traditioneller Kerntätigkeiten wird praktisch der gesamte Umfang an Arbeit von hohem Wert an den Rändern von Organisationen geleistet werden. An diesen unscharfen Rändern ist das Leben komplex und sogar chaotisch. Die Dinge gestalten sich an dieser Peripherie weniger homogen, die so eine höhere Vielfalt und größere Innovationschancen bietet. Der Einzelne, Projektteams und Organisationen müssen Tätigkeiten an die Ränder verlagern, um weiter lernen und sich entwickeln zu können. In beweglichen Organisationen wird ein größerer Anteil der Mitarbeiter an den Rändern tätig sein. Der Kernbereich wird von einer sehr kleinen Gruppe interner Mitarbeiter verwaltet werden. Was folgt daraus für das Projektmanagement? Neue Modelle werden offener, vernetzter und kooperativer sein müssen, unabhängig davon, welchem konkreten Modell letztendlich der Vorzug gegeben wird.

Änderung und Komplexität werden bei unserer Arbeit zur Regel. Diese Entwicklung lässt sich bereits an den steigenden Zahlen von Freiberuflern und Subunternehmern ablesen. Jede Arbeit, in der Komplexität nicht die Regel darstellt, wird an Wert verlieren.

Die Zukunft der Arbeit liegt darin, Komplexität und Chaos anzunehmen.

Innovation und Lernen –
Zur Zukunft des Weiterlernens

Johannes Sauer

Abstract

Innovation und Weiterlernen sind zwei Seiten einer Medaille. Enabling Innovation bedeutet vor diesem Hintergrund die Gestaltung von Lernkulturen, die sich vor allem durch das selbstorganisierte Lernen im Prozess der Arbeit und die Lernhaltigkeit des sozialen Umfeldes manifestieren. Gerade der Transformationsprozess der neuen Bundesländer hat deutlich gemacht, welche zentrale Rolle die Lernkultur bei der Bewältigung von Veränderungen und dem Aufbau von neuen Kompetenzen spielt. Das bewusste Gestalten von Lernkulturen steht dabei insgesamt noch am Anfang, da bis heute vielfach der Glaube vorherrscht, den wachsenden Lernherausforderungen durch organisierte Weiterbildung begegnen zu können. Dies ist nicht hinreichend. Die Gestaltung lernförderliche Arbeit und lernförderliche Strukturen des sozialen Umfeldes sind zentrale Zukunftsaufgaben, ohne die der Übergang zur Wissensgesellschaft nicht zu bewältigen ist.

1 Auf dem Wege zur Wissensgesellschaft

Die Bundesrepublik befindet sich im Zuge der Globalisierung im Übergang von der Industrie- zur Wissensgesellschaft. Ohne hier im Einzelnen auf die Begrifflichkeit Wissensgesellschaft einzugehen, ist allen Definitionsversuchen doch der enge Kontext zu Innovation und Lernen gemeinsam. Dies wird besonders bei Willke deutlich, der definiert: „Von einer Wissensgesellschaft oder einer wissensbasierten Gesellschaft lässt sich sprechen, wenn zum einen die Strukturen und Prozesse der materiellen und symbolischen Reproduktion einer Gesellschaft so von wissensabhängigen Operationen durchdrungen sind, dass Informationsverarbeitung, symbolische Analyse und Expertensysteme gegenüber anderen Faktoren der Reproduktion vorrangig werden. Eine entscheidende zusätzliche Voraussetzung der Wissensgesellschaft ist, dass Wissen und Expertise einem Prozess der kontinuierlichen Revision unterworfen sind und damit Innovationen zum alltäglichen Bestandteil der Wissensarbeit werden" (Willke 1998, 355).

Der Übergang von der Industrie- zur Wissensgesellschaft wird getrieben durch das Phänomen *Entwicklung*. Nicht Konstanz und Statik sondern Veränderung und Innovation prägen die Systeme getrieben durch den internationalen Wettbewerb. Es ist aber unbestritten und unbestreitbar, dass Entwicklung und Innovation in

S. Jeschke et al. (eds.), *Enabling Innovation*, DOI 10.1007/978-3-642-24299-1_8,
© Springer-Verlag Berlin Heidelberg 2011

einem untrennbaren Verhältnis zum Lernen stehen. Lernen treibt die Entwicklung und Entwicklung treibt das Lernen. Dieses Lernen folgt aber einer Tätigkeits- und Entwicklungslogik, nicht aber irgendwelchen Vorstellungen von einem notwendigem Bildungskanon und Bildungsangeboten (vgl. Staudt und Kriegesmann 2000). Die aktuelle weiterbildungspolitische Lage ist nur vor dem bildungspolitischen Verständnis der 60er und 70er Jahre zu verstehen. Bildungspolitisch war es eine Zeit des Aufbruchs auf allen Ebenen des Bildungssystems: Expansion von Schule und Hochschule, Verwissenschaftlichung auch der beruflichen dualen Bildung und Ausbau der kompensatorischen Weiterbildung. Perspektivisch definierte der Deutsche Bildungsrat 1970 die Notwendigkeit *organisierter Weiterbildung nach einer ersten Bildungsphase* und den Ausbau der Weiterbildung als vierte Säule des Bildungswesens, eine Forderung, die auch jetzt noch politisch immer wieder formuliert wird (vgl. hierzu Koalitionsvertrag von 2005). Diese Sichtweise und Verständnis von Weiterbildung sind auch heute noch bei Bildungspolitikern, vielen Hochschullehrern und Praktikern gängige Meinung, was natürlich Reformen und Innovationen im Feld des Weiterlernens erschwert.

Es gilt deshalb 40 Jahre später, einerseits zurückzuschauen und andererseits neue Perspektiven zu entwickeln. Dabei ist zunächst auf säkulare Veränderungen in den letzten 40 Jahren zu verweisen:

1) Bei aller möglichen Kritik im Einzelnen: Es ist eine großartige Leistung, dass sich die Bildungspyramide in Deutschland nahezu auf den Kopf gestellt hat: Waren in den 60er Jahren etwa 5% Akademiker mit Abitur, 15% Realschulabsolventen und 80% Hauptschulabsolventen zu verzeichnen, sind heute nahezu 40% Absolventen mit Hochschulzugang bzw. Hochschulabschluss, 25% Realschulabsolventen, 10% Hauptschulabsolventen und ca. 20% Absolventen ohne Berufs- bzw. Hauptschulabschluss eines Jahrgangs festzustellen. Diese Entwicklungen haben nachhaltige Konsequenzen für die Weiterbildung und das Weiterlernen, die 1970, dem Erscheinungsjahr des Strukturplans für das deutsche Bildungswesen, nicht vorhersehbar waren.

2) Das Wirtschaften hat sich in den letzten 40 Jahren gravierend verändert: Globalisierung, Differenzierung und Tertiarisierung sind einige Vokabeln, die diese Veränderungsprozesse beschreiben. Hinzu kommen technische Umwälzungen wie die globale Entwicklung der Informations- und Kommunikationstechnologien, ohne die die nachweisbare Beschleunigung der Innovationsprozesse nicht möglich wäre.

3) Innovation ist ohne Weiterlernen nicht denkbar, Innovation und Weiterlernen sind zwei Seiten einer Medaille. Die Bedeutung des Weiterlernens nimmt zu. Allerdings ist dabei zwischen Weiterlernen und Weiterbildung zu unterscheiden. Die seit Jahren empirisch feststellbare Entwicklung: Weiterlernen wird wichtiger, Weiterbildung geht zurück, ist trotz aller standespolitischen Interessen nicht reversibel. Die Vorstellungen des Deutschen Bildungsrates: Weiterlernen gleich Weiterbildung und „Weiterbildung als Wiederaufnahme organisierten Lernens nach einer ersten Bildungsphase" müssen als zu eng und nicht mehr hinreichend für die Wissensgesellschaft angesehen werden. (Staudt

und Kriegesmann 2000; Staudt 1997) So schreibt Baethge: „In der Perspektive lebenslangen oder lebensbegleitenden Lernens stellt eine institutionelle Definition von Weiterbildung eine Verengung des Lernbegriffs dar, die wesentliche Lernumwelten in der Arbeit, in den sozialen Kontexten der Menschen und in den Medien ausklammert" (Baethge et al. 2007).

4) Je schneller sich gesellschaftliche, ökonomische, technische und soziale Veränderungen vollziehen, umso wichtiger wird das Lernen im Prozess von Tätigkeiten der Arbeit und des sozialen Umfeldes. Angesichts der zunehmenden Differenzierung, Individualisierung und Spezialisierung in allen Lebensbereichen wird es daher notwendig, Infrastrukturen für das selbstorganisierte tätigkeitsbezogene Lernen zu gestalten. Dies ist für die traditionellen Weiterbildungseinrichtungen eine bisher fremde Aufgabenstellung.

5) Globalisierung, Differenzierung und die Beschleunigung von Innovationen werden sich fortsetzen. Enabling Innovation ist dabei eine zentrale Herausforderung für das Hochlohnland Bundesrepublik. Dies bedeutet, dass der Übergang zur Wissensgesellschaft neue Strategien des Weiterlernens erfordert. High Tech bedingt High Competence. „Wären Sie ein Polizist und blitzten die vorbeifahrenden Autos, würden Sie den Wagen der Wirtschaft, die sich unter dem Wettbewerbsdruck rasant verändert, mit 100 km/ h erwischen. Der Wagen der Bildung, die unsere Jugend eigentlich auf die Zukunft vorbereiten soll, fährt dagegen nur 10 km/ h. Mit einem solchen Grad an Desynchronisierung kann es keine erfolgreiche Wirtschaft geben" (Toffler zit. n. Bergmann 2006, 13). Die Entwicklung zu neuen betrieblichen Lernkulturen ist dabei voll im Gang und zwingend für die Bundesrepublik. Neue Formen betrieblicher und außerbetrieblicher Kompetenzentwicklungsstrategien bilden sich heraus. Beispielhaft genannt seien Hotlines für betriebliche Aufgaben und Probleme z. B. im Bereich EDV, das Anwachsen von Selbsthilfestrategien aber auch Problemlösestrategien, KVP und Fehlervermeidungsstrategien oder auch Chatrooms im Internet.

6) Wachsende Ungewissheit und Unsicherheit
Es ist nur scheinbar paradox, dass mit der gesellschaftlichen Entwicklung die Ungewissheit und Unsicherheit in nahezu allen Lebensbereichen zunimmt. Als Begründung sei auf die folgenden Einzelfaktoren verwiesen:

- Individualisierung (Institutionen verlieren handlungsleitende Kraft, Krise der Institution)
- Beschleunigung (Handeln unter Zeitdruck, Multitasking)
- Dynamisierung von Strukturen/ projektförmige Strukturen/Fluktuierung (technische, organisationale und personale Prozesse; Auflösung von Strukturen?)
- Komplexität (nur (?) Reduktion greift nicht mehr)
- Pluralisierung des Wissens (Wissenschaft schafft keine Gewissheit)
- Vernetzte Systeme (Unmöglichkeit und Grenzen der Abschottung)
- Universalisierung des Marktes (Krise bisheriger Steuerungssysteme)

Der Umgang mit Unsicherheit und Ungewissheit in konkreten Kontexten sowohl von Individuen wie Organisationen und Unternehmen erfordert ständiges Weiterlernen, das – speziell für die Bewältigung von Ungewissheit – durch Weiterbildung strukturell nicht abgedeckt werden kann.

2 Lehren aus dem Transformationsprozess der neuen Länder

Der Transformationsprozess von Plan zu Markt und die Umwandlung des Gesellschaftssystems in den neuen Bundesländern seit Anfang der 90er Jahre waren der größte denkbare Innovationsprozess für eine gesamte Gesellschaft in den neuen Ländern. Dieser Prozess ist bis 2003 kontinuierlich forschungsmäßig begleitet worden. Er hat wichtige Erkenntnisse auch für die kontinuierlich ablaufenden Innovationsprozesse ergeben. Einige wichtige Ergebnisse mit Blick auf das gestellte Thema sollen hier benannt werden, weil sie für die Zukunft von großer Bedeutung sind:

1) Die Grenzen der Leistungsfähigkeit der Weiterbildungsvorstellungen, wie der Deutsche Bildungsrat sie formuliert hat und wie sie verbaler Maßstab – wenn auch nicht Realität der Weiterbildungspolitik über 3 Jahrzehnte war, sind deutlich geworden. Weiterbildung nach einem schulischen Paradigma und gar eine vierte Säule des Bildungswesens ist weder hinreichend noch in jedem Fall notwendig oder sinnvoll und effizient zur Bewältigung von Lernherausforderungen in gesellschaftlichen Wandlungsprozessen.
2) Der Systemwandel in Ostdeutschland muss als Kulturtransformationsaufgabe verstanden werden mit der Weiterentwicklung von Werten, Verhalten, Erfahrung aber auch Wissen. Diese Aufgabe ist in Curriculum-Form nicht zu bewältigen, „man kann nicht lehren wie man lebt" (Elston 1996) oder aktueller formuliert: Niemand kann gelernt werden. Man kann nur selber lernen." (Götz und Werner 2007)
3) Zwischen Weiterlernen und ihrer Gestaltung und Weiterbildung und ihrer Gestaltung ist zu unterscheiden. Die gleichwertige Gestaltung unterschiedlicher Lernformen ist Aufgabe der Zukunft. Das Konzept der Lernkultur ist zukunftsweisend.
4) Eine Unterscheidung zwischen Qualifikation und Kompetenz, d. h. der Fähigkeit, mit komplexem, unbekanntem Neuen umgehen zu können, wird immer zwingender. Hier findet auch – wenn in Deutschland auch nur langsam – eine Übernahme der europäischen Debatte statt.
5) Lernende Subjekte als Gestaltungsaufgabe sind nicht nur Individuen, sondern auch Gruppen und Organisationen. Dies liegt darin begründet, dass die Summe der in einer Organisation zum Tragen kommenden Qualifikationen und Kompetenzen ungleich zu der Summe der von den Mitgliedern der Organisation eingebrachten individuellen Qualifikationen und Kompetenzen ist.

6) Weiterbildung als arbeitsmarktpolitisches Instrument muss in seiner relativen Bedeutung neu diskutiert und gestaltet werden. Forderungen wie „Weiterbilden statt entlassen", „Arbeitslosigkeit ist qualifikationsbedingt", vorauseilende Qualifizierung oder Weiterbildung als Ersatz für Arbeit sind in ihrer politischen Wirkung zu hinterfragen. Weiterbildung und Weiterlernen müssen *Sinn* machen.

7) Lernkulturgestaltung als bildungs- und arbeitsmarktpolitische Gestaltungsaufgaben ist neu zu diskutieren und zu regeln. Dies bedeutet u. a, den Übergang von linearen Lehr-Lernstrukturen zur Gestaltung von Lernkulturen, vorgegeben bei QUEM mit den Feldern *Lernen in der Arbeit, Lernen im sozialen Umfeld, Lernen in Weiterbildungseinrichtungen* und *Lernen im Netz/ Informelles Lernen.* (vgl. Erpenbeck und Sauer 2000)

8) Entscheidendes Themenfeld in den Betrieben ist das Lernen im Prozess der Arbeit. Die Lernförderlichkeit von Arbeit ist die entscheidende Gestaltungsaufgabe. Hierauf sind Betriebe und Personalentwicklungsabteilungen jedoch nur wenig vorbereitet.

9) Kommunen bieten neben den Betrieben in Zukunft eine notwendige Infrastruktur für das Lernen. Die Forschungsarbeiten zum Themenbereich *Lernen im sozialen Umfeld* haben die zentrale Bedeutung des Lernens jenseits von Tätigkeiten von Erwerbsarbeit deutlich gemacht. Lernen in der Selbsthilfe, im Ehrenamt und sozialen Engagement, Lernen im Hobbybereich u. a. sind feste, zu gestaltende Bestandteile einer Kultur des Weiterlernens.

3 Das Paradigma Weiterlernen

Das Paradigma Weiterlernen geht von der Selbstorganisation des Weiterlernens von Individuen, Gruppen und Organisationen aus. Die Strukturen müssen so gestaltet werden, dass die Selbstorganisation möglich wird.

Das Paradigma Gestaltung des Weiterlernens bedeutet dann unter anderem:

- Gestaltung lernförderlicher Strukturen in der Arbeit
- Gestaltung lernförderlicher Strukturen im sozialen Umfeld
- Gestaltung traditioneller Weiterbildung insbesondere bei Qualifikationsdefiziten
- Ausbau der Nutzungsmöglichkeiten der I+K Technologien für das Weiterlernen
- Entwicklung von Instrumenten der Bewertung von Kompetenzen
- Entwicklung von betrieblichen und staatlichen Berichtswesen zur Kompetenzentwicklung
- Neugestaltung wissenschaftlicher Ausbildung zur Thematik Weiterlernen

Die Notwendigkeit neuer Lernkulturen kann dabei auf unterschiedliche Weise erschlossen werden. Dabei liegen die Begründungen in sehr unterschiedlichen gesellschaftlichen Feldern, von denen im Folgenden einige stichwortartig näher beleuchtet werden sollen.

3.1 Informelles Lernen – Unterschiedliche Lernlogiken

Seit ca. 15 Jahren wird in der Weiterbildungsdebatte, ausgelöst durch kanadische Untersuchungen und die europäische Diskussion, über die Unterscheidung zwischen formalem, non-formalem Lernen und informellem Lernen diskutiert. Dabei wird zumeist unterstellt, informelles Lernen sei mehr oder weniger zufälliges, beiläufiges und unsystematisches Lernen (vgl. Dohmen 2001). Dieser Argumentation zur *Ehrenrettung* traditioneller Weiterbildung ist zu widersprechen. Es geht um unterschiedliche Lernlogiken. Stehen in der klassischen Weiterbildung andragogische oder fachsystematische Gesichtspunkte im Vordergrund, ist im tätigkeitsorientierten und aufgabenzentrierten Lernen die Problemlösung das zentrale Strukturierungsmerkmal. Beide Logiken haben ihre Bedeutung, sie stehen in einem komplementären Verhältnis. Allerdings steht bei Erwachsenen die Problemlösung im Vordergrund (vgl. Dohmen 2000). Es ist deshalb eine Neubewertung des Weiterlernens erforderlich.

3.2 Empirisch – statistische Fehlinterpretationen

Der Zusammenhang zwischen Bildungsstand und Weiterbildungsverhalten ist nach vielfältigen Untersuchungen häufig beschrieben: Je höher der Bildungsstand, umso höher die Weiterbildungsbeteiligung. Also bedarf es neuer Förderinstrumentarien, um Bildungsbenachteiligte zur Beteiligung an Weiterbildung zu bewegen. Zahlreiche Förderinstrumentarien wurden auf den Weg gebracht, genannt seien nur Bildungsurlaub, Weiterbildungsprämien der verschiedensten Art oder auch gewerkschaftliche Forderungen an die betriebliche Weiterbildung. Diese Instrumente zeigen alle wenig Erfolge.

In einer Untersuchung von 2002 haben (vgl. Baethge und Baethge-Kinsky) „Arbeit – die zweite Chance" (zum Verhältnis von Arbeitserfahrungen und lebenslangem Lernen) auf die hinter den empirischen Befunden liegenden Kausalitäten aufmerksam gemacht: Gebildete bilden sich anders weiter denn allein durch institutionelle Bildungsveranstaltungen. Eine gute hohe Ausbildung ermöglicht einen guten Einstieg in das Arbeitsleben. Dieser Einstieg ist durch die Lernintensität der erworbenen Arbeitsstelle gekennzeichnet. Dies ermöglicht ein hohes Maß *informellen* Lernens. Dies wiederum führt dazu, dass auch der Wunsch nach bildungsmäßiger Systematisierung entsteht, weshalb eine höhere Weiterbildungsbeteiligung feststellbar ist (vgl. Baethge und Baethge-Kinski 2004). Ohne die kausalen Zwischenschritte gibt aber Weiterbildung keinen Sinn, weshalb auch die Instrumente zur Förderung der Weiterbildung wie beispielsweise der Bildungsurlaub versagen. Deshalb ist das Kriterium der Lernförderlichkeit von Arbeit von zentraler Bedeutung und Schlüssel für Innovationsfähigkeit und den Übergang zur Wissensgesellschaft.

Ein anderes, politisch höchst wichtiges Beispiel für empirische Fehlinterpretationen ist das Weiterbildungsberichtsystem des Bundesministeriums für Bildung und Forschung. Hier wird suggeriert, dass mit steigenden Teilnehmerzahlen und Unterrichtsstunden eine Stärkung der Innovationskraft der Bundesrepublik verbunden sei. Es gibt keine wissenschaftlich fundierte Untersuchung, die diesem Befund belegt und einen Zusammenhang zwischen Innovationskraft und Weiterbildung darstellt. Hier ist ein Umbau zu einer Lernkulturberichterstattung gefordert, die alle Aspekte des Weiterlernens einbezieht.

3.3 Innovation und Weiterlernen – Innovation und Weiterbildung

Die Innovationsforschung unterscheidet zwischen inkrementellen und Sprung – Innovationen. Inkrementelle Innovationen entstehen durch Weiterentwicklung von Vorhandenem, indem neue Kompetenzen und neues Wissen in und durch Arbeit generiert wird. Nur in Ausnahmefällen ist traditionelle Weiterbildung an diesen Prozessen beteiligt, hier steht das Lernen im Prozess der Arbeit im Vordergrund. Sprunginnovationen entwickeln sich auf höchst unterschiedliche Weise, hier ist beispielsweise auch das Lernen im sozialen Umfeld – beispielsweise der Hobbybereich von zentraler Bedeutung. Es gehört zu den vielfach gepflegten Vorurteilen, dass sich Sprunginnovationen durch traditionelle Weiterbildung durchsetzen. Ein Blick auf die Implementierung der I+K Technologien zeigt, dass nur in einer Zwischenphase traditionelle Weiterbildung für die Verbreitung sinnvoll war.

3.4 Lernen mit der Arbeit

Aktuelle Managementstrategien machen das Lernen mit der Arbeit betriebswirtschaftlich nutzbar. Genannt seien beispielsweise:

- KVP: Kontinuierliche Verbesserungsprozesse als Aufforderung an die Belegschaften
- Problemlösestrategien in betrieblichen Abläufen
- Systematische Fehleranalyse mit den Belegschaften
- Generierung von Innovationen (beispielsweise in der DDR *Neuererwesen*)

Insbesondere für inkrementellen Innovationen ist die Gestaltung des Lernens mit der Arbeit von zentraler Bedeutung.

3.5 Das Privileg Lernen in der Arbeit

Es ist zu vermuten, dass mit der Privilegierung von Arbeitsplätzen auch die Erhöhung der Lernförderlichkeit von Arbeit einhergeht, auch wenn dies nur wenig empirisch untersucht ist. Je attraktiver Arbeitsplätze sind, umso höher ist auch die Lernförderlichkeit. Dies kann durch noch so viel Weiterbildung nicht ausgeglichen werden. Die Lernförderlichkeit der Arbeit ist auch sinnstiftend für die Weiterbildung. Will man die Attraktivität von Arbeitsplätzen erhöhen, muss man die Lernförderlichkeit dieser Arbeit steigern. Hier ergibt sich ein großes Betätigungsfeld für die Sozialpartner. Es gilt aber auch: Will man die Weiterbildung fördern, muss man die Lernförderlichkeit von Arbeit erhöhen, denn „Weiterbildung muss Sinn machen".

3.6 Lernförderlichkeit von Strukturen kein Selbstzweck

Eine allgemeine politische Forderung nach lernförderlichen Strukturen gibt insbesondere auf der betrieblichen Ebene wenig Sinn, da sie unter Umständen mit betriebswirtschaftlichen oder gesellschaftspolitischen Bedingungen im Widerspruch steht. Warum soll der Kassenjob des Discounters lernförderlich gestaltet werden, zumal wenn abzusehen ist, dass diese Tätigkeiten durch technische Innovationen unter Umständen wegrationalisiert werden? Lernförderlichkeit muss sowohl für das Individuum wie die Organisation Sinn und Nutzen stiften. Hier besteht erheblicher Klärungsbedarf.

3.7 Lernförderliche Arbeit muss sich rechnen

Lernförderliche Arbeit ist nur dann zukunftsweisend, wenn sie einerseits Anerkennung für die Beschäftigten bringt, die Innovationsfähigkeit der Betriebe steigert und sich betriebswirtschaftlich rechnet. Dies gilt aber auch für die Weiterbildung. Ungeklärt ist dabei das Verhältnis von *Lernen im Prozess der Arbeit* und traditioneller Weiterbildung. Es können sowohl komplementäre als auch gegensätzliche Beziehungen bestehen.

3.8 Kompetenznutzung als ungenutzte Ressource

Die Nutzung der Kompetenzen der Beschäftigten ist einerseits eine nicht hinreichend entdeckte Rationalisierungsreserve etwa im Gegensatz zum Bemühen um Optimierung der Maschinenlaufzeiten, andererseits ist die Nichtnutzung der vorhandenen Kompetenzen insoweit ein Innovationshemmnis, als die Motivation zum Weiterlernen in vielfältiger Weise von der gegebenen Kompetenznutzung abhängt, weil sie für das Weiterlernen sinnstiftend ist.

3.9 Kompetenznutzung und demographische Entwicklung

Angesichts der zu erwartenden demographischen Entwicklung stellen sich neue Fragen etwa, wie auch die Kompetenzen der nicht mehr Erwerbstätigen besser genutzt werden können, um diese Bevölkerungsgruppen mobil zu halten und andererseits die vorhandenen teils sehr hohen Qualifikationen und Kompetenzen besser für die Nachwelt zu erschließen.

3.10 Das Dilemma *dummer* Arbeit

Jobs mit nahezu *nur Routinen* sind nicht lernförderlich, verlangen aber auch kaum Qualifikationen oder Kompetenzen. Sie kommen somit scheinbar Bildungsbenachteiligten entgegen. Damit bleiben Bildungsbenachteiligte unqualifiziert. Da gleichzeitig Jobs mit *nur-Routinen* am ehesten der Gefahr der Wegrationalisierung durch Technisierung unterliegen, entsteht ein Zyklus der sich reproduzierenden Unterprivilegierung. Die Bewältigung des Wegfalls *dummer* Arbeitsplätze (vgl. von

Rosenstiel 2001) setzt aber Lernfähigkeit voraus, die wiederum auf lernförderlichen Tätigkeiten beruht.

Ca. 15% eines Geburtenjahrgangs verlassen das Bildungssystem ohne einen Abschluss. Dieses stellt ein gravierendes Problem dar, da die Employability und die Chancen auf dem Arbeitsmarkt dieser Gruppe immer weiter abnehmen, gleichzeitig infolge der demographischen Entwicklung immer mehr Kräfte auf dem Arbeitsmarkt benötigt werden.

Ein Großteil dieser Jugendlichen ist am Bildungssystem gescheitert. Dies hat der frühere Bundesarbeitsminister Riester trefflich formuliert: „Lebenslanges Lernen gewinnt an Bedeutung, formale Ausbildung tritt eher in den Hintergrund. Der Anteil der Patch-work Bildungsbiographien nimmt zu. Diese Entwicklung müssen wir aufnehmen. Dies gilt gerade in der aktuellen Diskussion über Beschäftigungsmöglichkeiten in den unteren Lohnsegmenten. Wir müssen akzeptieren, dass auch Arbeitskräfte, die keinen „passenden" formalen Abschluss aufweisen, zu kompetenten Mitarbeitern werden können" (Riester 1999, 138).

Dies hat die Notwendigkeit zur Konsequenz, Strategien zu entwickeln, die das Lernen in Tätigkeiten auch bildungspolitisch Anerkennung finden lassen und für diese Jugendlichen neue Chancen durch die Gestaltung lernförderlicher Arbeit eröffnen.

Dies gilt auch mit Blick auf andere Personengruppen. Insgesamt nehmen berufliche Patchwork Biographien zu. Je bedeutsamer das Lernen im Prozess der Arbeit – das arbeitsintegrierte Lernen – wird, umso gravierender wird der Kompetenzverlust, der durch die aus unterschiedlichen Gründen erfolgende Unterbrechung der Erwerbsbiographie entsteht. Hier besteht erheblicher Klärungsbedarf.

4 Forschungs- und Transferbedarfe

Die Arbeiten zur Innovations- und Transformationsforschung der letzten Jahrzehnte haben bedeutende Zugewinne an Erkenntnissen gebracht. Diese Erkenntnisse haben sich bisher nicht in einem notwendigen Maße in der Gestaltung gesellschaftlicher, arbeitsmarkt- oder bildungspolitischer Praxis durchgesetzt. Insoweit besteht zunächst einmal ein erheblicher Transferbedarf, vorhandene neue Erkenntnisse zu akzeptieren und politisch umzusetzen. Dabei ist Transferforschung eine Aufgabe sui generis, die insbesondere die Faktoren der Komplexität von Lernkulturen, der Ungewissheit von Entwicklung sowie der standespolitischen Verflechtungen Rechnung tragen muss, will sie nicht scheitern.

5 Zusammenfassung

Zur Wahrung und zum Ausbau der Innovations- und Wettbewerbsfähigkeit der Bundesrepublik Deutschland kommt im Rahmen des Transformationsprozesses von der Industrie- zur Wissensgesellschaft dem Ausbau und der Gestaltung von Lernkulturen eine zentrale Bedeutung zu. Dies ist anderes und weit mehr als der Ausbau von Weiterbildung. Viele neue Aufgaben warten, die auch die Bildungs-, Arbeitsmarkt und Gesellschaftspolitik verändern und verändern müssen.

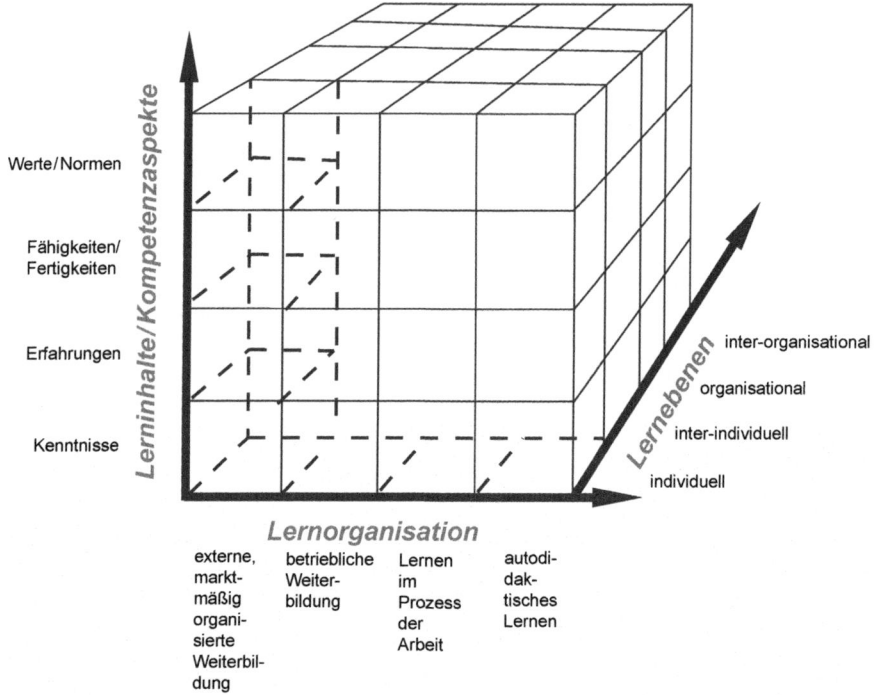

Abbildung 5.1: QUEM-Memorandum 1996, 461

Literaturverzeichnis

Baethge M, Solga H, Wieck M (2007) Berufsbildung im Umbruch: Signale eines überfälligen Aufbruchs. Friedrich-Ebert-Stiftung, Berlin

Baethge M, Baethge-Kinsky V (2004) Der ungleiche Kampf um das lebenslange Lernen. QUEM, Bd 16, Waxmann, Münster/ New York/ München/ Berlin

Bergmann B (2006) Kompetent für die Wissensgesellschaft. QUEM, Bd 22, Waxmann, Münster/ New York/ München/ Berlin

Dohmen G (2000) Warum Lernnetzwerke. 20 Thesen zur Bedeutung regionaler Lernnetzwerke für die Verwirklichung eines lebenslangen Lernens aller. www.lernende-regionen. info/dlr/download/RedeDohmen.pdf. Zugegriffen im September 2010

Dohmen G (2001) Das informelle Lernen – Die internationale Erschließung einer bisher vernachlässigten Grundform menschlichen Lernens für das lebenslange Lernen aller. BMBF, http://www.bmbf.de/pub/das_informelle_lernen.pdf. Zugegriffen im September 2010

Elson K (1996) Man kann nicht die Menschen lehren, wie man wächst. In: Arbeitsgemeinschaft QUEM (Hrsg) QUEM-Bulletin, 7/ 1996

Erpenbeck J, Sauer J (2000) Das Forschungs- und Entwicklungsprogramm Lernkultur Kompeztenzentwicklung. In: QUEM Arbeitsgemeinschaft (Hrsg) Kompetenzentwicklung, Waxmann, Münster/ New York/ München/ Berlin

Internationaler Kongress (1997) Kompetenz für Europa Wandel durch Lernen – Lernen im Wandel. In: QUEM Report, Bd 60, Berlin: 138

QUEM (1996) Von der beruflichen Weiterbildung zur Kompetenzentwicklung – QUEM Memorandum. In: QUEM (Hrsg) Kompetenzentwicklung '95. Waxmann, Münster/ New York/ München/ Berlin: 461

QUEM (1997) Kompetenzentwicklung 96. Waxmann, Münster/ New York/ München/ Berlin: 433

Riester W (1999) Dokumentation des Internationalen Zukunftsforums 1999. In: Arbeitsgemeinschaft QUEM (Hrsg) Kompetenz für Europa Wandel durch Lernen – Lernen im Wandel. QUEM Report, Bd. 60, Berlin

von Rosenstiel L (2001) Wenn Weiterbildung zum Innovationshemmnis wird. In: Arbeitsgemeinschaft QUEM (Hrsg) Kompetenzentwicklung 2001. Waxmann, Münster/ New York/ München/ Berlin: 203–246

Staudt E (1997) Zurück in den Alltag – Kompetenzentwicklung und Bildungspolitik jenseits des Taylorismus. In: Arbeitsgemeinschaft QUEM (Hrsg) Lernen für den Wandel – Wandel im Lernen. QUEM-Report Bd 50, Berlin: 19-40

Staudt E, Kriegesmann B (2000) Weiterbildung: Ein Mythos zerbricht. Der Widerspruch zwischen überzogenen Erwartungen und Misserfolgen der Weiterbildung. In: Arbeitsgemeinschaft Qualifikations-Entwicklungs-Management (Hrsg) Kompetenzentwicklung '99. Aspekte einer neuen Lernkultur. Argumente, Erfahrungen, Konsequenzen. Waxmann, Münster/ New York/ München/ Berlin: 17-59

Toffler A (2006) Interview. In: DIE Welt 22. Mai 2006; zitiert nach Bergmann B: Kompetent für die Wissensgesellschaft. edition QUEM, Bd 22. Waxmann, Münster/ New York/ München/ Berlin

Werner G (2007) Niemand kann gelernt werden. Man kann nur selber lernen. Personal motto in LearnTec Newsletter 1, 2007

Willke H (1998) Systemisches Wissensmanagement. UTB, Stuttgart

Innovation, Erwachsenenbildung und lebenslanges Lernen

Stephen Downes

Laut Johannes Sauer ist Innovation ohne lebenslanges Lernen undenkbar, und Innovation und lebenslanges Lernen stellen ihm zufolge zwei Seiten derselben Medaille dar. Es sei jedoch falsch, lebenslanges Lernen auf die Erwachsenenbildung zu reduzieren. Die Vorstellung „Weiterlernen gleich Weiterbildung und Weiterbildung als Wiederaufnahme organisierten Lernens nach einer ersten Bildungsphase" (Sauer, in diesem Band) ist dabei zu eng gefasst.

Damit liegt Sauer unbestritten richtig. Er führt eigene Belege für die Verwendung und Verbreitung des informellen Lernens gegenüber dem formalen Lernen in Deutschland an. Er schreibt: „Die Entwicklung zu neuen betrieblichen Lernkulturen ist dabei in vollem Gang und unerlässlich für die Bundesrepublik." Im Rahmen meiner Arbeiten konnte ich ähnliche Entwicklungen beobachten. Beispielsweise wurde mit MuniMall, einer Ressourcewebsite für den kommunalen Bereich im kanadischen Alberta, ein Netzwerk für den gegenseitigen Austausch von Kommunalvertretern und Beamten zum informellen Lernen geschaffen (vgl. Stefanick und LeSage, Jr. 2005). Experten für das Lernen am Arbeitsplatz wie Harold Jarche und Jay Cross haben die Zunahme und allgemeine Verbreitung des informellen Lernens dokumentiert (vgl. Cross et al. 2010).

Die Grenzen des informellen Lernens lassen sich am Integrationsprozess im Zuge der deutschen Wiedervereinigung ablesen, so Sauer. Unter der dabei gegebenen Komplexität und Uneindeutigkeit gilt laut Sauer: „Weiterbildung nach einem schulischen Paradigma und gar eine vierte Säule des Bildungswesens ist weder hinreichend noch in jedem Fall notwendig oder sinnvoll und effizient zur Bewältigung von Lernherausforderungen in gesellschaftlichen Wandlungsprozessen." Anders gesagt, „man kann nicht lehren wie man lebt" (Elson 1996 zit. n. Sauer) und „niemand kann gelernt werden. Man kann nur selber lernen" (Werner 2007 zit. n. Sauer).

Dabei muss klargestellt werden, dass solche Überlegungen nicht die Abschaffung dessen nach sich ziehen, was als Lehrtätigkeit bezeichnet werden würde. Das Verb *lehren* ist ein Modebegriff, ähnlich wie das Verb *heilen*. Damit wird zu Verstehen gegeben, dass eine Folge von Aktivitäten mit positivem Ergebnis vollzogen wurde.

S. Jeschke et al. (eds.), *Enabling Innovation*, DOI 10.1007/978-3-642-24299-1_9,
© Springer-Verlag Berlin Heidelberg 2011

Dagegen würden wir die Handlungen eines Arztes nicht mit den Worten *der Arzt heilt* beschreiben. Die Heilung kann nur der Patient zustande bringen. Der Arzt unternimmt vielmehr Aktivitäten, die im Allgemeinen zur Heilung führen: Diagnose, Medikamentierung, Operation, Therapie usw. Analog führen Personen, die informell *lehren* (und zu denen die eigenen Kollegen zählen können) Aktivitäten aus, die Lernende in die Lage versetzen, sich selbst zu lehren: sie beschreiben, stellen Modelle auf, vergegenwärtigen, ermuntern, ermutigen, erklären, veranschaulichen usw. Die *Lehrtätigkeit* besteht fort, wird jedoch neu definiert. Die formale Struktur des Erwachsenenbildungskurses dagegen wird aufgehoben (vgl. Downes 2010).

Personen, die informell lernen, arbeiten Sauer zufolge auf vollkommen andere Art und Weise, als dies in konventionellen Bildungssituationen der Fall ist. Insbesondere *organisieren sie sich selbst*: Das heißt, dass der Lernende die Bildungsaktivität in Abstimmung mit einem Netzwerk aus Kollegen oder Freunden selbst gestaltet. Dieser Umstand hat Folgen für die Art der Förderung informeller Lernprozesse. Sauer schreibt: „Die Strukturen müssen so gestaltet werden, dass die Selbstorganisation möglich wird" (Sauer, in diesem Band). Die Voraussetzungen von lernfördernden Organisationsstrukturen und Lernmöglichkeiten in einem sozialen Umfeld müssen erfüllt sein. Zur Förderung dieser Art der Selbstorganisation ist im Allgemeinen die erweiterte Nutzung von Informations- und Kommunikationstechnologien erforderlich. Neue Berichtsmechanismen für die Entwicklung von Fähigkeiten müssen eingerichtet werden. Schließlich müssen die Bildungsanbieter selbst für dieses Paradigma neu organisiert und umgeschult werden.

Konventionelle Strukturen und Instrumente sind in informellen Lernumgebungen wenig hilfreich und können den Fortschritt sogar behindern. Statt beispielsweise eine lernende Person zu *Schulungszwecken* aus dem Arbeitsumfeld in eine andere Umgebung zu versetzen, ist Sauer zufolge „deshalb [...] das Kriterium der Lernförderlichkeit von Arbeit von zentraler Bedeutung und Schlüssel für Innovationsfähigkeit und den Übergang zur Wissensgesellschaft" (Sauer, in diesem Band). Diese Auffassung spiegelt das Verständnis konstruktionistischer und sozialkonstruktivistischer Lerntheorien wider, denen zufolge Wissen, Werte und Weltsicht einer Disziplin durch Immersion in die Aktivitäten der betreffenden Disziplin angeeignet werden. Dieses Vorgehen ist das genaue Gegenteil zu der Praxis, den Arbeitsplatz zwecks Teilnahme an formalem Unterricht zu verlassen. Sauer (in diesem Band) schreibt: „Hier wird suggeriert, dass mit steigenden Teilnehmerzahlen und Unterrichtsstunden eine Stärkung der Innovationskraft der Bundesrepublik verbunden sei. Es gibt keine wissenschaftlich fundierte Untersuchung, die diesem Befund belegt und einen Zusammenhang zwischen Innovationskraft und Weiterbildung darstellt."

Die Förderung des Lernens am Arbeitsplatz ist ein wesentliches Element für Rekrutierung und Arbeitsplatzbindung. Die Gefahr des Lernens am Arbeitsplatz liegt jedoch im Phänomen der Stagnation, zu der es kommt, wenn das Gelernte nur in der aktuellen Position verwendbar ist. Lernfördernde Arbeit muss daher zukunftsweisend gestaltet werden. Sauer (in diesem Band) erläutert dazu: „Lernförderliche Arbeit ist nur dann zukunftsweisend, wenn sie einerseits Anerkennung für die Beschäftigten bringt, die Innovationsfähigkeit der Betriebe steigert und sich betriebswirtschaftlich rechnet." Dieses Phänomen ist jedoch nicht auf das informelle Lernen beschränkt. Jedes Lernsystem muss sowohl auf die Ziele des Lernenden als auch die aktuelle Position des Lernenden fördernd wirken. Dies trifft insbesondere auf arbeitslose oder unterbeschäftigte Personen zu. „Wir müssen akzeptieren, dass auch Arbeitskräfte, die keinen *passenden* formalen Abschluss aufweisen, zu kompetenten Mitarbeitern werden können."

Überlegungen dieser Art ziehen ein Konzept des informellen Lernens und des Lernens am Arbeitsplatz nach sich, das nicht auf den Arbeitsplatz begrenzt ist. Anders ausgedrückt ist es Voraussetzung für das Angebot informellen Lernens, dass die Teilnahme an der Lerngemeinschaft nicht auf den Personenkreis begrenzt ist, der in einer Disziplin aktiv ist, sondern für alle Personen offen sein muss, die sich beteiligen wollen. Dieses Modell bedeutet die Öffnung bestehender Arbeitsplätze für Beobachtung und Teilnahme durch derzeit nicht beschäftigte Personen. Ein so gearteter Mechanismus würde es Lernenden erlauben, durch Interaktion mit der Gemeinschaft zu lernen, und sie in eine Position versetzen, in der ihre Fortschritte und Leistungen sichtbar und offen für Anerkennung durch die Personen sind, die bereits in der Gemeinschaft aktiv sind.

Literaturverzeichnis

Cross et al (2010) Working Smarter in Terra Nova Circa 2015. Elearn Magazine, 28. September 2010, http://www.elearnmag.org/subpage.cfm?section=articles&article=138-1. Zugegriffen im Mai 2011

Downes S (2010) The Role of the Educator. Huffington Post, 5. Dezember 2010, http://www.huffingtonpost.com/stephen-downes/the-role-of-the-educator_b_790937.html. Zugegriffen im Mai 2011

Sauer J (2011) Innovation and Learning For a Future of Lifelong Learning. Diese Publikation

Stefanick, LeSage Jr (2005) Limitations to developing virtual communities in the public sector: A local government case study. Canadian Public Administration, Band 48, Nr 2, Juni 2005: 231-250, http://onlinelibrary.wiley.com/doi/10.1111/j.1754-7121.2005.tb02189.x/abstract. Zugegriffen im Mai 2011

Ungewissheit im institutionellen Wandel. Individuelle Ressourcen als Potenzial[1]

Martin Elbe

Abstract

Im Artikel wird untersucht, wie aus marktgetriebener Unsicherheitsreduktion im Erwerbsleben eine innovationsförderliche Ungewissheitsbewältigung und damit eine dauerhafte Steigerung der Innovationsfähigkeit werden kann. Hierfür bedarf es eines Paradigmenwechsels. Das Erleben von Unsicherheit in der modernen Arbeitswelt und die Verstärkung dieses Effekts von Seiten der Unternehmen findet auf Arbeitnehmerseite Entsprechung durch die Institutionalisierung der Erwerbsbiographie (Employography). Für den Einzelnen stellt die salutogene Orientierung an der Employography eine ungewissheitskonforme Möglichkeit der aktiven Gestaltung eigener Lebenschancen und -bedingungen dar, aber auch gesamtgesellschaftlich bedarf es eines Paradigmenwechsels hin zur Annahme der Ungewissheit als Grundlage innovativer Zukunftsgestaltung.

1 Employography – Unsicherheitsheitsfelder im institutionellen Wandel

Die Janusköpfigkeit, mit der die Moderne dem Einzelnen gegenübertritt, wurde in der soziologischen Forschung im 20. Jahrhundert recht konstant thematisiert. Verstärkte Aufmerksamkeit hat dieses Thema insbesondere seit der Beschreibung der *Risikogesellschaft* durch Beck (1985) erfahren. Erweiterte Handlungsmöglichkeiten im Zuge zunehmender Individualisierung und das Aufweichen institutioneller Gebundenheit gehen einher mit neuen Unsicherheiten und Risiken. Doch bei Beck, ebenso wie bei Bonß (1995) und dem daran anschließenden Projekt einer reflexiven Modernisierung, einer *Modernisierung der Moderne* (vgl. Beck und Bonß 2001), sind eben Unsicherheiten und Risiken, die unser Handeln in der Moderne mitbestimmen, nicht mehr nur anthropologische Konstanten, sondern die zentrale Herausforderung und Zumutung in der Moderne.

---

[1] Die nachfolgenden Überlegungen beruhen auf einer Expertise des Autors und den Diskussionen im Aktionsfeld „Management der Ungewissheit – Schlüssel zur Innovation" im Rahmen des Projekts „International Monitoring".

S. Jeschke et al. (eds.), *Enabling Innovation*, DOI 10.1007/978-3-642-24299-1_10,
© Springer-Verlag Berlin Heidelberg 2011

Der Umgang mit den amorphen Unsicherheiten einerseits und dem kalkulierbaren Risiko andererseits bleibt dabei aber einem Beherrschbarkeitspostulat unterworfen: Der Einzelne kann diese Unwägbarkeiten eher als Herausforderungen betrachten und deren Bewältigung als Erfolg oder sogar als Lustgewinn verbuchen. Im umgekehrten Fall erscheinen Risiken und Unsicherheiten aber als Bedrohungen, die es zu vermeiden oder zu minimieren gilt. In beiden Fällen wird versucht, der verlorenen Handlungssicherheit aufgrund des institutionellen Wandels, eine Beherrschbarkeit in Form von Erfolgsstrategien oder von Vermeidungsstrategien entgegenzusetzen. Dies gilt für die gesamtgesellschaftliche Ebene ebenso, wie für das alltägliche individuelle Handeln.

Speziell in der Arbeitswelt zeigt sich der institutionelle Wandel seit den 1980er Jahren. Mit der zunehmenden (und sich weiter beschleunigenden) Erosion des traditionellen Normalarbeitsverhältnisses, das sich bis dahin verfestigt hatte, musste der Lebenslauf des Individuums selbst zur Institution werden, entstand die Notwendigkeit, die eigene Biographie als unsicher und damit als gestaltungs- und beherrschungsbedürftig zu begreifen. Die Unternehmen befördern dies durch externe und interne Vermarktlichung. Die Zunahme befristeter Arbeitsverträge, von Teilzeitarbeit und von Zeitarbeit in den Unternehmen sind Beispiele für externe Vermarktlichung: Nicht mehr die dauerhafte Arbeitsbeziehung steht im Vordergrund, sondern die marktorientierte Bedarfsdeckung mit höchst möglicher Elastizität. Die Vermarktlichung zeigte sich aber auch innerhalb der Unternehmen: Auch bei Bestehen dauerhafter Normalarbeitsverhältnisse waren und sind diese zunehmend seltener Gegenstand einer institutionalisierten (vertikalen und horizontalen) Karriereplanung, sondern werden einem internen Arbeitsmarkt überantwortet, in dem der Einzelne die volle Verantwortung für die eigene berufliche Entwicklung zu übernehmen hat – und damit auch das Risiko für ein mögliches Scheitern.

In der Managementlehre wurde hierfür das Schlagwort von der *Employability* geprägt: Das Versprechen eines Normalarbeitsverhältnisses, mit hoher Wahrscheinlichkeit einer dauerhaften, ggf. lebenslangen Festanstellung, wurde ersetzt durch die Aufforderung zu konstanter Weiterqualifikation, für die der Einzelne selbst verantwortlich ist und die ihm eben seine Anstellungsfähigkeit erhalten oder sogar erhöhen soll – ob innerhalb des Unternehmens oder auf dem externen Arbeitsmarkt.[2] Mit diesem institutionellen Wandel (vom Normal-Angestellten zum eigenständigen Marktteilnehmer) verändert sich auch die Handlungsorientierung der Betroffenen: Nicht mehr die konstante Berufsausübung in einem (oder nur wenigen) Unternehmen wirkt unsicherheitsreduzierend, sondern die Orientierung an einer gelungenen Berufsbiographie, in hoher Unabhängigkeit von einzelnen Arbeitgebern.

---

[2] Über die verschiedenen Disziplinen hinweg hat sich hierfür heute der (weniger modisch gefärbte) Begriff des lebenslangen Lernens durchgesetzt und diese Anforderung trifft auch die Beschäftigten der unteren Lohnsegmente, vgl. hierzu den Beitrag von Sauer in diesem Band.

Der institutionalisierte Lebenslauf rückte, diese Entwicklungen zeitgemäß deutend, ab Mitte der 1980er Jahre ins Interesse der Soziologie. Kohli (2003) bestärkt dies nach 20 Jahren Forschung zum Thema: „Der Lebenslauf als Institution – so die These – war zur neuen Folie für individuelle Lebensführung geworden und blieb dabei handlungs- und deutungsoffen, ja er schrieb sogar eine solche Handlungs- und Deutungsoffenheit als soziale Anforderung im Sinne einer Biographisierung der Lebensführung fest" (Kohli 2003, 526). Für die Arbeitswelt bedeutet dies die Umdeutung der arbeitgeberorientierten *Employability* zur arbeitskraftorientierten *Employography*. Nur wer die eigene Erwerbsbiographie zur handlungsleitenden Institution zu deuten vermag, ist in der Lage, Unsicherheitsfelder in der Arbeitswelt dauerhaft zu reduzieren. Aber auch wenn die Employography so zum funktionalen Äquivalent des Normalarbeitsverhältnisses wurde, bleibt die Orientierung hieran doch der Beherrschung von Risiken im Erwerbsleben und daraus resultierender Unsicherheitsreduktion verhaftet.

Im Folgenden soll untersucht werden, wie aus dieser marktgetriebenen Unsicherheitsreduktion im Erwerbsleben (die als Institution bestenfalls innovationsindifferent ist) eine innovationsförderliche Ungewissheitsbewältigung und damit eine dauerhafte Steigerung der Innovationsfähigkeit werden kann. Hierfür bedarf es eines Paradigmenwechsels.[3]

2 Mikroperspektive: Individuelle Ressourcen als Potenzial

2.1 Institutioneller Wandel und Lebensführung in der Arbeitswelt

Das konstatierte Erleben von Unsicherheit in der modernen Arbeitswelt und die Verstärkung dieses Effekts von Seiten der Unternehmen durch institutionellen Wandel hin zur internen und externen Vermarktlichung der Arbeitsverhältnisse, findet auf Arbeitnehmerseite Entsprechung durch die Institutionalisierung der Erwerbsbiographie, was hier mit Employography bezeichnet wurde. Doch wie wird dies im Berufsalltag handlungswirksam?

Die Unsicherheitsreduktion erfolgt ja aus der Vorstellung, das dauerhaft Richtige zu tun, also durch Orientierung an der Employography eine (wie auch immer geartete) Karriere zu befördern, die dann, im Nachhinein, als erfolgreich bewertet werden kann. Erfolgreich ist sie, wenn der Einzelne die Berufsbiographie im Rückblick als stimmige Erzählung beurteilt, für deren Verlauf er selbst verantwortlich war. Das Ende der Berufsbiographie ist somit unabdingbarer Bestandteil der Institutionalisierung des Lebenslaufs in der Arbeitswelt, da nur aus der Rentner-Perspektive eine abschließende Zielbewertung möglich ist. Die grundsätzliche Sinnkonstruktion erfolgt also aus der individuellen ex post-Perspektive und das mag einer der Gründe dafür sein, warum Kohli (2003) eine Beharrlichkeit der

---

[3] Zu den generellen Überlegungen, die dem Paradigmenwechsel hin zu einem Management der Ungewissheit zugrunde liegen vgl. den Beitrag von Böhle in diesem Band.

Altersgrenze feststellt, selbst wenn sich die Rechtsgrundlage hierfür deutlich verändert. Dies gilt auch für stark liberalisierte Arbeitsmärkte, wie z.B. in den USA. Damit erhält die ex post-Bewertung eine Fixierung und die Employography ein benennbares Ziel.

Im Berufsalltag wird diese Sinnkonstruktion als Institution dadurch handlungswirksam, dass sie in der Lebensführung des Einzelnen umgesetzt wird (vgl. ebd.). Letztlich bedeutet das eine alltägliche Orientierung am Ziel der Employography, also eine ex ante Zielverfolgung, eine Herstellung der Institution „tag für tag" (Weihrich und Voß 2002). Da nun auch alltägliche Handlungsprobleme innerhalb des Betriebes unter dieser Institution abgearbeitet werden, findet eine Rückübertragung externer Vermarktlichungseffekte in das Unternehmen hinein statt. Das betriebliche Handeln des Einzelnen wird letztlich unter das Postulat der Employography gestellt, die Erosion der Institution *Normalarbeitsverhältnis* zieht so die Erosion von weiteren betrieblichen Institutionen (z. B. Führung, Kooperation, Anreizsystem) als unbeabsichtigte Nebenfolgen nach sich, da diese nun aus Sicht der Employography in Frage zu stellen sind.[4] Abbildung 2.1 fasst diesen Zusammenhang der ex post- und ex ante-Wirkung der individuellen Sinnkonstruktion zur subjektiven Unsicherheitsbewältigung zusammen.

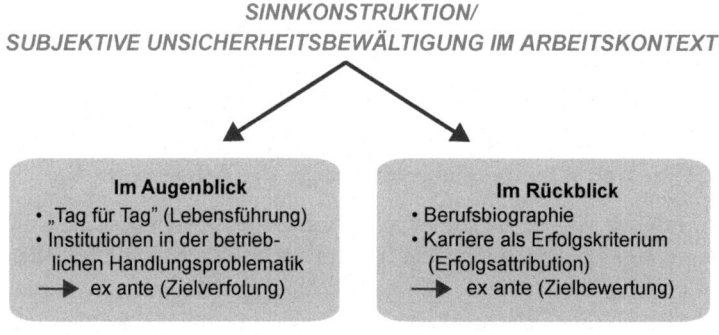

Abbildung 2.1: Mikroperspektive der Unsicherheitsbewältigung

Employography als neue Institution zur Unsicherheitsreduktion stellt das betriebliche Handeln des Einzelnen vor eine neue Herausforderung: Es erfordert tag für tag mikropolitisches Handeln in bisher ungekanntem Ausmaß.

---

[4] In welchem Ausmaß hierbei handlungsleitende Institutionen aus Perspektive der betrieblichen Akteure von den postulierten und auch von Unternehmensseite als gültig angenommenen Institutionen abweichen wird im Detail bei Elbe (2007) herausgearbeitet.

2.2 Paradigmenwechsel: Von der Unsicherheit zur Ungewissheit

In den Unternehmen wurde durch die zunehmende Vermarktlichung ein Spannungsfeld aufgebaut: Da die Mitgliedschaftsregel (als übergeordnete Institution) keine dauerhafte Sicherheit mehr verleiht, erscheinen alle weiteren organisationalen Regeln, die Geltung beanspruchen, eben so wenig auf Dauer und damit zur Disposition gestellt. Um als Institutionen wirksam sein zu können, bedürften sie der emotionalen Verankerung bei den Mitarbeitern, die sich nun aber – vernünftiger Weise – an den Erfordernissen des Marktes und nicht an denen der Unternehmen orientieren müssen, letztlich also nur in der Employography emotionale Verankerung und damit Handlungssicherheit gewinnen. Es gilt eben, um mit Esser (2000, 11) zu sprechen: „Institutionen sind – sei es als Normen, als Rollen oder als soziale Drehbücher – immer mit orientierenden *Modellen* des angemessenen Handelns in typischen Situationen verbunden, die den Akteuren kognitiv präsent und ‚selbstverständlich' sind und bei ihnen auch eine emotionale Verankerung haben."

Für die Mitarbeiter gilt es also, den Anschein zu erwecken, an einer dauerhaften Mitgliedschaft in der Organisation interessiert zu sein und dementsprechend sich auch an den sonstigen organisationalen Regeln und insbesondere Institutionen in ihrem Handeln zu orientieren, tatsächlich aber ihr Handeln an einer Sicherstellung der Employography auszurichten. Es ist letztlich dieses tag-tägliche *tun als ob*, das mikropolitisches Handeln erfordert und zugleich den Arbeitgeber im Unklaren darüber lässt, ob der Mitarbeiter sich dauerhaft an die Organisation gebunden fühlt und im Einzelnen regelkonform handelt oder nicht. Dies ist den Organisationen durchaus bewusst und wurde in den letzten Jahren in der Principal-Agent-Theorie auch aus Sicht des Prinzipals intensiv bearbeitet, wobei aber übersehen wird, dass das damit beschriebene Problem eine notwendige Folge der Vermarktlichung innerhalb der Organisationen ist, die den Arbeitgeber zum Auftraggeber und den Arbeitnehmer zum Auftragnehmer umdefiniert.

Für den Arbeitnehmer geht es aber gar nicht mehr, wenn er sich an die Institution der Employography emotional gekoppelt hat, um einfache Unsicherheitsreduktion – er ist schon viel weiter –, für ihn geht es darum, hieraus neue Handlungsoptionen zu gewinnen. Die generelle Unsicherheit wird zur Ressource, zur relevanten Ungewissheit, die seine mikropolitische Position begründet: „Die Macht eines Individuums oder einer Gruppe, kurz eines sozialen Akteurs, ist so eine Funktion der Größe der Ungewissheitszone, die er durch sein Verhalten seinen Gegenspielern gegenüber kontrollieren kann" (Crozier und Friedberg 1979, 43). Von zentraler Bedeutung ist hierbei die Relevanz der Ungewissheitszone in Bezug auf das jeweilige Handlungsfeld – erst dadurch wird die Vermittlung von Ungewissheit zur Ressource für den einzelnen Handelnden.

Unsicherheit und Risiko sind nicht mehr nur die Kehrseite von Chancen und Handlungsoptionen, sondern werden in relevanten Ungewissheitszonen zu spezifischen Ressourcen, die nahe legen, die Ungewissheit selbst als generelle, vielleicht sogar zentrale Ressource in der Moderne zu begreifen. Hierzu bedarf es aber eines Paradigmenwechsels: Weg von der Vorstellung der Notwendigkeit der Beherrschung von Unsicherheit und Risiko, hin zur Annahme der Ungewissheit als Metaressource.

Letztlich weist die Orientierung an der Employography in der Arbeitswelt schon in diese Richtung, bleibt aber an die spezifische Ungewissheitszone der Mitgliedschaftsregel und den Verweis auf das Normalarbeitsverhältnis geknüpft.[5]

2.3 Ungewissheit als Metaressource

Den notwendigen Paradigmenwechsel nimmt Antonovsky (1997) mit seiner Konzeption der Salutogenese vor. Es untersucht hierbei, wie Glück, Gesundheit und Wohlergehen (lateinisch: salus) entstehen, bzw. erhalten werden können. Obwohl sein Ansatz primär eine gesundheitssoziologische Konzeption darstellt, enthält er eine generell verstehende Handlungsperspektive. Antonovsky sieht in Gesundheit nicht den Gegensatz zu Krankheit, sondern begreift diese als definitorische Punkte eines Kontinuums, auf dem sich der Einzelne ständig verortet und in dessen Rahmen er sein Glück und seine Gesundheit stets neu erarbeiten muss. Hierauf nehmen sowohl belastende Faktoren (Stressoren), als auch Widerstandsfaktoren (generelle Potenziale) Einfluss. Diese generalisierten Potenziale sind als Ressourcen zu begreifen, die Handlungsoptionen unter Ungewissheit erzeugen: Einkommen, Bildung, Kompetenz, soziale Unterstützung, Selbstwertgefühl, präventive Verhaltensmuster, kulturelle (auch religiöse) Grundüberzeugungen etc. Die Ressourcen helfen Reize, die als Stressoren wahrgenommen werden, zu bewältigen, indem sie als nachvollziehbar und erklärbar, generell als überwindbar begriffen werden. Dem Einzelnen erwachsen aus dieser Perspektive neue Handlungsoptionen, da so ein Handhabbarkeits- und Kontrollgefühl entsteht. Stressoren (Risiken, Unsicherheiten) werden dadurch als sinnhaft in die Lebenserfahrung eingebunden begriffen, es stellt sich ein generalisiertes Kohärenzgefühl (*sense of coherence,* SOC) ein.

„Das SOC (Kohärenzgefühl) ist eine globale Orientierung, die ausdrückt, in welchem Ausmaß man ein durchdringendes, andauerndes und dennoch dynamisches Gefühl des Vertrauens hat, dass

1. die Stimuli, die sich im Verlauf des Lebens aus der inneren und äußeren Umgebung ergeben, strukturiert, vorhersagbar und erklärbar sind […];
2. einem die Ressourcen zur Verfügung stehen, um den Anforderungen, die diese Stimuli stellen, zu begegnen;
3. diese Anforderungen Herausforderungen sind, die Anstrengung und Engagement lohnen" (Antonovsky 1997, 36).

Das Kohärenzgefühl wird somit von den drei Faktoren *Verstehbarkeit, Handhabbarkeit* und *Bedeutsamkeit* geprägt.

Hiermit wird nicht ein spezifischer Coping-Stil, als übliches Bewältigungsverhalten, beschrieben, vielmehr stellt das Kohärenzgefühl eine generelle Lebens-

---

5 Die steigende Bedeutung der Projektorganisation (als unternehmensinterne eigenständige Institution) mit seinen spezifischen Herausforderungen und seinem Potenzial zur Bewältigung von Ungewissheit (vgl. den Beitrag von Peters in diesem Band) zeigt Gestaltungsoption in Bezug auf die interne Vermarktlichung auf.

einstellung dar, die dem Einzelnen hilft, Strategien der Ungewissheitsbewältigung zu verfolgen und dabei vorhandene Ressourcen zu Hilfe zu nehmen. Ressourcen sind z. B. Wissen oder soziale Unterstützung, die sowohl dem einzelnen Mitarbeiter als auch der organisationalen Umwelt helfen, Handlungsprobleme als handhabbar und Ungewissheit als Herausforderung und Entwicklungschance zu begreifen. Dies betrifft auch den Umgang mit konkreten Risiken und aktuellen oder vergangenen Krisen. Diese auszuhalten, zu verarbeiten und sogar als Chance zu begreifen, ist aus psychologischer Sicht eine Funktion der Resilienz, der psychischen Widerstandsfähigkeit gegenüber als bedrohlich empfundenen Stressoren (vgl. Antonovsky 1997). Auch hier liegt der schon angesprochene Perspektivenwechsel zu Grunde: auch die Krise ist nicht zu beherrschen, sie ist zu nutzen und zu gestalten, doch dies ist nur mit hohem Kohärenzsinn möglich, mit dem Vermögen, Ungewissheit als Chance zu begreifen.

3 Zusammenfassung: Mikro- und Makroperspektive

In den bisherigen Ausführungen wurde streng aus Sicht des einzelnen Akteurs argumentiert, der unter den gegebenen Bedingungen des institutionellen Wandels und der zunehmenden Unsicherheiten handeln muss. In der Arbeitswelt erfolgreich agieren kann er, wenn er seine eigene Biographie als Institution begreift, diese als handlungsleitende Employography konzipiert und daraus Sinnhaftigkeit (Bedeutsamkeit) schöpft. Unsicherheit wird ihm so zur Ungewissheit, die er aufgrund eigener Ressourcen als verstehbar und handhabbar begreifen und gegenüber anderen Akteuren aktiv als Macht- und Handlungsressource einsetzen kann. Es gilt für ihn, relevante Ungewissheitszonen zu besetzen und diese tag für tag zu nutzen, also in seiner aktiven Lebensführung zu gestalten.

Der gesellschaftliche Wandel beschränkt sich aber nicht auf nur eine – wenn auch aus der Mikroperspektive besonders wichtige – Institution, sondern tritt dem Einzelnen in allen Lebensbereichen gegenüber. Dieser umfassende Wandel macht den Übergang zur gesellschaftlichen Ebene, zur Makroperspektive notwendig. Die Arbeitswelt ist eingebettet in den wirtschaftlichen Wandel: Der volkswirtschaftlich dritte Sektor, der Dienstleistungsbereich, prägt unsere Wirtschaft in immer größerem Maß und erzeugt dabei neue Arbeitsfelder und Berufe, die aber vielfach nur geringe Stabilität aufweisen. Der technologische Wandel findet auf allen Ebenen statt: Mobilitätstechnologien, Energieerzeugung und -versorgung, Biotechnologie, insbesondere aber die zunehmende Virtualisierung prägen unser Leben weit über den Arbeitsalltag hinaus. Globalisierung und demographischer Wandel sind nicht nur Phänomene der Modernisierung der Moderne, sie sind selbst Folgen der Moderne. Und auch Krisen machen Folgen von Wandlungsprozessen sichtbar, wie in der aktuellen Finanz- und Wirtschaftskrise als Folge von Theorie und Praxis des *entfesselten Kapitalismus* zu beobachten ist. Die Welt tritt dem Einzelnen so in seinem Lebensalltag als von zunehmenden Unsicherheiten geprägt und mit zunehmendem Risiko behaftet gegenüber. Dies hat er in seiner Lebensführung

zu bewältigen und trägt dadurch unabänderlich zu den Wandlungsprozessen bei.
Abbildung 3.1 stellt dies dar:

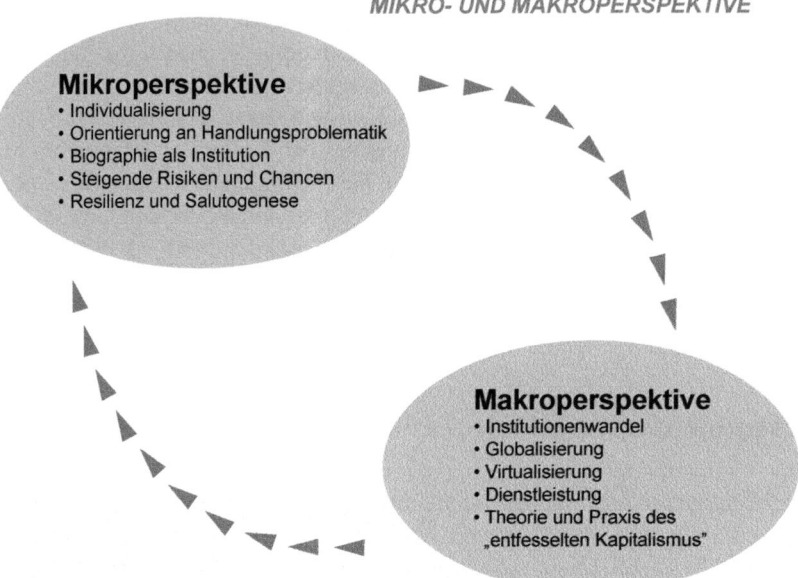

Abbildung 3.1: Verschränkung von Mikro- und Makroperspektive

Im Zuge der Verschränkung von Mikro- und Makroperspektive tritt wieder die
Frage nach den Handlungsoptionen und dem Umgang mit Unsicherheit und
Risiko auf: Der gesellschaftliche Umgang mit Unsicherheiten und Risiken ist
interpretationsabhängig. So ist die Aussage, eine der zentralen Herausforderungen
der Globalisierung sei „Managing People During the War on Terror" (Robbins und
Judge 2007, 16), einerseits nur aus der spezifisch amerikanischen Erfahrung von 9/11
verstehbar und andererseits Ausdruck des Versuchs, Risiken und Unsicherheiten zu
beherrschen.

Für den Einzelnen stellt die salutogene Orientierung an der Employography
eine ungewissheitskonforme Möglichkeit der aktiven Gestaltung eigener Lebenschancen und -bedingungen dar, aber auch gesamtgesellschaftlich bedarf es eines
Paradigmenwechsels hin zur Annahme der Ungewissheit als Grundlage innovativer Zukunftsgestaltung.

4 Zukünftige Forschungsbedarfe

Wie die Diskussion im Aktionsfeld „Management der Ungewissheit – Perspektiven
der Innovationsförderung" und die in diesem Band versammelten Beiträge zu diesem Thema gezeigt haben, genügt das der kausalen Erklärung verpflichtete Modell

der Beherrschung von Unsicherheit im Sinne einer Risikoabschätzung und dem damit verbundenen Risikomanagement nicht mehr, um Innovationsfähigkeit in der Arbeitswelt zu fördern. Mit der Employography sinkt die Verbindlichkeit von Institutionen, die einen sicheren Rahmen für das Innovationshandeln verleihen könnten.

Vor diesem Hintergrund gewinnt die Frage an Bedeutung, welche neuen, handlungsleitenden Perspektiven Innovationsprozesse auf der individuellen Ebene befördern können. Neben die individuellen Ziele und Zwecke, die hierbei das Handeln bestimmen (und damit einer teleologischen Erklärung bedürfen), tritt, statt einer restriktiv wirkenden Risikoabschätzung, die Fähigkeit Ungewissheit aushalten und nutzbar machen zu können. Dies bedarf neuer Forschungsbemühungen. Besondere Aufmerksamkeit ist hierbei auf folgende Fragen zu richten:

• Wie lassen sich individuelle und organisationale Entwicklungsziele (im Sinne von Innovationspotenzialen) so abstimmen, dass sie sich gegenseitig unterstützen?

• Wie können organisationale Routinen und die Notwendigkeit von Prozesssicherheit mit Freiheitsgraden individuellen Handelns verbunden werden, so dass Innovationsprozesse möglich werden?

• Welcher individuellen Ressourcen bedarf es, um hierbei mit Ungewissheit (z. B. individuellen Erfolgs- und Erwerbsperspektiven) so umgehen zu können, dass Innovationsprozesse gefördert werden?

Ansätze, die hierfür Hilfestellungen geben können, finden sich beispielsweise in der soziologischen und psychologischen Gesundheitsforschung (insbesondere zur Salutogenese oder zur Ungewissheitstoleranz). Aus diesen Bereichen liegen Messwerkzeuge vor, so z. B. der SOC-Fragebogen von Antonovsky (1997) oder der Fragebogen zur Ungewissheitstoleranz von Dalbert (2002), die beide sehr gut dokumentiert und vielfach angewendet wurden. Allerdings besteht die Notwendigkeit, auf der Grundlage der vorhandenen Instrumente analytische und diagnostische Verfahren zu entwickeln, die den spezifischen Fragestellungen einer ungewissheitsoffenen, innovationsförderlichen Arbeitsgestaltung gerecht werden und als Grundlage für Change-Prozesse eines Management der Ungewissheit dienen können und damit über das Erkennen von Entwicklungstendenzen im Sinne von „Patterns" (Gross 2002) hinausgehen.

Hiermit ist allerdings bereits auch angedeutet, dass sich der Forschungsbedarf in diesem Arbeitsfeld nicht auf Grundlagenforschung beschränken kann, sondern dass hier eine enge Verbindung zu Praxispartnern notwendig ist, um transferorientierte Forschungsergebnisse zu erzeugen und damit aktive Innovationsförderung zu ermöglichen.

5 Neues Spiel – neues Glück?
Ungewissheit als Innovationsressource

Visionen zur Innovationsförderung für den Wirtschaftsstandort Deutschland sind aus Sicht der Arbeitsforschung in Bezug auf das Management der Ungewissheit in der Förderung ungewissheitsoffener und damit innovationsförderlicher Interaktionssysteme im betrieblichen Arbeitsalltag zu suchen. Hier müssen Handlungs- und Entwicklungschancen für den Einzelnen erkennbar werden, die nicht nur die Innovationsfreudigkeit im Unternehmen steigern, sondern auch der individuellen Employography förderlich sind.

Auch weiterhin wird es betrieblicher Leitbilder bedürfen, gibt es organisationsinterne und -externe Institutionen und Regeln, die Geltung besitzen und deren Einhaltung erwartet werden kann, allerdings stellt sich bei allen Institutionen und Regeln die Frage nach der Interpretationsfähigkeit. Wie weit dürfen die Regeln interpretiert werden? Und wenn dieses Handeln (ggf. mehrfach) erfolgreich war: Verändern sich dann die Regeln? Eben dies lässt sich als Grundlage des Innovationshandeln schlechthin begreifen: Die Veränderung vorhandener Selbstverständlichkeiten – und diese müssen nicht immer durch große und offensichtliche Innovationsschübe gekennzeichnet sein – sind die Grundlage eine innovationsförderliche Ungewissheitsbewältigung und damit einer dauerhaften Steigerung der Innovationsfähigkeit. Vielfach sind es die kleinen Veränderungen, die die Handlungsmöglichkeiten deutlich erweitern und damit aus Ungewissheit verstehbare, handhabbare und bedeutsame Ungewissheitszonen machen, die dann Gegenstand der alltäglichen Aushandlung von Deutungshoheit sind. Dies ist der eigentliche Nukleus innovationsfördernder Flexibilität, der speziell für Deutschland, mit seinen vielfach beschriebenen (und manchmal beklagten) hoch institutionalisierten Arbeitsbeziehungen, die Grundlage der Bewältigung und Gestaltung zukünftiger Herausforderungen darstellt.

Letztlich ist es also der innovationsoffene Umgang mit den alltäglichen Handlungsfeldern der Arbeitswelt, die das Management der Ungewissheit kennzeichnen. Zentral ist dabei, dass der Kern der jeweiligen Institution, die eine Ungewissheitszone als Handlungsfeld regelt, nicht abrupt verletzt wird, dass also der Sinn der Institution solange erhalten bleibt, bis ein funktionales Äquivalent an ihre Stelle tritt.

Problematisch, für die Forschung ebenso, wie für das Management der Ungewissheit, ist dabei, relevante von nicht relevanten Ungewissheitszonen, die dem Spiel der Akteure unterliegen zu unterscheiden. Einen konkreten Vorschlag für das Auffinden solcher Ungewissheitszonen macht Wittgenstein (1997) in seinen „Philosophischen Untersuchungen". Ohne den Begriff der Institution zu benutzen, beschreibt er Handlungszusammenhänge, die durch einen konkreten Sinnzusammenhang und Regeln gegen andere Handlungszusammenhänge abgegrenzt werden, als Sprachspiele. Um an einem solchen Sprachspiel teilnehmen zu können (also institutionenbezogen handeln zu können), bedarf es der Kenntnis um das Sprachspiel, grundsätzlich also eines apriorischen Wissens in der Art eines kognitiven Schemas, das den Sinn und die Regeln des Sprachspiels abbildet. Erst in der Teilnahme am Sprachspiel kann der Einzelne feststellen, ob er das Spiel verstanden hat, also ob er in der Lage ist, institutionenbezogen zu handeln. Wobei das *institutionenbezogen* eben nicht unbedingt *institutionenkonform* heißen muss, sondern auch einen innovativen Umgang mit den Regeln einschließt, der dem Sinn des Sprachspiels (Wittgenstein nennt dies „Witz" im Sinne des englischen „wit") entspricht. Elbe (2007) demonstriert dies anhand eines empirischen Beispiels: Anhand der Sprachspiele einer Vertriebsmitarbeiterin in einem Software-Unternehmen wird demonstriert, wie diese von den postulierten Institutionen des Unternehmens abweichen und zur Umgestaltung des Arbeitsalltag und den Aufbau von Macht aufgrund der Besetzung relevanter Ungewissheitszonen eingesetzt werden.

Der Innovationsprozess selbst wird dabei eben nicht mehr als Glücksspiel – das man (manchmal vergebens) zu beherrschen sucht – aufgefasst,[6] sondern als Sprachspiel, das Bewältigungspotenziale entstehen lässt: im Erfolgsfall als Chance auf Verfahrens- oder Produktführerschaft, im Falle der Nichtdurchsetzung der Neuerung aber zumindest als Nachweis der Fähigkeit das Innovationsspiel zu spielen. Hier zeigt sich eine Innovationskonzeption, die der oben geforderten entspricht und in hohem Maß mit der Spielkonzeption in Ungewissheitszonen nach Crozier und Friedberg (1979) konform geht. Abbildung 5.1 stellt die Innovationskonzeption in Sprachspielen dar:

WISSEN UND DIE INNOVATION VON SPRACHSPIELEN

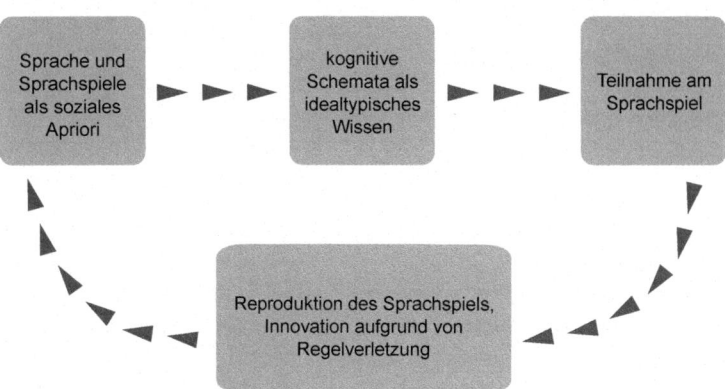

Abbildung 5.1: Innovationskonzeption im Sprachspiel (Elbe 2002)

Neben der generellen Förderung ungewissheitsoffener Sprachspiele gilt es aus Sicht des Managements der Ungewissheit nun Sprachspiele zu entdecken, die entweder besonders innovationsfreudig oder aber besonders problemrelevant sind. Besonders problemrelevant sind alle Sprachspiele, die ein tag-tägliches *so tun*

---

[6] Vgl. hierzu und zu innovationsrelevanten Machtstrukturen in der industriellen Forschung und Entwicklung den Beitrag von Wolf in diesem Band.

als ob erfordern (so wie es in diesem Beitrag für die Employography beschrieben wurde). Hier stimmen die als wirksam angenommenen oder auch postulierten Institutionen nicht mehr mit den tatsächlichen Handlungsorientierungen, die sich in den Sprachspiele ausdrücken überein. Hier zeigt sich Veränderungsbedarf und Innovationspotenzial. Die Steigerung der Innovationsfähigkeit beginnt mit der Entdeckung von Sprachspielen – auch hierfür gibt Wittgenstein (1997, 476) einen Hinweis: „Nicht um die Erklärung eines Sprachspiels durch unsere Erlebnisse handelt sich's, sondern um die Feststellung eines Sprachspiels." Und hierzu muss man seinen Witz erkennen.

Literaturverzeichnis

Antonovsky A (1997) Salutogenese. Zur Entmystifizierung der Gesundheit. Dgvt-Verlag, Tübingen

Beck U (1986) Risikogesellschaft. Auf dem Weg in eine andere Moderne. Suhrkamp, Frankfurt a. M.

Beck U, Bonß W (2001) Die Modernisierung der Moderne. Suhrkamp, Frankfurt a. M.

Bonß W (1995) Vom Risiko. Unsicherheit und Ungewissheit in der Moderne. Hamburger Edition, Hamburg

Crozier M, Friedberg E (1979) Die Zwänge kollektiven Handelns. Über Macht und Organisation. Beltz Athenäum, Königstein

Dalbert C (2002) Die Ungewissheitstoleranzskala (UGTS). In: Bähler E, Schumacher J, Strauß B (Hrsg) Diagnostische Verfahren in der Psychotherapie. Hogrefe, Göttingen

Elbe M (2007) Verstehen und Beraten betrieblicher Handlungsproblematik. In: Ludwig J, Moldaschl M, Schmauder M, Schmierl K (Hrsg) Arbeitsforschung und Innovationsfähigkeit in Deutschland. Hampp, München/ Mering

Elbe M (2002) Wissen und Methode. Grundlagen der verstehenden Organisationswissenschaft. VS-Verlag für Sozialwissenschaften, Opladen

Esser H (2000) Soziologie. Spezielle Grundlagen. Bd 5. Campus, Frankfurt a. M.

Gross P (2002) Kontingenzmanagement. Über das Management der Ungewissheit. In: Schriftenreihe „mzsg forum", Nr 9, St. Gallen

Kohli M (2003) Der institutionalisierte Lebenslauf: ein Blick zurück und nach vorn. In: Allmendinger J (Hrsg) Entstaatlichung und soziale Sicherheit. Verhandlungen des 31. Kongresses der Deutschen Gesellschaft für Soziologie in Leipzig 2002. VS-Verlag für Sozialwissenschaften, Opladen

Robbins S, Judge T (2007) Organizational Behavior. 12th ed. Prentice Hall India Pvt. Ltd, Upper Saddle River

Weihrich M, Voß G (2002) (Hrsg): tag für tag. Alltag als Problem – Lebensführung als Lösung? Neue Beiträge zur Soziologie alltäglicher Lebensführung 2. Hampp, München/ Mering

Wittgenstein L (1997) Philosophische Untersuchungen. In: ders.: Werkausgabe Bd 1 Tractatus logico-philosophicus [u.a.] 11. Auflage, Suhrkamp, Frankfurt a. M.

Gemeinsamkeiten zur Innovation finden

Michael Brannick

Elbe beginnt mit der Beschreibung des Konzepts der *Employography*, das er als die persönliche Berufsbiografie einer Person sieht. Die Motivation für ein solches Konzept scheint in der Reaktion auf die Veränderlichkeit des psychologischen Vertrags zwischen Arbeitgeber und Arbeitnehmer (vgl. Morrison und Robinson 1997) zu liegen. Beschäftigung wird nicht mehr als sicher oder langfristig aufgefasst, und als Reaktion darauf begreift das Individuum sich selbst als Sinnquelle für Verhaltensentscheidungen.

Nach meiner Auffassung liegt Elbe richtig darin, dass Menschen ihren beruflichen Werdegang als wichtigen Aspekt ihrer selbst betrachten und Zukunftsentscheidungen danach ausrichten. Der psychologische Vertrag zwischen Arbeitgeber und Arbeitnehmer beinhaltet immer ein Element der Spannung, da wir als Menschen inhärent in Konflikt mit unserer Stellung in Gruppen stehen. Möchte jemand mit anderen klarkommen oder aber vorankommen? Individuen und Gesellschaften unterscheiden sich in ihrer Haltung zu Individualismus bzw. Kollektivismus (vgl. Hofstede 1983). Zwar ist eine solche Spannung nicht neu, doch ist das veränderliche Wesen der langfristigen Karriereerwartungen von Arbeitgebern und Arbeitnehmern (d. h. der psychologische Vertrag) in den letzten Jahren deutlicher spürbar geworden, und diese Veränderung hat zu Stress geführt.

Die Art, wie Menschen auf diese Veränderungen reagieren, ist meiner Ansicht nach von grundlegender Bedeutung für die Frage, wie Innovationen gefördert und bewerkstelligt werden können. Elbe argumentiert überzeugend, dass Arbeitgeber und Arbeitnehmer versuchen, jeweils eigene Ziele zu verwirklichen. Solange Beschäftigung als langfristige Übereinkunft verstanden wurde, lag es im eigenen Interesse des Arbeitnehmers, für das Wohl des Arbeitgebers zu sorgen. Nun jedoch, so die Argumentation, muss sich der Arbeitnehmer lediglich um seine eigenen kurzfristigen Interessen sorgen, da Arbeitgeber kommen und gehen. Diese Position wird durch aktuelle Untersuchungen gestützt, die nahelegen, dass wahrgenommene Verletzungen des psychologischen Vertrags zum Verlust positiven Engagements des Individuums in der Organisation und nachfolgend dann zur Schwächung des Verhaltens führen, das Innovation bei der Arbeit fördert (vgl. Ng et al. 2010).

S. Jeschke et al. (eds.), *Enabling Innovation*, DOI 10.1007/978-3-642-24299-1_11,
© Springer-Verlag Berlin Heidelberg 2011

Obwohl es naheliegt, dass Arbeitgeber und Arbeitnehmer an der Verwirklichung jeweils eigener Ziele arbeiten, scheint es mir andererseits, dass ihre Ziele oft übereinstimmen können. Wenn dies der Fall ist, dann besteht ein wesentlicher Aspekt der Führung von Mitarbeitern darin, diese darauf hinzuweisen (oder sie ggf. davon zu überzeugen), dass die Ziele des Arbeitnehmers am besten durch Verfolgung der Ziele des Arbeitgebers zu erreichen sind. Ganz allgemein treffen Menschen Entscheidungen danach, welche Folgen sie für ihre Handlungen erwarten. Ob sich jemand entscheidet, etwas Innovatives zu tun, hängt von den Folgen ab, die er mit der Handlung verbunden glaubt. Menschen tendieren dazu, Gutes und Schlechtes zu erwägen, und sind dabei nicht immer sonderlich überlegt oder sich aller Konsequenzen bewusst (vgl. Janis und Mann 1977).

Akademiker besprechen ihre berufliche Situation häufig mit anderen Akademikern. So ist an manchen Universitäten die unterstützende Infrastruktur der Forschung nicht sehr gut entwickelt. Ich habe viele Personen nach ihrer Meinung befragt, wieso das so ist. Eine Theorie ist, dass Personen, die die höchste akademische Position (oft die des Vizepräsidenten oder Prorektors) innehaben, bestrebt sind, Präsident der Universität zu werden, und erkennen, dass ihre diesbezüglichen Chancen an keiner Schule sonderlich gut stehen. Sie könnten Jahre mit dem Aufbau der Infrastruktur an der eigenen Einrichtung verbringen, was zu deren langfristigem Wohlergehen führen würde, doch können sie dann kurzfristig wenig oder nichts vorweisen, falls sich an anderen Hochschulen die Möglichkeit bietet, Präsident zu werden. Oder sie können Initiativen entwickeln und damit viel Aufmerksamkeit erregen und schnell einigen Erfolg vorweisen. Es scheint, dass sie sich immer für die sichtbare, kurzfristige Initiative entscheiden (und dann meist woanders Präsident werden). Dies ist natürlich lediglich eine Theorie und kann vollkommen falsch sein. Dies zeigt jedoch erstens, dass die fraglichen Vizepräsidenten oder Prorektoren alle auf Lebenszeit beschäftigt sind und extrem sichere Jobs als Universitätsangestellte haben und die Jobsicherheit an dieser Institution daher kein großes Problem darstellt. Zweitens erarbeiten sie neue Programme, weil sie glauben, dass sie dadurch in ihrer Karriere vorankommen. Man könnte anführen, dass solche Initiativen Beispiele für Veränderung und nicht für Innovation darstellen oder dass viele wichtige Innovationen nötig sind, Zeit und Energie jedoch nur für wenige reichen, und es sich daher tatsächlich um eine Frage von Prioritäten und Ergebnissen handelt (Auszeichnungen, der Lohn für die investierte Arbeit – und wer diese erhält).

In seiner Diskussion der Reaktionen auf Veränderung erwähnt Elbe die Toleranz gegenüber Ungewissheiten als Ressource oder Vorteil einer Person. Außerdem erwähnt er die soziale Unterstützung und weitere Ressourcen, die Individuen anzapfen können, um mit Stress umzugehen. Meiner Ansicht nach sind dies ausgezeichnete Ideen, die weiterer Entwicklung wert sind. Zwei weitere Ideen möchte ich erwähnen, die ich in Sachen Innovationsstress für relevant halte. Die erste Idee ist mit dem regulatorischen Fokus verbunden (vgl. Crowe und Higgins 1997). Die Idee besteht darin, dass Menschen dazu tendieren, ihre Ziele durch Annäherung an einen gewünschten Zustand oder aber durch Vermeidung eines unerwünschten Zustands zu erreichen, und dass sich die Individuen in ihrer allgemeinen oder zeitlichen Strategie oder im Fokus auf die Situation unterscheiden. Bei einem Promotionsfokus wird das Erreichen eines Ziels oder ein Fortschritt angestrebt, während bei einem Präventionsfokus der Verlust von Sicherheit und Geborgenheit vermieden wird. Menschen mit Promotionsfokus nehmen mit höherer Wahrscheinlichkeit Risiken auf sich und streben das Ziel auch nach anfänglichem Scheitern weiter an. Menschen mit Präventionsfokus neigen zum Spiel auf Sicherheit und zur Wiederholung dessen, was schon einmal funktioniert hat. Ich behaupte, dass Mitarbeiter mit Promotionsfokus für Unternehmen, die Innovationen wollen, Vorteile bieten. Vielleicht lässt sich ein Promotionsfokus sogar fördern, sodass Veränderungen von den Mitarbeitern mit höherer Wahrscheinlichkeit unterstützt werden.

Die zweite Idee hat mit den Kosten und Vorteilen zu tun, die einem Individuum durch innovatives Verhalten entstehen. Zuvor habe ich gesagt, dass Personen ihre Entscheidung über Innovationen in Abhängigkeit von den erwarteten Folgen ihres möglichen Verhaltens treffen. Etwas anders zu tun birgt ein soziales Risiko. Durch abweichendes Verhalten entsteht das Risiko, lächerlich gemacht zu werden oder gar ins Abseits zu geraten. Wenn die Idee vom Management falsch verstanden wird, können dem Individuum aufgrund vorgeschlagener Innovationen finanzielle Verluste entstehen (z. B. entgangene Beförderungen, schlechtere Leistungsbewertungen). Daher muss bei der Planung des Änderungsmanagements die Kultur am Arbeitsplatz berücksichtigt werden. Das Management kann eine Kultur anstreben, in der Ideen voll unterstützt werden, auch wenn sie auf den ersten Blick verrückt erscheinen. Manche Methoden der Gruppenproblemlösung verbieten es Gruppenmitgliedern ausdrücklich, während der ersten Phase der Problemlösung, also der Ideengenerierung, Ideen zu kritisieren, egal wie absonderlich diese sein mögen (z. B. beim Brainstorming, vgl. Heslin 2009; Osborn 1957). Die Kritik wird in eine spätere Phase der Beratung verschoben.

Elbes Vorgehen in der Untersuchung wirkt angemessen. Seine Frage nach den einander unterstützenden individuellen und Organisationszielen scheint meiner Frage nach gemeinsamen oder sich überlappenden Zielen des Individuums und der Organisation zu entsprechen. Ich bin zuversichtlich, dass Unternehmen arbeitsfähige Modelle entwickeln werden, mit denen Mitarbeiter genügend motiviert werden, um einen ausreichenden gegenseitigen Vorteil zu erkennen und sich zum Wohle der Organisation stark zu engagieren. Seine Fragen nach der Schaffung von Situationen, in denen Individuen innovativ handeln können, ist von höchster Bedeutung für die Entwicklung von Systemen, in denen Experimente gefördert werden und unausweichlich entstehende Fehler von Zeit zu Zeit erlaubt sind. Die Schwierigkeit besteht darin, dass Fehler unangenehm oder schlimmer sind. Wie viel Innovation ist zu viel?

Ng et al. (2010) weisen Maßstäbe für die Verletzung psychologischer Verträge und für die Wahrnehmung der Innovation durch Mitarbeiter aus. Beide Maßstäbe könnten sich für die weitere Untersuchung der Auswirkungen psychologischer Verträge auf Innovationen eignen. Der von den Autoren entwickelte Maßstab für innovatives Verhalten eignet sich für die Befragung einer großen Auswahl an Jobpositionen. Die Befragten werden dabei gebeten, den Grad zu kommentieren,

zu dem Jobinhaber „innovative Ideen im Beruf generieren, verbreiten und umsetzen" (Übersetzung durch den Autor). Eine solche Umfrage kann nützlich
sein, um vorherzusagen, welche Organisationen am innovationsfähigsten sind,
und um die Innovationen in Organisationen durch objektive Kriterien mithilfe
von Mitarbeiterbefragungen zu vergleichen. Möglicherweise ist es sinnvoll, bei
Umfragen einen verwandten Ansatz zu verwenden und die Mitarbeiter nach dem
Grad zu befragen, zu dem ihrer Meinung nach ihre Organisation zu Innovationen
fähig oder für diese bereit ist. Solche Mittel können sich auch als Ergebnisse in
Interventionsstudien zur Steigerung von Innovationen in Organisationen eignen,
wobei mit solchen Mitteln gezeigt werden kann, ob es Veränderungen im Verhalten
oder in den Überzeugungen von Mitarbeitern gab, die nachfolgend zu Innovationen
geführt haben.

Elbe endet mit der Behauptung, dass Sprachspiele ein Mittel zur Unterstützung
von Innovationen darstellen können. Wie schon erwähnt, üben die Kultur oder die
Normen in einer Organisation einen starken Einfluss auf das individuelle Verhalten
aus. Wenn Sprachspiele die Entwicklung einer Kultur begünstigen, die die spielerische Entwicklung neuer Ideen statt der Lächerlichmachung anderer Meinungen
zulässt, dann – denke ich – ist das eine großartige Idee.

Literaturverzeichnis

Crowe E, Higgins T (1997) Regulatory focus and strategic inclinations: Promotion and pre-
    vention in decision-making. Organizational Behavior and Human Decision Processes,
    69: 117-132
Hofstede G (1983) National cultures in four dimensions: A research based theory of cultural
    differences among nations. International Studies of Management & Organization, 13:
    46-74
Heslin PA (2009) Better than brainstorming? Potential contextual boundary conditions
    to brainwriting for idea generation in organizations. Journal of Occupational and
    Organizational Psychology, 82: 129-145
Osborn AE (1957) Applied imagination: Principles and procedures of creative problem sol-
    ving. C. Scribner's Sons, New York
Janis IL, Mann L (1977) Decision making: A psychological analyis of conflict, choice, and
    commitment. Free Press, New York
Morrison EW, Robinson SL (1997) When employees feel betrayed: A model of how psy-
    chological contract violation develops. Academy of Management Review, 22: 226-256
Ng TW, Feldman DC, Lam SS (2010) Psychological contract breaches, organizational com-
    mitment, and innovation-related behaviors: A latent growth modeling approach. Journal
    of Applied Psychology, 95: 744-751

Teil 2

Kompetenzenentwicklung, Arbeitssysteme, Arbeitsprozesse – eine innovative Herausforderung

Was ist da draußen los? – Gestaltung von Arbeitssystemen für das Lernen in der Berufspraxis

Ernst Hartmann und Francesco Garibaldo

Abstract

Dieser Beitrag befasst sich mit der Arbeitssystemgestaltung für das Lernen in der Berufspraxis unter Förderung des informellen Lernens am Arbeitsplatz. Zentrale These ist, dass zu den Merkmalen lernintensiver Arbeitsplätze zwar bereits umfangreiches Wissen vorliegt, nicht jedoch zur Herausbildung solcher lernintensiven Arbeitsplätze in der Berufswelt, d. h. im Zuge der Verwaltung und Entwicklung von Organisationen und Prozessen in der Praxis jenseits von öffentlich finanzierten Projekten. Als konzeptioneller Rahmen wird zwischen Arbeitsprozessen erster und zweiter Ordnung unterschieden. Durch Arbeitsprozesse erster Ordnung werden die Güter und Dienstleistungen erzeugt, die Gegenstand der Tätigkeit einer Organisation sind. Mit Prozessen zweiter Ordnung werden die Prozesse erster Ordnung reflektiert – und an dieser Stelle findet schließlich organisationales Lernen statt. Anhand von drei kurzen Fallstudien wird die Entstehung lernintensiver Arbeitsprozesse in verschiedenen Umgebungen veranschaulicht (Fertigung, IT-Support, Krankenhaus). Für die weitere Forschung empfiehlt sich die eingehendere Untersuchung lokaler Theorien der Arbeitsprozessgestaltung, einschließlich der Analyse der einzelnen Akteure der Arbeitsprozessgestaltung und ihrer jeweiligen fachlichen Methoden.

1 Einführung

Die *Absorptive Capacity* (vgl. Cohen und Levinthal 1990) ist einer der Schlüsselfaktoren für die Innovationsfähigkeit einer Organisation. Cohen und Levinthal bezeichnen als Absorptive Capacity die „Fähigkeit, den Wert neuer Informationen zu erkennen, zu assimilieren und für kommerzielle Zwecke zu nutzen" (ebd., 128; Übersetzung durch den Autor).

In seiner ursprünglichen Bedeutung bezieht sich der Begriff der Absorptive Capacity auf die allgemeine Fähigkeit einer Organisation, externe Informationen und Chancen (z. B. neue Technologien) für ihre eigenen Innovationsabsichten zu nutzen. Um diese Chancen nicht nur erkennen, sondern technologische oder organisationale Innovationen auch effektiv umsetzen zu können, müssen alle von diesen Innovationen betroffenen Mitarbeiter eine entsprechende Lernfähigkeit aufweisen. Diese Lernfähigkeit kann als Kompetenz oder *Bereitschaft zur Selbstorganisation*

S. Jeschke et al. (eds.), *Enabling Innovation*, DOI 10.1007/978-3-642-24299-1_12,
© Springer-Verlag Berlin Heidelberg 2011

beschrieben werden (vgl. Erpenbeck und Heyse 2007). Die entsprechenden Kompetenzen werden gewöhnlich eher im (Berufs-)Alltag als in einer formalisierten Lernumgebung (z. B. Schulen oder andere Bildungseinrichtungen) erworben. Hier kommen lernintensive Arbeitsprozesse ins Spiel, die als *Produktionsprozesse* für Kompetenzen dienen.

Dagegen umfassen die individuellen Kompetenzen die Fähigkeit, bestehende Arbeitsprozesse und systeme kritisch zu überdenken – eine Voraussetzung für *Bottom-up*-Innovationsprozesse, die auf den Beiträgen der einzelnen Mitarbeiter oder Mitarbeitergruppen basieren, wie z. B. die kontinuierlichen Verbesserungsprozesse (KVP).

Neben diesen innovationsbezogenen Effekten sprechen weitere äußerst relevante Argumente dafür, auf das Lernen abzielende Arbeitssysteme zu erkunden, zu fördern und zu entwerfen. Besonders hervorzuheben sind dabei:

• Individuelle Perspektive: Humanisierung des Arbeitslebens. Möglichkeiten zur Entwicklung von Fachwissen, Fertigkeiten und Kompetenzen – oder sogar eine allgemeine persönliche Weiterentwicklung – werden als Kernaspekte der menschengerechten Arbeitsgestaltung angesehen (vgl. Baitsch und Frei 1980; Ulich et al. 1980).
• Organisationsperspektive: Intellektuelles Kapital. Fachwissen und Kompetenz der Organisationsmitglieder sind Teil des intellektuellen Kapitals einer Organisation (vgl. Pawlowsky et al. 2001; vgl. Pawlowsky in diesem Band).
• Politische Perspektive: Informelle Lernwege als Ergänzung zu den traditionellen Bildungsformen (vgl. Bjørnåvold und Colardyn 2004).

Diese Vorteile des Lernens im Arbeitsprozess gaben Anlass zu einer substantiellen und umfangreichen Forschungstätigkeit. Infolge dieser Bemühungen sind die Arbeitsbedingungen, die für eine anregende Lernerfahrung geeignet sind, inzwischen sehr gut bekannt. In der Tradition der Dresdner Schule der Arbeitspsychologie entwickelten Bärbel Bergmann und ihr Forschungsteam im Jahr 2006 Fragebögen, um Merkmale der Arbeitsgestaltung zu ermitteln (z. B. Gelegenheiten zur Mitbestimmung, Freiheitsgrade, soziales Klima, Transparenz der Aufgaben). Sie lieferten den empirischen Nachweis für die Beziehungen zwischen diesen Arbeitsmerkmalen und der Entwicklung von Kompetenzen in verschiedenen Kompetenzbereichen (wie Fachwissen und Fertigkeiten, soziale Kompetenz usw.). Dies ist nur ein Beispiel für eine große Zahl theoretischer und empirischer Arbeiten auf diesem Gebiet.

Die Merkmale einer lernintensiven Arbeit sind daher wohlbekannt. Weniger gut bekannt ist jedoch, wie ein solches Arbeitsumfeld geschaffen wird. In dieser Hinsicht sind unter anderem noch die folgenden Fragen zu klären:

• Wie wird die Arbeit *in freier Wildbahn* tatsächlich gestaltet, d. h. in Arbeitsorganisationen (Unternehmen, gemeinnützige Organisationen, öffentliche Verwaltung usw.) und außerhalb der (öffentlich finanzierten) Forschungsprojekte zum Thema Arbeitsgestaltung?

- Wird die Frage der Lernfreundlichkeit in diesen Prozessen der Arbeitsgestaltung in irgendeiner Form explizit oder implizit untersucht?
- Wie interagieren die verschiedenen Anspruchs- und Berufsgruppen in diesen Prozessen der Arbeitsgestaltung (z. B. Geschäftsleitung, Arbeitnehmervertreter, technische Planer, Wirtschaftsingenieure, IT-Experten)?
- Wie werden die Gestaltungsprozesse im Allgemeinen und die Interaktionen der genannten Akteure im Besonderen durch Umgebungsvariablen wie den Sektor, die Unternehmensgröße, die Organisationskultur usw. geprägt?
- Existieren Zugänge für mögliche Eingriffe in diese Prozesse? Und wenn ja, wo?

Um diese Fragen weiter zu untersuchen, konzentriert sich der vorliegende Beitrag nicht auf die Struktur der lernintensiven Arbeit, sondern auf ihre Entstehung.

Im folgenden Kapitel wird ein konzeptioneller Rahmen für die Entstehung eines lernintensiven Arbeitsumfelds vorgeschlagen. Anschließend werden drei Fallbeispiele für die Arbeitsgestaltung geschildert, um die praktische Umsetzung dieses *Lernens im Arbeitsprozess* zu veranschaulichen. Diese drei Fälle werden im Hinblick auf ihre theoretischen und methodologischen Folgen erörtert. Zum Abschluss werden offene Fragen bezüglich der Forschung und künftiger Gestaltungen und Eingriffe vorgebracht. Dabei wird auch kurz auf die scheinbar *nicht wissenschaftliche* Frage eingegangen, inwieweit die Ergebnisse von F&E-Projekten auf diesem Gebiet auf andere Organisationen übertragbar sind, die an den ursprünglichen F&E-Projekten nicht beteiligt waren.

2 Die Entstehung von lernorientierten Arbeitssystemen

2.1 Ein konzeptioneller Rahmen

Wie werden Arbeitsbedingungen allgemein und insbesondere im Hinblick auf ihren Lernwert herbeigeführt? Ein allgemeiner Rahmen für die Entstehung und Entwicklung von Arbeitssystemen und -prozessen wurde von Hartmann (vgl. 2005) vorgeschlagen. Dieses Modell unterscheidet zwischen Arbeitsprozessen erster und zweiter Ordnung. Arbeitsprozesse erster Ordnung dienen der Erstellung der Produkte und Dienstleistungen, auf die der entsprechende Arbeitsprozess abzielt; sie stellen somit die *unmittelbaren* Arbeitsprozesse dar. Arbeitsprozesse zweiter Ordnung stellen in Bezug auf die Prozesse erster Ordnung reflektierende Prozesse dar. In diesen Prozessen zweiter Ordnung werden die Prozesse erster Ordnung überwacht, beurteilt, kritisiert, infrage gestellt und schließlich geändert. Diese Änderungen können schrittweise erfolgen und daher für die am Arbeitsprozess beteiligten Personen kaum spürbar sein oder aber in radikaler und grundlegender Weise vollzogen werden. Die Prozesse zweiter Ordnung sind als *natürlicher* Aspekt der Arbeitsprozesse konzipiert: Für das Auftreten dieser Prozesse spielt es keine Rolle, ob sie ausdrücklich angefordert oder z. B. als Prozesse zur Organisationsentwicklung ausgestaltet wurden. Im Einführungskapitel wurden diese Prozesse zweiter Ordnung als Voraussetzungen für *Bottom-up*-Innovationsprozesse erörtert.

Innerhalb dieser Arbeitsprozesse werden Technologien (Instrumente und Medien) verwendet, die wiederum Produkte anderer Arbeitsprozesse sind (Arbeitsprozess 2 in Abbildung 2.1). Diese Technologien können das Lernen wiederum
mehr oder weniger stark begünstigen (vgl. Brandt et al. 2003). Zudem kann der
Entwicklungsprozess dieser Technologien mehr oder weniger stark auf die Herstellung lernfreundlicher Technologie abgestimmt sein. Der Prozess der Implementierung dieser Technologie in der Organisation, die diese Technologie verwendet, ist ein weiterer Schauplatz für die Gestaltung von Arbeitssystemen und
-prozessen, die das Lernen fördern.

Das folgende Beispiel veranschaulicht die Arbeitsgestaltung im Zusammenhang mit den Prozessen der Organisationsentwicklung und der Technologieimple-
mentierung.

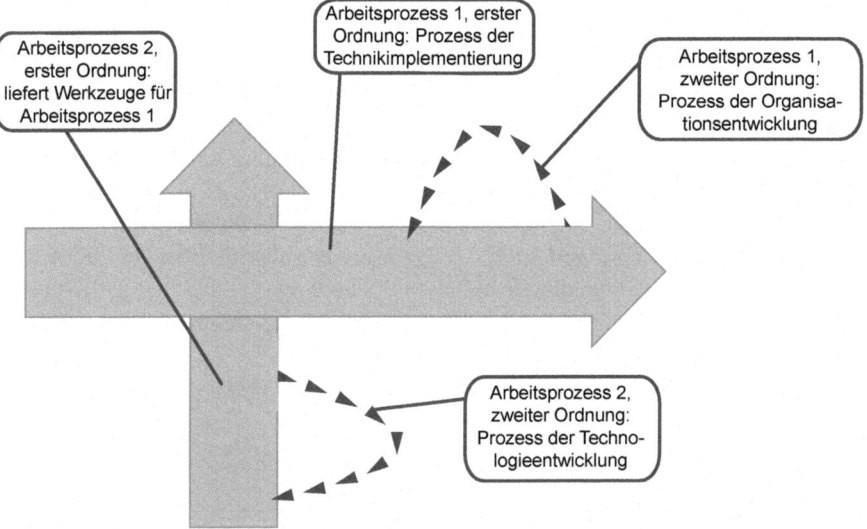

Abbildung 2.1: Arbeitsprozesse (Hartmann 2005)

2.2 Ein altes Beispiel: Das Projekt Traktor-Montagesystem

Dieses Fallbeispiel für die Arbeitsgestaltung bezieht sich auf ein neues Montagesystem für Traktoren (vgl. Hartmann 1995). In diesem Unternehmen wurde als neues
organisationales Paradigma die Gruppenarbeit eingeführt. Das alte Fließbandmon-
tagesystem für Traktoren war einerseits technologisch veraltet und wies andererseits keine geeignete Gestaltung für gruppenorientierte Arbeitsstrukturen auf. Daher
wurde ein Gestaltungsteam gegründet und mit der Implementierung eines neuen
Montagesystems beauftragt. Dieses Team bestand aus Technikexperten, Wirtschafts-
ingenieuren, Fertigungsleitern, Montagearbeitern und Mitgliedern des Betriebsrats,[1]
und wurde von Experten für Organisationsentwicklung beratend unterstützt.

---

[1] In der deutschen Industrie ist der Betriebsrat das gewählte Organ zur Vertretung aller
Mitarbeiter eines Unternehmens.

Das Gestaltungsteam wendete eigens für die Unterstützung partizipativer Gestaltungsprozesse entwickelte Techniken der kooperativen Problemlösung an (vgl. Sell und Fuchs-Frohnhofen 1993). In diesem Problemlösungsprozess wurde eine Wertanalyse im Hinblick auf fünf Gestaltungsszenarios durchgeführt. Tabelle 2.1 zeigt einen Ausschnitt aus einer Liste von Kriterien, die für diese Analyse verwendet wurden.

	Gewicht des Kriteriums (WC; 0...10)		Gewicht des Unter-kriteriums (WS; 0...10)	Erfül-lungs-grad (DF; 0..10)	Punkt-wert (DF x WS x WC)
1.1 Kontrolle des Montagesystems	6,3	1.11 Abkopplung vom Zyklus des Fließbandsystems (+)	0,125	1	0,79
		1.13 Durchsatzzeit (-)	0,125	1	0,79
		1.15 Komplexität des Materialflusses (-)	0,125	1	0,79
2.1 Flexibilität/Mög-lichkeiten künftiger Änderungen	2,6	2.11 Flexibilität der Technologie (+)	0,5	1	1,30
		2.12 Flexibilität der Organisation (+)	0,5	1	1,30
3.1 Informationsfluss	2,1	3.11 Allgemeine Informationen (+)	0,5	1	1,05
		3.12 Teile- und Produktänderungen (+)	0,5	1	1,05
3.2 Vollständigkeit der Aufgaben	3,7	3.21 Integration indirekter Aufgaben (+)	0,33	1	1,22
		3.22 Hierarchische Vollständigkeit (+)	0,33	1	1,22
		3.23 Sequenzielle Vollständigkeit (+)	0,33	1	1,22
3.3 Zeitautonomie von Gruppen	4,7	3.31 Abhängigkeiten zwischen Gruppen (-)	0,33	1	1,55
		3.32 Abkopplung der Gruppe vom Fließbandzyklus (+)	0,33	1	1,55
		3.33 Zeit für Ad-hoc-Gruppendiskussionen (+)	0,33	1	1,55
3.4 Stress/Belastung	2,6	3.41 Körperliche Belastung(-)	0,33	1	0,86
		3.42 Umweltbedingte Belastung(-)	0,33	1	0,86
		3.43 Psychische Belastung(-)	0,33	1	0,86
4.1 Wirtschaftliche Kosten und Vorteile	10,0	4.11 Anteil wertsteigernder Operationen (+)	0,2	1	2,00
		4.12 Umsetzungskosten (-)	0,2	1	2,00
		4.13 Betriebskosten (-)	0,2	1	2,00
		Punktwertsumme der Erträge			62,4

Tabelle 2.1: Im Gestaltungsprozess des Montagesystems verwendete Kriterien (Auszug; „+": zu maximierende Dimensionen, „-": zu minimierende Dimensionen)

Neben offensichtlichen wirtschaftlichen Kriterien wurden auch menschenorientierte und gruppenarbeitsorientierte Kriterien berücksichtigt, z. B. hierarchische und sequenzielle Vollständigkeit von Montageaufgaben (menschenorientiert), Zeitautonomie von Gruppen (gruppenarbeitsorientiert). All diese Kriterien stehen in einem engen Zusammenhang mit der *Lernfreundlichkeit* der Arbeit (vgl. Bergmann 2004).

Abbildung 2.2 (unterer Teil) zeigt die Gestaltung des neuen Montagesystems gemäß dem Szenario mit der höchsten Punktzahl in der Wertanalyse. Statt Fließbändern und Hängeförderbahnen werden automatisch angetriebene Paletten (Größe: 24 Quadratmeter) als grundlegendes Fördersystem verwendet. Die Montagearbeiter stehen während der Montage auf diesen Paletten und müssen daher nicht neben dem Förderband herlaufen, wie dies in der alten Montaghalle erforderlich war (Abbildung 2.2, oberer Teil). Hydraulische Stützen erlauben eine freie vertikale Positionierung des zu montierenden Traktors. Die Integration der montage- und baugruppenbezogenen Aufgaben in Montagegruppen ermöglicht vollständige Aufgabenstrukturen und ein relativ niedriges Gesamtniveau der Kopplungen zwischen dem Arbeitszyklus der Gruppe und dem Zyklus des Gesamtsystems. Jede Gruppe verfügt über spezielle Räume für Pausen und Gruppensitzungen.

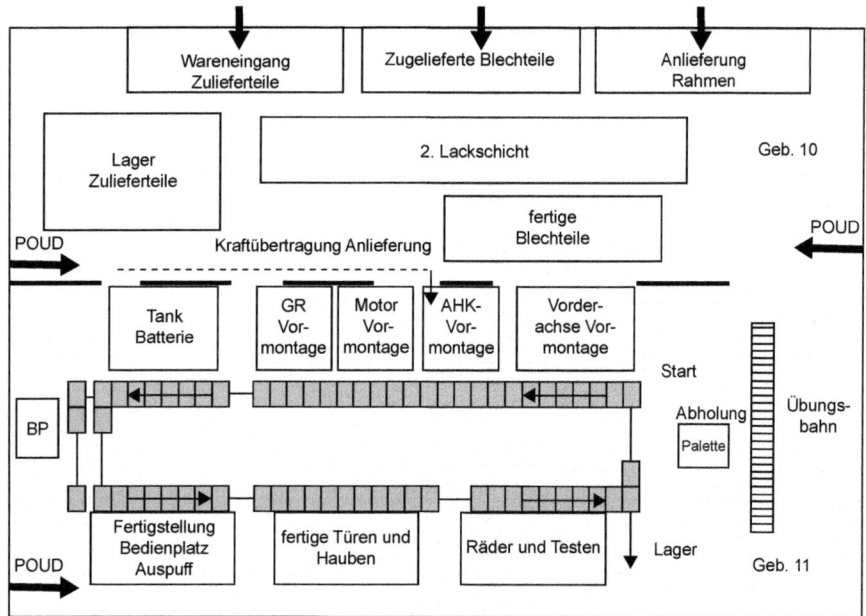

Abbildung 2.2: Neue Gestaltung des Montagesystems (Paletten sind als gelbe Quadrate dargestellt, POUD: Lieferung an Verwendungsstelle (Point of use delivery; Geb.: Gebäude; GR: Gelber Rahmen, Haubenträger; BP: Bedienplatz; Lief.: Lieferung

Abbildung 2.3: Ein Arbeitsplatz im neuen Montagesystem (Montagebedienplatz)

2.3 Ein aktuelles Beispiel: Prozessgestaltung im globalen IT-Support

Das zweite Fallbeispiel zur Arbeitsgestaltung behandelt IT-Supportprozesse in einem global agierenden Unternehmen (vgl. Förster et al. 2009). In diesem Unternehmen bieten globale Teams anderen Unternehmensangehörigen Unterstützung im IT-Bereich. Die Mitglieder dieser Teams arbeiten in Europa, Nord- und Südamerika sowie in Asien.

In einem intensiven einwöchigen Treffen aller Teammitglieder, einschließlich der Führungskräfte, wurden die Arbeitsprozesse innerhalb der globalen Teams erörtert und neu gestaltet. Das Treffen wurde von externen Experten konzipiert und unterstützt. In Abbildung 2.4: IT-Supportprozess, erste Variante (vereinfacht) wird – in extrem vereinfachter, schematischer Form – eine Variante des Supportprozesses gezeigt, die in einem Workshop des Treffens in Form eines Rollenspiels simuliert wurde. Der Kunde – ein IT-Benutzer innerhalb des Unternehmens – stößt bei der Verwendung seiner Software auf ein Problem. Daraufhin wendet er sich an den Helpdesk. Der Mitarbeiter des Helpdesks – oder Callcenters – kann gegebenenfalls das Problem analysieren und umgehend Hilfe leisten. In schwierigeren Fällen muss der Helpdeskmitarbeiter das Problem an einen Experten mit spezifischen Kenntnissen bezüglich der entsprechenden Software weiterleiten. In den meisten Fällen wird dieser Experte (*B-Level-Support*) das Problem lösen können. Mitunter liegt aber ein noch anspruchsvolleres Problem vor, das womöglich sogar einen Neuentwurf des Softwaresystems erfordert. In diesem Fall wendet sich der B-Level-Experte an einen C-Level-Systembetreuer, der gewöhnlich auch für den (Neu-)Entwurf des Softwaresystems zuständig ist. Der C-Level-Experte kann entweder eine Lösung innerhalb des bestehenden Systems anbieten oder für das Softwaresystem einen Prozess des Neuentwurfs einleiten.

Im Supportprozess gemäß der Abbildung 2.4 wendet sich der Kunde an den Helpdeskmitarbeiter, der jedoch nicht in der Lage ist, das Problem zu lösen. Er gibt den Fall daher an den B-Level-Experten ab, der ihn wiederum an den C-Level-Experten weiterleiten muss. Der C-Level-Experte löst schließlich das Problem und informiert den Kunden entsprechend. Der Prozess war zwar in Bezug auf die Kundenbedienung effektiv, doch die Teilnehmer des Treffens deckten problematische Aspekte dieses Verfahrens auf. Insbesondere wurden weder der

B-Level-Experte noch der Helpdeskmitarbeiter über die Problemlösung informiert. In Bezug auf das konkret zu lösende Problem stellte dieses Vorgehen zwar
keinen offensichtlichen Nachteil dar, es enthielt den beiden Mitarbeitern jedoch
Lernmöglichkeiten vor. Darüber hinaus verhinderte es wahrscheinlich Lerneffekte
oder eine Selbstoptimierung innerhalb des Gesamtprozesses.

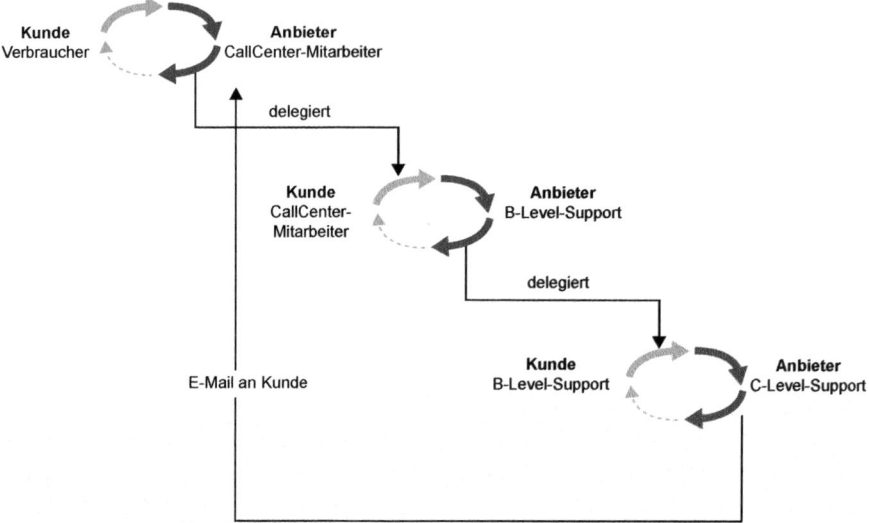

Abbildung 2.4: IT-Supportprozess, erste Variante (vereinfacht)

Die Teilnehmer des Treffens schlugen daher eine alternative Lösung vor, die in
Abbildung 2.5 dargestellt wird. In dieser Variante ist die Kommunikation zwischen
allen Partnern in Form von geschlossenen Schleifen organisiert (vgl. Medina-Mora
et al. 1992).

Die Lösung wird dabei an den B-Level-Experten und den Helpdeskmitarbeiter
rückübermittelt. Alle drei Arbeitszyklen sind geschlossen: Die Person, die um
eine Lösung bittet (Kunde), erhält die Lösung von der Person, an die sie sich
gewendet hat (Zulieferer), und gibt diese Lösung schließlich an ihren eigenen
(internen) Kunden weiter. Auf diese Weise haben alle Partner die Möglichkeit,
aus dem Problem und seiner Lösung zu lernen. Im Laufe der Zeit werden der
Helpdeskmitarbeiter und – in geringerem Maße – der B-Level-Experte ihr Wissen
erweitern und in immer mehr Fällen in der Lage sein, die Probleme ihrer Kunden
selbst zu lösen, ohne sie weiterzuleiten. Dank kürzerer Durchlaufzeiten bei der
Problemlösung bessert sich somit der Kundendienst.

Im Hinblick auf das in Abbildung 2.1: Arbeitsprozesse (Hartmann 2005) vorgestellte Modell handelte dieses Beispiel vor allem von Organisationsentwicklung,
die Gestaltung und Implementierung von Technologie wurde jedoch ebenfalls
behandelt, da all diese Prozesse durch spezifische Software-Tools unterstützt werden.

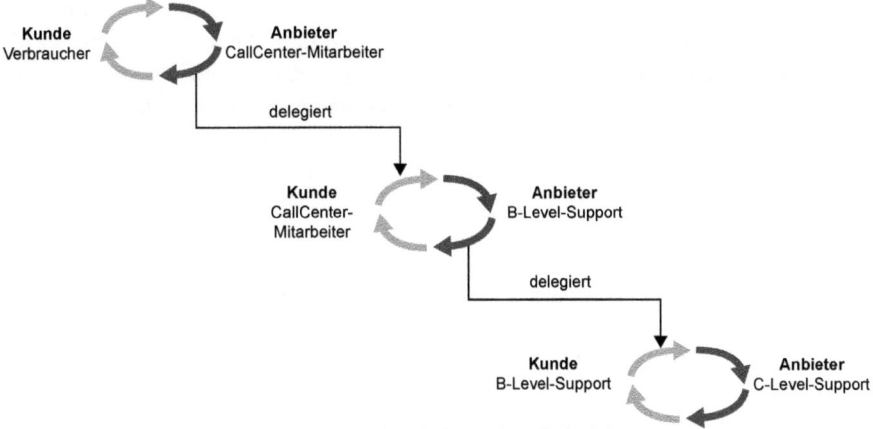

Abbildung 2.5: IT-Supportprozess, zweite Variante (vereinfacht)

2.4 Drittes Fallbeispiel: Krankenhaus

Das dritte Fallbeispiel zur Arbeitsgestaltung behandelt die Integration von Funktionen und Fähigkeiten in den Jahren 2000-2001 in einem Krankenhaus. Das Problem resultierte aus der Tatsache, dass dieses Krankenhaus aus einer Fusion vieler verschiedener Krankenhäuser hervorgegangen war. Den Mitarbeitern fiel es daher sehr schwer, sowohl in kultureller als auch in funktioneller Hinsicht als eine Einheit zu agieren. Der Veränderungsprozess basierte auf der Search-Conference-Methodik (vgl. Garibaldo in Rasmussen, Veröffentlichung in Vorbereitung). Die Grundidee hierbei bestand darin, einen Rahmen zu schaffen, der alle Mitarbeiter des Krankenhauses – Ärzte und andere Krankenhausangestellte – in die Lage versetzt, viele verschiedene Konzepte für die Änderung der Arbeitsabläufe und der Organisation ihres Krankenhauses zu entwickeln und auszutauschen. Dieser Rahmen wurde so konzipiert, dass nicht die produzierten Inhalte, sondern die Entstehung von Konzepten im Mittelpunkt stand. Der Entstehungsprozess sollte einige sehr spezifische Merkmale aufweisen:

- Die Konzepte sind ein gemeinsamer Erfolg. Dies bedeutet, dass sie aus einer Interaktion resultieren und von allen Teilnehmern geteilt werden sollten.
- Sie sind kein Entwurf einer Organisationsstruktur oder neuer Verfahren. Vielmehr handelt es sich um generative Konzepte, d. h. Konzepte, die zu kurzfristigen Maßnahmen führen.
- Die tatsächlichen Lösungen ergeben sich zu einem späteren Zeitpunkt auf der Grundlage dieses erworbenen und ausgetauschten Wissens.

Um den Fokus auf die Schaffung einer gemeinsamen Wissensbasis zu gewährleisten, muss im Hinblick auf die Einleitung praktischer Maßnahmen durch eine Gruppe von Personen zwischen zwei verschiedenen Momenten unterschieden werden: dem *Bewertungs*- oder *Diagnose*prozess und dem *Beratungs*prozess.

Im Diagnoseprozess (der rund ein Jahr dauerte) bestand das Hauptproblem darin, Vertrauen darauf zu schaffen, dass die Bewertung durch die Mitarbeiter als effektiver Ausgangspunkt für den Veränderungsprozess dienen würde. Die Führungskräfte waren in dieser Phase von zwei Tatsachen sehr beeindruckt:

- Die leidenschaftliche Beteiligung der Mitarbeiter an der Basis an dieser Diagnose, die durch verschiedene Emotionen geprägt war: Aggressivität gegenüber den schlimmen Zuständen im Krankenhaus (eine stark hierarchische Struktur ohne ausreichende Vision und Mission sowie ein schwieriges Verhältnis zu den Patienten), ein Strom kreativen Denkens bei der Ermittlung der Schwachpunkte der Situation (sowohl intern als auch in der Beziehung des Krankenhauses zu seiner Region) und die Befürchtung der Mitarbeiter, ihr Wunsch nach einer positiven Veränderung könnte enttäuscht werden.
- Die harsche Kritik aller Teilnehmer an der gegenwärtigen Situation: eine schwache Integration in die anderen Gesundheitsorganisationen der Region sowie innerhalb der verschiedenen operativen Einheiten des Krankenhauses.

Die *Diagnose*phase ist *kognitiver* Natur und wird über den Dialog sozialisiert; dies ermöglicht den Teilnehmern ein breiteres, ganzheitliches und tiefgehenderes Verständnis der Situation. Die Führungskräfte waren mutig und intelligent genug, um die positive Dynamik, die sich hinter der harschen Kritik verbarg, zu erkennen und zu nutzen.

Diese Phase sollte von der Beratungsphase unabhängig sein, obgleich die Beratungsphase auf der effektiven Beteiligung aller in den Prozess involvierten Personen basieren sollte. Den Ursprung für dieses Verhalten liefert die sokratische Vorstellung vom Wissen: Die Wurzel für diesen Beratungs- und Bewertungsprozess bildet das *Individuum*, das durch einen sozialisierten Wissensprozess, den *sokratischen Dialog*, zum Nachdenken angeregt werden kann.

Jede Beratung erfordert eine Reduzierung der Komplexität der konkreten Situation – ohne diese Komplexität völlig zu ignorieren – sowie der erlangten Breite und Tiefe. Das Erreichen dieses Ziels darf in einem partizipativen Veränderungsprozess nicht nur von einigen *erleuchteten* Führungskräften und Beratern abhängen. Vielmehr sollte dieses Ziel für jeden Einzelnen gelten; jeder sollte die Möglichkeit haben, die Komplexität und die emotionalen Folgen seiner Situation in Bezug auf das konkret vorliegende Problem zu analysieren und eine Gelegenheit zur Veränderung wahrzunehmen. Zu diesem Zeitpunkt hat der Beginn des Beratungsprozesses größere Chancen auf ein positives und gemeinsames Ergebnis. Mit anderen Worten:

„Das erworbene Wissen ist sowohl ein persönliches als auch ein gemeinschaftliches Kapital der teilnehmenden Personen. Der Wissenserwerb erfolgt mindestens auf zweierlei Weise: direkt – im kollektiven Gedächtnis – und indirekt, durch den schriftlichen Bericht, die Diskussion in der Versammlung und die Kommunikation mit den Organisatoren des spezifischen Aktionsforschungsprojekts. Diese Organisatoren fungieren gleichzeitig als

Vertreter der Forschung und als Gremium, das die Forschung in Auftrag gibt. Die Organisatoren sind in zweierlei Hinsicht die Eigentümer dieses Wissens: direkt (durch die an die Gruppe übermittelten Fragen) und indirekt (in ähnlicher Weise wie die Teilnehmer). Auf diese Weise entwickeln die Organisatoren und die an der Aktionsforschung teilnehmenden Personen den erforderlichen Gemeinsinn, um die Abgrenzung zwischen jenen, die das Wissen besitzen, und jenen, die entsprechend ihren eigenen Erfahrungen handeln sollen, zu überwinden." (Garibaldo in Rasmussen; Übersetzung durch den Autor)

Im vorliegenden Fall wurde mit der Veränderung angestrebt, ein abteilungsbasiertes Organigramm des Krankenhauses zu entwickeln und das Problem der Integration in die Region auf völlig neue Weise anzugehen. Der Prozess war erfolgreich und die Vorschläge wurden wirksam umgesetzt. Soweit die Theorie. In der *freien Wildbahn* des Arbeitsalltags sind jedoch zahlreiche schwierige Probleme zu lösen, um – wie in diesem Fall – positive Ergebnisse zu erzielen. Das Hauptproblem ist das Vertrauen. Ob das erforderliche Vertrauen geschaffen wird, um den Veränderungsprozess zu unterstützen, hängt vom Verhalten der Führungskräfte ebenso ab wie von der Bereitschaft aller Akteure, sich an dem Prozess zu beteiligen. Erfolgreiche Beispiele scheinen in hohem Maße von außergewöhnlichen Umständen abzuhängen. Ein sehr strikt festgelegter Rahmen reduziert die Offenheit des Prozesses für glückliche Zufälle. Da dies jedoch nicht ausreicht, lautet draußen in *freier Wildbahn* die Hauptfrage: Ist der Wechsel von einem Handwerk zu einer Disziplin möglich?

3 Übersicht

In den vorstehenden Fallstudien wurden einzelne Aspekte der Entstehung lernintensiver Arbeitsprozesse hervorgehoben. Mithilfe theoretischer Konzepte wurden Arbeitsstrukturen beschrieben, die dabei herbeigeführt werden sollten:

- Vollständigkeit der Aufgaben (vgl. Hacker 2005)
- Geschlossene Handlungs-/ Arbeitsablaufschleifen (vgl. Medina-Mora et al. 1992)
- Verschiedene Konzepte für die Beschreibung von Gestaltungsprozessen
- Problemlösungsmethodik (vgl. Sell und Schimweg 2002)
- Simulations-/ Gestaltungs-Workshops
- Search-Conference-Methodik einschließlich Diagnosephase (kognitiv, über den Dialog sozialisiert) und projektbasierter Phase (Beratungsphase), somit Fokussierung auf generative Konzepte und Erwerb sozialen Wissens
- Der sokratische Dialog als sozialisierter Wissensprozess

Diese theoretischen Konzepte und Methoden spiegeln lediglich den wissenschaftlichen und beruflichen Hintergrund der Autoren wider. Daneben können viele andere konzeptionelle und methodische Ansätze verwendet werden, was auch tatsächlich geschehen ist.

Angesichts der Komplexität und Vielfalt der organisationalen, regionalen, kulturellen und beruflichen Merkmale der Arbeitsumgebungen ist es höchst unwahrscheinlich, dass eine genau definierte, starre Reihe von Theorien und Methoden in allen Situationen zweckdienlich ist.

Es ist jedoch höchst wünschenswert zu wissen, welche Arten von Theorien und Methoden die verschiedenen Rahmenbedingungen geeignet sein könnten. Die Begriffe *Theorien* und *Methoden* beziehen sich in diesem Zusammenhang nicht nur auf wissenschaftliche Kenntnisse und Verfahren, sondern auch auf praktische Kenntnisse, Fachwissen und berufliche Praktiken. Diese Fragestellungen werden in den nachstehenden Abschnitten näher erläutert.

4 Offene Fragen und künftige Forschungslinien

In den vorstehend beschriebenen Fällen werden Gestaltungsprozesse gezeigt, die zu lernintensiveren Arbeitsprozessen führen. Alle diese Fälle waren außerhalb der Forschung auf dem Gebiet der Arbeitsgestaltung oder Organisationsentwicklung angesiedelt. Sie wurden von den jeweiligen Organisationen selbst angeregt und finanziert. Dennoch wurden die Gestaltungsprozesse in allen Fällen bewusst so gestaltet, dass Folgen für die Arbeitsgestaltung und Organisationsentwicklung herbeigeführt werden. Externe Berater wurden damit beauftragt, die Gestaltungsprozesse hinsichtlich dieser Ziele zu unterstützen.

Dieses Vorgehen ist für Prozesse der Arbeitsgestaltung in der Wirtschaft, in gemeinnützigen Organisationen und in der öffentlichen Verwaltung keinesfalls repräsentativ. Für diese Prozesse *in freier Wildbahn* ist eine Forschungstätigkeit dringend erforderlich. Diese Forschung wäre in den ersten Phasen vorrangig rückblickender Natur; später könnten theoriebasierte Gestaltungs- und Interventionsprojekte folgen.

Die im ersten Abschnitt dieses Beitrags vorgestellten forschungsbezogenen Fragen sind im Wesentlichen immer noch offen. Dies gilt auch für die folgenden Themen:

* Gibt es eine verborgene Typologie von Arbeitsgestaltungsprozessen, die *typische* Prozessarten für bestimmte Branchen, Größenklassen und Altersgruppen von Unternehmen, Länder/ Regionen und andere präzisierende Variablen ermittelt?
* Wie lässt sich diese Typologie beschreiben? Welcher Rahmen aus theoretischen und methodischen Konzepten eignet sich für welche Arten von Arbeitsgestaltungsprozessen?
* Gibt es konsistente Beziehungen zwischen diesen Arten von Gestaltungsprozessen und ihren Folgen für die Lernintensität der Arbeitssysteme und -prozesse, die durch diese Gestaltungsprozesse geschaffen werden?

- Ist es möglich, für diese Prozesstypen *Zugänge für Eingriffe* zu ermitteln, um die Ausrichtung auf die Lernintensität zu verstärken?
- Welche Rolle spielen die beruflichen Orientierungen, Methoden und Einstellungen der verschiedenen Akteure in diesen Prozessen? Sind diese Orientierungen, Einstellungen und Methoden im Hinblick auf die Weiterbildung und berufliche Entwicklung für einen Eingriff zugänglich

5 Was ist zu tun?

Die weitere Forschung und Entwicklung in diesem Bereich sollte sich auf die folgenden Themen konzentrieren, die sich alle auf die Gesamtsicht auf Arbeitsgestaltungsprozesse im Sinne der Lernintensität der zu schaffenden Arbeitssysteme und -prozesse beziehen:

- Rekonstruktion realer, auf den tatsächlichen Arbeitsalltag bezogener Arbeitsgestaltungsprozesse, die ohne Intervention während einer externen Beratung oder wissenschaftlichen Untersuchung wirksam waren. Für diese Art von Forschung wären Grounded-Theory-Ansätze besonders geeignet, die auf die Nachvollziehung wirksamer *lokaler Theorien* abgestimmt sind und den Einfluss theoretischer Neigungen seitens der Forscher begrenzen.
- Analyse professioneller Methoden und Praktiken, wie sie von Arbeitsgestaltungsexperten in verschiedenen Bereichen verwendet werden. Beispiele für diese Methoden wären MTM[2] im Industrial Engineering (für die Gestaltung von Arbeitsprozessen in der Fertigung) und ITIL[3] im IT-Service-Management (für die Gestaltung von IT-Service- und IT-Supportarbeitsprozessen).
- Analyse der Beziehungen zwischen diesen Arbeitsgestaltungsprozessen, Methoden und Praktiken in der Berufspraxis einerseits und der Lernintensität der gestalteten Arbeitssysteme und prozesse andererseits.
- Identifizierung von *Zugängen für Eingriffe* sowie Entwicklung und Verbreitung von Tools für Eingriffe, z. B. neue oder modifizierte Arbeitsgestaltungsmethoden, neue Formen der Weiterbildung für Fachkräfte auf diesem Gebiet in verschiedenen Sektoren und neue IT-gestützte Tools für diese Fachkräfte.

Ein spezifischer Aspekt dieser F&E-Linien ist die scheinbar *nicht wissenschaftliche* Frage, inwieweit die Ergebnisse und Erfahrungen aus F&E-Projekten auf dem

---

[2] Methods-Time Measurement (Arbeitsablauf-Zeitanalyse), eine Methode der Arbeitsanalyse und -gestaltung, die historisch auf die Arbeiten von Frank Bunker Gilbreth Anfang des 20. Jahrhunderts zurückgeht und seitdem kontinuierlich weiterentwickelt wurde; die Methode wird in der Industrie, insbesondere im Automobilsektor, häufig verwendet. https://www.dmtm.com

[3] IT Infrastructure Library, ein De-facto-Standard für IT-Service- und Supportprozesse, der ursprünglich auf einer Initiative der UK Central Computing and Telecommunications Agency (CCTA) basierte. http://www.itil-officialsite.com

Gebiet der Arbeitsgestaltung auf andere Organisationen und Rahmenbedingungen übertragbar sind, die an den ursprünglichen F&E-Projekten nicht beteiligt waren. Diese Übertragungsproblematik wird bisher nicht sehr gut verstanden und nicht systematisch überwacht.

In systemtheoretischer Hinsicht wäre für eine wirksame Übertragung der Ergebnisse, Erfahrungen und Methoden ein Modell des Rezeptorsystems erforderlich, d. h. ein Modell der Unternehmen, die diese Ergebnisse und Erfahrungen übernehmen sollen (vgl. Nickolaus und Gräsel 2006). Im Hinblick auf die hier erörterten Fragestellungen wäre eine profunde Kenntnis der Arbeitsgestaltungsprozesse, die in diesen Organisationen stattfinden, ein Kernaspekt dieses Modells. Die zuvor besprochenen F&E-Linien würden einerseits eine verbesserte Basis für die praktische Übertragung und Verbreitung auf dem Gebiet der Arbeitsgestaltung liefern und andererseits zu einem besseren wissenschaftlichen Verständnis der Übertragungsprozesse beitragen. Dieses bessere und neue Verständnis kann im Prozess der Organisationsgestaltung einen Wechsel bewirken – von einem Handwerk zu einer Disziplin.

Literaturverzeichnis

Baitsch C, Frei F (1980) Qualifizierung in der Arbeitstätigkeit. Eine theoretische und empirische Annäherung. Schriften zur Arbeitspsychologie, Bd 30. Huber, Bern

Bergmann B (2004): Arbeiten und Lernen. Waxmann, Münster

Bjørnåvold J, Colardyn D (2004) Validation of Formal, Non-formal and Informal Learning: Policies and Practices in EU member states. In: European Journal of Education 1: 69-89

Brandt D, Cernetic J, Hartmann EA, Kochhar R, Mayer F, Nemec B, Scherer E, Smith D, Stapleton L (2003) Technology fostering individual and organisational development – an international perspective. In: Arbeitsgemeinschaft Betriebliche Weiterbildungsforschung (Hrsg) Kompetenzentwicklung. Waxmann, Münster

Cohen WM, Levinthal DA (1990) Absorptive capacity: A new perspective on learning and innovation. Administrative Science Quarterly 35: 128-152

Erpenbeck J, Heyse V (2007) Die Kompetenzbiographie: Wege der Kompetenzentwicklung. Waxmann, Münster

Förster J, Hartmann EA., Schmicker S, Martin HS, Bebber KA (2009) Unterstützung und Förderung von global agierenden Teams am Beispiel eines weltweit operierenden Konzerns. In: Gesellschaft für Arbeitswissenschaft e. V. (Hrsg) Arbeit, Beschäftigungsfähigkeit und Produktivität im 21. Jahrhundert. Jahresdokumentation. GfA-Press, Dortmund: 165-168

Garibaldo F (2007) Democratising Change. In: AI & Society, Jg 21, Nr 4/ Juni 2007

Garibaldo F (2010) Search conference. In: Rasmussen LB (Hrsg) INTERACTIVE METHODS – Facilitation of change in organization, communities and networks. Polyteknisk Forlag, Dänemark (im Druck)

Hacker W (2005) Allgemeine Arbeitspsychologie: Psychische Regulation von Wissens-, Denk- und körperlicher Arbeit. Huber, Bern

Hartmann EA (1995) Specifying requirements for human-oriented technology in tractor manufacturing. In: Proceedings of the Waseda International Symposium on Human-Oriented Manufacturing Systems (HOMS). 27. Okt. 1995. Waseda-Universität, Tokio

Hartmann EA (2005) Arbeitssysteme und Arbeitsprozesse. Vdf, Zürich

Medina-Mora R, Winograd T, Flores R, Flores F (1992) The ActionWorkflow approach to workflow management technology, ACM, Proceedings of the Conference On Computer-Supported Cooperative Work, Toronto, November 1992

Nickolaus R, Gräsel C (2006) Innovation und Transfer: Expertisen zur Transferforschung. Schneider, Hohengehren

Pawlowsky P, Reinhardt R, Bornemann M, Schneider U (2001) Intellectual Capital and Knowledge Management: Perspectives on Measuring Knowledge. In: Dierkes M, Berthoin Antal A, Child J, Nonaka I (Hrsg) Handbook of Organizational Learning and Knowledge. Oxford University Press, Oxford, New York: 794-820

Rasmussen LB, Garibaldo F (2010) Application of interactive methods. In: Rasmussen LB (Hrsg) INTERACTIVE METHODS – Facilitation of change in organization, communities and networks. Polyteknisk Forlag, Dänemark (im Druck)

Sell R, Schimweg R (2002) Probleme lösen: In komplexen Zusammenhängen denken. Springer, Berlin

Ulich E, Frei F, Baitsch C (1980) Zum Begriff der persönlichkeitsförderlichen Arbeitsgestaltung. Zeitschrift für Arbeitswissenschaft 36: 210-214

Kommentar zum Hauptartikel: „Was ist da draußen los? –
Gestaltung von Arbeitssystemen für das Lernen in der
Berufspraxis"

Lernen in der Berufspraxis

Lauge Baungaard Rasmussen

1 Einleitung

Das Thema *Gestaltung von Arbeitssystemen für das Lernen in der Berufspraxis*
ist für europäische Länder von essenzieller Bedeutung, so auch für den dänischen
Industrie- und Dienstleistungssektor. Seit den 70er-Jahren wurde in Dänemark eine
Vielzahl sozial ausgerichteter Forschungs- und Entwicklungsprojekte zu diesem
Thema durchgeführt. Die Konzentration auf dieses Thema lohnt sich jedoch wei-
terhin, zum Teil aufgrund der steigenden Komplexität von Organisationsstrukturen
und zum Teil, weil mehrere Faktoren auf dem Weg zum Lernen in wirklichen
Arbeitssystemen immer noch eine behindernde Rolle zu spielen scheinen.

2 Hindernisse und Bedingungen für den Vertrauensaufbau

In ihrem Aufsatz legen Hartmann und Garibaldo zahlreiche hochrelevante
Konzepte sowie drei illustrierende Fallstudien vor. Insbesondere ihre Überlegungen
zur Schaffung von ausreichendem Vertrauen für die Verbesserung von *Zugängen
für Eingriffe* für lernintensive Arbeitssysteme verdienen eine wohlmeinende
Reflexion. Hartmann und Garibaldo stellen korrekt fest, dass der Vertrauensaufbau
vom „Verhalten der Führungskräfte ebenso ab[hängt] wie von der Bereitschaft aller
Akteure, sich an dem Prozess zu beteiligen" (Hartmann und Garibaldo, in die-
sem Band). Doch könnte man weiter fragen, wie ein angemessenes Verhalten der
Führungskräfte entwickelt werden soll und welche Faktoren Auswirkungen auf die
Bereitschaft zur Beteiligung besitzen.

Die drei in dem Aufsatz präsentierten Fallstudien zeigen, dass positive Veränderungen in Richtung lernintensiverer Arbeitssysteme manchmal ohne radikale

S. Jeschke et al. (eds.), *Enabling Innovation*, DOI 10.1007/978-3-642-24299-1_13,
© Springer-Verlag Berlin Heidelberg 2011

Veränderungen der Organisation geformt werden können. Doch zeigen auch zahlreiche Studien, dass die Entwicklung solcher Systeme durch gravierende Hürden verhindert werden kann. Die Haupthindernisse für die erfolgreiche Nutzung partizipatorischer, proaktiver Ansätze stellen der Mangel an Zeit und Anreizen, steife Hierarchien, das Akkordzahlungssystem, die Kündigung von Mitarbeitern sowie der Rollenkonflikt zwischen Managern mittlerer Ebene und einfachen Arbeitskräften dar. Eingeschränkter oder mangelnder Zugang zu interaktiven Methoden, z. B. Gestaltungsspielen, Suchkonferenzen, Zukunfts-Workshops, interaktiven Szenarioanalysen, Kausalkarten, interaktiver Planung, sowie der Mangel an Erfahrung im partizipatorischen Einsatz solcher Methoden verhindern ebenfalls die Entstehung lernintensiver Arbeitssysteme (vgl. Rasmussen 2011; Rasmussen 2005).

Die Herausforderung besteht darin, Teile des stillen und des expliziten Wissens in ein integriertes Wissenssystem zu transformieren, das sich leichter gemeinsam nutzen und vermehren lässt (vgl. Rasmussen 2008; Nonaka, 2005). Ein derart uneingeschränkter Wissensfluss kann durch verschiedene Instrumente verstärkt werden:

• Schaffung von Lernräumen oder Arbeitsraumlabors, in denen Manager und Angestellte proaktive, kreative Workshops mit beispielsweise Suchkonferenzen und Szenario-Workshops, Gestaltungsspielen, interaktiver Planung, partizipatorischen SWOT-Analysen oder Zukunfts-Workshops durchführen können (vgl. Rasmussen 2008; Broberg 2007).
• Schaffung von Möglichkeiten für den Netzwerk- oder Peer-to-Peer-Austausch zwischen Unternehmen und Bildungs- und Forschungseinrichtungen, um neue und bereits praktizierte Ideen und Kenntnisse zusammenzuführen (vgl. Rasmussen 2005).
• Entwicklung von Repository-Systemen für die Aktualisierung, gemeinsame Nutzung und Vermehrung von Wissen, das in der gesamten Organisation erarbeitet wird (vgl. Rasmussen 2004).
• Ausbildung und Schulung und Managern und Angestellten zur Nutzung der neuen Möglichkeiten und Methoden als Mittel zur Schaffung neuer Formen der Arbeitsorganisation (vgl. Rasmussen 2008; Kristiansen 2007).

Solche Instrumente sind jedoch nutzlos, wenn das herkömmliche, von oben nach unten ausgerichtete Weisungs- und Kontrollparadigma die kreativen Fähigkeiten in der Organisation weiterhin in einem *eisernen Käfig* hält, wie Max Weber die restriktive Version der Bürokratie nannte (vgl. Weber 1930). Daher muss die Umsetzung proaktiver Instrumente und Methoden von einem interaktiven Führungsparadigma begleitet werden (vgl. Andersen und Andersen 2007). Drei unterschiedliche Formen von Führungsrollen sollten, wie in Abbildung 1 gezeigt, gefördert werden:

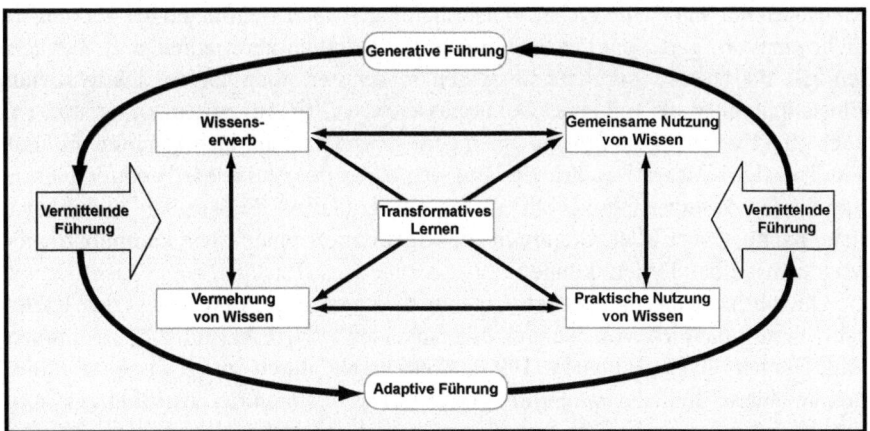

Abbildung 1: Beziehungen zwischen interaktiver Führung, Wissensfluss und Lernen

Bei der generativen Führung liegt der Schwerpunkt auf der Schaffung von Strukturen und Interaktionsmustern, die Kreativität und Innovationen stimulieren, z. B. Lernräume, Kommunikationsnetzwerke, Repository-Systeme und/ oder Ressourcen zur Nutzung proaktiver Methoden (vgl. Surie und Hazy 2007). Adaptive Führung ist eine partizipatorische und kollektive Form der Führung, die sich auf das kombinierte Wissen der einzelnen Mitglieder stützt. Sie ist nicht positionsgebunden, informell und auf die bedarfsabhängige Änderung von Aktionen oder Normen ausgerichtet. Die adaptive Führung ist überall in der Organisation einsetzbar, z. B., wenn unerwartete Herausforderungen schnelle Reaktionen erfordern. Um die Dynamik zwischen diesen beiden Führungsformen sicherzustellen, ist eine dritte Form der Führung notwendig, die vermittelnde Führung. Wie in Abbildung 1 gezeigt, umfasst die vermittelnde Führung zwei Hauptfunktionen. Eine besteht in der Leitung der Interaktion zwischen der generativen und der adaptiven Ebene. Die andere Hauptfunktion besteht in der Sicherstellung, dass die neuen Ideen und Erfahrungen in der Organisation bekannt gemacht und zur Änderung von Einstellungen und Verhaltensweisen genutzt werden.

3 Interaktive Methoden und *Zugänge für Eingriffe*

Hartmann und Garibaldo stellen die offene Frage, ob es möglich ist, für diese Prozesstypen „Zugänge für Eingriffe" zu ermitteln, um die Ausrichtung auf die Lernintensität zu verstärken. Eine Anzahl interaktiver Methoden ist, wie bereits erwähnt, verfügbar (vgl. Rasmussen 2011). Jede von ihnen kann durch partizipatorische Ansätze zur Initiierung individuellen und kollektiven Lernens in der Organisation genutzt werden, jedoch nur in Kombination mit dem Vertrauensaufbau zwischen allen Akteuren der Organisation. Die proaktive Anwendung dieser Methoden trägt zur Stärkung der Integration und der Zusammenarbeit zwischen

Menschen mit unterschiedlichen Geisteshaltungen und Erfahrungen bei. Es ist nicht mehr sinnvoll, partizipatorische Lernansätze lediglich als Methoden zu betrachten, die für bessere Arbeitsbedingungen in der Fertigung sorgen. Diese soziale Einstellung muss als Teil eines viel umfassenderen Prinzips aufgefasst werden, das auch effektivere Angestellte und einen geringeren Grad an Machtkämpfen umfasst. Ein derartiges integratives Prinzip lässt sich durch interaktive Methoden in partizipatorischen Ansätzen entwickeln und umsetzen, da diese die kreativen und innovativen Kompetenzen aller Akteure in der Organisation sowie einen kontinuierlichen Vertrauensaufbau fördern können.

Obwohl sich die praktischen Ergebnisse interaktiver Ansätze aus den letzten Jahrzehnten deutlich voneinander unterscheiden (vgl. Eikeland 2007; Summers und Hyman 2005; Eijnatten 1993), werden sie durch zwei wissenschaftlich dokumentierte Indizien weiterhin gestützt. Das erste Indiz besteht darin, dass das Vorankommen in einer komplexen und dynamischen Welt nicht nur vom Preisniveau der Produkte oder Dienstleistungen oder vom Marktanteil, von den Netzwerken und den Technologien des Unternehmens abhängt. Es hängt auch von der Fähigkeit der Organisation ab, die in den Mitarbeitern und Managern ruhenden menschlichen Ressourcen zu wecken, zu nutzen und weiterzuentwickeln. Nur wenn diese Ressourcen gefördert und nutzbar gemacht werden, wird die Organisation zu einem innovativen und effizienten *Player* in einer komplexen und dynamischen Umgebung. Das zweite Indiz besteht darin, dass, wenn Menschen sich nicht an der neuen Idee oder Lösung beteiligen oder diese nicht anerkennen, die Umsetzung im besten Fall nur halbherzig gelingt oder sogar mit hoher Wahrscheinlichkeit fehlschlägt (vgl. Rasmussen 2011; Rasmussen 2004; Schön 1983).

Literaturverzeichnis

Andersen V, Andersen AS (2007) Learning environment at work: Dilemmas facing professional employees. In: Human Resource Development Review, Nr 2, Bd 6: 185-207

Broberg O (2007) Integrating ergonomics into engineering: empirical evidence and implications for the ergonomists'. Human Factors and Ergonomics in Manufacturing. Bd 17: 353-366

Eikeland O (2007) Why should mainstream social researchers be interested in action research? In: International Journal of Action Research, Nr 1 / 2, Bd 3: 38-64

Eijnatten FM v (1993) The paradigm that changed the Work Place. The Swedish Center for Working Life. Van Gorcum, Assen, NL

Nonaka I, Takeushi H (1995) The knowledge creating Company. Oxford University press, US

Kristiansen M (2007) Relational and Existential Challenges of Practicing Dialogical Action Research – Working with Social Concrete Blocks in Organizations. In: International Journal of Action Research, Nr 1+2, Bd 3: 15-37

Rasmussen LB (2011) Facilitating Change – Using interactive methods in organizations, communities and networks. Polyteknisk Forlag, DK (in Druck)

Rasmussen LB (2008) Models for Sustainable Development – A Danish-Chinese Approach to regional development of education, work and technology based on a multi-dimensional understanding of sustainability. In: Szell G, Bösling CH, Szell U (Hrsg) Education, labour & science: Perspectives for the 21st Century. Peter Lang, Internationaler Verlag der Wissenschaften, Frankfurt a.M.: 197-232

Rasmussen LB (2005) The narrative aspect of scenario building – How story telling may give people a memory of the future. AI & Society, Nr 1 Bd 19: 229-249

Rasmussen LB (2004) Sustainable entrepreneurship and quality of work. In Garibaldo F, Telljohann V (Hrsg) Globalisation, Company Strategies and Quality of Working Life in Europe. Peter Lang, Frankfurt a.M.: 251-278

Schön DA (1983) The Reflective Practitioner – How Professionals Think in Action. Basic Books, New York

Summers J, Hyman J (2005) Employee participation and company performance. A review of literature. York publishing Design, Ltd, UK

Surie G, Hazy JK (2007) Generative leadership: Nurturing Innovation in complex systems. In: Heckscher C, Adler PS (Hrsg) (2007) The firm as a Collaborative Firm. Oxford University Press, UK: 349-366

Weber M (1930) The Protestant Ethic and the Spirit of Capitalism. Parsons, Transl. Routledge, London

Betriebliches Lernen in Händen neuer Akteure – Herausforderungen für die Innovationsfähigkeit von Unternehmen

Yvonne Salazar und Sibylle Peters

Abstract

Die aktuellen Entwicklungen in der Wissensökonomie beschleunigen neue Wege für Innovationen in den Betrieben. Ihre Schnelligkeit bedingt eine zunehmende Wissensintensität von Arbeitsinhalten und sich wandelnde Arbeitsformen. In diesen Arbeitsprozessen findet Lernen statt, das vielfach informell und ungesteuert und ohne eine professionelle (pädagogische) Begleitung erfolgt. Neue Akteursgruppen, fern von klassischen Professionen der Personalentwicklung, erhalten Einfluss und prägen diese Prozesse zunehmend. Zwei betriebliche Fallbeispiele verweisen auf diese neuen Entwicklungen und werden in ihrer Rolle und Bedeutung für betriebliches Lernen dargestellt. In dem Beitrag wird für eine Analyse der Verschmelzungsprozesse von Arbeiten und Lernen sowie der Aufgaben und Rollen der dort agierenden Akteursgruppen plädiert. Ziel ist, die Kompetenzentwicklung von ausgewählten Akteursgruppen in diesen Arbeitsprozessen und damit betriebliche Innovationsfähigkeit zu steigern.

1 Einleitung

In der heutigen globalisierten Wirtschaft sind Unternehmen einem hohen Veränderungsdruck ausgesetzt und müssen flexibel auf die Dynamik der Märkte reagieren. Dabei nehmen verstärkt wissensbasierte Produkte und Arbeitsprozesse eine Schlüsselstellung ein. Immer mehr Funktionen im Unternehmen beruhen auf komplexem, durch beständige Innovation rasch veraltendem Fachwissen. Integriert in die Arbeitsprozesse findet zunehmend Lernen statt, das vielfach informell, ungesteuert und ohne eine professionelle pädagogische Begleitung erfolgt.

Es kann vermutet werden, dass eine profunde Analyse der Verschmelzungsprozesse von Arbeiten und Lernen sowie ihrer bekannten und potenziellen Akteure wichtige Impulse für die integrierende, pro-aktive Gestaltung von Arbeiten und Lernen zu erzeugen vermag. Es wird dabei von der Hypothese ausgegangen, dass die Zunahme wissensbasierter und wissensorientierter Arbeitsinhalte veränderte Arbeits- und Organisationsprozesse nach sich zieht, durch die direkt und vielfältig auf Lernen Einfluss genommen werden kann bzw. in denen Lernprozesse zur Wirkung kom-

S. Jeschke et al. (eds.), *Enabling Innovation*, DOI 10.1007/978-3-642-24299-1_14,
© Springer-Verlag Berlin Heidelberg 2011

men können. Es gilt, diesen neuen und sich differenzierenden wissensintensiven (Teil-) Arbeitsprozessen mehr analytische Aufmerksamkeit entgegen zu bringen, um festzustellen, wo Quellen für Lernfähigkeit liegen. Hierbei ist in der Vergangenheit das Augenmerk zu sehr auf die Arbeitsprozesse und -strukturen als vermeintlich objektive Quellen gelegt worden. Demgegenüber sollen hier verstärkt die formellen und informellen Akteure in den Blick genommen werden, die einen direkten Einfluss auf die Entwicklung von Lernfähigkeit im Arbeitsprozess haben oder für andere eine Quelle sind, die sich auf deren Lernfähigkeit auswirkt bzw. Lernerwartungen auslöst.

Die Forschungen zu Fragen der Lernförderung orientierten sich bisher an den traditionellen Leitprofessionen wie Trainern, Ausbildern und Personalentwicklern und suchten Lösungen im Bezugssystem des professionellen Handelns dieser Akteure, d.h. es wurden mit einer pädagogischen Orientierung Qualitätsverbesserungen zu Lernprozessen entwickelt und gestaltet.

Lernförderung und die Gestaltung von Lernumgebungen ist heute jedoch nicht mehr ein Monopol dieser Leitprofessionen. Aufgaben im Kontext von Lernen verlagern sich hin zu betrieblichen Akteuren, die bisher nicht im Blickfeld der Entwicklung von Lernfähigkeit standen. Diese Akteure sind nicht gezielt in die Lernprozesse involviert und haben keinen expliziten Auftrag. Lernen ist zudem nicht sichtbar in ihren Aufgaben verankert, sondern ergibt sich eher aus der Entstehung neuer Aufgaben innerhalb veränderter Prozesse und Strukturen. Somit sind sie für diesen Kontext als neue Akteursgruppen zu betrachten, d.h. sie sind professionell gesehen Laien in Lernfragen.

Es ist zu untersuchen, welcher Bedarf an Lernförderung und Lernunterstützung als Anforderung an diese Akteursgruppen besteht bzw. welche Tätigkeiten in diesem Zusammenhang wichtig werden. Ihnen wird in verschiedenen betrieblichen Arenen Einfluss auf Prozessentwicklungen zur Lernförderlichkeit zugeschrieben, die, so die Annahme, implizit und ungesteuert verlaufen. Der Anspruch an ihr Expertenwissen auf den Gebieten der Wissensvermittlung und Mitarbeiterentwicklung sowie Lernförderung und -gestaltung steigt. Es stellt sich die Frage, inwieweit sie diese neuen Anforderungen in ihrem professionellen Handeln aufgreifen können. Ziel ist, die Verzahnung von Arbeiten und Lernen mit neuen Akteuren zu erfassen und zu benennen sowie ihre Kompetenz, diesen neuen Anforderungen gerecht zu werden, zu erhöhen und so das Innovationspotenzial der unternehmerischen Prozesse und Strukturen zu stärken.

2 Lernförderung als neues professionales Handeln in Händen betrieblicher Akteure

2.1 Zusammenhang von Lernfähigkeit und Innovationsfähigkeit

Mit dem neuen Forschungs- und Entwicklungsprogramm „Arbeiten – Lernen – Kompetenzen entwickeln. Innovationsfähigkeit in einer modernen Arbeitswelt"[1], das Kompetenzleistungen thematisiert, setzt das BMBF einen neuen Akzent in der Förderung von Innovationsfähigkeit in der modernen Arbeitswelt. Dabei wird „die intensive Verzahnung des Arbeitens und Lernens ganzheitlich betrachtet und als ein wichtiger Schlüssel zur Innovationsfähigkeit verstanden" (BMBF 2007, 2), d.h. der Zusammenhang von Innovation und Lernen hat forschungspolitisch Resonanz gefunden. Das Credo, ohne Lernen kann Innovation nicht stattfinden, ist allgemein akzeptiert, denn Innovationsprozesse sind vor allem Lernprozesse (vgl. Moldaschl und Stehr 2010). „Innovationsfähigkeit setzt die Fähigkeit zum permanenten Lernen voraus" und „Innovationsmanagement heißt auch Gestaltung von Lernumgebungen" (Weissenberger-Eibl 2010, 23). Lernfähigkeit wird somit zu einem entscheidenden Faktor für die Innovationsfähigkeit.

2.2 Forschungsstand

Im abgeschlossenen Forschungs- und Entwicklungsprogramm „Lernkultur Kompetenzentwicklung"[2] liegen im Rahmen des Programmbereichs LiPA Ergebnisse zur Förderung einer Lernförderlichkeit von Arbeitsplätzen und der Implementierung von Lernarrangements vor. Gestaltungsprojekte in einem ersten Forschungsschwerpunkt von LiPA setzten Akzente in der betrieblichen Gestaltung von Lern- und Kompetenzentwicklungsprozessen, die die Bedeutung von Lernen[3] im Arbeitsprozess hervorhoben (vgl. Bergmann u.a. 2004; Frieling et al. 2001; Wessels 2009). Zentraler Befund ist die mögliche erfolgreiche Gestaltung einer erweiterten Kompetenzentwicklung, indem am Arbeitsplatz über die eigene Arbeitstätigkeit Transparenz hergestellt wird und damit lernförderliche Elemente thematisiert werden können. In einer weiteren Schwerpunktsetzung dieses Programms verfolgten Gestaltungsprojekte neue Formen von Personal- und Organisationsentwicklung in der betrieblichen Praxis von Best Practice Unternehmen und nutzten geplante Organisationsveränderungen für eine strategische Personalentwicklung, die direkt dem Kompetenzaufbau im Prozess der Arbeit dienten (vgl. Wessels 2009, 13). Die Ergebnisse des Programms belegen in beiden Forschungsausrichtungen, dass im Prozess der Arbeit förderliche Ressourcen für eine Kompetenzentwicklung liegen können. In dem Kontext wurde nachgewiesen, dass Lernförderlichkeit im Arbeitsprozess durch pädagogische Interventionen implementiert werden kann.

Forschungen zur Genese lernförderlicher Arbeitsbedingungen, die den Weg der Entstehung und die Einflussnahme auf Lernförderlichkeit in Arbeitsstrukturen offenlegen, liegen nicht vor. Dies wäre ein neuer Forschungsbereich. Forschungsthemen hierzu müssten ihren Ausgang bei der Entstehung von Lernförderlichkeit

---

[1] Für das Programm wird der Bund bis zum Jahr 2011 jährlich rund 22,5 Millionen Euro zur Verfügung stellen. Hinzu kommen weitere Mittel aus dem Europäischen Sozialfonds.

[2] Der Programmbereich Lernen im Prozess der Arbeit (LiPA) im Forschungs- und Entwicklungsprogramm „Lernkultur Kompetenzentwicklung" wurde vom BMBF und dem Europäischen Sozialfonds gefördert und unterstützte Projekte zu praktischen, methodischen und theoretischen Problemlösungen bei der Förderung von Kompetenzentwicklung in der Arbeit.

[3] Dabei wird innerhalb des LiPA-Förderprogramms unterschieden in formelles, informelles und non-formales Lernen und Lernförderung.

bei betrieblichen Akteuren/ Akteursgruppen nehmen. Diese sind in ihrem professionellen Handeln darauf angewiesen, Veränderungen von Arbeitsprozessen,
-inhalten und -strukturen zu bewältigen, so dass eine ständige Anforderung in der
kontinuierlichen Erweiterung ihres Handels und ihrer Routinen liegt. Dieser neue
Forschungsbereich, als innerbetriebliche *Wegentwicklung* von Lernförderlichkeit
hier bezeichnet, könnte genuin die beiden oben beschriebenen Forschungsschwerpunkte ergänzen.

Die Forschungsperspektive ist zu erweitern durch die Hinwendung auf das
professionelle Handeln ausgewählter Akteursgruppen in den von Veränderungen
betroffenen Arbeitsprozessen. Diese Akteursgruppen wie z. B. Führungskräfte,
interne Berater und andere Spezialisten entwerfen, strukturieren, gestalten und
begleiten die Arbeitsprozesse. Sie initiieren innerhalb ihres professionellen
Handelns formelle, aber vermutlich vorwiegend informelle Lernförderlichkeit von
Arbeitsplätzen und nehmen somit Einfluss auf die Lernförderlichkeit und Innovationsfähigkeit von Arbeit. Da die Zusammenarbeit dieser Akteursgruppen mit
Vertretern der Personalentwicklung noch nicht systematisch bearbeitet ist (vgl.
Wessels 2009, 30), bleiben Lernförderungen aus bzw. werden nicht genutzt.
Wessels spricht von organisatorischen, kulturellen und professionellen Gräben zwischen den Akteursgruppen, wodurch erhebliche Wissensdefizite eher zementiert
statt innovativ aufgelöst werden. Infolgedessen kann auf die Forschungsergebnisse
von LiPA nur begrenzt zurückgegriffen werden, da dort die Integration von Lernen
in Arbeitsprozessen immer pädagogisch implementiert war. Dies lenkt umso intensiver den Blick auf das professionelle Handeln der neuen Akteure.

2.3 Akteursgruppen und professionelles Handeln

Kompetenzentwicklung von professionellen Gruppen zu erhöhen, ist ein generelles Anliegen von Organisationen mit wissensintensiven Arbeitsstrukturen (vgl.
Moldaschl 2010, 203ff.; Wilkesmann 2010, 481ff.). Infolge der Notwendigkeit
eines stetigen Organisationswandels wird die Veränderung, Entwicklung und
Reorganisation von Prozessen begrenzt durch professionelles Handeln[4] im Rückgriff
auf die bewährten Bahnen anerkannten Handlungs- und Erklärungswissens sowie
der entsprechenden Handlungsmuster. Die Thematisierung des Wissens professioneller Akteure mit Blick auf die auf Routine ausgerichteten Handlungen und
auf ihr grenzbewusstes Handeln erscheint bei Zunahme von wissensintensiven
Tätigkeiten nicht mehr hinreichend. In Situationen professionellen Handelns kommen vermehrt selbstständige Leistungen von Akteursgruppen zum Tragen, die
in den Schnittstellen von Professionswissen und Wissen als Gewissheiten von
institutionellem Handeln das Experimentieren und Überschreiten von Grenzen
mit Öffnung zu neuen Handlungen forcieren und damit Chancen für Lernen

---

[4] Professionelles Handeln im Kontext von Professionen führt verschiedene Tätigkeiten zu einer
Haupttätigkeit mit Kompetenzmonopol (Lizenz und Mandat) auf der Basis funktionalistisch
geteilter gesellschaftlicher Aufgaben zusammen. Prozesse dieser Entwicklungen werden als
Professionalität bezeichnet (Kurtz und Pfadenhauer 2010).

erschließen. Diese Prozesse liegen jenseits der Planungen und Routinen des originär professionellen Handelns der jeweiligen Akteursgruppen. Um sie erfassen zu können, wird die Darstellung und Reflexion des damit verbundenen Wissens notwendig, da in dem professionellen Handeln auch Wissen enthalten ist, dass Gewissheiten über das Prozesswissen der Arbeitsbereiche beinhaltet, aber nicht mit dem professionellen Wissen der Akteursgruppen übereinstimmen muss. Es gilt gewissermaßen, Routinebrüche, Gewissheiten/ Ungewissheiten und Unwägbarkeiten sowie Improvisation als Gegenstand professionellen Handelns zu sehen und zu erfassen. Dies erlauben Inszenierungskonzepte innerhalb von Professionalitätsentwicklungen, die auf die Beschreibung von Leistungen der Akteure ausgerichtet sind (vgl. Kurtz und Pfadenhauer 2010). In diesen lassen sich Arbeitsinhalte, Partizipationsmöglichkeiten, Kooperationsansprüche und Problemlösungswege sowie Hinweise für die Wahrnehmung von Grenzen, Routinen und Handlungsmustern abbilden. Die Leistungsdarstellungen legen Entscheidungen der Akteure offen, die auf ihren Nutzen für Lernen untersucht werden können. Dadurch werden die Muster der Verhandelbarkeit von Leistungsform und -qualität (vgl. Pfadenhauer 2010, 149ff.) transparent sowie ihre Anschlussfähigkeit und Kooperationsverhalten deutlich. Das Aufzeigen von Hemmnissen und Ansätzen zur erfolgreichen Erweiterung professionellen Handelns ermöglicht, neue Zugänge für Lernförderlichkeit zu finden und dadurch neue Potenziale für Innovationsfähigkeit zu erschließen (vgl. Simon et al. 2010).

2.4 Neue Akteure für betriebliches Lernen – Fallbeispiele aus der Praxis

Neue Akteure bzw. Akteurskonstellationen können Führungskräfte, Kollegen oder betriebliche Spezialisten sein. Sie sind keine Bildungsfachleute, Weiterbildner oder Personalentwickler, sondern Experten für ein bestimmtes Thema oder einen spezifischen Arbeitsablauf. Wie zuvor dargestellt, sind sie für das Thema Lernen *neue Akteure*. Im Feld der Kompetenzentwicklung agieren heute zudem verstärkt Abteilungen (vgl. Schmidt 2008), die, wie benannt, keine Berührungen mit pädagogischen Aufgabenstellungen haben. Folglich sind ihre Aktionen in der Verschränkung von Lernen und Arbeit weitgehend unbekannt. Aber als Mitarbeiter des Bereichs Industrial Engineering beeinflussen sie z. B. durch die Gestaltung, Planung und Durchführung von betrieblichen Abläufen direkt das Zusammenspiel von Mensch, Maschine und Informatik und damit die Verbindung von Arbeiten und Lernen in Arbeitssystemen/ Arbeitsprozessen. Weitere ähnlich agierende Akteursgruppen sind z. B. in Marketing-/ Vertriebsabteilungen anzutreffen, die aus der Anforderungs- und Erwartungshaltung ihrer (potentiellen) Kunden heraus Impulse für Lernen und Innovation in einzelne Organisationsabteilungen hineintragen, die Prozesse für neue Produkte anstoßen und die Produkttrainings für die Vertriebsmitarbeiter im Innen- und Außendienst durchführen. Auch Einkaufsabteilungen beeinflussen durch die Beschaffung von Trainings- und Beratungsdienstleistungen Lernen, ohne dass diese Handlungen bewusster Bestandteil ihres professionellen Handelns wären oder ihre Wirkungen kommuniziert und gezielt analysiert würden. Im Folgenden werden neue Akteursgruppen, die einen signifikanten Einfluss auf Lernen in der

Arbeit ausüben, aus zwei zentralen Unternehmensbereichen, dem Produktions- und dem IT- Bereich, beispielhaft dargestellt.

2.4.1 Schichtführer als „Kompetenzentwickler"

In der Produktion kommt es insbesondere durch die Einführung von Ganzheitlichen Produktionssystemen (GPS), Lean Manufacturing, kontinuierlichen Verbesserungsprozessen (KVP) und Total Productive Maintenance (TPM) zu einschneidenden Veränderungen der Anforderungsprofile von einzelnen Akteursgruppen (z. B. Führungskräften, Instandhaltern, Maschinenbedienern). Der Wandel der Produktionsmethoden bzw. die Einführung neuer Produktionsprinzipien gehen einher mit einem kontinuierlichen Lernen im Arbeitsprozess. Lernen wird sozusagen als Leistungsfaktor in Teile wissensintensiver Arbeit eingebaut.

Diese Anforderungen werden deutlich sichtbar bei EJOT, dem europäischen Marktführer in der Verbindungstechnik. Stellvertretend wird an dem Unternehmen deutlich, dass Herausforderungen der globalen Märkte und die damit verbundenen tief greifenden Veränderungen nur mit hoch motiviertem und qualifiziertem Personal erfolgreich zu bewältigen sind. Das Unternehmen legt deshalb großen Wert auf eine nachhaltige und partnerschaftliche Personalarbeit[5]. Um die Kompetenzen der Mitarbeiter strategisch auszurichten und zielgerichtet zu entwickeln, führt EJOT seit 2009 ein Kompetenzmanagementsystem ein.

In einem Pilotworkshop[6] zur Festlegung der Soll-Profile für die Jobfamilien in der Sparte Verbindungstechnik nannten die beteiligten Führungskräfte, die Schichtführer, Lernbereitschaft als wichtigste fachübergreifende Kompetenz für ihre Mitarbeiter, die Maschineneinrichter. Gleichzeitig beschrieben sie den gestiegenen Anspruch an die Lernintensität und Lernkapazität. Wenn früher ein Mitarbeiter in einem halben Jahr eingearbeitet werden konnte, erstrecken sich diese Lernprozesse heute oft über mehrere Jahre. Die notwendige Kompetenzentwicklung der Maschineneinrichter kann von den Schichtführern nicht mehr nebenher geleistet werden. Sie stehen angesichts der Anforderungen dieser neuen Aufgabe bei gleichzeitig wachsendem Arbeits- und Zeitdruck vor einer neuen Herausforderung. Lernförderung wird deshalb als integraler Bestandteil des Kompetenzprofils der Schichtführer eine neue Soll-Kompetenz.

Resümierend zeigt das Beispiel von EJOT die Notwendigkeit zu untersuchen, ob die Führungskräfte die Lernfähigkeit im Arbeitsprozess fördern, behindern oder vernachlässigen und wie auf dieser Basis ihr professionelles Handeln gestärkt werden kann. Ist diese Gruppe sich ihrer Rolle und ihres Einflusses auf Transformationsprozesse im Kontext von Lernen bewusst? Inwieweit ist hier in

---

[5] Die EJOT Holding GmbH & Co. KG hat weltweit über 2.100 Mitarbeiter und gehört nach einem bundesweiten, branchenübergreifenden Unternehmensvergleich von Top Job, zu den 100 besten Arbeitgebern im deutschen Mittelstand.

[6] Zur Entwicklung einer standardisierten Vorgehensweise für die Bestimmung von Kompetenzprofilen im Unternehmen EJOT hat Festo Didactic im Februar 2010 für den Geschäftsbereich Verbindungstechnik einen Pilotworkshop durchgeführt, in dem für die Schichtführer und Maschineneinrichter Soll-Profile definiert wurden.

einem veränderten Verständnis von Management und Führung auf die Bedeutung möglicher Kopplungen bzw. Barrieren in Bezug auf Lernen und Arbeiten zu achten?

2.4.2 IT – Mitarbeiter und ihr Einfluss auf Lern- und Arbeitsprozesse

Die IT prägt die heutige Wissensgesellschaft. Je mehr Organisationen ihre Lern- und Arbeitswelt mit IT-gestützten Arbeitsprozessen und IT-Werkzeugen ausstatten, umso mehr ändert sich die Funktion dieser Systeme von einer klassischen Datenverwaltung und -verteilung hin zu einem vernetzen Wissens- und Kommunikationssystem. Nahmen vor einigen Jahren die klassischen CRM- und ERP-Systeme (wie u.a. SAP, Navision, Oracle) noch Aufgaben des originären Ressourcenmanagements zur Erfassung und Verteilung von z. B. Einkaufs-, Controlling- oder Produktdaten wahr, übernehmen sie heute Teile der organisatorischen Wissenssteuerung, Wissensanalyse und Wissensnutzung. Kai Reinhardt, ein Experte für digitales Informationsmanagement, prognostiziert, dass neue Analyse- und Kommunikationsformen wie semantische Netze, Microblogging, Recommendation Engines, Social Profiling mittelfristig das Lern- und Kommunikationsverhalten ganzer Organisationen von innen verändern werden. Eindimensionale Kommunikation und klare Rollenverteilungen zwischen Wissensträger und Wissensempfänger werden sich zum Vorteil einer vernetzten Kommunikation auflösen. Der Nutzer wandelt sich zunehmend vom passiven Konsumenten zu einem aktiven *Prosumenten*. So geht z. B. Axel Föry von Cisco Systems davon aus, dass im Internet Lern Communities entstehen werden, die teilweise die Bedeutung von Universitäten annehmen werden. Insofern transformieren IT-Systeme zu eigenständigen Wissens- und Lernsystemen, die Informationen über das Unternehmen und Kommunikationen liefern und mit Personen vernetzen (vgl. Priddat 2010, 431ff.).

Die oben beschriebenen Systeme werden von IT-Mitarbeitern betreut, gestaltet und entwickelt, die durch ihre Rolle und ihr professionelles Handeln die Möglichkeiten und Grenzen zur Nutzung des Wissens, zur Ausgestaltung der Wissensprozesse sowie der Wissenskommunikation prägen und festschreiben. Bereits die Auswahl einer technischen Lösung zur Datenspeicherung, dem Datenmanagement und der Verteilung (u.a. Microsoft SharePoint oder Intra- und Extranets) bildet die Basis für den Ausbau einer organisatorischen Wissensinfrastruktur in Form von Kommunikations-, Wissens- bzw. Lernpotenzialen. Traditionell ist die Profession des IT-Mitarbeiters der Informatiker. Seine Stärken liegen aufgrund seiner technischen Ausbildung vorwiegend in der technischen Administration, der Systemauswahl und Implementierung eines Informationssystems. Damit fehlen diesen Personen essentielle Kompetenzen, die mit der impliziten Rolle des *Wissensarchitekten* verbunden sind, um die nicht-lineare Wissensorganisation technisch fundiert konzipieren zu können sowie das Lernverhalten und die Kommunikation der Organisation nachhaltig zu gestalten. Die technologischen Entwicklungen in organisatorische Lern- und Transferprozesse zu transformieren, wird jedoch eine der Hauptaufgaben zukünftiger Organisationsentwicklung. D. h. nicht nur die technologischen Entwicklungen im IT-Bereich, sondern auch das Wissen der IT-Mitarbeiter über das Wissen an sich, haben Auswirkungen auf das

Lernen und das Lernverhalten im Unternehmen. In der Konsequenz entstehen neue Anforderungen an das professionelle Handeln der IT-Mitarbeiter.

Dies zeigt sich deutlich am Unternehmensbeispiel von Festo, einem weltweit führenden Anbieter von pneumatischer und elektrischer Automatisierungstechnik[7]. Ausgelöst durch die veränderten Marktbedingungen der Globalisierung wurde ein weltweiter Produktions- und Logistikverbund aufgebaut. Auf Anfrage beschreibt ein Teamleiter der Business Unit Information and Collaboration beispielhaft den hieraus resultierenden tiefen Wandel und die Neuausrichtung der Informations- und Kommunikationssysteme und -prozesse. Er schildert, wie in der Folge auch das professionelle Handeln der IT-Mitarbeiter in der Business Unit Information and Collaboration einen Umbruch erfuhr und sich zunehmend in Leistungsformen verlagerte, die Wissensvermittlung und Training aufnehmen und beinhalten. Der Fokus liegt gegenwärtig in der Erbringung von Serviceleistungen, die die Generierung von Knowledge Networks und die Einführung neuer Software begleiten und unterstützen.

Das Aufgabenspektrum zur Generierung von Knowledge Networks gliedert sich in drei Säulen. Es umfasst die Moderation von Präsenzmeetings, den technischen Support und die Qualifizierung der Mitarbeiter zur Durchführung von Online-Meetings sowie die Bereitstellung einer Collaboration Plattform. Die technische Pflege und Betreuung der IT-Werkzeuge stellt dabei nur noch einen Aspekt der Arbeit dar. Die Einführung der neuen Kommunikationswerkzeuge bedeutet die Hinwendung zu einer neuen Ära der Zusammenarbeit bei Festo. Die erfolgreiche Implementierung der Collaboration Plattform heißt, Wissen aus *Wissens-Silos* heraus zu lösen und unternehmensweit zu teilen und bedingt damit einen Paradigmenwechsel und Kulturwandel. Hierfür werden den Mitarbeitern in einer breiten Kampagne die notwendigen Informationen zur Verfügung gestellt, Ängste genommen und Chancen aufgezeigt. Um die Festo Mitarbeiter im Umgang mit den neuen IT-Tools zu qualifizieren, werden Schulungsunterlagen erstellt sowie face-to-face und webbasiert Trainings durchgeführt. Für die Erstellung der Unterlagen und ihre methodisch-didaktische Konzeption wird bei Bedarf externes Knowhow eingebunden. Dabei verstehen sich die IT-Mitarbeiter der Business Unit Information and Collaboration als Experten für Informations- und Kommunikationsprozesse und die dazu gehörenden Geschäftsprozesse ihrer internen Kunden. Der Wandel ihrer Aufgaben hat eine Veränderung ihrer Qualifikationen und Kompetenzen nach sich gezogen. Heute sind in diesem Bereich nicht mehr nur reine Informatiker sondern zunehmend Wirtschaftsinformatiker, Betriebswirte und Ingenieure zu finden. Die oben beschriebenen Veränderungsprozesse und das erweiterte professionelle Handeln seiner Akteure skizzieren gut, wo u. E. zukünftige Forschungen ansetzen könnten. Hier liegen Forschungs- und Entwicklungspotenziale, die für die

---

[7] Das global ausgerichtete, unabhängige Familienunternehmen mit Hauptsitz in Esslingen a. N. hat sich in über 50 Jahren durch Innovationen und Problemlösungskompetenz rund um die Pneumatik sowie mit handlungsorientierten Aus- und Weiterbildungsprogrammen zum Leistungsführer seiner Branche entwickelt. Die Festo Gruppe erwirtschaftete im Geschäftsjahr 2009 einen Umsatz von rund 1,3 Mrd. Euro und ist mit rund 13.500 Mitarbeitern an 250 Standorten weltweit vertreten.

Dynamisierung von Lern- und Innovationsfähigkeit einen wichtigen Stellenwert haben.

3 Resümee und Forschungsbedarfe unter der Perspektive von Innovationsfähigkeit

3.1 Resümee

Angesichts der beschriebenen Phänomene und Entwicklungen wird deutlich, dass Lernen in Arbeitsprozesse diffundiert und nachhaltig zu betrieblich-organisationalen Umwälzungsprozessen beiträgt. Folglich kann wissenschaftlich und entwicklungsstrategisch Lernen und Arbeiten nicht mehr nur einzelnen disziplinarischen Kontexten zugeordnet und monokausal bearbeitet werden. Lernen und Arbeiten sollten vielmehr als zwei Gestaltungsperspektiven für ein und dasselbe Ereignis verstanden, aufeinander bezogen und integriert werden. Das professionelle Handeln der involvierten Akteure muss daher um die Dimension der Lernförderung sowie Wissensvermittlung und Wissensbewertung erweitert werden. Dazu wird es notwendig, die in diesem Kontext erbrachten professionellen Leistungen zu erfassen, sichtbar zu machen, zu bewerten und in angepasste Reputationsstrukturen zu überführen.

In gleichem Maße ist auch das professionelle Handeln der Personalentwickler und Weiterbildner unter Veränderungsanforderungen zu untersuchen. Das für die schnellen und komplexen Veränderungen in den Geschäfts- und Arbeitsprozessen notwendige Lernen kann kaum extrahiert und in zentrale Bildungsabteilungen oder -akademien ausgelagert und dort bearbeitet werden. Das Wissen und die dort entstehenden Wirkungen als Lernanreize können effizient nur in der gegebenen Situation selbst bereit gestellt, d.h. es muss nahe an diesen Prozessen gefördert und gestaltet werden. Ein seminaristisches Angebot von Bildungsmaßnahmen kann vermutlich die rasant wechselnden und sich diversifizierenden Lerninhalte kaum vermitteln. In der Folge müssen die Experten für Lernen eine Enabler- und Supportfunktion einnehmen, die ihr professionelles Handeln ergänzt, indem sie andere betriebliche Akteure befähigen, Lernförderung in ihr professionelles Handeln zu integrieren. Für diese neuen Anforderungen benötigen sie neue Kompetenzwerkzeuge und -strategien, die die oben genannten Akteursgruppen effizient unterstützen (z. B. Peters und Dengler 2010, 563ff.).

3.2 Forschungsbedarfe

Angesichts der beschriebenen Phänomene wird dafür plädiert, den neuen Akteursgruppen und den wachsenden Anteilen wissensintensiver (Teil-) Arbeitsprozesse mehr analytische Aufmerksamkeit entgegen zu bringen, um die Integration von Lernen zu erfassen und damit Prozesse wie Innovationsfähigkeit Beschreibungsprozessen zugänglich zu machen, die als ein zukünftiger Forschungsfokus, hier als *Wegentwicklung* bezeichnet, Geltung beanspruchen können. Voraussichtlich ist ein derartiger Forschungsfokus nur interdisziplinär zu sehen, der z. B. Kompetenzmanagement und Personalentwicklung, Wissenssoziologie und Wissensmanagement, Arbeitssoziologie und Arbeitswissenschaft, berücksichtigt. In diesen interdisziplinären Schnittstellen liegen Öffnungen für Forschungsfragen über das professionelle Handeln verschiedener Akteursgruppen, die innerhalb der wissensintensiven (Teil-) Anforderungen verstärkt auf Interaktion und Kommunikation angewiesen sind, wie sich dies momentan beispielhaft bei Führungskräften manifestiert. Institutionelle Gewissheiten sind im professionellen Handeln zu analysieren, welches beispielhaft als die Herauslösung von Wissen aus (professionellen) *Wissens-Silos* bezeichnet wurde. D.h., Akteursgruppen kennen dieses Wissen innerhalb ihrer technischen Abteilungen, es ist jedoch nicht mit dem Wissen über institutionelle Gewissheiten verknüpft (vgl. Schnauffer et al. 2006).

Die Suche nach formellen und informellen Akteuren mit tatsächlichem oder möglichem Einfluss auf Lernen und Arbeiten erfordert die Analyse von strukturierten und unstrukturierten Informationen mit dem Anliegen, mikropolitisch Akteursgruppen im Arbeitsprozess Aufmerksamkeit zukommen zu lassen. Es kann angenommen werden, dass mehr Akteure und Akteursgruppen als bisher bekannt innerhalb einer Kohorte sowie in den Interaktionen zwischen den Kohorten, in die Verbindung und mögliche Qualität von Arbeiten und Lernen involviert sind. In diesen Schnittstellen liegen Möglichkeiten zur Generierung neuer Antworten für die Integration von Lernen und Arbeiten.

Hierfür werden u.a. die folgenden Fragestellungen bedeutsam:

*   Welche Akteurskonstellationen haben gezielt/ weniger gezielt Einfluss auf Prozessentwicklungen und Lernen und wie ist darin der Anteil ihres professionellen Wissens im Verhältnis zum tatsächlichen Expertenwissen aus den situativen Anforderungen? Welche Gruppen können ihr professionelles Handeln strukturell erweitern und damit einen Beitrag zu Innovationsfähigkeit leisten?
*   Wie stellen Akteursgruppen ihre Leistungen und darin Routinen, Routinebrüche, Grenzüberschreitungen etc. dar und wie lassen sich diese in mikropolitischen Szenarien für professionelles Handeln identifizieren und nutzen, d.h. in Leistungsanteilen Quellen für Lernförderung im professionellen Handeln bestimmen?
*   Wie können neben Leistungsdarstellungen über die gegebene Routine des professionellen Handelns hinausgehende Kooperationsansprüche und Partizipationsmöglichkeiten identifiziert werden, in denen Zementierungen von Professionswissen für Lern- und Innovationsförderung geöffnet werden?
*   Welche Auswirkungen haben Problemlösewege an den Grenzen und Routinebrüchen des professionellen Handelns in dem Sinne, dass die professionellen Akteure sich einer Laienhaftigkeit innerhalb ihres professionellen Handelns aussetzen, um eine Lernförderung und Innovationsfähigkeit in wessen Interesse und mit welchen Erwartungen zu verfolgen?

4 Ideen und Visionen für den Wirtschaftsstandort Deutschland

Deutschland verfügt über eine lange Tradition des Lernens in der Arbeit als institutionalisierte duale Berufsausbildung. Lernen und die Förderung der Qualifikation von Mitarbeitern ist in deutschen Unternehmen als wichtiger Wert und Wettbewerbsfaktor verankert. Es besteht mehrheitlich die Einsicht und Bereitschaft, in die Weiterentwicklung von Mitarbeitern zu investieren.

Vielfach ist in den Unternehmen und in den Köpfen der Mitarbeiter jedoch noch die traditionelle Vorstellung verhaftet, dass Lernen und Weiterbildung Aufgaben der Personalabteilung seien. Hier muss ein neues Denken Einzug halten, dass Lernen und Lernförderung als Querschnittsaufgabe im Unternehmen sieht, die natürlicher integrierter Bestandteil des professionellen Handels weiterer Akteursgruppen wird wie z. B. von Führungskräften, IT-Mitarbeitern und anderen. Um die neuen Aufgaben pro-aktiv in ihr professionelles Handeln integrieren zu können, sind Werkzeuge zur gezielten Aktivierung und Begleitung von Lernprozessen in der Arbeit, der Lernförderung und -gestaltung zu entwickeln. Es gilt, Lernen und Lernförderung z. B. als Propädeutikum im Grundstudium verschiedener Studienrichtungen oder als Teil der Führungskräfteentwicklung zu verankern. Lernförderung und Lerngestaltung würden eine Metakompetenz.

Auf dieser Basis können Formen des Lernens im Prozess der Arbeit zu einem wichtigen Faktor für die Innovationsfähigkeit von Unternehmen werden. In den internationalen Märkten bleibt die deutsche Wirtschaft nur dann wettbewerbsfähig, wenn die Position Deutschlands in der globalen Wissensgesellschaft konsequent gefördert und gestärkt wird.

Literaturverzeichnis

BMBF (2007) Arbeiten – Lernen – Kompetenzen entwickeln. Innovationsfähigkeit in einer modernen Arbeitswelt. BMBF-Forschungs- und Entwicklungsprogramm, http://www. bmbf.de/pub/innovationsfaehigkeit_arbeitswelt.pdf. Zugegriffen im September 2010

Moldaschl M, Stehr N (2010) Wissensökonomie und Innovation. Metropolis, Marburg

Moldaschl M (2010) Betriebliche Wissensökonomie – Verfahren, Funktionen, Verirrungen. In: Moldaschl M, Stehr N: a.a.O.

North K, Reinhardt K (2005) Kompetenzmanagement in der Praxis. Gabler, Wiesbaden

Peters S, Dengler S (2010) Wissenspromotion als Element von Wissensarbeit. In: Moldaschl M, Stehr N: a.a.O.

Pfadenhauer M (2010) Kompetenz als Qualität sozialen Handelns. In: Kurtz T und Pfadenhauer M (Hrsg) Soziologie der Kompetenz. Gabler, Wiesbaden

Priddat BP (2010) Wissen/ Nichtwissen. Neue Episteme der Arbeitswelt. In: Moldaschl M, Stehr N: a.a.O.

Schmidt C (2008) Das Dilemma der Personaler? Spannungen als Perspektive einer veränderten Unternehmensführung. Master Thesis, Universität Augsburg, Augsburg

Schnauffer HG, Stieler-Lorenz B, Peters S (2006) Wissen vernetzen. Springer, Berlin/ New York

Sevsay-Tegethoff N (2007) Bildung und anderes Wissen. Zur „neueren" Thematisierung von Erfahrungswissen in der beruflichen Bildung. Gabler, Wiesbaden

Simon D, Knie A, Hornbostel S (2010) Handbuch Wissenschaftspolitik. VERLAG, Wiesbaden

Weissenberger-Eibl M (2010) Innovation und Lernen. Mündlicher Vortrag auf dem F.PAK Kolloquium in München, http://www.applied-knowing.org/de/fpak/?news=168. Zugegriffen im Mai 2011

Wessels J (2009) Nationale und internationale Wissensbestände zum Lernen im Prozess der Arbeit (LiPA). Expertise im Rahmen des Projekts „International Monitoring", IMA/ ZLW & IfU, RWTH Aachen University, http://www.internationalmonitoring.com/ fileadmin/Downloads/Experten/Expertisen/Expertisen_neu/Expertise_Wessels.pdf. Zugegriffen im Mai 2011

Wilkesmann U (2010) Die Organisation von Wissensarbeit. In: Moldaschl M, Stehr N, a.a.O.

Kommentar zum Hauptartikel „Betriebliches Lernen in Händen neuer Akteure – Herausforderungen für die Innovationsfähigkeit von Unternehmen"

Computer-basiertes, individuelles Lernen bei der Arbeit: Entwicklungen und Trends

Anna Maria Köck und Klaus Tochtermann

Der bewusste Umgang mit der Ressource Wissen bildet in Zeiten kollaborativer und wissensintensiver Arbeit einen entscheidenden Erfolgsfaktor für die Wettbewerbsfähigkeit von Organisationen. Wissen ist heute eine der bedeutendsten Ressourcen für Innovationen und Innovationsprozesse in Unternehmen (vgl. Tochtermann et al. 2007, 5). In diesem Zusammenhang wird das effiziente Lernen bzw. die Aneignung von neuem, Kontext relevantem Wissen immer wichtiger. Dabei ist zu berücksichtigen, dass Organisationen – insbesondere die einzelnen MitarbeiterInnen – immer größere und in hohem Maße dynamische Informationsmengen bewältigen müssen. Dieses Spannungsfeld erfordert intelligente Lösungen, die dem Problem begegnen, dass WissensarbeiterInnen typischerweise 33% ihrer Arbeitszeit mit dem Suchen von Informationen und dem Unterstützen von nach Informationen suchenden KollegInnen verbringen. (vgl. Cross und Parker 2004; Griesser et al. 2009, 44)

In ihrem Hauptartikel betonen Yvonne Salazar und Sibylle Peters als eine der Hauptaufgaben zukünftiger Organisationsentwicklung die Transformation technologischer Entwicklungen in organisatorische Lern- und Transferprozesse. Dafür nennen die Autorinnen zwei wesentliche Punkte, die diese Transformation erleichtern können:

1. die Schaffung von Transparenz über die Arbeitstätigkeit des/ der jeweiligen Mitarbeiter/ -in, um lernförderliche Elemente zu thematisieren und so eine Kompetenzentwicklung zu ermöglichen.
2. das Anbieten von Werkzeugen, um Lernprozesse in der Arbeit zu aktivieren und zu begleiten.

Diese beiden Aspekte bilden – in Kombination mit der Transformation technologischer Entwicklungen – den Ausgangspunkt für die folgenden Ausführungen.

Einen Lösungsansatz zu diesen Herausforderungen der Wissensarbeit kann die noch junge Disziplin des arbeitsintegrierten, computergestützten Lernens bieten (vgl. Christl et al. 2008, 606), die einen Schwerpunkt der Forschungs- und

S. Jeschke et al. (eds.), *Enabling Innovation*, DOI 10.1007/978-3-642-24299-1_15,
© Springer-Verlag Berlin Heidelberg 2011

Entwicklungstätigkeiten des Know-Center und des Instituts für Wissensmanagement an der Technischen Universität Graz bildet. Das arbeitsintegrierte, computergestützte Lernen verknüpft E-Learning und Wissensmanagement. E-Learning ist mit der technologischen Unterstützung von *bewussten* Lernsituationen und Lernprozessen verbunden, wohingegen Wissensmanagement moderne Informationstechnologien einsetzt, um Wissens- und Arbeitsprozesse zu unterstützen, in denen *unbewusste* Lernsituationen eingebettet sind (vgl. Lindstaedt 2002, 269). Sowohl E-Learning, als auch Aspekte des Wissensmanagements versuchen mit Hilfe von Informations- und Kommunikationstechnologien den Wissenstransfer bzw. das arbeitsintegrierte Lernen zu unterstützen. Doch warum ist dieser Ansatz von Bedeutung?

Die Antwort geben Studien, die sich mit der Anwendbarkeit des Gelernten im Arbeitskontext beschäftigen: So stellt Robinson (2003, 35) fest, dass weniger als 30% der Lerninhalte aus formalen Ausbildungsprogrammen im Sinne einer gesteigerten Arbeitsleistung an den Arbeitsplatz transferiert werden können. Dieser Prozentsatz ist unabhängig von Art und Qualität der in Anspruch genommenen Kurse, sondern hängt hauptsächlich vom fehlenden Konnex zu den Bedürfnissen der Arbeitsumgebung ab. Hingegen stammen 85% dessen, was MitarbeiterInnen über ihre Tätigkeit wissen, aus informellen Lernprozessen (vgl. Raybould 2002). Auch Salazar und Peters argumentieren im Hauptartikel, dass „*...das für die schnellen und komplexen Veränderungen in den Geschäfts- und Arbeitsprozessen notwendige Lernen [...] kaum extrahiert und in zentrale Bildungsabteilungen oder -akademien ausgelagert...*" werden kann. Braun und Schmidt (vgl. 2006, 283) betonen zudem, dass die Zurverfügungstellung und Speicherung kontextrelevanter Informationen produktiver und kreativitätsfördernder sind. Dies erfordert einen Wandel der Rolle von lern-unterstützenden Systemen, die im Arbeitskontext eingesetzt werden. Folglich sollte es in der Diskussion um Lernen und Wissenstransfer weniger um die Frage „Wie viel (mehr) weiß die/ der Lernende nach der formalen Weiterbildung?" gehen, sondern vielmehr die Frage „In welchem Ausmaß kann die/ der Lernende die neu erworbenen Fähigkeiten auf ihren/ seinen Arbeitskontext anwenden?" vordergründig behandelt werden (Lindstaedt et al. 2008, 44).

Das Paradigma des arbeitsintegrierten Lernens ermöglicht ein aufgabenorientiertes, kooperatives Lernen unter Zeitdruck. So steht nicht das Lernen eines Themas in aller Breite und Tiefe im Vordergrund, sondern die im jeweiligen Arbeitsprozess relevante und konkret zu lösende Aufgabe (vgl. Lindstaedt 2002, 270).

Ein Forschungsprojekt, das zum Ziel hatte die Produktivität von WissensarbeiterInnen durch informelle Lernaktivitäten im Kontext der jeweiligen Arbeitsprozesse und -umgebungen zu unterstützen, ist das integrierte EU-Projekt APOSDLE[1] (http://www.aposdle.tugraz.at/). Im Vergleich zu traditionelleren (E-) Learning-Ansätzen unterstützt das APOSDLE-System drei Rollen von Wissensarbeiterinnen und Wissensarbeitern: *Learner, Expert* und *Worker*. Diese Unterstützung erfolgt innerhalb der Arbeitsumgebung, es ist kein Wechsel in andere Lernumgebungen oder -systeme nötig. Die Basis des APOSDLE-Systems sind bestehende Ressourcen der

---

[1] APOSDLE ist ein Akronym für Advanced Process- Oriented Self- Directed Learning Environment.

Organisation wie etwa persönliche Wissensquellen (KollegInnen, Communities) und Wissensartefakte (z. B. Berichte, Projektergebnisse etc.), auch wenn diese Wissensartefakte ursprünglich nicht für Lernzwecke vorgesehen waren. Aus Sicht der/ des Lernenden findet arbeitsintegriertes Lernen spontan und unbeabsichtigt statt. Es stellt eine Begleiterscheinung der Tätigkeiten am Arbeitsplatz dar, da WissensarbeiterInnen passend zu ihrem aktuellen Arbeitskontext und Wissensstand automatisch *Lernmaterial* zugespielt bekommen (vgl. Kooken et al. 2007, 159; Lindstaedt und Mayer 2006, 629f.; Lindstaedt et al. 2009, 640).

Die Formalismen des APOSDLE-Systems basieren auf der Competence-based Knowledge Space Theory (vgl. Korossy 1997) und bringen folgende Vorteile mit sich: (i) es können Lernziele mittels einer Lernbedarfs-Analyse (Vergleich des erforderlichen Wissens mit dem aktuellen Wissensstand und den Kompetenzen der jeweiligen Person) ermittelt werden, (ii) ein Rückschluss auf die Lern-Historie anhand der Arbeitsaufgaben der Wissensarbeiterin/ des Wissensarbeiters ist möglich, und (iii) Relationen zwischen Lernzielen (Vor- und nachgelagerte Ziele) können berechnet werden. (vgl. Lindstaedt et al. 2008, 237f.)

Hinsichtlich der (berechtigten) Fragen des Datenschutzes wurden im Zuge der Entwicklungstätigkeiten Rahmenbedingungen geschaffen, die die OECD-Datenschutzrichtlinie mit ihren Grundprinzipien Bekanntmachung, Zweckerklärung und -bindung, Zustimmung, Sicherheit, Auskunftspflicht, Zugang sowie Haftung berücksichtigen (vgl. Zinnen et al. 2008, 341).

Mit dem Ansatz des arbeitsintegrierten Lernens kommt es zu einer Verlagerung von der organisationsweiten Trainingsperspektive hin zur individuellen Lernperspektive der Wissensarbeiterin/ des Wissensarbeiters (vgl. Lindstaedt et al. 2008, 44). Dafür setzt das derzeit als Prototyp verfügbare APOSDLE semantische Technologien ein, die es ermöglichen, ein System an eine neue Wissensdomäne anzupassen, ohne Änderungen an der Software vorzunehmen bzw. ohne zuvor entsprechende Lerninhalte zu erstellen. APOSDLE stellt Kontext-sensitives Wissen zur Verfügung, um die Wissensarbeiterin/ den Wissensarbeiter auf Lernsituationen, Inhalte und relevante KollegInnen aufmerksam zu machen. (vgl. Lindstaedt und Mayer, 630)

Die von Salazar und Peters angesprochenen Akteursgruppen, die als Experten für Lernen die Lernförderung vorantreiben, sind hingegen im Ansatz von APOSDLE, das ein selbstgesteuertes System mit individuell zugeschnittenen Lernprozessen darstellt, nicht vorgesehen. Somit ist die Frage zu stellen, in welchem Ausmaß eine professionelle pädagogische Begleitung erforderlich ist, es Personen mit Enabler- und Supportfunktionen braucht und inwieweit WissensarbeiterInnen selbst Verantwortung für ihre Lernaktivitäten übernehmen können und wollen (*„ most adults prefer to have some responsibility for their own learning."* Hiemstra 1994; zit. n. Aposdle Consortium 2006, 2).

Eine neue Art der Lernkultur bringen im Zusammenhang mit Web 2.0 auch mobile Lernanwendungen oder Social Software (unternehmensinterner Einsatz als Lern- und Kollaborationswerkzeuge in Form von Blogs, Microblogging-Tools oder Wikis) mit sich. Dies erfordert von der Unternehmensleitung jedoch eine offensive Unterstützung und eine explizite Verankerung in der Unternehmenskultur. Zudem sind interne und externe Einflussfaktoren des Arbeitsumfeldes (z. B. Fehlerkultur, Kollaborationskultur, gesetzliche Restriktionen) in die bewusste Gestaltung und Steuerung einzubeziehen. (vgl. Griesser et al. 2009)

Auf der technologischen Ebene bieten Semantische Technologien, bei denen es darum geht, Inhalte so zu beschreiben, dass Computer deren Bedeutung *verstehen* können (vgl. Tochtermann 2009) vielversprechende Möglichkeiten, um Qualität und Relevanz der zur Verfügung gestellten Daten, Dokumente und anderwärtigen Ressourcen zu erhöhen bzw. Ähnlichkeiten und Zusammenhänge identifizieren zu können. Forschungsanstrengungen in diesem Bereich bestehen u. a. darin, den tatsächlichen Kontext einer Wissensarbeiterin/eines Wissensarbeiters automatisch zu erkennen, den individuellen Kompetenzen entsprechend relevante Lerndokumente zu liefern und den Aufwand für die (derzeit semi-automatische) Modellierung der domänenspezifischen Modelle zu minimieren. Mögliche Lösungen könnten hier Forschungsaktivitäten im Bereich des automatischen Ontologie-Lernens oder der automatischen Prozesserkennung liefern. (vgl. Christl et al. 2008). Diese semantischen Ansätze können dazu beitragen, das von Salazar und Peters angesprochene „[…]Wissen aus (professionellen) Wissens-Silos" herauszulösen und damit entscheidende Verbesserungen für effektivere Lernprozesse zu erzielen.

Literaturverzeichnis

Aposdle Consortium (2006) Workplace Learning Study. Deliverabel D.2.1, http://www.aposdle.tugraz.at/content/download/374/1871/file/APOSDLE-Workplace_Learning_Study. pdf. Zugegriffen im Juli 2010

Braun S, Schmidt A (2006) Kontextbewusste Lernunterstützung für das Lernen bei Bedarf: In: Heinecke AM, Paul H (Hrsg) Mensch & Computer – 6. Fachuebergreifende Konferenz – M&C. Oldenbourg Verlag, München: 283-292

Christl C, Willfort R, Lindstaedt S (2008) Innovativer Wissenstransfer am Arbeitsplatz – Einsatz von APOSDLE in Kleinen und Mittleren Unternehmen (KMU). In: Bentele M, Gronau N et al. (Hrsg) Erhöhen Sie Ihren BQ! Kongressband zur KnowTech 2008. CMP-WEKA Verlag, Poing: 605-612

Cross RL, Parker A (2004) The Hidden Power of Social Networks: Understanding How Work Really Gets Done in Organizations. Harvard Business School Press, Boston

Griesser A, Thurner-Scheuerer C, Tochtermann K (2009) Von Web 2.0 zu Enterprise 2.0. Strategien für das erfolgreiche Unternehmen der Zukunft. In: HR Performance, Heft 8/2009, 42-45

Hiemstra R (1994) Self-directed learning. In: Husen T, Postlethwaite TN (Hrsg) The International Encyclopedia of Education, 2. Auflage. Pergamon Press, Oxford

Kooken J, Ley T, de Hoog R (2007) How Do People Learn at the Workplace? Investigating Four Workplace Learning Assumptions. In: Duval E, Klamma R, Wolpers M (Hrsg) Creating New Learning Experiences on a Global Scale. Lecture Notes in Computer Science, Bd 4753, Springer, Heidelberg: 158-171

Korossy K (1997) Extending the theory of knowledge spaces: A competence-performance approach. In: Zeitschrift für Psychologie, Bd 205, 1997: 53-82

Lindstaedt SN (2002) Ad-Hoc-Integration von Arbeits- und Lernprozessen. In: Proceedings der Fachtagung der Senatsverwaltung für Wirtschaft, Arbeit und Frauen, Berlin, am 21./22. November 2002, 55. Schriftreihe 2002. BBJ-Verlag, Berlin: 269-272

Lindstaedt SN, Aehnelt M, de Hoog R (2009) Supporting the Learning Dimension of Knowledge Work. In: Cress U, Dimitrova V, Specht M (Hrsg) Learning in the Synergy of Multiple Disciplines. 4th European Conference on Technology Enhanced Learning, EC-TEL 2009, Springer, Heidelberg: 639-644

Lindstaedt SN, Ley T, Scheir P, Ulbrich A (2008) Applying Scruffy Methods to Enable Work-integrated Learning. In: Upgrade: The European Journal of the Informatics Professional, Bd 9, Nr 3, Juni 2008: 44-50

Lindstaedt SN, Scheir P, Lokaiczyk R, Kump B, Beham G, Pammer V (2008a) Knowledge Services for Work-integrated Learning. Proceedings of the European Conference on Technology Enhanced Learning (ECTEL) 2008, Maastricht September 16-19: 234-244

Lindstaedt SN, Mayer H (2006) A Storyboard of the APOSDLE Vision. In: Nejdl W, Tochtermann K (Hrsg) Innovative Approaches for Learning and Knowledge Sharing. Lecture Notes in Computer Science, Bd 4227. Springer, Heidelberg: 628–633

Raybould B (2002) Performance Support Engineering Part One: Key Concepts. Ariel PSE Technology, 2000; cited from Dickover NT. (2002) The Job is the Learning Environment: Performance-Centered Learning to Support Knowledge Worker Performance. In: Journal of Interactive Instruction Development, Bd 14, Nr 3

Robinson DG (2003) Skill and Performance: They are not equal. In: Apartment Professional Magazine, Mai/Juni 2003: 35-37

Tochtermann K (2009) Das Future Internet. In: ispa news, 4/2009: 13-15

Tochtermann K, Dösinger G, Willfort R (2007) Innovation und Kreativität in der Wissensgesellschaft. In: Willfort R, Tochtermann K, Neubauer A (Hrsg) Creativity@Work für Wissensarbeit. Kreative Höchstleistungen am Wissensarbeitsplatz auf Basis neuester Erkenntnisse der Gehirnforschung. Shaker Verlag, Aachen: 5-15

Zinnen A, Hambach S, Faatz A, Lindstaedt S, Beham G, Godehard E, Goertz M, Lokaiczyk R (2008) Datenschutzfragen bei der Etablierung einer Arbeitsprozess-integrierten e-Learning-Lösung. In: Seehusen S, Lucke U, Fischer S (Hrsg) DeLFI 2008. Die 6. e-Learning Fachtagung Informatik der Gesellschaft für Informatik e.V. Bonn: Gesellschaft für Informatik: 341-352

Die Integration von Innovation, Arbeit und Lernen in die Hochschulbildung – das Beispiel des Lernens am Arbeitsplatz

Barbara Light und Ernst Hartmann

Abstract

In diesem Aufsatz wird das Lernen am Arbeitsplatz (Work Based Learning, WBL) als besondere Form einer arbeitsintegrierten Lernumgebung behandelt und mit Lernumgebungen und -typologien verglichen, die in Deutschland und Großbritannien zum Einsatz kommen. Die Generierung von Wissen am Arbeitsplatz wird neu bewertet und aktuelle Ansätze der Kooperation von Hochschulen und Unternehmen auf den Prüfstand gestellt – zentrale These des Aufsatzes ist, dass die Hochschulen eine engere Anbindung an die Arbeitswelt erreichen müssen. Anschließend werden Verwendung und Bedeutung der Anerkennung von früher erworbenen Kenntnissen (Accreditation of Prior Learning, APL) in Kontexten des lebenslangen Lernens beleuchtet, eine Reihe kurzer Fallstudien angeführt und abschließend zukünftige Herausforderungen und erforderliche Schritte zur praktischen Umsetzung von WBL-Systemen behandelt.

1 Einführung

Bildung – oder im umfassenderen Sinn: Lernen – sowie Forschung und Entwicklung sind entscheidende Voraussetzungen für Innovation. Um praktisch wirksam zu werden, müssen Lerntätigkeiten und F&E-Aktivitäten eng mit dem tatsächlichen Arbeitsumfeld verknüpft sein, sodass Innovationsprozesse unter diesen Praxisbedingungen gefördert und genutzt werden können.

Das Lernen am Arbeitsplatz und eine damit verbundene Lernumgebung werden als paradigmatische Instrumente zur Schaffung und Verstärkung dieser Verbindungen zwischen Lernen, F&E und Innovation vorgeschlagen, wobei ein besonderes Schwergewicht auf kleine und mittlere Unternehmen gelegt (KMU) wird.

2 Lernen am Arbeitsplatz – Konzepte und Erfahrungen

2.1 Lernen am Arbeitsplatz im Vergleich zu anderen Lernumgebungen

Dieser Beitrag befasst sich mit dem Lernen am Arbeitsplatz (*Work Based Learning*, WBL) als spezieller Lernumgebung, die Problemlösungen im Arbeitsalltag, beruf-

S. Jeschke et al. (eds.), *Enabling Innovation*, DOI 10.1007/978-3-642-24299-1_16,
© Springer-Verlag Berlin Heidelberg 2011

liche Praktiken oder Organisationsentwicklung mit dem Lernen im Rahmen der Hochschulbildung kombiniert. Dieses Konzept steht im Zusammenhang mit anderen Ansätzen, die ebenfalls entwickelt wurden, um die Lücke zwischen dem Wissenserwerb und den Problemlösungen im Berufsalltag zu schließen.

In Abbildung 2.1 unten wird eine Typologie der Lernumgebungen gezeigt, angeordnet in einem zweidimensionalen Raum. Die eine Dimension ist der lückenlose Zusammenhang zwischen Lernen und Problemlösung, die andere bezieht sich auf die drei institutionellen/ funktionellen Kontexte des Lernens. Der erste Kontext ist eine Bildungseinrichtung, die dritte ein praktisches Tätigkeitsfeld in der Industrie oder anderen Bereichen. Der zweite Kontext ist die Forschung und Entwicklung (F&E). Neben staatlichen oder privaten Forschungszentren führen auch Hochschuleinrichtungen und Industrieunternehmen F&E-Aktivitäten durch. In diesen Bildungseinrichtungen und Industrieunternehmen ist die F&E jedoch in der Regel funktionell (und oft auch organisatorisch) vom Wissenserwerb einerseits und von der *gewöhnlichen* produktiven oder administrativen Arbeit andererseits getrennt. Aus diesem Grund werden die drei Kontexte als *institutionell/ funktionell* bezeichnet.

Im unteren Teil von Abbildung 2.1 sind zwei Lernumgebungen dargestellt, die nicht dazu gedacht sind, das Lernen mit der Problemlösung im Arbeitsalltag zu verbinden. Eine dieser Umgebungen umfasst kurs- oder schulbasierte Programme der Hochschul- oder Berufsbildung. Die andere bezieht sich auf praxisbezogene Bildungs- und Schulungsformate, die im Unternehmen, jedoch außerhalb der Arbeit umgesetzt werden.

Für das Thema dieses Beitrags sind die anderen Lernumgebungen jedoch relevanter. Ein charakteristisches Merkmal des deutschen Berufsbildungssystems ist das duale Berufsausbildungssystem. Zu Beginn der Berufsbildung – gewöhnlich für Schulabgänger – bietet das duale System eine Kombination aus schulischer Ausbildung und praktischer Berufsausbildung. Dabei kann ein kurzzyklischer Wechsel zwischen beiden Umgebungen stattfinden, bei dem beispielsweise in jeder Woche auf drei bis vier Tage im Unternehmen ein bis zwei Tage Schule folgen. Es sind aber auch längere Phasen der Berufsausbildung mit längeren schulischen Ausbildungsblöcken kombinierbar.

Vergleichbare Berufsbildungssysteme werden derzeit in anderen europäischen Ländern eingeführt oder sind dort bereits in Betrieb. Dies gilt auch für Großbritannien, wo das relativ neue System der *Modern Apprenticeship* für den Personenkreis ab 16 Jahren sowie das System der *Graduate Apprenticeship* es jungen Leuten ermöglicht, zu studieren und zu arbeiten und gleichzeitig eine Berufsqualifizierung nach dem Schema der *National Vocational Qualifications* (NVQ) oder aber einen der neuen Abschlüsse zu erwerben, die die NVQ schrittweise ersetzen werden. Um den 16- bis 18-Jährigen Anreize für eine Ausbildung zu bieten, gewährte die vorherige Labour-Regierung Studenten nach einer Bedarfsprüfung hinsichtlich des elterlichen Einkommens einen wöchentlichen Zuschuss. Die jetzige konservative Regierung hat diese Zahlungen jedoch gekürzt.

Der Begriff des arbeitsbasierten Lernens oder Lernens am Arbeitsplatz ist ein wesentlicher Bestandteil der Berufsbildung, doch der Wissenserwerb auf diesem Weg wird nicht immer anerkannt und durch die Gewährung von Leistungspunkten bestätigt. Dadurch wird das Lernen am Arbeitsplatz mitunter isoliert und möglicherweise abgewertet. Das Beispiel des WBL in der Hochschulbildung (wie es von der Middlesex University in London praktiziert wird, nähere Angaben später in diesem Kapitel), bei dem der Arbeitsbereich als Quelle sinnvollen Wissenserwerbs *anerkannt* wird, markiert einen Wandel in der Debatte über Lernumgebungen: weg von der funktionellen/ institutionellen Trennung und hin zu einer innovativen Integration von Arbeit und Lernen.

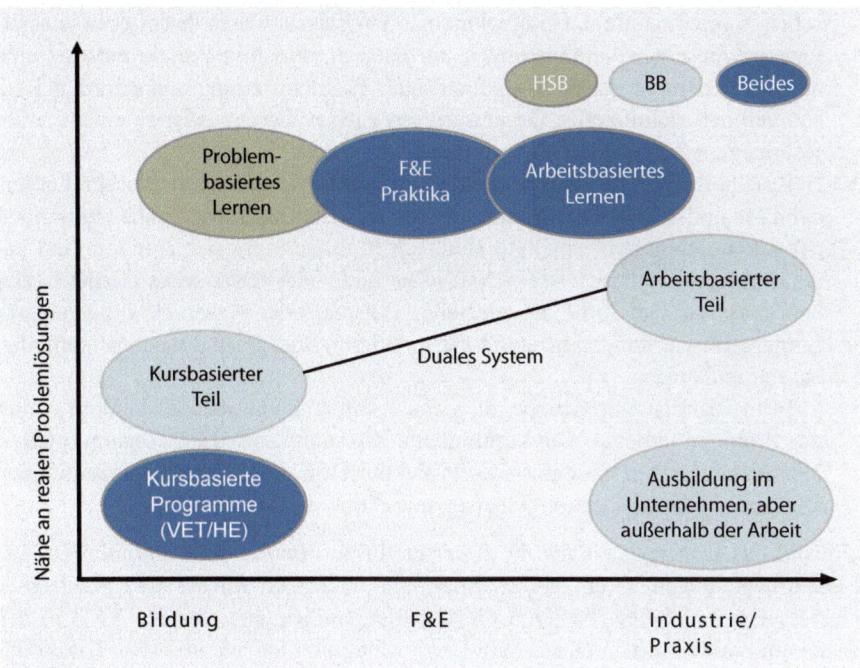

Abbildung 2.1: Typologie der Lernumgebungen (HSB: Hochschulbildung, BB: Berufsbildung, F&E: Forschung und Entwicklung)

Das Konzept des problembasierten Lernens (PBL) bezieht sich auf die Integration realer Projekte aus dem Berufsalltag in Programme der Hochschulbildung. Ein internationales Zentrum für PBS ist die Universität Aalborg (AAU) in Dänemark: Die 1974 mit dem Schwerpunkt Bildungsreform gegründete Institution setzt von jeher auf PBL. 2007 wurde an der AAU der UNESCO-Lehrstuhl für problembasiertes Lernen (UCPBL) ins Leben gerufen, um eine globale Gemeinschaft für Forscher und wissenschaftliches Personal auf dem Gebiet des PBL zu schaffen (vgl. Kolmos et al. 2004).

Im PBL bilden reale Probleme, die oft von kooperierenden Industrieunternehmen ermittelt werden, die Kernelemente des Lernens. In den akademischen Programmen wird die Hälfte der Leistungspunkte über PBL erworben. Barge (2009, 2) definiert die Kernkonzepte des PBL im Aalborg-Modell folgendermaßen:

- „[...] Ein Problem kann theoretischer, praktischer, sozialer, technischer, symbolisch-kultureller und/ oder wissenschaftlicher Natur sein und entsteht aus den Fragestellungen der Studenten in verschiedenen Fachgebieten und Berufsfeldern. Das Problem ist der Ausgangspunkt für den gerichteten Lernprozess der Studenten und setzt das Lernen in einen Kontext. Ein gewähltes Problem muss beispielhaft sein. [...]
- [...] Ein Projekt ist ein komplexes Bemühen, das eine Analyse des Ziels (Problemanalyse) erfordert und geplant und gesteuert werden muss, da die von Menschen in ihrem Umfeld, Unternehmen und Wissen sowie in ihrer Lebenseinstellung gewünschten Veränderungen umzusetzen sind. Ein Projekt umfasst eine neue, bisher nicht gelöste Aufgaben- oder Problemstellung und erfordert Ressourcen der traditionellen Organisationen sowie Wissen; es ist zu einem zuvor festgelegten Zeitpunkt fertigzustellen. [...]
- Beispielhaftigkeit ist ein Prinzip der Auswahl relevanter spezifischer Lernergebnisse und inhalte bzw. wissenschaftlicher Kenntnisse, die für die Gesamtheit der Lernergebnisse beispielhaft sind. Ein Problem muss sich somit auf ein bestimmtes praktisches, wissenschaftliches und/ oder technisches Gebiet beziehen. Das Problem sollte als spezielles Beispiel oder Ausdruck allgemeinerer Lernergebnisse fungieren, die mit dem Wissen und/ oder Recherchemethoden zusammenhängen.
- [...] Ein Team ist eine Gruppe, die gemeinsam an demselben Ziel einer Lösung der Probleme arbeitet. Die verbindliche Zusammenarbeit der Teammitglieder beim erfolgreichen Abschluss des Projekts ist ein wesentlicher Bestandteil des allgemeinen Lernansatzes" (Übersetzung durch die Autoren).

Obwohl das Konzept *Problem* in dieser Definition umfassender definiert ist, um PBL-Anwendungen in ein breites Spektrum wissenschaftlicher und praktischer Gebiete einzuschließen, basieren die Ingenieurstudiengänge an der AAU in der Regel auf realen Problemen aus dem Berufsalltag von Ingenieuren (vgl. Kjærsdam und Enemark 1994).

Das Hauptmerkmal von PBL ist seine Verwurzelung in der F&E. Das Konzept überwindet die institutionellen und funktionellen Barrieren zwischen Lernen, Forschung und Praxis. Diese Grundeigenschaften verhelfen dem PBL zudem zu einer Schlüsselposition bei der Innovationsförderung in Partnerschaften von Universität und Industrie.

PBL oder PBL-basierte Programme wurden, abgesehen von Dänemark, beispielsweise in Kanada (McMaster University), den Niederlanden (Universität Maastricht), Malaysia (Universität Tun Hussein Onn Malaysia) und den Vereinigten Staaten (University of Delaware) eingerichtet.

Ein PBL-bezogenes Beispiel lässt sich auch in Deutschland finden – mit der Vertiefungsrichtung „Integrierte Produktentwicklung" (IPE[1]) im Rahmen des Maschinenbaustudiums an der Otto-von-Guericke-Universität Magdeburg. Auch hier stehen praktische Probleme von Industrieunternehmen, gemeinnützigen Organi-

---

[1] http://lmi.uni-magdeburg.de:8080/cms/index.php?article_id=164&clang=0.

sationen und der öffentlichen Verwaltung im Zentrum der von interdisziplinären Studententeams[2] durchgeführten Projekte. Im Verlauf eines Semesters entwickeln diese Teams praktisch verwendbare Produkte, die den von den externen Partnerorganisationen definierten Projekten gerecht werden.

Eine weitere sehr F&E-orientierte Lernumgebung könnte als *F&E-Praktika* bezeichnet werden. Bei diesem Konzept spielen frisch gebackene Hochschulabsolventen eine Schlüsselrolle in einer F&E-Beziehung zwischen ihrer (ehemaligen) Hochschule und einem Unternehmen, wobei es sich oft um kleine und mittlere Unternehmen (KMU) handelt. Während des Projekts kann der Absolvent entweder beim Unternehmen oder bei der Hochschule angestellt sein.

In Großbritannien ist das Programm *Knowledge Transfer Partnerships* (KTP) ein gutes Beispiel für diesen Ansatz. Knowledge Transfer Partnerships und das Vorgängerprogramm *Teaching Company Scheme* existieren seit 35 Jahren – seit das Teaching Company Scheme im Jahr 1975 durch das Science and Engineering Research Council ins Leben gerufen wurde. Dabei werden jedes Jahr mehr als 1000 Partnerschaften unterstützt. Heute wird KTP vom Technology Strategy Board verwaltet, einer keinem Ministerium zugeordneten, eigenständigen öffentlichen Körperschaft (*non-departmental public body*, NDPB), die 2007 von der britischen Regierung eingerichtet wurde und vom Ministerium für Unternehmen, Innovation und Weiterbildung (*Department for Business, Innovation and Skills*, BIS) finanziert wird. Im Internet sind mehr als 350 Fallstudien von KTP-Projekten abrufbar[3].

Ein Beispiel aus Deutschland ist das Programm *Forschungsassistenz* an der Beuth Hochschule für Technik in Berlin[4]. Dieses Programm wurde von der Berliner Senatsverwaltung für Wirtschaft, Technologie und Frauen finanziert. Im Gegensatz zum bundesweiten Programm KTP ist das Programm „Forschungsassistenz" auf Unternehmen – vor allem KMU – in Berlin ausgerichtet.

Das Lernen am Arbeitsplatz (WBL) – der zentrale Gegenstand dieses Beitrags – unterscheidet sich von allen bisher erläuterten Konzepten dadurch, dass es viel stärker im Arbeitsleben verwurzelt ist. Während die bisher vorgestellten Konzepte alle aus Bildungsprogrammen oder im Zusammenhang mit dem Wissenstransfer von Hochschuleinrichtungen in die berufliche Praxis entstanden sind, ist der Ursprung von WBL am Arbeitsplatz selbst zu finden. Brennan und Little (1996, 5) erläutern dies folgendermaßen:„[...] das aus der Tätigkeit am Arbeitsplatz abgeleitete Lernen ist das Kernstück des gesamten Studienprogramms des Mitarbeiters und bildet somit den Ausgangspunkt für seinen Entwurf, seine Planung und seine Umsetzung" (Übersetzung durch die Autoren).

Ein weiterer entscheidender Aspekt ist das Zusammenspiel zwischen Lernenden, Arbeitgeber und Hochschule bei der Festlegung des Lernprozesses:

---

[2] Zu den beteiligten Fachbereichen gehörten Maschinenbau, Wirtschaftswissenschaften, Industriedesign, Informatik und Psychologie.
[3] http://casestudies.ktponline.org.uk/casestudies.
[4] http://www.beuth-hochschule.de/forschungsassistenz.

„[...] was das Lernen am Arbeitsplatz von anderen Lernprozessen unterscheidet, ist der Aspekt der Verhandlung zwischen dem Lernenden, dem Arbeitgeber und der Hochschule. Verhandlungen dieser drei Interessengruppen über die Festlegung erreichbarer Lernerfolge, die für den Lernenden sinnvoll sind und eine Herausforderung darstellen, für den Arbeitgeber relevant sind und akademische Glaubwürdigkeit besitzen; verhandlungsbasierte Festlegung geeigneter Beurteilungsmethoden und kriterien, die für alle Beteiligten akzeptabel sind; verhandlungsbasierte Festlegung und Pflege einer vorteilhaften Lernumgebung (die sich vorrangig auf den Arbeitsplatz stützt)."
(a. a. O., 5, Übersetzung durch die Autoren)

Angesichts dieser grundlegenden Eigenschaften wird auch deutlich, dass sich WBL im Wesentlichen an reifere Lernende mit umfangreicher Arbeitserfahrung richtet. Im Gegensatz dazu werden die zuvor erörterten anderen Lernumgebungen oft von *traditionellen* Studenten oder von jungen Leuten genutzt, die gerade einen (Hochschul-)Abschluss erworben haben.

In Großbritannien wird WBL seit Langem verwendet. In ihrer oben erwähnten Studie, die 1996 vom britischen Arbeits- und Bildungsministerium (Department for Education and Employment) finanziert wurde, konnten Brennan und Little bereits auf eine umfangreiche Basis an Erfahrungen mit WBL-Vereinbarungen mit Hochschulen zurückgreifen.

In Deutschland ist WBL enger mit dem Berufsbildungssystem verknüpft. Zudem spielt hier die Verhandlung zwischen dem einzelnen Lernenden, dem Arbeitgeber und der Bildungsstätte keine so zentrale Rolle wie in den WBL-basierten Hochschulangeboten Großbritanniens. Die Lernvereinbarung wird vielmehr in einem Mitgestaltungsprozess festgelegt, an dem Arbeitgeber- und Arbeitnehmervertreter beteiligt sind und der vom Bundesinstitut für Berufsbildung (BIBB) moderiert wird.

Ein Beispiel für ein WBL-orientiertes Berufsbildungsprogramm in Deutschland ist das IT-Fortbildungsprogramm (vgl. Loroff und Stamm-Riemer 2006). Ein Kernelement dieses Systems ist die Methode der arbeitsprozessorientierten Weiterbildung (APO). Gelenkt wird der Lernprozess durch arbeitsprozessorientierte Studienpläne: verallgemeinerte Referenzprozesse, die als Vorlage dienen und durch unternehmensspezifische Inhalte und Verfahren auszufüllen sind (vgl. Rogalla und Prehn 2004). Der Lernende wird in reflektierenden Lernprozessen durch einen Coach begleitet, der ihn auch in seiner persönlichen Entwicklung unterstützt. Zudem stehen dem Lernenden Fachleute zur Seite, die ihn bei der Lösung technischer Prozesse unterstützen (vgl. Loroff und Mattauch 2005).

2.2 Wissenserwerb in WBL-Programmen

Das Lernen am Arbeitsplatz verkörpert einen Wissenserwerb, der in der „Welt der Handlung, Praxis und Arbeit" verwurzelt ist (Barnett 2000, 27; Übersetzung durch die Autoren). Im weitesten Sinne ist WBL sowohl projekt- als auch problembasiert (und kann bei dieser Interpretation auch F&E einschließen) und stets gänzlich mit dem Wissen verbunden, das in einem Arbeitsumfeld mit dem Ziel der Durchführung einer organisatorischen Änderung produziert wird. Diese Art der Nachfrage und des marktorientierten Wissens wurde als Modus 2 bezeichnet (vgl. Gibbons et al. 1994). Dies verdeutlicht den offensichtlichen Paradigmenwechsel der Erkenntnistheorie vom Modus 1 der wissenschaftlichen Aufklärung, die auf Wissen und intellektuelle Präzision Wert legte, zur Wissensproduktion – auf persönlicher Ebene ausgedrückt durch Kompetenz, Fertigkeiten und Fähigkeiten und systemisch und formell begrenzt, gesteuert und ausgenutzt als organisations- und verfahrensorientiertes oder propositionales Wissen und als Wissenskapital.

Systeme des Wissenstransfers und traditionelle Programme der Hochschulbildung setzen eine Polarität voraus, bei der die Universität die Seite des theoretischen Wissens darstellt, während der Arbeitsplatz ein Empfänger ist, auf den die Mitarbeiter das erworbene Wissen übertragen und an dem sie dieses Wissen mithilfe von praktischen Fertigkeiten und Kompetenzen anwenden, um bestimmte Aufgaben und Funktionen wahrzunehmen. Diese Trennung erkennt nicht an, dass ein Arbeitsplatz bereits implizit eine unabhängige Quelle für Bildung und Wissenserwerb auf höherer Ebene darstellt, die Unternehmen aber unter Umständen nicht über die erforderlichen Fertigkeiten und Systeme verfügen, um dieses Wissen explizit zu kodifizieren, zu beurteilen oder zu verwerten. Hier bietet sich den Universitäten die Chance, mit den Unternehmen zusammenzuarbeiten und fachmännische Systeme der Kodifizierung anzubieten, die für die Anforderungen der Mitarbeiter und der Organisationsentwicklung gleichermaßen von hoher Relevanz sind. Solange die Universitäten jedoch beharrlich leugnen, dass ein Arbeitsplatz ein unabhängiger und gültiger Ort des Wissenserwerbs ist, und weiterhin Lehrpläne anbieten, die überwiegend keinen Bezug zur realen Nachfrage in der Berufswelt haben, wird die Polarität zwischen Universitäten und Unternehmen fortdauern und sich mangels einer gemeinsamen Sprache zur Beschreibung der Anforderungen noch verschlimmern (vgl. Connor 2005).

WBL-Ansätze können diese Kluft allmählich überbrücken, indem sie innovative Programme bieten, die auf ein hochgradig kritisches Denken am Arbeitsplatz ausgerichtet sind, um konkrete Ergebnisse zu erzielen, die für den Lernenden, seine Arbeit und die Universität von Bedeutung sind (vgl. Garnett 2005), und somit eine dreiseitige Partnerschaft schaffen, bei der in der Praxis gewöhnlich der Schwerpunkt auf der Universität als vorrangiger Partner liegt. Trotz dieses Ungleichgewichts besteht einer der Hauptvorteile der reflektierenden und kritischen Analyse der Aufgaben und des Lernens darin, dass der Lernende unter die Oberfläche der Handlungen vordringen kann, um die wesentlichen Kenntnisse und Wertgrundlagen, die die funktionalen Mechanismen der Arbeitsprozesse aus persönlicher, beruflicher und organisatorischer Sicht untermauern, zu erkennen und zu erklären.

Boud und Garrick (1999) betrachten die Ziele des Lernens am Arbeitsplatz zusammenfassend als einen Beitrag zum Nutzen des Unternehmens im Hinblick auf persönliche Entwicklung und soziale Investition – doch nach wie vor ist umstritten, ob dieses Lernen einen gültigen Wissenserwerb darstellt. Der Begriff des organisatorischen Nutzens wird von King befürwortet (vgl. 2007, 28), der in einem

Bericht über das Engagement von Arbeitgebern hinsichtlich der Hochschulbildung postulierte, die von den Universitäten angebotenen WBL-Programme müssten „nachfrageorientiert sein, sich in Bezug auf Zeit und Umfang an den Wünschen der Arbeitgeber orientieren (z. B. kleine Lerneinheiten, keine Kurse) und Lernergebnisse aufweisen, die an die geschäftlichen Ergebnisse geknüpft sind" (Übersetzung durch die Autoren). King argumentiert ferner, Führungskräfte mit höherem Bildungsniveau ständen Änderungen mit höherer Wahrscheinlichkeit positiv gegenüber und ein hohes Niveau der Fertigkeiten sei ein „unverzichtbarer Faktor bei der Bewahrung einer globalen Handelsposition" (a. a. O., 13; Übersetzung durch die Autoren). Dieser Fokus auf Fertigkeiten und Ergebnisse bzw. Leistungen stellt Kompetenz als Hauptinstrument zur Messung von geschäftlichem Erfolg und Wettbewerbsfähigkeit in den Vordergrund und schließt die mögliche Rolle von Bildung und Wissenserwerb auf höherer Ebene grundsätzlich aus. Zwar fördert dieser Ansatz für die Hochschulbildung eine gewisse Durchlässigkeit und Transparenz zwischen Arbeitgebern und Universitäten, doch führt er auch zu einer inhärenten Einseitigkeit, da er davon ausgeht, dass Mitarbeiter durch eine Institution *ausgebildet* werden müssen und dass das immanente, bereits existierende persönliche oder unternehmenseigene Wissen irrelevant oder nur von geringem Wert ist.

Der jüngste bedeutende Wandel in Großbritannien hin zu einem arbeitsplatzbasierten und sektorspezifischen Lernen untermauert die Ausrichtung des Modus 2 auf den Nutzen und wurde durch die Kompetenzagenda der früheren Regierung bekräftigt. Diese Agenda konzentrierte sich auf die Förderung und Finanzierung von Programmen, die Universitäten und Unternehmen zur gemeinsamen Entwicklung von Bildungsprojekten *ermutigte*, z. B. das Projekt E*mployer Engagement*. In dieser Hinsicht steht Großbritannien nicht allein da: In ganz Europa wird derzeit durch das Paradigma des *lebenslangen Lernens* dieser Ansatz umgesetzt, möglicherweise zulasten des *per se* gültigen Wissens.

Kehren wir zum Begriff des immanenten Machtgleichgewichts zwischen Universitäten und Arbeitsorganisationen zurück. Boud und Solomon (2001) haben die bestehenden Grenzen des fachspezifischen und arbeitsbasierten Wissens hinterfragt. Sie stellten die Vorstellungen von der Rolle der Universitäten infrage und schlugen eine Änderung der Machtstrukturen sowie des Besitzes an Wissen und Kenntnissen vor, um den Universitäten und Organisationen auf diesem Weg zu ermöglichen, bei der Wissensgenerierung zusammenzuarbeiten. Derzeit besteht die Mehrheit der arbeitsplatzbasierten Programme aus Systemen, die das vom Arbeitsplatz ausgehende Wissen beurteilen und anerkennen. Dabei müssen die Lernenden gemäß den Bedingungen der Universität mit ihren fest vorgegebenen sprachlichen Anforderungen, Kriterien und Systemen nachweisen, dass das von ihnen erworbene Wissen den von der Universität definierten Kenntnissen und/ oder Kompetenzen entspricht. An dieser Stelle stellt sich eine grundlegende Frage: Warum dauert diese Situation an, obwohl der Wissenserwerb zunehmend im Arbeitsumfeld erfolgt und dort beurteilt werden könnte?

Wissen sollte stärker als ganzheitliches und universelles Konzept betrachtet werden, das nicht besessen, sondern geteilt wird – obwohl diese Prämisse Fragen bezüglich der kommerziellen Interessen aufwirft, deren Verfechter das für ihre

Belange relevante Wissen womöglich lieber abschotten möchten. In dieser eher idealistischen Weltanschauung kann Wissen in partnerschaftlicher Zusammenarbeit zwischen Industrie und Bildungseinrichtungen generiert und vermehrt werden. Dies erfordert jedoch einen Paradigmenwechsel, der es den Universitäten ermöglicht, mit den Unternehmen und Märkten auf neue und dynamische Weise zusammenzuarbeiten und dabei anzuerkennen, dass die Verfügungsgewalt über das Wissen nicht bei ihnen allein liegt.

Selbst in den Fällen, in denen Universitäten und Sozialpartner in gerechterer Weise zusammenarbeiten, konzentrieren sie sich eher auf die Bewertung des Wissens als auf die partnerschaftliche Wissensgenerierung und verstärken dadurch die bestehende Hegemonie. Das französische System erkennt den Arbeitsplatz als einen Ort des Wissenserwerbs an und einige Universitäten haben über das duale Tutorensystem enge Beziehungen zu Arbeitsorganisationen geknüpft und dabei gemeinsame Programme entwickelt, die dem Bedarf jener Kandidaten entsprechen, die eine teilweise Anerkennung (oder Wissensbewertung) ihrer Erfahrungen erreichen. Dennoch besteht nach wie vor die Erfordernis, dass die Universitäten nicht nur Kurse anbieten, um Lücken zu schließen, sondern dass die Studenten diese Kurse auch persönlich besuchen. Im Fall der Middlesex University, die seit Mitte der 90er-Jahre eine Vorreiterrolle beim Lernen am Arbeitsplatz spielt, sind die Kurse hochflexibel und innovativ und kommen einer Anerkennung des Arbeitsplatzes als Ort der unabhängigen und gültigen Wissensgenerierung viel näher. Die Universität hat jedoch immer noch eine Schiedsrichterrolle in Bezug auf das Lernen inne, da erfahrene und sachkundige Praktiker gezwungen sind, den Nachweis ihres Wissens in einer akademisch akzeptablen Form zu erbringen, die zuvor festgelegte Kriterien erfüllt.

2.3 Die Zusammenarbeit zwischen Universität und Wirtschaft bei F&E in Kombination mit lebenslangem Lernen

In Abschnitt 1 wurden Lernumgebungen wie das problembasierte Lernen (PBL), F&E-Praktika und das Lernen am Arbeitsplatz (WBL) vorgestellt, die komplexe Rahmenbedingungen für Aktivitäten im Grenzbereich von Bildung, Forschung und Entwicklung (F&E) und Berufspraxis schaffen.

In Abschnitt 2.2 wurde die auf Kooperation basierende Wissensgenerierung in WBL-Systemen näher untersucht.

Im Hinblick auf das Hauptthema dieses Bandes – die Innovationsförderung – stellt sich die Frage, welche Rolle WBL bei der Förderung von Innovation in der Wirtschaft und insbesondere in kleinen und mittleren Unternehmen (KMU) spielen könnte.

In Abbildung 2.2 werden EUROSTAT-Daten des 5. Community Innovation Survey im Jahr 2006 zu Unternehmen mit Innovationstätigkeit gezeigt. Diese Innovationstätigkeit kann Produkt-, Prozess- und organisatorische Innovationen umfassen. Die Daten zeigen die prozentualen Anteile der Unternehmen, die bei diesen Innovationsprozessen mit irgendeiner Art von externen Partnern zusammenarbeiten, insbesondere mit Universitäten.

Die Abbildung verdeutlicht, dass in den meisten Ländern Europas weniger als die Hälfte der innovativ tätigen Unternehmen mit externen Partnern zusammenarbeitet, auch wenn einige Länder einen höheren Anteil aufweisen. Im Fall der Zusammenarbeit mit Universitäten ist dieser Wert deutlich geringer und liegt bei den meisten Ländern unter 20 Prozent, bei einigen sogar unter 10 Prozent. Löbliche Ausnahmen sind Finnland und Slowenien mit Anteilen von über 30 bzw. 20 Prozent.

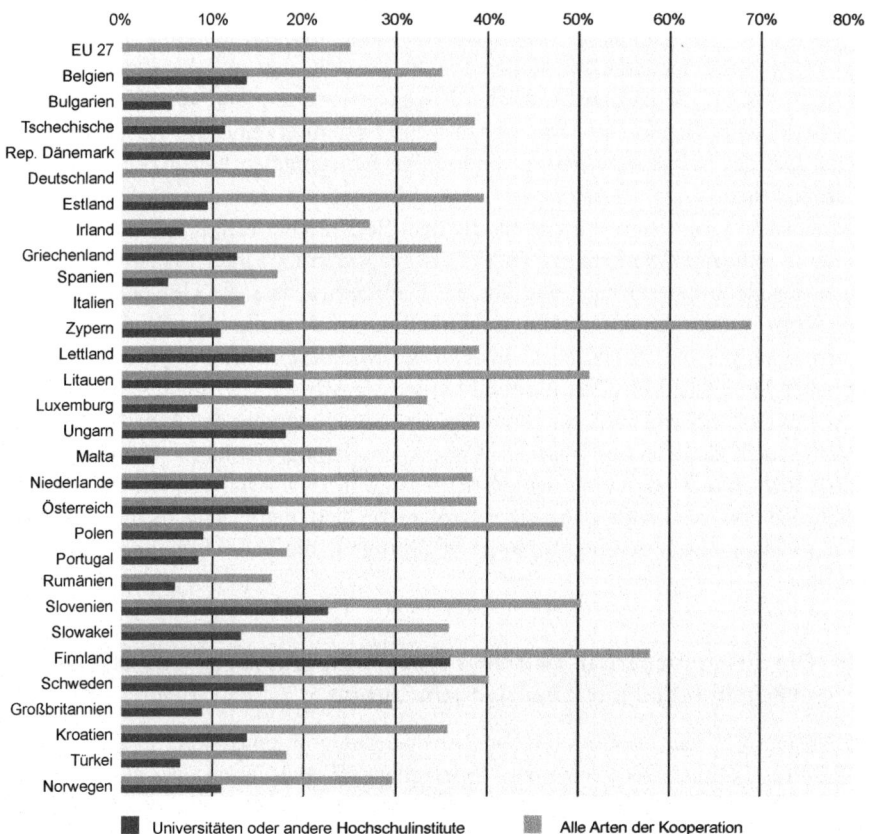

Abbildung 2.2: Zusammenarbeit mit externen Partnern (alle Arten) von Unternehmen mit Innovationstätigkeit und Universitäten, 2004-2006 (EUROSTAT, Community Innovation Survey 5, 2006)

Für Deutschland liegen leider keine Daten zur Zusammenarbeit mit Universitäten vor. Es lässt sich jedoch beobachten, dass die Gesamtkooperationsquote – unter Einschluss aller Arten von Partnern – in Deutschland mit 17 Prozent weniger als halb so hoch ist wie die finnische Quote der Zusammenarbeit mit Universitäten, die allein schon bei rund 36 Prozent liegt. Bei der Zusammenarbeit von Universitäten und Wirtschaft in Bezug auf F&E und Innovation scheint hier also noch erhebliches Verbesserungspotenzial zu bestehen, und das Beispiel von Ländern wie Finnland zeigt, dass ein viel größerer Grad der Zusammenarbeit – im Vergleich zu anderen Ländern – durchaus möglich ist. Es scheint kein Zufall zu sein, dass Finnland beim internationalen Vergleich von Innovationssystemen wie z. B. dem European Innovation Scoreboard wiederholt Spitzenergebnisse erzielt hat.

In Abbildung 2.3 werden – ebenfalls für Unternehmen mit Innovationstätigkeit – Daten zur Zusammenarbeit mit Universitäten und anderen höheren Bildungseinrichtungen gezeigt. In dieser Abbildung werden die Daten für Unternehmen verschiedener Größe (auf Basis der Mitarbeiteranzahl) separat dargestellt.

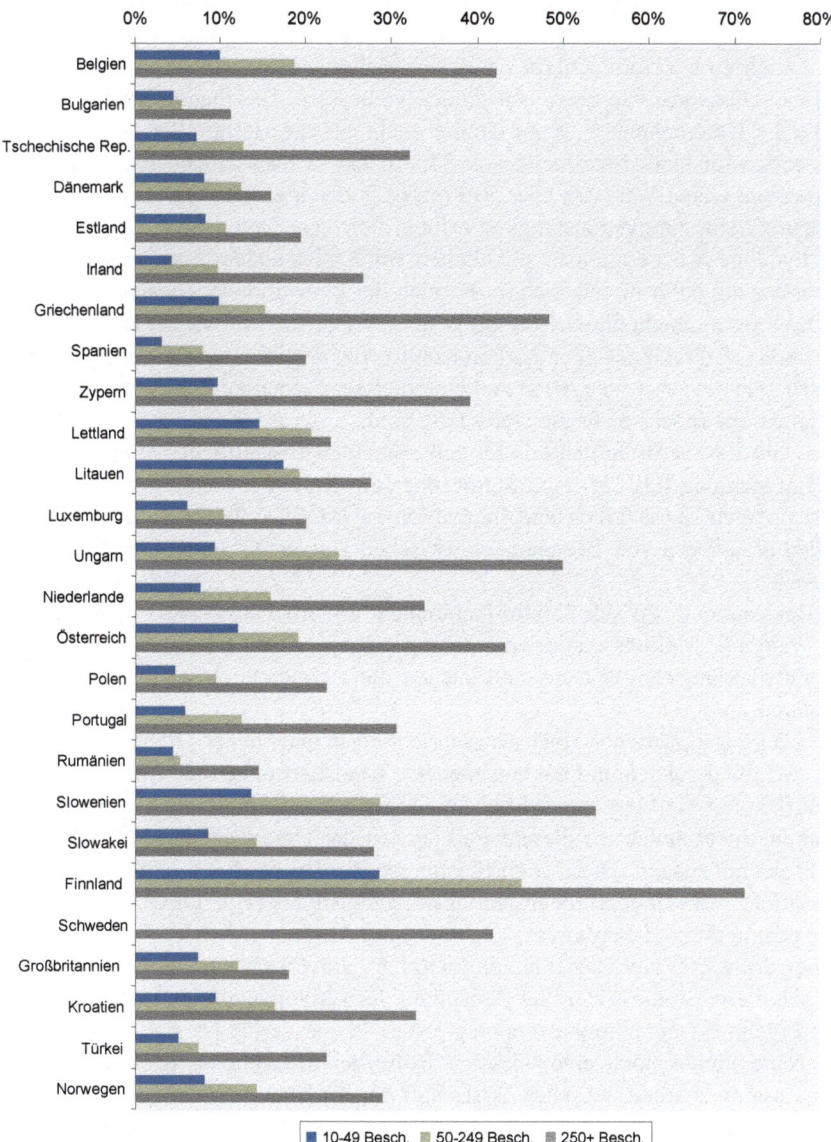

Abbildung 2.3: Zusammenarbeit von Unternehmen mit Innovationstätigkeit mit Universitäten, 2004-2006 (EUROSTAT, Community Innovation Survey 5, 2006)

Die Daten zeigen, dass die Kooperationsquote mit Universitäten bei großen Unternehmen (mit mehr als 250 Mitarbeitern) bei 50 Prozent und mehr liegen kann. In den beiden Unterkategorien kleinerer Unternehmen (10-49 bzw. 50-249 Mitarbeiter) fallen die entsprechenden Prozentsätze deutlich geringer aus und liegen in den meisten Ländern bei unter 10 Prozent bei den kleinsten Unternehmen und unter 20 Prozent bei den Unternehmen mittlerer Größe. Auch hier bilden Finnland und Slowenien eine bemerkenswerte Ausnahme.

Bei Betrachtung all dieser Daten ist zu berücksichtigen, dass sie sich ausschließlich auf Unternehmen beziehen, in denen bereits Innovationsaktivitäten stattfinden. Durch eine Zusammenarbeit mit Universitäten könnten diese Unternehmen die Innovationsprozesse unter Umständen verbessern. Daneben existieren jedoch zahlreiche Unternehmen – grundsätzlich mehr als die Hälfte aller Unternehmen in Europa (mit einer Bandbreite von 37 Prozent in Deutschland bis 84 Prozent Litauen und einem Wert von über 50 Prozent in den meisten Ländern) –, in denen überhaupt keine Innovationstätigkeit erfolgt. Für diese Unternehmen könnten niederschwellige Kooperationsmöglichkeiten mit Universitäten eine entscheidende Voraussetzung dafür bilden, sich im Bereich der Innovation zu engagieren.

Das Kernargument dieses Beitrags ist, dass WBL – und verwandte Konzepte wie PBL und F&E-Praktika – über das Potenzial verfügen, diese Innovationsprozesse zu fördern, und dies in beiden Arten von Unternehmen: jenen mit Innovationstätigkeit und jenen, die (noch) nicht innovativ tätig sind.

Im Jahr 2007 veröffentlichte die Organisation für wirtschaftliche Zusammenarbeit und Entwicklung (OECD) eine Studie über die Rolle der Hochschulbildung bei der regionalen Entwicklung und Innovation (vgl. OECD 2007). In dieser Studie wurden drei Typen von Beziehungen zwischen Universität und Wirtschaft unterschieden:

„Beziehungen zwischen multinationalen Unternehmen und Universitäten von Weltrang. Multinationale Unternehmen lagern einen Teil ihrer Forschungs- und Entwicklungstätigkeit aus und suchen nach Laboren, Wissenschaftlern und Studenten.

Beziehungen zwischen Hochschuleinrichtungen und kleinen Hightechunternehmen (Ausgliederungen und wissensintensive Dienstleistungen für Unternehmen).

Beziehungen auf regionaler Ebene zwischen Unternehmen (oft KMU) und den örtlichen Hochschulen. In diesem Fall suchen die Unternehmen nach kurzfristigen Problemlösungen. Diese Dienstleistungen werden oft durch regionale Cluster im Umfeld von Hochschuleinrichtungen begünstigt." (vgl. OECD 2007, 119; Übersetzung durch die Autoren).

Der dritte Typ von Beziehungen zwischen Universität und Wirtschaft hat im Rahmen dieser Studie die größte Bedeutung. Den Autoren zufolge spielt – obwohl F&E-Ergebnisse auf nationaler und globaler Ebene verfügbar sind – die regionale Nähe immer noch eine wichtige Rolle bei Innovationsprozessen, die auf einer Zusammenarbeit zwischen Wirtschaft und Universität basieren. In den letzten Jahren hat sich das standortorientierte Konzept der Cluster in vielen Ländern zu einem Kernelement der Innovationspolitik entwickelt. Porter liefert folgende Definition:

„Cluster sind geografische Konzentrationen von miteinander verbundenen Unternehmen und Institutionen in einem bestimmten Tätigkeitsfeld. Cluster umfassen eine Reihe von verbundenen Sektoren und anderen für den Wettbewerb wichtigen Institutionen. Hierzu zählen beispielsweise Zulieferer spezialisierter Produktionsfaktoren (z. B. Bauteile, Maschinen und Dienstleistungen) und Anbieter spezialisierter Infrastruktur. Cluster werden oft auch auf nachgelagerte Ebenen wie Vertriebskanäle und Kunden ausgeweitet sowie seitwärts auf Hersteller komplementärer Produkte und auf bezüglich der Fähigkeiten, Technologien oder gemeinsamen Inputfaktoren verwandte Sektoren. Und schließlich umfassen viele Cluster auch staatliche und andere Institutionen – wie Universitäten, normgebende Behörden, Denkfabriken, Berufsausbildungsstätten und Berufsverbände –, die spezielle Schulungs-, Ausbildungs-, Informations- und Forschungsleistungen sowie technischen Support anbieten." (Porter 1998, 78; Übersetzung durch die Autoren)

In der OECD-Studie werden regionale Entwicklungsstrategien auf der Basis dieses Clusteransatzes, einschließlich der Kooperation zwischen Hochschule und Wirtschaft, in 14 Ländern beschrieben: in Europa, Amerika, Asien und Australien. All diese Strategien streben an, die Universitäten in die entscheidenden Akteure regionaler Innovationssysteme zu verwandeln.

Das Programm *New University for Regional Innovation* (NURI) in Korea ist ein Beispiel für eine solche Politik. Es wurde von 2004 bis 2008 durch das koreanische Ministerium für Bildung und Entwicklung von Humanressourcen finanziert, um die regionale Innovation zu steigern und die wirtschaftliche Entwicklung der Regionen außerhalb des Großraums Seoul zu sichern. Die 109 teilnehmenden Hochschulen richteten dabei mehr als 130 Programme ein, die jeweils auf die Merkmale der regionalen Wirtschaft abgestimmt waren.

Ein weiterer clusterbasierter Ansatz ist das vom finnischen Innenministerium finanzierte *Centre of Expertise*-Programm. Diese Kompetenzzentren sind auf Schlüsselbranchen in verschiedenen Sektoren ausgerichtet, darunter Kultur, Medien und digitale Inhalte, die einen hohen Grad regionaler Spezialisierung im Privatsektor und Forschungskompetenz in Universitäten und Fachhochschulen aufweisen. In den Jahren 2003 bis 2006 wurden 18 verschiedene regionale Zentren in ganz Finnland eingerichtet. Nach einer Umstrukturierung Anfang 2007 existieren jetzt 13 landesweit koordinierte Cluster, die vier bis sieben regionale Kompetenzzentren umfassen.

Das französische *Programm für Wettbewerbspole* (Pôles de Compétitivité) ist eine Initiative unter Federführung der Wirtschaft. Innerhalb der Pole bündeln Unternehmen, Forschungs- und Prüfzentren sowie Aus- und Fortbildungseinrichtungen ihre Kräfte, um in den Regionen in wirtschaftlicher, wissenschaftlicher und technologischer Hinsicht die kritische Masse zu erreichen. Im Jahr 2005 wurden auf der Grundlage eines landesweiten Wettbewerbs 67 Pole nominiert, darunter 6 weltweite Pole, 9 Pole mit starker internationaler Präsenz und 52 regionale oder nationale Pole.

In Japan führte das Ministerium für Technologie und Industrie (METI) das METI-Programm für Industriecluster ein (2001-2005), um die vorhandenen einheimischen Ressourcen 19 wichtiger Regionen zu fördern. Ziel des Programms war die Unterstützung von Austausch und Kooperation zwischen Hochschulen, Wirtschaft und Regierung, wobei die Technologieentwicklung für örtliche Anwendungen und die Schulung von Unternehmern im Mittelpunkt standen. Die 500 Beamten der regionalen METI-Zweigstellen arbeiteten dabei mit 5800 KMU und Forschern von über 220 Universitäten zusammen. In den Jahren 2006 bis 2010 trat das Programm in seine zweite Phase ein.

In Clusterumgebungen dieser Art dienen das Lernen am Arbeitsplatz und F&E-Systeme als Kooperationskanäle, die sich insbesondere – aber nicht ausschließlich – für KMU eignen. In der OECD-Studie werden viele konkrete Beispiele für solche Systeme erörtert, darunter die Konzepte PBL, WBL und F&E-Praktika, die in Abschnitt 1 vorgestellt wurden.

2.4 WBL und Accreditation of Prior Learning (APL)

Wie im vorherigen Abschnitt erörtert wurde, kann WBL in regionalen Innovationssystemen eine entscheidende Rolle spielen. Um der Wirtschaft – und insbesondere KMU – ein geeignetes Instrument zu liefern, müssen WBL das entscheidende Dilemma aller Lernumgebungen bewältigen, die sich an berufstätige Lernende richten: die Abwägung zwischen der für das Lernen notwendigen Zeit und dem Zeitdruck aufgrund des hohen Pensums im Arbeitsprozess. Mit anderen Worten: Eine für Anwendungen in der Wirtschaft geeignete Lernumgebung muss stets in hohem Maße zeiteffizient sein.

WBL wird dieser Anforderung offensichtlich gerecht: Die Kernidee des Konzepts ist die Verwendung von Problemlösungen im Arbeitsalltag, Projektdurchführungen oder Organisationsentwicklung/ beruflicher Weiterentwicklung für das Lernen, sodass die aufgewendete Zeit in zweifacher Hinsicht genutzt wird, wie Abbildung 2.4 verdeutlicht.

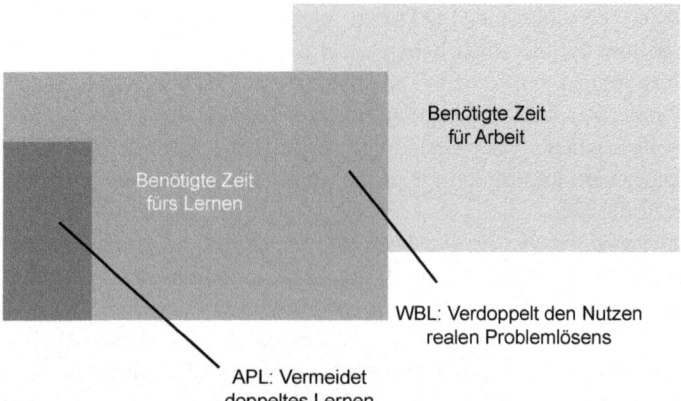

Abbildung 2.4: Zeiteffizienzeffekte des Lernens am Arbeitsplatz (WBL) und Accreditation of Prior Learning (APL)

Die bisherige Argumentation bezieht sich auf künftige Lernprozesse, die nach dem Eintritt des Lernenden in das WBL-Programm stattfinden. Da WBL-Teilnehmer jedoch in der Regel bereits über umfassende Arbeitserfahrung verfügen, kann der Anwendungsbereich von WBL leicht auf vergangene Lernprozesse ausgeweitet werden. Hier kommt Accreditation of Prior Learning (APL) in Betracht. APL bedeutet die Anerkennung und Validierung der Ergebnisse früherer Lernprozesse – d. h. von Wissen, Qualifikationen oder Kompetenzen, die durch frühere Lernprozesse und Erfahrungen erworben wurden – und die Anrechnung dieser Lernergebnisse durch die Vergabe von Kreditpunkten, die als Bausteine für Programme in Hochschulen dienen können. Zudem kann APL hochgradig zeiteffizient sein, da es die Verdopplung von Lernprozessen vermeidet (siehe Abbildung 2.4).

Die Bedeutung von APL-Prozessen wurde auch von den europäischen Hochschulministern und ministerinnen auf ihren Konferenzen 2003 in Berlin und 2009 in Leuven unterstrichen:

> „Die Ministerinnen und Minister unterstreichen den bedeutenden Beitrag der Hochschulbildung für die Verwirklichung des lebenslangen Lernens. Sie unternehmen Schritte zur Anpassung ihrer nationalen Politiken, um dieses Ziel zu erreichen, und sie fordern alle Hochschulen sowie alle Betroffenen auf, die Möglichkeiten für lebenslanges Lernen auf Hochschulebene, einschließlich der Anerkennung früher erworbener Kenntnisse, zu verbessern. Sie betonen, dass derartige Maßnahmen wesentlicher Bestandteil der Tätigkeiten von Hochschulen sein müssen." (European Ministers for Higher Edcucation 2003, 6; Übersetzung durch die Autoren)
>
> „Erfolgreiche Politiken für das lebenslange Lernen schließen Grundprinzipien und Verfahren für die Anerkennung früher erworbenen Wissens auf der Basis von Lernergebnissen ein, wobei es keine Rolle spielt, ob diese Kenntnisse, Fertigkeiten und Kompetenzen auf formalen, nicht formalen oder informellen Lernwegen erworben wurden." (European Ministers for Higher Education 2009, 3; Übersetzung durch die Autoren)

Diese Aussagen fanden auch die volle Unterstützung der European University Association (Verband europäischer Hochschulen), die sich in ihrer Charta für lebenslanges Lernen (Charter on Lifelong Learning) dem Konzept der Accreditation of Prior Learning verschrieben haben (EUA 2008).

Die Stellungnahme der europäischen Hochschulministerinnen und minister nimmt auf die Begriffe formales, nicht-formales und informelles Lernen Bezug. Eine bekannte Definition dieser Konzepte findet sich im Memorandum über lebenslanges Lernen der Europäischen Kommission aus dem Jahre 2001:

Formales Lernen findet in Bildungs- und Ausbildungseinrichtungen statt und führt zu anerkannten Abschlüssen und Qualifikationen.

Nicht-formales Lernen findet außerhalb der Hauptsysteme der allgemeinen und beruflichen Bildung statt und führt nicht unbedingt zum Erwerb eines formalen Abschlusses. Nicht formales Lernen kann am Arbeitsplatz und im Rahmen von Aktivitäten der Organisationen und Gruppierungen der Zivilgesellschaft (wie

Jugendorganisationen, Gewerkschaften und politischen Parteien) stattfinden. Auch Organisationen oder Dienste, die zur Ergänzung der formalen Systeme eingerichtet wurden, können als Ort nicht formalen Lernens fungieren (z. B. Kunst-, Musik- und Sportkurse oder private Betreuung durch Tutoren zur Prüfungsvorbereitung). Informelles Lernen ist eine natürliche Begleiterscheinung des täglichen Lebens. Anders als beim formalen und nicht formalen Lernen handelt es sich beim informellen Lernen nicht notwendigerweise um ein intentionales Lernen, weshalb es auch von den Lernenden selbst unter Umständen gar nicht als Erweiterung ihres Wissens und ihrer Fähigkeiten wahrgenommen wird.

Im Hinblick auf diese Typologie des Lernens lassen sich APL-Prozeduren als Ansätze kennzeichnen, die sich auf nicht bescheinigtes, informelles Lernen konzentrieren – Anerkennung von Qualifikationen aus der beruflichen Erfahrung (Accreditation of Prior Experiential Learning, APEL) – sowie auf Methoden, die für das formale, zu Zertifikaten führende Lernen geeignet sind – Anrechnung von Qualifikationen aus der beruflichen Bildung (Accreditation of Prior Certified Learning, APCL, Abbildung 2.5). Im Fall des nicht-formalen Lernens, das Zertifikate beinhalten kann oder auch nicht, sind beide Ansätze anwendbar. In der Regel werden für die Ergebnisse des nicht-formalen Lernens APEL-Verfahren verwendet (vgl. Werquin 2008).

Die APL-Methoden lassen sich zudem in individuelle und pauschale Verfahren unterteilen. Pauschale Verfahren stellen keine Personen, sondern Zertifikate in den Mittelpunkt. Die durch spezifische Zertifikate – z. B. den allgemein anerkannten Abschluss eines Berufsbildungsinstituts – bestätigten Lernergebnisse können in anderen formalen Bildungsprogrammen, z. B. in Bachelorstudiengängen, angerechnet werden. Im Rahmen dieser Anerkennung wird jedem Inhaber eines solchen spezifischen Zertifikats über früher erworbenes Wissen ein bestimmter Punktwert zuerkannt, der ohne individuelle Prüfung für zukünftige oder laufende Programme verwendbar ist. Die Entscheidung über die Anerkennung wird somit nur einmal gefällt und gilt anschließend für jede Person, die im Besitz des jeweiligen Zertifikats ist. Dieser pauschale Ansatz kann beispielsweise auch zur Anerkennung firmeninterner Schulungsprogramme verwendet werden.

Im Fall von individuellen Verfahren werden frühere Lernergebnisse einer bestimmten Person mit den erforderlichen Lernergebnissen eines bestimmten Ausbildungsprogramms verglichen, für das sich diese Person bewirbt. Dieser Ansatz eignet sich besonders für die Ergebnisse nicht formalen und informellen, erfahrungsbasierten Lernens (APEL). Darüber hinaus können die Ergebnisse formaler Lernprozesse (Zertifikate) auch in individuellen Verfahren beurteilt werden, falls diese Zertifikate (noch) nicht in die pauschalen Anerkennungsverfahren integriert wurden.

APL-Verfahren sind oft wesentlicher Bestandteil von WBL-Programmen. In Deutschland wird die Entwicklung und Implementierung von APL seit 2005 durch die Initiative ANKOM gefördert, die durch das Bundesministerium für Bildung und Forschung finanziert wird (vgl. Hartmann et al. 2009).

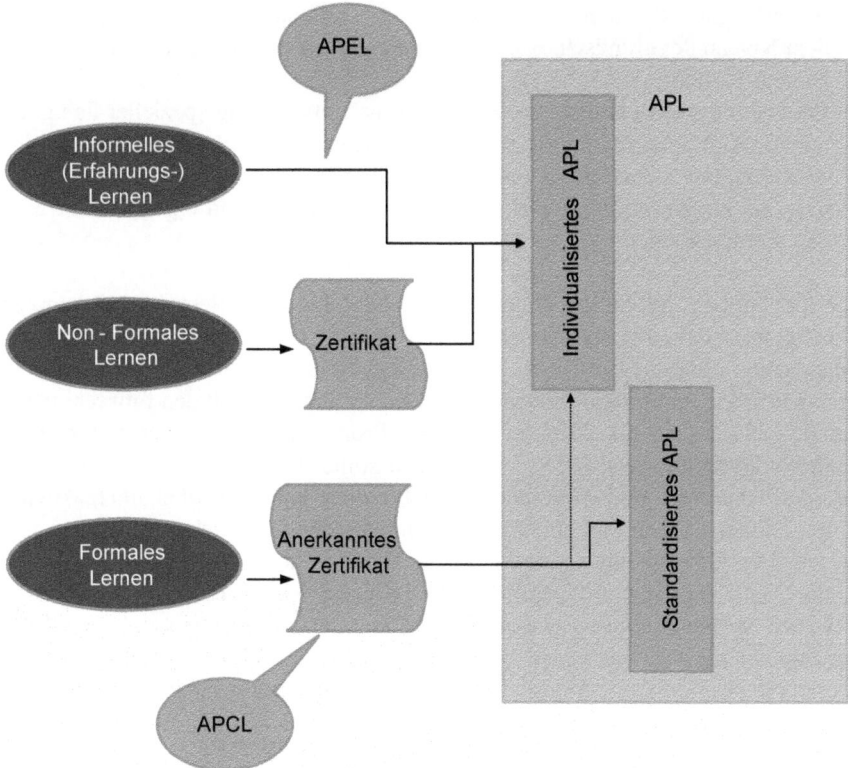

Abbildung 2.5: Lernwege für Accreditation of Prior Learning (APL)

2.5 Die WBL-Landschaft in Großbritannien

In Großbritannien existiert auf dem Gebiet der WBL ein komplexes Angebot, wenn auch genaue Zahlen zur Beteiligung der Institutionen nicht vorliegen und das unmittelbare Engagement des Hochschulsektors in der Wirtschaft im Vergleich zu anderen europäischen Ländern weniger umfangreich ist, wie die vorstehenden Abbildungen 2.3 und 2.4 veranschaulichen. Das Angebot reicht von Schnupperpraktika oder unabhängigen Kursmodulen in grundständigen Studiengängen über den Einschluss von WBL-Elementen in zertifizierten Berufsausbildungen und Foundation Degrees (staatlich anerkannte Ausbildungsabschlüsse) bis hin zu anerkannten firmeninternen Schulungen, kontinuierlicher beruflicher Weiterbildung und Programmen, die für Gruppen oder Einzelpersonen ausgehandelt wurden. Brennan (2005) liefert eine nützliche Klassifizierung der WBL-Programme im Hochschulbereich, die die Verwendung der Kernkonzepte Partnerschaft, Flexibilität, Relevanz und Anerkennung (vgl. Reeve und Gallagher, 2002) einschließen:

- Beschäftigungsfähigkeit: Fokus auf die Vorbereitung der Lernenden (meist auf dem Niveau der grundständigen Studiengänge) auf das Berufsleben mit lebenslangem Lernen
- Entwicklung von Fähigkeiten: Fokus auf die Entwicklung spezieller Fähigkeiten und Kompetenzen, meist in Bezug auf die externen Sektorstandards
- Anerkennung, Generierung und Entwicklung von Wissen: Fokus auf die Personal- und Organisationsentwicklung, bei der Lernwege und ergebnisse verhandelt werden können

Der im Auftrag der Labour-Regierung erstellte Leitch-Bericht (2006) kam zu dem Schluss, dass Großbritannien beim Vergleich von 18 Mitgliedsstaaten der Organisation für wirtschaftliche Zusammenarbeit und Entwicklung (OECD) in Bezug auf das Qualifikationsniveau an 12. Stelle liegt. Gemäß den Empfehlungen des Berichts sollten bis 2020 mehr als 40 Prozent der Erwachsenen für einen Hochschulabschluss qualifiziert sein. Zudem sollte das Angebot auf dem Gebiet der beruflichen Aus- und Weiterbildung nachfrageorientiert, flexibel und reaktionsfähig gestaltet werden und eine stärkere unmittelbare Arbeitgeberbeteiligung aufweisen. Der Bericht führte zu einer deutlichen Erhöhung der finanziellen Mittel für die Qualifizierung von Jugendlichen und Erwachsenen in Berufsbildungsstätten und auch an Hochschulen, wobei die Finanzierung durch sogenannte Strategic Development Funds mit einem besonderen Schwerpunkt auf dem Engagement der Arbeitgeber erfolgte. Angesichts der derzeitigen Rezession und des jüngsten Regierungswechsels ist jedoch ungewiss, ob diese Finanzierung fortgesetzt wird.

2.6 Die WBL-Landschaft in Deutschland

In Deutschland ist WBL weit weniger entwickelt und verbreitet als in Großbritannien. Unter den wenigen existierenden Programmen stellen die folgenden beiden Beispiele zukunftsweisende Verfahren dar. Im Zentrum des Bachelorstudiengangs „Business Administration in mittelständischen Unternehmen" an der Universität Oldenburg stehen Lernprojekte, die sich auf das berufliche Umfeld der Studenten beziehen oder an ihren Arbeitsplätzen durchgeführt werden. Zudem stehen detaillierte pauschale und individuelle APCL/ APEL-Verfahren zur Verfügung (Hartmann et al. 2009). Ein weiteres Beispiel ist das Programm „Prozesstechnik" der Fachhochschule Aachen, das in enger Zusammenarbeit mit der Rhein-Erft Akademie, einer regionalen Berufsbildungseinrichtung, erfolgt.

2.7 Fallbeispiele: Innovationsgenerierung in WBL und ähnlichen Rahmenprogrammen

Dieser Abschnitt konzentriert sich in seinem ersten Teil auf zwei kurze Fallstudien zu Lernenden in WBL-Programmen an der Middlesex University in London. In diesen Programmen spielen die Ausrichtung auf die Lernenden und die reflektierende Arbeitsweise eine entscheidende Rolle für das Erreichen maßgeblicher und innovativer Ergebnisse, die allen Anspruchsgruppen in der Lernpartnerschaft zugutekommen – dem Lernenden, dem Unternehmen und der Universität. Wie weiter oben bereits hervorgehoben wurde, wird das WBL-Projekt in diesem Programm stets mit Veränderungen zu tun haben – in problematisierter oder zukunftsorientierter Form – und die Empfehlung von Lösungen und Maßnahmen stellt einen entscheidenden Projektbestandteil dar. Dem einzelnen Lernenden entstehen daher persönliche und berufliche Vorteile und das Unternehmen (oft der Ausbildungssponsor) profitiert von handfesten Empfehlungen und der Umsetzung der erforderlichen Veränderung.

Fallstudie 1: Der Teilnehmer arbeitete im Bereich der grafischen Gestaltung und wollte das notwendige Know-how erwerben, um sehbehinderten oder hörgeschädigten Kunden einen barrierefreien Informationszugang bieten zu können. Die Wahl des Middlesex-Studiengangs ermöglichte dem Teilnehmer ein Fernstudium in einem knappen Zeitrahmen, bei dem er sich darauf konzentrieren konnte, persönliche Kenntnisse und Erfahrungen deutlich sichtbar zu machen. Gleichzeitig war der Arbeitgeber in der Lage, gemeinsam mit dem Mitarbeiter zu gewährleisten, dass dieses Projekt den organisatorischen Anforderungen des Unternehmens gerecht wurde. Der Teilnehmer profitierte von einem gestärkten Selbstvertrauen, einer gewachsenen Professionalität und neuen Fähigkeiten und Kompetenzen, die es ihm erlauben, Probleme künftig besser zu verstehen und zu lösen. Das Unternehmen profitierte wiederum von einem besser ausgebildeten Mitarbeiter, der in der Lage ist, neue Ideen und sinnvolle Vorschläge umzusetzen, um die Zugänglichkeit der Unternehmensleistungen zu erhöhen.

Fallstudie 2: Diese Fallstudie bezieht sich auf ein Aufbaustudium „Personalführung und Management" für eine Großbank. Die Middlesex University validierte dieses Studium und trug zu seinem organisatorischen Programmaufbau bei. Wesentliche Vorteile dieses WBL-Programms gegenüber einem MBA-Studium waren die stärker praxisorientierte Ausrichtung auf das Arbeitsumfeld, die Vereinbarkeit mit den Arbeitszeiten und seine Eigenheit, den Anforderungen im Bereich der Organisationsentwicklung genau zu entsprechen. Der Teilnehmer profitierte in Bezug auf sein Prestige und seine persönliche Entwicklung und hatte den zusätzlichen Vorteil, seine Arbeitsaufgabe und Leistung sowie deren Wirkung auf andere besser zu verstehen. Da dieses unternehmensspezifische Programm durch den Arbeitgeber initiiert worden war, um interne Talente zu fördern, zeigten sich die Vorteile aufseiten des Unternehmens in Form einer besseren Leistung des Teilnehmers bei der Anwendung seiner erweiterten kognitiven Fähigkeiten in seiner täglichen Arbeit.

In Deutschland sind einige Beispiele aus zwei zuvor erwähnten Programmen zu nennen:

Im PBL-orientierten Studiengang „Integrierte Produktentwicklung" an der Universität Magdeburg konzentrierte sich eine ganze Reihe von Entwicklungsprojekten auf Sport- und Freizeitgeräte wie Fahrräder, Schlitten, Bote oder Wassersportausrüstungen. Dabei konnte es sich um Varianten existierender Produkte oder um vollkommen neue Gerätearten handeln. Andere Projekte waren stärker auf die Industrie oder sogar die Landwirtschaft ausgerichtet, beispielsweise eine Mandelschälmaschine für den Einsatz in Entwicklungsländern.

Im F&E-Praktikumsprogramm *Forschungsassistenz* an der Beuth Hochschule für Technik Berlin sorgte ein Projekt für die Verbesserung von Sensoren und Aktoren für bionische Hände, die beispielsweise als Prothesen verwendet werden sollen. In einem weiteren Projekt wurde eine komplexe Planungsstrategie für die Wiedererrichtung historischer Gebäude entwickelt und auf eine alte Dorfkirche angewendet.

2.8 Neue Trends im WBL

Aufgrund der Fülle von Initiativen auf dem Gebiet des Lernens am Arbeitsplatz ist es schwierig, neue Trends eindeutig zu kennzeichnen oder ihr Vorkommen innerhalb des Datenbestands zu ermitteln. WBL wird zwar in wachsendem Maße als legitime Form der Hochschulbildung anerkannt, mit der sich nationale politische Ziele erreichen lassen (vgl. Nixon et al. 2006), doch die Konzeptualisierung und praktische Umsetzung kann sehr unterschiedlich sein und von der Anerkennung von im Arbeitsprozess erworbenem Wissen bis zur beruflichen Weiterbildung reichen. Das Paradigma des Lernens wir inzwischen häufig im Sinne von wertorientierten Fähigkeiten verstanden, dank derer die Arbeitnehmer auf die neue, vorherrschende Ontologie des lebenslangen, erfahrungsbasierten Lernens und der Wissensgesellschaft vorbereitet sind.

In Großbritannien bildet WBL ein ständig wachsendes Feld mit vielen unterschiedlichen Angeboten und Anbietern auf verschiedenen Niveaus, die von der schulischen Ausbildung mit neuen Abschlüssen für 16- bis 18-Jährige bis hin zu berufsorientierten Doktoraten reichen. Das Lernen am Arbeitsplatz wird von Hochschulen als Teil gemischter Ausbildungsprogramme verwendet, in die praxisbezogene Projekte integriert sind, um eine gewisse Relevanz für die Wirtschaft zu gewährleisten, oder – im Fall der Middlesex University – in Form vollständiger Programme angeboten. WBL wird in großem Umfang in der beruflichen Aus- und Weiterbildung auf Schul- und Hochschulniveau für den Erwerb und die Verbesserung von Fähigkeiten und Kompetenzen genutzt. WBL spielt zunehmend eine Rolle bei der kontinuierlichen beruflichen Weiterbildung, die von Berufsvereinigungen und Bildungseinrichtungen angeboten wird; der Arbeitsplatz selbst wird zudem allmählich als Ort legitimen und anerkennenswerten Wissenserwerbs betrachtet.

3 Übersicht

Das Lernen am Arbeitsplatz und ähnliche Formen der Lernumgebung, die auf die Lösung realer Probleme im Berufsalltag ausgerichtet sind, wurden als mögliche Instrumente zur Förderung der Innovation in der Wirtschaft und insbesondere in kleinen und mittleren Unternehmen (KMU) vorgestellt und erörtert. Dabei wurden die Praktiken und Erfahrungen zahlreicher europäischer und außereuropäischer Länder dargestellt.

In Kombination mit APL-Methoden bietet WBL echtes Potenzial zur Erhöhung der Zeiteffizienz und somit zur Linderung des Dilemmas zwischen der für das Lernen notwendigen Zeit und dem wachsenden Zeitdruck im Arbeitsprozess.

4 Künftige Fragestellungen im Bereich F&E

Die künftige Forschung und Entwicklung im Bereich WBL und ähnlichen Lernumgebungen sollte mit höchster Priorität die folgenden Themen in Angriff nehmen:
Methoden zur Messung der Kompetenzentwicklung auf Unternehmenseben – statt auf Ebene des Mitarbeiters – als Instrument zur Bestimmung der Wirkung von WBL-Maßnahmen auf Kompetenz und Innovationsfähigkeit eines Unternehmens.
Untersuchung der Zusammenhänge zwischen den Merkmalen von WBL-Vereinbarungen (z.B. Typen der beteiligten Partner, abgedeckte wissenschaftliche/ akademische Fachrichtungen, Aufbau der Lehrpläne, Gestaltung der Lernunterstützung, F&E-Ausrichtung der Programme) und den Innovationseffekten (z.B. Produkt- und Prozessinnovationseffekte sowie soziale Innovationseffekte) in verschiedenen Arten von Organisationen (z.b. KMU, regionale Cluster, Lieferketten).
Ermittlung der günstigen und der hemmenden Bedingungen für WBL-Vereinbarungen im Hinblick auf die (regionalen) Netzwerkverbindungen zwischen Unternehmen, Hochschulen und F&E-Einrichtungen auf mittlerer Ebene und die Innovationspolitik auf höherer Ebene.

5 Was ist zu tun?

Aus britischer Sicht sehen sich die Universitäten, die das Lernen am Arbeitsplatz umsetzen möchten, mehreren wichtigen Herausforderungen gegenüber. Dies betrifft die Notwendigkeit,

- ein gemeinsames Verständnis des Lernens am Arbeitsplatz auf Hochschulniveau in Theorie und Praxis zu entwickeln,
- das Angebot zu erweitern und dabei Mitarbeiter und Unternehmen strategisch einzubinden, um die praktische Relevanz der Programme zu gewährleisten und langfristige und faire Beziehungen aufzubauen,
- geeignete pädagogische Praktiken zu fördern, die den Anforderungen aller Anspruchsgruppen gerecht werden,
- kostengünstige WBL-Lösungen anzubieten, da es sich um ressourcenintensive Programme handeln kann,
- Strategien zu entwickeln, die die kulturellen Unterschiede zwischen Lernen und Beruf überbrücken und somit die Relevanz von WBL für Universitäten, Lernende und Organisationen herausstellen,
- WBL-Initiativen durch eine landesweite Politik und Finanzierung zu fördern.

Die letzte Forderung wurde in Großbritannien bis zu einem gewissen Grad erfüllt, allerdings bleibt abzuwarten, wie stark die Unterstützung unter der neuen Regierung ausfallen wird. In Deutschland unterstützten Bund und Länder unter den Projekttypen bisher eher die dualen Studiengänge, bei denen eine Berufsausbildung des dualen Systems mit einem akademischen Bachelorprogramm kombiniert wird. Duale Studiengänge bieten zwar Vorzüge, weisen jedoch keine besondere Eignung für das lebenslange Lernen auf und sind nicht auf die hier erörterten Innovationswirkungen ausgerichtet.

APL hat in Deutschland eine gewisse politische Aufmerksamkeit erhalten, wie an der zuvor erwähnten Initiative ANKOM auf Bundesebene und einigen Programmen auf Länderebene, z. B. in Brandenburg, deutlich wird.

Niedersachsen hat eine *Offene Hochschule* eingerichtet, die WBL (noch) nicht explizit integriert, in dieser Hinsicht aber eine geeignete Plattform bieten könnte.

Bund und Länder planen eine gemeinsame umfangreiche Förderung der Programme des lebenslangen Lernens im Bereich der Hochschulbildung. Dieser Schritt könnte Chancen für die Verbreitung der WBL-Ansätze an deutschen Bildungseinrichtungen bieten.

Über diese speziell auf Bildungseinrichtungen ausgerichteten Förderprogramme hinaus sollte berücksichtigt werden, dass WBL zahlreiche Verbindungsstellen zu anderen Formen der Förderung aufweist. Wie zuvor erörtert wurde, fügt sich WBL gut in Ansätze der Clusterpolitik ein und sollte expliziter und umfassender als Element der Clusterpolitik verwendet werden. Zudem wären WBL-Programme eine hervorragende Ergänzung für technisch orientierte staatliche F&E-Förderprogramme, die sich besonders für KMU eignen und eine effiziente Methode darstellen, F&E und Innovationen im Bildungsbereich in kombinierter Form zu unterstützen.

Literaturverzeichnis

Barge S (2009) Standards for Certification – The Aalborg Model for Problem and Project Based Learning. Entwurf 2, erstellt für: Universität Aalborg, Dr. Finn Kjaersdam (Rektor), Dr. Hanne-Kathrine Krogstrup (Prorektor), http://www.pbl.aau.dk/fileadmin/files/Draft_2_Standards_260110.pdf. Zugegriffen im September 2010

Barnett R (2000) Realising the University in an Age of Supercomplexity. Open University Press, Milton Keynes

Boud D, Garrick J (1999) Understanding Learning at Work. Routledge, London

Boud D, Solomon N (2001) Work Based Learning. A New Higher Education? SRHE & Open University Press, Buckingham

Brennan L (2005) Integrating Work Based Learning into Higher Education. University Vocational Awards Council: www.uvac.ac.uk.

Brennan J, Little B. (1996) A Review of Work Based Learning in Higher Education. Department for Education and Employment, http://www.heacademy.ac.uk/assets/York/documents/employer_engagement/A_review_of_work_based_learning_in_higher_education.pdf. Zugegriffen im September 2010

Commission of the European Communities (2000). A Memorandum on Lifelong Learning. Brüssel, http://www.bologna-berlin2003.de/pdf/MemorandumEng.pdf. Zugegriffen im September 2010

Connor H (2005) Work Based Learning – A Consultation. Council for Industry and Higher Education. Council for Industry and Higher Education, http://www.cihe-uk.com/docs/PUBS/0502WBL.pdf. Zugegriffen im September 2010

European Ministers for Higher Education (2003) Realising the European Higher Education Area. Communiqué of the Conference of Ministers responsible for Higher Education in Berlin on 19 September 2003, http://www.bologna-berlin2003.de/pdf/Communique1.pdf. Zugegriffen im September 2010

European Ministers for Higher Education (2009) The Bologna Process 2020: The European higher Education Area in the new decade. Communiqué of the Conference of European Ministers for Higher Education, Leuven and Louvain-la-Neuve, 28.-29. April 2009, Leuven, http://www.ond.vlaanderen.be/hogeronderwijs/bologna/conference/documents/leuven_louvain-laneuve_communiqu%C3%A9_april_20 09. pdf. Zugegriffen im September 2010

European University Association (EUA) (2008) European Universities´ Charter on Lifelong Learning. EUA-Veröffentlichung, Brüssel, http://www.ond.vlaanderen.be/hogeronderwijs/bologna/actionlines/documents/EUA_LLL_Charter.pdf. Zugegriffen im September 2010

Gallagher J, Reeve F (2002) Work Based Learning: the implications for higher education and for supporting informal learning in the workplace. Open University Press, Milton Keynes

Garnett J (2005) University WBL and the Knowledge Driven Project. In: Rounce K, Workman B. (Hrsg) WBL in Healthcare. Kingsham, Chichester

Gibbons M, Limoges C, Nowotny H, Schwartsman S, Scott P, Trow M (1994) The New Production of Knowlededge: The Dynamics of Science and Research in Contemporary Societies. Sage, London

Hartmann EA, Knust M, Loroff C, Stamm-Riemer I (2009) Towards Permeability between Vocational and Academic Education – Experiences and Analyses from Current Initiatives in Germany. In: European Journal of Education. Jg 44, Nr 3: 351-368

King M (2007) Workforce Development: How Much Engagement do Employers Have with Higher Education?. Council for Industry and Higher Education – www.cihe-uk.com

Kjærsdam F, Enemark S (1994) The Aalborg Experiment – Project Innovation in University Education. Aalborg University Press, Aalborg

Kolmos A, Fink F, Krogh L (2004) The Aalborg PBL Model. Progress, Diversity and Challenges. Aalborg University Press, Aalborg

Leitch S (2006) Prosperity for all in the global economy –world class skills. London: www.official-documents.gov.uk.

Loroff C, Mattauch W (2005) Arbeitsprozessorientierte Weiterbildung – systematisches Lernen und Kompetenzentwicklung im Prozess der Arbeit. In: Gesellschaft für Arbeitswissenschaft e. V. (Hrsg) Personalmanagement und Arbeitsgestaltung. 51. Kongress der Gesellschaft für Arbeitswissenschaft. GfA-Press, Dortmund

Loroff C, Stamm-Riemer I (2006) The Relevance of Work Based Learning on the Federal Initiative on Recognition of Prior Learning Outcomes on Higher Education Programmes. In: DEWBLAM (Hrsg) Conference on European Work Based Learning Approaches in Higher Education. Abstracts of Contributions. Florenz 2006

Nielsen SH (2005) Exploitation, exploration and innovation in Problem-based learning. CIMEC05, Third SME/CIRP International Conference on Manufacturing Engineering Education, San Luis Obispo, CA

Nixon I (2008) Work Based Learning Impact Study. Higher Education Academy: www. heacademy.ac.uk.

Nixon I, Smith K, Stafford R, Camm S (2006) Work Based Learning – Illuminating the Higher Education Landscape. Higher Education Academy: www.heacademy.ac.uk

OECD (2007) Higher Education and Regions – Globally Competitive, Locally Engaged. OECD-Veröffentlichung

Porter ME (1998) Clusters and the new economics of competition. In: Harvard Business Review, November-Dezember 1998: 77-90

Rogalla I, Prehn M (2004) Arbeitsprozessorientierte Weiterbildung: Prozess-Systematik als Basis für Informationsaneignung, Wissenserwerb und Kompetenzentwicklung. In: Budin G, Ohly HP (Hrsg) Wissensorganisation in kooperativen Lern- und Arbeitsumgebungen. ERGON, Würzburg

Tsouks H. (2005) Complex Knowledge. Oxford UniversityPress, Oxford

Werquin P (2008) Recognition of non-formal and informal learning in OECD countries: A very good idea in jeopardy? In: Lifelong Learning in Europe, Jg 3, 2008: 142-149

Kommentar zum Hauptartikel „Die Integration von
Innovation, Arbeit und Lernen in die Hochschulbildung –
das Beispiel des Lernens am Arbeitsplatz"

Herausforderungen und Perspektiven der Integration von Berufsausbildung in die höhere Bildung

Rita Meyer

In dem Beitrag von Barbara Light und Ernst Hartmann zur Verknüpfung von Arbeiten und Lernen als institutionelles wie auch als didaktisches Prinzip sind unter dem Aspekt der Innovationserzeugung verschiedene Themenkomplexe angesprochen, die aktuell in der (berufs-) bildungspolitischen Diskussion in Deutschland eine Rolle spielen.

Zunächst einmal ist aus deutscher Perspektive grundsätzlich die Öffnung der Hochschulen für die Berufliche Bildung ein brisantes Thema. Einerseits findet, angestoßen durch die bildungspolitischen Vorgaben, an den deutschen Universitäten vermehrt Wissenschaftliche Weiterbildung statt und durch rechtliche Vorgaben ist auch der formale Zugang für Berufstätige an die Hochschulen weitgehend geregelt worden. Eine inhaltliche und organisatorische Verknüpfung von Arbeits- und Lernprozessen geht damit jedoch nicht ohne weiteres einher, denn es gibt bisher kaum Angebote, die sich an die spezifischen Bedürfnisse von berufserfahrenen Studierenden richten.

Die zentrale bildungspolitische Forderung aus dem Bologna Prozess – die verstärkte Berufs- und Kompetenzorientierung hochschulischer Ausbildungsgänge – wird bisher in Deutschland nur zum Teil eingelöst. Um diese verstärkte Berufsorientierung zu realisieren, müssten sich die Hochschulen als Lernorte für die *grundständig Studierenden* zum einen der betrieblichen Praxis der Arbeitswelt gegenüber öffnen und sie müssten zum anderen auch einen inhaltlichen Beitrag zur beruflichen Kompetenzentwicklung von *berufstätigen Arbeitnehmerinnen und Arbeitnehmern* leisten – und zwar auch derjenigen, die keinen ersten qualifizierten Hochschulabschluss bzw. keine Hochschulzugangsberechtigung mit dem Abitur erworben haben. Dies könnte, wie das Beispiel aus Großbritannien zeigt, in berufsbegleitenden Bachelor- oder Masterstudiengängen umgesetzt werden, in denen eine wissenschaftlich fundierte und theoriegeleitete Reflexion von betrieblichen Erfahrungen aus der Praxis der Arbeitswelt erfolgt. Arbeiten und Lernen könnten

S. Jeschke et al. (eds.), *Enabling Innovation*, DOI 10.1007/978-3-642-24299-1_17,
© Springer-Verlag Berlin Heidelberg 2011

so – das zeigt der Beitrag von Light und Hartmann auf der individuellen und auf der institutionellen Ebene eine sinnvolle Verknüpfung erfahren und diese könnte zur Erzeugung von Innovationen beitragen.

Mit den Anforderungen und Erwartungen der neuen, berufserfahrenen *Kunden* und ihren unterschiedlichen Erfahrungshintergründen stellen sich erhebliche inhaltliche, methodische und organisatorische Anforderungen an die Hochschulen: Die Parallelität von Lernen und Arbeiten an Hochschulen erfordert veränderte strukturelle Rahmenbedingungen und neue didaktische Handlungsformen, die in Deutschland diskutiert und auch wissenschaftlich bearbeitet werden (vgl. Bardachzi 2010).

Die Arbeitsprozess- und damit auch zunehmende Praxisorientierung, die dem traditionellen Selbstverständnis der deutschen Universität gegenüber steht, ist allerdings an deutschen Hochschulen nicht ohne weiteres durchzusetzen.

Berufliches Lernen findet in Deutschland traditionell im Rahmen einer beruflichen Erstausbildung statt. Hier kooperieren die Lernorte Schule, Betrieb und überbetriebliche Ausbildungsstätten in einer Form, die eine einmalige Verknüpfung von Arbeiten und Lernen und damit auch von Theorie und Praxis ermöglicht. Erfahrungswissen, das durch praktisches Handeln im Betrieb erworben wird, wird in der Berufsbildung verknüpft mit fachwissenschaftlichem Theoriewissen. Hochschulen - also Universitäten und auch Fachhochschulen - sind Institutionen *jenseits* der Berufsbildung: Obwohl sie faktisch auch auf eine spätere Berufstätigkeit vorbereiten, werden sie nach der Systematik des deutschen Bildungssystems explizit nicht dem Berufsbildenden Bereich zugerechnet. Sie sind Orte, an denen vorrangig Forschung betrieben und Wissen generiert und vermittelt wird, wobei dieses Wissen als Bildung gerade *nicht* unmittelbar ökonomischen Verwertungszusammenhängen unterworfen sein soll. Dadurch ergeben sich unter Umständen Interessenskonflikte zwischen den Institutionen und Akteuren, denn Qualifizierung unter dem Aspekt von Innovationsfähigkeit schließt notwendigerweise die technische und ökonomische Verwertung der Lernergebnisse und -erfolge ein.

Nicht zuletzt unter dem Druck der europäischen Bildungspolitik, die eine zunehmende Arbeitsmarkt- und Beschäftigungsorientierung und eine höhere Durchlässigkeit von Bildungssystemen einfordert, bilden sich auch in Deutschland neue Qualifizierungswege und auch neue Lernortkooperationen heraus, die zu einer Verschränkung von Arbeiten und Lernen führen. Die ehemals getrennten Systeme nähern sich mit dieser Entwicklung einander zunehmend an: Mit der Einführung der Bachelorstudiengänge sollen nun auf der einen Seite auch Hochschulen berufsorientiert ausbilden. Auf der anderen Seite sind einige hochqualifizierte Ausbildungsberufe – wie z.B. der Mechatroniker oder auch die IT-Berufe – in der Systematik des Deutschen Qualifikationsrahmens (DQR) mit dem Bachelor-Niveau durchaus vergleichbar, ohne dass die Absolventen je eine Hochschule besucht hätten.

Für den Bereich der *betrieblichen* Berufsausbildung werden Konzepte zum prozessorientierten Lehren und Lernen bereits seit den 1990er Jahren im Rahmen von Modellprojekten entwickelt. Am konsequentesten ist die arbeitsprozessorientierte Kompetenzentwicklung im Konzept des arbeitsprozessorientierten Lernens

(APO-IT), das im Zuge der Entwicklung des IT-Weiterbildungssystems eingeführt wurde, umgesetzt worden (vgl. Meyer 2006).

Durch neue Lernkonzepte des arbeitsprozessorientierten Lernens, wie sie z.B. in der IT-Weiterbildung praktiziert werden, wird in der Berufsbildung bereits eingelöst, was in den deutschen Hochschulen in didaktischer Hinsicht aufgrund der institutionellen Voraussetzungen nur schwer zu realisieren ist: Dem didaktischen Prinzip der vollständigen Handlung folgend greifen hier Planung, Organisation, Durchführung, Kontrolle und Reflexion ineinander. Die Lernenden arbeiten über einen längeren Zeitraum an einem Problem und werden dabei pädagogisch begleitet.

Um umfassende berufliche Handlungskompetenz auszubilden, ist die Kooperation unterschiedlicher Lernorte unerlässlich. Der Beitrag von Light und Hartmann verweist darauf, dass eine sinnvolle Verknüpfung von Arbeits- und Lernprozessen nur dann geleistet werden kann, wenn Betriebe, Hochschulen und regionale Bildungseinrichtungen in trialen Bildungsstrukturen kooperieren. Von netzwerkförmig organisierten Lernortstrukturen können die unterschiedlichen Akteure in gleichem Maß profitieren und ihre spezifischen Interessen einbringen.

Nicht zuletzt leisten derartige Lernortkooperationen auch auf gesellschaftlicher Ebene einen Beitrag: zum Abbau des Fachkräftemangels, zum Erhalt der Flexibilität des Arbeitsmarkt- und Beschäftigungssystems sowie zur Standortsicherung – denn auch Humanressourcen sind ein Wettbewerbsfaktor. Innovationen werden in diesem Sinn nicht nur in technischer und ökonomischer Hinsicht erzeugt, sondern sie vollziehen sich auch in der Struktur des Bildungssystems.

Literaturangaben

Bardachzi C (2010) Zwischen Hochschule und Weiterbildungsmarkt. Programmbegleitung berufsbegleitender Studiengänge. Münster

Meyer R (2006) Theorieentwicklung und Praxisgestaltung in der beruflichen Bildung – Berufsbildungsforschung am Beispiel des IT-Weiterbildungssystems. Bielefeld

Neue Formen der Arbeitsorganisation und die High Road zur Innovation: europäische Erfahrungen

Peter Totterdill

Abstract

Die Versuche in Europa, eine funktionsfähige wissensbasierte Wirtschaft in einer zunehmend unbeständigen Welt zu schaffen, setzen für ihren Erfolg die Ablösung der Management- und Arbeitsorganisationspraktiken der Vergangenheit voraus. Die Einbindung von Mitarbeitern durch Partnerschaft, partizipative Teamarbeit, kontinuierliche Verbesserung und *High Involvement Innovation* wird von einer wachsenden Anzahl von Arbeitgebern als Kern einer wettbewerbsfähigen Strategie angesehen. Es liegen zahlreiche Belege dafür vor, dass partizipatives Arbeiten weitreichende Folgen für die Leistung nach sich zieht, insbesondere bei einer organisationsweiten systemischen Einführung. Ebenso bewiesen ist jedoch, dass die Mehrzahl europäischer Unternehmen bei dieser systemischen Einführung bewährter Methoden weit zurückliegt. Die Nachhaltigkeit der europäischen Wettbewerbsfähigkeit hängt von dem anhaltenden Fortschritt in dieser Richtung ab, während sich die Lücke zwischen möglicher und üblicher Praxis jedoch vergrößert. In einigen Ländern der EU, darunter in Deutschland, wird die Herausforderung der Innovation am Arbeitsplatz seit Jahrzehnten ernst genommen. In den meisten anderen Ländern ist dies jedoch nicht der Fall.

1 Einleitung

Der Autor ist Gründungsmitglied des britischen Netzwerks für Arbeitsorganisation UKWON (www.ukwon.net), das im Jahr 1998 als Vereinigung von Sozialpartnern, Einrichtungen zur Unternehmensförderung und Universitäten gegründet wurde. UKWON verfolgt zwei Hauptziele: (i) die Zukunft von Arbeit und Organisationen zu untersuchen, (ii) die erhebliche Kluft zwischen den prinzipiellen Möglichkeiten und gängiger Praxis bei der Arbeitsorganisation in Unternehmen zu überwinden. Die Vereinigung beschäftigt sich mit der Lösung eines zentralen europäischen Dilemmas: Wie lässt sich die Arbeitsorganisation so ändern, dass einerseits die Leistungsfähigkeit und Produktivität gesteigert und andererseits die Qualität des Arbeitslebens für alle Mitarbeiter verbessert wird? Diese Frage ist von zentraler Bedeutung für das Thema der Innovation und von Belang für *Enabling Innovation* im Hinblick auf die Entwicklung der Innovationsfähigkeit aus der Arbeits-, Lern- und Kompetenzentwicklungsperspektive.

S. Jeschke et al. (eds.), *Enabling Innovation*, DOI 10.1007/978-3-642-24299-1_18,
© Springer-Verlag Berlin Heidelberg 2011

Das vorliegende Papier geht diese Problematik mit einem sogenannten *High-Road*-Ansatz der Arbeitsorganisation an, der eine nachhaltige Wettbewerbsfähigkeit ermöglicht, indem das Engagement der Mitarbeiter auf innovative Weise gefördert wird, die zu erfüllender und gesünderer Arbeit führt.

2 Arbeitsorganisation: eine vernachlässigte Ressource zur Erreichung gemeinsamer Ziele?

Es wird zuweilen argumentiert, dass die Gestaltung der Arbeitsorganisation in erster Linie eine unternehmensinterne Angelegenheit ist, an der externe Gremien nur wenig legitimes Interesse haben. Es wird jedoch deutlich, dass die Arbeitsorganisation eng in das weitere wirtschaftliche und soziale Gefüge eingebunden ist. So hat die Arbeitsorganisation einen direkten Einfluss auf die Erreichung umfassender sozialer und wirtschaftlicher Ziele, wie z. B. Wettbewerbsfähigkeit, bessere Arbeitsplätze, Beschäftigungswachstum und soziale Eingliederung. Politische Entscheidungsträger, Sozialpartner und andere haben ein Interesse daran, Modelle der Arbeitsorganisation zu fördern, bei denen alle Mitarbeiter ihr Talent und ihr kreatives Potenzial voll ausschöpfen können. Für Unternehmen werden durch die Einsatzbereitschaft, Motivation, längere Bindung und Innovationsfähigkeit von Mitarbeitern unverzichtbare Voraussetzungen für Innovation und Produktionssteigerung geschaffen. Zahlreiche Untersuchungsergebnisse zeigen, dass solche Bedingungen das Selbstwertgefühl, die Gesundheit und die Zufriedenheit von Mitarbeitern erhöhen. Aus dieser Perspektive wird die Qualität des Arbeitslebens gleichermaßen zu einem Wettbewerbsvorteil und einem sozialen Gut: Sie kommt dem europäischen Interesse an der längeren Beschäftigung älterer Mitarbeiter, der Reduzierung von Langzeiterkrankungen und der Förderung lebenslangen Lernens entgegen. Zudem ist die Möglichkeit, ein Ergebnis zu erreichen, das für alle Beteiligten Vorteile bringt, nicht nur naives Wunschdenken. Auch wenn weiterhin kein klarer allgemeiner statistischer Zusammenhang zwischen Leistungsfähigkeit und partizipativer Arbeitskultur besteht, zeigen zahlreiche Daten aus qualitativen Untersuchungen und Fallstudien, unter welchen Bedingungen eine Konvergenz möglich ist (vgl. z. B. Totterdill und Hague 2004).

Darüber hinaus wird die Art der Arbeitsorganisation nicht nur von unternehmensinternen Ressourcen bestimmt. Vielmehr werden hierzu in hohem Maße die Möglichkeiten der Wissensgenerierung, des Lernens und des Dialogs, die das soziale Kapital bietet, genutzt. Hierzu zählen von öffentlichen Einrichtungen durchgeführte Forschungen, von intermediären Organisationen bereitgestellte Businessdienstleistungen, formelle und informelle Netzwerkarbeit, das Angebot von Aus- und Weiterbildung und das System der Arbeitsbeziehungen. Politische Entscheidungsträger, Sozialpartner, Universitäten, Regionen und andere Interessengruppen spielen eine zentrale Rolle bei der Schaffung zahlreicher Möglichkeiten für organisationales Lernen und Innovation.

Die Art der Arbeitsorganisation ist daher von legitimem öffentlichem und politischem Interesse: Politische Entscheidungsträger, Sozialpartner, Arbeitnehmervertretungen, Arbeitgeber und Bürger haben gute Gründe dafür, sich für eine nachhaltige Wettbewerbsfähigkeit durch eine hohe Qualität des Arbeitslebens einzusetzen.

3 Die Zukunft von Arbeit und Organisation

Die Vergangenheit ist als Wegweiser für die Zukunft zunehmend ungeeignet. Aufgrund von Änderungen der Technologien, Märkte, Vorschriften, Weltpolitik, Umwelt, Bevölkerungsentwicklung und Erwartungen der Mitarbeiter erhalten Anpassungsfähigkeit und Innovation einen höheren Stellenwert – sowohl in Unternehmen als auch in der Politik.

Es ist schon seit Langem klar, dass in diesem zunehmend von Konkurrenzkampf geprägten Umfeld sogenannte *Low-Road*-Ansätze, die auf Kostenführerschaft, Schnelligkeit und Standardisierung abzielen, keinen nachhaltigen Wettbewerbsvorteil schaffen können. Europa muss im internationalen Wettbewerb vielmehr sein innovatives Potenzial voll ausschöpfen. Die zunehmende kulturelle Vielfalt kann eine Quelle der Kreativität sein. Unternehmen (darunter auch Institutionen aus dem öffentlichen Sektor) müssen ihre Produkte und Dienstleistungen nahezu fortlaufend neu erfinden, und zwar auf eine Weise, die von Wettbewerbern nicht einfach nachgeahmt werden kann. Der Wettbewerbserfolg wird vor allem dadurch bestimmt, wie schnell Unternehmen die Kreativität, die Erfahrung und das implizite Wissen von Mitarbeitern auf allen Ebenen (und von anderen Interessengruppen wie Kunden und Zulieferern) in eine gemeinsam genutzte Ressource für Innovation umwandeln können. Diese *High-Road*-Alternative wird häufig als *wissensbasierte Wirtschaft* bezeichnet – das Leitbild, auf der die Lissabon-Strategie der EU gegründet wurde.

Ein erfolgreicher Übergang zu einer wissensbasierten Wirtschaft darf jedoch nicht als selbstverständlich angesehen werden. Bisherige Ansätze für Management, Arbeitsorganisation, Aus- und Weiterbildung sowie Arbeitsmarktpolitik können den Wandel der europäischen Unternehmen und öffentlichen Dienste, der für die nachhaltige Wettbewerbsfähigkeit und den sozialen Zusammenhalt erforderlich ist, nicht erreichen. Dies bringt Herausforderungen mit sich – vom Arbeitsplatz bis hin zum Bereich der europäischen Beschäftigungspolitik. Zum Beispiel:

3.1 Der Arbeitsplatz

Die wissensbasierte Wirtschaft ist durch Ansätze für Management und Arbeitsorganisation gekennzeichnet, die mit alten Traditionen brechen und von den Mitarbeitern auf allen Ebenen neue Kompetenzen erfordern. Die Einbindung von Mitarbeitern durch Partnerschaft, partizipative Teamarbeit, kontinuierliche Verbesserung und *High Involvement Innovation* wird von einer zunehmenden Anzahl europäischer Unternehmen als Kern einer wettbewerbsfähigen Strategie angesehen. Es ist allerdings festzustellen, dass die Mehrheit der Unternehmen bei der Einführung bewährter Methoden hinterherhinkt. Die Nachhaltigkeit der europäischen Wettbewerbsfähigkeit wird sehr wahrscheinlich von dem anhaltenden Fortschritt in dieser Richtung abhängen. Allerdings gibt es nur mangelhafte Belege für die Tendenzen im Arbeitsplatzbereich in den letzten zehn Jahren.

3.2 Aus- und Weiterbildung

Änderungen in der Arbeitsplatzgestaltung und Arbeitsorganisation haben auch weitreichende Auswirkungen auf die berufliche Aus- und Weiterbildung. Während technische Fähigkeiten immer schneller veralten, sind allgemeine Kompetenzen wie Kommunikation, Teamarbeit, die Fähigkeit zur Problemlösung und Kreativität am Wissensarbeitsplatz sowie die Lernfähigkeit selbst von großer Wichtigkeit. Dies bringt Herausforderungen für die Entwicklung von Kompetenzstandards und auch für unsere Definition von Arbeitsmarktanforderungen mit sich.

3.3 Der globale Kampf um Talente

Eine wissensbasierte Wirtschaft ist nicht nur auf einheimische Talente angewiesen. Sie muss auch die Fähigkeit haben, auf einem für viele bereits globalen Arbeitsmarkt Individuen zu gewinnen und an sich zu binden. Es wäre überraschend, wenn in den nächsten zehn Jahren die Attraktivität von China und Indien als Wohn- und Arbeitsort für Fachleute und Unternehmer nicht zunähme, wie dies lange Zeit bei den USA der Fall gewesen ist. Für Unternehmen wird es immer wichtiger werden, im globalen Kampf um Talente wettbewerbsfähig zu bleiben. Damit wird auch die Bedeutung der Qualität des Arbeitslebens zunehmen.

3.4 Informations- und Kommunikationstechnologie (IKT)

IKT transformiert die Art der Beschäftigung und der Arbeitsplätze selbst, da sie ein enormes Potenzial für die weitere Verteilung von Wissen und Entscheidungsprozessen (und auch für das Gegenteil) schaffen. Der Einsatz von IKT ist selbst in den kleinsten Unternehmen eine Selbstverständlichkeit geworden, wodurch neue Qualifikationsanforderungen an die Mitarbeiter in vielen Funktionsbereichen gestellt werden. Unternehmen wird klar, dass IKT-Kenntnisse nicht nur für die Fachkräfte, die diese Technologien direkt nutzen, sondern auch für Manager und andere Mitarbeiter erforderlich sind, die verstehen müssen, wie diese zur Gewährleistung effizienter Geschäftsabläufe genutzt werden können.

Die Zunahme an Heimarbeit, die durch IKT möglich gemacht wurde, kann Flexibilität und andere Vorteile bieten, sodass Individuen ein gutes Gleichgewicht zwischen Arbeit und Familienleben finden und Unternehmen qualifizierte Mitarbeiter behalten können. Dazu sind jedoch fortgeschrittene IKT-Kenntnisse und die Fähigkeit zum Selbstmanagement erforderlich. Außerdem bestehen auch Stressrisiken, wie dies in der europäischen *Rahmenvereinbarung über Telearbeit,* die von den Sozialpartnern ausgehandelt wurde, anerkannt wird.

IKT unterstützt das Streben nach größerer numerischer und funktionaler Flexibilität beim Einsatz von Personal mit ungewissen Konsequenzen für die Mitarbeiter.

Mit vorhandenen Informationstechnologien lässt sich bereits ein erheblicher Anteil der Dienstleistungsfunktionen automatisieren. Dies hat schwerwiegende Folgen für Mitarbeiter in vielen Sektoren – und in den nächsten paar Jahren werden zahlreiche qualifizierte Arbeitskräfte von technologiebedingten Umstrukturierungen betroffen sein. Dienstleistungen sind für einen Großteil der Produktionslücke zwischen der EU und den USA verantwortlich. Daher besteht ein beträchtliches Potenzial für Arbeitsplatzverluste. Die Automatisierung routinemäßiger Backofficeabläufe bietet Unternehmen die *High-Road*-Alternative, den Fokus auf den Kundendienst zu verlegen, anstatt die *Low Road* der Kostenreduzierung durch Arbeitsplatzabbau zu gehen. In jedem Fall bedeutet die Zunahme an IKT, dass viele Mitarbeiter mittelfristig mit wesentlichen Änderungen konfrontiert sein werden.

3.5 Arbeitsleben

Umstrukturierungen, Übernahmen und Fusionen, Stellenabbau und die geografische Mobilität von Unternehmen haben den Glauben an Arbeitsplatzsicherheit sowie das Vertrauen und die Loyalität gegenüber einem einzelnen Arbeitgeber stark untergraben. Arbeitnehmer sind jetzt gut beraten, ihre Beschäftigungsfähigkeit proaktiv zu sichern, indem sie sich aktiv an lebenslangem Lernen beteiligen (sowohl innerhalb als auch außerhalb des Arbeitsplatzes) und umfangreiche Berufserfahrung sammeln. Arbeitsplätze, die die Möglichkeit bieten, durch Lernen, eine hohe Entscheidungsfreiheit, eine Vielfalt an Erfahrung und den Aufbau eines persönlichen Kontaktnetzwerks *Karrierekapital* zu bilden, sind zunehmend geschätzt – und dies steht eindeutig im Zusammenhang mit der Gestaltung der Arbeitsorganisation.

Die zunehmende Polarisierung auf dem Arbeitsmarkt bringt große Herausforderungen mit sich. In den letzten Jahren war sowohl in wissensbasierten Tätigkeitsbereichen als auch bei der Beschäftigung relativ unqualifizierter Arbeitskräfte ein Anstieg zu beobachten. Die Abflachung von Hierarchien in Organisationen und die zunehmende Fähigkeit, qualifizierte Tätigkeiten zu automatisieren, machen die individuelle Weiterentwicklung innerhalb von Organisationen und Sektoren zunehmend schwierig – man spricht hier auch von der *Hour Glass Economy*.

3.6 Bevölkerungsentwicklung

Die demografische Struktur verändert sich. Der Anteil älterer Menschen in der Bevölkerung war noch nie so groß wie heute und die Lebenserwartung ist länger als je zuvor. Da in den letzten Jahrzehnten gleichzeitig ein Rückgang der Geburtenrate zu verzeichnen war, werden qualifizierte junge Arbeitskräfte in vielen Teilen Europas zu einem knappen Gut. Dies lässt sich an zwei Beispielen verdeutlichen: Heute liegt in Schweden das Verhältnis der arbeitenden Bevölkerung zu Rentnern bei drei zu eins. Im Jahr 2020 wird es zwei zu eins betragen. In Schottland wird ungefähr zur gleichen Zeit die Anzahl über 65-Jähriger größer sein als die Anzahl unter 15-Jähriger.

Der Trend zu Rationalisierung und Stellenabbau hat die Situation für Risikogruppen wie z. B. ältere Arbeitnehmer verschlimmert, da man sie häufig für unfähig hält, die Anwendung neuer Technologien schnell genug zu lernen oder neue

Geschäftsphilosophien, -methoden oder -praktiken zu übernehmen. Dabei gibt es immer mehr Belege dafür, dass die produktiven Beiträge von älteren Mitarbeitern durch lebenslanges Lernen verbessert und länger genutzt werden können. Die Vernachlässigung des Lern- und Entwicklungspotenzials älterer Arbeitskräfte ist eine Verschwendung von Ressourcen. Aufgrund der unzureichenden Altersvorsorge ist das aktuelle Rentenalter darüber hinaus nicht haltbar. Ältere Arbeitskräfte brauchen Anreize, um nach dem durchschnittlichen Rentenalter in Beschäftigung zu bleiben. Dazu zählen z. B. eine Verbesserung der Qualität des Arbeitslebens, besserer Zugang zu Lern- und Weiterbildungsmöglichkeiten und die Anerkennung dessen, dass sich die Art ihrer Rolle und ihrer Beiträge mit größerer Reife ändern muss.

Auch wenn jüngere Arbeitskräfte ein relativ knappes Gut werden, gibt es Belege dafür, dass sich viele bei der Arbeit weniger engagieren. Junge Arbeitskräfte tolerieren langweilige, sich wiederholende oder schlecht geplante Arbeiten möglicherweise weniger gut als ihre Vorgänger. Außerdem spielt für ihre Rekrutierung, ihr Engagement und ihre Bindung die Qualität des Arbeitslebens eine wichtige Rolle.

3.7 Migration

Die langfristigen Auswirkungen der Migration sind weiterhin unklar. Qualifizierte Arbeitskräfte, die innerhalb Europas immigrieren oder aus anderen Ländern nach Europa kommen, kompensieren sicherlich bis zu einem gewissen Grad das Defizit bei bestimmten Qualifikationen. Die jüngste und fortschreitende Erweiterung der EU sorgt für eine höhere Vielfalt an Wissen, Erfahrung und Fähigkeiten, auf der sich eine nachhaltige Wirtschaft und Gesellschaft aufbauen lässt. Durch Migration werden jedoch auch die Bandbreite und das Ausmaß der Herausforderungen vergrößert, die europäische Arbeitsplätze bewältigen müssen, wie z. B. Integration, Koordination und Innovation.

4 Anpassung an eine unsichere Welt

Wie die vorangehende Diskussion nahelegt, sehen sich Unternehmen noch nie da gewesenen Herausforderungen gegenüber. Dazu gehört auch eine gewisse Unbeständigkeit in der globalen Geschäftswelt, die ständige Wachsamkeit, Vielseitigkeit und Innovation erfordert. Alte Ansätze für Management und Arbeitsorganisation können ein solches Niveau an Anpassungsfähigkeit nicht erbringen. Doch trotz der Behauptungen von Beratern und Guru-Autoren gibt es keine Blaupausen oder einfachen Wege für eine nachhaltige organisationale Innovation. Tatsächlich schlagen die meisten Initiativen für einen Wandel fehl, was zweifellos daran liegt, dass sie sich zu sehr auf eine schnelle Lösung konzentrieren. Nachhaltiger Wandel ist chaotisch und unsicher. Er erfordert die sorgfältige Beteiligung aller Interessengruppen an einem Prozess, bei dem es um graduelles Lernen, Dialog, Experimentieren sowie Versuch und Irrtum geht. Es gibt jedoch auch einige außergewöhnliche Berichte über die Transformation an europäischen Arbeitsplätzen. Der

High-Road-Wandel basiert auf langfristiger Innovation, die ganz im Gegensatz zu den kurzfristigen Kostensenkungsmaßnahmen der *Low Road* steht. Er strebt nach Ergebnissen, die allen Beteiligten – dem Management, den Mitarbeitern und anderen Interessengruppen – Vorteile bringen. Dieses Papier befasst sich im Weiteren mit dem Weg zur *High Road.*

5 Der Weg zu einer *High-Road*-Organisation

Welche Belege gibt es dafür, dass an europäischen Arbeitsplätzen ein *High-Road*-Ansatz verfolgt wird? UKWON und seine europäischen Partner haben EU-weit in 120 Organisationen neue Formen der Arbeitsorganisation untersucht (vgl. Totterdill und Hague 2004). Basierend auf den Ergebnissen dieser Studie sowie auf unserer direkten Erfahrung mit dem Wandel in verschiedenen Organisationen lassen sich zwei unabhängige *Schauplätze* der organisationalen Innovation ermitteln: Partnerschaft am Arbeitsplatz und die tägliche Organisation der Arbeit. Diese *Schauplätze* werden jeweils in Abschnitt 5.1 und 5.2 besprochen.

In diesem Zusammenhang ist *Schauplatz* als ein *Gestaltungsraum* zu verstehen, in dem ein Dialog, Experimentieren und Lernen stattfinden kann, ohne dass das Ergebnis durch einen vorgeschriebenen Plan bestimmt wird. Dabei ist es wichtig, nicht zu versuchen, die *beste Praxis* zu erreichen, sondern eine Strategie auszuarbeiten, die entschieden auf die Schaffung innovativer und nachhaltiger Entwicklungsprozesse ausgerichtet ist. Wissen, Ideen und Erfahrung von außen können sich als gute Informationsquellen für das Lernen und Experimentieren in einzelnen Unternehmen erweisen. Es ist jedoch unwahrscheinlich, dass alle externen Lösungen angewendet werden, ohne dass interne Interessengruppen daran in irgendeiner Form Anpassungen vornehmen. Die Arbeitsorganisation ist ein reflexiver Prozess – kein Endzustand.

5.1 Partnerschaft am Arbeitsplatz als Organisationsentwicklung

Die Partnerschaft zwischen Management, Gewerkschaften und Mitarbeitern wird zunehmend als eine Möglichkeit erkannt, effektive Beschäftigungsverhältnisse aufzubauen. Dies ist zum Teil im europäischen Regelwerk (wie z. B. in der Richtlinie über den *Europäischen Betriebsrat* und der Richtlinie über die *Anhörung und Unterrichtung)* sowie in der nationalen Gesetzgebung mancher Länder verankert. Die Partnerschaftsabkommen in Europa sind sehr unterschiedlich, basieren jedoch häufig auf förmlichen Vereinbarungen zwischen dem Management, den Gewerkschaften und den Arbeitnehmern sowie auf der Schaffung von Strukturen (wie z. B. Betriebsräten), innerhalb derer ein vertrauensvoller Dialog über strategische Herausforderungen und Chancen für das Unternehmen etabliert werden kann.

Nicht zuletzt aufgrund von EU-Verordnungen zur Unterrichtung findet in vielen Unternehmen ein konstruktiver Dialog zwischen dem Management und den Arbeitnehmervertretern über umfassende Umstrukturierungen (wie z. B. Akquisitionen, Fusionen und Übernahmen) statt, der dazu führt, dass negative Folgen für die Arbeitnehmer abgemildert werden und/ oder das Prinzip der Gewinnbeteiligung eingeführt wird. Dies hat für das Management den Vorteil, dass es Zugang zu dem impliziten Wissen und der Erfahrung der Mitarbeiter mit direktem Kundenkontakt erhält und so am besten zu einem Ergebnis kommen kann, *das funktioniert*.

Der Dialog kann auch über traditionelle Beschäftigungsverhältnisse hinaus zu einem Motor für die Innovation am Arbeitsplatz werden, was sowohl der Unternehmensleistung als auch den Mitarbeitern zugutekommt. Mit einem partnerschaftlichen Dialog lassen sich zahlreiche Themen angehen, wie z. B.:

- Steuerung des organisationalen Wandels und dessen Förderung durch das Sammeln von Informationen
- Überprüfung der Leistungen auf allen Ebenen der Organisation
- Kontaktaufnahme mit anderen Interessengruppen
- Entwicklung alternativer Anerkennungssysteme
- Überprüfung von Arbeitspraktiken und Arbeitszeiten
- Untersuchung technologischer Möglichkeiten
- Einführung von Teamarbeit
- Einführung familienfreundlicher Regelungen
- Bewertung und Überprüfung der Rolle des Managements
- Einschätzung der möglichen legislativen Folgen

Vertreter von Arbeitnehmern und Gewerkschaften können Maßnahmen aushandeln, die beispielsweise durch Änderungen der Arbeitsgestaltung zur Eliminierung monotoner Arbeit für eine Verbesserung der Qualität des Arbeitslebens sorgen. Solche Verhandlungen können auch das Engagement der Mitarbeiter verbessern, wie z. B. durch die Bildung von *eigenverantwortlichen Teams* (siehe unten) oder durch kontinuierliche Verbesserungsprozesse, was beides zu einer Verbesserung der Qualität des Arbeitslebens und der Wettbewerbsfähigkeit beitragen kann. Partnerschaftsorgane können auch die Hüter von Qualität und Nachhaltigkeit solcher Innovationen am Arbeitsplatz werden und Tendenzen des *Innovationsverfalls* entgegenwirken. Somit können durch die *repräsentative* oder *indirekte* Teilnahme von Arbeitnehmern die Voraussetzungen für die Förderung der *direkten* Mitarbeiterbeteiligung an der täglichen Arbeit geschaffen werden.

5.2 Eigenverantwortliche Arbeitsgestaltung und partizipative Teamarbeit

Partnerschaft aus der Perspektive der *High Road* geht über repräsentative Strukturen und Partizipationsmechanismen hinaus und hat direkte Auswirkungen auf das Aufgabenumfeld. Die Schaffung eines Arbeitsplatzes, an dem Mitarbeiter ihre Kompetenzen und ihr kreatives Potenzial entwickeln und entfalten können, fängt mit der Arbeitsgestaltung an. Gemäß den in den Niederlanden entwickelten Standards für Arbeitsgestaltung (das *WEBA*-Instrument) sollten Mitarbeiter beispielsweise auf allen Ebenen in der Lage sein, im Rahmen von Zusammenarbeit oder Kommunikation mit anderen Verantwortung für täglich anfallende Entscheidungen in Bezug auf ihre Arbeit zu übernehmen. Für die Problemlösung über horizontale Kontakte mit Kollegen sollten systematische Möglichkeiten vorhanden sein. Die Fähigkeit eines Mitarbeiters, die Ausführung von Arbeiten an die sich ändernden Anforderungen, Umstände und Chancen anzupassen, ist die Grundvoraussetzung für berufsbegleitendes Lernen und Stressreduzierung. Der Arbeitsplatz sollte nachweisbare Möglichkeiten zur Analyse, Problemlösung und Innovation bieten, um eine Arbeitsumgebung zu schaffen, die ein Ort des Lernens ist. Zur Förderung von Problemlösung, Lernen und Innovation sind zahlreiche horizontale und vertikale Kontakte erforderlich. Dies erfolgt in Form einer Ad-hoc-Zusammenarbeit, formeller und zwangloser Diskussionen sowie möglicherweise sozialer Kontakte außerhalb des Arbeitsumfelds. Um die Problemlösung zu fördern und zu gewährleisten, dass Wissen und Know-how weitgehend gemeinsam genutzt werden bzw. für Einzelpersonen in der gesamten Organisation leicht zugänglich sind, ist außerdem eine durch die gesamte Organisation *verteilte Intelligenz* erforderlich.

Die effektive Arbeitsgestaltung muss jedoch im weiteren organisatorischen Rahmen erfolgen. Das Schlüsselkonzept ist hier die Teamarbeit, eines der entscheidenden Merkmale neuer Formen der Arbeitsorganisation, die tief im europäischen Denken zu Management und Organisation verwurzelt ist. *Teamarbeit* wird jedoch für so viele verschiedene Situationen am Arbeitsplatz verwendet, dass dieser Begriff zugegebenermaßen bedeutungslos geworden ist. Während sich Teamarbeit auf einen allgemeinen „Gemeinschaftssinn" oder eine begrenzte Aufgabenerweiterung zur Erhöhung der Flexibilität in der Organisation beziehen kann, erfordert Teamarbeit im Sinne der *High Road* eine radikale Neubewertung von Tätigkeiten, Systemen und Verfahren in der gesamten Organisation. Mueller und Purcell (1992) unternehmen folgenden Versuch, die heutige Auffassung von Teamarbeit zu definieren:

- Das Team arbeitet an einer gemeinsamen Aufgabe.
- Die Arbeit ist räumlich konzentriert und hat ein erkennbares Territorium.
- Die Zuweisung von Aufgaben wird weitgehend vom Team organisiert.
- Das Team unterstützt und organisiert die Erwerbung verschiedener Fähigkeiten.
- Es hat Entscheidungsbefugnis über Zeit und entsprechende Mittel.
- Es gibt einen Sprecher/ Leiter.
- Die Teammitglieder haben einen gewissen Einfluss darauf, wer sich dem Team anschließt.

In diesem Sinne unterscheidet sich ein Team von einer Ansammlung von Mitarbeitern in der gleichen Abteilung durch das Maß an Autonomie, das es in Bezug auf die formalen Linienmanagementstrukturen hat. Dabei muss allerdings auch die Qualität des Dialogs und der Innovation, die innerhalb des Teams stattfindet, in Betracht gezogen werden. Wenn Teams mehr als dezentralisierte Einheiten zur Produktion eines bestimmten Produkts oder einer bestimmten Dienstleistung sein sollen, müssen alle Teammitglieder das Potenzial für eine hohe Reflexivität aufweisen, die nicht durch interne Abgrenzungen und Privilegien gehemmt wird. Teams, in denen das spezifische Wissen und Know-how der einzelnen Teammitglieder geschätzt wird und die einen spürbaren Beitrag zur Produkt- und Arbeitsplatzinnovation leisten, erfüllen wichtige Kriterien der Konvergenz zwischen gesteigerter Produktivität und verbesserter Qualität des Arbeitslebens.

5.3 Partizipative Teamarbeit als Baustein der Partnerschaft

Teamarbeit kann nicht als eine eigenständige Sammlung von Praktiken innerhalb einer Organisation betrachtet werden. Sie ist vielmehr eng mit den weiter oben besprochenen Praktiken der Partnerschaft verflochten. Dies wird in Abbildung 5.1 veranschaulicht, die die Beziehung zwischen Teamarbeit, dem Unternehmen und Partnerorganisationen aufzeigt:

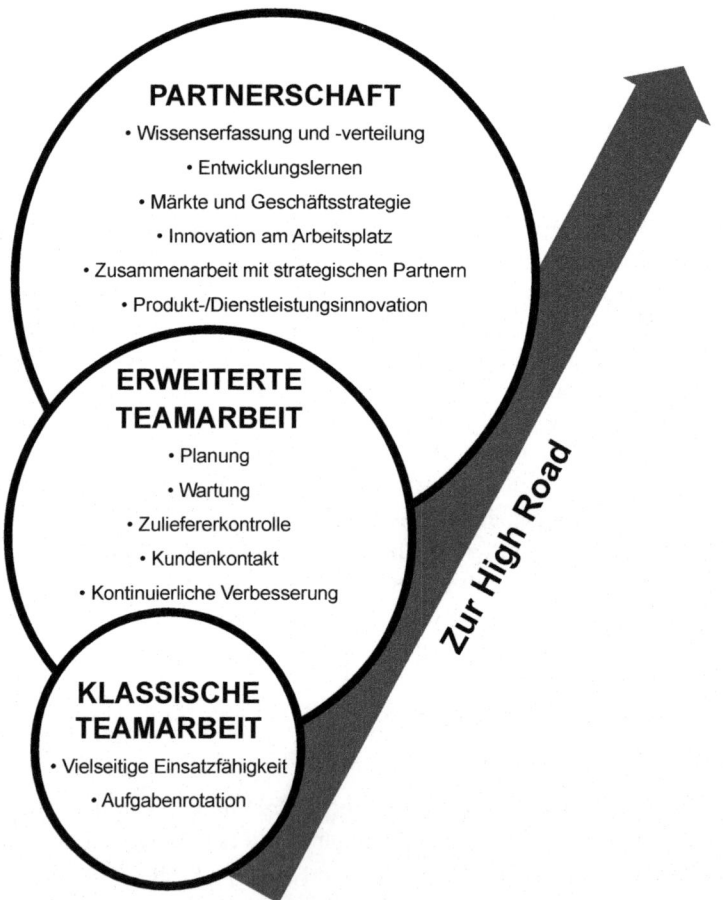

Abbildung 5.1: Von der Teamarbeit zur Partnerschaft

Teamorientierte Ansätze können sowohl nach dem *Low-Road*- als auch nach dem *High-Road*-Prinzip konzipiert sein. Teamarbeit kann wenig mehr als vielseitige Einsatzfähigkeit und Aufgabenerweiterung in der Fabrikhalle, im Büro oder in einer

Klinik bedeuten. Auf dieser *Low-Road*-Ebene kann die funktionale Flexibilität, die durch Aufgabenrotation erreicht wird, konkrete Gewinne für den Arbeitgeber bringen. Allerdings führt die Aufgabenerweiterung in vielen solchen Fällen zu mehr Belastung und Stress anstatt zu einer Arbeitsbereicherung.

Es ist in der Tat von großer Wichtigkeit, inwieweit Teams ihre Arbeitsumgebung kontrollieren können. So wird mit *High-Road*-Teamarbeit Flexibilität erreicht, indem Mitarbeiter in die Lage versetzt werden, die Gesamtverantwortung für die Produktion des Produkts oder der Dienstleistung zu übernehmen. Innerhalb des Teams ergeben sich dadurch ein großer Ermessensspielraum für die autonome Planung und Vorbereitung sowie Möglichkeiten der Reflexion und kontinuierlichen Verbesserung. Am Beispiel Ericsson Radio Systems AB ist zu sehen, wie wichtig das Vertrauen für die Erzielung einer *High-Road*-Konvergenz zwischen Leistung und gesunden Arbeitsbedingungen ist:

Fallstudie: Innovation bei Ericsson Radio Systems AB, Gävle, Sweden

In Erwartung der dritten Generation von Mobiltelefonen (3G) baute Ericsson in Gävle, 150 Kilometer nördlich von Stockholm, ein neues Werk für die Herstellung der neuen Übertragungsgeräte. Gleichzeitig war sich das Unternehmen der Notwendigkeit eines Programms zur Vorbeugung von Stress bewusst. Deshalb trafen Ericsson Manager die Entscheidung, mit neuen Ideen im Produktionsprozess zu experimentieren, die eine Kombination der Ziele einer effizienten Montage der neuen Produkte mit einer Personalpolitik beinhalten, bei der der Nachdruck auf hoher Mitarbeitermotivation, Stressvermeidung, Kompetenzentwicklung im Einklang mit Mitarbeiterbedürfnissen und einem angemessenen Gleichgewicht zwischen Arbeit und Privatleben liegt.

Das neue Werk wurde in Form von Arbeitszellen gestaltet, in denen Einzelpersonen an Arbeitsplätzen für alle Operationen einschließlich Kundenaufträgen, Montage der Prozessorplatten und Tests verantwortlich sind. Eine neue Kultur und neue Kompetenzen ermöglichen insbesondere engere Beziehungen zwischen Produktion, Produktgestaltung und Testentwicklung.

Dieser Veränderung liegt das Programm „The Good Workplace" zugrunde, das darauf abzielt, Mitarbeiter mit der Unterstützung der Gewerkschaften einzustellen und zu motivieren. Die Manager des neuen Werks unterstreichen die Notwendigkeit von Delegation, Partizipation und individueller Kompetenzentwicklung. Einige Personen wurden speziell zum „Inspirer" ausgebildet, um andere Mitarbeiter für die Ziele des Projekts zu begeistern.

Das Arbeitsumfeld wurde in enger Zusammenarbeit mit dem Unternehmen Medical Officer gestaltet, wobei nicht nur Wert auf eine unter funktionalen Gesichtspunkten effiziente Produktion, sondern auch auf Entspannungsmöglichkeiten gelegt wurde, um Stress bei den Mitarbeitern vorzubeugen und deren kreatives Denken zu fördern. Hierzu zählten Erholungsräume und ein ergonomisch gestalteter Aufenthaltsraum (ein sog. „Green Room"), in den sich die Mitarbeiter zum Nachdenken, Reflektieren und kreativen Denken entweder allein oder zum Gedankenaustausch in kleinen Gruppen zurückziehen können.

Wie in Abbildung 5.1 gezeigt wird, kann die *High Road* durch direkte Mitwirkung von Kunden, Zulieferern und anderen Elementen der Lieferkette auch zu *erweiterter* Teamarbeit führen, einschließlich der Problemlösung und Innovation von außen. Damit werden die organisatorischen Grenzen *klassischer* Arbeitsgruppen gesprengt (vgl. Hague et al. 2003). Organisationsübergreifende Teamarbeit zwischen Kunden und Zulieferern wird mit der Entstehung komplexer Produktnetzwerke, die durch IKT ermöglicht werden, wahrscheinlich zunehmen. Dabei wird es auch häufig zu einer horizontalen Zusammenarbeit zwischen den Mitarbeitern auf allen Ebenen kommen.

Intern werden die Grenzen von Teams – im Gegensatz zu den zuvor zitierten Definitionen – möglicherweise fließender werden, da sich Organisationsstrukturen entsprechend den Anforderungen von Kunden oder Produkten und nicht aufgrund traditioneller Abgrenzungen entwickeln. Die durch Dialog und Vertrauen gekennzeichnete erweiterte Teamarbeit bietet eine gute Grundlage für die Verbesserung der Qualität des Arbeitslebens. So gibt es Raum für die persönliche Entwicklung durch Selbstorganisation, für den Aufbau umfassenderer Beziehungen und für die Mitwirkung an betrieblicher sowie strategischer Innovation.

In Abbildung 5.1 wird gezeigt, dass Teamarbeit über das Medium der produktiven Reflexion, Wissensgenerierung und Innovation in eine Partnerschaft übergeht.

Fallstudie: Produktgestaltung bei ABB Cewe

Der schwedische Hersteller von elektronischen Schaltgetrieben ABB Cewe hat mit der Eingliederung von Ingenieuren in den Betrieb eine Maßnahme ergriffen, um die Lücke zwischen Gestaltungs- und Produktionsfunktionen zu schließen. Es wurde die Ansicht vertreten, dass ein 30 Meter langer Flur genügte, um einen angemessenen Informations- und Wissensfluss zwischen den beiden Tätigkeitsbereichen zu verhindern. Durch die direkte Beteiligung von Produktionsmitarbeitern am Entwicklungsprozess wurden die Vorlaufzeiten sowie die Probleme bei der Produktion reduziert und die Tätigkeitsfelder der Mitarbeiter bereichert.

Es ist schon lange bekannt, dass die tayloristische Trennung von täglichen Arbeiten und Entwicklungsfunktionen den Zyklus von Versuch und Irrtum bei der Einführung neuer Produkte und Dienstleistungen verlängert. Auf diese Weise wird der Informationsfluss zwischen Betriebs- und Entwicklungsfunktionen gehemmt und verhindert, dass das implizite Wissen der Betriebsmitarbeiter im Innovationsprozess genutzt werden kann. *High-Road*-Modelle bauen auf der kontinuierlichen Verbesserung auf, streben darüber hinaus jedoch auch danach, Produktion und Innovation zu integrieren. Dies wurde auch als *High Involvement Innovation* bezeichnet, bei der die systematische Einbindung der Mitarbeiter auf allen Ebenen in die kontinuierliche Weiterentwicklung von Produkten und Dienstleistungen integraler Bestandteil der Unternehmenskultur ist. Entscheidend ist, dass eine klare Verbindung zwischen der allgemeinen Unternehmensstrategie und ihrer Umsetzung in den verschiedenen problemlösenden Teams besteht. *High Involvement Innovation* ist auch Teil individuellen Verhaltens: Mitarbeiter definieren Innovation als einen zentralen Bestandteil ihrer Arbeit und nicht als Nebensache. Individuen suchen durch aktives Experimentieren und das Setzen eigener Lernziele Möglichkeiten des Lernens und der persönlichen Weiterentwicklung, während die Organisation das Lernen von Individuen und Gruppen erfasst und für andere bereitstellt. Mitarbeiter wirken häufig an mehreren verschiedenen Aktivitäten mit – von Arbeitsgruppen bis hin zu multifunktionalen und sogar organisationsübergreifenden Teams. Hier steht der Wandel im Mittelpunkt: Es wird stets nach Möglichkeiten gesucht, Dinge zu verbessern und nichts so zu lassen, wie es ist, sofern es nicht einen guten Grund dafür gibt.

5.4 Integration von Partnerschaft und Teamarbeit durch Dialog

Wir haben Partnerschaft und Teamarbeit als die sich gegenseitig verstärkenden Hauptaspekte der *High-Road*-Organisation vorgestellt. Auf der einen Seite stellt Partnerschaft die Rahmenbedingungen und Schutzmaßnahmen für die Befähigung und das Engagement von Führungskräften bereit. Untersuchungen und Erfahrungen bieten zahlreiche Beispiele für fehlgeschlagene Versuche der Mitarbeiterbefähigung ohne eine vorhandene partnerschaftliche Kultur. Durch Befähigung werden traditionelle Formen des Managements infrage gestellt, und zwar von der Spitze der Organisation bis zum Aufsichtspersonal. Es ist fast so, als ob die Organisation Antikörper entwickelt, um ihre etablierte Ordnung vor der Infektion durch neue Praktiken zu schützen. Manager, die an die Rolle der Überwachung gewöhnt sind, fühlen sich durch Mitarbeiterbefähigung bedroht und können den Wandel bewusst oder unbewusst untergraben. Kurz gesagt: Bei einem teilweisen Wandel ist der Innovationsverfall bereits vorprogrammiert. Wandel muss sich im ganzen System niederschlagen. Die Mitarbeiterbefähigung auf betrieblicher Ebene muss von einer Partnerschaftsstruktur überwacht und geschützt werden, die sich durch eine intensive Kommunikation mit den Führungskräften und die Befugnis auszeichnet, ihre Werte in der gesamten Linienmanagementstruktur durchzusetzen.

Auf der anderen Seite gedeiht die Partnerschaft ihrerseits, wenn sie durch engagierte und befähigte Mitarbeiter unterstützt wird. Wissenschaftliche Kritiker der Partnerschaft weisen auf Studien hin, die eine Kluft zwischen den Vertretern von Mitarbeitern und Gewerkschaften in Partnerschaftsforen und den Führungskräften aufzeigen, und führen dies als Beleg dafür an, dass sie nur eine *Alibifunktion* erfüllt. Tatsächlich können die Position der Vertreter und die Art der Mitwirkung der Vertreter selbst von Unklarheiten geprägt sein, insbesondere in Unternehmen, in denen die Arbeitsorganisation keine Möglichkeiten für produktive Reflexion und produktiven Dialog bietet. Teamorientierte Arbeitspraktiken können jedoch die Reflexion und die Einblicke generieren, die den partnerschaftlichen Dialog auf der strategischen Ebene der Organisation fördern. Probleme und Chancen, die nicht von den Teams selbst oder durch die horizontale Zusammenarbeit zwischen den Teams angegangen werden können, zeigen möglicherweise auf, dass systemisches Handeln auf Unternehmensebene erforderlich ist. Partnerschaftsstrukturen können die Voraussetzungen für die Sammlung und Aneignung solchen Wissens schaffen und einen strategischen Dialog zu Lösungen einleiten, die *durch* die Einbindung und Kreativität von Mitarbeitern zu positiven Ergebnissen für das Unternehmen führen.

Das bindende Glied zwischen einer repräsentativen Partnerschaft auf Unternehmensebene und der unmittelbaren Mitwirkung von Führungskräften ist die gemeinsame Nutzung von Wissen. Vorstände, Geschäftsführer und manchmal auch Partnerschaftsforen können über detaillierte Kenntnisse und Einblicke in die Bedrohungen und Chancen verfügen, die für das Unternehmen bestehen, sodass sie fundierte strategische Entscheidungen treffen können. Diese Entscheidungen haben jedoch häufig tiefgreifende Auswirkungen auf die täglichen Arbeitspraktiken, auch wenn sich die strategischen Entscheidungsträger wahrscheinlich nur in begrenztem Maße darüber im Klaren sind, „was in der Praxis funktioniert". Aus unternehmerischer Sicht wird die Organisation häufig als „Blackbox" betrachtet, die entsprechend den Anweisungen von oben die gewünschten Ergebnisse liefern soll. Wenn Anforderungen unerfüllt bleiben, wird dies als eine Fehlfunktion betrachtet und nicht als möglicher Anlass dafür, über die Art der Anweisung selbst nachzudenken. Mitarbeiter wissen dagegen in der Regel, dass die Anweisungen des Managements interpretiert und angepasst werden müssen, damit sie in die Praxis umsetzbar sind. Dieser Prozess der Interpretation und Anpassung ist in dem impliziten Wissen verwurzelt, das sich Mitarbeiter durch Erfahrung aneignen. Häufig geschieht dies durch die ausgiebige Wiederholung von Versuch und Irrtum und den Ideenaustausch mit Kollegen. Selbst in den am strengsten regulierten und tayloristischen Arbeitsumgebungen kommt es kaum vor, dass implizites Wissen nicht eingesetzt wird, um Praktiken zu verbessern oder unerwartete Probleme zu lösen. Durch partizipative Teamarbeit wird implizites Wissen als der Faktor anerkannt und gefeiert, der die meisten Organisationen am Laufen hält. Bei der Teamarbeit in diesem Sinne muss jedoch auch Raum im täglichen Arbeitsleben geschaffen werden, der es Mitarbeitern auf allen Ebenen ermöglicht, Abstand von ihren Aufgaben zu nehmen, um etablierte Methoden hinterfragen zu können. Der Dialog muss ein zentraler Wert der Organisationskultur sein: Das Ziel sollte darin bestehen, das bessere Argument höher zu bewerten als die hierarchische Position.

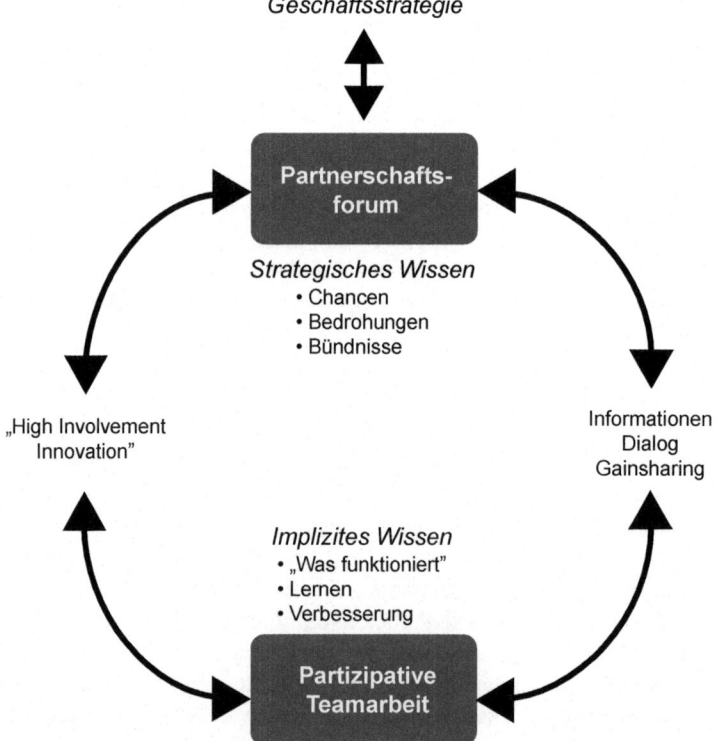

Abbildung 5.2: Die *High-Road*-Organisation

Partnerschaft und partizipative Teamarbeit sollten daher als Doppelhelix betrachtet werden, in der implizites und strategisches Wissen verbunden werden, um die Durchführbarkeit von Unternehmensentscheidungen zu verbessern und die Aktivität und Reflexion von Teams mit den weiteren Geschäftszielen in Einklang zu bringen. Auf dieser Basis ist das *High-Road*-Unternehmen als ein positiver Kreislauf darstellbar (Abbildung 5.2):

6 Fazit

Unsere Forschungsergebnisse bestätigen, dass die Konvergenz zwischen nachhaltiger Wettbewerbsfähigkeit und gesunden Arbeitsbedingungen möglich ist. Sie machen allerdings auch klar, dass es nicht einen vorgegebenen Weg zur *High Road* gibt und dass die Reise unweigerlich kompliziert und chaotisch ist. Kann der im vorherigen Abschnitt dargelegte Ansatz zur Konvergenz führen? Kein Modell kann ein positives Ergebnis für alle Interessengruppen garantieren: Dies hängt ganz von der Qualität, Kontinuität und Integration des Dialogs auf allen Ebenen ab. Der oben beschriebene Ansatz schafft die Rahmenbedingungen, unter denen ein qualitativ hochwertiger Dialog stattfinden kann. Qualität bedeutet in diesem Zusammenhang die Einbeziehung aller Interessengruppen und die Bereitstellung von Räumen für die produktive Reflexion im täglichen Arbeitsleben. Das Engagement, die Leistungsfähigkeit und die Kompetenz von Managern, Gewerkschaften und Arbeitnehmervertretern sind hier ebenfalls wichtige Erfolgsfaktoren. Erfolgreiche Beispiele können ebenfalls eine wertvolle Inspiration für den Wandel darstellen, jedoch niemals als Blaupause für verschiedene Organisationen mit unterschiedlichem Hintergrund und Umfeld dienen.

Deutschland hat im Vergleich zu vielen europäischen Ländern einen klaren Vorteil, da es über vier Jahrzehnte Erfahrung bei der handlungsorientierten Forschung im Bereich der Innovation am Arbeitsplatz verfügt. Beispiele dafür sind das Programm *Humanisierung des Arbeitslebens* (HdA) im Jahr 1974 und Initiativen wie das vom Bundesministerium für Bildung und Forschung (BMBF) durchgeführte Programm *Arbeiten – Lernen – Kompetenzen entwickeln. Innovationsfähigkeit in einer modernen Arbeitswelt*. Die Ergebnisse dieser Programme haben zweifellos die Wahrnehmung und Orientierung von Managern und Sozialpartnern auf greifbare und nicht greifbare Weise beeinflusst. Die Umwandlung von Forschungswissen in umsetzbares Wissen ist jedoch auch in Deutschland problematisch. Allerdings kann beispielsweise die *Gesellschaft für innovative Beschäftigungsförderung mbH* (G.I.B.) in Nordrhein-Westfalen eine sehr interessante Fallstudie zur vernetzten Wissensverteilung und zur Förderung der Innovation am Arbeitsplatz vorweisen.

Die Modernisierung der Arbeitsorganisation ist ein zentrales Anliegen von *Enabling Innovation*. Dabei sehen sich allerdings sowohl Einzelpersonen als auch Institutionen vor weitreichende Herausforderungen gestellt:

Einzelpersonen, die nach Möglichkeiten suchen, die technischen und nicht technischen Fähigkeiten zu erwerben und zu entwickeln, die mit den neuen Formen der Arbeitsorganisation verbunden sind.

Arbeitgeber und Arbeitnehmer, die akzeptieren, dass ein Wandel unausweichlich, chaotisch und unsicher ist und dass er umfangreiches Lernen und Experimentieren erfordert. Er bietet jedoch auch eine realistische Möglichkeit für ein Ergebnis, das allem Beteiligten Vorteile bringt.

Gewerkschaften und Arbeitgeberorganisationen, die ihre Rolle als proaktive, wissensreiche Quellen der Anregung und Unterstützung für die Modernisierung der Arbeitsorganisation ausweiten.

Intermediäre Körperschaften wie Universitäten, regionale Entwicklungsagenturen und Einrichtungen zur Unternehmensförderung, die Kapazitäten und Sachkenntnis im Bereich der Arbeitsorganisation schaffen und eine proaktive Rolle bei der Wissensverteilung, der Entwicklung neuer Ressourcen und dem Aufbau von Netzwerken spielen.

Literaturverzeichnis

Boud D, Cressey P, Docherty P (2005) Productive Reflection at Work. Routledge, London

Docherty P, Forslin J, Rami Shani AR (2002) Creating Sustainable Work Systems: Emerging perspectives and practice. Routledge, London

Hague J, den Hertog F, Huzzard T, Totterdill P (2003) Better to be rich and healthy than poor and sick: conditions for the convergence of competitiveness and the quality of working life in Europe. Innoflex Research Paper. Nottingham: The Nottingham Trent University. Erhältlich unter www.ukwon.net.

Mueller F, Purcell J (1992) The Drive for Higher Productivity. In: Personnel Management (1992): 28-33

Totterdill P, Hague J (2004) Workplace Innovation as Regional Development. In: Fricke W, Totterdill P (Hrsg) Action Research in Workplace Innovation and Regional Development. John Benjamins, Amsterdam

Kommentar zum Hauptartikel „Neue Formen der
Arbeitsorganisation und die High Road zur Innovation:
europäische Erfahrungen"

Innovationen erfordern förderliche Institutionen

Peter Brödner

Arbeitsorganisation wird heute zumeist als Privatsache des einzelnen Unternehmens
betrachtet. Tatsächlich lassen sich Produktivität und Innovationsfähigkeit als wichtige unternehmerische Leistungsindikatoren durch Arbeitsorganisation in hohem
Maße beeinflussen. So erscheint die Gestaltung von Arbeitsorganisation als ein
bestimmendes Element und Erfolgsausdruck unternehmerischen Handelns.

Es ist Peter Totterdills großes Verdienst, in seinem Beitrag aufgezeigt zu haben,
dass Arbeitsorganisation weit über ihre unternehmerische Funktion hinaus in
mindestens zweifacher Hinsicht auch eine gesellschaftliche Dimension aufweist.
Unternehmen sind stets abhängig vom gesellschaftlichen Institutionengefüge, in
das sie eingebettet sind. So hängt zum einen ihr arbeitsorganisatorisches Gestal-
tungspotenzial stark vom jeweils vorgefundenen Institutionen-Arrangement als
notwendiger allgemeiner Bedingung von Wertschöpfung ab, darunter vor allem
von den industriellen Beziehungen, vom Bildungssystem, von Infrastruktur- und
Besteuerungsbedingungen. Je nachdem wie dieses Institutionensystem ausgebildet
ist, lassen sich Formen von Arbeitsorganisation realisieren, die Produktivität und
Innovationsfähigkeit eher befördern oder begrenzen. Zum anderen ist gesellschaftliche Wohlfahrt auf die Leistungsfähigkeit von Wertschöpfungsprozessen, auf die
Vielfalt der Ergebnisse schöpferischer Produktivkräfte und schließlich auf die
durch sie generierten Einkommen angewiesen.

Dies gilt gerade auch für sich entfaltende wissensbasierte Gesellschaften,
die in besonderem Maße durch produktive Verarbeitung von Wissen, ständige
Innovationen und Bewältigung damit verbundener Unsicherheiten gekennzeichnet
sind. Daher sind vor allem sie auf förderliche Bedingungen für die Bildung menschlichen Arbeitsvermögens als Inbegriff individueller Erfahrungen, Kenntnisse und
Fähigkeiten in der Arbeitsorganisation angewiesen. Folglich darf es einer hoch entwickelten Gesellschaft wie der deutschen nicht gleichgültig sein, wie sie ihre allgemeinen Voraussetzungen von Arbeitsorganisation und Wertschöpfung institutionell
arrangiert und wie sie sich deren Produkte aneignet.

Diese Zusammenhänge und die sich aus ihnen ergebende Bedeutung einer
arbeitsorganisatorischen Entwicklungsstrategie der *High Road*, wie sie von Peter

S. Jeschke et al. (eds.), *Enabling Innovation*, DOI 10.1007/978-3-642-24299-1_19,
© Springer-Verlag Berlin Heidelberg 2011

Totterdill zurecht mit einiger Ausführlichkeit umrissen werden, lassen sich in zweierlei Hinsicht empirisch untermauern: Zum einen durch das klägliche Scheitern der *Lissabon-Strategie* der EU und zum anderen durch den seit langem anhaltenden Erfolg der nordischen Länder, die im Vergleich etwa zu den angelsächsischen Ländern oder insbesondere auch zu Deutschland eine stark an der *High Road* orientierte Entwicklung genommen haben.

Mit ihrer Lissabon-Strategie aus dem Jahre 2000 hatte sich die EU das ehrgeizige Ziel gesetzt, Europa binnen 10 Jahren zur „dynamischsten und wettbewerbsfähigsten wissensbasierten Ökonomie der Welt, fähig zu nachhaltigem Wachstum, mit mehr und besseren Arbeitsplätzen, größerem sozialen Zusammenhalt und Achtung vor der Umwelt" entwickeln zu wollen (European Commission DOC/00/7 2000). Die in Verfolgung dieser Strategie tatsächlich erreichten Ergebnisse markieren indes einen Misserfolg auf ganzer Linie: Nicht nur weist Europa im Weltmaßstab eine vergleichsweise kümmerliche wirtschaftliche Dynamik mit geringem Wachstum, schwacher Produktivitätsentwicklung, zurückfallender Innovationsfähigkeit, hoher Arbeitslosigkeit und zunehmend ungleicher Einkommensverteilung auf, auch die Qualität der Arbeit und die Gesundheit der Beschäftigten verschlechtern sich rapide, zumal sich Gefährdungen psycho-mentaler Gesundheit gerade auch bei hoch qualifizierten Wissensarbeitern epidemisch ausbreiten.

Vor allem in Deutschland (als mit ca. 20% der Wirtschaftsleistung wichtigstem Land der EU) hat sich die wirtschaftliche Lage in dieser Zeit dramatisch verschlechtert. Das deutsche Wirtschaftswachstum ist seit 2000 nur halb so groß wie das durchschnittliche der anderen alten EU-Länder. Deutschland hat in der EU das geringste Lohnwachstum, zugleich die höchste Lohndiskriminierung der Frauen und weist das drittschlechteste Rentenniveau (gemessen am letzten Einkommen) auf. Dabei schwächt systematisches *Lohndumping* (in 2008 gab es über 7 Mio. Niedriglohnempfänger (zu drei Vierteln qualifiziert), davon 5 Mio. Minijobs sowie 0,8 Mio. Leiharbeiter) die Arbeitseinkommen und führt zu chronisch unterentwickelter Binnennachfrage, angezeigt etwa durch den Absturz der Lohnquote von 72,2% in 2000 über 70,7% in 2003 auf 64,6% in 2007 sowie durch lange stagnierende, zuletzt gar sinkende Einzelhandelsumsätze (IAQ Report 2009-04; FR 09.05.2008; NachDenkSeiten 09.05.2008).[1]

Die *Armutsquote* ist in Deutschland von 12% im Jahr 2000 auf 18% im Jahr 2006 gestiegen (wobei als arm gilt, wer über weniger als 60% des Medianwerts des monatlichen Nettoeinkommens verfügt, z. B. im Jahr 2005 weniger als 781€ für einen Singlehaushalt; im Jahr 2003 lag diese Grenze noch bei 938 €). Armut greift zunehmend nach oben aus und bedroht auch qualifizierte Mitglieder der stark schrumpfenden Mittelschicht, aus der bis 2006 über 4 Mio. Menschen in Armut gefallen sind (DIW Wochenbericht 24/2010).

Infolge des Lohndumpings lässt der Rationalisierungsdruck zur Modernisierung der Wertschöpfungsprozesse nach und schwächt die Produktivitätsentwicklung. Seit Jahren ist auch eine nachlassende *Innovationsdynamik* zu verzeichnen, selbst

---

[1] Die hier und im Folgenden aufgeführten Daten betreffen absichtlich den Zeitraum vor Ausbruch der großen Krise, gewissermaßen den wirtschaftlichen *Normalbetrieb*.

in wissensintensiven Branchen: Zwischen 1991 und 2003 ist Deutschland beim F&E-Anteil am BIP von Rang 3 auf Rang 9 zurückgefallen, der Anteil öffentlicher Mittel ging zurück und F&E-Personal wurde um 7% verringert (vgl. Innovationsreport 2007 des FhG-ISI). Auch im jährlich vom DIW ermittelten Ranking der Innovationsfähigkeit fällt das Land laufend zurück. Mit vergleichsweise geringen Anteilen der Informationstechnik an der Wertschöpfung (als einer Schlüsseltechnik für die Wissensinfrastruktur) rangiert Deutschland hinter Frankreich, Italien, England und weit hinter den nordischen Ländern.

Deutschland gibt zudem mit 4,5% des BIP (2005), verglichen mit dem OECD-Durchschnitt von 5,4%, viel zu wenig für *öffentliche Bildung* aus, hat mit 22% eines Jahrgangs in der EU die niedrigste Hochschulabschlussquote und bietet die geringsten Chancen für Unterschichtkinder, Abitur zu erreichen. Nahezu jeder Vierte einer Jahrgangskohorte (23%) ist funktionaler Analphabet, untauglich für den Arbeitsmarkt (vgl. OECD Bildungsbericht 2008; Pisa 2001).

Das ganze Ausmaß der retardierten sozioökonomischen Entwicklung in Deutschland wird erst richtig sichtbar, wenn diese mit der Prosperität der nordischen Länder (Dänemark, Finnland, Norwegen (hier nicht betrachtet) und Schweden) verglichen wird. So hat sich das *BIP pro Kopf* im Zeitraum von 1997-2007 in Dänemark von 21.600 auf 31.700 Kaufkrafteinheiten (KKE), in Finnland von 17.200 auf 29.500 KKE und in Schweden von 19.500 auf 31.500 KKE erhöht, während es in Deutschland lediglich von 20.000 auf 28.000 KKE stieg (EU Economic and Financial Affairs Indicators). Entsprechend erhöhte sich der *Verbrauch privater Haushalte* im Zeitraum 2000-2006 in Dänemark um 15,9%, in Finnland um 21,2%, in Schweden um 11,7%, während er in Deutschland mit 1,9% nahezu stagnierte (Eurostat). Die *Produktivität* erhöhte sich im Zeitraum 1995-2006 in Dänemark um 15% (oder durchschnittlich 1,3% p. a.), in Finnland um 29% (2,3% p. a.), in Schweden um 31,8% (2,4% p. a.), in Deutschland dagegen nur um 20,9% (1,7% p. a.) (vgl. OECD Productivity Data Base). Mit Blick auf die *Innovationsfähigkeit* weist der viele Komponenten umfassende DIW-Indikator Deutschland lediglich im Mittelfeld europäischer Länder aus, während Schweden die Rangliste anführt, dicht gefolgt von den USA, der Schweiz, Finnland und Dänemark (noch deutlich vor Japan). Vor allem Schweden und Finnland haben in den letzten beiden Dekaden massive Anstrengungen zur Verbreitung von *High-Road*-Unternehmensstrategien unternommen.

Weitere für die gesellschaftliche Entwicklung und Wohlfahrt relevante Vergleichsdaten sind in nachstehender Tabelle zusammengefasst und belegen zusätzlich in vielerlei Hinsicht die überlegene Leistungsfähigkeit der nordischen Länder (www.jjahnke.net). Insgesamt zeigt dieser Vergleich: Wohlstand und sozioökonomische Prosperität sind auch unter Bedingungen globalen Wettbewerbs möglich. Zur entwicklungshemmenden, redistributiven, wenig produktiven und innovationsförderlichen Armutspolitik in Deutschland gibt es real existierende Alternativen.

Tabelle 1: Gesellschaftliche Entwicklung und Wohlfahrt: Deutschland und Skandinavien

Land	Einkommens-Ungleichheit Verhältnis des obersten zum untersten Einkommens-Fünftel 2005	Durchschnittliche Nettorenten bei mittlerem Einkommen in KKE (D=100) 2007	Langzeit-arbeitslosig-keit (> 1 Jahr) in % aller Arbeitslosen 2004	Bildungs-ausgaben in % des BIP 2002	F&E - Ausgaben in % des BIP 2005	Steuern & Sozialabgaben in % des BIP 2006
Deutschland	4,1	100	51,8	4,8	2,5	35,7
Dänemark	3,5	164	22,6	8,5	2,4	49.0
Finnland	3,6	121	23,4	6,4	3,5	43,5
Schweden	3,3	125	18,9	7,7	3,9	50,1

Der Vergleich offenbart zudem wesentliche Erfolgsfaktoren: In fundamentalem Gegensatz zu den Mantras neoliberal inspirierter Politik erfordern die Teilhabe an der weltweiten Entwicklungsdynamik und die produktive Bewältigung des unausweichlichen Strukturwandels *ressourcenbasierte* Unternehmensstrategien, die vor allem auf die Entfaltung von Arbeitsvermögen ausgerichtet statt auf Kostensenkung fixiert sind. Ihr Erfolg beruht freilich auch auf einer passenden proaktiven Makropolitik, die hohe Innovationsdynamik für Wachstum und Produktivität bei zugleich hoher Beschäftigung und geringer Armut ermöglicht und anregt. In diesem alternativen Modell gesellschaftlicher Entwicklung wirken wettbewerbsstarke Unternehmensstrategien der *High Road* und politisch gestaltete institutionelle Arrangements zur Entfaltung des Arbeitsvermögens zusammen, indem letztere in breitem Umfang Ressourcen wie Bildung und Forschung sowie Gesundheits- und Beschäftigungsdienste als professionell und effizient erzeugte öffentliche Güter bereitstellen, die dann die Unternehmen mittels integrierter, kooperativer und selbstgesteuerter (Gruppen-) Arbeitsstrukturen hoher Effizienz für dauerhafte Wettbewerbsvorteile zu nutzen verstehen. Deren hoch produktive und zugleich wandlungsfähige Wertschöpfung vermag dann auch die Einkommen zu generieren, die wiederum die aufwendige, gleichwohl effiziente Produktion öffentlicher Güter zu tragen imstande sind. Angetrieben und ermöglicht wird diese Entwicklungsdynamik durch ein politisch gestaltetes institutionelles Arrangement zur mehr oder minder flächendeckenden, ressourcenzentrierten Restrukturierung von Unternehmen mittels partizipativer Organisationsformen von Arbeit bei gleichzeitigem Ausbau der Produktion öffentlicher Güter von hoher Effizienz, Professionalität und Leistungsfähigkeit (etwa bei Kinderbetreuung, Bildung und lebenslangem Lernen, Forschung und Entwicklung, Gesundheitsdiensten und Arbeitslosenbetreuung).

Das zeigt: Vornehmlich auf Lohnsenkung, auf Unterentwicklung oder gar Verschleiß des lebendigen Arbeitsvermögens fokussierte Unternehmensstrategien mit entsprechender Makropolitik, wie sie derzeit in Deutschland vorherrschen, untergraben die Entfaltung der Produktivkräfte und Innovationsdynamik, von denen Wohlfahrt und Prosperität in wissensbasierten Gesellschaften jedoch entscheidend abhängen. Die der Entfaltung des Arbeitsvermögens als Basis von Produktivität und Innovation angelegten politisch-institutionellen Fesseln zu sprengen, ist daher ein Kernproblem der deutschen Gesellschaft. So spielt unter den vielfältigen Gründen für die regredierte gesellschaftliche Entwicklung die weitgehende Vernachlässigung von Fragen arbeitsorganisatorischer Gestaltung, der Entfaltung des Arbeitsvermögens und ihrer institutionellen Voraussetzungen eine prominente Rolle. In ihrer neoliberalen Verblendung haben es die politischen Akteure versäumt, diese Zusammenhänge in Betracht zu ziehen, und die Gestaltung der Arbeitsorganisation den einzelnen Unternehmen mit ihren überwiegend kurzfristigen Profitinteressen überlassen. Damit gefährden sie letztlich die Zukunftsfähigkeit des Landes.

Eine menschengerechte Arbeitsplatzgestaltung: Chancen und Hindernisse

Francesco Garibaldo

Abstract

Innovationsfähigkeit entsteht nicht ex nihilo, sondern ist in besonderem Maße auf ein innovations- und kreativitätsförderndes Organisationsumfeld angewiesen. Die Etablierung eines solchen Umfelds ist im Zuge des industriellen Umstrukturierungsprozesses der jüngeren Vergangenheit jedoch eher behindert als gefördert worden. Der folgende Beitrag analysiert den industriellen Umstrukturierungsprozess vor und nach der letzten globalen Krise und beleuchtet auf Basis dieser Analyse ein neues Innovationskonzept. Darauf aufbauend wird mithilfe von standardisierten Begriffen eine zur Einführung dieses Innovationskonzepts geeignete Organisation skizziert. In den abschließenden Bemerkungen werden die Ausführungen zusammengefasst und Handlungsempfehlungen für die Zukunft gegeben.

1 Einführung

Es mag naiv oder gar seltsam erscheinen, wenn inmitten eines industriellen und ökonomischen Umfelds des Hyperwettbewerbs über eine menschengerechte Arbeitsplatzgestaltung geschrieben wird.

Doch die Innovationsfähigkeit hängt, gemäß der Hypothese dieses Aufsatzes, entscheidend von der Schaffung eines für Innovation und Kreativität geeigneten Umfelds auf Unternehmensebene ab. „Geeignet" bezieht sich in diesem Zusammenhang auf das Ausmaß, in dem das Organisationsumfeld in der Lage ist, den Einfallsreichtum und die Kreativität des *durchschnittlichen Mitarbeiters* zu fördern. Ziel ist hier nicht die Heranbildung einer Elite, sondern die Mobilisierung der Fähigkeiten einer Organisation als Ganzes.

Eine untergeordnete Hypothese besagt, dass das Hervorheben der Wettbewerbsfähigkeit als allumfassendes Unternehmensziel dieser Art Kreativität nicht zuträglich ist. Tatsächlich wurde der industrielle Umstrukturierungsprozess der vergangenen 20 Jahre durch das vorrangige Ziel, neue Märkte zu erobern, geformt (ein neomerkantilistischer Ansatz) und folglich – dies ist die Hauptthese dieses Beitrags – wird eine bestimmte Art der Innovation ausgewählt, die immer weniger bereit für die Anforderungen der Zukunft ist.

S. Jeschke et al. (eds.), *Enabling Innovation*, DOI 10.1007/978-3-642-24299-1_20,
© Springer-Verlag Berlin Heidelberg 2011

2 Der industrielle Umstrukturierungsprozess

Nach allgemeinem Verständnis der Industriellen stützt sich die funktionelle Beschaffenheit eines industriellen Prozesses auf drei Grundpfeiler.
Die ersten zwei Grundpfeiler sind:

- Ein *zwiebelförmiges* Unternehmen, dessen wohl bekannteste Form die flexible
  Fabrik nach Atkinson ist (1988; Übersetzung durch den Autor);
- Eine aus verschiedenen Schichten bestehende Zuliefererkette: Die Position
  des einzelnen Zulieferers ist vom tatsächlichen Wert der gelieferten Güter oder
  Dienstleistung abhängig.

Das einzelne Unternehmen oder die einzelne Organisation ist stufenweise wie
eine Zwiebel in mehreren Schichten aufgebaut. Die innen liegenden Schichten
bestehen aus Mitarbeitern mit stabilen Arbeitsplätzen, während die Stabilität der
Arbeitsplätze von Schicht zu Schicht nach außen hin abnimmt. In Unternehmen und
Organisationen mit einer formelleren Struktur und einer genaueren Arbeitsteilung
genießen Mitarbeiter der innen liegenden Schichten bessere Arbeitsbedingungen.
Vom System her betrachtet sind Unternehmen oder Organisationen hauptsächlich in Wertschöpfungsketten gegliedert und als integrierte oder quasi integrierte
Produktionssysteme organisiert, die ursprünglich von Originalherstellern (*Original
Equipment Manufacturing*, OEM) der Industriezweige beziehungsweise von der
entsprechenden Funktion in anderen Wirtschaftszweigen stammen oder darum
herum aufgebaut wurden. Diese Ketten können nach zwei verschiedenen Kriterien
aufgebaut sein: Das erste zielt auf eine effektivere Arbeitsteilung ab, das zweite
auf Kosteneinsparungen hauptsächlich bei den Lohnkosten. Tatsächlich gibt es
aber auch viele verschiedene Mischformen. Diese Gestaltung bietet eine maximale
Flexibilität zu minimalen Kosten und kann für jeden Industriezweig und an die
Anforderungen jedes einzelnen Unternehmens angepasst werden.
    Gleichzeitig führt dieser Prozess zu einer höheren Konzentrierung und einer
geringeren Zentralisierung. Dieser Konzentrierungsprozess war für ein in hohem
Maße integriertes Unternehmen nicht im klassischen Sinne zentralisiert (vgl.
Harrison 1994). Im Gegenteil: Die Produktionsnetzwerke oder -linien, die auf der
Auslagerung vorgeschalteter Produktionsabläufe basierten und aus vielen KMU
(kleine und mittlere Unternehmen) bestehen, wurden von OEM-Firmen aufgebaut. Jede Kette lässt sich in verschiedene Ebenen unterteilen, wobei jede einzelne
über eine andere Wertschöpfungskapazität in Abhängigkeit von der Produktivkraft
verfügt. So sind z. B. in allen Branchen die Hersteller von Modulen oder komplexen Bauteilen stärker als andere Unternehmen. Die überwältigende Mehrheit
dieser Netzwerke und Ketten sind sowohl in Ebenen als auch in Polen organisiert. Die Pole sind die Schlüsselfaktoren jeder Ebene (vgl. Garibaldo und Bardi
2005). Am Fuße dieser Pyramiden befinden sich die Unternehmen, die nur einen
geringen Anteil einfacher Fertigungs- oder Verarbeitungsaufgaben oder einfache
Dienstleistungen erfüllen. Diese Unternehmen kämpfen um ihr Überleben.

Der dritte Grundpfeiler ist die Standortverlagerung. Am Anfang stand die Idee, so viele Kosten wie möglich auf die unteren Ebenen der Wertschöpfungskette zu verlagern. Diese Prozesse können nun noch feiner abgestimmt werden, sodass es nun auch aufgrund der Informations- und Kommunikationstechnologien möglich ist, jeden einzelnen Bestandteil und jede Funktion eines ökonomischen Prozesses – und nicht nur die fertigungsbezogenen Bestandteile – zu analysieren und zu entscheiden, ob, für wie lange und wohin dieser Prozess zu verlagern ist, um sowohl Weiterverarbeitungskosten als auch Kapitalkosten zu senken.

Dieser *militärische Apparat* wurde zur Eroberung neuer Märkte und zum Wettbewerb mit neuen Industrienationen wie China oder Indien aufgebaut. Die überwiegende Mehrheit der Mitarbeiter in solchen Unternehmen und Organisationen gelten als zahlenmäßig austauschbar.

Mit Ausnahme einiger weniger Mitarbeiter in den inneren Schichten dieser Unternehmen und Organisationen existiert in diesem System für niemanden irgendeine Art menschengerechter Gestaltung. Unternehmen betrachten ihre Angestellten als zum Krieg eingezogene Soldaten, die somit zu Loyalität und Höchstleistung verpflichtet sind. Deutschland ist hierfür ein typisches Beispiel.

Einigen Autoren zufolge (vgl. Danninger und Joutz 2007, 3ff.)[1] basiert der deutsche Exportboom seit den 90er-Jahren auf großen Produktivitätszuwächsen, ohne dabei etwas für die allgemeinen Bedingungen der Angestellten (Löhne, Sozialleistungen, Arbeitsbedingungen) abzuwerfen. Es kam im Gegenteil zu Lohnsenkungen und einer Reduzierung von Sozialleistungen im Zusammenhang mit dem Einbruch des inländischen Markts. Diese Situation wurde noch verstärkt durch eine Verlagerung der Produktion in Niedriglohnländer, auch innerhalb der EU-27-Grenzen, zur Umsetzung einer sehr aggressiven Exportstrategie. Tatsächlich hat sich die Arbeitgeberstrategie zur Überwindung der angestammten Hochlohnsituation im Nachkriegsdeutschland in den 90er-Jahren dramatisch verändert. Es fand eine riesige Verschiebung weg von den Automatisierungsstrategien der 70er- und 80er-Jahre in zu einer Verlagerung der vorgeschalteten Abläufe hauptsächlich nach Osteuropa und teilweise auch innerhalb der alten EU-15-Staaten statt, so zum Beispiel nach Norditalien. Gleichzeitig fand eine riesige Verschiebung von Investitionen nach Osteuropa statt, deren Ausmaß Sinn (2006, 6) zur Aussage brachte: „Deutsche Unternehmen befinden sich gegenwärtig in einem ‚Investitionsstreik', um einen von Marx geprägten Ausdruck zu verwenden."[2]

---

[1] Sie analysieren vier Hypothesen: (i) verbesserte Wettbewerbsfähigkeit durch moderate Lohntarifverträge seit Mitte der 90er-Jahre, (ii) Bindungen zu schnell wachsenden Handelspartnern als Folge eines erwünschten Produktsortiments oder von langjährigen Handelsbeziehungen, erhöhte Exportnachfrage nach Kapitalgütern als Antwort auf den weltweiten Anstieg von Investitionstätigkeiten, (iv) regionalisierte Produktionsmuster durch Verlagerung der Produktion in Niedriglohnländer, teilweise in Folge der europäischen Wirtschaftsintegration. Die Autoren betonen die Wichtigkeit des zweiten und vierten Faktors.

[2] Diese Verschiebung war so riesig, dass Sinn zufolge die Produktionstiefe der deutschen Industrie hinsichtlich des Anteils der eigenen Wertschöpfung an der Herstellung von 36 % auf 33 % gesunken ist. Übersetzung des Zitats durch den Autor.

Die Begründung für diese Strategie liegt in der Möglichkeit Deutschlands, sich durch Hightech-Investitionen einen Vorsprung vor den neuen Wettbewerbern, wie z. B. Indien oder China, zu verschaffen, den mittleren Zweig dieser Massenmärkte für Exporte zu öffnen und Indien und China in eine unendliche Aufholjagd zu stürzen. Diese Märkte sind so groß, dass – selbst wenn nur die reichsten Teile davon verfügbar werden – dies ausreicht, um eine angemessene Rentabilität zu erzielen, wie es Volkswagen in China gelungen ist.

Dies impliziert einen segmentierten Inlandsarbeitsmarkt. Jedes Segment basiert dabei auf gut ausgebildeten Technikern und Mitarbeitern zur Unterstützung des Hightech-Trends oder auf sehr flexiblen Mitarbeitern mit einem sehr unsicheren beruflichen Status zusammen mit hoher Arbeitsleistung und niedrigen Löhnen. Die tatsächliche Positionierung jedes einzelnen Segments hängt dabei von dessen Position innerhalb der Wertschöpfungskette ab.

Die Geburt dieser Unternehmen mit länderübergreifenden Produktionsketten, organisiert in Netzwerken oder Niederlassungen, stellen eine beispiellose Sozialisierung des Wissens und der Produktionsabläufe dar.

2.1 Ein fehlerhaftes Modell ungeachtet der Wirtschaftskrise

Dieses Modell kann mit oder ohne Berücksichtigung der Ende 2007 eingetretenen Wirtschaftskrise kritisch bewertet werden. Der Fehler dieses Modells ist eine Folge der veränderten Form des internationalen Wettbewerbs. Worum geht es bei der Innovation? Ist die Antwort hierauf in Schumpeters Vorstellung zu finden, dass eine Innovation daraus besteht, neue, zuverlässige Produkte oder Dienstleistungen auf den Markt zu bringen? Schumpeters Konzept scheint hier nicht zutreffend zu sein. Ein neues Konzept der Innovation ist nötig.

Sollen makroökonomische und gesellschaftliche Aspekte Berücksichtigung finden, muss natürlich eine ganze Reihe von Fragen gestellt werden.

In Bezug auf gesellschaftliche Aspekte:

1) Was soll innoviert werden? Die Produkte, die Prozesse oder beides? Heutzutage sind effiziente Prozesse und ein hohes technisches Qualitätsniveau eine Grundvoraussetzung.

2) Was soll durch Innovation erreicht werden? Ganz allgemein die Erfüllung der Kunden- oder Verbrauchernachfrage unabhängig von deren Art und Qualität? Oder umgekehrt die Festlegung der Hierarchie der Zielsetzungen? In vielen Bereichen legen Regierungen neue umweltbewusste Maßstäbe an, die auch auf die Unterstützung neuer Verbrauchertrends abzielen.

3) Warum Innovation vornehmen? Ganz allgemein als Voraussetzung für die eigene Wettbewerbsfähigkeit? Oder für eine ausgewählte, genau bestimmte Gestaltung der Wettbewerbsfähigkeit? Ein Problem heutzutage ist die Bestimmung des eigenen Vorteils.

4) Wer ist für die unerwarteten gesellschaftlichen Folgen (Nebenwirkungen) verantwortlich, die daraus resultieren, wie Innovationsprozesse gemanagt werden? Wie sollen Risiken gehandhabt werden? Dies bedeutet, dass bei der Innovation

nicht nur die technologische Geschicklichkeit, sondern auch gesellschaftliche, kulturelle und philosophische Sichtweisen sowie die Art und Weise der Ausgestaltung komplexer Steuerungssysteme miteinbezogen werden müssen.

Aus diesem Blickwinkel betrachtet besteht das Problem in der Gesamtqualität der Produkte und Dienstleistungen. Daher müssen wir uns die Frage stellen, was, warum, für wen und wie wir Innovationen vornehmen sollen.

Auf der makroökonomischen Seite bietet die Automobilbranche ein gutes Beispiel. Sämtliche internationale Agenturen sind sich über die Tatsache einig, dass es sowohl auf europäischer als auch auf internationaler Ebene einen Überschuss an Produktionskapazitäten in der Branche gibt. Das tatsächliche Wettbewerbsmodell basiert auf der Fähigkeit, neue internationale Märkte über die Entwicklung der Länder durch Ausbau neuer lokaler Produktionsstätten zu erobern. Dieses Modell hat zu einem Teufelskreis des Überangebots beigetragen, der nicht einfach durch eine immer weitere Erschließung dieser neuen Märkte zu überwinden ist. Der bislang und weiterhin bestehende Gesamteffekt ist der Ausbau weiterer Überkapazitäten in vielen Branchen weltweit mit neuen Finanzrisiken und langfristig neuen deflatorischen Impulsen.

Tatsächlich wird dies zu einer Überproduktion in Europa und den USA führen, jedoch nicht in den BRIC-Staaten. Weder eine Innovation, die auf den Erhalt des Wettbewerbsvorteils im Premiumsektor durch anspruchsvolle technologische Fortschritte ausgerichtet ist, noch die Initiative für umweltgerechte Fahrzeuge allein wird die Arbeitsplätze und das Einkommensniveau in Europa garantieren. Elektrofahrzeuge zum Beispiel haben einen Arbeitsinhalt von 1:20 im Vergleich zu einem herkömmlichen Fahrzeug. Stattdessen könnte ein mögliches Betätigungsfeld für eine andere Art der Innovation ersonnen werden.

So können Autos zum Beispiel als Nebenprodukt betrachtet werden, während die Mobilität das eigentliche Produkt darstellt. Dies ist ein realistischer historischer Blickwinkel. So haben tatsächlich die Automobile die Straßenbahnen aufgrund höherer Mobilität hinsichtlich Flexibilität und Geschwindigkeit abgelöst: Doch dies ist nicht mehr der Fall.

Aus diesem Blickwinkel betrachtet kann die Mobilität durch eine andere Art Fahrzeug geleistet werden, z. B. Elektrofahrzeuge wegen der Umweltverschmutzung, jedoch auch durch Mobilitätsplattformen, die nicht nur auf Autos oder herkömmlichen öffentlichen Verkehrsmitteln basieren, sondern auf neuartigen und integrierten Systemen für Großstadtregionen (vgl. AA.VV. 2002)

Europa dient als wichtiges Beispiel für den Rest der Welt, da dessen Struktur aus Städten und Großstadtregionen mit dichter Bebauung besteht und die Bevölkerung zunehmend empfindsam auf die Frage der Mobilität und Umweltverschmutzung reagiert.

3 Eine neue Art der Innovation

Eine Fokussierung des Innovationsantriebs auf die Fähigkeit zur Bildung einer neuen Art der Nachfrage führt zu einem neuen Innovationskonzept. Es basiert auf der öffentlichen und der privaten Inlandsnachfrage der Privathaushalte, sowohl individuell als auch kollektiv, und nähert sich so dem Fazit auf gesellschaftlicher Seite an.

Die Art dieser Nachfrage aus den Großstadtregionen ist nicht eigentümlich europäisch, sondern global und kann daher zu einem neuen globalen Angebot von Produkten führen. Darüber hinaus veranschaulicht es weitere wichtige Innovationschancen, die sich aus der Zusammenarbeit zwischen verschiedenen Wirtschaftszweigen, z. B. zwischen der Automobilbranche und dem Städtebau oder zwischen Regierungssystemen und Steuerungssystemen auf mesoterritorialer Ebene ergeben. So impliziert das Konzept einer Mobilitätsplattform eine Aufgabe, die nicht nur im Hinblick auf Mobilität zu erfüllen ist, sondern auch im Hinblick auf die städtebauliche Architektur und eine speziell auf diese beiden Zweige zugeschnittenen Synergie.

Außerdem bezieht sich die Innovation nicht notwendigerweise nur auf Hightech. Aus dem Blickwinkel einer offenen Innovation bedeutet sie manchmal auch die originäre Kombination bestehender Technologien.

Dieses Beispiel veranschaulicht die Möglichkeit einer anderen Art der Innovation:

1) basierend auf den gesellschaftlichen Anforderungen und der gesellschaftlichen Nachfrage,
2) mit sozialer Verantwortung hinsichtlich der Risiken,
3) basierend auf Formen der internationalen Arbeitsteilung, vereinbart in internationalen multilateralen Abkommen,
4) technologisch *konservativ*, d. h. ausgerichtet auf die Verwendung jeglicher Kombination von über die Unterscheidung zwischen Hoch- und Niedrigtechnologie des Frascati-Handbuchs hinausgehenden Technologien (vgl. PILOT 2002),
5) basierend auf einer offenen Zusammenarbeit zwischen verschiedenen Akteuren, Querschnittssektoren und technologischen Domänen, insbesondere der Kluft zwischen industrieller Fertigung und Dienstleistungen.

Diese Art der Innovation erfordert eine über die ganze Wertschöpfungskette verteilte Streuung von Innovationsfähigkeiten, nicht nur als Voraussetzung für OEM. Dies bedeutet eine Verschiebung von einem technokratischen zu einem demokratischen Innovationskonzept.

4 Die Wirtschaftskrise

In Wirtschaftsmagazinen besteht eine Kluft zwischen den Analytikern der Wirtschaftskrise. Die eine Seite, angeführt von Martin Wolf, unterstützt die Vorstellung, dass das Ungleichgewicht im internationalen Handel einen Schlüsselfaktor darstellt. Der Streitpunkt ist, dass die in Staaten mit einem sehr aggressiven neomerkantilistischen Ansatz und Staaten, die dieses Überangebot an Gütern und Dienstleistungen kaufen, geteilte Welt in dieser Wirtschaftskrise vergangen ist und jeder Versuch, sie einfach wieder zu beleben, zu weiteren Problemen führen wird.[3] Durch die Meinung in diesem Aufsatz wird der Ansatz von Wolf befürwortet.

Kommen wir nun zurück nach Deutschland als typisches Beispiel eines neomerkantilistischen Staats, wo die Vorstellung, ein hohes Exportniveau erzeuge und verteile mehr Wohlstand für das Exportland durch den Austausch von Arbeitsstellen für schlecht ausgebildete oder ungelernte Mitarbeiter gegen solche für durchschnittlich oder hoch qualifizierte Mitarbeiter, mehr und mehr Wunschdenken zu werden scheint. Sinn (2006, 14) zufolge lässt sich feststellen: „So sind in den vergangenen zehn Jahren in Deutschland 1,36 Millionen Arbeitsplätze verloren gegangen, wenn man in Vollzeitäquivalenten rechnet" (Übersetzung durch den Autor). Es gibt keine rein marktgesteuerte Art und Weise, Innovationsfähigkeit unter den Erwerbstätigen zu verbreiten.

Außerdem war Deutschland den Auswirkungen der Wirtschaftskrise durch den neomerkantilistischen Ansatz in höherem Maß ausgesetzt. Nicht nur rein zufällig hat Deutschland den höchsten Produktionsrückgang unter den EU-15-Staaten erfahren.

Aus diesem Grund ist eine Verschiebung hin zu den gesellschaftlichen Anforderungen und der gesellschaftlichen Nachfrage als Wachstumsantrieb in einer neuen, kooperativen internationalen Arbeitsteilung notwendig – zusammen mit einer breitgefächerten sozialen Verantwortung zur Vermeidung ökologischer und sozialer Risiken. Wir sollten uns daran erinnern, dass Keynes nach der großen Depression das Ungleichgewicht im Handel als größtes Risiko für die Zukunft erachtet hat und dass, in seiner ursprünglichen Version, sowohl die Gläubiger- als auch die Schuldnerstaaten dafür und für die Wiederherstellung des Gleichgewichts verantwortlich seien. Und zwar weil die *Beggar-thy-Neighbour*-Politik zu einer Exportabwertung und Arbeitslosigkeit in anderen Ländern führt. Dies hätte schon längst Bestandteil eines breiten Programms für internationale Zusammenarbeit sein müssen.

Daher bedarf es in Deutschland und Europa einer neuen Innovation als Antrieb für einen neuen sozialen und makroökonomischen Rahmen zur Unterstützung einer nachhaltigen Erholung. Die Erholung in Deutschland und Europa sollte sich daher auf eine neue Investition in den Einfallsreichtum und die Fähigkeiten der Mitarbeiter sowie ein entsprechendes gesellschaftliches Umfeld stützen.

---

[3] Diese Verschiebung war so riesig, dass Sinn zufolge die Produktionstiefe der deutschen Industrie hinsichtlich des Anteils der eigenen Wertschöpfung an der Herstellung von 36 % auf 33 % gesunken ist. Übersetzung des Zitats durch den Autor.

5 Ein geeignetes Umfeld für Innovation und Kreativität

Der Markt allein wird unsere Gesellschaft nicht dazu bringen, alle notwendigen Veränderungen herbeizuführen, um dieses neue Innovationskonzept zu verwirklichen. Was also muss nun und von wem getan werden, um dieses Ziel zu erreichen? Eine Antwort auf diese Frage bedarf einer eingehenderen Betrachtung des Kreativitätskonzepts. Kreativität in diesem Sinne ist nicht die romantische Vorstellung eines außergewöhnlichen Individuums oder der rationalistischen Vorstellung, dass sie nur aus der richtigen Handhabung von Konzepten und Theorien hervorgeht. In diesem Aufsatz besteht das Ziel nicht nur darin, die großen Vorteile von Kreativität zu betrachten – also die Entwicklung oder Erschaffung eines neuen Produkts, das auch aufgrund seiner Eignung eine gewisse gesellschaftliche Anerkennung erfährt –, sondern auch die sogenannte *kleine Kreativität* – also die „Tätigkeiten, mit denen die Mitarbeiter täglich beschäftigt sind, wie die Änderung eines Kochrezepts, wenn nicht alle Zutaten vorliegen, oder die Vermeidung eines Verkehrsstaus durch eine andere Anfahrt über Nebenstraßen" (Sawyer 2006, 27; Übersetzung durch den Autor). Es beinhaltet die herkömmliche Definition der Kreativität und das, was sich als Einfallsreichtum bezeichnen lässt. Was wir heute benötigen, ist diese Art Einstellung als eine Fähigkeit „normaler" Mitarbeiter. Nur auf diese Weise ist die beispiellose Sozialisierung aller Arbeitsabläufe richtig nutzbar, angefangen bei den Industrieunternehmen bis hin zu den ehemals freien Berufen, die während der vergangenen 30 Jahre gegründet wurden.

Wie können Mitarbeiter dies erreichen? Es ist nicht nur eine Frage der Ausbildung. Der springende Punkt ist, den Mitarbeitern die Möglichkeit zu geben, ihre Fertigkeiten und ihren Einfallsreichtum auf Basis ihrer besten Fähigkeiten zu entwickeln und einzusetzen, d. h. kreativ zu sein. Die gegenwärtige Praxis der Gestaltung und des Managements von Organisationen entspricht aufgrund ihrer Neigung zu einem monetären und kurzfristigen Konzept wirtschaftlicher Effektivität nicht den Anforderungen.

Daher müssen organisatorische und makrosoziale Bedingungen geschaffen werden. Die makrosozialen Bedingungen hängen kurz gesagt von dem oben beschriebenen Postulat der großen Verschiebung ab – dies bedeutet, die Vorstellung, die erste wissensbasierte Gesellschaft zu werden, ernst zu nehmen. Dieses Ziel ist jedoch unrealistisch, wenn unsere Gesellschaft – wie es der Gini-Index zeigt – auf zunehmender Ungleichheit basiert, die dazu führt, dass einige Minderheiten zu modernen Heloten werden. Der Schwerpunkt dieses Aufsatzes ist auf die Gestaltung der Organisation begrenzt.

6 Eine menschengerechte Gestaltung

Organisationen sollten *erforderlich* sein (vgl. Jacques 1970), d. h. geeignet für die ersonnene neue Aufgabe, sowie *zweckdienlich* (vgl. Garibaldo and Rebecchi 2004, 50), d. h. der Kreativität freien Lauf lassen können. Dies ist ein unmöglicher Auftrag bzw. ein Lippenbekenntnis an ein Ideal ohne praktische Anwendungsmöglichkeit, sofern die Bedürfnisse des Menschen dabei nicht berücksichtigt werden. Dies kann durch Anwendung unseres Wissens aus der Soziologe, Psychologie, Anthropologie und Kommunikation geschehen.

Kreativität wird nun als komplexes Phänomen betrachtet, das eine vielschichtige und mehrstufige Analyse erfordert. Allgemein kann gesagt werden, dass selbst wenn es nicht möglich sein sollte, die einzelne kreative Handlung zu erklären, es doch rechtmäßig ist, Hypothesen über ein dieses Handlungen förderndes Umfeld aufzustellen und Kreativität als Ergebnis einer gemeinsamen Zusammenarbeit komplexer menschlicher Netzwerke zu betrachten (vgl. Sawyer 2006, 119).

6.1 Vertrauen

Ein Schlüsselfaktor ist das Vertrauen. Vertrauen ergibt sich, wie bereits mehrfach beobachtet, aus einem beständigen Umfeld und ermöglicht im Gegenzug die Entstehung der Überlegung, die die Voraussetzung für Kreativität darstellt. Nach Winnicot (1971) ermöglicht Vertrauen andererseits die Manifestation des *wahren Selbst*, das kreatives Potenzial besitzt. Der Mangel an Zuversicht, die Unklarheit der Entscheidungen, ihr *Herunterrieseln von oben* stimulieren die Gegenwehr des selbstgefälligen *falschen Selbst* – Gegenwehr, die zu einem Verhalten des Gehorsams und des Fleißes führen kann, aber sicherlich keinen Abenteuergeist, also keine Kreativität, weckt. So wird in der zuletzt beschriebenen Situation das Umfeld als etwas verstanden, was eine passive Anpassung erfordert. Solch ein Umfeld behindert das kreative Potenzial, vor allem weil es die zugrunde liegende mentale Bereitschaft eliminiert oder reduziert, doch auch weil alles *Neue* unbewusst als Verstoß gegen die etablierte hierarchische Ordnung wahrgenommen wird – als Verstoß, der Schuldgefühle verursacht und, als Gegenwehr, ein Hemmnis der intellektuellen Funktion darstellt, die über dem kreativen Prozess steht. Es kann auch gesagt werden, dass die kreative Handlung in diesem Umfeld als zu großes Risiko wahrgenommen wird.

Dementsprechend ist anstelle einer passiven Anpassung eine aktive Haltung erforderlich, also ein zweiseitiger Prozess der menschlichen Anpassung an Veränderungen an ihrem kulturellen Erbe, ihrer Bereitschaft und ihren Anforderungen, die von außerhalb des eigenen Erfahrungsschatzes und vom Umfeld stammen. Wie lässt sich dies erreichen?

6.2 Eine erforderliche Organisation

Welche Rechte sind für einen Mitarbeiter unabdingbar, damit eine Organisation ordnungsgemäß funktioniert und die menschliche Zerstörungskraft abgemildert wird? Jacques' Antwort (1970, 25; Übersetzung durch den Autor) darauf lautet: „Das Problem ist also, die unbewussten Ängste, die eine ordentliche Arbeit der sozialen Institutionen der mittleren Ebene behindern, zu überwinden. Es ist notwendig, mindestens vier Rechte für die 90 % der arbeitenden Bevölkerung fest zu verankern: das Recht, bis zur Höchstgrenze der eigenen Fähigkeiten zu arbeiten, das Recht, Urteile des Vorgesetzten anzufechten, das Recht, an der Ausarbeitung von Vorschriften mitzuwirken, und das Recht auf eine angemessenen Entlohnung." Wenn wir also die erforderliche Organisation suchen, wie Jacques sie genannt hat, müssen wir bei der sogenannten normalen Persönlichkeit im psychoanalytischen Sinne beginnen und die besonderen Merkmale einer solchen Persönlichkeit fördern und verstärken (1970, 26f.; Übersetzung durch den Autor):

> „Erstens strebt der normale Mensch nicht nur danach, zu arbeiten, sondern auch danach, auf einem Verantwortungsniveau zu arbeiten, das seine Fähigkeiten voll und ganz auf die Probe stellt. Der Mensch ist ein Tier, das nach der Lösung von Problemen strebt und seinen mentalen und physischen Apparat ständig nutzen muss."

> „Zweitens ist der normale Mensch unabhängig von unterschiedlichen und wichtigen Standpunkten. Er versucht, sich selbst Ziele für seine Arbeit zu setzen oder zumindest an deren Formulierung teilzuhaben, wenn er in einer Gruppe arbeitet. Der Wunsch nach Unabhängigkeit spiegelt sich wider in der Weigerung, sich selbst der endgültigen Bewertung durch ein einzelnes Individuum zu unterwerfen."

> „Drittens hat das normale Individuum einen stark ausgeprägten Sinn für Gleichheit und soziale Gerechtigkeit."

Mit wenigen Ausnahmen ist die erforderliche Organisation, die diese Anforderungen erfüllt, sehr weit von den in den letzten 30 Jahren gegründeten Organisationen entfernt. Der wichtigste Kritikpunkt ist die Art und Weise, in der Mitarbeiter sich an Veränderungen anpassen.

Die erforderliche Organisation kann auch als zweckdienlich betrachtet werden, wobei sich die *Zweckdienlichkeit* auf die strukturelle Fähigkeit einer Organisation bezieht, ihren Angehörigen einen gemeinsamen „mentalen Freiraum" zu erlauben, wie Garibaldo und Rebecchi (2004, 50, Übersetzung durch den Autor) es nennen.

6.3 Eine geeignete Organisation

Die wichtigsten Eigenschaften eines für Kreativität geeigneten Umfelds werden in Studien über Organisationen beschrieben. Aus der Zusammenfassung des Ansatzes von Zollo und Winter (1999) zu dynamischen Fähigkeiten sowie der Theorien von Argyris und Schön (1996), Bolman und Deal (1997) tritt eine gemeinsame Vorstellung hervor, auf der innovative Organisationen basieren:

„Die Fähigkeit, auf qualitativ hochwertige Daten zugreifen und Eingriffe vornehmen zu können. Sie scheinen eher die Ansichten und Erfahrungen der Beteiligten einzubeziehen, als den Versuch zu unternehmen, der Situation eine bestimmte Ansicht überzustülpen. Theorien sollten deutlich formuliert und überprüft werden, Standpunkte erklärt und Dritten zur Untersuchung offengelegt werden."

Mit anderen Worten: Organisationen, die Innovation unterstützen, „können als dialogorientiert betrachtet werden und sind wahrscheinlicher im Umfeld von und in Organisationen mit einer gemeinschaftlichen Führung anzutreffen. Sie streben das Hervorheben gemeinsamer Ziele und der gegenseitigen Einflussnahme an.

I. Fördern offener Kommunikation und öffentliches Überprüfen von Annahmen und Überzeugungen"

Und weiterhin:

II. „Verbinden von Befürwortung mit Überprüfung" (Argyris und Schön 1996; Bolman und Deal 1997, 147f.; Übersetzung durch den Autor).

Die Besonderheiten des Systems werden somit zunehmend deutlich und klar voneinander abgegrenzt. Es sollte eine Reihe von Bedingungen für die Organisation geschaffen werden, die, in aller Kürze, in der Definition zweckdienlicher Organisationen enthalten sind (vgl. Spitzley et al. 2007).

Zusammenfassend gesagt führen uns die Anthropologie, die kognitive Psychologie und die Psychoanalyse zu der Schlussfolgerung, dass eine Organisation nicht nur handlungsstrategisch, sondern auch steuerungspolitisch offen für eine starke Mitbestimmung sein muss, um den Mitarbeitern Kreativität, Proaktivität und Flexibilität zu ermöglich.

Damit Kreativität gedeihen kann, ist außerdem ein Organisationsumfeld nötig, das auf Vertrauen, Gleichheit, sozialer Gerechtigkeit, Übertragung von Macht und Autonomie sowie Akzeptanz der individuellen Verantwortung für die eigenen Errungenschaften für die Mitarbeiter aufbaut. Der durchschnittliche Mitarbeiter benötigt dieses Umfeld, das – einmal eingerichtet – zu einer flexiblen Organisation führt.

6.4 Kreativität als Ergebnis gemeinsamer Zusammenarbeit eines komplexen menschlichen Netzwerks

Gruppen sind weitaus kooperativer als Individuen (vgl. Sawyer 2006, 120f.), doch dafür bedarf es bestimmter Bedingungen. Die dynamische Psychologie und Psychoanalyse in Verbindung mit Soziologie helfen bei der Bestimmung dieser Grundvoraussetzungen.

Gesellschaftsanalysen allein, wie zum Beispiel von Teamerfahrungen und der Art der Gruppendynamik innerhalb von Teams, sind nicht ausreichend, um die Gründe für Erfolg oder Misserfolg einer Zusammenarbeit erfassen zu können. Dafür ist es notwendig, sich an eine psychologische Sichtweise wie die von Bion (1961) zu halten. Zum Ersten beleuchtet diese Sichtweise die Art der Interaktion:

„Die soziologischen und psychologischen Sichtweisen [auf Gruppen] sind sehr unterschiedlich. (…) Die psychologische Sichtweise orientiert sich mehr an der Beschreibung dessen, was auf der mentalen Ebene innerhalb der Gruppe geschieht. Sie berücksichtigt nicht nur die Handlungen, die innerhalb ihrer stattfinden, sondern auch alle mentalen Bestandteile, die durch die Anwesenheit in der Gruppe aktiviert werden, seien sie nun rationaler oder emotionaler Art" (Rebecchi 1995; Übersetzung durch den Autor).

Von diesem Blickwinkel sieht alles ganz anders aus:

> „Wenn die Gruppenarbeit beginnt, stehen wir plötzlich einer Reihe von
> Widerständen gegenüber, die die Arbeit als solches behindern. Diese
> Widerstände werden auf verschiedene Weise katalogisiert und beschrieben.
> Manche sind wohlbekannt (z. B. Abhängigkeit, Pärchenbildung, Angriff,
> Flucht) und treten in allen Arbeitsgruppen auf (...). Zusammenfassend kann
> gesagt werden, dass, wenn Gegenwehr in einer Gruppe ausgelöst wird, die
> gemeinsame Aktivität beeinträchtigt wird; die Gruppe funktioniert nur dann
> als Arbeitsgruppen, wenn die Gegenwehr nicht vorhanden ist" (Rebecchi
> 1995; Übersetzung durch den Autor).

Wenn im umgekehrten Fall eine Gruppe in der Lage ist, eine Aufgabe zu erfüllen, so ist es eine gewisse Zeit lang möglich, die Gruppe als eine Arbeitsgruppe
zu beschreiben, die eine rationale und funktionelle Zusammenarbeit zwischen
Mitarbeitern zum Zwecke eines gemeinsamen Ziels darstellt. Welche Bedingungen
sind entscheidend, um es einer Ansammlung von Mitarbeitern zu ermöglichen, eine
Arbeitsgruppe zu werden?
    Unter vielen anderen Kriterien sind hier zwei vorrangige Punkte zu erwähnen:

1) Der Umfang einer möglichen Umwandlung des Kontexts durch die Gruppe. Es
   ist sehr enttäuschend für die Mitarbeiter, Aufgaben übertragen zu bekommen,
   die sie aufgrund von Umfeldeigenschaften außerhalb des Einflussbereichs der
   Gruppe unmöglich erfüllen können.
2) Ein eng gefasstes Konzept der Arbeitsgruppe: „Aus meiner Sicht ist die Gruppenarbeit tatsächlich im Wesentlichen heterogen, da sie die verschiedenen
   Erfahrungen zu einem komplexeren Wissen verbindet. Im Gegensatz dazu ist
   sie nicht die Kombination von Kräften zur Erreichung der gleichen mentalen
   Aktivität (...). Natürlich stellt die Gruppenarbeit den Taylorismus, wie wir ihn
   kennen, infrage (...). Die Gruppenarbeit (...) stellt den Taylorismus konkret da-
   hingehend infrage, dass sie nicht nur erklärt, dass die durch den Taylorismus
   aufgelösten Pflichten neu zusammengestellt werden müssen (der sogenannte
   Wiedergutmachungsaspekt), sondern es auch notwendig ist, von Anfang an die
   Modalitäten der Gruppenarbeit zu nutzen, damit Kreativität und eine komplexe
   Arbeit möglich werden" (Rebecchi 1995; Übersetzung durch den Autor).

Zusammenarbeit, wie die in Teams, ist eine *Metaebene* der Entwicklung der
Organisation. Zusammenarbeit ist daher mit anderen Worten ein *Zustand einer
Arbeitsweise*, d. h. die Fähigkeit einer Organisation, das „Ins-Leben-Rufen" eines
gemeinsamen mentalen Freiraums als sehr moderne Form der Zusammenarbeit zu
ermöglichen und zu unterstützen. Aus praktischer Sicht impliziert sie, dass das, was
zur Bewertung einer Organisation herangezogen und was verbessert werden sollte,
nicht die reine Existenz der dauerhaften Strukturen – z. B. Teams – ist, sondern
deren *strukturelle Zweckdienlichkeit* (vgl. Spitzley et al. 2007), d. h. ihre Offenheit
für diesen *Zustand der Arbeitsweise*. Es lässt sich weiterhin auf Grundlage empiri-

scher Beweise zeigen, dass sich das Verhältnis zwischen dem Grad der Einbettung von Teamarbeit in der Organisation und deren Effektivität umgekehrt proportional verhält (vgl. Lotz und Kristensen 2009).

Dies bedeutet nicht, dass die Struktur der Organisation nicht von Bedeutung ist, sondern dass es eine *erforderliche Organisation* zu sein hat, erforderlich für unseren Zweck. Es gibt *keinen besten Weg* für eine zweckdienliche Organisation, sondern es gibt tatsächlich eine Reihe von Pflichtkriterien, die *einen Raum* einer möglichen Art einer solchen Organisation beschreiben. Dieser Raum wird nicht nur durch das Kriterium der Zweckdienlichkeit geformt und gebildet, sondern auch durch breiter ausgelegte Kriterien, die sich sowohl auf die verschiedenen gesellschaftlichen Ebenen (analytisch) als auch auf die vielen verschiedenen gesellschaftlichen Ziele (praktisch) beziehen.

Es ist anders gesagt nutzlos, den Änderungsprozessen (wie ändern) mit deren Design (was, warum, für wen) entgegenzutreten (vgl. Oehlke et al. 2007, 9).

7 Fazit

Das Konzept des *Lernens* ist ein Manager-Mantra und Kern einer Theorie zur Organisationserneuerung namens *Lernende Organisation* geworden. In diesem theoretischen und operativen Rahmen gibt es, wie Casey (2003) herausstellte, eine Umkehrung, wobei die Organisation Gegenstand und der eigentliche Gegenstand, die Mitarbeiter, zu einer abstrakten Eigenschaft als *menschliches Betriebsmittel* werden.

Die *Pflichtkriterien* sind der Ertrag des *Allgemeinwissens*, im internationalen Maßstab verfügbar als Ergebnis wissenschaftlicher und technologischer Forschung, jedoch auch der *bewährten Verfahren*, die durch die praktische Erfahrung von Individuen und gesellschaftlichen Akteuren erschaffen werden. Dieses wissenschaftliche und praktische Wissen fließt von oben nach unten. Aber es verfügt nicht über die Merkmale eines in sich geschlossenen Standardwissens – selbst im Hinblick auf die technisch-operativen Aspekte. Es ist jedoch ein *Sammelbecken* reinterpretativer Prozesse, die sozusagen *metabolisieren* und einen Innovationsprozess regionalen Ausmaßes wiedereröffnen, in dem die Mitarbeiter zum Beispiel im Rahmen der Mitbestimmung bei Veränderungsplanungen mitreden dürfen.

Zusammenfassend bestehen die Pflichtkriterien (im Hinblick auf die Individuen) aus: Vertrauen, Gleichheit, sozialer Gerechtigkeit, Übertragung von Macht und Autonomie sowie Akzeptanz der individuellen Verantwortung für die eigenen Errungenschaften. Bezüglich der Zusammenarbeit bestehen sie aus: einem erheblichen Einsatz vielfältiger Teamarbeit innerhalb von und zwischen Organisationen, basierend auf einer realistischen Einschätzung, was das einzelne Team mit seiner Sammlung an verfügbaren Kompetenzen und Wissen leisten kann, und ausgestattet mit genügend Freiraum für Entscheidungen. Teams sollten ad hoc und als Übergangsform der Organisation gebildet werden und Mitarbeiter sollten die Möglichkeit haben, sich gleichzeitig in verschiedenen Teams einzubringen.

Solch eine Errungenschaft kann das Ergebnis eines Entwurfs zur Gestaltung der Mitbestimmung sein (vgl. Rasmussen, im Druck).

Literaturverzeichnis

AA.VV. (2002) Alternative Propulsions and the Car Sector: Possible options, economic constraints and development potential. Auf einem Kongress der IPL, CERIS und CNEL, Turin, 25. Okt. 2002; im Besonderen die Vorträge von: Cervellati P, University of Venice (Impacts and implications for the cities); Garibaldo F, IPL (The means of transport and the flexible systems for mobility); Larrue P, INSTEAD, France (The role of the public decision-maker from the case of the State of California)

Argyris C Schön D (1996) Organizational learning II: Theory, method and practice. FT Press, London

Atkinson J (1988) Recent changes in the internal labour market structure in the UK. In: Buitelaar W (Hrsg) Technology and Work, Aldershot, Avebury

Bellofiore R, Halevi J (2010) A Minsky moment? The subprime crisis and the new capitalism. In: Gnos C, Rochon LP (Hrsg) Credit, Money and Macroeconomic Policy. A Post-Keynesian Approach. Elgar (in Kürze), Cheltenham

Bion W (1961) Experiences in Groups and Other Papers. Tavistock Publications, London

Danninger S, Joutz F (2007) What Explains Germany's Rebounding Export Market Share. IMF Working Paper Nr. 24

Ekstedt E (2004) The New Division of Labour. http://www.euij-tc.org/pub/research_papers/20041126_Workshop/Workshop-2004-11-26-Ekstedt.pdf. Zugegriffen im September 2010

Finger M, Brand SB (1999) The concept of the „learning organization" applied to the transformation of the public sector. In: Easterby-Smith M, Araujo L, Burgoyne J, (Hrsg) Organizational Learning and the Learning Organization; Sage, London

Garibaldo F et al (2007) A Reference Model for Excellence in Innovation Management. In: Spitzley A, Rogowski T, Garibaldo F (Hrsg) Open Innovation for Small and Medium Sized Enterprises. Ways to Develop Excellence – Fraunhofer-Institut. Fraunhofer IRB Verlag, Stuttgart

Garibaldo F (1996) Workplace innovation: the making of a human-centred industrial culture. In: Gill KS (Hrsg) Human machine symbiosis: the foundation of a human-centred system design. Springer, Berlin/ Heidelberg/ New York

Garibaldo F, Bardi A (2005) Company Strategies and Organisational Evolution in the Automotive Sector: A Worldwide Perspective. Peter Lang, Frankfurt a.M.

Garibaldo F, Jacobson D (2005) The role of company and social networks in low-tech industries. http://www.pilot-project.org/conference/conference.html. Zugegriffen im September 2010

Garibaldo F, Marchisio O, Telljohann V (2008) The automotive industry. In: Garibaldo F, Morvannou P, Tholen J (Hrsg) Is China a Risk or an Opportunity for Europe? Peter Lang, Frankfurt a.M.: 27-51

Garibaldo F, Rebecchi E (2004) Some reflections on the epistemological fundaments of an Italian action-research experience. In: AI & Society, 18, Springer, London: 44-67

Garibaldo F (2010) Search conference. In: Rasmussen, L. B. (Hrsg) 2010, a. a. O.

Harrison B (1994) Lean and Mean. The Changing Landscape of Corporate Power in the Age of Flexibility. Basic Books, New York

Jaques E (1970) Work, Creativity, and Social Justice. Heinemann Educational Books, London

Kaloudis A, Sandven T, Smith K (2005) Structural change, growth and innovation: the roles of medium and low-tech industries 1980-2000. http://www.pilot-project.org/conference/conference.html. Zugegriffen im September 2010

Kerka S (1995) The learning organization: myths and realities. Eric Clearinghouse

Laestadius S, Pedersen TE, Sandven T (2005) Towards a new understanding of innovativeness – and of innovation based indicators. http://www.pilot-project.org/conference/conference.html. Zugegriffen im September 2010

Le Boterf G (2002) Développer la compétence des professionnels, Edition d'organisation, Paris

Lotz M, Kristensen PH (2009) Taking Teams Seriously in the Co-creation of Economic Agency: Towards an Organizational Sociology of Teams. http://project.hkkk.fi/translearn/Publications.htm/090301Teampaper_ML_PHK_MR.pdf. Zugegriffen im September 2010

Minsky HP (2008) John Maynard Keynes. McGraw – Hill, New York

Minsky HP (2008) Stabilizing an unstable economy. McGraw – Hill, New York

Meghnagi S (2005) Il sapere professionale. Feltrinelli, Mailand

Nonaka I, Takeuchi H (1995) The Knowledge-Creating Company. Oxford University Press, Oxford

Oehlke P et al (2007) Why take the „high road" of innovation? Work oriented strategies in Europe. WORK-IN-NET-Hintergrundpapier, Projektträger des BMBF im DLR, Bonn

PILOT (Policy and Innovation in Low Tech, Knowledge Formation, Employment & Growth Contributions of the 'Old Economy' Industries in Europe) (2002). Research Project, funded by the European Commission (Contract No HPSE-CT-2002-00112), Key Action „Improving the Human Research Potential and the Socio-Economic Knowledge Base" in the 5th Framework Program (Anm. d. Ü: Programm für Forschung, technologische Entwicklung und Demonstration auf dem Gebiet „Ausbau des Potentials an Humanressourcen in der Forschung und Verbesserung der sozioökonomischen Wissensgrundlage", 1998-2002, 5. Rahmenprogramm)

Pohlmann M, Gebhardt C, Etzkowitz H (2005) The development of innovation systems and the art of innovation management, Strategy, control and the culture of innovation. In: Technology Analysis & Strategica Management, Bd 17, Nr 1: 1-7, März 2005

Rasmussen LB (Hrsg) (2010) Interactive Methods – Facilitation of change in organization, communities and networks. Polyteknisk Forlag, Dänemark (im Druck)

Rasmussen LB, Garibaldo F (2010) Application of interactive method. In: Rasmussen, L. B. (Hrsg) 2010, a. a. O.

Rasmussen LB (2003) Action Research Toolkit II: The Scenario Workshop. In: Gill KS, Jain A (Hrsg) Navigating Innovations – Indo-European Cross-Cultural Experiences. Bd 1, India Research Press, Indien: 241-258

Rebecchi E (1995) Difficulties and Potentialities Of Group Work. The Work Group. In: AI & Society. 8: 3

Sawyer RK (2006) Explaining Creativity. The Science of Human Innovation. Oxford University Press, Oxford

Senge PM (1990) The Fifth Discipline. The art and practice of the learning organization. Random House, London

Sinn HW (2006) The Pathological Export Boom And The Bazaar Effect. How To Solve The German Puzzle. CES/IFO working paper, Nr 1708, http://www.cesifogroup.de/pls/

guestci/download/CESifo%20Working%20Papers%202006/CESifo%20Working%20
    Papers%20April%202006/cesifo1_wp1708.pdf. Zugegriffen im September 2010
Winnicot DW (1974) Gioco e Realtà. Armando, Rom
Zollo M, Winter S (1999) From Organizational Routines to Dynamic Capabilities – WP
    99-07 – The Wharton School, University of Pennsylvania

Beteiligung von Arbeitnehmern als Quelle von Innovation

Rainer Greca

Die deutsche Wirtschaft ist aus der Weltfinanzkrise schneller und gestärkter hervorgegangen, als pessimistische Prognosen dies vorhergesehen hatten. Ursächlich dafür waren (1) arbeitsmarktpolitische Instrumente im Inland (z.b. Kurzarbeit); (2) der Absatz exportorientierter Unternehmen in Ländern, die kaum von der Krise betroffen waren (z.b. China). Ein einheitliches Konzept kapitalistischer Verwertung der Humanressource ist hinter dieser Entwicklung nicht zu erkennen, denn widersprüchliche Tendenzen kennzeichnen die Entwicklungen auf dem Arbeitsmarkt, dessen Strukturen komplexer geworden sind: während neo-tayloristische Rationalisierung in einem Teil der Produktion von Waren und Dienstleistungen voranschreitet, werden in anderen Sektoren Gruppenarbeitsmodelle in einer großen Varietät weiterentwickelt (vgl. Felger et al. 2003). Die Beschäftigtenzahl steigt, besonders nehmen aber prekäre Arbeitsformen zu (vgl. Bosch et al. 2008). Sich rasch ändernde Produktionsmethoden bei ständigem Produktwandel erfordern hohe Eingangsqualifikationen und kontinuierliche Weiterqualifizierung der Mitarbeiter. Die Einführung intelligenter Steuerungsprogramme führt in Produktionsstätten aber zu einer Dequalifizierung und Demotivierung qualifizierter Facharbeiter und schafft als nicht intendierte Nebenfolge neue Fehler- und Problembereiche (vgl. Lutz et al. 1989). Zusätzlich muss konstatiert werden, dass eine Betrachtungsweise, die ausschließlich nationale Arbeitsmärkte fokussiert, die „neuartige, ortsübergreifende sozialräumliche Organisation von Produktion und Arbeit" (Beck 1999, 76) übersieht. Auch diese entwickelt sich unterschiedlich: den Betriebsverlagerungen in Billiglohnländer, in denen die Qualifikation der Mitarbeiter eine untergeordnete Rolle spielt (vgl. Horstmeier 2009), steht das *Industrial upgrading* in Ländern wie Mexiko oder China gegenüber, in denen sich hochentwickelte Produktionsbetriebe und Zuliefercluster etablieren (vgl. Hürtgen et al. 2009). Die *Balkanisierung* des internationalen Arbeitsmarktes (Castel 2000) indiziert eine komplexe Situation von Kernarbeitsbereichen und randständigen Segmenten, die sich in einzelnen Regionen reproduziert (vgl. Castells 2004. Unterscheiden lassen sich sechs Zonen und verschiedene Segmente und Fragmente von Arbeit, die keinem spezifischem nationalen Kontext mehr zugeordnet werden können: (1) geschützte dauerhafte und gut bezahlte

S. Jeschke et al. (eds.), *Enabling Innovation*, DOI 10.1007/978-3-642-24299-1_21,
© Springer-Verlag Berlin Heidelberg 2011

Arbeit; (2) flexibilisierte aber relativ gut bezahlte Arbeit (vgl. Seifert und Brehmer 2008); (3) prekäre Beschäftigung, charakterisiert durch niedrige Einkommen und unsichere Arbeitsregulierungen; (4) Tätigkeiten im Niedriglohnsektor ohne formale Regulierungen; (5) erzwungene Arbeiten in beständiger Armut; (6) alte und neue Formen von Sklaverei. In allen Zonen sind Segmente ausgebildet, die durch Geschlecht oder ethnische Herkunft geprägt sind; Fragmente werden durch unterschiedliche Qualifikationslevel oder Altersgruppen gebildet. Rein quantitativ lassen sich keine positiven Verschiebungen zwischen diesen Zonen, Sektoren und Fragmenten nachweisen (vgl. Greca 2010). Der *neue Kapitalismus* bewirkt nicht nur eine Erosion des „stahlharten Gehäuses der Hörigkeit" (Weber 2001a), sondern auch einen Verlust der Gestaltungskraft nationaler Politik, was einen kosmopolitischen Blick erforderlich macht (vgl. Beck 2008). Es ist daher unmöglich, den „Geist des neuen Kapitalismus" (Sennett 2007) in einer Flasche mit nationalen Etiketten zu verkorken (vgl. Kurz 2005).

Arbeit, die prozess- und produktinnovativ ist muss auf das Handlungspotential von arbeitenden Subjekten und die kollektive Intelligenz von Gruppen setzen. Schon Max Weber hatte in seiner Analyse industrieller Fertigungsmethoden eine deterministische Sichtweise der „Arbeit an der Kette" abgelehnt (Weber 2001b). Auch die Münchener Schule der Arbeitssoziologie (vgl. Beck et al. 1980) konstatierte nach einem halben Jahrhundert der Erfahrungen mit dem Maschinenmodell von Wirtschaftsorganisationen, dass die Reduktion von Subjekten auf ausführende Funktionen in Arbeitsprozessen weder analytisch zur wissenschaftlichen Erfassung ausreichend ist, noch zu befriedigenden Ergebnissen für Unternehmen führt. Das „Gehirnmodell" vernetzter, kreativer und innovativer Arbeitsorganisationen (vgl. Morgan 2007) betont dagegen die synaptische Kooperation denkender Zellen, die Ideen entwickeln und erfolgreich realisieren. Garibaldo setzt diese Argumentation fort, indem er einen Zusammenhang zwischen objektiven Erfordernissen von Unternehmen im globalen Wettbewerb und der Leistungsbereitschaft von Einzelnen und Kollektiven beschreibt. Die nach wie vor vorhandene Schwierigkeit, arbeitende Subjekte in innovative, kreative und vertrauende Akteure zu verwandeln – obwohl diese aufgrund der Erfahrungen vergangener Krisenjahre das Erlebnis ihrer Ersetzbarkeit nur schwer verdrängen können – ist aber nicht neu und verweist auf fundamentale Probleme, dieses Konzept zu realisieren. In den Staatssozialisten Ländern wurde beispielsweise das Arbeitskollektiv in den Mittelpunkt der Realisierung der Utopie der Produktivkraftentwicklung gestellt. Empirische Studien mit dieser Organisation industrieller Arbeit zeigten aber keinen nachweisbaren Zusammenhang zwischen Produktivität und Kollektivbewusstsein (vgl. Greca 1990). In den westlichen Industrieländern wurde Gruppenarbeit und die stärkere Partizipation von Arbeitnehmern an Entscheidungs- und Verbesserungsprozessen mit der MIT-Studie über die „Zweite Revolution in der Autoindustrie" (Womack et al. 1994) als wichtiges Instrument der industriellen Produktion ideologisiert. Der Erfolg dieses Konzepts gilt als umstritten. Fraglich bleibt nach drei Jahrzehnten Erfahrung, ob die Beteiligung von Arbeitnehmern an Entscheidungs- und Abstimmungsprozessen

1) soziale und wirtschaftlicher Interessen aller Beteiligten in gleicher Weise befriedigt,
2) in allen wirtschaftliche Branchen, Unternehmen unterschiedlicher Größe und Tätigkeitsbereichen sinnvoll ist,
3) gesellschaftliche Beteiligungsformen und innerbetriebliche Partizipation in einem ausgewogenen Verhältnis zueinander stehen.

Weitere Studien sollten bei der Erforschung des Erfolgs von Partizipation differenzieren nach (1) formaler (z.b. aufgrund von legalen Bestimmungen oder betrieblichen Vereinbarungen), (2) informaler (partieller oder dauerhafter), (3) direkter (z.b. Arbeitsgruppen bestimmen die Produktionsziele mit), (4) indirekter (z.B. gewählte Gruppensprecher stimmen die Arbeit ihrer Gruppen ab) oder (5) symbolischer Beteiligung (z.b. Vertreter einer Gewerkschaft vertreten im Aufsichtsrat die Interessen unterschiedlicher Arbeitnehmergruppen).

Literaturverzeichnis

Beck U, Brater M, Daheim H (1980) Soziologie der Arbeit und Berufe. Rowohlt TB-V., Reinbek bei Hamburg

Beck U (1999) Schöne neue Arbeitswelt, Vision: Weltbürgerschaft. Campus Verlag, Frankfurt a.M.

Beck U (2008) Die Neuvermessung der Ungleichheit unter den Menschen. Soziologische Aufklärung im 21.Jahrhundert. Suhrkamp Verlag, Frankfurt a.M.

Bosch G, Kalina Th, Weinkopf C (2008) Niedriglohnbeschäftigte auf der Verliererseite. In: WSI Mitteilungen 8/2008

Castel R (2000) Die Metamorphosen der sozialen Frage. Eine Chronik der Lohnarbeit. UKV Universitätsverlag, Konstanz

Castells M (2004) Der Aufstieg der Netzwerkgesellschaft. Das Informationszeitalter I. UTB, Opladen

Felger S, Kruse W, Paul-Kohlhoff A, Senft S (2003) Partizipative Arbeitsorganisation. Beteiligung jenseits von Naivität. Ergebnisse aus dem PartArt Projekt. LitVerlag, Münster

Greca R (2010) Managing the supply chain – corporate social responsibility or corruption and exploitation. In: Garibaldo F, Tellhjohann V (Hrsg) The Ambivalent Character of Participation. New Tendencies in Worker Participation in Europe. Peter Lang, Frankfurt a.M: 549-566

Greca R (1990) Die Grenzen rationalen Handelns in sozialen Organisationen. Sozialhistorische und empirische Untersuchungen. Saur, München

Horstmeier G (2009) Prekäre Beschäftigungsverhältnisse. Systematische Darstellung sämtlicher Beschäftigungsformen. De Gruyter, Berlin

Hürtgen St, Lüthje B, Schumm W, Sproll M (2009) Von Silicon Valley nach Shenzhen. Globale Produktion und Arbeit in der IT-Industrie. VSA Verlag, Hamburg

Kurz R (2005) Das Weltkapital. Globalisierung und innere Schranken des modernen warenproduzierenden Systems. Klaus Bittermann, Berlin

Morgan G (2007) Bilder der Organisation. Klett-Cotta, Stuttgart

Sennett P (2006) The Culture of the New Capitalism. Yale University Press, New Haven, London

Weber M (2001a) Die protestantische Ethik und der Geist des Kapitalismus. In: Weber M, Gesammelte Werke. Digitale Bibliothek, Berlin: 204

Weber M (2001b) Zur Psychophysik industrieller Arbeit. In: Weber M, Gesammelte Werke. Digitale Bibliothek, Berlin: 204

Womack JP, Jones DT, Roos D (1992) Die zweite Revolution in der Autoindustrie. Campus Verlag, Frankfurt a.M. und New York

Teil 3

Innovationsfähigkeit und Wandel der Arbeit

Soziale Innovation – Gesellschaftliche Herausforderungen und zukünftige Forschungsfelder

Jürgen Howaldt und Michael Schwarz

Abstract

Im vorliegenden Beitrag werden soziale Innovationen als ein zunehmend wichtiges Thema im zivilgesellschaftlichen Diskurs beleuchtet. Ausgehend vom wachsenden Bewusstsein eines nur eingeschränkten Problemlösungspotenzials technologischer Innovationen sowie etablierter Steuerungs- und Problemlösungsroutinen weisen die Autoren auf die Notwendigkeit sozialer Innovationen hin. Sie argumentieren, dass soziale Innovationen insbesondere im Hinblick auf den Erhalt und den Ausbau der Innovationsfähigkeit von Unternehmen und Gesellschaften wachsende Bedeutung erlangen werden. Im Mittelpunkt steht dabei die These, dass sich mit dem Übergang von der Industrie- zur Wissens- und Dienstleistungsgesellschaft ein Paradigmenwechsel des Innovationssystems vollzieht, in dessen Folge sich das Verhältnis von technologischen und sozialen Innovationen zugunsten letzterer verändert. Gleichzeitig wird im Beitrag bemängelt, dass sich die Debatte um nationale und regionale Innovationssysteme vorwiegend mit den strukturellen, politischen und institutionellen Voraussetzungen der Innovationsfähigkeit auf nationaler und regionaler Ebene beschäftigt, während soziale Innovationen als eigenständiger Innovationstyp nur am Rande behandelt werden. Um diesem Missstand abzuhelfen, wird zunächst der Frage nachgegangen, was eine Innovation zu einer sozialen Innovation macht. Dabei geht es u.a. um den Zusammenhang zwischen sozialer Innovation und sozialem Wandel sowie um die Diffusion sozialer Innovationen. Im nächsten Schritt werden Trends und zukünftige Forschungsfelder sozialer Innovation behandelt. Hier wird analysiert, wie soziale Innovationen zur Bearbeitung globaler Dilemmata beitragen können.

1 Einleitung

Spätestens seit der Veröffentlichung des vielzitierten Meadows Bericht zur Lage der Menschheit an den Club of Rome (vgl. Meadows 1972) wird über die Grenzen des Wachstums in einem begrenzten System und die in diesem Zusammenhang maßgebliche Rolle der technologischen Entwicklung diskutiert. Schon Meadows wies aus einer explizit nicht technikfeindlichen Position heraus (vgl. ebd. 139f.) darauf hin, dass die Anwendung technologischer Maßnahmen die zentralen Probleme der

S. Jeschke et al. (eds.), *Enabling Innovation*, DOI 10.1007/978-3-642-24299-1_22,
© Springer-Verlag Berlin Heidelberg 2011

Welt nicht gelöst, sondern tendenziell verschärft habe, dass auch sehr nützliche neue Technologien in der Regel mit unvorhersehbaren sozialen Nebenwirkungen und neuen gesellschaftlichen Problemen verbunden seien, und dass es für viele bedeutsame Probleme in der modernen Welt gar keine technischen Lösungen gibt, sondern vielmehr umfassende „soziale Veränderungen" bzw. „nichttechnologische Maßnahmen" (ebd., 140) notwendig seien.

Auch in Reaktion auf die nach wie vor weitgehend technik- und technologiefixierte Innovationspolitik werden im zivilgesellschaftlichen Diskurs etwa seit 2000 soziale Innovationen als ein zunehmend wichtiges Thema wahrgenommen und vermehrt eingefordert. Vor dem Hintergrund von zum Teil völlig veränderten und verschärften Problemlagen im Zusammenhang mit einer drastisch beschleunigten Veränderungsdynamik in Wirtschaft, Gesellschaft und Kultur wächst ganz offensichtlich das Bewusstsein eines nur eingeschränkten Problemlösungspotenzials technologischer Innovationen sowie etablierter Steuerungs- und Problemlösungsroutinen.

In der Folge davon und angesichts sich vielfältig überlagernder manifester Krisen wird zunehmend ein Bedarf an viel breiter angelegten Strategien *for recovery through innovation* (vgl. The Young Foundation 2009) identifiziert und artikuliert. Im Zuge dieser Entwicklungen rücken soziale Innovationen immer mehr vom Rand in den Mittelpunkt der Aufmerksamkeit (vgl. ebd.). Je weiter Gesellschaft, Wirtschaft, Kultur, die natürliche Umwelt, die Arbeits- und Lebenswelt von technischen Innovationen durchdrungen und „in so hohem Tempo umgestaltet werden, wie das derzeit der Fall ist" (vgl. ZSI 2008, 28), umso mehr gewinnen soziale Innovationen an Bedeutung und öffentlicher Aufmerksamkeit[1]. Sie werden nicht nur infolge dieser beschleunigten Veränderungsdynamik und -tiefe und der umfassenden Handlungskrise im Hinblick auf die Lösung der damit verbundenen Probleme immer notwendiger. Ihnen wird künftig „ein ähnlicher Stellenwert" zukommen, „wie ihn bisher nur wirtschaftlich verwertbare technische Innovationen haben" (vgl. ebd., 30). Soziale Innovationen werden insbesondere im Hinblick auf den Erhalt und den Ausbau der Innovationsfähigkeit von Unternehmen und Gesellschaften wachsende Bedeutung erlangen.

Der Begriff der Innovationsfähigkeit hat vielfältige Facetten und Bezugspunkte. Wenn er verwendet wird, dann geht es in der Regel um die *sozialen und institutionellen Voraussetzungen* erfolgreicher (i.d.R. technologischer) Innovationen. Dabei beschäftigt sich die Debatte um nationale und regionale Innovationssysteme vorwiegend mit den strukturellen, politischen und institutionellen Voraussetzungen der Innovationsfähigkeit auf nationaler und regionaler Ebene.

Soziale Innovationen als eigenständiger Innovationstyp werden in diesem Kontext dagegen nur am Rande behandelt. So war die internationale Debatte zum Thema ‚soziale Innovation' bis in die 1990er Jahre hinein fast ausschließlich der

---

[1] So publiziert z. B. das Wirtschaftsmagazin brand eins seit Anfang 2006 eine Serie unter dem Titel Soziale Innovationen. Die bislang erschienenen 19 Folgen behandeln so unterschiedliche Themenfelder wie Grundeinkommen, Teilhabegesellschaft, Integration, Stiftungswesen, Schulen und Universitäten, Arbeit, Steuerreform, Sozialstaat, Tauschgeschäfte, Finanzdienstleistungen, Stadtplanung.

management- und unternehmensbezogenen Literatur vorbehalten. „In this literature, emphasis is put on the role of improvements in social capital which can sub-
sequently lead to better-working (more effective or efficient) organisations in the
economy and thereby generate positive effects in terms of social innovation across
the sector" (Moulaert et al. 2005, 1973ff.).

In Deutschland hat sich insbesondere die Arbeitsforschung – vor dem Hintergrund ihrer langen Erfahrungen, wie sie in den Programmen „Humanisierung
der Arbeit", „Arbeit und Technik", „Innovative Arbeitsgestaltung" und „Zukunft
der Arbeit" zum Ausdruck kommt – bereits früh von der Idee eines umfassenden
Innovationsverständnisses leiten lassen. Gerade in ihrer Analyse der komplexen
Zusammenhänge zwischen sozialen und technologischen Innovationsprozessen
in Unternehmen hat die Arbeitsforschung auf ihrem Gebiet wichtige Anstöße für
ein umfassendes Innovationsverständnis geleistet. Dabei hat sie einen starken
Augenmerk auf die soziale und menschliche Seite der Innovation gelegt und die
große Bedeutung menschlicher Arbeit im Innovationsgeschehen betont. Trotz der
gewaltigen Umbrüche in der Arbeitswelt und der damit verbundenen Probleme
bleibt Arbeit gerade in der Wissens- und Dienstleistungsgesellschaft die wichtigste Ressource bei der Bewältigung von Innovationsprozessen – und ein zentrales
Thema der Erforschung sozialer Innovationen. So stehen auch im Rahmen des
Programms „Arbeiten – Lernen – Kompetenzen entwickeln. Innovationsfähigkeit
in einer modernen Arbeitswelt" *management- und arbeitsbezogene Aspekte der
Innovationsfähigkeit* im Mittelpunkt des Interesses. Dabei sind die Begriffe Organisation, Qualifikation, Technik, Gesundheit von zentraler Bedeutung.[2]

In ihrer Gesamtheit können diese Entwicklungen als Ausdruck eines grundlegenden Paradigmenwechsels des Innovationssystems betrachtet werden. Mit dem
Übergang von der Industrie- zur Wissens- und Dienstleistungsgesellschaft – so
unsere zentrale These – vollzieht sich ein Paradigmenwechsel des Innovationssystems, in dessen Folge sich das Verhältnis von technologischen und sozialen
Innovationen verändert. Zielte Innovation bisher primär auf die natur- und inge-
nieurwissenschaftlich geprägte und getriebene Hervorbringung neuer Produkte und
Verfahren, werden im Zusammenhang mit einer wachsenden Veränderungsdynamik
künftig soziale Innovationen an Bedeutung gewinnen (vgl. Howaldt et al. 2008).
Allerdings werden diese in der stark auf die sozialen Voraussetzungen, Folgen und
Prozesse im Zusammenhang mit technischen Innovationen fixierten sozialwissenschaftlichen Innovationsforschung als eigenständiges Phänomen bislang kaum
thematisiert und analysiert (vgl. Rammert 2010). Soziale Innovationen tauchen
weniger als ein spezifisch definierter Fachbegriff mit einem eigenen und abgrenzbaren Gegenstandsbereich auf, sondern vielmehr als eine Art deskriptive Metapher
im Kontext von Phänomenen des sozialen und technischen Wandels.

---

[2] Im Rahmen des IMO-Projektes hat sich das Aktionsfeld „Innovationsfähigkeit und Wandel
der Arbeitswelt" mit dem Zusammenhang von Arbeit und Innovationsfähigkeit beschäftigt
(vgl. http://www.internationalmonitoring.com/de/expertenarbeitskreis/aktionsfeld_3.html.
Zugegriffen im Mai 2011).

Vor dem Hintergrund der nationalen und internationalen Debatte zum Thema gibt der Beitrag einen Überblick über Konzepte, Themenfelder und Dimensionen der Erforschung sozialer Innovationen. Ausgangspunkt ist die Wahrnehmung, dass das Thema trotz eines deutlichen Aufschwungs sowohl begrifflich, konzeptionell als auch inhaltlich äußerst unscharf geblieben ist.[3] Eine Vielzahl höchst unterschiedlicher Sachverhalte, Gegenstandsbereiche, Problemdimensionen und Problemlösungserwartungen werden unter dem Stichwort *soziale Innovationen* subsummiert, ohne sie in ihrer gesellschaftlichen und wirtschaftlichen Bedeutung, ihren Ermöglichungs- und Entstehungsbedingungen, ihrer Genese und Verbreitung hinreichend zu erfassen und begrifflich vom sozialen Wandel wie von anderen Formen der Innovation trennscharf zu unterscheiden. Das hier skizzierte theoretisch fundierte Konzept sozialer Innovation ist die Voraussetzung für die Entwicklung einer integrativen Theorie gesellschaftlich-technischer Innovation, in der soziale Innovation mehr ist als nur Voraussetzung, Begleiterscheinung und Folge von technologischen Innovationen. Erst mit einer Berücksichtigung der Eigengesetzlichkeiten und Spezifika sozialer Innovation eröffnet sich die Möglichkeit, soziale und technologische Innovationsprozesse in ihrem systemischen Zusammenhang und in ihrer gegenseitigen Abhängigkeit begreifbar zu machen.

Vor diesem Hintergrund sollen künftige Forschungsfelder und Forschungsfragen beschrieben sowie der mögliche Beitrag sozialer Innovationen zum Erhalt und zum Ausbau der Innovationsfähigkeit moderner Gesellschaften sowie bei der Lösung zentraler gesellschaftlicher Problemlagen skizziert werden.

2 Ein neues Innovationsparadigma

Angesichts des gesellschaftlichen Wandels von der Industrie- zur Wissens- und Dienstleistungsgesellschaft, welcher tiefgreifende Veränderungen der Wirtschafts- und Sozialstrukturen moderner Gesellschaften nach sich zieht, lassen sich vielfältige Belege für einen grundlegenden Wandel des Innovationsparadigmas ausmachen. Ein wesentliches Kennzeichen dieser Veränderungen ist die Öffnung des Innovationsprozesses hin zur Gesellschaft (vgl. FORA 2010, 15ff.). Nicht nur andere Unternehmen, Hochschulen und Forschungseinrichtungen sind relevante Akteure im Innovationsprozess. Auch Bürger und Kunden dienen nicht länger nur als Lieferanten für Bedürfnisinformationen (wie im klassischen Innovationsmanagement), sondern tragen auch im Prozess der Entwicklung neuer Produkte zur Lösung von Problemen bei. Begriffe und Konzepte wie Open Innovation (vgl. Chesbrough 2003; Reichwald und Piller 2005), Kundenintegration (vgl. Jacobsen 2005; Dunkel und Rieder 2007), Netzwerke (vgl. Kühlmann und

---

[3] Im Rahmen des IMO-Projektes hat sich das Aktionsfeld „Innovationsfähigkeit und Wandel der Arbeitswelt" mit dem Zusammenhang von Arbeit und Innovationsfähigkeit beschäftigt (vgl. http://www.internationalmonitoring.com/de/expertenarbeitskreis/aktionsfeld_3.html. Zugegriffen im Mai 2011).

Haas 2009; Howaldt et al. 2001) spiegeln einzelne Aspekte dieser Entwicklung wider. Damit lassen sich deutliche Parallelen zu grundlegenden Veränderungen des Produktionssystems – insbesondere im Bereich der Produktion von Dienstleistungen – entdecken, die hier seit einigen Jahren diskutiert werden (vgl. Jacobsen 2005) und durch die technologischen Möglichkeiten des Internets eine neue Dynamik erfahren (vgl. Hanekop und Wittke 2008). Gleichzeitig wird Innovation – ausgehend von Entwicklungen im Bereich der Wirtschaft – ein allgemein gesellschaftliches Phänomen, welches immer stärker alle Lebensbereiche berührt und durchdringt (vgl. Rosa 2005).

Die technologisch ermöglichte und forcierte permanente Entwicklung, Implementation und Verbreitung von zum Teil völlig neuen Angeboten und Nutzungsoptionen führt dazu, dass eingespielte Praktiken und Routinen der Information, Interaktion, Transaktion, Distribution und Kommunikation Teilsystem übergreifend immer mehr durch neue ersetzt oder ergänzt werden. Dies betrifft die sozialen Praktiken sowie Formen und Dimensionen der sozialen Vernetzung im Marktgeschehen ebenso gravierend und offensichtlich wie diejenigen im Bereich von Produktion und Dienstleistung, von Forschung und Entwicklung, von Bildung und Wissenschaft, der Arbeitswelt und der alltäglichen Lebensführung.

In diesem Kontext entstehen soziale Innovationen, die, wie z. B. die überaus erfolgreiche open-source-Bewegung zeigt, in ihrer Bedeutung und Reichweite weit über die Potenziale von technischen Innovationen hinausgehen. Die Innovation besteht in diesem Falle darin, dass Nutzer selbstorganisiert und kollaborativ Probleme definieren, kommunizieren, Lösungen anbieten, testen, optimieren, vertreiben und dokumentieren. „Many of today's most successful computer applications, including Apache, Linux, and Firefox are open source projects that are managed by self-organizing communities of volunteer programmers" (Piller und Ihl 2009, 29). Die Bedeutung des Neuen geht hier weit über die neu entwickelte Software, andere Produkte oder Dienstleistungen hinaus. Es handelt sich hier im Kern vor allem um eine systematische, zielgerichtete und ökonomisch erfolgreiche Auflösung der traditionellen Hersteller-Nutzer- bzw. Amateur-Profi-Dichotomie, oder mit anderen Worten, um „the amazing rise of the do-it-yourself economy" (Roth 2005) und damit um eine umfassende soziale Innovation im eigentlichen Sinne des Wortes.

Mit der Herausbildung eines neuen Innovationsparadigmas ist zugleich also auch ein Wandel des Gegenstandes von Innovationen verbunden. Im Zentrum des industriegesellschaftlichen Innovationsparadigmas stehen technische Neuerungen im Sinne von Produkt- und Verfahrensinnovationen, die „zum (fast) alleinigen Hoffnungsträger gesellschaftlicher Entwicklung stilisiert" (Gillwald 2000) werden. Nicht-technische und „soziale Innovationen aber, obwohl sie ständig und überall in gesellschaftlichen Systemen vorkommen, sind ein wenig bearbeitetes Thema und eine kaum bekannte Erscheinung" (ebd.), was sie allerdings keineswegs vor enormen Problemlösungserwartungen schützt, denen zufolge etwa Probleme wie Massenarbeitslosigkeit, Erosion der sozialen Sicherungssysteme oder die Verschärfung ökologischer Risiken ohne die Durchsetzung sozialer Innovationen nicht zu bewältigen sind. Im Angesicht von Klimawandel, Rohstoffknappheit und der aktuellen und umfassenden Finanz- und Wirtschaftskrise stehen der Gesellschaft tiefgreifende Veränderungen bevor. Vor diesem Hintergrund wird zunehmend deutlich, dass es an dem notwendigen Verständnis mangelt, wie diese Veränderungen ablaufen und wie sie gestaltet werden können[4] und dass es soziale Innovationen im Sinne eines umfassenden Wechsels der verhaltensprägenden Leitkulturen und sozialen Praktiken des Wirtschaftens und Konsumierens sind, die darüber entscheiden, „in welcher Welt die nächste Generation der Bürger freier Gesellschaften leben wird" (Dahrendorf 2009).

Aber auch im Hinblick auf die organisations- und managementbezogene Forschung lässt sich die wachsende Bedeutung sozialer Innovation anschaulich nachweisen. Angesichts einer zunehmenden Bedeutung von Innovationen in Wirtschaft und Gesellschaft sowie einer Erhöhung der Innovationsgeschwindigkeit rückt die Frage nach einem angemessenen Innovationsmanagement verstärkt in den Mittelpunkt des Interesses von Wissenschaft und Praxis (vgl. Lazonick 2005; Stock-Homburg und Zacharias 2009). Für Hermann Simon sind „Innovationen [...] eines der Fundamente, auf denen die Marktführerschaft der Hidden Champions[5] beruht" (Simon 2008, 221). Er geht davon aus, dass zu Beginn des 21. Jahrhunderts diese Unternehmen in eine Phase massiver Innovationen eingetreten sind und die Fähigkeit zur Innovation immer mehr zu einer zentralen Voraussetzung für den Erhalt und Ausbau ihrer Wettbewerbsfähigkeit wird (vgl. ebd.). In der managementbezogenen wissenschaftlichen Diskussion tritt die bewusste Organisation der Innovationsprozesse im Sinne einer die Unternehmerfunktion ablösenden bzw. ergänzenden „Veralltäglichung von Innovationen" (Blättel-Mink 2006, 81) in den Mittelpunkt des Interesses.

Auch diese Entwicklungen lassen sich als Ausdruck eines Paradigmenwechsels des Innovationssystems interpretieren. Dabei bestimmen *neue Wirtschaftszweige und Branchen* zunehmend das Bild von Wirtschaft und Gesellschaft und verändern die Modi von Produktion und Innovation. So haben sich beispielsweise im Bereich der IT-Industrie neue Produktions- und Innovationsstrukturen im globalen Maßstab herausgebildet, in dessen Mittelpunkt das „Partnermanagement als eine strategische Funktion von Unternehmen" (Boes und Trinks 2007, 86) steht. In neuen *Leitbranchen* lassen sich zentrale Fragen des modernen Innovationsmanagements von Unternehmen wie auch der Innovationspolitik entwickelter Volkswirtschaften untersuchen (vgl. Boes und Trinks 2007). In diesem Transformationsprozess spielen insbesondere Konzepte der ‚Open Innovation' eine wichtige Rolle (vgl. Reichwald und Piller 2006 sowie Rode-Schubert 2006, 215). Allerdings müssen diese Konzepte als Teil umfassender Veränderungsprozesse interpretiert werden. So öffnet insbesondere die Diskussion um das *Entreprise 2.0* den Blick auf die

---

[4] In ihrer Habilitationsschrift *Models of Change: Einführung und Verbreitung sozialer Innovationen und gesellschaftlicher Veränderungen in transdisziplinärer Perspektive* untersucht Kora Kristof (2010; i. E.) Möglichkeiten, die Richtung der Veränderungen zu beeinflussen.

[5] Als *Hidden Champions* bezeichnet H. Simon mittelständische Unternehmen, die 70 bis 90 Prozent der Weltmarktanteile halten und ihre eigenen Märkte meist weltweit dominieren. Sie ziehen es vor, im Verborgenen zu agieren und ihren eigenen – erfolgreichen – Weg zu gehen, statt sich an den ganz großen Unternehmen zu orientieren.

sozialen Dimensionen dieses Wandels und ihre grundlegende Bedeutung für die Gestaltung und das Management von Organisationen (vgl. Hamel 2009).

Umso erstaunlicher ist, dass *soziale Innovationen* als eigenständiges Phänomen bislang kaum Niederschlag in der Forschungsförderung und Forschungspraxis gefunden haben (vgl. Zapf 1989; Gillwald 2000). „Innovation wird asymmetrisch gedacht. Die Betonung liegt auf der technischen Innovation" (Rammert 1997, 3).

Zu den wenigen Autoren, die explizit zwischen technischen und sozialen Innovationen unterscheiden, gehört der Soziologe Ogburn. „Der Gebrauch des Begriffs Erfindung ist in unserem Zusammenhang nicht auf technische Erfindungen beschränkt, sondern schließt auch soziale Erfindungen wie z. B. den Völkerbund ein; er wird ferner auch für Neuerungen auf anderen Kulturgebieten, wie z. B. für die Erfindung eines religiösen Rituals oder eines Alphabets verwendet. Wir verstehen im Folgenden unter Erfindung die Kombination oder Modifikation von vorhandenen und bekannten und/ oder immateriellen Kulturelementen zur Herstellung eines neuen Element" (Ogburn 1969, 56). Aber auch Ogburn geht von einem Primat technischer Erfindungen aus. Der technische Fortschritt ist für ihn Motor gesellschaftlicher Entwicklung. Er verbindet dies mit der These von einem „cultural lag" (Ogburn 1957), also eines Zurückbleibens kultureller hinter den technischen Entwicklungen und eines daraus sich entwickelnden Anpassungsdrucks in den immateriellen Lebensbereichen. „Seine regelmäßigen Trendreporte für die US-amerikanische Regierung seit 1936 […] legten die konzeptionelle und institutionelle Grundlage für die Technikfolgenabschätzung und Technikbewertung" (Rammert 2008, 11). Aber erst in den 1980er Jahren konnte sich mit der Technikfolgen- und Technikgeneseforschung in der bundesdeutschen sozialwissenschaftlichen Forschung ein bis heute anhaltendes Interesse für innovationstheoretische Fragestellungen etablieren (vgl. Häußling 2007, 381).

Festhalten lässt sich zunächst, dass in der Techniksoziologie und Technikforschung und dem dort vorherrschenden Paradigma des sozio-technischen Systems Phänomene des sozialen Wandels stets im Zusammenhang mit technologischen Innovationen behandelt werden, nicht aber in der Perspektive auf einen eigenständigen, von technologischen Innovationen abgrenzbaren Innovationstypus. Problematisch wird diese Engführung des Innovationsbegriffes vor allem dann, wenn die in der Techniksoziologie und Technikforschung entwickelten Innovationskonzepte auf eine umfassende Innovationstheorie hin verallgemeinert werden. Vor dem Hintergrund des zunehmend an Funktionsfähigkeit verlierenden, industriegesellschaftlich geprägten, technologieorientierten Paradigmas ist dies unzureichend.

Während angesichts veränderter und verschärfter gesellschaftlicher und wirtschaftlicher Problemlagen im öffentlichen Diskurs neuerdings zunehmend der Ruf nach umfassenden sozialen Innovationen laut wird, ist das Thema in den Sozialwissenschaften ebenso wie in der staatlichen Innovationspolitik nach wie vor ein weitgehend unterbelichtetes Feld. „The field of social innovation remains relatively undeveloped" (Mulgan et al. 2007, 3).

3 Was macht eine Innovation zu einer sozialen Innovation?

Stofflich unterscheiden sich soziale von technischen Innovationen durch ihre immaterielle, intangible Struktur. Das Neue vollzieht sich hier nicht im Medium technischer Artefakte, sondern auf der Ebene der sozialen Praktiken. Eine soziale Innovation ist eine von bestimmten Akteuren oder Akteurskonstellationen ausgehende intentionale, zielgerichtete Neukombination[6] bzw. Neukonfiguration sozialer Praktiken in bestimmten Handlungsfeldern respektive sozialen Kontexten, mit dem Ziel, Probleme oder Bedürfnisse besser zu lösen bzw. zu befriedigen, als dies auf der Grundlage etablierter Praktiken möglich ist. Es handelt sich dann und insoweit um eine soziale Innovation, wenn sie – marktvermittelt oder *non-* bzw. *without-profit* – sozial akzeptiert wird und breit in die Gesellschaft oder bestimmte gesellschaftliche Teilbereiche diffundiert, dabei kontextabhängig transformiert und schließlich als neue soziale Praktiken institutionalisiert bzw. zur Routine wird. Wie bei jeder anderen Innovation auch bedeutet *neu* nicht per se auch *gut* oder in einem umfassenden und normativen Sinne *sozial erwünscht*. Je nach praktischer Rationalität der Akteure sind auch die sozialen Attributierungen sozialer Innovationen in der Regel ambivalent.

In diesem Sinne lässt sich *Soziale Innovation* in Anlehnung an Crozier und Friedberg „als ein Prozess kollektiver Schöpfung interpretieren, in dessen Verlauf die Mitglieder einer bestimmten Gesamtheit neue Spielweisen für das soziale Spiel der Zusammenarbeit und des Konfliktes, mit einem Wort eine neue soziale Praxis erlernen, d.h. erfinden und festlegen, und in dessen Verlauf sie sich die dafür notwendigen kognitiven, relationalen und organisatorischen Fähigkeiten aneignen" (Crozier und Friedberg 1993, 19)[7]. Soziale Innovationen, verstanden als Innovation sozialer Praktiken, sind von ihrer stofflichen Seite her betrachtet elementarer Gegenstand der Soziologie, können somit – anders als technische Innovationen – nicht nur analysiert, sondern auch hervorgebracht, (mit)gestaltet werden; sind ausgerichtet auf soziale Praxis und setzen die Reflexion des sozialen Beziehungsgefüges voraus. Als neue Formen des Zusammenlebens und der Kooperation, des Wirtschaftens, der Versorgung, der Nutzung und des Konsums sind sie nicht nur notwendig, sondern können auch proaktiv im Hinblick auf antizipierbare Entwicklungen – wie z. B. im Zusammenhang mit der demografischen Entwicklung oder den Folgen des Klimawandels – dazu beitragen, „to modify, or even transform, existing ways of life should it become necessary so to do" (Giddens 2009, 163).

---

[6] Der Begriff spielt auf die Schumpetersche Definition von Innovation als Neukombination von Produktionsfaktoren an.

[7] In diesem Prozess der Entwicklung einer neuen sozialen Praxis geht es auch immer um Interessen der daran beteiligten Akteure, damit also auch um Macht und die Verteilung gesellschaftlicher Chancen (vgl. u.a. Dörre und Röttger 2003).

3.1 Die Wertbezogenheit sozialer Innovation

In Auswertung ihres Überblicks über die Verwendung des Konzepts sozialer Innovation in unterschiedlichen Forschungsfeldern kommen Moulaert und andere zu dem Schluss: „In all above approaches, the definitions of social innovation are both analytical and normative. [...] We especially stress three dimensions, preferably occurring in interaction with each other: Satisfaction of human needs that are not currently satisfied, either because ,not yet' or because ,no longer' perceived as important by either the market or the state [...], Chances in social relations, especially with regard to governance, that enable the above satisfaction, but also increase the level of participation of all but especially deprived groups in society, Increasing the socio-political capability and access to resources needed to enhance rights to satisfaction of human needs and participation (empowerment dimension)" (Moulaert et al. 2005, 1976).

Diese doppelte Bestimmtheit von wissenschaftlichen Konzeptionen sozialer Innovation als gleichermaßen analytisch wie normativ führt uns zur Frage der Wertbezogenheit sozialer Innovationen. Für viele Autoren ist die Wertebezogenheit sozialer Innovation eines ihrer zentralen Kennzeichen. In Anlehnung an Zapf (1989) sind soziale Innovationen diejenige Teilmenge sozialen Wandels, die „explizit an gesellschaftlich hochbewerteten Zielen ausgerichtet ist" (Gillwald 2000, 7). Deshalb seien sie als geeignete Mittel zu betrachten, gesellschaftlichen Herausforderungen zu begegnen (vgl. ebd., 8).

Mulgan et al. (2007, 9) definieren „social innovations as the development and implementation of new ideas (products, services and models) to meet social needs." „Social needs" werden von „merely personal needs or demands" unterschieden. Zugleich wird von den Autoren hervorgehoben, dass soziale Innovationen gerade in Bereichen zunehmend notwendig werden, in denen kommerzielle und bereits existierende öffentliche Organisationen versagt haben. Die meisten der in dieser Perspektive von den Autoren identifizierten sozialen Innovationen zeichnen sich dadurch aus, dass sie an sozialen Zielsetzungen und Bedürfnissen ausgerichtet sind und sich zugleich wirtschaftlich erfolgreich etabliert haben.

Demgegenüber betonen Kesselring und Leitner, dass soziale Innovationen „schon definitionsgemäß" nicht an wirtschaftlichen Erfolgskriterien gemessen werden sollten (vgl. 2008, 21). Im Unterschied zu technischen Innovationen seien sie vielmehr wertbezogen und nicht primär an der wirtschaftlichen Nutzendimension ausgerichtet (ebd., 22). Und ähnlich wie Gillwald führen sie aus: „Erst wenn eine Idee zur Lösung eines gesellschaftlichen Problems (i.S. der Regelung sozialer Angelegenheiten) praktiziert und anerkannt wird, spricht man daher von sozialer Innovation" (ebd., 25).

In diesem Verständnis wird *sozial* nicht in Unterscheidung zu technischen Innovationen im analytischen Sinne von der stofflichen Seite („die Beziehungen der Akteure und ihre Handlungspraktiken betreffend") her definiert. Vielmehr wird hier der Begriff *sozial* im normativen Sinne eines am Gemeinwohl orientierten Konzeptes verwendet. Den Versuch, soziale Innovation über ihren normativen Charakter trennscharf zu definieren, halten wir jedoch für problematisch. Denn auch technische Innovationen können einen Beitrag zur Lösung gesellschaftlicher Bedürfnisse leisten und sozialen Herausforderungen begegnen. Dafür ließen sich gerade in der Geschichte des 20. Jahrhunderts und der Herausbildung einer auf Massenkonsum ausgerichteten Gesellschaft in den entwickelten Industrieländern zahllose Beispiele anführen. Die Befriedigung von individuellen und gesellschaftlichen Bedürfnissen über den Konsum von industriell gefertigten Produkten (und damit den Endprodukten technischer Innovationen) mit allen ihren Folgen und Nebenfolgen lässt sich geradezu als zentrales Kennzeichen der entwickelten Industriegesellschaften des 20. Jahrhunderts beschreiben (vgl. König 2008).[8]

Die häufig zu findende normative Verknüpfung sozialer Innovationen mit gesellschaftlich hoch anerkannten Werten sieht von der Tatsache ab, dass je nach tangierter Nutzendimension und geltender Rationalität durchaus unterschiedliche Zwecke und Interessen mit einer sozialen Innovation verfolgt werden können, und dass diese dementsprechend je nach Interessenlage und sozialer Attribuierung keineswegs per se als ‚gut' im Sinne von sozial wünschenswert bewertet werden muss, um soziale Innovation genannt werden zu können – „there is no inherent goodness in social innovation" (Lindhult 2008, 44), ihr Nutzen bzw. ihre Wirkungen können je nach Standpunkt ebenso wie im Falle von technischen Innovationen durchaus ambivalent sein. Auch bei der Bewertung sozialer Innovationen müssen also erweiterte Bewertungsmaßstäbe angelegt und ein gesellschaftlicher Diskursprozess in Gang gesetzt werden, der einen Austausch unterschiedlicher Perspektiven und Rationalitäten erlaubt.[9]

3.2 Soziale Innovation und sozialer Wandel

Im Unterschied zum Reformbegriff beschränken sich soziale Innovationen nicht auf staatliches Handeln und Eingriffe in das gesamtgesellschaftliche Regel- und Institutionengefüge. „Insofern sind Reformen als Teilmenge sozialer Innovationen zu betrachten, nämlich als diejenige Teilmenge, die vom politisch-administrativen System ausgeht" (Gillwald 2000, 7). Soziale Innovationen wiederum sind eine Teilmenge von Prozessen des sozialen Wandels bzw. der gesellschaftlichen Modernisierung (vgl. Gillwald 2000, 6), nach Ogburn (1937) sind sie die wichtigste allgemeine Ursache sozialen Wandels.

Soziale Innovationen sind also ebenso wie technische Innovationen (mögliche) Voraussetzungen bzw. Bestandteile sozialen Wandels, aber nicht mit diesem identisch. Sozialer Wandel ist das, was in sozio-technischer Perspektive technischen Innovationen vorausgeht, sie begleitet oder ihnen folgt. Im Unterschied dazu haben soziale Innovationen die Gestaltung von Teilprozessen und Elementen des sozialen Wandels auf der Mikro-, Meso-, Makro-Ebene als eigentliches strategisches Ziel,

---

[8] Dass diese gesellschaftliche Form der Produktion und Konsumtion an Ihre Grenzen gekommen ist, ist natürlich eine zentrale These unserer Überlegungen.

[9] Im BMBF-Programm Innovationsfähigkeit heißt es bspw., Innovation muss sich daran messen lassen, wie sie zu gesellschaftlichem Fortschritt und wirtschaftlichem Erfolg beiträgt (vgl. BMBF 2005).

Gegenstand und *Geschäftsfeld*. Bei ihrer Diffusion können sie sich dabei durchaus technischer Artefakte oder vorhandener Technologien (z. B. des Internets) bedienen, ohne deshalb ihren Charakter als soziale Innovationen zu verlieren. Dabei ist zu beachten, dass auch bei sozialen Innovationen, neben „gezielten, beabsichtigten, geplanten und vorhersehbaren Wirkungen auch Nebenwirkungen auftreten und nicht beabsichtige, ungeplante und unvorhergesehene Wirkungen möglich sind" (Gillwald 2000, 21).

Die vielfach praktizierte begriffliche und/ oder funktionale Verknüpfung von sozialem Wandel und sozialer Innovation ist nicht nur mit einem *zu hohen Anspruch* an letztere verbunden (vgl. Kesselring und Leitner 2008). Vor allem ist der Zusammenhang mit sozialem Wandel keineswegs ein Alleinstellungsmerkmal sozialer Innovationen, sondern gilt in der einen oder anderen Weise für Innovationen schlechthin. Lassen sich aber soziale Innovationen sachlich und funktional nicht hinreichend von Aspekten des sozialen Wandels einerseits und von Innovationen im Allgemeinen wie von spezifischen Innovationen andererseits differenzieren, sind sie als analytischer Begriff und Gegenstand theoretischer wie empirischer Forschung unbrauchbar.[10] Der wesentliche Unterschied zwischen sozialem Wandel und sozialen Innovationen besteht darin, dass es sich bei letzteren um „planned and coordinated actions" (Greenhalgh et al. 2004, 1) handelt. Während mit (nicht intendiertem) sozialem Wandel „die prozessuale Veränderung der Sozialstruktur einer Gesellschaft in ihren grundlegenden Institutionen, Kulturmustern, zugehörigen sozialen Handlungen und Bewusstseinsinhalten" (Zapf 2003, 427) bezeichnet wird, sind soziale Innovationen das Ergebnis intendierten und zielgerichteten Handelns zur Etablierung neuer sozialer Praktiken in bestimmten Handlungsfeldern (vgl. Kesselring und Leitner 2008, Hochgerner 2009); oder anders ausgedrückt: von „zielführende[n] Gemeinschaftsaktionen" zur „Neuordnung der Aufgabenerledigung" bzw. dauerhaften Etablierung einer neuen „Regelpraxis" durch „Übernahme durch die Nutzerinnen und Nutzer" (Gerber 2006, 12f.). Die „Verstetigung wegweisender Neuerungen" (ebd., 5) ebenso wie von „pfadverstärkende[n] soziale[n] Veränderungen" (ebd., 13) ist jedoch ein äußerst schwieriger und voraussetzungsvoller Prozess (vgl. ebd., 5).

3.3 Die Diffusion sozialer Innovationen

Im Hinblick auf ihre Erfindung, Entwicklung und Verbreitung unterscheiden sich soziale Innovationen deutlich von technischen Innovationen. Aufgrund ihrer spezifischen Prozess- und Produktdimension (vgl. Moulaert et al. 2005, 1972) entstehen soziale Neuerungen in der Regel jenseits der Forschungsabteilungen von Unternehmen und Universitäten. Sie „kommen zwar nicht primär aus der Wissenschaft; transdisziplinäre Konzepte von Wissenschaft, Forschung und Innovation […] können aber maßgeblich unterstützend wirken" (ZSI 2008, 28). Dementsprechend sind für soziale Innovationen nicht nur marktliche Verwertung bzw.

---

[10] Zur Vielfalt der „Innovationen der Gesellschaft" und der Notwendigkeit eines darauf abgestimmten umfassenderen Innovationskonzepts siehe auch Rammert 2010.

marktinduzierte Anreize relevant. Ihre Genese und Diffusion vollzieht sich vielmehr primär im Medium von „living experiences" und veränderungsorientiertem
„capacity-building" (Moulaert et al. 2005, 1972).

Für jede Erfindung gilt, dass sie erst dann zu einer Innovation wird, wenn sie
einen nennenswerten und nachvollziehbaren Grad der Verbreitung erreicht hat.
Technische Innovationen werden mit ihrem Markterfolg als solche bezeichnet.
Für soziale Erfindungen gilt, dass sie erst dann zur sozialen Innovation werden,
„when introduced into a new setting" (Conger 2003), wenn sie breit angenommen
und angewendet und so als „folgenreiche Einführung einer Neuerung in einem
sozialen System" (Gerber 2006, 13) praktisch wirksam werden. Das entscheidende
Kriterium, wonach aus einer sozialen Erfindung eine soziale Innovation wird, ist
ihre Institutionalisierung bzw. ihre Transformation in eine soziale Tatsache, die
durch geplante und koordinierte Handlungen, *active dissemination*, oder durch
ungeplante Diffusion (vgl. Greenhalgh et al. 2004)[11] erfolgende Implementation
und Verbreitung eines neuen sozialen Faktums oder sozialen Tatbestands (vgl.
Durkheim 1984). Im Laufe des Diffusionsprozesses, der im Falle von technischen
wie auch sozialen Innovationen idealtypisch mehrere voneinander unterscheidbare
Phasen[12] – vom Agenda setting, über das matching, redefining, clarifying, bis hin
zum routinizing – durchläuft (vgl. Rogers 2003), wird jede Innovation kontextspezifisch transformiert.

Im Fall von sozialen Innovationen übernehmen gesellschaftliche Gruppen und/
oder Akteure verstärkt die Rolle, welche der Markt für technische Innovationen
spielt. „Die ‚soziale Akzeptanz' der Innovation führt zur Verbreitung, zur Institutionalisierung und dem schließlich folgenden Verlust des Neuheitscharakters."
„Ausbreitung („Diffusion"), Übernahme und Adaptierung von sozialen Innovationen erfolgen definitionsgemäß nicht in ausschließlich individuell, sondern
immer in sozial geformten Lebenswelten" bzw. Figurationen (Hochgerner 2009).
Die Institutionalisierung sozialer Innovationen „kann kein gesellschaftlicher Akteur im Alleingang" (Gerber 2006, 12) bewerkstelligen, sondern setzt ihre Diffusion oder Dissemination voraus, die wiederum auf Bewertung und Akzeptanz
der Auswirkungen der neuen sozialen Praxis durch Zielgruppen und Betroffene
beruht. Insofern sind soziale Innovationen sehr viel kontextabhängiger und in
ihrer konkreten Ausprägung spezifischer als technologische. Sie müssen, da weder
patentierbar noch durch Urheberrecht geschützt, sehr viel stärker auf die spezifischen gesellschaftlichen Kontexte bzw. Felder abgestimmt und in diesen sozial
akzeptiert sein (vgl. Hoffmann-Riem 2008, 604). Die Diffusionschancen sozialer
Innovationen sind in der Regel dort am größten, wo etablierte Institutionen nicht
oder nur marginal agieren bzw. unter dem Gesichtspunkt der Problemlösung ver-

---

[11] diffusion, in which the spread of innovation is unplanned and active dissemination in which the
spread is planned, formal, etc." (Greenhalgh et al. 2004, 15).

[12] Franz (2010, 338f) unterscheidet „in lockerer Anlehnung an Kontratjews lange Wellen" die
folgenden „vier Phasen im Lebenszyklus einer sozialen Innovation: die Anfangs- oder Inven-
tionsphase, die Expansions- oder Diffusionsphase, die Konsolidierungsphase und schließlich
die Erosions- oder Auflösungsphase."

sagen, wie z. B. in den Bereichen häusliche Pflege, umweltbewusstes Verhalten, nachhaltiger Konsum, aktives Altern, sozial verantwortliches Wirtschaften.

In diesem Sinne sind sie, wie Kesselring und Leitner (2008) ausführen, – ebenso wie technische Innovationen – zunächst einmal nicht an wirtschaftlichen Erfolgskriterien zu messen. Durch die Eingebettetheit in einen spezifischen gesellschaftlichen Kontext kommen weitere Bewertungsmaßstäbe zur Geltung, die darüber entscheiden, ob eine soziale Erfindung zur sozialen Innovation wird. Diese variieren naturgemäß mit den jeweils tangierten gesellschaftlichen Funktionssystemen, Gegenstandsbereichen und Referenzfeldern (vgl. Hoffmann-Riem 2008, 592 und 596f.). Dabei können soziale Erfindungen (anders als technologische) unterschiedliche, allerdings in der Regel eng miteinander verkoppelte Diffusions- und/ oder Disseminationwege einschlagen. Sie können sowohl über den Markt (z. B. als neue Dienstleistungen, Geschäftsmodelle, Versorgungs- und Nutzungskonzepte), als auch über technologische Infrastruktur (*web based social networking*), über soziale Netzwerke und soziale Bewegungen (Gender-Mainstreaming), über staatliche Vorgaben und Förderung, über intermediäre und selbstorganisierte Institutionen wie Stiftungen, in inter- und intraorganisationalen Prozessen, über das Wirken von charismatischen Persönlichkeiten bzw. social entrepreneurs (vgl. Mumford 2002; Illouz 2008; Dees 2007), über *living experiences* und verschiedenste Formen der Kommunikation und Kooperation sowie von veränderungsorientiertem „capacity-building" (Moulaert et al. 2005, 1972) Gestalt annehmen und verbreitet werden. Im Prozess der Ausbreitung geraten soziale Innovationen üblicherweise in Konkurrenz und Konflikt mit bisherigen Praktiken und Routinen bis hin zu ihrer „schöpferischen Zerstörung" (Schumpeter 1964).

Erfolgsentscheidend für ihre Diffusion, das heißt für den Prozess, durch den soziale Ideen und Erfindungen sich über die in einem sozialen System bestehenden Kommunikationswege ausbreiten, ist letztlich ihre Kompatibilität mit der praktischen Rationalität in bestimmten Handlungsfeldern bzw. ihre *Nützlichkeit* aus Sicht der (künftigen) Adopter. Sowohl mit Blick auf den Diffusionsprozess von technischen, materiellen Innovationen als auch mit Blick auf institutionelle und soziale Innovationen spielen dabei Netzwerkbeziehungen eine entscheidende Rolle (vgl. Okruch 1999; Valente 1994).

Im Zusammenhang mit der Transformation der Industrie- zur Wissens- und Dienstleistungsgesellschaft und der damit einhergehend steigenden Marktrelevanz von neuen Dienstleistungsangeboten einerseits und der zunehmenden Verkopplung von sozialen und technologischen Innovationen im Zuge der mit *Web 2.0* umschriebenen Entwicklung andererseits gewinnt die Diffusion im Sinne der Markteinführung und -durchdringung zunehmend an Bedeutung. Auch wenn es sich hier unter dem Gesichtspunkt der Diffusion nicht um (ausschließlich) marktinduzierte Anreize handelt, so können damit verbundene neue Formen der Zusammenarbeit und Kommunikation doch stets auf dem Wege sein, „in einen Prozess der Vermarktung integriert zu werden", z. B. über die Veräußerung von erfolgreich implementierten Plattformen und ihren weiteren Betrieb durch kommerziell orientierte Unternehmen (vgl. Hoffmann-Riem 2008, 592) oder aber über Prozesse der „interaktiven Wertschöpfung" (Reichwald und Piller 2006).

4 Trends und zukünftige Forschungsfelder – Der Beitrag sozialer Innovationen zur Bearbeitung globaler Dilemmata

Bei den Akteuren der Innovationspolitik bzw. der staatlichen Innovationsförderung hat sich auf der programmatischen und rhetorischen Verlautbarungsebene inzwischen ein weit gefasster, über Wissenschafts- und Technologieförderung im engeren Sinne hinaus gehender Innovationsbegriff etabliert. Neben technologischen Innovationen schließt er begrifflich auch soziale, organisatorische oder sonstige Neuerungen mit ein. Es finden sich auch zunehmend Ansätze einer „Innovationspolitik für die Wissensgesellschaft" (Welsch 2005, 314ff.), die vor allem auf die Initiierung und Unterstützung von Lernprozessen sowie die Unterstützung von Austauschprozessen, die sich auf Wissen beziehen sowie die Förderung von Humanressourcen setzt. In der programmatischen Betonung der Schaffung von innovationsfördernden Rahmenbedingungen und Steigerung der Innovationsfähigkeit finden sich Anklänge an Konzepte der Kontextsteuerung.[13]

Handlungsleitend für die Innovationspolitik in den westlichen Industrieländern nach dem Ende des zweiten Weltkriegs bis heute – bei allen Unterschieden im jeweils praktizierten Politik- bzw. Sozialstaatsmodell (vgl. Münch 2007) – bleibt jedoch ein im Wesentlichen auf Wirtschafts- und Technologieförderung setzendes Innovations- und Wachstumsparadigma. Vor dem Hintergrund der in diesem Beitrag vertretenen Thesen lässt sich die Konzentration der Forschungsförderung auf Spitzentechnologien als problematisch beschreiben, da eine solche Fokussierung weder der Komplexität von Innovationsprozessen noch der wachsenden Bedeutung sozialer Innovation gerecht wird und damit wichtige Innovationspotenziale ausblendet. „Innovationspolitik, die ausschließlich auf FuE-Förderung abstellt, jedoch die Relevanz praktischer Erfahrungen und Prozesse technologischer Vernetzung zwischen den verschiedensten Sektoren übersieht, konterkariert ihre eigenen Zielsetzungen" (Hirsch-Kreinsen 2008).

Vieles spricht dafür, dass mit der Herausbildung eines neuen Innovationsparadigmas künftig soziale Innovationen an Bedeutung gewinnen. So ist davon auszugehen, dass soziale Innovationen im Kontext der Europe2020-Strategie angesichts der wachsenden gesellschaftlichen Herausforderungen einen zentralen Stellenwert einnehmen werden. „In order for innovation to be critical tool to address challenges covering many societal dimensions, a broader definition of innovation needs to be adopted. It is now widely agreed that this definition should include social innovation" (INNOGRIPS 2010). Auch die Evaluation der Lissabon-Strategie macht deutlich, dass die bisherige Strategie erweitert werden muss. Vor dem Hintergrund der Erkenntnis, dass die großen Herausforderungen, vor der die modernen Gesellschaften stehen, wie die zunehmende Arbeitslosigkeit, der demografische Wandel und der Klimawandel in ihrem Kern sozialer Natur sind, formuliert das Bureau of European Policy Advisers (BEPA) der EU-Kommission in seiner Denkschrift „Social innovation as part of the Europe 2020 strategy": „[…] social

---

[13] Vgl. hierzu aus steuerungstheoretischer Perspektive und begriffssystematisch Fichter 2003.

innovation can offer one way forward to cope with the societal challenges and the crisis the EU Member States are facing" (BEPA 2009, 2).

Die stärkere Berücksichtigung sozialer Innovation in diesen Forschungsbezügen bildet dabei auch eine wichtige Voraussetzung, zentralen Dilemmata der Globalisierung wirksam zu begegnen. Mit der Betonung der Bedeutung menschlicher Arbeit sowie dem Verweis auf die technologischen und sozialen Voraussetzungen zum Erhalt und den Ausbau der Innovationsfähigkeit von Unternehmen trägt die arbeitsbezogene Forschung zur Reduzierung des Spannungsverhältnisses zwischen Humanressourcen und Kostendruck ebenso bei wie zur Aufhebung des Gegensatzes zwischen Betrieb und Individuum. Die Erprobung und Weiterentwicklung neuer Konzeptes des Innovationsmanagements, die auf eine Öffnung des Innovationsprozesses zur Gesellschaft hin zielen, werden mittelfristig einen Beitrag zum Abbau des Spannungsverhältnisses von Kundenorientierung und Innovation beitragen können.

Als fruchtbar wird sich in dieser Hinsicht die bewusste Verbindung des Programms „Arbeiten – Lernen – Kompetenzen entwickeln. Innovationsfähigkeit in einer modernen Arbeitswelt" mit der Hightech-Strategie der Bundesregierung erweisen. Dies gilt sowohl in thematischer Hinsicht, in dem avancierte Themen und Konzepte aus dem Hightech-Bereich bewusst aufgenommen wurden (*Netzwerke*; *Open Innovation...*). Dies gilt aber auch für die Einbeziehung von Projekten, die explizit aktuelle Entwicklungstrends in Hightech-Branchen erforschen und sich somit mit neuen Produktions- und Innovationsmodi sowie deren Auswirkungen auf die menschliche Arbeit und neue Anforderungen an das Management beschäftigen. Gerade der Blick in die neuen *Leitbranchen* bringt wichtige Erkenntnisse zu zentralen Entwicklungstrends und den sich daraus ergebenden Anforderungen für den Erhalt und den Ausbau der Innovationsfähigkeit mit sich. Zugleich erlauben diese Erkenntnisse auch neue Perspektiven auf eher traditionelle Branchen, die sich angesichts veränderter Anforderungen neu positionieren.

Allerdings reichen die Anstrengungen des Programms alleine nicht aus, um die Innovationsfähigkeit der deutschen Wirtschaft und Gesellschaft zu fördern und die Innovationsfähigkeitsforschung weiter zu entwickeln. Eine zentrale Herausforderung besteht darin, die Erkenntnisse des Programms und das hier zu Grunde gelegte umfassende Innovationsverständnis (sowie das damit verbundene Forschungskonzept) auf andere Programme der Hightech-Strategie zu übertragen. Insbesondere müssten die Fragen nach den sozialen Voraussetzungen erfolgreicher Innovationsprozesse, inklusive der Bedeutung der Arbeit als entscheidender Innovationstreiber in andere, häufig einseitig technologieorientierte Programme und Vorhaben integriert werden.

So verweist bspw. die Studie *Zukunft und Zukunftsfähigkeit der deutschen Informations- und Kommunikationsbranche* auf den engen Zusammenhang zwischen sozialen und technologischen Innovationen. Als erste Empfehlung im Hinblick auf die Zukunft der IuK-Technologien in Deutschland findet sich die Forderung nach der Überwindung der digitalen Gräben in der Gesellschaft. „Dass der Überwindung der ‚Digitalen Spaltung' in Deutschland nicht eine unzureichende technische Verfügbarkeit von breitbandigen Internetzugängen, ökonomische Barrieren oder eine technologiefeindliche Gesellschaft entgegenstehen, bestätigt die vorliegende Expertenbefragung deutlich. Positive Treiber und Hebel, die eine weitere Diffusion der Internetnutzung in Deutschland fördern, liegen zuallererst im Bereich der Bildung" (Münchner Kreis et al. 2008, 12). Gleichzeitig wird der Bedeutung sozialer Innovationen – insbesondere im Hinblick auf die Web 2.0 Nutzung – ein eigenes Kapitel gewidmet.

Mit der Fokussierung auf soziale Innovationen erweitert sich die Blickrichtung über die Ökonomie hinaus auf die Gesellschaft. Die Verschiebung des Fokus auf soziale Innovation bedeutet jedoch mehr als nur die Berücksichtigung neuer bzw. anderer Phänomene. Insofern sich das Neue zunehmend nicht im Medium technischer Artefakte, sondern auf der Ebene der sozialen Praktiken vollzieht, ist eine grundlegende konzeptionelle Neuausrichtung der Innovationsforschung erforderlich (vgl. auch Rammert 2010; MacCallum et al. 2009). Soziale Innovation bezieht sich „auf das Zusammenleben in Gemeinschaften und der Gesellschaft" und meint konkret „neue Formen von Teilhabe und sozialer Integration, von Interessenausgleich und sozialer Gerechtigkeit und von Individualität sowie Solidarität" (Rammert 2010, 43). Die mit der Globalisierung einhergehenden Herausforderungen und damit verbundenen relevanten Handlungs- und Steuerungsdilemmata erfordern vor allem die Initiierung und Organisation von grundlegenden Transformationsprozessen in zentralen gesellschaftlichen Bereichen und die Durchsetzung und Verbreitung von darauf ausgerichteten umfassenden sozialen Innovationen. Angesichts der zunehmend offensichtlich werdenden Dysfunktionalitäten gesellschaftlicher Differenzierungsprozesse und der damit verbundenen Dilemmata entfalten soziale Innovationen ihre besondere Leistungsfähigkeit insbesondere an den Schnittstellen von unterschiedlichen gesellschaftlichen (Teil-) Rationalitäten. „Soziale Innovationen können in diesem Zusammenhang als intendierte Eingriffe zur Lösung von Problemen gesehen werden, die zu einer Übertragung von gesellschaftlichen Orientierungen führen, z. B. indem wirtschaftliche und soziale Zielsetzungen im Vorgehen von Unternehmen kombiniert werden" (Kesselring und Leitner 2008, 7). Insofern spielen sie eine entscheidende Rolle bei der notwendigen Auflösung der sich tendenziell zuspitzenden Spannungsverhältnisse zwischen den Referenzen[14] Humanressourcen und Kostendruck, Kooperation und Wettbewerb sowie Nachhaltigkeit und Gewinnmaximierung. Dabei geht es im Kern darum, Übergänge zu realisieren, oder mit anderen Worten, um „reflexives und strategisches Handeln, mit dem Regeln und Pfadentwicklungen gebrochen werden, um Neues zu schaffen und mit Macht und Netzwerken durchzusetzen" (Rammert 2010, 39). Wie die Diskussion im Umfeld der EU-Strategie *Europe 2020* zeigt, wird auch in der innovationspolitischen Debatte zunehmend erkannt und thematisiert, dass dies mit einer allein auf Technik und Ökonomie fokussierten Innovationsperspektive und -strategie nicht zu bewerkstelligen ist.

---

[14] Rammert (2010, 21f) weist darauf hin, dass die „Engführung auf die technischen und auf die ökonomischen Innovationen (…) der Vielfalt der Innovationen in der Gesellschaft und der Verschiedenartigkeit der jeweiligen Referenzsysteme nicht gerecht" wird. „Es bedarf eines Innovationsbegriffs, (…) der neben der Referenz auf die Ökonomie auch andere Referenzen der Gesellschaft einschließt".

Die heute schon zu beobachtende vermehrte Etablierung von strategischen Allianzen von Akteuren aus Politik und Verwaltung, Wirtschaft, Wissenschaft und Zivilgesellschaft zur Gestaltung und Durchsetzung von sozialen Innovationen, wird sich vor diesem Hintergrund in Zukunft weiter intensivieren. Radikale soziale Innovationen lassen sich nachhaltig nur durch bereichsübergreifende Kooperationen zwischen diesen Akteuren initiieren, gestalten und durchsetzen. Sie „entstehen im Dreieck globaler und regionaler Vernetzung (Wirtschaft – Staat – Zivilgesellschaft), das die Zukunft des Organisierens bestimmen wird" (Stark 2007, zit. n. Bluszcz 2008, 30). Dabei werden konkrete Projekte, die das gemeinwohlorientierte Engagement von Unternehmen in ihrem lokalen und regionalen Umfeld intersektoral und bezogen auf zentrale gesellschaftliche Herausforderungen in den Blick nehmen, zunehmend an Bedeutung gewinnen, und zwar sowohl mit Blick auf die internen als auch externen Stakeholderbeziehungen und Wirkungsmechanismen. Ansätze aus dem Bereich der Social Economy und des Social Entrepreneurships, deren eigentliches Geschäftsfeld die Realisierung von sozialen Innovationen ist, sind in dieser Perspektive beispielgebend und systematisch auszuwerten, zu unterstützen und zu fördern. Das eigentliche Potenzial sozialer Innovationen liegt jedoch perspektivisch darin, dass gewerbliche Unternehmen und non-profit-Institutionen und -Akteure gemeinsam und mit Blick auf problematische wie wünschenswerte Entwicklungen das gesellschaftliche Mitgestaltungsvermögen mobilisieren und die dafür erforderlichen Kompetenzen entwickeln und bündeln.

Dies geht insofern über das Konzept der Corporate Social Responsibility (CSR) hinaus, als dieses weniger den Fokus auf soziale Innovationen und die Kompetenzen ökonomischer Akteure für die Mitgestaltung gesellschaftlicher Entwicklungen richtet, sondern vielmehr auf die Erzielung von aus wirtschaftlicher Sicht möglichst komplementären Effekten. CSR ist ein Konzept, das auf freiwilliger Basis soziale und ökologische Belange in die Unternehmenstätigkeit und in die Beziehungen mit den Stakeholdern (wie Kunden, Lieferanten und Mitarbeitern) integriert; eine Zukunftsinvestition, die letztlich auch dazu beitragen soll, die Ertragskraft zu steigern (EU-Kommission 2001). Im Hinblick auf das damit verbundene soziale Innovationspotenzial ist CSR in Deutschland derzeit allerdings noch ein weitgehend unbeschriebenes und wenig strukturiertes Blatt. Die Debatte wird überwiegend programmatisch, ideologisch, normativ und/ oder voluntaristisch geführt, und die damit verbundenen sozialen Innovationspotenziale bleiben dementsprechend bislang nur unzureichend ausgeschöpft.

Erfolgversprechender im Sinne der Durchsetzung sozialer Innovationen sind demgegenüber Ansätze, die gezielt auf den Auf- und Ausbau strategischer Allianzen für nachhaltige Entwicklung und soziale Innovationen setzen. So betrachtet beispielswiese der im Labor für Organisationsentwicklung der Universität Duisburg-Essen in enger Zusammenarbeit mit Unternehmen, Politik und Verwaltung und zivilgesellschaftlichen Organisationen entwickelte METALOG-Ansatz „die strategische Zusammenarbeit multisektoraler Akteure als unverzichtbare Voraussetzung, um zu grundlegend neuen Lösungswegen" im Sinne radikaler sozialer Innovationen zu gelangen (Lange et al. 2010, 20). Mit diesem bislang in vier Regionen und Konzeptvarianten eingesetzten Verfahren werden „Reibungsflächen provoziert, die einen entscheidenden Katalysator darstellen, um die soziale Invention zur sozialen Innovation zu befördern" (ebd.).

Im Sinne einer Problem und Handlungsfeld bezogenen Neukonfiguration sozialer Arrangements (siehe Kapitel 3) ist der Aufbau derartiger multisektoraler Netzwerke und ihr Ausbau zu einem neuen und relevanten Akteur innerhalb der *local und regional governance* mit neuen, integrierten Kommunikations- und Abstimmungsinstrumenten selbst eine grundlegende soziale Innovation. In diesem Sinne erfolgreich gestartet ist zum Beispiel 2009 ein regionales Netzwerk unter Beteiligung relevanter Akteure aus Wirtschaft, Zivilgesellschaft, Wissenschaft, Politik und Verwaltung zur Erarbeitung einer regionalen Anpassungsstrategie an die Folgen des Klimawandels (vgl. www.dynaklim.de). Dieses Netzwerk versteht sich als Kooperations- und Dialog-Plattform sowie als Denkfabrik, Wissensträger und Kompetenzpartner für die Region mit dem Ziel, Anpassung an den Klimawandel als neues, die Gesellschaft durchdringendes Handlungsfeld systematisch zu etablieren, die Risiken zu identifizieren und zu reduzieren, gleichzeitig aber auch die Chancen zu erkennen und zu nutzen. Mit Hilfe einer Roadmap 2020 soll die Region die notwendige Unterstützung erhalten, den Herausforderungen des Klimawandels pro-aktiv und antizipierbar zu begegnen. Solche Ansätze sind und generieren zugleich die angesichts der zentralen gesellschaftlichen Herausforderungen „most needed social innovations of the 21st century" (http://www.sozialmarie.org /index. php?id=76. Zugegriffen im Juni 2010).

Literaturverzeichnis

BEPA (2009) Social innovation as part of the Europe 2020 strategy. Executive Summary. Brüssel

Blättel-Mink B (2006) Kompendium der Innovationsforschung. VS Verlag für Sozialwissenschaften, Wiesbaden

Bluszcz O (2008) Kooperation und Innovation. Zivilgesellschaftliche und organisationstheoretische Grundlagen. Universität Duisburg-Essen, http://www.orglab.org/fileadmin/orglab/sidebar/Kooperation_und_Innovation. pdf. Zugegriffen im September 2010

BMBF (2005) BMBF-Förderprogramm Innovationsfähigkeit in einer modernen Arbeitswelt. http://www.bmbf.de/pub/innovationsfaehigkeit_arbeitswelt.pdf. Zugegriffen im September 2010

Boes A, Trinks K (2007) Internationale Innovationspartnerschaften in der IT-Branche. In: Ludwig J, Moldaschl M, Schmauder M, Schmierl K (Hrsg) Arbeitsforschung und Innovationsfähigkeit in Deutschland, Bd 9. In: Moldaschl M (Hrsg) Arbeit, Innovation und Nachhaltigkeit. Hampp, München/ Mering: 85-94

Chesbrough HW (2003) Open Innovation: The New Imperative for Creating and Profiting from Technology. Harvard Business School Press, Boston

Conger S (2003) A List of Social Inventions. http://www.innovation.cc/books/conger-book-table.html. Zugegriffen im Dezember 2009

Crozier M, Friedberg E (1993) Die Zwänge kollektiven Handelns – Über Macht und Organisation. Hain, Frankfurt a.M.

Dahrendorf R (2009) Nach der Krise: Zurück zur protestantischen Ethik? Sechs Anmerkungen. In: Merkur. Deutsche Zeitschrift für europäisches Denken. Heft 720/63: 373-381

Dees JG (2007) Taking Social Entrepreneurship Seriously. In: Transaction Social Science and Modern Society. Heft 3/44: 24-31

Dörre K, Röttger B (2003) Das neue Marktregime. VSA Verlag, Hamburg

Dunkel W, Rieder K (2007) Innovationspartnerschaften in neuen Unternehmen-Kunden-Beziehungen. In: Ludwig J, Moldaschl M, Schmauder M, Schmierl K (Hrsg) Arbeitsforschung und Innovationsfähigkeit in Deutschland, Bd 9. In: Moldaschl M (Hrsg) Arbeit, Innovation und Nachhaltigkeit.: Hampp, München/ Mering: 113-118

Durkheim E (1984) Die Regeln der soziologischen Methode. Herausgegeben und eingeleitet von René König. Suhrkamp, Frankfurt a.M.

DynAKlim, http://www.dynaklim.de

Europäische Kommission (2001) Grünbuch – Europäische Rahmenbedingungen für die soziale Verantwortung von Unternehmen. Kommission der Europäischen Gemeinschaften, http://eur-lex.europa.eu/LexUriServ/site/de/com/2001/com2001 _0366de01.pdf. Zugegriffen im September 2010

Fichter K (2003) Kontextsteuerung. Potenziale eines gesellschaftstheoretischen Steuerungskonzepts für das Innovationsmanagement. Borderstep-Arbeitspapier 1/2003. Berlin.

FORA (2010) New Nature of Innovation. Report to the OECD. Kopenhagen, http://www.newnatureofinnovation.org/introduction.html. Zugegriffen im März 2010

Franz HW (2010) Qualitäts-Management als soziale Innovation. In: Howaldt J, Jacobsen H (Hrsg) Soziale Innovation. Auf dem Weg zu einem postindustriellen Innovationsparadigma. VS Verlag für Sozialwissenschaften, Wiesbaden: 335-354

Gerber P (2006) Der lange Weg der sozialen Innovation – Wie Stiftungen zum sozialen Wandel im Feld der Bildungs- und Sozialpolitik beitragen können. Eine Fallstudie zur Innovationskraft der Freudenberg Stiftung, http://www.freudenbergstiftung.de/fileadmin/user_upload/Der_lange_Weg_der_sozialen_Innovation_14_02_06.pdf. Zugegriffen im September 2010

Giddens A (2009) The Politics of Climate Change. John Wiley and Sons, Cambridge/ Malden

Gillwald K (2000) Konzepte sozialer Innovation. WZB Papier: Querschnittsgruppe Arbeit und Ökologie. Berlin, http://bibliothek.wzb.eu/pdf/2000/p00-519.pdf. Zugegriffen im Januar 2010

Greenhalgh T, Robert G, Macfarlane F, Bate P, Kyriakidou O (2004) Diffusion of innovations in Service Organizations: Systematic Review and Recommendations. In: The Milbank Quarterly, Heft 4/82: 1-37, http://www.milbank.org/quarterly/ 8204feat.html. Zugegriffen im November 2009

Hamel G (2009) Moon Shots for Management. In: Harvard Business Review, Heft 2/78: 91-98

Hanekop H, Wittke V (2008) Die neue Rolle der Anwender in internetbasierten Innovationsprozessen. In: Arbeits- und Industriesoziologische Studien, Heft 1/1: 7-28

Häußling R (2007) Sozialwissenschaftliche Innovationsforschung: Zum aktuellen Umgang der Gesellschaft mit dem Neuen. In: Soziologische Revue, Heft 4/30: 369-382

Hirsch-Kreinsen H (2008) Die Hightech-Obsession blendet viel Innovationspotenzial aus. In VDI-Nachrichten vom 24. Oktober 2008, http://www.vdinachrichten.com/vdi_nachrichten/aktuelle_ausgabe/akt_ausg_detail.asp?source= volltext&cat=1&id=40852&doPrint=1,%201&doPrint=1. Zugegriffen im September 2010

Hochgerner J (2009) Soziale Innovationen finden, erfinden und realisieren. Powerpoint-Präsentation zur XV. Tagung für angewandte Soziologie ‚Sozialwissenschaftliche Theorien und Methoden im Beruf', Forum 8: Soziale Innovationen – Potenziale der Sozialwissenschaften bei der Neukonfiguration sozialer Arrangements. Universität Hamburg, 5. – 6. Juni 2009

Hoffmann-Riem W (2008) Soziale Innovationen. Eine Herausforderung auch für die Rechtswissenschaft. In: Der Staat, Heft 4/47: 588-605

Howaldt J, Kopp R, Flocken P (2001) Kooperationsverbünde und regionale Modernisierung – Theorie und Praxis der Netzwerkarbeit. Gabler, Wiesbaden

Howaldt J, Kopp R, Schwarz M (2008) Innovationen (forschend) gestalten – Zur neuen Rolle der Sozialwissenschaften. In: WSI-Mitteilungen, Heft 2/2008: 63-69

Illouz E (2008) Die Errettung der modernen Seele. Suhrkamp, Frankfurt a.M.

International Monitoring (IMO), http://www.internationalmonitoring.com/de/expertenarbeits kreis/aktionsfeld_3.html. Zugegriffen im Mai 2011

INNOGRIPS (2010) Social innovation. Mobilising resources and people. Agenda des ‚Innovation Policy Workshop #6'. BW Premier Park Hotel, Brüssel, 25. – 26. März 2010

Jacobsen H (2005) Produktion und Konsumtion von Dienstleistungen: Konsumenten zwischen Innovation und Rationalisierung. In: Jacobsen H, Voswinkel S (Hrsg) Der Kunde in der Dienstleistungsbeziehung. VS Verlag für Sozialwissenschaften, Wiesbaden: 15-36

Kesselring A, Leitner M (2008) Soziale Innovationen in Unternehmen. Studie. Unruhe Stiftung, Wien, http://www.zsi.at/attach/Soziale_Innovation_in_Unternehmen_ENDBERICHT.pdf. Zugegriffen im Januar 2010

König W (2008) Kleine Geschichte der Konsumgesellschaft. Konsum als Lebensform der Moderne. Franz Steiner Verlag, Stuttgart

Kristof K (2010, i. E.) Models of Change: Einführung und Verbreitung sozialer Innovationen und gesellschaftlicher Veränderungen in transdisziplinärer Perspektive. Vdf Hochschulverlag, Zürich

Kühlmann T, Haas HD (2009) Internationales Risikomanagement. Auslandserfolg durch grenzüberschreitende Netzwerke. Oldenbourg Verlag, München

Lange F, Stark W, Stöckmann K (2010) Der METALOG als Allianz für Sozial-Innovationen und Social Entrepreneurship. In: Lemken T, Helfert M, Kuhndt M, Lange F, Merten T (Hrsg) Strategische Allianzen für nachhaltige Entwicklung. Innovationen in Unternehmen durch Kooperationen mit NPOs, http://www.strategische-allianzen.net/downloads/ StratAll_Abschlusspublikation-2010.pdf. Zugegriffen im September 2010

Lazonick W (2005) The innovative Firm. In: Fagerberg J, Mowery DC, Nelson R (Hrsg) The Oxford Handbook of Innovation. Oxford University Press, Oxford/ New York: 29-55

Lindhult E (2008) Are Partnerships Innovative? In: Svensson L, Nilsson B (Hrsg) Partnership – As a Strategy for Social Innovation and Sustainable Change. Satéruns Academic Press, Stockholm

MacCallum D, Moulaert F, Hillier J, Vicari S (2009) Social Innovation and Territorial Development. Ashgate Publishing Limited, Aldershot

Meadows D (1972) Die Grenzen des Wachstums. Bericht des Club of Rome zur Lage der Menschheit. Deutsche Verlagsanstalt, Stuttgart

Moulaert F Martinelli F, Swyngedouw E, Gonzalez S (2005) Towards Alternative Model(s) of Local Innovation. In: Urban Studies, Heft 11/42: 1669-1990

Münch R (2007) Oligarchie vs. Wettbewerb. Die zwei Welten der Wissenschaft diesseits und jenseits des Atlantiks. In: Profile. Internationale Zeitschrift für Veränderung, Lernen, Dialog. Heft 3/2007: 71-77

Münchner Kreis; Deutsche Telekom AG; TNS Infratest; EICT (Hrsg) (2008) Zukunft & Zukunftsfähigkeit der deutschen Informations- und Kommunikationstechnologie, http://www.eict.de/fileadmin/main/download/pdf/releases/Zukunftsfaehigkeit_der_dt_IKT.pdf. Zugegriffen im März 2010

Mulgan G, Ali R, Halkett R, Sanders B (2007) In and out of sync. The challenge of growing social innovations. Research report, http://www.youngfoundation.org/files/images/In_and_Out_of_Sync_Final.pdf. Zugegriffen im Januar 2010

Mumford MD (2002) Social Innovation: Ten Cases from Benjamin Franklin. In: Creativity Research Journal. Heft 2/14: 253-266

Ogburn WF (1937) Foreword. In: The Subcommittee on Technology to the National Resources Committee (Hrsg) Technological Trends and National Policy, Including the Social Implications of New Inventions. June 1937. United States Government Printing Office, Washington D.C.

Ogburn WF (1957) Cultural Lag as Theory. In: Sociology and Social Research, Heft 1/41: 167-174

Ogburn WF (1969) Erneute Betrachtung des Problems der sozialen Evolution. In: Maus H, Fürstenberg F (Hrsg) Soziologische Texte, Bd 56: William F. Ogburn. Kultur und sozialer Wandel. Ausgewählte Schriften. Herausgegeben und eingeleitet von Otis Dudley Duncan. Luchterhand, Neuwied/ Berlin: 50-67

Okruch S (1999) Innovation und Diffusion von Normen: Grundlagen und Elemente einer evolutorischen Theorie des Institutionenwandels. Duncker & Humblot, Berlin

Piller F, Ihl C (2009) Open Innovation with Customers. Foundations, Competences and International Trends. Trendstudy on behalf of the project "International Monitoring", IMA/ZLW & IfU, RWTH Aachen University, http://www.internationalmonitoring.com/fileadmin/Downloads/Trendstudien/Piller-Ihl_Open_Innovation_with_Customers.pdf. Zugegriffen im September 2010

Rammert W (1997) Innovation im Netz. Neue Zeiten für technische Innovationen: heterogen verteilt und interaktiv vernetzt. In: Soziale Welt, Heft 4/48: 397-416

Rammert W (2008) Technik und Innovation (TUTS-WP-1-2008). In: Technische Universität Berlin. Techniksoziologie. (Hrsg) Technical University Technical Studies Working papers, http://www.ssoar.info/ssoar/files/2008/330/tuts_wp_1_2008.pdf. Zugegriffen im April 2010

Rammert W (2010) Die Innovationen der Gesellschaft. In: Howaldt J, Jacobsen H (Hrsg) Soziale Innovation. Auf dem Weg zu einem postindustriellen Innovationsparadigma. VS Verlag für Sozialwissenschaften, Wiesbaden: 21-52

Reichwald R, Piller FT (2005) Open Innovation. Kunden als Partner im Innovationsprozess. Arbeitsbericht des Lehrstuhls für Allgemeine und Industrielle Betriebswirtschaftslehre der Technischen Universität München, http://www.impulse.de/downloads/open_innovation.pdf. Zugegriffen im September 2010

Reichwald R, Piller FT (2006) Interaktive Wertschöpfung. Open Innovation, Individualisierung und neue Formen der Arbeitsteilung. Gabler, Wiesbaden

Roberts Y (2008) New ways of doing. Social innovation is a new global obsession. It might be a nebulous idea but it has huge potential. The Guardian, 08/2008, http://www.guardian.co.uk/commentisfree/2008/aug/11/welfare.health. Zugegriffen im September 2010

Rode-Schubert C (2006) Innovationsstrategien des Informationszeitalters. In: Blättel-Mink B (Hrsg) Kompendium der Innovationsforschung. VS Verlag für Sozialwissenschaften, Wiesbaden: 203-218

Rogers EM (2003) Diffusion of Innovations. (5. Auflage, zuerst 1962). Free Press, New York

Rosa H (2005) Beschleunigung. Die Veränderung der Zeitstrukturen in der Moderne. Suhrkamp, Frankfurt a.M.

Roth D (2005) The amazing rise of the do-it-yourself economy. In: Fortune (Europe), Heft 9/2005: 24-35

Schumpeter JA (1964) Theorie der wirtschaftlichen Entwicklung. Duncker & Humblot, Berlin (6. Auflage)

Simon H (2008) Hidden Champions des 21. Jahrhunderts. Die Erfolgsstrategien unbekannter Weltmarktführer. Campus, Frankfurt a.M.

SozialMarie – Preis für Soziale Innovation, http://www.sozialmarie.org/index.php?id=76. Zugegriffen im April 2011

Stark W (2007) Innovativ durch Verantwortung? Innovationspotenziale durch Konzepte gesellschaftlicher Verantwortung. In: Hafner S, Hartel J, Bluszcz O, Stark W (Hrsg) Gesellschaftliche Verantwortung in Organisationen. Hampp, Augsburg: 237-246

Stock-Homburg R, Zacharias N (2009) Das richtige Maß für Innovationen. In: Harvard Business Manager, Heft 7/31:14-17

Valente TW (1994) Network models of the diffusion on innovations. Hampton Press, Cresskill/ New York

Welsch J (2005) Innovationspolitik. Eine problemorientierte Einführung. Gabler, Wiesbaden

The Young Foundation (2009) Social Innovation wins backing of President Obama and Barroso, http://www.youngfoundation.org/social-innovation/news/social-innovation-wins-backing-president-obama-and-barroso. Zugegriffen im April 2010

Zapf W (1989) Über soziale Innovationen. In: Soziale Welt, Heft 1&2/40: 170-183

Zapf W (2003) Sozialer Wandel. In: Schäfers B (Hrsg) Grundbegriffe der Soziologie. Leske & Budrich, Opladen: 427-433

ZSI (Zentrum für soziale Innovation) (2008) Impulse für die gesellschaftliche Entwicklung. ZSI Diskussionspapier, Wien

Der lange Weg von Wahrnehmung zu systematischer Forschung und Förderung sozialer Innovationen

Josef Hochgerner

1 Einleitung

In der gegenwärtig aufflammenden Diskussion über soziale Innovationen fehlt in kaum einem Debattenbeitrag – sei es mündlich oder schriftlich, gedruckt oder online – der Hinweis auf bestehende und kommende gesellschaftliche Herausforderungen, zu deren Bewältigung soziale Innovation notwendig erscheinen. Im vorliegenden Artikel von Jürgen Howaldt werden einige zentrale Forschungsfelder aus der Perspektive der Relevanz sozialer Innovationen zur Bearbeitung globaler Dilemmata abgeleitet. Genannt werden in diesem Zusammenhang die „Innovationsfähigkeitsforschung", „soziale Voraussetzungen erfolgreicher Innovationsprozesse", die „Überwindung der digitalen Spaltung", die Steuerung „von grundlegenden Transformationsprozessen in zentralen gesellschaftlichen Bereichen", die „Schnittstellen von unterschiedlichen gesellschaftlichen (Teil-) Rationalitäten", die Auflösung von „Spannungsverhältnissen" (Humanressourcen vs. Kostendruck, Kooperation vs. Konkurrenz, Nachhaltigkeit vs. Gewinnmaximierung), die „Etablierung von strategischen Allianzen von Akteuren aus Politik und Verwaltung, Wirtschaft, Wissenschaft und Zivilgesellschaft", und schließlich die „Neukonfiguration sozialer Arrangements" (etwa zur Entwicklung pro-aktiver Anpassungsstrategien an die Folgen des Klimawandels). Diesen Beschreibungen ist zuzustimmen. Wie aber steht es um die Chancen, derart aus Gesellschafts- und Innovationsdiagnosen abgeleitete Forschungsfelder nicht nur angeben, sondern produktiv bearbeiten und im Sinn praxisrelevanter Forschung konkrete soziale Innovationen auch umsetzen zu können? Zur Beantwortung dieser Frage werden nachfolgend einige Beobachtungen zum aktuellen Diskurs über soziale Innovation und dessen Präsenz in der österreichischen Innovationspolitik und -forschung reflektiert.

S. Jeschke et al. (eds.), *Enabling Innovation*, DOI 10.1007/978-3-642-24299-1_23,

2 Voraussetzungen und Bedingungen von Forschung und Entwicklung für soziale Innovationen

Zunächst ist die eingangs erwähnte enge Kopplung zwischen *sozialer Innovation* und *gesellschaftlichen Herausforderungen* zu hinterfragen. Semantisch hat der Begriff der Herausforderung den des Problems fast vollständig verdrängt. Es scheint so, als habe die zunehmende Vielfalt und Komplexität sozialer Probleme zu einer Aufspaltung des Problembegriffs auf drei Ebenen geführt: Auf einer ersten Ebene ist *Problem* heute offenbar massiv negativ konnotiert, und zwar eindeutig und lokalisierbar (etwa in der Migrationsdebatte das Problem migrantischer Jugendbanden, Diebstahl und – neuerdings zunehmend als solches wahrgenommen – das Betteln[1]; oder als Raumfahrtszitat legendär: „Houston, wir haben ein Problem". In all diesen Fällen wird niemand von *Herausforderung* sprechen, es sei denn, er oder sie möchte das Problem verharmlosen oder humoristisch konterkarieren. Auf der zweiten Ebene heißen Probleme *Herausforderungen* für die es jedenfalls eine Lösung (Strategie oder Maßnahme zur Bewältigung) gibt bzw. geben muss. Diese Erwartungen sollen unter anderem soziale Innovationen erfüllen, die in diesem Sinn eindeutig instrumentell eingesetzt werden. Ein gutes Beispiel dafür sind Anforderungen an soziale Innovationen, die traditionell an technisch-wirtschaftliche Innovationen gestellt wurden (und weiterhin werden), nämlich z. B. die regionale Wertschöpfung (das Bruttoregionalprodukt) zu steigern. Die häufig gewählte Unterscheidung ist dabei, dass *soziale Innovation* als Innovation in anderen als unmittelbar wirtschaftlichen Handlungsfeldern (etwa in Bezug auf Bildung, Gesundheit, Jugend...) verstanden, aber gleichfalls dem Primat des wirtschaftlichen Wachstumsparadigmas untergeordnet wird. Soziale Innovationen in einem erweiterten und grundsätzlicheren Sinn könnten die Gültigkeit des Wachstumsparadigmas selbst, die soziale Relevanz von Kategorien wie Wertschöpfung oder Bruttoregionalprodukt und der strikt ökonomischen Instrumentalisierung von Innovationen aller Art mit einschließen. Dies umso mehr, als die wirklich großen und systemischen Herausforderungen (wie Klimawandel, Globalisierung, Armut, alternde Gesellschaft) erst die dritte Ebene der Problemdifferenzierung bezeichnen, auf der weder von einheitlichen Wahrnehmungen, noch von allgemein gültigen Maßnahmenkatalogen die Rede sein kann.

Die vielfach betonte und scheinbar selbstverständlich vorausgesetzte enge Beziehung zwischen sozialen Innovationen und gesellschaftlichen Herausforderungen erscheint noch aus weiteren Gründen bemerkenswert und nicht durchgehend kohärent: Sie trifft nicht auf das gesamte Potenzial des Konzepts, die Bedeutung und Erforschung sozialer Innovationen zu.

1. Es besteht eine auffallende Diskrepanz zwischen hohen Erwartungen an das Konzept gegenüber dessen auch im vorliegenden Artikel zutreffend monierter

---

[1] In den österreichischen Bundesländern Salzburg und Wien wurden bisher bereits begrenzte Verbote, aktuell in der Steiermark durch *Novellierung des Landessicherheitsgesetzes* ein generelles Bettelverbot beschlossen: http://www.landtag.steiermark.at/cms/beitrag/11397098/58064506/

relativer Unschärfe aufgrund uneinheitlicher Definitionen und methodischer Unzulänglichkeit bisheriger Forschung. Dem kann durch weitere wissenschaftliche Arbeit in Theorie und Empirie zwar abgeholfen werden. Es besteht jedoch zumindest zum gegenwärtigen Zeitpunkt die Gefahr der Abnutzung und missbräuchlicher Verwendung des Begriffs, bevor er wissenschaftlich und öffentlich – zumindest bei den relevanten Stakeholdern der Forschungs- und Innovationspolitik – wirklich gefestigt ist. Die Verbreitung und Akzeptanz eines einfachen und schlüssigen Grundverständnisses von sozialen Innovationen und der dafür charakteristischen Hauptmerkmale sind unabdingbar, um sowohl relativ stabile und realistische Erwartungen an soziale Innovationen zu generieren, wie auch differenzierte Forschung und Anwendung zu ermöglichen.

2. Die Auseinandersetzung um die Begriffsbildung von sozialen Innovationen zeigt ein für die Sozialwissenschaften eher untypisches (*inverses*) Theorie-Praxis Problem: Während es üblicher Weise darum geht, Praxisanwendungen nach der Bildung von Theorien zu finden, scheint es hier eher umgekehrt zu sein: Häufig werden exemplarische Fälle von – früheren, aktuellen oder zukünftigen – sozialen Innovationen genannt und diskutiert, deren Wichtigkeit und Bedeutung durch *große gesellschaftliche Herausforderungen* begründet wird, wofür erst bzw. zugleich mit diesen Postulaten nach theoretischen Begründungen und Analysegrundlagen gesucht wird. Das ist zumindest relativ unüblich, unterstreicht aber zugleich die Notwendigkeit neuer Formen wissenschaftlicher Wissensproduktion im „Modus 2" der Wissenschaft (vgl. Gibbons et al. 1994, Nowotny et al. 2001).

3. Ein allgemein tragfähiges, wissenschaftlich ebenso wie praktisch wirksames Konzept von sozialen Innovationen kann nicht nur auf große gesellschaftliche Herausforderungen ausgerichtet werden. Es muss in gleicher Weise dem Umstand Rechnung tragen, dass soziale Innovation bisher vermutlich auch deswegen weder in Wissenschaft noch Öffentlichkeit kaum ein Thema waren, weil sie vielfach – wie die meisten technischen Innovationen auch – inkrementellen Charakter haben, klein und weithin unscheinbar sind (vgl. Aderhold 2010). Soziale Innovationen sind nicht nur Maßnahmen und Weichenstellungen, welche etwa soziale Probleme einer alternden Gesellschaft lösen sollen, sondern ebenso die vielen kleinen Innovationen des Alltags in z.B. angewandter Kindergartenpädagogik oder die schrittweise Anpassung von Lebensstilen an (Spiel-) Regeln des Zusammenlebens in einer diverser werdenden Gesellschaft.

4. Eine der größten Unzulänglichkeiten in der aktuellen Debatte über soziale Innovationen geht von den Befürwortern sozialer Innovationen aus, indem betont wird, es sei ein charakteristisches Merkmal von sozialen Innovationen, in Methoden und Zielen gleichermaßen *sozial* zu sein und generell soziale Wohlfahrt zu fördern[2]. Es kann soziale Innovationen geben, die zur Verbesserung allgemei-

---

[2] "In general, social innovation can be defined *as new responses to pressing social demands, which affect the process of social interactions. It is aimed at improving human well-being. [...]* Social innovations are innovations that are social in both their ends and their means" (BEPA 2010, 24, Hvhbg. im Original).

ner Lebensumstände beitragen; viel öfter kann aber die *Kleinteiligkeit* und Zielgruppenfokussierung von sozialen Innovation bedeuten, dass was die einen als innovativ und (für sich) vorteilhaft empfinden, von einer anderen Gruppierung gar nicht so gesehen und entsprechend nicht akzeptiert wird. Das ist eine Situation, die aus der Innovationsforschung zu neuen Technologien und wirtschaftlichen Entwicklungen nur zu gut bekannt ist, und allgemein als selbstverständlich hingenommen wird. Bei sozialen Innovationen die Latte so hoch zulegen, dass davon niemand *negativ* (gegen eigene Interessen oder auch nur Meinungen) betroffen sein sollte, ist nicht nur unrealistisch, sondern behindert die Forschung zu sozialen Innovationen ebenso wie deren Implementierung. Umgekehrt, wenn es denn so wäre, müssten soziale Innovationen ständig und ohne Umschweife angenommen und verbreitet werden. Tatsächlich aber ist die Realisierung und Durchsetzung sozialer Innovationen ein Prozess, der vielen Widerständen begegnet und daher selten so schnell vonstattengeht wie der Großteil technischer Innovationen. Aus diesen Gründen ist es sinnvoll, in Analogie zum Kriterium der Marktdurchdringung bei technisch-wirtschaftlichen Innovationen, bei sozialen Innovationen die Akzeptanz der Betroffenen zu berücksichtigen: „Social innovations are new concepts and measures to resolve societal challenges, adopted and utilised by social groups concerned." (ZSI 2008, 2)

3 Soziale Innovation und die Auseinandersetzung damit in Österreich

Obwohl das Zentrum für Sozialen Innovation (ZSI) in Wien bereits 1990 gegründet wurde, konnte es mangels Umfeld keine Rolle als institutionelles *Zentrum* spielen. Es wurde von verschiedenen Seiten wohlwollend begrüßt als ambitioniertes Unterfangen, im privaten Bereich außerhalb der Universitäten ein gemeinnützig agierendes und frei finanziertes Forschungsinstitut zu schaffen. Das Thema selbst wurde bis in die jüngste Vergangenheit weder speziell gefordert noch gefördert.

Österreich war seit Beginn der Sozialgesetzgebung nach dem Ersten Weltkrieg und im Gefolge des nach dem Zweiten Weltkrieg beständig ausgebauten Systems der informell etablierten Sozialpartnerschaft sehr erfolgreich in der Realisierung sozialer Innovationen zu einer Zeit, da es diesen Begriff noch nicht, und selbst den der Innovation als handlungsleitendes Prinzip des Managements noch kaum gab. Wirtschaftlich und gesellschaftspolitisch hat Österreich bis zum Ende der 1970-er Jahre ein immer dichter werdendes Sozialsystem aufgebaut (vgl. Schulmeister 1998). Dieses war zwar bereits in den 1980-er Jahren, besonders aber ab 1990 zunehmendem Stress ausgesetzt, aber die heute diskutierte Notwendigkeit der Entwicklung und Umsetzung von sozialen Innovationen fand noch keine Resonanz.

Aufgrund der lange Zeit berechtigten Annahme, in einem dichten Netz sozialer Sicherheit zu leben, sowie der verbreitet abwartenden Haltung gegenüber Neuerungen kam in den 1990-er Jahren nur ein einziges Forschungsprojekt zustande, das *soziale Innovation* im Titel thematisierte – und zwar in Verbindung mit dem zugkräftigeren Begriff der nachhaltigen Entwicklung (vgl. Ornetzeder und Buchegger 1998). In den 2000-er Jahren wurde verstärkt wahrgenommen, dass sozial innovative Projekte durchgeführt werden (z. B. Unterstützung innovativer Prozesse in der Arbeitsmarktpolitik, vgl. Scoppetta 2011).

Das ändert sich in den letzten Jahren graduell, indem ausgehend vom zivilgesellschaftlichen Sektor nunmehr sowohl in der Industrie wie auch im staatlichen Sektor das Thema soziale Innovation aufgegriffen wird. Verstärkter Wahrnehmung und Interessenbekundungen stehen allerdings noch wenig konkrete Maßnahmen oder realisierte Strategien gegenüber.

Als Meilensteine dieser Entwicklung können folgende Markierungen angesehen werden:

• Die erstmalige Ausschreibung und Vergabe eines *Preises für innovative Sozialprojekte* unter der Bezeichnung *SozialMarie* im Jahr 2005 durch die Unruhe Privatstiftung. Der SozialMarie-Preis wird seither jährlich vergeben, ist für Projekte aus dem Bereich der NGOs (Zivilgesellschaft), der öffentlichen Verwaltung und der Privatwirtschaft aus Österreich, Ungarn, sowie Teilen anderer Länder[3] offen und heißt inzwischen *SozialMarie – Preis für soziale Innovation.*[4] Jeweils am 1. Mai werden mit großem medialen Echo im ORF (Österreichische Rundfunk- und Fernsehanstalt) drei Hauptpreise (dotiert mit 15000, 10000 und 5000 €) sowie zwölf *1000-Euro Preise* vergeben.

• Im Jahr 2010 hat die *Plattform Innovationsmanagement* (http://www.pfi.or.at), in der zahlreiche Unternehmen (etwa Bene AG, Böhler-Uddeholm, Kapsch, Philips, Swarovsky), Forschungseinrichtungen (Universitäten und Fachhochschulen) und Agenturen der Forschungs- und Innovationsförderung zusammenarbeiten, das Thema soziale Innovation auf die Agenda seines Beirats gesetzt. Auch Interessenorganisationen der Holzindustrie Salzburg und Tirol befassen sich mit sozialer Innovation und haben die Jahrestagung 2011 des *Zukunftsforum Holz* diesem Thema gewidmet.

• Im öffentlichen Sektor, einschließlich politischer Parteien, wird sozialen Innovationen erst im Rahmen vereinzelter Arbeitsgruppen, zuletzt aber sehr prominent in der im März 2011 publizierten *Strategie der Bundesregierung für Forschung, Technologie und Innovation* (kurz: FTI-Strategie 2011) das Wort geredet. Ausgehend von einer Auflistung von *Herausforderungen* wird hier bereits im Vorwort festgehalten, dass die „Antwort darauf lauten muss: Stärkung von Forschung, technologischer Entwicklung und Innovation. [...] Ziel ist es [...], dass Österreich von der Gruppe der *Innovation Follower* in die Gruppe der *Innovation Leader*, also der innovativsten Länder der EU, vorstößt. Dieses Ziel können wir aber nur mit einem verstärkt koordinierten Politikansatz erreichen. Dazu bedarf es eines wechselseitigen Dialogs zwischen Wissenschaft,

---

[3] Für die Tschechische Republik, die Slowakei, Polen, Kroatien, Slowenien und Deutschland gilt aus Gründen der Erreichbarkeit bei Besichtigungen ein 300 km Radius um Wien.

[4] Für Informationen über die eingereichten Projekte (jährlich etwa 250-300), Vergabemodalitäten, Kriterien der Jurybewertung und Preisträgerprojekte siehe www.sozialmarie.org.

Wirtschaft und Gesellschaft sowie eines breiten Innovationsansatzes, der nicht nur technologische Neuerungen umfasst, sondern ebenso gesellschaftliche, soziale und ökonomische Innovationen beinhaltet" (FTI-Strategie 2011, 2, Hvhbg. im Original). In weiterer Folge wird ein Bekenntnis zur Grundlagenforschung formuliert und deren Relevanz als Standortfaktor in Relation auch zu Spitzenleistungen im Bereich sozialer Innovationen gesetzt:

„Grundlagenforschung, die von Neugier getrieben wird, erweitert die Grenzen wissenschaftlicher Erkenntnis und schafft jenes Reservoir an neuem Wissen, aus dem sich auch radikale Innovationen nähren. Sie bildet damit eine der tragenden Säulen des Innovationssystems. Ihre Bedeutung als Standortfaktor wissensbasierter Volkswirtschaften steigt in dem Maß, in dem wir uns der Frontlinie technologischer Entwicklung und ökonomischer und sozialer Innovationen annähern" (FTI-Strategie 2011,18, Hvhbg. im Original).

Grundsätzlich ist somit die Botschaft, soziale Innovationen seien notwendig und gesellschaftlich wie auch wirtschaftlich wichtig und wirksam, angekommen und wird in allen gesellschaftlichen Sektoren übernommen. In scharfem Kontrast dazu zeigt sich die ungebrochene Dominanz des wirtschaftlich-technischen Innovationsparadigmas allerdings noch im aktuellen Forschungs- und Technologiebericht 2010: In diesem jährlich erscheinenden Lagebericht über die aus Bundesmitteln geförderte Forschung, Technologie und Innovation kommt das Wort *sozial* überhaupt nur einmal vor, und zwar im Zusammenhang mit interdisziplinären Verbundprojekten zur Erforschung „ethischer, rechtlicher, sozialer und ökonomischer Aspekte der Genomforschung, sowie der Auswirkungen der Genomforschung auf Politik und Gesellschaft" (BMVIT und BMWF 2010, 156). Von sozialer Innovation ist hier noch nicht einmal eine Andeutung zu lesen, alle Angaben inhaltlicher und statistischer Art folgen streng den Definitionen im sogenannten *Oslo Manual* (vgl. OECD/EUROSTAT 2005), die im European Innovation Scoreboard[5] verwendet werden und sich ausschließlich auf den Unternehmenssektor beziehen.

Das für den Forschungs- und Technologiebericht hauptverantwortliche Bundesministerium für Verkehr, Innovation und Technologie (BMVIT) hat allerdings bereits seit mehr als zehn Jahren höchst erfolgreiche Programme unter dem Klammertitel *Nachhaltig Wirtschaften* laufen, darunter *Haus der Zukunft, Fabrik der Zukunft, Energie der Zukunft*, sowie Förderschwerpunkte zur Talenteförderung, Chancengleichheit und Frauenförderung (femTech), und seit 2005 das Österreichische Sicherheitsforschungsprogramm KIRAS, das einem integrativen Ansatz verpflichtet ist, „der nicht ausschließlich auf technologischen Lösungen aufbaut (*objektive Sicherheit*), sondern auch umfassend geistes-, sozial- und kulturwissenschaftliche Aspekte (*GSK – Aspekte*) in der Sicherheitsforschung berücksichtigt (*subjektive Sicherheit*). Die dadurch gewährleistete Berücksichtigung gesellschaftlicher Fragestellungen in allen Aspekten der Sicherheitsforschung

---

[5] Innovation Union Scoreboard 2010. The Innovation Union's performance scoreboard for Research and Innovation: http://www.proinno-europe.eu/inno-metrics/page/innovation-union-scoreboard-2010 (publiziert am 1. Februar 2011)

ist ein strategisches Querschnittsziel von KIRAS"[6]. Ähnliches trifft zu auf das Technologieprogramm *benefit* zur „Bewältigung zentraler gesellschaftlicher Herausforderungen durch Forschung, Technologie und Innovation im Bereich der Informations- und Kommunikationstechnologie (IKT). Durch den effektiven Einsatz der Potenziale dieses Bereiches soll nicht nur die Wettbewerbsfähigkeit Österreichs gesteigert, *sondern auch soziale Innovation* ermöglicht werden."[7]

Weitere wichtige, die gesellschaftliche Entwicklung betreffende Forschungsthemen umfassen IKT für Wachstum und Beschäftigung, sowie sozialwissenschaftliche Begleitstudien zur sogenannten *Nano-Initative* (Projekt NANOTRUST) und Programme zur Förderung der Elektromobilität.

Zwar kommt in all diesen gesellschaftlich höchst relevanten Technologieförderungsprogrammen *Soziales* im weiteren Sinn relativ häufig vor und *soziale Innovation* wird immerhin fallweise als Zielsetzung erwähnt. Im Kern sind aber (dem Grundverständnis des BMVIT als Technologieministerium entsprechend) alle Programme primär und eindeutig Programme zur Förderung technischer Innovationen – verbunden mit der Erwartung, damit *auch* die gesellschaftliche Entwicklung zu unterstützen. Es würde mich nicht wundern, wenn im Zug der einsetzenden allgemeinen Beachtung und steigenden Wertschätzung sozialer Innovationen in Kürze zahlreiche Förderungen dieser Art unter dem Titel „Förderung sozialer Innovationen" ausgewiesen würden. Eine explizite programmatische Forcierung von spezifisch sozialen Innovationen scheint hingegen noch nicht in Sicht.

Literaturverzeichnis

Aderhold J (2010) Probleme mit der Unsichtbarkeit sozialer Innovationen in Wissenschaft und Gesellschaft. In: Howaldt J, Jacobsen H (Hrsg), Soziale Innovation. Auf dem Weg zu einem postindustriellen Innovationsparadigma. VS, Wiesbaden: 109-126

BEPA (Bureau of European Policy Advisers) (2010) Empowering People, Driving Change: Social Innovation in the European Union. European Commission: Brussels, http://ec.europa.eu/bepa/pdf/publications_pdf/social_innovation.pdf. Zugegriffen im Mai 2011

BMVIT (Bundesministerium für Verkehr, Innovation und Technologie); BMWF (Bundesministerium für Wissenschaft und Forschung), Hrsg (2010) Österreichischer Forschungs- und Technologiebericht 2010. BMVIT, Wien, http://www.bmvit.gv.at/innovation/publikationen/technologieberichte/ft_bericht10.html. Zugegriffen im April 2011

FTI-Strategie (2011) Potenziale ausschöpfen, Dynamik steigern, Zukunft schaffen. Der Weg zum Innovation Leader – Strategie der Bundesregierung für Forschung, Technologie und Innovation. BKA (Bundeskanzleramt) und fünf Ministerien: Wien

---

[6] „KIRAS kommt aus dem Griechischen und setzt sich zusammen aus den Worten kirkos (Kreis) und asphaleia (Sicherheit). *Kreis* ist in diesem Fall als integrativ zu verstehen, da im Rahmen des KIRAS-Programms alle Disziplinen und Dimensionen mit eingeschlossen werden." http://www.bmvit.gv.at/innovation/sicherheitsforschung/kiras.html (Zugegriffen im April 2011)

[7] http://www.bmvit.gv.at/innovation/iktnano/benefit.html (Zugegriffen im April 2011, Hvhbg. durch den Autor)

Gibbons M et al (1994) The New Production of Knowledge. The Dynamics of Science and Research in Contemporary Societies. Sage, London

Kesselring A, Leitner M (2008) Soziale Innovation in Unternehmen. Forschungsbericht gefördert durch die Unruhe Privatstiftung. ZSI, Wien, https://www.zsi.at/object/project/866. Zugegriffen im Mai 2011

Nowotny H et al (2001) Re-Thinking Science. Knowledge and the Public in an Age of Uncertainty. Polity Press, Cambridge/ UK

OECD, EUROSTAT (2005) Oslo Manual. Guidelines for Collecting and Interpreting Innovation Data. Third Edition. OECD, Paris

Ornetzeder M, Buchegger B (1998) Soziale Innovationen für eine nachhaltige Wirtschaftsweise. Studie gefördert durch das BMWF. ZSI, Wien

Schulmeister S (1998) Der polit-ökonomische Entwicklungszyklus der Nachkriegszeit. In: Internationale Politik und Gesellschaft 1/ 98. Friedrich Ebert Stiftung

Scoppetta A (2011) Die Governance-Modelle ‚Beschäftigungspakte' – Ein ‚Social Container of Innovation'? In: Zentrum für Soziale Innovation (Hrsg), Pendeln zwischen Wissenschaft und Praxis. ZSI-Beiträge zu sozialen Innovationen. LIT, Wien-Berlin: 77-89

ZSI (Zentrum für Soziale Innovation) (2008) Stimulating Social Development. ZSI, Wien, https://www.zsi.at/object/publication/1390. Zugegriffen im Mai 2011

Innovation und die subjektiven Bedingungen für Innovationsfähigkeit

Matthias Trier

Abstract

Innovationen beschränken sich nicht nur auf die wirtschaftliche Sphäre, sondern finden sich in fast jedem Bereich der Gesellschaft. Sie werden nicht nur in Form von Forschung und Erfindungen sichtbar. Sie beinhalten auch die gesellschaftliche Bewertung und praktische Anwendungen, insbesondere die Einschätzung von Handlungskonsequenzen.

Der gesellschaftliche Umgang mit Innovationen ist ein wichtiges Merkmal von Unternehmenskultur.

Ein innovationsförderndes Klima wird durch soziale Netzwerke von Gruppen, Organisationen und Bürgerinitiativen geschaffen. Innovation entsteht meist aufgrund der kontinuierlichen Weiterentwicklung von Produkten, Technologien oder Organisation unter Beachtung weiterer Trends.

Die subjektiven Bedingungen für Innovationsfähigkeit basieren auf der Tendenz zur Aktionsregulierung der Akteure mit besonderer Schwerpunktsetzung auf die Bereiche Wissen, Kompetenzen und Werte. Die besten Bedingungen für ihre Entwicklung entstehen durch qualifizierte Arbeit und andere gesellschaftliche und individuelle Maßnahmen in einem gesellschaftlichen Umfeld, das Lernen und weitergehende Tätigkeiten fördert.

1 Einleitung – Innovationsfähigkeit und Wandel der Arbeit

Innovationen sind keineswegs auf die ökonomische Sphäre beschränkt, vielmehr treten sie in allen gesellschaftlichen Bereichen zu Tage und stellen eine unerlässliche Entwicklungsbedingung für die Gesellschaft dar. Fortschritte und Probleme der Innovationspolitik stehen im öffentlichen Interesse (Gutachten zu Forschung, Innovation und technologischer Leistungskraft Deutschlands 2010). Sie beziehen sich nicht nur auf Produkte und Verfahren, sondern auch auf die Organisation der Arbeit und die sozialen Beziehungen der Menschen.

Innovationen werden erst durch zielbewusstes, auf Veränderung orientiertes menschliches Handeln möglich. Damit ist die Innovationsfähigkeit eine wichtige gesellschaftliche Entwicklungsbedingung. Vor allem der Wandel der Arbeit wird durch Innovationen vorangetrieben und diese Innovationen beschleunigen wieder den Wandel der Arbeit.

S. Jeschke et al. (eds.), *Enabling Innovation*, DOI 10.1007/978-3-642-24299-1_24,
© Springer-Verlag Berlin Heidelberg 2011

Innovationen beschleunigen sowohl die ökonomische Entwicklung als auch
gesellschaftspolitische Veränderungen. Allerdings ist die Innovationsfähigkeit
von Unternehmen, Organisationen und der in ihnen tätigen Individuen sehr unterschiedlich.

Zu klären ist daher, welche Bedingungen in den Lebensverhältnissen und in der
Entwicklung der Handlungsdispositionen der Persönlichkeit innovationsförderlich
sind und welche sie beeinträchtigen. Das zieht Konsequenzen sowohl für die
Arbeitsgestaltung als auch für Ausbildung und Lernen in der Arbeit und in den
Bildungseinrichtungen aller Stufen nach sich. Wichtige Faktoren der Innovationsfähigkeit in Unternehmen und Organisationen sowie die subjektiven Bedingungen,
die innovatives Denken und Handeln fördern, sollen daher beschrieben werden.

2 Innovation – eine Triebfeder ökonomischer und gesellschaftlicher Entwicklung

Der Begriff der Innovation wird oft inflationär gebraucht, uneinheitlich verwandt,
er bleibt so ein schillernder Begriff. Die Ansprüche an eine Innovation sind unterschiedlich. Sie haben nicht nur eine objektive Dimension im Sinne von prinzipi-
eller Neuheit, sondern auch eine subjektive Dimension, die auf die Neuartigkeit
für ein Unternehmen, eine Branche, eine Organisation oder ein Individuum verweisen will. Dieses Streben nach Neuartigkeit bringt neue Produkte, Verfahren,
Veränderungen der Organisationsstrukturen und sozialen Beziehungen hervor,
die Entwicklungsfortschritte in größeren oder kleineren Ausmaß oder im Idealfall
grundlegende qualitative Umbrüche möglich machen.

Bei allem berechtigten Streben nach dem objektiv Neuen hat Innovation immer
auch einen bewertenden Aspekt. Es wird individuell, durch Gruppen und auch
durch das gesellschaftliche Bewusstsein bewertet, was innovativ ist. Das hängt
damit zusammen, dass Innovationen nicht nur Erfindungen und Entdeckungen
sind, sondern immer auch den Prozess ihrer gesellschaftlichen Verwertung und
damit Bewertungen einschließen. Innovationen sind technische, ökonomische
und soziale Prozesse, die durch das Handeln von Individuen und Gruppen in
ihrer Interaktion vorangetrieben werden. Sie können sich auf neue Produkte und
Verfahren, aber auch auf neue Dienstleistungen, neue Strukturen in Unternehmen
und Organisationen oder Veränderungen in sozialen Beziehungen richten.

Das Neuartige im Ergebnis, das die Innovation ausmacht, muss aber auch in
der jeweiligen Öffentlichkeit wahrgenommen werden, dann erst sind Chancen
auf dem Markt oder in der größeren Wirksamkeit der Organisation gegeben.
Die Einführung einer Innovation ist immer auch ein sozialer Prozess und keine
isolierte wissenschaftliche oder technische Einzelleistung. In ihre Realisierung
sind im Regelfall zahlreiche Personen an den unterschiedlichen Stationen der
Innovationskette einbezogen. Ihre individuellen Anteile zur Durchsetzung dieser
Innovation können sehr unterschiedlich sein, der geniale Entdecker oder Erfinder
ist nur ein Glied – allerdings ein entscheidendes – in dieser Kette.

Im Werdegang einer Innovation wirken in der Regel mehrere Menschen mit ganz verschiedenen Potentialen zusammen, die Entdecker oder Initiatoren mit dem oder den Problemlösern, den Personen, die die Prozesse steuern, den Entscheidern und den Ausführenden (vgl. Hauschildt und Salomo 2007). In den Innovationsprozess werden von den Beteiligten unterschiedliche Ressourcen und Potentiale eingebracht, die erst in ihrer Kombination die angestrebte Veränderung ermöglichen. In die dabei praktizierte Arbeitsteilung werden bei erfolgreich platzierten Innovationen die jeweiligen Stärken der Beteiligten eingebracht.

Auslöser von Innovationen sind bewusst gewordene Widersprüche, Probleme, die nach einer Lösung drängen. Diese angestrebten Lösungen verlangen nach dem Einsatz von Expertise, zunächst innerhalb eines Unternehmens, einer Gruppe, einer Organisation. Wenn dieses Potential nicht ausreicht, wird versucht, weitere Expertise von außen zu beschaffen und für die Problemlösung zu gewinnen. Vor allem für betriebliche Innovationen in einer Wettbewerbssituation ist dieses Vorgehen schwierig und verläuft häufig nicht konfliktfrei (vgl. Witte 1988).

Der Weg bis zur Realisierung einer Innovation im Unternehmen ist ein technisch-technologischer, ökonomischer und sozialer Prozess. Nicht selten strahlen derartige Prozesse weit in das soziale Umfeld hinein, sie können durch neue Produkte und Verfahren auch soziale Veränderungen anregen. Innovationen erweitern den Handlungsspielraum von Menschen in der Gesellschaft. Sie bringen jedoch auch die Auseinandersetzung mit unbeabsichtigten oder negativen Wirkungen in Gang. Folgenabschätzungen von Innovationen gehören zum vollständigen Innovationsprozess dazu, sie sollen Unternehmergeist und Risikofreude nicht ausschließen, sondern unter dem Aspekt sozialer Verantwortung stimulieren.

Konflikte im Innovationsprozess sind unvermeidbar. Das betrifft zunächst den Kampf zwischen Kräften der Erneuerung und denen der Beharrung, die in jedem Unternehmen, in jeder Organisation vorhanden sind. Innovation ist nicht daran gebunden, dass junge Mitarbeiter die Entwicklung vorantreiben. Innovation ist in der Regel nicht jugendzentriert, sondern häufig haben generationenübergreifende Teams die größere Leistungskraft (vgl. Lippert et al. 2007, 11). Bedenkenswerte Stabilitätsinteressen müssen ständig abgewogen werden im Vergleich mit der notwendigen Flexibilität und Risikobereitschaft, die Unternehmen und Organisationen benötigen, wenn sie im Wettbewerb bestehen wollen.

Ein verbreiteter Konflikt, der Innovationsfähigkeit in vielen Unternehmen beeinträchtigt, besteht in unterschiedlichen Präferenzen hinsichtlich einer möglichst kurzfristigen Maximierung von Gewinn gegenüber der Nachhaltigkeit von Entwicklungen. Hier prallen oft gegenläufige Unternehmensstrategien aufeinander. In derartigen Situationen ist die Fähigkeit zur Interessenabwägung und zum Interessenausgleich unerlässlich für stabile Rahmenbedingungen, die kontinuierlich Innovationen und somit eine stabile langzeitliche Unternehmensentwicklung ermöglichen.

3 Faktoren der Innovationsfähigkeit von Unternehmen und sozialen Organisationen

Wenn der Gesamtprozess von Innovationen betrachtet wird, sind sie nicht mit Zufällen zu erklären. Eine einzelne Entdeckung, eine Verbesserung, kann zwar als Zufallsprodukt entstanden sein, doch der Gesamtprozess bis zur erfolgreichen Markteinführung oder organisationalen Umgestaltung beruht auf planmäßiger, zielstrebiger Arbeit. Das gilt sowohl für Unternehmen als auch für Organisationen, auch wenn der Verwendungszweck sich deutlich unterscheidet. Ökonomische Innovationen sollen die Marktposition verbessern, soziale Innovationen sollen die Lebenslagen von Menschen verbessern. Sie sind nicht primär auf den Markt gerichtet, können jedoch als soziale Randbedingungen das Marktgeschehen tangieren – zu denken ist hier etwa an Beteiligungs- oder Konfliktlösungsmodelle in Betrieben.

Die Quelle aller Innovationen sind schöpferische Menschen. Sie gewinnen Erkenntnisse, machen Erfindungen, entwickeln daraus Verfahren und Produkte und führen sie erfolgreich auf dem Markt ein. Ähnlich strukturierte Innovationsprozesse vollziehen sich in Bürgerinitiativen oder sozialen Organisationen in Städten und Gemeinden, die mit neuen Aktivitäten den sozialen Zusammenhalt der Gesellschaft stärken, Hilfe – vor allem zur Selbsthilfe – leisten und die Teilnahme der Bürger an ihren eigenen Angelegenheiten ausbauen wollen (vgl. Kesselring und Leitner 2008). Sie sind erst dann erfolgreich eingeführt, wenn sie nachhaltigen Nutzen für die Bürger erbringen, die angesprochen werden sollen. In der öffentlichen Wahrnehmung bringen sie einen merklichen Vorteil gegenüber bisherigen Praktiken und finden erst dann gesellschaftliche Anerkennung (vgl. Überholspur Innovation 2007).

Innovationen treffen stets auf ein gesellschaftliches Wertesystem. Sie werden an diesen Werten gemessen; sie müssen mit ihnen kompatibel sein. Ist dies nicht der Fall, werden sie abgelehnt, und es steht zumindest eine längere, manchmal sehr scharfe Kontroverse mit den Vertretern bisheriger Praktiken ins Haus – die Geschichte liefert dafür zahllose Beispiele. Dennoch gehen Innovationsprozesse unaufhörlich weiter.

Wissenschaftlich-technische wie soziale Innovationen sind in der Gegenwart eingebettet in rasche ökonomische und soziale Wandlungsprozesse und beschleunigen sie. Bei allem Streit um Werte und Normen, bei allem ökonomischen Verwertungsdruck benötigen Innovationen nicht nur materielle und finanzielle Spielräume sowie gesellschaftliche Toleranz, sondern auch Zeit zur Analyse und Erprobung.

Innovationen sind mit Risiken verbunden, erfordern Planung, bleiben jedoch nur bedingt planbar. Gerade beim Streben nach Innovationen ist die Gefahr des Scheiterns immer gegeben. Nach einem gescheiterten Vorhaben sind aber nicht nur Verluste zu verbuchen, sondern nicht selten erwachsen aus gescheiterten Projekten neue Ideen, die letztendlich doch zu erfolgreichen Innovationen führen. Scheitern ist beim Suchen nach Innovationen durch die strategisch denkenden Forscher und Entwickler, durch das Management von Unternehmen wie Organisationen stets einzukalkulieren.

In der Wirtschaft wie im sozialen Bereich ist einer der wesentlichen kritischen Erfolgsfaktoren für Innovation die Qualität und Innovationsbereitschaft des Managements. Das Management muss kontinuierlich Neuerungen anstreben und die Mitarbeiter in ihrem Streben nach Neuentwicklungen nicht nur unterstützen, sondern sie dazu ermutigen und herausfordern.

Der Umgang mit Innovationen und innovativen Menschen ist ein wichtiger Bestandteil der Unternehmenskultur. Innovationen gedeihen am besten in einem internen Netzwerk – in der Wirtschaft in der Regel bestehend aus Entwicklung, Fertigung, Vertrieb und Management. Aktuell greifen viele dieser Netzwerke über die Grenzen eines Unternehmens hinaus, sie beziehen z. B. externe Wissenschaftseinrichtungen, selbständige Zulieferfirmen, Freiberufler und häufig auch Kunden, die bereits klare Forderungen an das neue Produkt haben, in diese Entwicklungsnetzwerke ein.

Ausschlaggebend für ihren Erfolg ist, dass das Management seine Funktion als Initiator und ständiger Förderer des Netzwerks wahrnimmt, Vorschläge von Mitarbeitern wie Externen aufnimmt, Leistungen anerkennt, bei ihrer Optimierung vorangeht und eine Atmosphäre der wissenschaftlichen Neugier, der Suche nach ökonomischer Umsetzung von Ideen und Erfindungen, nach neuen Vermarktungsstrategien entsteht.

Innovationen sind in den seltensten Fällen Zufall. Innovationen erwachsen weit überwiegend aus kontinuierlicher Technologie- und Produktentwicklung, aus einer klaren Linie der Unternehmenstätigkeit, mit der es auf den Märkten vertreten und als Wettbewerber anerkannt ist. Das Unternehmen, d. h. seine Mitarbeiter, haben sich Kompetenz auf einem bestimmten Gebiet erarbeitet, die anerkannt ist, den Marktzutritt gewährleistet und die Stellung auf dem Markt prägt.

Aus kontinuierlicher Entwicklung der eigenen Produktion, ständiger Aufmerksamkeit für deren Probleme, dem gleichzeitigen intensiven Verfolgen von Entwicklungstrends bei Wettbewerbern und der Kenntnis neuer wissenschaftlichtechnischen Entwicklungen können neue Fragestellungen abgeleitet werden, die dann zu qualitativen Umschlägen in der eigenen Produktion führen und im Erfolgsfalle Innovationen mit großer Reichweite hervorbringen können.

Innovationen durchzusetzen erfordert vom Management Bereitschaft, unkonventionelle Entwicklungswege zu beschreiten, Mut zu Entscheidungen, das richtige Abschätzen des Risikos und – damit verbunden – die genaue Planung der erforderlichen materiellen, finanziellen und personellen Ressourcen, die für den gesamten Innovationsprozess erforderlich sind. Förderlich sind dafür klare Verantwortlichkeiten, Vertrauen in die Kraft und den Ideenreichtum der Mitarbeiter, kurze Entscheidungswege und Konsequenz in der Entscheidung.

Für Unternehmen sind nicht nur Produkt- und Prozessinnovationen interessant, sondern auch bestimmte soziale Innovationen, die das Unternehmen stärken, wie z. B. verbesserte Arbeitsbedingungen, veränderte Mitbestimmungsmodelle, neue Konfliktbewältigungsstrategien, Konzepte der Gesundheitsvorsorge oder Beteiligungen der Mitarbeiter am Unternehmenserfolg.

Im Unterschied zu wissenschaftlich-technischen und ökonomischen Innovationen sind für Innovationen im sozialen Bereich außerhalb der Wirtschaft wichtige

Charakteristika dieses Handlungsfeldes zu beachten. Diese Innovationen zielen darauf, menschliches Verhalten in bestimmten Tätigkeitsbereichen zu verändern. Das können neue Regulierungen des Verhaltens sein, mit denen die selbstbestimmte Teilhabe am sozialen Leben im unmittelbaren Lebensumfeld erweitert wird. Oder es werden Angebote entwickelt, die auf eine Änderung des Lebensstils in Teilen der sozialen Gemeinschaft gerichtet sind. Sie sollen nachhaltigen Nutzen für bestimmte Zielgruppen erbringen, die in der Regel nicht im Fokus der Gesellschaft stehen.

Soziale Initiativen, Gruppen, Organisationen und Netzwerke sind in ihrer Innovationskraft stark von den politischen und ökonomischen Rahmenbedingungen abhängig, unter denen sie tätig sind. Ihre internen ökonomischen Ressourcen sind im Vergleich zu den sozialen Herausforderungen, denen sie sich nach ihrem Selbstverständnis stellen wollen, oftmals beschränkt. Sie benötigen eine Öffentlichkeit, die sie materiell und moralisch unterstützt und in die Lage versetzt, Mittel zu akquirieren, die erst Innovationen möglich machen. Diese Einschränkungen ihrer Wirkungskraft sollen weitgehend durch Initiative, Ideenreichtum und Engagement ihrer Mitglieder und Sympathisanten kompensiert und damit die gesellschaftliche Öffentlichkeit für die Belange dieser Gruppen, Organisationen und Netzwerke sensibilisiert werden.

Besonders die Bildung von Netzwerken hat die soziale Innovationskraft in den vergangenen Jahren verstärkt. Ihr Einfluss und ihre Leistungsfähigkeit nehmen zu. Funktionierende Netzwerke haben sich als eine weitreichende soziale Innovation erwiesen. Von diesen in Netzwerken agierenden Individuen, Gruppen und Organisationen geleistete Innovationen sind Bestandteile des sozialen Wandels geworden – seien es soziale Betriebe, unentgeltlich oder kommerziell angebotene Dienst- und Betreuungsleistungen für Kinder, alte Bürger, Behinderte oder Benachteiligte, die große Bewegung der Selbsthilfegruppen oder auch neue Beteiligungsformen an der Kommunalpolitik, wie z. B. Bürgerhaushalte, Wohngebiets- oder Ortsteilbeiräte (vgl. Lernen im sozialen Umfeld 2003).

Die Mitarbeit in diesen Zusammenschlüssen von Bürgern stärkt die Zivilgesellschaft und kann zur Stabilisierung und Weiterentwicklung der sozialen Beziehungen der Menschen sowohl in ihrem unmittelbaren Wohn- und Lebensumfeld als auch in der Gesamtgesellschaft beitragen. Soziale Innovationen sind nicht profitorientiert, sie können den sozialen Zusammenhalt in der Gesellschaft stärken, ohne die fundamentalen Interessenunterschiede zwischen den verschiedenen Gruppen aufzuheben.

4 Subjektive Bedingungen der Innovationsfähigkeit

Die subjektiven Bedingungen der Innovationsfähigkeit von Unternehmen und Organisationen beruhen letztlich auf der Gesamtheit der jeweiligen Handlungsregulationsdispositionen der in ihnen agierenden Menschen. Dennoch kann man komplexe Eigenschaften der Persönlichkeit hervorheben, die in ganz spezifischen

Kombinationen innovationsförderlich sein können; Wissen, Kompetenzen und Werte stehen dabei im Vordergrund. Sie werden von Erwachsenen in erster Linie arbeitend und lernend sowie überwiegend selbstorganisiert erworben – sowohl in der Erwerbsarbeit als auch in freiwilligen gemeinnützigen Tätigkeiten.

4.1 Wissen

Die Möglichkeit, Innovationen zu schaffen, setzt voraus, dass Innovatoren das bisher angesammelte Wissen zur Lösung des in Betracht kommenden Problems in Gestalt von Fakten, zugänglichen Informationen und bisher beschrittenen Lösungsversuchen zur Verfügung haben und in der Lage sind, die vorhandenen Lücken, die ungelösten Probleme zu identifizieren sowie sich darüber hinausgehendes neues Wissen in Gestalt von Fakten und Zusammenhängen anzueignen und zu speichern. Das erfolgt sowohl durch Vermittlung, aber vor allem durch selbständige Aneignung in der Arbeit, d. h. durch vorwiegend selbstorganisiertes Lernen.

Innovation hat immer eine kognitive Basis. Sie verlangt die problemgerechte Selektion des vorhandenen Wissens und seine forschende Weiterentwicklung. Es werden für das zu lösende Problem neue Erkenntnisse bzw. neue Kombinationen von Erkenntnissen erforderlich. Dazu ist das vorhandene Wissen in seinen Inhalten zu analysieren, zu klassifizieren und neu zu strukturieren. Es sind neue Verknüpfungen von bereits bekannten Tatbeständen herzustellen und weiterhin vorhandene Wissenslücken zu markieren. Es entstehen daraus Annahmen, die in der weiteren Arbeit verifiziert werden sollen. Die erfolgreiche Innovation schließt stets eine Lücke in der menschlichen Erkenntnis, in ihr ist neues Wissen enthalten.

Beim Einzelnen und noch viel mehr in der Gruppe der Innovatoren steht in der Regel eine große Zahl von Wissensbausteinen als explizites Wissen zur Verfügung. Darüber hinaus verfügen Innovatoren über umfangreiches Erfahrungswissen, das als implizites Wissen in die Arbeit an der Innovation eingeht. Es wird in der Tätigkeit durch selbstorganisiertes Lernen mit neuem Wissen verknüpft. Eine Arbeitsumgebung, in der neues Wissen wachsen und Altes mit neuem Wissen verknüpft wird, kann als innovationsförderlich bezeichnet werden (vgl. Jasper et al. 2007). Die dazu erforderlichen Freiräume in der Arbeit, die Suche nach neuen Herausforderungen, eine fehlerfreundliche Arbeitsatmosphäre sowie eine Kultur des Vertrauens fördern innovatives Denken und Arbeitsverhalten (ebd., 35.). Das disziplin- oder gebietsspezifische Wissen bildet gemeinsam mit dem Erfahrungswissen aus erfolgreich ausgeübter Tätigkeit eine unverzichtbare kognitive Grundlage für die angestrebte Handlungskompetenz als Bedingung für Innovation.

4.2 Kompetenzen

Kompetenzen sind Personenmerkmale, die als komplexe handlungsleitende Dispositionen verstanden werden, die die *„Selbstorganisationsdispositionen* des konkreten Individuums auf den Begriff bringen" (Erpenbeck und Heyse 1999, 155). Kompetenzen sind komplexe Personmerkmale, die erst die Umsetzung von erworbenem Wissen in Handeln möglich machen.

Innovationsorientierte Arbeitsprozesse stimulieren den Kompetenzerwerb, da Probleme zu lösen sind und in der Regel mit anderen Personen kommuniziert und kooperiert werden muss. Verfügbares Wissen und vorhandene Erfahrungen werden in umfassendere Wertbezüge eingeordnet und vorhandene Wissenslücken markiert. Es entstehen Annahmen über mögliche Lösungen und Lösungswege. Gegenstandswissen und Verfahrenswissen sind in diesen Annahmen gleichermaßen angesprochen. Sie werden mit vorhandenen Ressourcen verbunden, die bereits für die Lösung ähnlicher Probleme gespeichert sind. Es werden Analogien gesucht oder – wenn das nicht genügt – allgemeine Problemlösetechniken eingesetzt. Die sich daraus ergebenden Tätigkeiten sind wissensbasiert, vielfach selbstorganisiert und komplex mit hohen kreativen Anteilen, da es darum geht, Neues zu schaffen.

In diesem Prozess verändern sich die eingebrachten Handlungsdispositionen weiter, sie differenzieren sich aus. Das trifft für alle wesentlichen Bestandteile der integrierten Handlungskompetenz zu. Gemeinsam mit der fachlichen und methodischen Kompetenz sind in innovativen Tätigkeiten die personalen Dispositionen zur Selbststeuerung und Selbstmotivierung angesprochen, dazu gehören selbstkritische Wahrnehmung der eigenen Leistungen, aber auch Selbstvertrauen und mentale Stärke.

„Kompetenz und Innovation wirken dementsprechend interdependent zusammen:" formulieren Staudt und Kriegesmann (2002, 28). Kompetenz wird als Basis der Unternehmensentwicklung gesehen und als Reserve für Veränderungen. Eine besonders hohe Qualität für Innovationsprozessen erhalten solche Bestandteile personaler Kompetenz wie Eigenverantwortlichkeit, Tatkraft, wissenschaftliche Neugier, Freude am Experiment, Ausdauer und Belastbarkeit sowie eine optimistische Grundhaltung zur Tätigkeit und zum Leben, die Schwierigkeiten überwinden will.

Innovationen entstehen nicht in sozialer Isolation, sondern in ständigen Arbeitsbeziehungen zu anderen Personen, die eine Gruppe bilden, die an einem gemeinsamen Ziel arbeitet. Das erfordert Aufrichtigkeit, kritisches Verhalten, aber auch das Akzeptieren von Kritik, Toleranz gegenüber anderen Auffassungen sowie die Fähigkeit und Bereitschaft zu Kompromissen. Eine große Rolle spielt die ständig sachorientierte und zielgerichtete Kommunikation in der Gruppe, zu der auch Offenheit und Vertrauen gehören. Diese sozial-kommunikativen Kompetenzelemente sind für erfolgreiche Innovationen unverzichtbar und eng mit dem Wertesystem verbunden.

4.3 Wertesystem

Die Beschäftigten in Unternehmen, aber auch in Organisationen außerhalb der Wirtschaft sind in ihrer Tätigkeit nicht nur mit ihrem Wissen und Können mehr oder weniger engagiert, sondern auch das individuelle Wertesystem beeinflusst das Arbeitsverhalten. Werte sind vor allem unter unsicheren Bedingungen – wie sie gerade für die Schaffung von Innovationen typisch sind – Orientierungen für das Handeln. Sie helfen den Akteuren, Prioritäten zu setzen und sich mit Schwierigkeiten auseinanderzusetzen. Das gilt nicht nur für schöpferisch tätige Unternehmer, sondern unter den Bedingungen entfremdeter Arbeit auch für Arbeitnehmer, die schöpferisch tätig sein wollen.

In der Gegenwart erweitern und modifizieren sich die auf Arbeit gerichteten Elemente des Wertesystems. Arbeit bleibt auch unter instabilen, risikoreichen Arbeitsbedingungen eine zentrale Orientierung des Handelns, auch und gerade, wenn nach ihrem gesellschaftlichen Nutzen gefragt wird.

Vor allem qualifizierte Arbeit, die anerkannt wird und eine höhere Selbständigkeit und Eigenverantwortung im Arbeitsprozess ermöglicht, fördert die subjektive Bindung an die Arbeit; sie weckt schöpferische Neugier und setzt Initiativen frei, die Produkte oder den konkreten Arbeitsprozess zu optimieren. Der Arbeitnehmer tritt jetzt bezogen auf den jeweiligen Arbeitsprozess und seine Veränderung als relativ autonomes Subjekt in Erscheinung, setzt sich damit auseinander und kann, ja soll sogar innovative Ideen hervorbringen, die in die Praxis eingeführt werden können. Nach Böhle (2002) wird er vom Objekt zum gespaltenen Subjekt und muss sich mit dieser veränderten Situation auseinandersetzen.

Qualifizierte Arbeit wird mehr und mehr eigenverantwortliche Selbststeuerung nach den Prinzipien zweckrationalen Handelns, das in das individuelle Wertesystem aufgenommen wird. Das individuelle Wertesystem, das durch Entscheidungsspielräume in der Arbeit und einen Zugewinn an individuellen Freiräumen angesprochen und modifiziert wird, nimmt das Innovationsstreben als positiven Wert auf.

Technikbegeisterung und Streben nach wissenschaftlich-technischem Fortschritt nehmen in der Wertehierarchie bei derartig ausgestatteter Arbeit einen bevorzugten Platz ein. Gleichzeitig entwickelt sich ein offeneres Betriebsklima mit mehr Partizipation und Elementen von kooperativer Führung. Exemplarisch zeigt sich dieses veränderte Wertebewusstsein in Bezug auf die eigene Arbeit in den hochinnovativen Betrieben und Branchen. Innovationsstreben wird zum subjektiv bedeutsamen Wert. So wird die Mitarbeit an informationstechnischen Innovationsleistungen als „handlungsleitende Orientierung" gesehen, die im individuellen Wertesystem fest verankert ist (Ewers 2006, 115). Sie ist häufig gekoppelt an das Streben, im Beruf *aufzusteigen* oder sich z. B. in der IT-Branche als Unternehmer zu etablieren.

Ähnliche Entwicklungen lassen sich bei Beschäftigten in Non-Profit-Organisationen (vgl. Stahl 2005) beobachten. Das an die Arbeit gebundene Wertesystem nimmt Elemente, wie kooperatives Verhalten, Solidarität, Beratung, Hilfe zur Selbsthilfe, auf. Es entsteht an neuen und traditionellen Arbeits- und Lernorten. Unter instabilen, risikoreichen Arbeits- und Lebensbedingungen wird dieses Wertesystem, das sich an Kooperation, Solidarität, Selbstständigkeit und Eigenverantwortung orientiert, ein wichtiger Anker für ein selbstbestimmtes Leben und ermöglicht, die eigene Position in der Gesellschaft zu finden und zu behaupten.

5 Zusammenfassung

Innovationen finden in der ökonomischen und sozialen Sphäre statt. Sie sollen den menschlichen Handlungsspielraum erweitern und die Lebensbedingungen verbessern. Innovationen werden stets gesellschaftlich bewertet, akzeptiert oder abgelehnt. Deshalb schließt verantwortliche Innovationspolitik immer die Folgenabschätzung ein.

Entscheidend für die Tragweite von Innovationen in Unternehmen wie sozialen Organisationen sind die in ihnen tätigen Menschen. Der Umgang mit Innovationen ist ein wichtiger Bestandteil der Unternehmens- und Organisationskultur.

Die wichtigsten Handlungsregulationsdispositionen, die innovationsförderlich sind, stellen Wissen, Kompetenzen und Wertesysteme dar. Am günstigsten können sie sich in qualifizierter Arbeit und in lern- und aktivitätsförderlichen Arbeitsumgebungen entwickeln. Innovationsstreben wird unter solchen Bedingungen für die Beteiligten zu einem subjektiv bedeutsamen Wert.

6 Forschungsbedarf

Weitere Forschung sollte sich dem Gegenstand zuwenden, wie unterschiedliche Akteursgruppen – Jugendliche, Ältere, Zuwanderer, weniger Qualifizierte – Innovationsstreben entfalten können, welche politischen und Lernimpulse dazu gegeben werden müssten, wie die Arbeitsprozesse und die Prozesse in sozialen Organisationen weiter umgestaltet werden müssen, um mehr Akteure innovativ tätig werden zu lassen. Eine weitere Frage ist, wie das Management vor allem in traditionellen, weniger innovativen Branchen, Betrieben oder sozialen Organisationen zu Promotoren der Innovation werden kann und Beharrungstendenzen, die innovationsfeindlich sind, überwunden werden können.

7 Wodurch können die subjektiven Bedingungen für Innovationen verbessert werden?

Seit langem werden Vorschläge unterbreitet, wie Deutschland seine Position bei der Nutzung von Wissenschaft und Technik und der Bewältigung des gesellschaftlichen Wandels ausbauen könnte. Mehrheitlich stoßen sie an die Grenzen von Unternehmens- und Lobbyinteressen sowie traditionellen, wenig flexiblen Verhaltensweisen in Schule, Hochschule und Politik.

Veränderungen müssen beim Lernen und seiner sozialen Nutzung beginnen. Dazu gehört zunächst eine in den grundlegenden Inhalten weitgehend einheitliche leistungsfähige Schule für alle Kinder ohne partikulare Sonderwege, jedoch mit einem breiten Angebot unterschiedlicher pädagogischer Konzepte, die auf problemlösungsorientiertes Lernen und vielfältige Lernunterstützung für alle Kinder und Jugendlichen fokussieren. Deutschland benötigt das gesamte Reservoir seiner Talente und Begabungen, daher ist es eine Bedingung für steigende Innovativität, dass alle Kinder und Jugendlichen gefordert und gefördert werden bei besonderer Berücksichtigung derer, die sozial benachteiligt sind.

Das problemorientierte Lernen an Schule und Hochschule bedarf einer engen Verbindung mit der Praxis über den gesamten Ausbildungszeitraum.

Deutschland muss sich auf intelligente Arbeitsplätze und intelligente Arbeit orientieren. Dem heranwachsenden Nachwuchs muss wie anderen Beschäftigten auch intelligente Arbeit angeboten werden. Unqualifizierte Arbeit vergeudet und zerstört menschliche Potentiale, vermindert die Wettbewerbsfähigkeit und schränkt die Innovationsfähigkeit nachhaltig ein. Lebenslanges Lernen in der Arbeit und durch die Arbeit muss zum Maßstab für alle Beschäftigten und zum Grundsatz für alle Unternehmen und Organisationen werden. Es fördert und fordert innovatives Verhalten und versetzt uns in die Lage, konjunkturelle Schwankungen leichter zu überwinden und die soziale Stabilität zu gewährleisten.

Literaturverzeichnis

Böhle F (2002) Vom Objekt zum gespaltenen Subjekt. In: Moldaschl M, Voß GG (Hrsg) Subjektivierung von Arbeit. Hampp, München/ Mering

Erpenbeck J, Heyse V (1999) Die Kompetenzbiographie. In: edition QUEM, Bd 10. Münster/ New York

Ewers E (2006) Berufliche Strebungen von IT-Beschäftigten: Streben nach Autonomie und technischer Innovation. In: Ewers E, Hoff EH, Geffers J (Hrsg) Arbeit als Lebensinhalt? edition QUEM, Bd 21. Waxmann, Münster/ New York/ München/ Berlin

Gutachten zu Forschung, Innovation und technologischer Leistungsfähigkeit Deutschlands 2010. Expertenkommission Forschung und Innovation, http://www.e-fi.de/fileadmin/ Gutachten/EFI_2010.pdf. Zugegriffen im September 2010

Hauschildt J, Salomo S (2007) Innovationsmanagement. Vahlen, München

Jasper G, Rohwedder A, Duell W (2007) Alternde Belegschaft und Innovativität; Herausforderungen an das Innovations- und Personalmanagement. In: Astor M, Jasper G (Hrsg) Demographischer Wandel als Wachstumsbremse oder Chance? – Innovations- und Personalstrategien in den neuen Bundesländern. Broschürenreihe Demographie und Erwerbsarbeit. Berlin

Kesselring A, Leitner M (2008) Soziale Innovation in Unternehmen. www.zsi.at/de/projekte/ abgeschlossen/3932.html. Zugegriffen im September 2010

Lernen im sozialen Umfeld. Kompetenzentwicklung beim Aufbau regionaler Infrastrukturen (2003) QUEM-Report, Heft 77. Berlin: 248

Stahl T (2005) Lernen im sozialen Umfeld als ein Weg zur Umsetzung des Konzepts vom lebensumspannenden (life-wide) Lernen. In: Internationale Trends des Erwachsenenlernens. edition QUEM, Bd 19. Waxmann, Münster/ New York/ München/ Berlin

Staudt E, Kriegesmann B (2002) Zusammenhang von Kompetenz, Kompetenzentwicklung und Innovation. In: Kompetenzentwicklung und Innovation. edition QUEM, Bd 14, Waxmann, Münster/ New York/ München/ Berlin

Überholspur Innovation: Messung, Bewertung und Steigerung der Innovationsfähigkeit durch www.innoscore.de (2007) Fraunhofer-Institut für Arbeitswirtschaft und Organisation. (Hrsg) IAO, Stuttgart

Witte E (1998) Kraft und Gegenkraft im Entscheidungsprozess. In: Witte E, Hauschildt J, Grün O (Hrsg) Innovative Entscheidungsprozesse. Mohr Siebeck, Tübingen

Kommentar zum Hauptartikel „Innovation und die
subjektiven Bedingungen für Innovationsfähigkeit"

Innovative Arbeitsgestaltung und neue Arbeitsverhältnisse

Frank Pot und Ton de Korte

1 Einleitung

In seinem interessanten Aufsatz klärt Matthias Trier die Bedingungen für innovatives Verhalten sowie die Konsequenzen für die Arbeitsorganisation und für Lernprozesse im Beruf und an Bildungseinrichtungen. Er folgert, dass Wissen, Fähigkeiten und Wertesysteme die wichtigsten Voraussetzungen der Steuerung innovationsfördernder Aktionen sind. Im besten Fall können sie sich zu qualifizierter Arbeit und Arbeitsbedingungen entwickeln, die Lernen und Aktivität fördern. Dieses Thema und die diesbezüglichen Überlegungen spielen auch in den Niederlanden eine wichtige Rolle, sowohl in der Wirtschaft als auch in der Forschung. Dies werden wir kurz erläutern. Doch zunächst richten wir unsere Aufmerksamkeit auf die Definition der sozialen Innovation, da einige Unterschiede beobachtet werden können. Weiterhin werden wir Triers Argumente mit einigen theoretischen Grundlagen ergänzen. Zum Schluss werden die Dilemmas von Interessengruppen und die Folgen für die Forschung besprochen.

In Triers Aufsatz wird behauptet, dass soziale Innovationen – im Gegensatz zu wirtschaftlichen Innovationen – die Lebensbedingungen der Menschen verbessern sollten, dass sie nicht primär auf den Markt ausgerichtet seien, sondern Marktentwicklungen als soziale Auflagen beeinflussen könnten. In den Niederlanden ist das Konzept, das in Kontrast zur sozialen Innovation steht, die technologische Innovation. Soziale Innovation ist nicht-technologische Innovation und kann der Leistungsfähigkeit von Organisationen wie der Qualität des Arbeitslebens dienen. Wir, und mit uns viele andere in den Niederlanden, vertreten die Meinung, dass mit sozialer Innovation beide Ziele gleichzeitig erreicht werden sollten. Soziale Innovation umfasst im niederländischen Verständnis Faktoren wie dynamisches Management, flexible Organisation, intelligentere Arbeitsweisen, Entwicklung von Fähigkeiten und Kompetenzen, Netzwerke von Organisationen. Auch die Modernisierung der Arbeitsverhältnisse und die Entwicklung menschlicher Ressourcen gehören dazu. Beschäftigungsverhältnisse unterliegen einem schnellen Wandel, auch dank höherer Bildung der Arbeitskräfte, des Phänomens

S. Jeschke et al. (eds.), *Enabling Innovation*, DOI 10.1007/978-3-642-24299-1_25,
© Springer-Verlag Berlin Heidelberg 2011

der mobilen Arbeit (unabhängig von Zeit und Ort) und der wachsenden Anzahl Selbstständiger.

2 Niederländisches Zentrum für soziale Innovation (Nederlands Centrum voor Sociale Innovatie)

Für die wachsende Aufmerksamkeit gegenüber sozialen Innovationen können vier Hauptgründe genannt werden. Erstens muss die Arbeitsproduktivität erhöht werden, um unser Niveau von Wohlstand und sozialer Sicherheit in der näheren Zukunft trotz durch Bevölkerungsalterung sinkender Arbeitskräftezahlen aufrechtzuerhalten. Zweitens müssen die Fähigkeiten und Kompetenzen der potenziellen Arbeitskräfte entwickelt und genutzt werden, um den Mehrwert in einer global wettbewerbs- und wissensbasierten Wirtschaft zu erhöhen. Drittens können private und öffentliche Arbeitsorganisationen nur dann in vollem Umfang von technologischen Innovationen profitieren, wenn diese in soziale Innovationen eingebettet wird (Technologie funktioniert durch angemessene Organisation). Und viertens scheinen soziale Innovationen selbst zu größeren Innovationserfolgen zu führen als technologische Innovationen. Ein wichtiges Richtliniendokument zu diesem Problem wurde vom Niederländischen Sozial-ökonomischen Rat (Sociaal-Economische Raad, SER 2006), dem einflussreichsten Beratergremium der Regierung, herausgegeben. Im gleichen Jahr wurde von Arbeitgeberverbänden (AWVN, FME-CWM), Gewerkschaften (CNV BedrijvenBond; FNV Bondgenoten), Universitäten (Erasmus-Universität/ RSM, Universität von Amsterdam) und der TNO (Niederländische Organisation für Angewandte Naturwissenschaftliche Forschung) das Niederländische Zentrum für soziale Innovation (NCSI[1]) gegründet. Der Vorstand dieses Zentrums besteht aus Vertretern dieser Organisationen. Der Schwerpunkt des Zentrums liegt auf der Verbreitung von optimalen Verfahrensweisen, Feldversuchen, gemeinsamer Entwicklung und Stimulierung der Forschung. Das Zentrum verfügt über wenige Mitarbeiter. Unternehmen und öffentliche Organisationen, die das Zentrum finanziell unterstützen (50.000 Euro pro Jahr), sind im Programmrat vertreten. Bisher haben sich 12 große Organisationen für die Mitarbeit entschieden. Die Aktivitäten des Zentrums werden politisch und in gewissem Umfang finanziell (1 Million Euro pro Jahr) mit Projektbeihilfen von 3 Ministerien (Wirtschaft; Soziales und Arbeit; Bildung, Kultur und Wissenschaft) unterstützt. In den Niederlanden ist soziale Innovation jedoch, trotz Ähnlichkeiten bei Aktivitäten und Partnern, kein nationales Programm wie zum Beispiel in Finnland und Deutschland. Ein wichtiger Unterschied liegt darin, dass die Regierungen in Finnland und Deutschland die führende Rolle spielen (Finanzierung, Programm). In den Niederlanden ist die Regierung bewusst nicht im Zentrum vertreten. Die von allen Seiten akzeptierte politische Philosophie besagt, dass die Sozialpartner die führende Rolle spielen können und sollen.

---

[1] www.ncsi.nl

3 Stützende Theorien und Belege

Die Möglichkeit, gleichzeitig bessere Jobs zu schaffen und höhere Leistungsfähigkeit zu erzielen, kann in der Theorie durch das *Job-Demand-Control Model*, die *moderne Soziotechnologie* und die *Handlungsregulationstheorie* gestützt werden. Karasek und Theorell (1990) unterscheiden in ihrem theoretischen Modell drei Dimensionen, um die Beziehungen zwischen Arbeitsorganisation, Stressrisiken und Lernmöglichkeiten zu erklären: großer oder kleiner Entscheidungsspielraum, hohe oder geringe psychische Anforderungen und starke oder geringe Unterstützung. Die besten Lernmöglichkeiten bestehen bei Tätigkeiten mit hohen Anforderungen und großen Entscheidungsspielräumen (aktive Jobs). Tätigkeiten mit hohen Anforderungen und kleinen Entscheidungsspielräumen (Jobs mit starker Anspannung) bergen das Risiko psychischer Belastung und physischer Krankheit. Diese Wirkung wird durch geringe Unterstützung verstärkt. Wir bezeichnen das als Stressrisiken. Zudem behindert Stress Lerneffekte. „Wir haben gesehen, dass dies einen doppelten Grund für Manager, Ingenieure und Arbeitsgestalter darstellt, sorgfältig zu bedenken, dass kleine Entscheidungsspielräume den doppelten Nachteil von starkem Stress und Verlust von Innovationspotenzial nach sich ziehen." (Karasek und Theorell 1990, 199; Übersetzung durch den Autor). *Modern Sociotechnology* (vgl. Sitter et al. 1997) folgt mehr oder weniger den gleichen Gedankengängen. Das Konzept der Kontrolle wird jedoch wesentlich weiter als in Karaseks und Theorells Theorie entwickelt. Es wird unterschieden zwischen interner Kontrolle (Entscheidungsspielräume, Autonomie bei der eigenen Arbeit) und externer Kontrolle (Mitbestimmung bei der Arbeitsorganisation, Zielsetzungen, Strategieplanung). Zwar ist die interne Kontrolle für das Wohlbefinden und reibungslose Prozesse wichtig, doch die externe Kontrolle verstärkt Engagement und Lernergebnisse am meisten. Hinsichtlich der Theorie des organisatorischen Lernens (vgl. Argyris und Schön 1978) kann gesagt werden, dass die externe Kontrolle insbesondere das *Double-loop-Lernen* ermöglicht, im Vergleich zur internen Kontrollfunktion und dem *Single-loop-Lernen*. Hacker (vgl. 2003) widmet sich in seiner Handlungsregulationstheorie ebenfalls der externen Kontrolle, entwickelt jedoch auch den Anforderungsaspekt von Tätigkeiten weiter. Sogenannte vollständige Tätigkeiten (mit hohen Tätigkeitsanforderungen und Kontrollaufgaben) bieten die besten Lernmöglichkeiten. Eine vollständige Tätigkeit besteht aus einfachen und schwierigen Aufgaben. Sie ist vollständig hinsichtlich der Fähigkeiten und umfasst vorbereitende, ausführende und unterstützende Aufgaben. Die Tätigkeit beinhaltet auch koordinierende oder organisatorische Aufgaben. Natürlich gehen diese Organisationsdesigntheorien von einer Arbeitsumgebung aus, die durch Offenheit und Vertrauen, Mitarbeiterpartizipation und gute Zusammenarbeit zwischen Management und Angestellten gekennzeichnet ist. Wir haben neuere Untersuchungen zur sozialen Innovation in Europa genauer betrachtet. Wegen der Unterschiedlichkeit der Konzepte und Forschungsansätze war es schwierig, allgemeine Schlussfolgerungen zu ziehen, doch ein höchst interessantes Ergebnis ist, dass das Engagement des Managements in Kombination mit Mitarbeiterpartizipation

definitiv die wichtigste Bedingung für positive Wirkungen auf die Qualität
des Arbeitslebens und die Leistung ist (vgl. Pot und Koningsveld 2009). In den
Niederlanden zeigen einige große Forschungsprojekte zur sozialen Innovation
eindrucksvolle Ergebnisse zur Leistungsfähigkeit von Organisationen (vgl. Hauw
et al. 2009; Jansen et al. 2009). Leider wurden die Auswirkungen auf die Qualität
des Arbeitslebens nicht gemessen. Immer mehr Fallstudien in den Niederlanden
zeigen jedoch, dass die gleichzeitige Verbesserung von Leistungsfähigkeit und
Qualität des Arbeitslebens möglich ist. Wir möchten betonen, dass diese verbesserte Qualität des Arbeitslebens nicht nur die sogenannten qualifizierten Tätigkeiten
betrifft. Arbeitsautonomie und Mitbestimmung können für jedes Bildungs- und
Ausbildungsniveau geschaffen werden. Ein gutes Beispiel aus den Niederlanden
ist das der Straßenkehrer in Den Haag: Die Arbeitsautonomie wurde erweitert, die
Verantwortung gestärkt und die Mitbestimmung verbessert. Mit derselben Anzahl
Personen konnte mehr Arbeit geleistet werden, die Qualität der Arbeit wurde verbessert und Fehlzeiten wegen Krankheit sind gesunken.

4 Dilemmas von Interessengruppen

Zwar gibt es genug Gründe, Arbeitsplätze aus der Perspektive der Qualität des
Arbeitslebens und der Leistungsfähigkeit zu gestalten, doch ist dies keine einfache Aufgabe. Angestellte und deren Vertreter sehen sich einigen Dilemmas gegenüber, wenn sie in die soziale Innovation einbezogen werden und Engagement
entwickeln. Dazu zählen beispielsweise lang- und kurzfristige Auswirkungen
auf die Beschäftigung. Intelligenteres Arbeiten kann dazu führen, dass die gleiche Arbeit mit weniger Menschen möglich ist. Arbeitsautonomie ohne geeignete
Autorität und Mitbestimmungsrechte kann zu Ineffizienz und Frustration führen.
Mobile Tätigkeiten bieten die Möglichkeit für einen besseren Ausgleich zwischen
Arbeit und Freizeit, bergen jedoch auch ein Stressrisiko. Neue Technologien und/
oder Geschäftskonzepte können zu geänderten Berufsbildern führen oder diese
ganz abschaffen (z. B. Postboten).
    Arbeitgeber/ Manager sehen sich ebenfalls Dilemmas ausgesetzt. Die Vorteile
sozialer Innovationen werden später ersichtlich als die Ergebnisse kurzfristiger Budgetkürzungen. Exploration und Exploitation erfordern unterschiedliche
Kompetenzen und Arbeitsorganisation. Boni und Interessen von Anteilseignern
fördern kurzfristiges Denken. Wissen weiterzugeben und Macht abzugeben sind
keine einfachen Aufgaben. Innovation kann nicht immer geplant werden. Raum
für Zufall und Chaos wird benötigt. Schöpferische Zerstörung führt zu Widerstand
und Verzögerungen. Natürlich ist es eine gute Voraussetzung, dass in einigen
Ländern, darunter Finnland, Deutschland und die Niederlande, Gewerkschaften
und Arbeitgeberorganisationen auf eine Tradition von Zusammenarbeit und
Beratungen zurückblicken können. Regierungen spüren immer den Konflikt zwischen Regulierung und Markt. In der Europa 2020-Strategie bildet die Entwicklung
von Kompetenzen den wichtigsten Teil der Leitinitiative *Agenda für neue Fähig-*

keiten und Jobs. Leider wird im EU-Strategiedokument selbst nicht auf den Bedarf an sozialer Innovation am Arbeitsplatz hingewiesen, unter anderem wahrscheinlich, weil die EU auf Unternehmensebene nicht eingreifen will. Doch ergänzen Richtlinien für soziale Innovation auf Unternehmensebene die Flexicurity-Strategie auf nationaler Ebene. In Entwurfsleitsätze für Beschäftigungsrichtlinien (COM(2020)193/3) und in Leitinitiative *Innovation Union* (COM(2010)546), werden die Konzepte Arbeitsorganisation und soziale Innovation erwähnt, doch sind die Inhalte nicht sehr klar.

5 Fazit

Wissen, Fähigkeiten und Werte sind für innovatives Verhalten wichtig. Wie sich diese entwickeln, wird in hohem Maße durch die Struktur der Arbeitsteilung bestimmt. Die gleichzeitige Verbesserung der Qualität des Arbeitslebens und der Leistungsfähigkeit von Organisationen kann erreicht werden, wenn diese Ziele sinnvoll verbunden und Mitarbeiter und deren Vorgesetzte einbezogen werden.

Nationale Programme (Zusammenarbeit von Regierung, Sozialpartnern, Beratern und Forschungsinstituten) scheinen mehr Projekte hervorzubringen als Aktivitäten einzelner Interessengruppen. Projekte für soziale Innovationen sollten in Politik auf nationaler Ebene eingebettet sein (Bildung, Arbeitsmarkt, soziale Sicherheit, Innovation). Eine stimulierende Rolle von Arbeitgeberverbänden und Gewerkschaften scheint wichtig zu sein.

In Auswertungsstudien sollten sowohl die Indikatoren für die Qualität des Arbeitslebens als auch Leistungsindikatoren einbezogen werden. Wir empfehlen dringend, Konzepte und Messwerte in der internationalen vergleichenden und interdisziplinären Forschung zu harmonisieren.

Literaturverzeichnis

Argyris C, Schön D (1978) Organizational learning. Addison-Wesley, Massachusetts

Hacker W (2003) Action regulation theory: a practical tool for the design of modern work processes? In: European Journal of Work and Organisational Psychology, Nr 12, Bd 2: 105-130

Hauw PA van der, Pasaribu MN, Zeijden PT van der (2009) Slimmer werken (Working smarter). EIM, Zoetermeer

Jansen J et al (2009) Erasmus Concurrentie en Innovatie Monitor 2008-2009 (Erasmus Competition and Innovation Monitor 2008-2009). Rotterdam School of Management

Karasek RA, Theorell T (1990). Healthy work; stress, productivity and the reconstruction of working life. Basic Books, New York

Pot FD, Koningsveld EAP (2009) Quality of working life and organizational performance – two sides of the same coin? In: Scandinavian Journal of Work, Environment and Health, Nr 35, Bd 6: 421-428

SER (2006) Welvaartsgroei voor en door iedereen. Thema sociale innovatie (Prosperity by and for everybody. Topic social innovation). SER, Den Haag

Sitter LU de, Hertog JF, Dankbaar B (1997) From complex organizations with simple jobs to simple organizations with complex jobs. In: Human Relations, Nr 50, Bd 5: 497-534

Innovationsfähigkeit und Produktivität –
Was hat der demografische Wandel damit zu tun?

Tarja Tikkanen

Abstract

In diesem Artikel werden Innovation und Produktivität im Verhältnis zur demografischen Entwicklung besprochen, insbesondere zur Alterung der Arbeitskräfte und zu den möglichen Folgen für den Arbeitsmarkt, für die personellen Ressourcen, das lebenslange Lernen und die Innovationsfähigkeit. Einen Ausgangspunkt bildet dabei das allgemein angenommene Missverhältnis zwischen Innovationsfähigkeit und älteren Arbeitnehmern. In diesem Artikel wird die Frage untersucht, was der demografische Wandel mit der Innovationsfähigkeit zu tun hat. Die Antwort bleibt im besten Falle unklar. Sie hängt davon ab, wie wir die demografischen Herausforderungen meistern. Das Potenzial für den Wohlstand ist vorhanden – aber auch das Potenzial für Gefahren. Das Festhalten an traditionellen Auffassungen, ob an Innovation und Innovatoren, an lebenslanges Lernen und an die Kompetenzentwicklung oder an die Beschäftigung und die berufliche Entwicklung in der zweiten Lebenshälfte, führt unausweichlich zur Ansicht, dass mit der weiteren Alterung der Bevölkerung massive Probleme drohen. Die Tatsache, dass die demografische Situation bereits heute klar ist, und speziell, was die nächsten 40 Jahre betrifft, ist historisch gesehen einzigartig. Und tatsächlich erfordert jede Reaktion, die zur Lösungssuche für die Herausforderungen durch die Alterung der Arbeitskräfte und deren Folgen beiträgt, selbst innovatives Denken.

Über ältere Arbeitnehmer herrschen viele negative Sichtweisen vor – als Bedrohung der volkswirtschaftlichen Kompetenz- und Talentbasen, der Innovationsfähigkeit und der Produktivität. Es gibt jedoch keine systematischen Belege für dieses negative Verhältnis und auch keine Belege dafür, dass sich diese Bedrohungsszenarien als Folge der Bevölkerungsalterung materialisieren würden. Stattdessen sollte die Aufmerksamkeit darauf gerichtet werden, wie Konzepte zu Kompetenzen und Lernbedarf, Innovation (Innovationsfähigkeit) und Produktivität definiert, gemessen und prognostiziert werden müssen. Und doch gibt es altersbezogene Herausforderungen im Arbeitsleben, die angegangen werden müssen, und zwar schon bald. Unter der Annahme, dass der größte Teil des lebenslangen Lernens und der Entwicklung von Innovationsfähigkeit und Produktivität im Kontext der Arbeit stattfindet, müssen die Lösungen letztlich auch dort erwartet werden. Viele Arbeitgeber haben schon einen guten Anfang gemacht – aber noch viele mehr sind sich überhaupt nicht im Klaren darüber, was kommen wird.

S. Jeschke et al. (eds.), *Enabling Innovation*, DOI 10.1007/978-3-642-24299-1_26,
© Springer-Verlag Berlin Heidelberg 2011

1 Einführung

Die demografische Entwicklung stellt für die makroökonomische Performance
und Wettbewerbsfähigkeit eine enorme Herausforderung dar (vgl. EuroFound
2008). Viele Länder in Europa sehen sich einer Situation ausgesetzt, in der die
Absicherung einer positiven Arbeitsmarktentwicklung für den zukünftigen wirtschaftlichen Wohlstand entweder eine stärkere Immigration (junger) ausgebildeter Arbeitskräfte (vgl. Zaidi 2008) oder die Verlängerung des Berufslebens älterer
Arbeitnehmer – oder beides – erfordert. In diesem Artikel liegt der Schwerpunkt auf
den Herausforderungen und Chancen (vgl. OECD 2006), die ältere Arbeitnehmer
betreffen. In dem Artikel werden Innovation und Produktivität im Verhältnis
zur demografischen Entwicklung besprochen, insbesondere zur Alterung der
Arbeitskräfte und zu den möglichen Folgen für den Arbeitsmarkt, für die personellen Ressourcen, das lebenslange Lernen und die Innovationsfähigkeit.

Einerseits liegt die demografische Herausforderung in einer genügenden Anzahl
von Arbeitskräften im arbeitsfähigen Alter, um eine nachhaltige Entwicklung zu
gewährleisten. Andererseits liegt die Herausforderung im lebenslangen Lernen
(LLL), der Wissensbildung und der Innovationsfähigkeit zur Sicherung von
Fortschritt, Produktivität und Wettbewerbsfähigkeit von Volkswirtschaften. Eine
Prognose besagt, dass die Europäische Union (EU) im Jahr 2030 einen Arbeits-
kräftemangel von etwa 20,8 Millionen Menschen (6,8 %) im arbeitsfähigen Alter
verkraften muss (vgl. EuroFound 2008). In europäischen Ländern wurden große
Anstrengungen unternommen, um die beruflichen Karrieren älterer Arbeitskräfte zu
verlängern. Der Schwerpunkt lag dabei auf der Arbeit und den Arbeitsbedingungen
oder auf Rentenreformen, oder beidem. Die Unterstützung und Förderung der
Beschäftigungsfähigkeit älterer Arbeitnehmer spielt in der Politik eine bedeutende
Rolle (vgl. EC 2008). Da die jüngeren Generationen zahlenmäßig abnehmen, muss
die Produktivität, relativ gesehen, zunehmend durch ältere Arbeitskräfte erbracht
werden. Das Verhältnis zwischen Produktivität und Alter ist jedoch seit Langem
umstritten (vgl. Skirbekk 2003). Eine geringere Produktivität wird üblicherweise
mit höherem Alter verknüpft, d. h., sie folge, zumindest in anderen Positionen als
der Managerposition, im Verlauf eines Lebens einer umgekehrten U-Form (vgl.
Henseke und Tivig 2007). Natürlich ist die Art des Verhältnisses zwischen Alter
und Produktivität nicht nur mit der Definition und Messung der Produktivität, sondern auch mit der Art der betreffenden Stellen und Arbeitsaufgaben verknüpft. Da
Produktivität und Wirtschaftswachstum eng an das Niveau der Bildungsabschlüsse
(Humankapital) gebunden sind, wird eine geringere Produktivität schnell mit älteren Arbeitnehmern mit niedrigeren formalen Qualifikationen verknüpft (vgl. EC
2008). Eine einheitliche, zuverlässige Messung des Verhältnisses ist nicht unpro-
blematisch.

Als ältere Arbeitnehmer sind für die Zwecke des vorliegenden Artikels solche ab 45 Jahren definiert. Diese Trennlinie wird in den Diskussionen in Europa
(vgl. Tikkanen und Nyhan 2006) und von Statistikern (vgl. Descy 2006) häufig
verwendet, da sie oft den Beginn der Altersdiskriminierung auf dem Arbeitsmarkt
darstellt, insbesondere für Arbeitssuchende. Je nach Quelle oder Land, Sektor oder

manchmal sogar Geschlecht kann die Definition (d. h. die Altersbegrenzung) eines älteren Arbeitnehmers davon abweichen. Diese Altersbegrenzungen tendieren zudem zu soziohistorisch bedingten Veränderungen im Laufe der Zeit.

Zwar wird die Sorge um die Alterung der Arbeitskräfte in Richtliniendokumenten häufig erwähnt, doch hat sie sich bisher nicht in der aktiven Förderung der Entwicklung von Arbeitsqualifikationen durch lebenslanges Lernen manifestiert. Es genügt eben nicht, einfach die Mitarbeiter weiterzubilden oder umzuschulen, die kurz vor dem 50. Geburtstag stehen oder diesen hinter sich haben. Was nicht heißen soll, dass dies nicht möglich wäre. Was wiederum nicht heißen soll, dass eine komplette Umschulung nötig wäre. Stattdessen ist das Problem, dass unsere Gesellschaft und die Einrichtungen für allgemeine und berufliche Bildung nicht auf wirklich lebenslanges Lernen eingestellt sind. Dies betrifft gleichermaßen auch die Menschen in der zweiten Lebenshälfte. Zudem benötigen wir mehr systematische Kenntnisse über die besonderen Defizite und/ oder das veraltete Wissen sowie die besonderen Stärken älterer Mitarbeiter. Die Alterung der Arbeitskräfte wirft auch umfangreiche Fragen zu folgenden Themen auf: Wie soll die Art der benötigten Fähigkeiten und Kompetenzen ermittelt werden, die über die Informations- und Kommunikationstechnologien (IKT) hinausgehen, und wie können Kompetenzbedarf und Qualitäten anders als in Begriffen formaler Abschlüsse definiert werden? Wichtige Arbeiten auf diesem Gebiet hat das Cedefop unter dem Titel „New Skills for New Jobs" (Neue Fähigkeiten für neue Stellen) geleistet. Darin wird die Notwendigkeit betont, den Kompetenzbedarf – und die Kompetenzlücken – zu prognostizieren, die auf den europäischen Arbeitsmarkt zukommen werden, und eine umfassende Auswertung der Kompetenzanforderungen in Europa bis zum Jahr 2020 gefordert (vgl. Cedefop 2008).

Gleichermaßen bedeutsam sind die Einstellungen der Arbeitgeber gegenüber älteren Arbeitnehmern und ihre Ansichten über Produktivität und Fähigkeiten in der zweiten Lebenshälfte (vgl. Zaidi 2008). Negative Einstellungen von Arbeitgebern können ungünstige Auswirkungen auf die offiziellen Bemühungen um die Beschäftigungsförderung älterer Arbeitnehmer haben (vgl. Rix 2005). In einer europäischen Studie wurde festgestellt, dass es für die Umsetzbarkeit öffentlicher Richtlinien unerlässlich ist, dass Arbeitgeber ihre negativen Wahrnehmungen älterer Arbeitnehmer aufgeben und bessere Arbeitsumgebungen schaffen, in denen ältere Arbeitnehmer ihre Produktivität weiter verbessern (vgl. Zaidi 2008). Entsprechend haben mehrere Studien in einer kürzlich erschienenen Sonderausgabe des *International Journal of Human Resources Management* zum demografischen Wandel auf die Notwendigkeit grundlegender Änderungen in der Einstellung der Arbeitgeber hingewiesen, bevor überhaupt Änderungen in den Ansichten zur Produktivität und Innovationsfähigkeit älterer Arbeitnehmer erwartet werden könnten (vgl. Tikkanen 2011). Das Lernen und die Weiterbildung älterer Arbeitnehmer sollten ein genauso dringliches Thema sein wie bei jüngeren Arbeitnehmern. Bei Arbeitnehmern mit niedrigem Bildungsabschluss sind häufig die Förderung und Unterstützung zu Beginn des Lernprozesses und in manchen Fällen die Wiederherstellung grundlegender Lerntechniken, von Bereitschaft und Einstellung notwendig (vgl. Hulkari und Paloniemi 2008).

Um in dieser historisch neuen Situation (vgl. OECD 2006) den Herausforderungen begegnen und die Chancen nutzen zu können, müssen möglicherweise viele alte Praktiken und Lösungen verworfen und deren Ersatz durch kreative Innovationen vorbereitet werden. Der demografische Wechsel wird in diesem Artikel aus der Perspektive der Innovationsfähigkeit im Kontext von Arbeit und Lernen genauer besprochen. Im ersten Teil werden ein demografischer Megatrend – die Alterung der Gesellschaft – und dessen Folgen für den Arbeitsmarkt untersucht. Der nächste Teil konzentriert sich auf die Innovationsfähigkeit. Dazu werden die Entwicklung der personellen Ressourcen, das lebenslange Lernen und die Beschäftigung vor dem Hintergrund der alternden Arbeitskräfte untersucht. Zudem werden die Ambivalenzen altersbedingter Auswirkungen auf Fähigkeiten und LLL als „Magic Bullet" (Mayhew und Rijkers 2004) für die Herausforderungen der alternden Arbeitskräfte besprochen. Abschließend werden aus dem Vorgebrachten einige Schlussfolgerungen gezogen.

2 Das „Grauwerden" Europas und seine Folgen für die Arbeitskräfte

„[D]ie Alterung der Bevölkerung kann zu einer Katastrophe führen oder eine Chance bieten, doch alles hängt davon ab, wie gut die alternden Gesellschaften darauf vorbereitet sind." (Zaidi 2008, 15; Übersetzung durch die Autorin)

2.1 Fakten und Trends

Die Alterung der Bevölkerung hat komplexe soziale und wirtschaftliche Folgen auf individueller wie gesamtgesellschaftlicher Ebene (vgl. UN 2010). Zwar waren die demografischen Trends schon vor etwa 20 Jahren vorhersehbar, und viele Länder bereiten sich schon auf die antizipierten Folgen vor, doch sind diese Vorbereitungen in zahlreichen betroffenen Bereichen noch immer ungenügend. Der Bericht *World Population Ageing 1950-2050* der Vereinten Nationen (vgl. UN 2010) verweist auf die folgenden vier Hauptaspekte der Bevölkerungsalterung: es ist (i) ohne Präzedenzfall (keine Parallele in der Geschichte der Menschheit), (ii) überall spürbar (ein globales Phänomen mit individuellen und gesamtgesellschaftlichen Folgen, obzwar Prozess und Tempo in den einzelnen Ländern erheblich schwanken können), (iii) dauerhaft (keine Rückkehr zu einer jungen Bevölkerung in absehbarer Zeit) und (iv) von tiefgreifenden Auswirkungen (für zahlreiche Facetten des menschlichen Lebens).

Die europäische Bevölkerung altert – wie die Bevölkerung der meisten Länder der Welt (vgl. UN 2010) – als Folge zweier umfassender Entwicklungen: niedrige Gesamtgeburtsraten (weniger Babys) seit Jahrzehnten und ein längeres, gesünderes Leben der Menschen (erhöhte Lebensdauer). Es wird erwartet, dass sich diese Trends in naher Zukunft insbesondere in den entwickelten Ländern beschleunigen werden. Die Anzahl der Menschen ab 65 Jahren steigt, die Anzahl der Kinder (Altersgruppe 0 bis 14 Jahre) sinkt (vgl. Eurostat 2010a). Abbildung 2.1 zeigt eine Eurostat-Präsentation dieser Bevölkerungstrends zwischen 1997 und 2007 nach unterschiedlichen Altersgruppen.

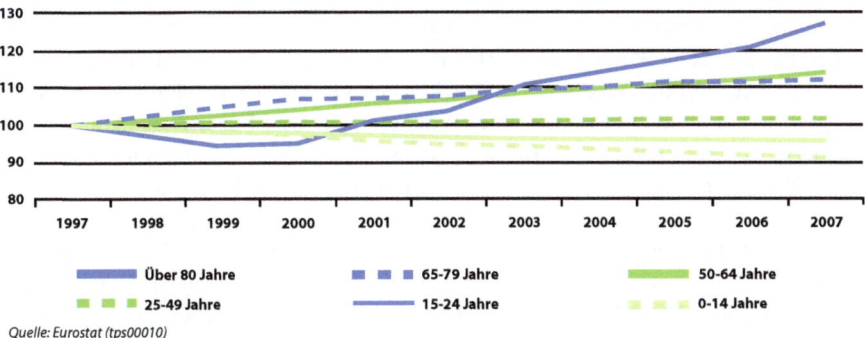

Quelle: Eurostat (tps00010)

Abbildung 2.1 Bevölkerung nach Altersklassen, EU-27 (1997=100)[1]

Es wird von einem Anstieg des Altersmedians von 40,4 Jahren (2008) auf 47,9 Jahre im Jahre 2060 ausgegangen. In den einzelnen europäischen Ländern bestehen jedoch einige Unterschiede bei diesen Trends, wobei eine Trennlinie zwischen den alten und den neuen Mitgliedsstaaten liegt (vgl. Eurostat 2010a). Der Anteil der mindestens 65-Jährigen an der Bevölkerung wuchs zwischen 2001 und 2006 in Deutschland, Griechenland und Lettland am schnellsten, während der Wert in Irland und Schweden stabil blieb (vgl. Eurostat 2010a).

Laut den Vereinigten Nationen (vgl. UN 2010) wird für die kommenden 50 Jahre von einem Absinken des Anteils von Kindern um fast ein Drittel ausgegangen. Infolgedessen wird der Bevölkerungsanteil von Personen ab 60 Jahren im Jahre 2050 erstmals in der Geschichte gleich dem der Personen unter 15 gleich sein (jeweils 21 Prozent). In diesem Zeitraum wird sich der Anteil von Personen im Alter von 15 bis 59 nur leicht ändern: von 60 Prozent im Jahr 2000 auf 58 Prozent im Jahr 2050. *In den stärker entwickelten Regionen überschreitet der Anteil älterer Personen bereits den der Kinder, 2050 wird er doppelt so hoch liegen.* Europa wird in der Tat grau (vgl. Willy 2011).

2.2 Folgen für die Arbeitskräfte

Infolge dieser Trends wird die europäische Bevölkerung im arbeitsfähigen Alter (15- bis 64-Jährige) ab 2013/ 2014 schrumpfen (vgl. EC 2011). Es wird ein Rückgang um etwa 50 Millionen erwartet, während die Bevölkerung über 65 in den nächsten 40 Jahren um mehr als 60 Millionen wachsen wird. Es wird erwartet, dass der Anteil der Bevölkerung im arbeitsfähigen Alter auf 56 % der Gesamtbevölkerung fallen

---

[1] http://epp.eurostat.ec.europa.eu.

wird, während der Anteil der über 65-Jährigen auf 30 % der Gesamtbevölkerung steigen soll. Als weitere negative Folge des demografischen Wandels wird eine kritische Knappheit an Arbeitskräften erwartet, da eine zahlenmäßig starke Kohorte von Arbeitskräften (die *Babyboomer*) zur etwa gleichen Zeit aus der Arbeitswelt ausscheiden wird (vgl. EuroFound 2008).

Zusammen bedeuten diese Hauptfolgen für den Arbeitsmarkt, dass durch die Alterung der Bevölkerung eine ernstliche Bedrohung der makroökonomischen Performance und der Wettbewerbsfähigkeit der europäischen Länder zu erwarten ist (vgl. EuroFound 2008). Laut einer Prognose muss die Europäische Union 2030 einen Mangel von etwa 20,8 Millionen Menschen im arbeitsfähigen Alter verkraften. 2007 stellten junge Leute unter 30 Jahren etwa 35 % der Gesamtbevölkerung in den 27 EU-Staaten dar. Diese Zahl junger Leute hat seitdem ständig abgenommen. Auf den Mangel junger Leute wurde als einer der drei Megatrends verwiesen, die sich auf die Wirtschaft in Deutschland auswirken (vgl. Henning und Borowski 2009). Andererseits hat sich die Anzahl von Menschen über 60 Jahren seit 1950 mehr als verdreifacht, und bis 2050 wird mit einer weiteren knappen Verdreifachung gerechnet (vgl. UN 2010). Bereits jetzt macht diese Altersgruppe in Deutschland, Italien und Japan mehr als 25 % der Bevölkerung aus (vgl. UN 2010). Es wird erwartet, dass diese Altersgruppe noch einige Jahre im Arbeitsleben verbleiben wird, nicht zuletzt aufgrund der Rentenreformen in vielen europäischen Ländern. In jedem Fall sehen sich Arbeitgeber und Manager großen neuen Herausforderungen und Chancen gegenüber, wie im Beispiel von Siemens dargelegt (vgl. Boronowsky 2008).

Wie sollen diese riesigen Herausforderungen angepackt werden? In Europa wurde auf die demografischen Herausforderungen unter anderem durch die Lissaboner und Stockholmer Vereinbarungen des Jahres 2000 des Europäischen Rats reagiert. Diese beinhalten neue strategische Ziele zur Stärkung von Beschäftigung, Wirtschaftsreform und sozialem Zusammenhalt als Bestandteil einer wissensbasierten Wirtschaft. Der Nachfolger der EU2010-Benchmarks für die Beschäftigungsstrategie (*in die Menschen investieren*) von 2008 zeigte, dass zwar die Gesamtbeschäftigung in der EU um fast vier Prozentpunkte gestiegen ist (auf 65,9 %), aber die Beschäftigungsquoten für Frauen und ältere Arbeitnehmer stärker zugenommen haben und 59,1 % bzw. 45,6 % erreichten (vgl. Europäische Kommission 2010). Die Ergebnisse von Eurostat (2010b) haben Folgendes gezeigt: Während acht EU-Mitgliedsstaaten, u. a. Deutschland, die Ziele erreicht haben, lagen viele noch weit zurück. Das Ziel für die Beschäftigung älterer Arbeitnehmer (50 %) wurde von 12 Mitgliedsstaaten erreicht (Deutschland 53,8 %), den höchsten Wert erreichte Schweden (70,1 %). Der Anteil der arbeitenden Frauen lag nahe am Zielwert bei 59,1 %, wobei mit 74,3 % der höchste Wert in Dänemark erreicht wurde (Deutschland 65,4 %). Die neue Strategie EU2020 fördert aktive Arbeitsmarktregulierungen und unterstreicht, dass *„verstärkte und wirksamere Investitionen in Humankapital und Kreativität in allen Lebensphasen"* entscheidend für Europas Erfolg in einer globalisierten Welt sind (vgl. EC 2008; Übersetzung durch die Autorin). Für Beschäftigung, allgemeine und berufliche Bildung werden neue Benchmarks festgelegt: ein Gesamtziel für die Beschäftigungsquote für die

20- bis 64-Jährigen von 75 %. Eine der zentralen Initiativen in Richtung dieses Ziels ist die Agenda für neue Kompetenzen und neue Beschäftigungsmöglichkeiten. Im Zentrum stehen dabei die Modernisierung der Arbeitsmärkte durch Erleichterung der Arbeitnehmermobilität und die Entwicklung von Kompetenzen während des gesamten Lebens, um den Anteil an der Gesamtarbeitnehmerzahl zu erhöhen sowie Angebot und Nachfrage auf dem Arbeitsmarkt in bessere Übereinstimmung zu bringen.

3 Entwicklung der personellen Ressourcen: lebenslanges Lernen, berufliche Entwicklung und Innovationsfähigkeit

„Innovation bildet den Schlüssel zu laufenden Verbesserungen der Lebens-standards sowie zur Lösung drückender sozialer Probleme. Gut ausge-bildete Menschen können eine zentrale Rolle bei Innovationen spielen – durch das von ihnen generierte neue Wissen, dadurch, wie sie vorhandene Gedanken aufnehmen und weiterentwickeln, und durch ihre Fähigkeit, neue Kompetenzen zu erwerben und sich an eine veränderliche Umgebung anzu-passen." – Skills for innovation and research (OECD 2011; Übersetzung durch die Autorin)

3.1 Alternde Arbeitskräfte und personelle Ressourcen: die Grundrichtung können wir selbst wählen

Die Alterung der Gesellschaft wird meist als Bedrohung oder Problem für das Wachstum, die Wettbewerbsfähigkeit und die Produktivität angesehen. Aus Perspektive der personellen Ressourcen bedeutet eine solche Sichtweise nichts Gutes. Zudem werden ältere Arbeitnehmer bei der vorherrschenden Sicht auf innovative Aktivitäten nicht einfach integriert. Stattdessen konzentriert sich STI (Science, Technology und Innovation, vgl. OECD 2010) auf Aktivitäten, die von jungen Leuten in höheren Bildungseinrichtungen und untrennbar von der Entwicklung der Hochtechnologien und Wissenschaften, betrieben werden. Wenn wir glauben sollten, dass Wissenschaft und Technik nur etwas für junge Leute sind, wird die alternde Gesellschaft ein riesiges Problem für Innovation und Kreativität darstellen (vgl. Henseke und Tivig 2007). Das durch diese Sichtweisen implizierte Bedrohungsszenario ist in Abbildung 3.1 dargestellt.

Eine interessante Studie wurde von Henseke und Tivig (2007) durchgeführt, die von der Frage inspiriert war, ob eine alternde Bevölkerung über genügend Talente verfügt, um den Innovationsprozess als Grundlage des Wohlstands aufrechtzuerhal-ten. Dafür untersuchten sie anhand der europäischen Patentdaten für Deutschland (ab 2003) die Altersverteilung der Erfinder und deren sektorenübergreifende Streuung. Die Studie deckte die Gebiete Landwirtschaft und Landmaschinen, Metallurgie, Biotechnologie und Informationstechnologie (IT) ab. Die Ergebnisse legten nahe, dass die erfinderische Produktivität altersabhängig und ungleichmäßig zwischen den Erfindern aufgeteilt ist. Das mittlere Alter der Erfinder insgesamt lag bei 45,9 Jahren, jedoch bestanden sektorenübergreifend Altersunterschiede: In der Landwirtschaft und Metallurgie lagen die Alter bei 51,4 bzw. 53,2 Jahren, in der Biotechnologie und der IT bei 43,9 bzw. 42,9 Jahren. Im Durchschnitt wurde das erste Patent im Alter von 34,3 Jahren zuerkannt. Bei den jüngeren Erfindern bis 35 Jahre wurde das erste Patent jedoch in früherem Alter zuerkannt, bei etwa 29 Jahren, als bei der Gruppe der älteren Erfinder (50 bis 65 Jahre), bei diesen lag das entsprechende Alter bei 37,3 Jahren. Zudem scheint nur eine kleine Minderheit der Erfinder hochproduktiv zu sein, während die Mehrheit nur gelegentlich Patente hervorbringt. Die Autoren nehmen an, dass „bei stabil bleibender Verteilung der Talente in der Bevölkerung die Anzahl hochkreativer und erfinderischer Personen mit dem Bevölkerungswandel abnehmen wird" (ebd., 6).

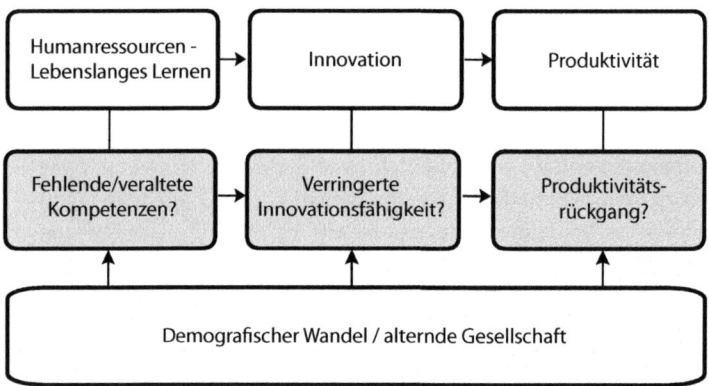

Abbildung 3.1: Die Alterung der Gesellschaft: ein Bedrohungsszenario für Wachstum und Produktivität in einer Wissensgesellschaft?

In den letzten Jahren hat sich eine positivere und konstruktivere Sichtweise der Fähigkeiten älterer Arbeitskräfte herausgebildet. Zwar sind Investitionen in Innovationen infolge der weltweiten Kreditklemme zurückgegangen, doch haben einige Länder – darunter Deutschland – die Investitionen in die wissenschaftlichen Grundlagen erhöht und so die öffentlichen Forschungs- und personellen Ressourcen gestärkt, um ihre zukünftigen Innovations- und Wachstumsaussichten zu verbessern (vgl. OECD 2010). Diese Lösung wurde auch in Finnland eingesetzt, und zwar erfolgreich, als in den frühen 90er Jahren eine der schlimmsten Wirtschaftsabschwünge in der Geschichte des Landes eintrat.

Auf persönlicher Ebene ist die Sicht auf den Wert älterer Arbeitnehmer uneinheitlicher (Abbildung 3.1). Die Defizit-Auffassung herrscht weiterhin vor, insbesondere bezüglich der Arbeitnehmer außerhalb von Managerpositionen. Dabei werden physiologischer Abbau und andere altersbedingte Einschränkungen betont: Kenntnisse, Kompetenzen und Einstellungen älterer Arbeitnehmer werden als veraltet oder nicht vorhanden bewertet (vgl. Findsen 2006).

Die Auffassung vom Defizit ist unter Arbeitgebern üblich (vgl. Walker 1997), jedoch breitet sich langsam ein positiveres und aktives Image älterer Arbeitnehmer aus. Den Behauptungen hinsichtlich der Fähigkeiten fehlt eine breitere Begründung, da diese selten systematisch an den Arbeitsplätzen gemessen werden (vgl. Tikkanen 2008). Eine konstruktivere Sicht der beruflichen Leistung und der Fähigkeiten wurde von Ellström (2004) vorgebracht, der das relative Wesen dieser Konzepte unterstreicht: Der Teil unseres Fähigkeitenpotenzials, der in täglichem Gebrauch steht, ist eine Funktion der Dynamik und des Kontexts des Arbeitsplatzes und der persönlichen Situation des Arbeitnehmers im Arbeitsleben und kein objektiv messbarer, stabiler Wert. Daher können zwar unsere potenziellen und unsere tatsächlich gebrauchten Fähigkeiten bewertet werden, doch für den Alltag zählen nur die letzteren. Das macht eine *umfassende* Beurteilung von Fähigkeiten zu einer prekären Aufgabe.

Das Prinzip des lebenslangen Lernens[2] beruht jedoch auf einem formaleren, theoretischeren Verständnis des Konzepts der Fähigkeiten (der Kompetenzen) als Faktor, der zu wirtschaftlichem Wohlstand durch Produktivitätssteigerung der aktiven Bevölkerung führt (Abbildung 3.1). Innovation wird von der OECD und der Europäischen Kommission als Verbindungsglied zwischen Kompetenzentwicklung einerseits und Wachstum und Wohlstand andererseits stark gefördert. Die Kompetenzentwicklung, die zu verstärkten Innovationen führt, wird auch als wesentlich für die Meisterung sozialer Probleme angesehen (vgl. OECD 2011). Laut Prognosen für die demografischen und Arbeitsmarkttrends führen diese zu einem erhöhten Bedarf an hoher Ausbildung und weniger Möglichkeiten für Personen mit niedrigerer Ausbildung in der Gesellschaft, von denen viele ältere Arbeitskräfte sind (vgl. EC 2008). Daher stellt der längere Behalt älterer Mitarbeiter am Arbeitsplatz und die Auffrischung und Entwicklung ihrer Fähigkeiten einen wirtschaftlichen Schlüsselfaktor für die weitere Zukunft dar. Bei der systematischen Formung der Altersstruktur der Arbeitskräfte in der Zukunft und zum längeren Behalt älterer Arbeitskräfte im Arbeitsleben (in der Tat wird das alleinige längere Verbleiben im Arbeitsleben, ggf. auch ohne Weiterbildungsmaßnahmen, als von ökonomischem Wert gerechnet) wurden auch die Karriere- und Beschäftigungssicherheit, Gesundheit und Wohlergehen sowie die Abstimmung von Berufs- und Privatleben als signifikante Schlüsselbereiche erkannt (vgl. EuroFound 2008).

3.2 Teilnahme älterer Mitarbeiter am Lernen und an der Beschäftigung

Der Aufbau von Indikatoren und Strategien für das Humankapital und dessen Überwachung sind zu genauso wichtigen Wertfaktoren wie die traditionellen wirtschaftlichen Indikatoren geworden. Es wird behauptet, dass *„kein Land eine einheitliche Politik der wirtschaftlichen Wettbewerbsfähigkeit führen kann, ohne eine klare Vision der verfügbaren Qualifikationen und daher der strategischen Kompetenzen zu haben, die für eine erfolgreiche Positionierung auf dem Weltmarkt erforderlich sind"* (Walther 2002, 2; Übersetzung durch die Autorin). Die neuen strategi-

---

[2] „Das lebenslange Lernen umfasst alle zweckgebundenen Lernaktivitäten, die ständig mit dem Ziel der Verbesserung von Wissen, Fertigkeiten und Kompetenzen unternommen werden" (Eurostat 2010, 270; Übersetzung durch die Autorin).

schen Ziele der EU für das lebenslange Lernen sind im Programm *Education and Training 2020* (ET 2020) formuliert: Verwirklichung von lebenslangem Lernen und Mobilität, Verbesserung der Qualität und Effizienz der allgemeinen und beruflichen Bildung, Förderung der Gerechtigkeit, des sozialen Zusammenhalts und des aktiven Bürgersinns und Förderung von Innovation und Kreativität – einschließlich unternehmerischen Denkens – auf allen Ebenen der allgemeinen und beruflichen Bildung (vgl. EC 2009). Die ET2020-Benchmark für die Teilnahme am lebenslangen Lernen ist ein Durchschnitt von mindestens 15 % der Erwachsenen (Altersgruppe 25 bis 64) (vgl. EC 2009). Im Folgenden werden wir uns diese Indikatoren im Verhältnis zu älteren Arbeitnehmern und deren Beschäftigung ansehen und Verknüpfungen zur Innovationsleistung auf Länderbasis ziehen.

Abbildung 3.2 zeigt die LLL-Teilnahmequoten für das Jahr 2008 in der Bevölkerung im primären Arbeitsalter (20 bis 49 Jahre) und bei älteren Arbeitnehmern (50 bis 64 Jahre sowie 50 bis 74 Jahre). Da sich der Begriff *lebenslanges Lernen* hier auf die gesamte allgemeine und berufliche Bildung bezieht, zeigt die Tabelle auch die Ergebnisse für die Teilnahme an vom Arbeitgeber angebotener beruflicher Weiterbildung[3] in Unternehmen. Zwischen den einzelnen europäischen Ländern bestehen erhebliche Unterschiede bei der Teilnahme. Das LLL wird insbesondere in den nordischen Ländern und in Großbritannien zur Realität. In Deutschland lagen die Teilnahmequoten 2008 in allen Altersgruppen unter dem Durchschnitt der 27 EU-Staaten.

A) Lebenslanges Lernen bezieht sich auf Personen der genannten Altersgruppen, die angegeben haben, dass sie in den vier Wochen vor der Umfrage Aus- oder Weiterbildung erhalten haben. B) European Innovation Scoreboard (EIS) 2009. Die Teilnahmequote am lebenslangen Lernen bei den 25–64-Jährigen war einer von 29 Indikatoren für die Berechnung des Leistungsindikators. C) Als Prozentsatz der Mitarbeiter. D) Im IUS 2010 (2011) war das Ranking für Großbritannien *Folgeposition*, für alle anderen Länder jedoch gleich.

Abbildung 3.2 stellt auch die Beschäftigungsquoten für Senioren ab 55 Jahren in Europa dar. Einerseits ist eine positive Korrelation zwischen den LLL-Teilnahmequoten und den Seniorenquoten zu sehen. In Ländern, in denen die Beschäftigungsquoten am höchsten sind (etwa 57 bis 83 %), sind auch die Teilnahmequoten am LLL am höchsten. Andererseits zeigen die Firmen in mehreren Ländern eine hohe Aktivität bei der Bereitstellung von beruflicher Weiterbildung, auch wenn dies keine Parallele in den Beschäftigungsquoten für Senioren findet. Das heißt, in Slowenien, Luxemburg, der Tschechischen Republik, Frankreich und Irland sind die Teilnahmequoten älterer Arbeitnehmer auf dem Arbeitsmarkt nur moderat (etwa 34 bis 54 %), doch die von den Firmen als berufliche Weiterbildung angebotenen Lernmöglichkeiten sind hoch (46 bis 59 %). Tatsächlich liegen die

---

[3] Berufliche Weiterbildung bezieht sich auf in Unternehmen beschäftigte Personen, die die folgenden Kriterien erfüllen: „die Weiterbildung muss im Voraus geplant sein, die Weiterbildung muss mit dem spezifischen Ziel des Lernens organisiert oder unterstützt werden, die Weiterbildung muss zumindest teilweise vom Unternehmen finanziert werden" (Eurostat 2010, 270; Übersetzung durch die Autorin).

Land	Innovations-performance (2008/09 und 2011)	Alter			Teilnahme an Fortbildungen (in 2005)	Beschäftigungsrate älterer Arbeitnehmer (55-64 Jahre)
		20-49	50-64	50-74 (in 2007)		
Deutschld.	Leader	10.0	7.9	4.3	33	45.6
Frankreich	Follower	9.2	7.3	3.0	46	38.2
Irland	Follower	8.3	7.1	3.7	49	53.7
Belgien	Follower	8.3	6.8	2.6	40	34.5
Lettland	Nachzügler	8.8	6.8	2.3	15	59.4
Italien	Moderat	8.0	6.3	2.0	29	34.4
Malta	Moderat	7.9	6.2	2.2	32	29.2
Portugal	Moderat	7.2	5.3	0.9	28	50.8
Litauen	Moderat	6.6	4.9	1.4	15	53.1
Polen	Moderat	6.7	4.7	1.1	21	31.6
Slowakei	Moderat	4.4	3.3	1.7	38	39.2
Ungarn	Moderat	4.6	3.1	0.5	16	31.4
Griechenld.	Moderat	4.1	2.9	0.2	14	42.8
Rumänien	Nachzügler	2.2	1.5	n.a.	17	43.1
Bulgarien	Nachzügler	2.0	1.4	n.a.	15	46.0

Land	Innovations-performance (2008/09 ® und 2011)	Alter			Teilnahme an Fortbildungen (in 2005)	Beschäftigungsrate älterer Arbeitnehmer (55-64 Jahre)
		20-49	50-64	50-74 (in 2007)		
EU 27	(Moderat)	11.6	9.5	4.3	33	45.6
Dänemark	Leader	33.7	30.2	21.7	35	57.0
Island	Follower	28.1	25.1	16.7	n.a.	82.9
Finnland	Leader	28.1	23.1	13.7	39	56.5
Großbritannien	Leader D	22.3	19.9	11.9	33	58.0
Norwegen	Moderat	22.9	19.3	10.2	29	69.2
Schweden	Leader	n.a.	n.a.	12.2	46	70.1
Niederlande	Follower	20.7	17.0	8.0	34	53.0
Slowenien	Follower	17.9	13.9	5.4	50	32.8
Österreich	Follower	16.1	13.2	6.2	33	41.0
Spanien	Moderat	12.5	10.4	4.8	33	45.6
Estland	Follower	12.0	9.8	2.1	24	62.4
Zypern	Follower	10.3	8.5	3.6	30	54.8
Luxemburg	Follower	10.4	8.5	2.7	49	34.1
Tschech. Republik	Moderat	10.0	7.8	2.3	59	47.6

Abbildung 3.2: Teilnahmequoten am lebenslangen Lernen A) und an der beruflichen Weiterbildung, Innovationsleistung und Beschäftigungsquoten älterer Arbeitnehmer in Europa, 2008. Ranking nach Altersgruppe 50 bis 64 Jahre. (%) – Quelle: Eurostat/ EC (2009) und EIS 2009 (2010) B).

Quoten für die berufliche Weiterbildung in diesen Ländern deutlich über denen der führenden Länder (29 bis 39 %, 46 % in Schweden), obwohl für die LLL-Quoten das Gegenteil der Fall ist. Die Daten legen nahe, dass in diesen Ländern die Vorteile aus beruflicher Weiterbildung für ältere Arbeitnehmer möglicherweise beschränkt sind.

Letztlich werden wir vergleichen, wie die LLL-Teilnahme, besonders die der Senioren, sich zur Innovationsleistung auf Landesebene verhält. Abbildung 3.2

stellt die Rankings des European Innovation Scoreboard (2009)[4] und des Innovation Union Scoreboard (IUS) 2010 (2011) für die Innovationsleistung der einzelnen Länder dar (die jeweils verwendeten Leistungsindikatoren finden Sie im
IUS 2011). Interessanterweise waren, mit Ausnahme Deutschlands, alle Länder in
Führungspositionen bei den Innovationen auch die Länder, in denen die LLL-Quoten
und die Beschäftigung älterer Arbeitnehmer am höchsten sind (Abbildung 3.2).

Neben formalen Weiterbildungen erfolgt ein großer Teil des Lernens am
Arbeitsplatz. Der Arbeitsplatz ist tatsächlich zum wichtigsten Ort für das LLL und
die Kompetenzentwicklung geworden, mit oder ohne Mitwirkung der HR-Funktion.
Er ist wahrscheinlich auch der Schauplatz, an dem die besten und schlechtesten
Beispiele für das Lernen älterer Arbeitnehmer zu finden sind. Leider werden solche
Beispiele selten dokumentiert und gelangen daher nur in begrenztem Maße zur
Kenntnis der Öffentlichkeit. Trotzdem wurden seit den 90er Jahren mehrere große
Projekte durchgeführt, um Fälle zu überwachen und zu dokumentieren, in denen
die Situation älterer Arbeitnehmer in den Unternehmen verbessert werden sollte,
häufig in Verbindung mit einem Lernprozess: Ageing and Employment (2006),
Ilmarinen (2006), Naegele und Walker (2006), OECD (2006), Walker (1999) und
Taylor (2006). Zudem gab es einige Projekte, die sich explizit auf das Lernen von
und Weiterbildung für (ausschließlich oder auch) ältere Arbeitnehmer konzentrierten (vgl. Tikkanen 2008 und 2011; Tikkanen und Nyhan 2006 und 2008; Tikkanen
et al. 2002).

3.3 Eine ambivalente Sichtweise der altersbedingten Auswirkungen auf die Arbeitsqualifikation

Auf dem Markt der allgemeinen und beruflichen Bildung sind ältere Arbeitnehmer
häufig kritische Konsumenten (vgl. Tikkanen 2008). Die Entscheidung zur
Teilnahme an formaler Weiterbildung – unter der Annahme, dass diese Möglichkeit
für sie besteht – wird zu einer Funktion erwarteter Weiterbildungsergebnisse und
Anreize im Kontext des Arbeitsplatzes (vgl. Tikkanen 2008). Für die Teilnahme
werden intrinsische und extrinsische Belohnungen benötigt. Die Bedeutung
der Dimension Sinnhaftigkeit, ob bei Optionen für die Arbeit oder das Lernen,
nimmt mit dem Alter zu. Eine Grundfrage bei der Teilnahme älterer Arbeitnehmer
besteht darin, welchen Sinn diese für den Arbeitnehmer, seine Stelle, seinen
Arbeitsplatz hat. Eine Antwort auf diese Frage ist natürlich nicht immer einfach
zu geben. Das Eurobarometer 2004 zeigte, dass ein Drittel der Arbeitnehmer ab
55 nicht wissen, was sie zur Teilnahme an weiteren Bildungsmaßnahmen bringen sollte (vgl. Lipinska et al. 2007). Weiterhin können sich die Sichtweisen von

---

[4] Innovationsleistung: *Führungspositionen* („Innovation leaders") – deutlich über dem Durchschnitt der EU27 und allen anderen Ländern, *Folgepositionen* („Innovation followers") – unter
   den Führungspositionen, aber nahe am oder über dem EU27-Durchschnitt, *Moderat* („Moderate innovators") – unter dem EU27-Durchschnitt, *Aufholend/ Bescheiden* („Catching-up/
   modest countries") – deutlich unter dem EU27-Durchschnitt, Leistung steigt jedoch (EIS 2009,
   2010). Im IUS 2010 (2011) wurde ein ähnliches Ranking verwendet, wobei jedoch die Anzahl
   der Kriterien von 29 auf 25 gesenkt wurde.

Arbeitgebern und älteren Arbeitnehmern (45 bis 64 Jahre) über die Wichtigkeit von besseren Bildungsmöglichkeiten sowie Weiterbildungen zur Förderung von Berufskenntnissen erheblich voneinander unterscheiden, wie Studien aus Finnland (vgl. Ilmarinen 2006; Work Conditions 2003 Study; Statistics Finland) gezeigt haben: Während 40 % der Arbeitgeber Weiterbildung für wichtig hielten, war dies nur bei 13 % der älteren Arbeitnehmer der Fall. Dementsprechend zeigt eine AARP-Studie von 2007 in den USA, dass zwar fast der Hälfte der Mitarbeiter (44 %) Möglichkeiten zur Weiterbildung und Kompetenzentwicklung gegeben wurde, diese jedoch nur von 19 % als in ihrer eigenen Situation hilfreich empfunden wurden.

Gleichzeitig zeigen bestehende Statistiken, dass älteren Arbeitnehmern im Vergleich zu jüngeren Arbeitnehmern weniger oft Weiterbildungsmöglichkeiten angeboten werden und sie weniger oft an der Weiterbildung teilnehmen. Es ist ein ambivalentes Gesamtbild, das wir anhand der Frage der Auswirkungen des Alters auf die Fähigkeiten älterer Arbeitnehmer zeichnen können. Das Hauptproblem besteht vielleicht darin, dass es nicht *ein Bild* gibt, sondern ein stärker analytisch geprägter Ansatz her muss. Ältere Arbeitnehmer sind nicht einfach eine Gruppe, sondern werden durch das Alter heterogener. Was die Sichtweisen auf die Fähigkeiten älterer Arbeitnehmer und deren Entwicklung betrifft, vermischen sich die Fakten häufig mit negativen Stereotypen oder werden gar von diesen dominiert. Zudem beruht die Bewertung selten auf ihrem eigenen Selbstverständnis. Der Blick auf die Statistiken allein gibt zwar Hinweise, ist für die Entwicklung von Lösungen jedoch kaum hilfreich. Wir benötigen systematischere, analytischere Kenntnisse zu den Bereichen, in denen ältere Arbeitnehmer Probleme mit ihren Fähigkeiten haben, sowie zu deren Ausmaß. Diese Probleme unterscheiden sich erheblich von den Sorgen um die Fähigkeiten bei ihren jüngeren Kollegen. Im weiteren Verlauf dieses Kapitels werden einige häufige Probleme bei der Teilnahme am LLL und der Kompetenzentwicklung bei älteren Arbeitnehmern besprochen.

3.3.1 Unkenntnis des Lernbedarfs älterer Arbeitnehmer oder Ignoranz?

Zum Teil sind die Herausforderungen im Zusammenhang mit älteren Arbeitnehmern mit den altersdiskriminierenden Einstellungen und Praktiken im Arbeitsleben erklärt worden. Mayhew und Rijkers (2004) haben geäußert, dass im Fall älterer Arbeitnehmer der Mangel an Weiterbildung vor allem ein Symptom umfassenderer Probleme ist, die diese haben, und dass daher diese umfassenderen Probleme angegangen werden müssen. An vielen Arbeitsplätzen herrscht eine Kultur, deren Lernprozesse an den älteren Arbeitnehmern vorbeigehen. Dies kann durch direkten Ausschluss erfolgen, aber auch durch unrealistische Erwartungen des Managements an das selbstbestimmte Lernen, die Lernfähigkeit und -willigkeit ihrer älteren Mitarbeiter oder auch durch die Unkenntnis des Lernbedarfs älterer Arbeitnehmer beim Management bedingt sein. Außerdem können berufliche Fähigkeiten (auch) für ältere Arbeitnehmer eine sehr heikle Frage darstellen, die unter die Lupe genommen werden soll. Arbeitsaufgaben sind bei niedrig ausgebildeten Arbeitnehmern häufig mit sehr niedrigen Lernanforderungen verbunden. Wenn sich eine Möglichkeit zur Weiterbildung anbietet und der Wechsel der Stelle oder

der Arbeitsaufgaben keine Option darstellt – wie es für ältere Arbeitnehmer häufig der Fall ist – entscheiden sich ältere Arbeitnehmer häufig aktiv zur Nichtteilnahme, da sie in den neuen Fähigkeitenen keinen wirklichen Wert sehen. Die verfügbaren Weiterbildungsinhalte und deren Qualität spielen hier ebenfalls eine Rolle. Im Allgemeinen fehlen uns systematische Kenntnisse zu den Auswirkungen kurzer, vom Arbeitgeber angebotener Schulungen.

3.3.2 Wirtschaftliche Perspektiven

Einerseits wird häufig auf die Finanzierung von Studien als wesentliches Problem für die Teilnahme Erwachsener am LLL hingewiesen. Und in der Tat ist finanzielle Unterstützung wichtig. Sie scheint jedoch keine ausreichende Vorbedingung für die Teilnahme zu sein. Die Resultate des Eurobarometers 2004 zeigten, dass weniger als 2 von 5 europäischen Bürgern sagen, dass finanzielle Unterstützung einen Anreiz für die Teilnahme an Weiterbildungen bilden würde – in den neuen Mitgliedsstaaten zählt dies mehr (vgl. Lipinska et al. 2007).

Andererseits haben die Wirtschaftswissenschaftler bezüglich der Weiterbildung älterer Arbeitnehmer meist die Humankapitaltheorie verwendet, insbesondere die Rentabilitätstheorie. Laut der Humankapitaltheorie werden „Kosten für Investitionen in personelle Ressourcen in Erwartung zukünftiger Vorteile übernommen. Hinsichtlich älterer Arbeitnehmer besagt die Humankapitaltheorie im Grunde, dass Erträge aus Investitionen in die Weiterbildung erwartungsgemäß mit steigendem Alter fallen" (Ageing and Employment 2006, 128; Übersetzung durch die Autorin). Daher werden Investitionen in die Weiterbildung älterer Arbeitnehmer nicht als so profitabel angesehen wie die für jüngere Arbeitnehmer – selbst, wenn die potenziellen Vorteile (Wissenslücken) bei älteren Arbeitnehmern wesentlich größer sein sollten. Es wurde auch argumentiert, dass die Halbwertzeit der Kompetenzen für alle Arbeitnehmer wesentlich kürzer geworden ist. So wurde bereits in den 90er Jahren geschätzt, dass 50 % des Ingenieurwissens am Anfang der beruflichen Laufbahn innerhalb von fünf Jahren veralte (vgl. Harootyan 1990).

3.3.3 Fähigkeiten in Bezug auf die Technologie

Die meisten Behauptungen über fehlende oder veraltete Kompetenzen älterer Arbeitnehmer beziehen sich auf neue Technologien. Während manche älteren Arbeitnehmer gegenüber neuen Technologien äußerst reserviert sind, schaffen es die meisten von ihnen bei entsprechender Weiterbildung, sich diese Kompetenzen anzueignen. Daher liegt die Herausforderung nicht in den kognitiven Fähigkeiten älterer Arbeitnehmer, sondern im Design der neuen Technologien – Benutzerfreundlichkeit, Anpassungsmöglichkeiten an altersbedingte physische Einschränkungen (z. B. der Sehfähigkeit) usw. – und in der Entwicklung von und dem Zugang zu geeigneten Weiterbildungen. Eine Studie (vgl. VOX-Barometer 2006) zu den IKT und den zugehörigen (Grund-) Kompetenzen hat gezeigt, dass ältere Arbeitnehmer zwischen 50 und 65 Jahren im Allgemeinen den geringsten Entwicklungsbedarf bei ihren Grundkompetenzen hatten, jedoch am häufigsten Probleme bei Arbeitsaufgaben erlebten, bei denen sie IKT verwenden sollten (Suchen von Informationen oder Verwenden von IKT-Systemen). Abgesehen von der IKT waren die altersabhängigen

Unterschiede in Kompetenzen und Lernbedarf sehr gering. Die Ergebnisse derselben Studie für 2005 zeigten auch, dass Arbeitgeber mit den Grundkompetenzen aller ihrer Mitarbeiter sehr zufrieden waren. Weiterhin haben ältere Arbeitnehmer, die willens sind, den Umgang mit neuen IKT-Tools zu erlernen und neue Einsatzgebiete zu entwickeln, gezeigt, dass sie dazu in der Lage sind, ohne dass spezielle, über die vorhandenen Systeme und Softwareoberflächen hinausgehende IKT-Geräte notwendig wären (vgl. Turbé-Suetens und Kouloumdijan 2008).

3.3.4 Mangelnde Flexibilität? Bei der Arbeit gelernt oder eine unvermeidliche Begleiterscheinung des Alters – oder eine Blase?

Probleme mit der Einstellung, etwa mangelnde Flexibilität, Widerstand gegen Veränderungen und mangelnde Lernmotivation, werden ebenfalls häufig mit älteren Arbeitnehmern verbunden. Beispielsweise war 2001 die Hälfte der Arbeitgeber in Schweden der Meinung, dass ältere Arbeitnehmer über weniger relevante Kompetenzen als jüngere verfügten und hinsichtlich des Arbeitsplatzes festere Vorstellungen hätten und weniger flexibel wären (vgl. OECD 2006). Ähnliche Ergebnisse wurden für andere Länder in Europa und die USA festgestellt (vgl. OECD 2006). Und doch wissen wir, dass sich das Arbeitsleben kontinuierlich verändert und von den Beteiligten entsprechende Reaktionen fordert. Wir wissen auch, dass sich Beschäftigungsverträge und Karrieremuster verändern (vgl. Europäische Kommission 2004, Hall und Mirvis 1995) und dass auch viele ältere Arbeitnehmer davon beeinflusst sind, manchmal unfreiwillig. All dies erfordert Flexibilität und die Bereitschaft zur Veränderung. Zwar gibt es sicher ältere Arbeitnehmer, die leiden, doch scheint die Mehrheit angesichts der Behauptungen mangelnder Flexibilität unglaublich gut klar zu kommen. Rocco, Stein und Lee (2003) haben gesagt, dass der Arbeitsplatz für ältere Arbeitnehmer statt einer unidirektionalen Reise in Richtung Rente zu einem dynamischen Raum mit mehreren Aus- und Eingängen und zahlreicheren individuellen Wahlmöglichkeiten werden kann. Und so bieten die Ergebnisse vieler Studien einen Kontrast zu dieser stereotypen Sicht auf ältere Arbeitnehmer und unterstreichen, dass diese sich an veränderliche Umstände und neue Karriererollen erfolgreich anpassen können und werden. Weiterhin legen Forschungsergebnisse nahe, dass Arbeitsplatzmerkmale gleichermaßen wichtig sind, und fordern eine mit den Arbeitgebern geteilte Verantwortung für die Aufrechterhaltung der Anpassungsfähigkeit und Flexibilität loyaler Arbeitnehmer. Die Studie von Strate und Torraco (2005) hat gezeigt, dass die adaptive Kompetenz älterer Arbeitnehmer in hohem Maße von Lernerfahrungen in verschiedenen Rollen beeinflusst wird. Das legt nahe, dass die Erfahrungen am Arbeitsplatz während des gesamten Arbeitslebens eine zentrale Rolle in der Entwicklung der Anpassungsfähigkeit und Flexibilität im späteren Berufsleben spielen können (vgl. Stuart und Perrett 2006). Die Arbeit kann und sollte so organisiert werden, dass die flexiblen Kompetenzen und Einstellungen von Arbeitnehmern kontinuierlich gefördert werden (vgl. Dworschak et al. 2006; Stuart und Perrett 2006). So bequem es sein mag – aus Sicht des LLL scheint es das Schlimmste zu sein, was Arbeitgeber tun können, Mitarbeiter über Jahre oder gar Jahrzehnte hinweg mit den gleichen Arbeitsaufgaben in den gleichen Rollen zu betrauen.

3.3.5 Ist die höhere Bildung auf die demografische Herausforderung vorbereitet?

Die Sorge um ältere Arbeitskräfte bei den politischen Entscheidungsträgern, Wissenschaftlern und in einigen Fällen Arbeitgebern konzentriert sich häufig auf die Situation derer mit niedriger oder fehlender formaler Ausbildung und auf den Ausbau ihrer Grundkompetenzen statt darauf, ihre Karrieren zu befördern. Da sich der durchschnittliche Bildungsgrad in dieser Altersgruppe jedoch erhöht, steigt auch deren Teilnahme an der höheren Bildung und ebnet den Weg zu zweiten oder dritten Karrieren. Dieser Trend ist insbesondere in den USA zu beobachten. Eine kürzlich durchgeführte Studie des American Council on Education (vgl. ACE 2007) zu älteren Arbeitnehmern in der höheren Bildung führte unter anderem zu den folgenden Beobachtungen: a) umfassende Informationen zu den verschiedenartigen älteren Lernenden im Erwachsenenalter und deren postsekundären Lernaktivitäten fehlen, b) viele ältere Erwachsene, darunter Senioren aus Minderheiten, kürzlich Immigrierte, Vertriebene und Ältere auf dem Lande, sind an Gymnasien und Hochschulen unterrepräsentiert, c) seit Jahrzehnten bieten (in den USA) viele Colleges und Universitäten umfangreiche und verschiedene Programme für ältere Bürger an, aber die Anforderungen durch den demografischen Wandel werden ihre Optionen bald überflügeln, insbesondere beim Wechsel zwischen Karrierestufen, und d) ältere Erwachsene mit Interesse an einer neuen Karriere wünschen sich auch Optionen, die sie schnell zu neuen Chancen führen, weshalb viele vorherige Lernbewertungen, beschleunigte Programmformate, verbesserte Karriereberatung und Stellenvermittlung benötigen (vgl. ACE 2007, 3).

Insgesamt gesehen legt das hier gezeichnete Bild nahe, dass nicht nur ältere Arbeitnehmer Probleme mit den Fähigkeiten sehen, da sich die Kompetenzanforderungen kontinuierlich ändern und sich die Art der Stellen weiterentwickelt. Die Bereitschaft und Fähigkeit der Erwachsenen- und Weiterbildung, einschließlich der höheren Bildung, die kommenden demografischen Herausforderungen anzunehmen, ist eine Frage für sich. Dasselbe gilt für die Entwicklung der personellen Ressourcen in den Unternehmen.

4 Abschließende Bemerkungen

In diesem Artikel wurden Innovation und Produktivität im Verhältnis zur demografischen Entwicklung besprochen, insbesondere zur Alterung der Arbeitskräfte und zu den möglichen Folgen für den Arbeitsmarkt, für die personellen Ressourcen, das lebenslange Lernen und die Karriereentwicklung. Die Antwort auf die Frage, was der demografische Wandel mit der Innovationsfähigkeit zu tun hat, ist im besten Falle unklar. Wir haben gesehen, dass das Festhalten an traditionellen Auffassungen, ob über Innovation und Innovatoren, über das lebenslange Lernen und die Kompetenzentwicklung oder über die Beschäftigung und die berufliche Entwicklung in der zweiten Lebenshälfte, unausweichlich zur Ansicht führt, dass mit der weiteren Alterung der Bevölkerung massive Probleme drohen. Die Tatsache, dass die demografische Situation bereits heute klar ist, und speziell, was die nächsten 40 Jahre betrifft, ist historisch gesehen einzigartig. Und tatsächlich erfordert jede Reaktion, die zur Lösungssuche für die Herausforderungen durch die Alterung der Arbeitskräfte und deren Folgen beiträgt, selbst innovatives Denken. Wie in diesem Artikel bereits bemerkt, hat Zaidi (2008) darauf hingewiesen, dass die Nutzung der entstehenden neuen Chancen davon abhängt, wie gut wir uns auf diese historisch neue Situation vorbereiten. Wenn das Ergebnis eine Katastrophe ist, wäre diese hausgemacht. Um die Chancen zu nutzen, sind neue Sichtweisen und kreatives Denken erforderlich.

Was die vorherrschenden negativen Sichtweisen auf alternde Arbeitnehmer als Bedrohung der volkswirtschaftlichen Kompetenz- und Talentbasen, der Innovationsfähigkeit und der Produktivität betrifft, kann vor allem geschlussfolgert werden, dass es systematische Nachweise weder für dieses negative Verhältnis noch dafür gibt, dass sich diese Bedrohungsszenarien infolge der Alterung der Bevölkerung materialisieren werden. Das Alter ist lediglich eine Zahl und ein schlechter Prädiktor für die Arbeitsleistung (vgl. Warr 1998). Es ist sehr viel wichtiger, die Aufmerksamkeit darauf zu richten, wie Konzepte zu Kompetenz- und Lernbedarf, Innovation (Innovationsfähigkeit) und Produktivität definiert und gemessen werden sollen, und wie verlässliche Prognosen zu deren zukünftiger Entwicklung gestellt werden können.

Und doch gibt es Belege für altersbezogene Herausforderungen im Arbeitsleben, die angegangen werden müssen, um den Beitrag älterer Arbeitnehmer zum Wohle aller Beteiligten zu maximieren: a) der durchschnittliche ältere Arbeitnehmer hat Defizite bei der IKT und deren Anwendung in Arbeitskontexten, b) ältere Arbeitnehmer neigen zu einer Erosion metakognitiver Kompetenzen, d. h. der Kompetenzen, die das eigene Lernen betreffen, was häufig mit der Lernmotivation und dem Selbstvertrauen zu tun hat, c) es gibt Stereotype (vgl. Gray und McGregor 2003) über die Kompetenzen und die Produktivität älterer Arbeitnehmer, insbesondere über deren Einstellungen und Kompetenzen hinsichtlich des Lernens und Veränderungen – diese finden sich bei Arbeitgebern, der Gesellschaft als Ganzes, bei Arbeitskollegen und in manchen Fällen den älteren Arbeitnehmern selbst, d) es werden bessere Kenntnisse über das stille (implizite) Wissen der älteren Arbeitnehmer benötigt und ihre spezifischen Stärken müssen explizit benannt werden. Weiterhin wurde gezeigt, dass es ein langsamer, in manchen Fällen gar kein Prozess ist, das lebenslange Lernen in die Arbeitswelt zum Vorteil der älteren Arbeitnehmer zu integrieren. Die wichtigsten Beiträge zur Fähigkeitsentwicklung, Innovationsfähigkeit und Produktivität finden im Kontext der Arbeit statt. Daher sollten auch dort die einflussreichsten, innovativsten Lösungen für die demografische Herausforderung des Arbeitsmarkts zur Aufrechterhaltung von Innovationsfähigkeit und Produktivität erwartet werden. Viele Arbeitgeber haben schon einen guten Anfang gemacht – aber noch viele mehr befinden sich noch immer in Unwissenheit.

Literaturverzeichnis

AARP (2007) Profit from experience. Perspectives of employers, workers, and policy makers in the G7 Countries on the New Demographic Realities. A report prepared by Towers Perrin, AARP, http://assets.aarp.org/rgcenter/econ/intl_older_worker.pdf

ACE (2007) Framing new terrain: Older adults and higher education. American Council on Education, Washington, DC

Ageing and employment (2006) Identification of good practice to increase job opportunities and maintain older workers in employment. Final report. Warwick Institute for Employment Research, University of Warwick and Economix Research & Consulting, München, ER

Boronowsky M (2008) The Demographic Change as an Opportunity – A Driver for ICT Innovation. Vortrag bei *BALTIC IT&T 2008 FORUM: eBaltics*. 9.-11. April 2008, Riga, Lettland, http://www.ebaltics.com/forum2008/Presentations/Boronowsky.pdf. Zugegriffen im Mai 2011

Cedefop (2008) Future skill needs in Europe. Medium-term forecast. Synthesis report. Cedefop Luxemburg: Amt für Veröffentlichungen der Europäischen Union

Descy P (2006) Review of European and international statistics. In: Tikkanen T, Nyhan B (Hrsg), Promoting lifelong learning for older workers – an international overview. Amt für Veröffentlichungen, Luxemburg: 68–89

Dworschak B et al. (2006) Building workplaces in line with the ageing process. In: Tikkanen T, Nyhan B (Hrsg) Promoting lifelong learning for older workers – an international overview, Amt für Veröffentlichungen, Luxemburg: 208-223

Ellström PE (2004) Developmental learning – a condition for organisational learning. In: Nyhan B, Kelleher M, Cressey P, Poell R (Hrsg) Facing up to the learning organisation challenge. Selected European writings: Bd 2, Amt für Veröffentlichungen, Luxemburg

Europäische Kommission (2010) Commission staff working document. Lisbon Strategy evaluation document. SEC (2010) 114 Final, 2. Februar 2010, Brüssel

Europäische Kommission (2004) Employment in Europe 2004. Europäische Kommission, Employment and Social Affairs and Equal Opportunities, Brüssel,

EC (2008) Report on the progress on the implementation of the ‚Education & Training 2010' work programme. Delivering lifelong learning for knowledge, creativity and innovation'", 5723/08 EDUC29 SOC46 Rat der Europäischen Union, Brüssel

EC (2009) Notices from European Union Institutions and bodies. C 119/02, Official Journal of the European Union, 28. Mai 2009. Rat der Europäischen Union, Brüssel

EC (2011) Commission Staff Working Paper: Action Plan on Adult Learning: Achievements and results 2008-2010. EDUC40-SOC186-7169/11. Rat der Europäischen Union, Brüssel

EuroFound (2008) Working conditions of an ageing population. European Foundation for Improvement of Living Conditions. Amt für Veröffentlichungen der Europäischen Union, Luxemburg

Eurostat (2010a) Ageing in the European Union: where exactly? Michael Goll, Statistics in focus, 26/2010

Eurostat (2010b), Europe in figures. Eurostat Jahrbuch 2010. Amt für Veröffentlichungen der Europäischen Union, Luxemburg

Findsen B (2006) Social institutions as sites of learning for older adults. Differential opportunities. In: Journal of Transformative Education, Bd 4, Nr 1: 65–81

Gray L, McGregor J (2003) Human resource development and older workers: stereotypes in New Zealand. In: Asia Pacific Journal of Human Resources, Bd 41, 3: 338–353

Hall DT, Mirvis PH (1995) The new career contract: developing the whole person at midlife and beyond. In: Journal of Vocational Behaviour, Bd 47: 269–289

Harootyan R (1990) Older workers and technology. In: Habib J, Nusberg C (Hrsg) Rethinking working life options for older persons, Jerusalem, JDC-Brookdale Institute, und Washington, D.C., International Federation on Ageing: 165–180

Henning K, Borowski E (2008) On the Sustainability of Social Market Economy – The future has already begun. Vortrag im Rahmen des IMO-Projekts, 24. September 2009, Vaals

Henseke G, Tivig T (2007) Demographic change and industry-specific innovation patterns in Germany (Thuenen-Series of Applied Economic Theory, Nr 72). Universität Rostock, Institut für Volkswirtschaftslehre

Hulkari K, Paloniemi S (2008) The NOSTE-programme promoting lifelong learning for low-educated older workers in Finland. In: Tikkanen T, Nyhan B (Hrsg) Innovative learning measures for older workers, Cedefop Panorama-Series, Luxemburg, EUROP: 50–63

Ilmarinen J (2006) Towards a Longer Worklife! Ageing and the quality of worklife in the European Union. Finnish Institute of Occupational Health, Helsinki

Innovation Union Scoreboard 2010 (2011) The Innovation Union›s performance scoreboard for Research and Innovation. The Maastricht Economic and social Research and Training centre on Innovation and Technology (UNU-MERIT) with the contribution of DG JRC G3 of the European Commission

Lipinska P, Schmid E, Tessaring M (2007) Zooming in on 2010. Reassessing vocational education and training. Amt für Veröffentlichungen der Europäischen Union, Luxemburg

Mayhew K, Rijkers B (2004) How to improve the human capital of older workers, or the sad tale of the magic bullet. Vortrag beim EC-OECD Seminar on Human Capital and Labour Market Perfomance, 8. Dezember 2004, Brüssel

Naegele G, Walker A (2006) A guide to good practice in age management. European Foundation for the Improvement of Living and Working Conditions, Dublin

OECD (2006) Live longer, work longer. A thematic review. OECD, Paris

OECD (2010) Science, technology and industry outlook 2010. OECD, Paris

OECD (2011) Skills for innovation and research, englischsprachige Zusammenfassung, http://www.oecd-ilibrary.org/science-and-technology/skills-for-innovation-and-research_9789264097490-en. Zugegriffen im Mai 2011

Rix SE (2005) Rethinking the role of older workers: promoting older workers employment in Europe and Japan. AARP Public Policy Institute, Washington, DC (Brief Nr 77)

Rocco TS, Stein D, Lee C (2003) An exploratory examination of the literature on age and HRD policy development. In: Human Resource Development Review, Bd 2, Nr 2: 155–180

Skirbekk V (2003) Age and individual productivity. A literature survey, MPIDR Arbeitspapier WP 2003–028. Max-Planck-Institut für demografische Forschung, Rostock

Strate ML, Torraco RJ (2005) Career Development and Older Workers: Study Evaluating Adaptability in Older Workers Using Hall's Model. Vortrag an der Academy of Human Resource Development International Conference (AHRD), Estes Park, CO, USA, 24.–27. Feb. 2005: 205–212

Stuart M, Perrett R (2006) Learning in a restructured industrial environment: older workers 'displaced' from the British steel sector. In: Cedefop, Tikkanen T, Nyhan B (Hrsg) Promoting lifelong learning for older workers – an international overview. Amt für Veröffentlichungen, Luxemburg: 224-239

Taylor P (2006) Employment initiatives for an ageing workforce in the EU15. European Foundation for the Improvement of Living and Working Conditions, Dublin

Tikkanen T (2008) The learning society as a greying society: Perspectives to older workers and lifelong learning. In: Cedefop (Hrsg) Modernising vocational education and training. Fourth report on vocational training research in Europe: background report, Bd 2. Amt für Veröffentlichungen, Luxemburg: 195–228

Tikkanen T (2011) Editorial: From managing a problem to capitalizing on talent and experience of older workers. In: The International Journal of Human Resource Management, Bd 22(6): 1215–1218

Tikkanen T, Lahn L, Withnall A, Ward P, Lyng K (2002) Working life changes and training of older workers. Final report, TSER/ FW4, DGXII/ EU. VOX und Europäische Kommission, Trondheim

Tikkanen T, Nyhan B (2006) Introduction: promoting age-friendly work and learning policies. In: Tikkanen T, Nyhan B (Hrsg) Promoting lifelong learning for older workers. An international overview, Cedefop Reference Series 65. Amt für Veröffentlichungen der Europäischen Union, Luxemburg: 9–16

Tikkanen T, Nyhan B (Hrsg, 2008) Innovative learning measures for older workers. EUR-OP, Cedefop Panorama-Series, Luxemburg

Turbé-Suetens N, Kouloumdijan MF (2008) Active ageing workforce in virtual environment – Methodology and innovation. White Paper, eSangathan-Project, IST/ FP6/ Europäische Kommission

UN (2010) World Population Ageing 2009. New York

VOX-Barometer (2006) Grunnleggende ferdigheter i den norske voksenbefolkningen. VOX (auf Norwegisch), Oslo

Walker A (1997) Combating age barriers in employment. European research report, Euro-Found. Amt für Veröffentlichungen, Luxemburg

Walker A (1999) Managing an ageing workforce – A guide to good practice. European Foundation for the Improvement of Living and Working Conditions, Dublin

Walther R (2002) „From Continuing Vocational Training to ‚Life-long Learning' in France and European Union. Vortrag beim The Second International Forum on Education Reform: Key Factors in Effective Implementation, World Education Reform International Conference Series, 2.–5. September 2002. Bangkok

Warr P (1998) Age, competence and learning at work. In: Kilbom Å (Hrsg) Ageing of workforce. National Institute for Working Life, Solna

Willy C (2011) Ageing Europe in Global Context: Decadence or World Trend. Bertelsmann Foundation, http://futurechallenges.org. Zugegriffen am 3. Januar 2011

Zaidi A (2008) Features and challenges of population ageing: The European perspective. The European Centre for Social Welfare Policy and Research, Policy Brief, März (1)

Kommentar zum Hauptartikel „Innovationsfähigkeit
und Produktivität – Was hat der demografische Wandel
damit zu tun?"

Beeinflusst der demografische Wandel auch unsere Perspektive auf die Arbeit?

Edith Perlebach

Einleitung

Sind Befürchtungen berechtigt, dass durch den demographischen Wandel bewirkte *alternde Belegschaften* zu einem Verlust an Innovationsfähigkeit führen könnten? Kann einer derartigen Entwicklung durch Angebote zum Lebenslangen Lernen entgegengewirkt werden? Verbessern Angebote zur Fort- und Weiterbildung im Arbeitsprozess die Chancen, Innovationspotentiale auch bei alternden Belegschaften besser ausschöpfen zu können? Tarja Tikkanen geht diesen Fragen nach und belegt, dass trotz zahlreicher Studien die Erfahrungswerte und Erkenntnisse darauf keine befriedigenden Antworten geben.

1 Arbeit und Ruhestand

Die Auffassung, dass durch den demographischen Wandel Unternehmen an amerikanischen und europäischen Standorten mit alternden Belegschaften konfrontiert erschwerten Anforderungen an Innovation und Produktivität ausgesetzt sein werden, bestätigt die Perspektiven der Wirtschaft und der Politik. Die Argumente sind eingängig und nachvollziehbar, denn sie beziehen sich auf die physischen und psychischen Veränderungen im biologischen Altersprozess. Sie begründen den über Jahrzehnte hinweg vollzogenen Konsens zwischen Unternehmen und Arbeitnehmern, dass man sich zur Entlastung der Unternehmen im Alter rechtzeitig – oder frühzeitig – voneinander trennt (vgl. Brussig 2010). So konnten sich die Arbeitnehmer noch auf einige *gute* Jahre im Ruhestand freuen. Der Ruhestand war nicht länger das Ende eines Lebens, sondern hat sich zu einer begehrten eigenen Lebensphase entwickelt, die schöpferisch als eigener Lebensabschnitt gestaltet werden kann.

S. Jeschke et al. (eds.), *Enabling Innovation*, DOI 10.1007/978-3-642-24299-1_27,
© Springer-Verlag Berlin Heidelberg 2011

1.1 Ruhestand als eigene Lebensphase

Von der Wirtschaft als eigene Konsumentengruppe der *Silver Ager* entdeckt, erweist sich der typische Ruheständler interessiert an sportlichen Aktivitäten, an Reise- und Tourismusangeboten oder wird zum Gartengestalter, Hobbykoch der Gourmetküche etc. Die Nachfrage an eigens auf diesen Bedarf hin entwickelten Produkten beschert gute Absatzzahlen. Die im Ruhestand – neu? -entdeckte Lebens- und Sinnesfreude geht zweifelsfrei mit einem hohen Potential an Lernfähigkeit und Innovationsfähigkeit einher. Wenn diese dem Ruheständler eigen ist, weshalb sollte sie dem Arbeitnehmer im Alter verloren gegangen sein (vgl. Bergmann et al. 2006)? Welche Optionen bietet die Gestaltungsfreiheit dieser Lebensphase, die sich im Arbeitsprozess so nicht anbieten? Wenn die Wirtschaft ein ernsthaftes Interesse besitzt, die Rahmenbedingungen des Arbeitsprozesses angesichts alternder Belegschaften neu zu überdenken, könnten sich aus einem Vergleich der Gestaltungsspielräume wesentliche Ansätze für die Arbeits- und Beschäftigungsbedingungen ableiten lassen.

1.2 Arbeit und Lebenslanges Lernen

Kreativität und Innovationsfähigkeit bleiben über den Alterungsprozess eines Lebens erhalten, sofern ihre Entwicklung durch einen begleitenden Lebenslangen Lernprozess (LLL) unterstützt und gefördert wird. Wenn Arbeitsbedingungen so gestaltet werden, dass sie diese Möglichkeiten des Lernens mit der Arbeit verbinden, werden sie angenommen, genutzt und sind effizient. Dies kann Tarja Tikkanen anhand ihrer Studienanalyse belegen.

1.2.1 Angebote zur Fort- und Weiterbildung

Angebote zur Fort- und Weiterbildung erweisen sich als nahezu unüberschaubar. Selbstverständlich geht man davon aus, dass mit einer Qualifizierung der Erwerbspersonen den Intentionen der Wirtschaft entsprochen wird und im Umkehrschluss, dass sich das Angebot an Fort- und Weiterbildungsmaßnahmen durch den Bedarf der Unternehmen bestimmt. Wirtschaftliche Prozesse sind jedoch Reaktionen auf einen – globalen – Markt und unterliegen dem ständigen Balanceakt zwischen Nachfrage und Angebot. Personalbedarfsplanungen, das beweisen die Arbeitsmarktdaten, sind diesen wirtschaftlichen Prozessen nachgeordnet. Lücken werden bewusst in Kauf genommen, um kurzfristigen Bedarf durch Leiharbeitnehmer zu schließen. Qualifizierungsangebote in Unternehmen erfüllen häufig den legitimen Zweck, aus einem Überschuss qualifizierter Bewerber die Besten auszuwählen.

1.2.2 Fort- und Weiterbildung bei der Arbeit

Selbst eine positive Entwicklung am Arbeitsmarkt ist gekennzeichnet durch beständig wachsende Zahl an Leiharbeitsverhältnissen, kurzfristigen und flexibel gestalteten Arbeitsverträgen, Teilzeit- anstelle von Vollzeitstellen und einem ständigen Rückgang von sozialversicherungspflichtigen Beschäftigungsverhältnissen. In der

ICT Arbeitswelt geht eine Automatisierung von Arbeitsprozessen einher mit einem Abbau von Personalstellen. Die verbleibenden Arbeitsaufgaben sind monoton, weil sie aus der Überwachung der automatisierten Arbeitsprozesse resultieren, oder sie zwingen den Arbeitnehmer selber in automatisierte, im Sekundentakt zu verrichtende Arbeitstätigkeiten. Angesichts dieser Entwicklung stellt sich berechtigterweise die Frage, welche Voraussetzung eine lernförderliche Arbeitsgestaltung erfüllen sollte? Daraus resultiert die nächste Frage: Wie muss Arbeit beschaffen sein, wenn sie das Potential der Innovationsfähigkeit aufrechterhalten möchte?

2 Abwarten oder handeln

Die soziale Marktwirtschaft in Deutschland wird ihren Einfluss auf die Gestaltung der Arbeit verlieren, da ein globaler Markt, der unabhängig vom Gesellschaftssystem den Absatz steuert, das Handeln der Wirtschaft bestimmt. Man könnte abwarten, dass die Regulierung des globalen Marktes auch zu einem neuen Konsens zwischen den Anforderungen der Unternehmen und den Vorstellungen der Arbeitnehmer führt. Die demographische Entwicklung mit den geburtenstarken Jahrgängen der Baby Boomer Generation erzwingt aber aus gesellschaftlicher Perspektive rasches Handeln und hat – folgt man den Prognosen über die Auswirkungen auf das System der sozialen Sicherung und den damit verbundenen Ansprüchen an das Renten- und Gesundheitssystem – nicht länger die Zeit zu warten (vgl. Statistisches Bundesamt 2011). Das größte zur Verfügung stehende Erwerbspersonenkollektiv in Deutschland hat bereits die magische Altersgrenze von 45 Jahren überschritten: die alternden Belegschaften sind Tatsachen und nicht länger Prognosen (vgl. Brenke 2010). Der Wohlstand der Bevölkerung in Deutschland hängt entscheidend davon ab, dieses alternde Erwerbspersonenkollektiv weiterhin und länger als noch die vorhergehenden Generationen im Arbeitsprozess zu halten (vgl. Hurrelmann et al. 2011). Daher sollten sich Erwartung an einen Wandel nicht nur an die Bereitschaft der Arbeitnehmer ausrichten, ihren Beitrag zur Unterstützung der Innovationsfähigkeit zu leisten. Ebenso sind Erwartungen an die Wirtschaft zu richten, für eine Zukunft der Arbeit innovativ zu handeln (vgl. Dolfen 2010). Die Wirtschaft partizipiert von dem funktionierenden deutschen Gesellschaftssystem, dementsprechend muss sie auch ihren Teil der Verantwortung übernehmen, dieses System zu stabilisieren.

3 Zusammenfassung

Alternde Belegschaften werden nicht zu einer Behinderung für die Innovationsfähigkeit der Wirtschaft führen, wenn rechtzeitig Weichen für eine lernförderliche Arbeitsgestaltung als Voraussetzung für Flexibilität, Kreativität und Innovation gestellt werden. Dabei muss man jedoch einen Perspektivwechsel vornehmen. Es reicht nicht aus, an die Mitwirkung der Arbeitnehmer zu appellieren, damit sie sich durch lebenslanges Lernen geistig fit und rege erweisen, es müssen auch seitens der Wirtschaft Gestaltungsspielräume in den angebotenen Möglichkeiten zur Arbeit geschaffen werden, die diese Entwicklung unterstützen.

4 Forschungsbedarf

Welche Voraussetzung sollten lernförderliche Arbeitsbedingungen unter Berücksichtigung der wirtschaftlichen Situation der Unternehmen erfüllen? Welche Voraussetzungen sollten Fort- und Weiterbildungsangebote erfüllen, um dem Anspruch an eine Qualifizierung von Erwerbspersonen zu erfüllen? Nach welchen Kriterien sollten Fort- und Weiterbildungsangebote in die Personalbedarfsplanung von Unternehmen integriert werden?

Literaturverzeichnis

Bergmann B, Prescher C, Eisfeldt D (2006) Alterstrends der Innovationstätigkeit bei Erwerbstätigen. Arbeit Bd 15, 1:18-28
Brenke K (2010) Fachkräftemangel kurzfristig noch nicht in Sicht. Wochenbericht des DIW Berlin 46: 2-15
Brussig M (2010) Künftig mehr Zugänge in Altersrenten absehbar. Altersübergangsreport Februar 2010
Dolfen P (2010) Altersgerecht arbeiten. Personal 11: 30-33
Hurrelmann K, Rathmann K, Richter M (2011) Health inequalities and welfare state regimes. A research note. Journal of Public Health 19: 3-13
Pötzsch O (2011) Entwicklung der Privathaushalte bis 2030: Ende des ansteigenden Trends. Auszug aus Wirtschaft und Statistik, Hrsg Statistisches Bundesamt, Wiesbaden
Statistisches Bundesamt (2011) Demografischer Wandel in Deutschland: Bevölkerungs- und Haushaltsentwicklung in Bund und in den Ländern. Heft 1, Ausgabe 2011

Förderung von Innovationen in Forschung und Praxis: Arbeitsprozess und Innovation

Frank Emspak

Abstract

Fortgeschrittene kapitalistische Gesellschaften stehen einer gewaltigen Herausforderung gegenüber. Um den Lebensstandard aufrechtzuerhalten, müssen Wege zur Steigerung der Produktivität oder zur Senkung der Kosten gefunden werden, ohne dabei Lebensstandards zu senken. Die beste Option zur Steigerung der Produktivität und damit zur potenziellen Erhöhung des Wohlstands ist ein Prozess kontinuierlicher Innovation.

In diesem Beitrag wird der Vorschlag gemacht, dass der effizienteste Weg um kontinuierlich zu innovieren die Einbeziehung der Arbeiterschaft ist – d. h. derjenigen, die mit der Produktion und Verteilung von Gütern (intellektueller und physischer Natur) und der Erbringung von Dienstleistungen befasst sind. Es werden die Bedingungen erläutert, die zur Aufrechterhaltung eines Systems der kontinuierlichen Innovation notwendig sind. Viele der einbezogenen Aspekte erfordern zusätzliche Forschung, einschließlich Fallstudien zu konkreten innovativen Unternehmen, einer detaillierten Untersuchung der innovationstragenden Bildungsvoraussetzungen und der Auswirkung von Kapitalmobilität auf Innovation.

1 Arbeitsprozess und Innovation

1.1 Innovation und Arbeitsprozess

Dieser Beitrag behandelt die Beziehung zwischen Innovation und dem Prozess der Arbeit. Der Begriff *Arbeit* wird hier im Sinne traditioneller Produktion, aber auch im Sinne von Vertrieb und Dienstleistungen (einschließlich beruflicher Aktivitäten wie Lehrtätigkeiten und Krankenpflege) verstanden.

Der Arbeitsprozess bildet eine der Säulen der Innovation, er ist jedoch nicht die einzige. Auch Grundlagenforschung und angewandte Forschung leisten einen Beitrag, und in manchen Fällen handelt es sich dabei um entscheidende Faktoren. Genauer gefasst scheint langfristig nachhaltige Innovation eine Kombination des Lernens aus dem Produktionsprozess, der angewandten Forschung und der Grundlagenforschung vorauszusetzen. Aber selbst wenn diese Elemente aufeinander abgestimmt zusammenarbeiten, sind sie für eine nachhaltige Innovation unter Umständen nicht ausreichend. Voraussetzung ist darüber hinaus eine inno-

S. Jeschke et al. (eds.), *Enabling Innovation*, DOI 10.1007/978-3-642-24299-1_28,
© Springer-Verlag Berlin Heidelberg 2011

vationsfördernde Kultur, die über ein Anerkennungsprinzip verfügen muss. Die Anerkennung muss dabei nicht finanzieller Natur sein. Innovation wird jedoch nicht zu einem Bestandteil der Kultur werden, wenn die Ergebnisse der Innovation für die Innovatoren negativ ausfallen.

1.2 Definition von Innovation

Innovation soll hier verstanden werden als Veränderungen der Produktions- oder Organisationsstruktur, die zu einem in gesellschaftlicher Hinsicht positivem Ergebnis führen. Beispiele für gesellschaftlich positive Ergebnisse sind gesteigerte Produktivität oder gesenkte Mengen an Schadstoffen und Treibhausgasen infolge innovativer Produktionstechniken. Auch die Verringerung von Verletzungen oder Unfällen am Arbeitsplatz oder der Ausbau von Kompetenzen auf allen Ebenen des Produktionsprozesses können gesellschaftlich positive Ergebnisse sein.

Innovation als solche führt nicht notwendigerweise zur Verbesserung sozialer Missstände wie Arbeitslosigkeit, einem verringerten Lebensstandard für bestimmte Bevölkerungsgruppen oder der Zunahme an befristeten Arbeitsverhältnissen und freien Mitarbeitern. Der Grund dafür ist darin zu suchen, dass die Verteilung des Reichtums, der sich aus Innovation ergeben kann, eine gesellschaftliche und keine technische Aufgabe ist. Möglicherweise ist eine Gesellschaft so strukturiert, dass die private Aneignung von Reichtum als primäres Ziel unterstützt wird, während die Verteilung oder Rückführung von Reichtum, der aus Innovation entsteht, einen sekundären Aspekt darstellt, der von dem Wunsch nach Aufrechterhaltung der öffentlichen Ordnung durchkreuzt wird. Anders gesagt weist ein wachsendes Wohlstandsgefälle darauf hin, dass Innovations- oder Produktivitätserträge in einer Weise verwendet werden, die letztendlich innovationshemmend wirkt.

1.3 Die Wechselbeziehung von Arbeitsprozess und Innovation: Methodologische Aspekte

Wie lässt sich die Beziehung zwischen Arbeitsprozess und Innovation messen? Welche Parameter sind verfügbar oder messbar? Es gibt zwei weitverbreitete Methoden, mit denen sich der Einfluss der Arbeiterschaft auf Innovation messen lässt. Es handelt sich dabei zum einen um die Methode der teilnehmenden Beobachtung und zum anderen um die Durchführung von Fallstudien. Für die Überlegungen zu Innovation und Arbeitsprozess greife ich auf meine umfassenden Erfahrungen als teilnehmender Beobachter in verschiedenen Projekten zur Neugestaltung im Industrie- und Dienstleistungssektor zurück. Zwischen 1986 und 2000 sind in Fachzeitschriften Fallstudien zu diesen Projekten erschienen. Eine Reihe dieser Fallstudien wurden fortlaufend im Rahmen der Arbeit des Ausschusses für gesellschaftliche Folgen von Automatisierung der *International Federation of Automatic Control* veröffentlicht. In jüngerer Zeit habe ich Erfolge und Hindernisse in Bezug auf organisationsbezogener Innovation in meiner Rolle als Schulungsleiter und Facilitator beobachten können, als komplexe Organisationen versuchten, mit den schnellen Veränderungen in ihren Arbeitsumgebungen zurechtzukommen.

2 Die doppelte Rolle der Arbeiterschaft im Innovationsprozess

2.1 Definition von *Arbeiterschaft*

Unter *Arbeiterschaft* sind alle Personen in einer Produktions- oder Dienstleistungseinrichtung zu verstehen, die mit der Produktion von Gütern oder der Erbringung einer Dienstleistung befasst sind. Führende Entscheidungsträger und Eigentümer sind aus dieser Definition ausgeschlossen. Es muss jedoch darauf hingewiesen werden, dass *Arbeitskräfte* und führende Entscheidungsträger ineinandergreifen müssen, um eine Organisation mit einem nachhaltigen Innovationsprozess aufzubauen. Dafür ist bereits der Umstand hinreichend, dass der Arbeitsprozess die Verwendung von Investitionsgütern wie Maschinenausrüstungen, Informationssystemen usw. erfordert, die irgendwie bereitgestellt werden müssen.

2.2 Die doppelte Rolle der Arbeiterschaft

Die Arbeiterschaft ist für den Innovationsprozess aufgrund der doppelten Rolle, die sie für Produktion und Konsumption spielt, wesentlich. Einerseits sind Arbeitskräfte auf allen Ebenen mit der Produktion von Gütern befasst, und der Einzelne kann Probleme mit bestimmten Teilen des Prozesses wahrnehmen oder erfahren. Andererseits ist jedes Individuum auch ein Konsument, insbesondere von Dienstleistungen, und kann so die Ergebnisse unzulänglicher Prozesse oder qualitativ mangelhafter Verarbeitung erfahren.

3 Produktionsverfahren und Innovation

3.1 Produktionsverfahren – Massenproduktion

An dem Punkt, an dem sich die technologische Entwicklung und der damit verbundene Innovationsprozess befinden, ist es nicht erforderlich, Debatten über Arbeitsteilung oder den *Fordismus* als Produktionssystem zu rekapitulieren (vgl. Noble 1977, Kanigel 1977). Hier sei gesagt, dass der Fordismus ein höchst produktives System darstellte, das auf die Deckung der Nachfrage an großen Mengen ähnlicher oder gleicher Teile und die Zusammensetzung praktisch identischer Elemente ausgelegt war. Eine gute Darstellung eines Büros der Massenproduktion *Taylorscher Art* bietet der Film *Das Appartement* mit der Büroszenerie des Versicherungsunternehmens; das Szenenbild fängt die Welt der Büroangestellten im *Fordismus* ein.[1]

---

[1]   Vgl. Das Appartement/ The Apartment, produziert von Billy Wilder 1960.

3.2 Integrierte Produktion und Arbeitsteilung

Obwohl das Modell der Massenproduktion augenscheinlich dominierte, waren in
diesem System eine große Zahl an Unternehmen versteckt, bei denen die Fertigung in
einem kleineren Maßstab angelegt war und auf eine Kombination aus Arbeitsteilung
und einem stärker integrierten Produktionssystem zurückgriff. Beispiele für diesen
Produktionstyp und seine Integration in das System der Massenproduktion sind die
unzähligen Werkstätten, Werkzeugmacher und Lagerhändler, die in den Vereinigten
Staaten in jeder größeren Fabrikstadt zu finden waren.

3.3 Der Mensch als bewusster Teilnehmer im Fertigungsprozess

Der Mensch verfügt über Bewusstsein. Dass Menschen mit der Bereitstellung von
Dienstleistungen oder der Produktion befasst sind, bedeutet, dass bewusste Wesen
verfügbar sind, die Vorstellungen und Verfahren zur Verbesserung des Systems
einbringen können. In ihrer Bewusstheit beobachten sie die Arbeitsstätte und ziehen als Teilnehmer im Arbeitsprozess Schlüsse zu möglichen Optimierungen. Je
nach Anerkennungssystem und Gesellschaftsstruktur sind Verbesserungen möglicherweise auf den persönlichen Bereich begrenzt. In manchen Fällen schlagen
Teilnehmer jedoch den Führungsetagen Verbesserungen vor, so dass die optimierte
Produktivität dem Unternehmen zugutekommt. Teilt das Unternehmen den gesteigerten Reichtum in der Breite, kann die Gesellschaft davon profitieren. Ausgangspunkt
ist jedoch die Präsenz einer Person mit der Fähigkeit und dem Vertrauen zu beobachten, zu lernen und Vorschläge einzubringen, die grundlegend für den inkrementellen (und manchmal nicht inkrementellen) Produktivitätszuwachs sind. Anders
ausgedrückt kann das gesellschaftliche Umfeld am Arbeitsplatz Innovation fördern
oder ersticken. Eine Reihe von Arbeitsmethoden, die zunächst von japanischen
Unternehmen eingeführt wurden, waren auf die Bindung dieser Innovationen durch
das Unternehmen ausgerichtet. Der berühmteste amerikanische Experte für diese
neuen Fertigungs- und Anerkennungssysteme war W. Edwards Deming. Aber
sowohl die japanischen Spielarten als auch die Demingschen Prinzipien hingen
vom Vorhandensein von Mitarbeitern ab, die tatsächlich Arbeitstätigkeiten ausführ-
ten und sich ihrer Umgebung bewusst waren.

3.4 Akkordfertigung und Innovation

Akkordarbeit stellte ein gesellschaftliches Umfeld und Anerkennungssystem dar,
das kontinuierliche Innovation begünstigte. Obwohl Akkordarbeit mit dem verarbeitenden Gewerbe zusammenhängt, waren auch viele Büroarbeitsplätze auf
diese Weise strukturiert. Büro- und Telefonistentätigkeiten wurden ausgehend vom
Taylorschen Prinzip der Arbeitsteilung organisiert, zogen in finanzieller Hinsicht
jedoch nicht unbedingt erhöhte Produktionsniveaus nach sich.

Beschäftigte in Akkordsystemen entwickelten für sich selbst Verbesserungen
der Produktivität, und sei es nur, um mehr Zeit für sich selbst zu gewinnen. Obwohl
heute nicht mehr in Mode, bietet die industrielle Akkordarbeit ein Modell für

nachhaltige Innovation. Bei der Akkordarbeit ist der Faktor Zeit entscheidend; daher griffen Arbeiter auf ihren Einfallsreichtum zurück, um die Produktionstätigkeit in der kürzesten möglichen Zeit auszuführen. Das System animierte die Teilnehmer, nach Wegen der Innovation und des Siegs über das System zu suchen.

Die Prozessverbesserungen waren für sich genommen nur klein, in ihrer Gesamtheit jedoch beträchtlich. Diese Art von Mechanismus gibt es in allen Dienstleistungsbranchen, insbesondere bei umfangreichem Kundenkontakt. Das gesellschaftliche System, in das sich die Akkordarbeit einfügte, wirkte jedoch hemmend auf die Teilung des Produktivitätszuwachses mit dem Arbeitgeber oder der Öffentlichkeit in ihrer Rolle als Konsument. Bis zu einem gewissen Punkt stellten der Zuwachs an freier Zeit und Einkommen die Hauptbeweggründe dar. Beide Motive wurden jedoch durch einen *zu* großen Produktivitätszuwachs oder die Weitergabe zu vieler Informationen an die Unternehmensführung gefährdet, deren Reaktion zur Einbindung der Verbesserungen natürlicherweise in der veränderten Entlohnung und/ oder der Veränderung des Produktionssystems lag.

3.5 Mitarbeiterautonomie und Innovation

Mitte der 1970er Jahre machten die Bemühungen, die Autonomie der Beschäftigten zu reglementieren, mit der Einführung einer Reihe computergestützter Ausrüstungselemente einen Quantensprung. Diese Systeme versetzten das Management in die Lage, das Arbeitstempo effektiv festzulegen und die Leistung des Einzelnen immer ausgereifter und genauer zu verfolgen. Je enger jedoch der Rahmen der Entscheidungsbefugnis für einen Mitarbeiter in einer bestimmten Tätigkeit gezogen wird, desto unwahrscheinlicher wird es auch, dass diese Person einen Innovationsbeitrag erbringt. Reglementierung und die Herausbildung eines integrierten *Taylorismus* kann so zu einem System führen, in dem der Einzelne nicht innovationsfähig ist, da seine Entscheidungen keinen Einfluss auf die Arbeitsumgebung haben.

3.6 Neues Produktions- und Überwachungssystem und Innovation

Innovationen in der Beschaffung, Änderungen in der Besteuerung und andere externe Faktoren führten zu der Verkleinerung der Lagerbestände. Da viele Akkordarbeitssysteme große Mengen an Artikeln in einer einzigen Charge produzierten, führten die Bestandsverkleinerung als Mittel zur Verringerung der Steuerlast und die Produktion kleinerer Warenmengen langsam, aber sicher zur Auflösung des Produktionssystems der Akkordarbeit.

Ab 1985 beschleunigten die fallenden Kosten und die zunehmende Ausgereiftheit computergestützter Produktionsausrüstung (z. B. Desktop-Computer und mausgesteuerte Oberfläche) das Tempo der Integration computergestützter Ausrüstung am Arbeitsplatz durch die Führungsetagen und damit die Möglichkeit des Managements, den Arbeitsplatz zu reglementieren. Diese technologischen Entwicklungen führten in vielen Fällen auch zu der beschleunigten Verkleinerung von Aufgabenbereichen. Mit dem abnehmenden Umfang der Entscheidungsbefugnis der Mitarbeiter sank auch ihre Innovationsfähigkeit. Die Fähigkeit zur Innovation nahm ab, da der Einzelne im Verhältnis zu dem erforderlichen Aufwand oder der erhaltenen Anerkennung über weniger Möglichkeiten verfügte, Einfluss auf die Arbeit zu nehmen. Weiter gefasste Aufgabenbereiche und Spielraum für Innovationen wurden durch eng gezogene, stärker überwachte Aufgabenbereiche und damit verringerte Möglichkeiten für Innovation ersetzt. Dieser Austausch von Innovationspotenzialen gegen Produktion oder *Effizienz* wird auch heute weiter fortgesetzt.

Theorie und Praxis der Unternehmensführung haben diese Ersetzung und ihre negativen Folgen erkannt und sich weiterentwickelt. In manchen Fällen werden Mitarbeitern wieder weiter gefasste Befugnisse und Aufgabenbereiche eingeräumt, so dass für Innovationen zumindest theoretisch ein breiterer Raum vorhanden ist. Zwischen 1970 und 2000 kam es zu einer langen Reihe gemeinsamer Anstrengungen von Gewerkschaften und Arbeitgebern zur Arbeitsorganisation, die vielfach darauf gerichtet waren, die Arbeitsteilung neu zu strukturieren und zu diesem Zweck computergestützte Systeme einzusetzen.

4   Implizites Wissen: Ein Beitragsfaktor für den Innovationsprozess

4.1 Der Begriff des impliziten Wissens

Innovation am Arbeitsplatz ist möglich und nachhaltig, weil Mitarbeiter über implizites Wissen verfügen. Personen, die außerhalb des Produktionssystems oder des Systems der Dienstleistungserbringung stehen, verfügen über theoretisches oder abgeleitetes Wissen. Prinzipiell ist es zwar möglich, dass Personen außerhalb des Produktionsprozesses das System analysieren und Verbesserungen vorschlagen können. Dafür ist jedoch ein großer Zeit- und Energieaufwand erforderlich, der besser verwendet wird, wenn schlichtweg die Personen herangezogen werden, die direkt in den Prozess involviert sind. Voraussetzung für Innovation von außen ist außerdem, dass dem Beobachter das gesamte Wissen zum Produktionsprozess und den damit verbundenen konkreten Vorgängen zur Verfügung steht. Selbst mit hoch entwickelten Beobachtungs- und Überwachungssystemen in Echtzeit werden Ereignisse auf der Detailebene jedoch möglicherweise ignoriert oder nicht wahrgenommen. Darüber hinaus ist das Monitoring in Echtzeit und mit hohem Detailgrad ein äußerst kostspieliges Vorhaben, selbst unter der Annahme, dass dieses Vorgehen erfolgreich ist.

Der Begriff des *impliziten Wissens* bedeutet, dass Mitarbeiter am Arbeitsplatz (Büro, Krankenhaus, Transportsystem) über umfangreiches Wissen zum Arbeitsprozess verfügen. Dieses Wissen wird in der Arbeitspraxis erworben und lässt sich nur schwer übertragen. Es fällt nicht mit der Kompetenz zusammen, wobei Kompetenzen jedoch einen Teil des impliziten Wissens bilden. Implizites Wissen ist die Summe des gesamten Wissens, über das ein Mitarbeiter im Hinblick auf seine Tätigkeit verfügt, einschließlich der Kompetenzen, die zur Ausübung der Tätigkeit erforderlich sind. Es handelt sich um einen theoretischen Gegensatz zur Arbeitsteilung bzw. zum *Taylorismus*, für die vorausgesetzt werden muss, dass der gesamte Umfang einer Tätigkeit definiert und anschließend gemessen werden kann. Die Bedeutung der Arbeiterschaft für den Innovationsprozess liegt damit sowohl im Hinblick auf die Moral als auch hinsichtlich der Wirtschaftlichkeit im impliziten Wissen der Mitarbeiter, das in Kombination mit weiterem theoretischem Wissen zu kontinuierlicher Innovation führen könnte.

4.2 Innovation: ein *Bottom-up*-Prozess

Geht man davon aus, dass die Begriffe des impliziten Wissens und der bewussten Arbeiterschaft zutreffen, ist der Schluss zwingend, dass Innovation kein *Top-down*-Vorgang sein kann. Wissenschaftshistoriker haben insbesondere mit Arbeiten zur Entwicklung der Produktionskapazität in den Gesellschaften Roms und Griechenlands festgestellt, dass die Forschungsaktivitäten im Allgemeinen keinen Bezug zu der konkreten Arbeit in der Gesellschaft aufwiesen. Die hierarchische Natur dieser Gesellschaften und vor allem die Abhängigkeit Roms von der Sklavenarbeit in Italien bedeuteten, dass Innovationen im Hinblick auf die Produktivkraft und die Einsparung von Arbeitskräften mit dem Ziel der Produktivitätssteigerung keine Rolle spielten. Eine Folge davon ist, dass das Wasserrad und die Windmühle erst im sogenannten dunklen Mittelalter eine weite Verbreitung erfuhren. Da die Arbeiterschaft bzw. Arbeitskräfte Wohlstand produzieren, bedeutet jede Verringerung der Arbeitskräfte, die zur Erbringung dieses Wohlstands erforderlich sind, dass innerhalb einer bestimmten Zeitspanne mehr Wohlstand erzeugt werden kann. Da es effektiver ist, ein Problem zu lösen, wenn alle komplexen Variablen berücksichtigt werden können – etwas, das nur in komplexen Systemen unter Beteiligung der betreffenden Mitarbeiter geschehen kann –, liegt die Bedeutung der Arbeiterschaft im Innovationsprozess auf der Hand. Mitarbeiterbeteiligung ist von Bedeutung, weil es sich um die effektivste Möglichkeit zur Steigerung des gesellschaftlichen Wohlstands handelt.

5 Nachhaltige Innovation

5.1 Gesellschaftsstrukturen für nachhaltige Innovation

Welche gesellschaftlichen Strukturen machen die sinnvolle Mitarbeiterbeteiligung am Innovationsprozess möglich und nachhaltig? Mit der Erkenntnis, dass der *Arbeiterschaft* eine wesentliche Rolle zukommt, bestehen noch keine politischen, wirtschaftlichen und rechtlichen Strukturen, die eine sinnvolle Partizipation der Mitarbeiter ermöglichen.

Die Herausforderung besteht darin, alle Unternehmensebenen einzubeziehen und die geistigen Fähigkeiten der Arbeiterschaft auf allen Ebenen zu aktivieren.

Aber selbst wenn ein Unternehmen seine Mitarbeiter erfolgreich auf allen Ebenen einbindet, kann das Ergebnis durch unternehmensexterne Faktoren überlagert oder bedeutungslos gemacht werden. Beispielsweise ist es möglich, dass der Unternehmensstandort in ein anderes Land verlagert wird, oder das Unternehmen kann aufgrund unzureichender Kapitalrendite geschlossen werden. Nachhaltige Innovation erfordert damit einen Ansatz auf der Ebene des Einzelnen, des Unternehmens und des Staats.

Die Nachhaltigkeit von Innovation und die Verteilung ihrer Erträge ist eine gesellschaftliche Aufgabe und muss parallel auf einer Vielzahl von Ebenen erfolgen.

5.2 Wirtschafts- und Sozialpolitik

Dem Innovationsprozess und der Steigerung des Wohlstands liegt in fortgeschrittenen kapitalistischen Gesellschaften eine essenzielle wirtschafts- und gesellschaftspolitische Frage zugrunde: Wie wird Wohlstand erzielt, und welche Industrien oder Wirtschaftssektoren produzieren diesen Wohlstand? Sollte das verarbeitende Gewerbe die Hauptquelle des Wohlstands bilden, oder sollte das verarbeitende Gewerbe mit seinen unterstützenden Strukturen und Dienstleistungsbranchen die Möglichkeit haben oder dabei unterstützt werden, seine Standorte an Orte mit kostengünstigeren Arbeitskräften zu verlagern, in der Annahme, dass die verlorenen, Wohlstand produzierenden Stellen in diesem Wirtschaftssektor durch eine andere Produktion von Wohlstand desselben oder eines höheren Grads ersetzt werden?

Nachhaltige Innovation durch die Einbeziehung der produktiven Arbeitskräfte setzt außerdem eine Änderung der Perspektive auf diese Arbeitskräfte voraus. Die Arbeiterschaft muss als Entität begriffen werden, die wertschöpfend wirkt, nicht als bloßer Kostenfaktor. Wird sie ausschließlich als Kostenfaktor aufgefasst, wird der Schwerpunkt des Unternehmens und des Managements auf der Senkung der entsprechenden Kosten liegen.

5.3 Mitarbeiter als Innovatoren

Eine grundlegende Herausforderung, der Führungsetagen und innovationsbejahende Fachexperten gegenüberstehen, liegt darin, die Arbeiterschaft – im Sinne der einzelnen Mitarbeiter – als Menschen mit der Fähigkeit zum Denken und zur Innovation zu sehen, statt ihre Beteiligung auf eine verbesserte Durchführung zu beschränken. Dabei ist es selbstredend eine äußerst schwierige Aufgabe, andere Personen in Tätigkeiten, die eine niedrigere Qualifikation, Kompetenz oder Bezahlung voraussetzen, als ebenbürtig zu betrachten. Die Erfahrung legt nahe, dass das Ziel nicht erreicht wird, wenn dabei von einem moralischen Konstrukt ausgegangen wird. Vielmehr ist eine Art strukturierter Entscheidungsfindung, die Gleichberechtigung erfordert und allen Beteiligten Schutz bietet, eine notwendige Voraussetzung, um ein höheres Maß an Anerkennung und Verständnis zwischen Personen zu erreichen, die über implizites Wissen verfügen, und jenen Personen mit theoretischem Wissen. Ein Weg für die Praxis in Richtung Gleichberechtigung in der Entscheidungsfindung ist es, auf Methoden zu bestehen, die den Konsens der

Beteiligten voraussetzen, bevor eine Entscheidung gefällt werden kann. Ein Konsens ist nicht dasselbe wie eine Abstimmung, und bei nachdrücklicher Anwendung müssen alle Meinungen anerkannt werden, wann immer etwas erreicht werden soll. Konsensbasierte Entscheidungsfindung setzt für den Erfolg gegenseitigen Respekt voraus.

6 Innovationsfördernde und innovationshemmende Modelle der Entscheidungsfindung

6.1 Konsensbasierte Entscheidungsfindung

Die gegenwärtigen finanziellen, politischen und organisationsbezogenen Strukturen der privaten und der meisten öffentlichen Organisationen sind abgesehen von banalen Angelegenheiten gegen eine konsensbasierte Entscheidungsfindung ausgerichtet. Dieser Umstand trifft insbesondere auf die Privatwirtschaft zu. Inhaber von Unternehmen sind Personen oder Personenzusammenschlüsse, die von Rechts wegen befugt und fähig sind, Entscheidungen ohne Berücksichtigung von Nichtinhabern zu treffen, und für die es in jedem Fall äußerst unwahrscheinlich ist, dass sie ihre Entscheidungsbefugnis in den Geschäftsbereichen mit großer strategischer Bedeutung abtreten werden. Dies schließt die Organisation der Produktion oder der Erbringung von Dienstleistungen ein.

Insbesondere für Deutschland und die nordischen Länder sind einige wichtige Ausnahmen und eine Reihe von Bemühungen um Mitbestimmung zu nennen, die die verstärkte Beteiligung der Mitarbeiter zum Ziel haben. In den Vereinigten Staaten unterstützt die *International Association of Machinists* weiterhin das Konzept eines hoch leistungsfähigen Arbeitsplatzes, für den eine sinnvolle Partizipation der Mitarbeiter in der Entscheidungsfindung einen wesentlichen Aspekt darstellt. Außerdem wird in vielen Gemeinden versucht, Führungspersönlichkeiten, Unternehmen, Gewerkschaften und Gemeindeaktivisten in Anstrengungen einzubeziehen, die auf die Änderung der Arbeitsweise der Gemeinde abzielen. Viele dieser Projekte drehen sich um die Entwicklung sinnvoller Beschäftigung (vgl. Dean und Reynolds 2009).

6.2 Die Struktur von Entscheidungsbefugnis

Die intellektuellen Aspekte von Innovation können ohne eine praktische Anwendung von Ideen nicht nachhaltig sein. An diesem Punkt des Innovationsprozesses treffen Ideen für Veränderungen auf die Entscheidungsbefugnis. Einzelpersonen oder Gruppen werden sich schlichtweg nicht langfristig einbringen, wenn ihre Ideen für Veränderungen kurzerhand ignoriert oder abgetan werden, weil eine andere Person dazu berechtigt ist. In Anbetracht der Beschaffenheit vieler öffentlicher Behörden und auch der rechtlichen Struktur privater Unternehmen müssen klare, bestimmbare und durchsetzbare Maßnahmen ergriffen werden, um den Prozess der Entscheidungsfindung zu verändern, sofern Innovation unter Einbeziehung der Mitarbeiter in irgendeiner Form zur praktischen Anwendung gelangen soll.

Die Veränderung der Strukturen der Entscheidungsbefugnis lässt sich auf vielen Ebenen herbeiführen, ohne dabei unbedingt die Existenz des Unternehmens oder der Gesellschaft aufs Spiel zu setzen. Diese Veränderung impliziert im Allgemeinen allerdings eine Form von Übergang, in dem die Machtbeziehungen transformiert und gerechter strukturiert werden. Nachhaltige Innovation wird nicht auf Grundlage von Vorschlägen erreicht, sondern nur ausgehend von gemeinsamer Entscheidungsfindung.

Worin ist der Grund für diesen Umstand zu suchen? Niemand wird auf lange Sicht einen ernst zu nehmenden Aufwand an intellektueller Energie, Zeit und Engagement für ein System auf Vorschlagsbasis aufbringen, insbesondere, wenn es um gewichtige Fragen wie die Struktur der Arbeit, Produktivitätssteigerung, Arbeitsschutz oder die Ausrichtung eines Unternehmens geht.

Der einfachste Weg zur Illustration dieses Problem besteht darin, die politischen Strukturen von Diktaturen oder Monarchien zu betrachten. In vielen solcher Gesellschaften gab es verantwortungsbewusste Gruppen, die Innovationsversuche unternahmen. Wenn die herrschenden Stellen jedoch *Nein* sagten, geschah nichts, und diese Gesellschaften verkümmerten. Im vergangenen Jahrhundert trat dieser Prozess mit besonderer Deutlichkeit auf, als parallel zu diesem Stillstand Umwälzungen der technologischen Grundlage unserer Gesellschaften stattfanden. In vielen Organisationen, öffentlichen Unternehmen und Bildungseinrichtungen der Gegenwart ist dieses Problem jedoch nicht unerheblicher.

Die praktische Umsetzung eines Entscheidungsfindungsprozesses mit einem höheren Grad an Gleichberechtigung lässt sich erreichen, wenn die betreffende Organisation an einer Reihe von Kriterien ansetzt, anhand derer sich die Wirksamkeit von Innovationen bewerten lässt. Einvernehmliche Kriterien zur Förderung von Innovation können beispielsweise eine verringerte Umweltbelastung, der Ausbau von Kompetenzen, die Senkung der Stückkosten oder der Erhalt von Stellen sein, also Kriterien, die sich positiv auf die Wirtschaftlichkeit der Organisation insgesamt auswirken. Die meisten Führungskräfte in Unternehmen werden mit dieser Liste einverstanden sein. Die Reihenfolge der Prioritäten in dieser Liste steht jedoch auf einem anderen Blatt. Wenn alle Kriterien als gleichwertig eingestuft werden und die Parteien in einer Organisation dieser Gleichwertigkeit zustimmen, hat eine Verlagerung in der Entscheidungsfindung stattgefunden.

7 Innovationsfördernde Initiativen

7.1 Bildung oder Schulung?

Zur Förderung von Innovation und ihrer Nachhaltigkeit können auf Ebene von Gesellschaft und Unternehmen bestimmte Initiativen wie Schulungs- und Bildungs-maßnahmen umgesetzt werden. Der Begriff *Bildung* wird hier bewusst verwendet. In

Bezug auf Arbeitskräfte ist selbst für Ebenen mit Fachqualifizierung (beispielsweise Krankenschwestern) oft von Schulung die Rede. Im Englischen stehen die Begriffe *Bildung* (Education) und *Schulung* (Training, auch *Fort-/ Weiterbildung*, Anm. d. Übers.) für unterschiedliche Dinge und Implikationen. Der Begriff der *Schulung* ist enger gefasst und bezieht sich auf die Vermittlung konkreter Kompetenzen und Methoden für die Anwendung in relativ ähnlichen Situationen.

Dagegen impliziert *Bildung* eine Entwicklung der intellektuellen Fähigkeiten, aus denen für den Einzelnen das Vertrauen und die Kompetenz zur Analyse seiner Umgebung und eine Entscheidungsfindung ausgehend von einer Kombination aus Beobachtung und Wissen folgen.

Paulo Freire entwickelte eine Pädagogik zur Förderung des Denkens und Analysierens für Personen, die keinen Zugang zu langjähriger formaler Bildung hatten. Für einen Prozess, der zu langfristig nachhaltiger Innovation führt, müssen die Beteiligten in der Lage sein, zu reflektieren, zu überdenken und umzudenken und so zu neuen Ergebnissen zu gelangen. Ein solcher Prozess geht weit über das Konzept der Schulung hinaus und erfordert Zeit und Verbindlichkeit. Die Organisation muss sich in ausreichendem Maß auf die Förderung von Innovation verpflichten, damit die Beteiligten über die erforderliche Zeit für Diskussion und Reflexion verfügen.

7.2 Bereitstellung von Kapital am Ursprung von Innovation

Bildung und eine gleichberechtigtere Form des Entscheidungsfindungsprozesses sind notwendige Voraussetzungen, um Innovation zu fördern. Sie sind jedoch nicht hinreichend. Dies liegt darin begründet, dass unternehmensexterne Faktoren sich stark auf die Vorgänge in einem Unternehmen auswirken. Einer dieser Faktoren ist die Verfügbarkeit von Kapital für die Umsetzung von Innovationen an ihrem Ursprung.

Dieser Aspekt kann aus zwei Blickwinkeln beleuchtet werden. Erstens stellt sich die Frage, ob die Innovation an dem Ort umgesetzt wird, an dem sie konzipiert wurde, oder ob sie an einen anderen geografischen Ort übertragen wird. Die Annahme, dass die räumliche Verschiebung von Innovationen nicht nachhaltig ist, liegt nahe, insbesondere, wenn die Innovatoren mit diesem Transfer nichts gewinnen.

Zweitens besteht ein lösbares politisches und finanzielles Problem. Die Bereitstellung von Kapital für Innovation ist der Hauptzweck vieler gegenwärtiger öffentlicher Programme zur Produktivitätssteigerung. Mittel für die Einführung von Innovationen können auf unterschiedlichen Wegen über Darlehen, eine geänderte Besteuerung oder die direkte Vergabe von Fördermitteln zur Verfügung gestellt werden. In den Vereinigten Staaten sind eine Reihe von Programmen zur wirtschaftlichen Entwicklung, insbesondere im Rahmen des gegenwärtigen Schwerpunkts im Bereich umweltfreundliche Produktion und *grüne* Arbeitsplätze ein Beispiel für die Verwendung von Bundesmitteln für innovative Ideen und Prozesse am Ort ihres Ursprungs. Kurz, Mechanismen für die Kapitalbereitstellung gibt es bereits. Die Frage danach, ob und unter welchen Bedingungen diese

Mittel verfügbar gemacht werden, ist politischer Natur, aber keine Frage nach erdrückenden technischen Problemen.

7.3 Nachhaltige Innovation und Beschäftigung

Für nachhaltige Innovation sind Vereinbarungen, deren Struktur auf die Anerkennung der Innovatoren ausgelegt ist, von besonderer Bedeutung. Mit *Vereinbarung* soll hier das Bestehen klarer und durchsetzbarer Standards verstanden werden. In den meisten fortgeschrittenen Gesellschaften wird mit einer Kombination aus Steueranreizen, öffentlichen Beihilfen und/ oder Handelsabkommen ein Rahmen für Innovationen geschaffen; das Innovationsklima ist wesentlicher Bestandteil der öffentlichen Politik. Wenn das Ziel des Innovationsprozesses in der Steigerung der Produktivität und der damit verbundenen Verringerung der erforderlichen Arbeitskräfte liegt, muss die positive Beziehung zwischen Innovation und Beschäftigung auf eindeutige Weise und auf dem Boden der Realität bestehen.

Langfristige strukturelle Erwerbslosigkeit ist seit fast einer Generation eine Gegebenheit in fortgeschrittenen kapitalistischen Gesellschaften. Selbst in Gesellschaften mit relativ geringer Erwerbslosigkeit bis zum aktuellen wirtschaftlichen Abschwung 2008-2010 bestand in vielen Regionen oder in Gruppen mit bestimmten ethnischen und Rassenzugehörigkeiten hohe Erwerbslosigkeit. In vielen Fällen wurde Erwerbslosigkeit über den Mechanismus der Ersatzbeschäftigung verdeckt. Mitarbeiter in höher entlohnten Tätigkeiten des verarbeitenden Gewerbes fanden in schlechter bezahlten Tätigkeiten des Dienstleistungssektors neue Arbeit. Eine Folge dieser Entwicklung ist die Stagnation der Löhne in den Vereinigten Staaten seit den 1970er Jahren. Die Kosten sind unterdessen gestiegen, insbesondere für die Gesundheitsversorgung.

Erwerbslosigkeit ist nicht dasselbe wie Arbeitslosigkeit, eine Zahl, die in den Vereinigten Staaten vom Bureau of Labor Statistics gemessen wird. Erwerbslosigkeit ist eine breiter gefasste Kategorie, die ehemals erwerbstätige und gegenwärtig arbeitslose Personen, Personen mit Arbeitswunsch ohne eine frühere Vollzeitbeschäftigung, Personen mit nur vorübergehender Bindung an den formellen Sektor sowie Personen im anwachsenden informellen Sektor der USA umfasst, die eine Tätigkeit im formellen Sektor anstreben. Ausgehend von dieser Definition der Erwerbslosigkeit entsprach im Mai 2010 die Arbeitslosenzahl von 10 % in vielen Gemeinden einer Erwerbslosigkeit von 18 % oder mehr.

8 Das Puzzle zusammensetzen: Produktivität, Beschäftigung und Kapital

8.1 Produktivität, Beschäftigung und Kapitalmobilität

Was haben diese Aspekte mit Innovation zu tun? Innovation, Produktivität, Beschäftigung und Kapitalmobilität sind unauflösbar miteinander verbunden. Die Herausforderung besteht darin, diese Verbindungen nachzuvollziehen und den opti-

malen Umgang mit ihnen in einem Kontext der Innovationsförderung zu ermitteln:
Wenn Innovation und insbesondere Arten von Innovation, die die Produktivität
steigern und die Arbeitskosten senken, in den Vereinigten Staaten als Grundlage
der gegenwärtigen Abnahme des Lebensstandards wahrgenommen werden, wird
sich auf praktisch allen Ebenen eine innovationsfeindliche Wählerschaft herausbilden und eine politische Stimme finden, so dass notwendige Änderungen untergraben werden. Beispielsweise beruht die Ablehnung der Klimagesetzgebung
in der Öffentlichkeit in den meisten Fällen auf einer Angst vor dem Verlust von
Arbeitsplätzen, ausgehend von der Beobachtung, dass umweltbelastende Industrien
geschlossen und ins Ausland verlagert wurden.

8.2 Entkopplung von Produktivität und Löhnen

Einer der zentralen Aspekte der jüngsten Entwicklungen der US-Wirtschaft ist
die Entkopplung von Produktivitätssteigerungen und Löhnen. Viele Ökonomen
haben darauf hingewiesen, dass die Produktivität in den USA in allen Jahren
nach 1970 gestiegen ist. Bis 1970 stiegen mit der Produktivität auch die Löhne.
Ab Mitte der 1970er Jahre stiegen die Löhne nicht länger zusammen mit der
Produktivität. Das Ergebnis ist, dass die durch Innovationen erzielten Erträge,
die die Produktivitätssteigerungen anregten, nicht auf die Gesellschaft insgesamt
verteilt wurden. Die makroökonomischen Indikatoren, die diese Entwicklung veranschaulichen, sind ein Maß für die Einkommensdisparität. Die Disparität der
Wohlstands- und Einkommensverteilung liegt in den USA gegenwärtig auf dem
höchsten Stand seit dem 19. Jahrhundert und ist um vieles größer als in allen anderen Industrieländern.

Unter diesen Umständen scheint die sinnvolle Beteiligung der Arbeitskräfte an
langfristig angelegten innovativen Aktivitäten in weite Ferne zu rücken. In der Tat
wurden die unzähligen Sozialpartnerschaftsprojekte der 1990er Jahre, die noch bis
2005 Bestand hatten, zum größten Teil aufgegeben. Damit wurde eine wichtige
Quelle an Innovationspotenzial in den USA abgeschafft. Zur Unterstützung einer
Gesellschaft der nachhaltigen Innovation müssen in dieser Gesellschaft Systeme
etabliert sein, die Sicherheit schaffen. Anders ausgedrückt müssen für einen
kontinuierlichen Innovationsprozess, der Erfolg haben soll, Beschäftigungsgarantien
greifen. Warum sollte man sich für Innovationen engagieren, wenn das persönliche
Risiko zu hoch ist? Die Gefahr des Zusammenbruchs der Gesellschaft im weiteren
Sinne oder selbst des Unternehmens stellt keine ausreichend große Motivation für
den Einzelnen dar, denn Grundüberzeugung ist es, dass es trotz allem zu einem
Zusammenbruch kommen kann und der Innovationserfolg ebenso zu Beschäf-
tigungsverlust führen kann.

8.3 Technologische und prozessbezogene Faktoren mit Hemmwirkung für arbeitsplatz-/ arbeitskraftbasierte Innovation

In den Vereinigten Staaten kamen weitere Faktoren bei der Herausbildung eines
Alternativmodells amerikanischer Arbeitsplatzinnovation dazwischen. Die alles

ändernde Einführung des Internets hat zusammen mit dem drastischen Rückgang der Kosten für internationalen Transport und neuen Gesetzen, ein anderes Produktionsmodell begünstigt. Wesentlich für dieses Modell ist die Verlagerung der Produktion ins Ausland. Innovationen, die just bis zum Moment des Abzugs ins Ausland eingeführt wurden, werden oft in die verlagerte Produktion übergenommen. In diesem neuen Produktionssystem wird in vielen Fällen eine neue und hoch entwickelte Produktionsausrüstung mit einer Niedriglohnbeschäftigung kombiniert. Innovation wird damit so gut wie irrelevant, es sei denn, das Unternehmen kann nicht ins Ausland verlagert werden. Findet die Verlagerung jedoch statt, wird die Verbindung zwischen standortgebundener Technik und Innovation gekappt und die Unternehmensleitung potenziell wichtiger Informationen beraubt. Aus US-amerikanischer Perspektive liegt die Lösung in der schrittweisen Verlagerung von Entwicklung und Technik in andere Länder, insbesondere nach China.

8.4 Kapitalmobilität und Innovation

Die sinnvolle Einbeziehung der Mitarbeiter in die Förderung von Innovation setzt die Infragestellung herrschender Absichten zur kurzfristigen Profitmaximierung voraus. Warum? Weil in vielen Fällen die gewinnträchtigste Art, Nutzen aus Produkt- und Prozessinnovationen zu ziehen, in der Einführung dieser Innovationen an Niedriglohnstandorten besteht, insbesondere, wenn relativ hoch qualifizierte Arbeitskräfte und staatliche Unterstützung verfügbar sind. BMW charakterisiert die Produktionsstandorte des Unternehmens in den USA in dieser Form.

Für die sinnvolle Einbeziehung der Arbeitskräfte muss eine wechselseitige Beziehung zwischen Investition und Innovation bestehen. Für die Herausbildung und Pflege dieser wechselseitigen Beziehung ist es notwendig, die Kapitalmobilität einzuschränken. Die gegenwärtigen Formen dieser Einschränkungen – Steuern und Gesetze gegen Kapitalausfuhr – stehen hier nicht zur Debatte. Da die Profitmaximierung, verstanden als gesteigerter Shareholder Value, gegenwärtig das Maß des Erfolgs ist, kann nur eine Änderung dieses grundlegenden Messsystems zu der Art von Verhalten führen, die innovationsfördernd wirkt.

8.5 Investitionen

Ein nachhaltiger Innovationsprozess korreliert in staatlicher und arbeitsplatzorientierter Perspektive direkt mit der Bereitstellung von Investitionen am Punkt der Innovation. Ich habe bereits darauf hingewiesen, dass diese Investitionen am Ort der Innovation notwendig sind. Wenn politische Maßnahmen wie das Nordamerikanische Freihandelsabkommen es dem Kapital leicht machen, an Orte mit niedrigen Kosten für Produktion und Innovation abzuwandern, wird der Nettoeffekt im Verlust an Innovationskapazität und wirtschaftlicher Stagnation für das Land liegen, das seine industriellen Kapazitäten exportiert.

Es ist zwar vielfach argumentiert worden, dass Handelsabkommen Beschäftigung geschaffen haben, aber es gibt auch eine Gegenposition. Die Frage danach, ob die gegenwärtig in den USA umgesetzte Freihandelspolitik zu einem Nettozuwachs an

Beschäftigung führt, wird von einer steigenden Zahl an Ökonomen beforscht. Sollte es diesen Zuwachs geben, auf welche Art von Tätigkeiten in der US-Wirtschaft bezieht sich dieser dann?

Keine glaubwürdige Untersuchung weist darauf hin, dass zwischen der Abschaffung der Industrieproduktion und ihrer Ersetzung durch Beschäftigung im Bereich der Beratungs- oder Finanzdienstleistungen auch nur entfernt eine direkte Beziehung besteht (vgl. Fletcher 2010). Dieser Essay unterstreicht die Bedeutung der Arbeitskräfte im Innovationsprozess und wirft spezifische organisationsbezogene, bildungsorientierte und politische Aspekte auf, die für die Aufrechterhaltung und Förderung eines nachhaltigen Systems an Innovationen unter Einbeziehung der Arbeitskräfte berücksichtigt werden müssen.

9   Forschungsthemen

9.1 Innovation und die Nähe von Produktion

Kann Innovation aufrechterhalten werden, wenn die eigentliche Produktion an einem entfernten Standort erfolgt? Anders ausgedrückt: Kann eine wissens- und dienstleistungsbasierte Wirtschaft Innovationen hervorbringen, die zu produktiven Steigerungen und damit potenziell zu einer Erhöhung des Wohlstands der Gesellschaft führen? Ist die Kombination aus implizitem Wissen und theoretischem Wissen eine Grundlage für fortgesetzte Innovation?

Beispiel: Die Maschinen zum Einsetzen von Leiterplatten wurden aus älteren Schuhstanzmaschinen entwickelt, als Arbeiter und Ingenieure bemerkten, dass der Schlüssel zur Fertigung von Leiterplatten im passgenauen Einsetzen von Transistoren bestand und dass die Stanzmaschinen zum Lederschneiden die Stempel passgenau über dem Leder positionieren mussten.

Es wurde bereits angedeutet, dass diese Frage mit *Nein* zu beantworten ist, da die Arbeiterschaft in praktischer, finanzieller und politischer Hinsicht eine zentrale Rolle für den Innovationsprozess einnimmt. Zur Untersuchung dieser Fragestellung sind jedoch eingehendere Untersuchungen erforderlich.

9.2 Kapitalmobilität und Innovation

Wirkt sich uneingeschränkte Kapitalmobilität, insbesondere in Form von Steuer- und Investitionsregelungen, die den Export des verarbeitenden Gewerbes (und von Dienstleistungen) fördern, auf die Innovation in dem Produktionseinrichtungen exportierenden Land vorteilhaft oder nachteilig aus? Verringern solche subventionierten Exporte nicht die Fähigkeit des Landes zur Schaffung von Wohlstand? Schränken die Regelungen der Europäischen Kommission umgekehrt die Fähigkeit der einzelnen Länder zur Beschränkung der Kapitalmobilität ein?

Alle Gesellschaften müssen die Kapitalmobilität regeln. Die derzeitige Gesetzgebung zur Kapitalmobilität ist eine vollendete Tatsache, aber in wessen Interesse steht sie? Wie muss Kapitalmobilität gesetzlich geregelt sein, wenn unsere Gesellschaften auch weiterhin Zentren für Innovation und Veränderung bleiben sollen?

Lassen sich die Raten für Prozessinnovationen und Innovationsprozess messen, wenn am Standort leitende Entscheidungsträger tätig sind? Ist es möglich, den Prozentanteil an *neuen Ideen* oder Prozessinnovationen zu messen, die tatsächlich vom Punkt der Innovation an die Entscheidungsträger in Technik und Unternehmensführung weitergeleitet werden? Weist ein eher niedriger Anteil darauf hin, dass sich der Transfer der Produktion von wohlhabenden in ärmere Länder beschleunigen wird?

10 Schlusswort

Hier wurde der Versuch unternommen zu zeigen, dass Mitarbeiter eine wesentliche Rolle im Innovationsprozess spielen. Es wurde außerdem erläutert, dass diese Rolle nicht einfach darin besteht, die Ideen anderer umzusetzen, sondern sehr viel stärker ist. Darüber hinaus wurde dargelegt, dass Innovation am selbstverständlichsten eintritt, wenn sich Prozesse und führende Entscheidungsträger am selben Standort befinden. Dies hat bedeutende langfristige Auswirkungen auf die Entscheidungen zu Investitionen in die Produktion an kostenintensiven Standorten, sofern Innovation in kostengünstigeren Ländern mit denselben oder höheren Raten erfolgt.

Insgesamt postuliert dieser Beitrag, dass Innovation kein bloßes technisches Problem darstellt, sondern eine Frage, die unauflösbar mit Aspekten wie Entscheidungsfindung, Investitionen, Mobilität und Bildung verknüpft ist. Innovation ist eine gesellschaftliche Aktivität mit tief greifender Bedeutung für Länder, die in der Lage sind, Innovation zu fördern.

Literaturverzeichnis

Dean A, Reynolds DB (2009) A New New Deal: How Regional Activism will Reshape the American Labor Movement. A Century Foundation Book. ILR Press, New York

Fletcher I (2010) Free Trade Doesn't Work: What Should Replace It and Why? U.S. Business and Industry Council, Washington, D.C.

Kanigel R (1997) The One Best Way – Frederick Winslow Taylor and the Enigma of Efficiency. Viking, New York

Noble DF (1977) America by Design: Science, Technology, and the Rise of Corporate Capitalism. Oxford University Press, USA

Wirtschaftsdemokratie als Innovationsmotor

Ulrich Busch

1 Einleitung

In vorliegendem Aufsatz wird davon ausgegangen, dass die Hervorbringung von Innovationen kein bloßes technisches Problem darstellt, sondern eine komplexe gesellschaftspolitische Frage ist, die organisch mit den Modalitäten der Entscheidungsfindung, mit Investitionen, Kapitalmobilität und Bildung zusammenhängt. Der Autor
hebt besonders die wachsende Bedeutung der Arbeitskraft im Innovationsprozess
hervor und diskutiert spezifische organisationsbezogene, bildungsrelevante und
politische Aspekte, die für die Aufrechterhaltung und Förderung innovativen
Verhaltens unter den gegenwärtigen Bedingungen zu berücksichtigen sind. Besondere
Aufmerksamkeit findet in diesem Kontext das implizite Wissen der Arbeitskräfte,
das dem theoretischen Wissen externer Experten gegenüber gestellt wird und das erst
zusammen mit diesem einen erfolgreichen Innovationsprozess ermöglicht.

Die weiteren Argumente hierzu sind vor allem entscheidungsorientiert und
bildungsbezogen. Ökonomische Fragen dagegen kommen zu kurz. Hier setzt
meine Kritik an, indem auf einige ökonomische Aspekte des Innovationsprozesses
verwiesen und die Lösung des Problems vor allem in wirtschaftlichen Struktur-
veränderungen und in Ansätzen einer Wirtschaftsdemokratie gesucht wird.

2 Historische Einordnung

Innovation ist keine Erfindung des letzten Jahrhunderts. Sie ist vielmehr der kapitalistischen Produktionsweise von Anfang an wesenseigen. Mit der Herausbildung der
Industrie im 19. Jahrhundert, welche die Maschinerie zur Grundlage hat, verstärkt sich
dieser Prozess noch, gewinnt die „beständige Umwälzung der Produktionsmittel",
ihre Verbesserung und fortlaufende Ersetzung infolge technischer Neuerungen und
auf Grund des „moralischen Verschleißes" (vgl. Marx 1969, 185), immer mehr an
Bedeutung. Bloß, die Arbeiter haben nichts davon. Durch Produkt- und mehr noch

S. Jeschke et al. (eds.), *Enabling Innovation*, DOI 10.1007/978-3-642-24299-1_29,

durch Prozessinnovationen erhöht sich die Arbeitsproduktivität und steigt der Profit des Unternehmers, nicht aber der Lebensstandard der arbeitenden Klasse. Dies hat zur Folge, dass die Arbeiter kaum an einer Verbesserung der Produktion interessiert sind und dass sie ihr implizites Wissen für sich behalten.

Hierin liegt eine bedeutsame Schranke und gewichtige Entwicklungsblockade des klassischen Kapitalismus, wie er von Karl Marx, John St. Mill, Alfred Marshall und Joseph A. Schumpeter beschrieben wurde. Diese Blockade wurde, beginnend während der 1930er Jahre, vor allem aber in den Jahrzehnten nach dem Zweiten Weltkrieg, durch den Fordismus beseitigt. Bezeichnend für das fordistische Produktions- und Sozialmodell war, wie Frank Emspak richtig feststellt, dass die „Deckung der Nachfrage" durch die Produktion „großer Mengen ähnlicher oder gleicher Teile" auf eine sehr effiziente Art und Weise erfolgte (3.1). Viel wichtiger aber war, dass die mit der Verbesserung der Produktion verbundene Steigerung der Arbeitsproduktivität sich jetzt in Lohnsteigerungen der Arbeiter niederschlug und sich folglich ihr Lebensstandard fast *im Gleichklang* mit der Steigerung der Arbeitsproduktivität erhöhte. Dies war besonders in der Bundesrepublik Deutschland und in Westeuropa der Fall und führte dazu, dass sich hier nach dem Zweiten Weltkrieg so etwas wie ein *Wirtschaftswunder* ereignete.

Ende der 1960er Jahre stieß dieses System jedoch an seine Grenzen. Wir sprechen von einer Erosion des Fordismus. Moment dieses Erosionsprozesses war ein Nachlassen der Innovationsintensität. Während der großen Krise Mitte der 1970er Jahre formierten sich die Kräfte für einen neoliberalen Umbau des Systems. Dieser Umbau, der in den Folgejahren sukzessive zur Herausbildung des Systems des globalen Finanzmarktkapitalismus geführt hat, setzte einerseits neue Kräfte für Innovationen frei, indem er die Selbständigkeit förderte, das Unternehmertum begünstigte, die finanziellen Anreize für Investitionen und für eine Expansion der Produktion erhöhte. Andererseits aber griff er auf Methoden zurück, wie sie vor dem Fordismus bestanden hatten. So wurde die Ausbeutung der Lohnarbeit verstärkt, die Intensität der Arbeitsprozesse erhöhte sich, die Prekarisierung der Arbeit sowie die Auflösung der Normalarbeitsverhältnisse wurden vorangetrieben. Die Differenzierung der Einkommen und Vermögen stieg drastisch an und die soziale Polarisierung nahm überall zu. Die Löhne blieben in ihrer Entwicklung nun wieder deutlich hinter dem Anstieg der Arbeitsproduktivität zurück. Dies bewirkte zwar partiell und temporär, dass die Produktion wieder stärker zunahm und die Arbeitsproduktivität anstieg, auf längere Sicht jedoch führte dieses Vorgehen zu der von Emspak beschriebenen Situation einer ungenügenden wirtschaftlichen Dynamik der Produktion und einer mangelnden Innovativität derselben.

3 Wirtschaftsdemokratie als Lösung

Der Autor diskutiert die beschriebene Problematik vor allem unter wissenssoziologischen und bildungspolitischen Aspekten. Die wirtschaftlichen Grundlagen für die Innovationsschwäche des gegenwärtigen Systems werden hingegen nur am Rande erwähnt. Seine Lösungsansätze bleiben zumeist systeminhärent bzw. systemintrovertiert. Da, wo sie radikaler erscheinen, lassen sie sich unter den gegebenen gesellschaftlichen Bedingungen kaum realisieren. Dies gilt zum Beispiel für seinen Vorschlag, die Kapitalmobilität (8.4) einzuschränken oder die Einkommensdisparität zu beseitigen (8.2). Größere Chancen zeichnen sich dagegen für solche Vorschläge wie die Einführung von Beschäftigungsgarantien für Mitarbeiter (8.2) oder für die Ersetzung des Prinzips kurzfristiger Profitmaximierung durch nachhaltigere Formen der Gewinnerzielung ab. Dafür gibt es in der Praxis bereits positive Ansätze (vgl. Beyer und Hiss 2007) und es ist zu vermuten, dass hiervon in der Zukunft positive Effekte für die Innovationsintensität ausgehen werden. Der eigentliche Durchbruch ist aber auch hiervon kaum zu erwarten. Dafür sind die Vorschläge zu wenig weit reichend und nicht grundsätzlicher Natur.

Um hier zu neuen Ufern zu kommen, wäre es erforderlich, das demokratische System, welches heute weitgehend und allgemein anerkannt die politische Sphäre der Gesellschaft prägt, auf die Wirtschaftssphäre auszudehnen. In der Literatur findet hierfür der Terminus „Wirtschaftsdemokratie" Verwendung (vgl. Naphtali 1928; Arbeitsgruppe 2007; Bontrup 2006; Vilmar 1999). Mit der Einführung wirtschaftsdemokratischer Regeln und Grundsätze würde in der Ökonomie, wo derzeit fast ausschließlich privatkapitalistische Interessen das Feld bestimmen, ein Komplement zur Gesellschaftsverfassung entstehen. Dies würde zuerst den öffentlichen Sektor erfassen, danach schließlich über die *Mitarbeiterbeteiligung* aber auch den privaten Sektor. Marktwirtschaft und privates Eigentum würden dadurch nicht in Frage gestellt werden, die Partizipation der Mitarbeiter am Ergebnis ihrer Arbeit aber zunehmen und mithin auch die Bereitschaft der Arbeiter, Innovationen hervorzubringen und im Unternehmen zu verwirklichen. Der von Emspak beschriebene Button-up-Prozess der Innovation würde durch die Einführung der Wirtschaftsdemokratie enorm an Schwung gewinnen und zu nachhaltigen Effekten führen.

4 Zusammenfassung

Der Aufsatz von Frank Emspak beschreibt ein Defizit unserer Zeit: die nachlassende Innovationskraft der gegenwärtigen Gesellschaft. Der Autor sieht hierfür eine wesentliche Ursache in der geringen Nutzung des impliziten Wissens der Mitarbeiter durch die kapitalistischen Unternehmen. Seine Lösungsansätze für dieses richtig erkannte Problem weisen jedoch eine zu große Systemimmanenz auf, um eine wirkliche Veränderung der Situation herbeiführen zu können. Was fehlt, ist eine radikale Veränderung der ökonomischen Entscheidungsstrukturen, wofür der Begriff „Wirtschaftsdemokratie" steht. Durch die stärkere Einbeziehung der Mitarbeiter in die Entscheidungen über den Produktionsprozess, die Verteilung der Resultate, die Investitionen, Gewinnverwendung usw. würde sich die Motivation entscheidend verändern und würde die Innovationsbereitschaft der Arbeiter spürbar zunehmen.

5 Forschungsbedarf

Es fehlt an empirischen Untersuchungen darüber, inwieweit Mitarbeiterbeteiligungen, eine breite Streuung der Eigentumsrechte (Aktien), alternative Verteilungsmodelle etc. zu einer höheren Innovativität der Unternehmen führen und wo die Möglichkeiten und Grenzen derartiger Vorschläge liegen.

Literaturverzeichnis

Arbeitsgruppe Alternative Wirtschaftspolitik (Hrsg) (2007) Memorandum 2007. PapyRossa, Köln

Beyer J, Hiss S (2007) Unternehmen zwischen Aktionärsinteresse und sozialer Verantwortung. In: Berliner Debatte Initial, 18 (2007). Berlin: 4-5

Bontrup HJ (2006) Arbeit, Kapital und Staat. Plädoyer für eine demokratische Wirtschaft. PapyRossa, Köln

Marx K (1969) Das Kapital. Zweiter Band. Dietz, Berlin

Naphtali F (1928) Wirtschaftsdemokratie. Ihr Wesen, Weg und Ziel. ADGB, Berlin

Vilmar F (1999) Wirtschaftsdemokratie – Zielbegriff einer alternativen Wirtschaftspolitik. In: Helmedag F, Reuter N (Hrsg) Der Wohlstand der Personen. Festschrift zum 60. Geburtstag von Karl Georg Zinn. Metropolis, Marburg

Steigerung der Innovationsfähigkeit in Deutschland – die Rolle interdisziplinärer Forschungsnetzwerke

Claudia Jooß, Florian Welter, Anja Richert und Sabina Jeschke

Abstract

Die Förderung von Innovationsfähigkeit ist ein entscheidender Aspekt im Hinblick auf die strategische Ausrichtung globaler Ökonomien. Dabei nehmen vermehrt interdisziplinäre, wissenschaftliche Netzwerke eine wichtige Rolle ein. Um diese Netzwerke erfolgreich zu gestalten, ist ein Wissensmanagementansatz notwendig, der ihren dynamischen wie auch komplexen Umweltbedingungen gerecht wird. Im Rahmen des Fallbeispiels des Exzellenzclusters „Integrative Produktionstechnik für Hochlohnländer" an der RWTH Aachen University wird daher mit den *Cross Sectional Processes* ein aktueller Forschungsansatz vorgestellt. Damit bildet die noch relativ junge Aufgabe des Managements interdisziplinärer Forschungsnetzwerke einen Beitrag, der Deutschland auf dem Weg zum Prädikat *Enabling Innovation* unterstützt. Ziel dieses Beitrags ist es, am Fallbeispiel der *Cross Sectional Processes* einen Weg zur Steigerung von Innovationsfähigkeit aufzuzeigen, der in interdisziplinären Forschungsnetzwerken verankert ist.

1 Einleitung

Die Globalisierung, und die damit verbundene Tatsache, dass ursprüngliche Produktionsfaktoren wie beispielsweise Arbeit und Kapital in Hochlohnländern wie Deutschland nicht mehr in ausreichendem Umfang und zu relativ kostengünstigen Konditionen zur Verfügung stehen, führt dazu, dass auch in Schwellen- und Entwicklungsländern, die verbreitet durch niedrige Löhne gekennzeichnet sind, zunehmend schnellere Innovationszyklen hervorgebracht werden. Folglich erhöht sich der Druck auf europäische Länder wie Deutschland, den Wissensvorsprung in diversen Branchen zu erhalten. Deutschland kann seine technische und wirtschaftliche Meinungs- und Marktführerschaft nur aufrechterhalten, wenn eine ständige Produktion und Beherrschung von neuem Wissen gewährleistet ist, weil Wissen in diesem Zusammenhang als wichtigste Ressource und entscheidender Produktionsfaktor bezeichnet wird (vgl. Drucker 1998). Da in diesem Artikel die Innovationsfähigkeit in interdisziplinären Forschungsnetzwerken im Mittelpunkt steht, gilt es die Produktion von neuem Wissen in der Branche der Forschungspolitik zu betrachten.

Bereits 1996 bezeichnete das Bundesministerium für Bildung und Forschung (BMBF) die Überwindung bestehender Hindernisse zwischen Wissensgenerierung

S. Jeschke et al. (eds.), *Enabling Innovation*, DOI 10.1007/978-3-642-24299-1_30,
© Springer-Verlag Berlin Heidelberg 2011

und Anwendung als essentielle wissenschaftspolitische Aufgabe (vgl. Bundesbericht Forschung 1996). Innovationen, so der Bericht, entstünden nicht in
der linearen Abfolge von Forschung und Entwicklung, sondern in rekursiven
bzw. parallelen Abläufen, in denen dynamische Wechselwirkungen von großer
Bedeutung sind (vgl. ebd.). Die Tatsache, dass neues Wissen immer mehr an den
Schnittstellen verschiedener Fachdisziplinen entsteht, bestätigt, dass sich das lineare Kaskadenmodell, wonach eine erfolgreiche Produkt- oder Prozessinnovation
durch die Abfolge von Grundlagenforschung, angewandter Forschung und
betrieblicher Forschung und Entwicklung (F&E) entsteht, als unflexibel erwiesen hat (vgl. Heidenreich 1997). Dies stellt jedoch umfassende Ansprüche an
institutionelle Rahmenbedingungen. Ein wichtiger Handlungsansatz seitens der
Wissenschaftspolitik sind Forschungsbemühungen interdisziplinären Zuschnitts,
die als eine wichtige Voraussetzung für die Entstehung von Innovationen betrachtet werden.

Um diese Netzwerke erfolgreich zu gestalten, ist ein Wissensmanagmentansatz
notwendig, der sowohl den Ansprüchen komplexer und dynamischer Umweltbedingungen sowie institutioneller Rahmenbedingungen gerecht wird. In Kapitel
zwei werden zunächst einführend die Umweltbedingungen und der Wandel der
Arbeit in der Wissensgesellschaft thematisiert. Der Exzellenzcluster „Integrative
Produktionstechnik für Hochlohnländer" der RWTH Aachen University wird hier
hinsichtlich seiner organisationalen Rahmenbedingungen charakterisiert, in Hinblick
auf sein Innovationspotenzial typisiert. Erste Praxis- und Forschungserfahrungen
des Fallbeispiels werden dabei vorgestellt (Kapitel 2.1 und 2.2). Im Anschluss daran
werden nach einer Zusammenfassung (Kapitel 3) zukünftige Forschungsbedarfe
an das Management von interdisziplinären Forschungsnetzwerken formuliert
(Kapitel 4). In einem Ausblick werden Ideen und Visionen die sich aus diesem
Zusammenhang für den Wirtschaftsstandort Deutschland ergeben thematisiert
(Kapitel 5).

2 Lern- und Wissensmanagement in der „dynaxen" Wissensgesellschaft

Durch die zunehmende Komplexität und Dynamik unserer Lebens- und Arbeitswelt
sowie der immer stärkeren Vernetzung und Veränderungsgeschwindigkeit von
Prozessen in der Wissensgesellschaft stellt sich die Frage, wie unter diesen
erschwerten Bedingungen effektiv und nachhaltig geplant und gehandelt werden kann. Diese sogenannte steigende „Dynaxity" (Tiltmann et al. 2006) evoziert
neue Herausforderungen an das Management heutiger Systeme (Unternehmen,
Organisationen, Institutionen, Netzwerke etc.), fordert Individuen zu fortwähren-
den Lern- und Veränderungsprozessen heraus und macht professionelle Lern- und
Wissensmanagementkonzepte zu einer alltäglichen Notwendigkeit (vgl. Rieckmann
2004). Bestehende Wissensmanagementansätze sind zwar auf den Umgang mit
dynamischen Bedingungen ausgelegt, setzen aber zumeist als Querschnittsthema in

definierten Bereichen (strategisches Management, Personalmanagement, Projekt- und Informationsmanagement etc.) an. Der Anspruch dynaxer Lern- und Wissensmanagementansätze ist es, an den Schnittstellen zwischen diesen Bereichen anzuknüpfen und durch die gleichzeitige Berücksichtigung der Rekursionsebenen Personal-, Organisations- und Technikentwicklung ein ganzheitliches Verständnis zu erzielen.

Vor diesem Hintergrund kann sowohl die Praxis als auch die Theorie der Organisationsform *Wissensarbeit* und *Wissensmanagement* als große Herausforderung bezeichnet werden (vgl. Willke 2001). Intelligente, d.h. durch einen hohen Grad an integriertem Wissen und Expertise charakterisierte Güter und Organisationen[1] beeinflussen den Charakter der Arbeit: tayloristisch geprägte industrielle Arbeit reduziert sich auf einen Restbestand *einfacher Arbeiten* und die Wissensarbeit avanciert zu einem neuen Leitmotiv der Arbeit (vgl. Willke 2001 zit. n. Hinke 2007). Um diesem dynaxen und ganzheitlichen Anspruchsniveau gerecht zu werden, ist es notwendig, dass die so genannten *Brainworker* (vgl. Henning et al. 2008) als auch Organisationen dazu befähigt werden, Kompetenzen wie Lernfähigkeit und Innovationsvermögen (vgl. Willke 2004 zit. n. Hinke 2007) zu internalisieren.

2.1 Organisationale Lern- und Wissensprozesse in wissensintensiven Netzwerkorganisationen am Beispiel des Exzellenzclusters „Integrative Produktionstechnik für Hochlohnländer"

Gesamtziel der 2005 von Bund und Ländern ins Leben gerufenen Exzellenzinitiative[2] ist die nachhaltige Stärkung des Wissenschaftsstandorts Deutschland, die Verbesserung der internationalen Wettbewerbsfähigkeit, die Vernetzung deutscher Forschungseinrichtungen sowie die Erhöhung der Sichtbarkeit der Spitzen im Universitäts- und Wissenschaftsbereich (vgl. Gemeinsame Wissenschaftskonferenz 2008). Das interdisziplinär ausgerichtete Programm fördert auf der Basis dreier Förderlinien erstens die sogenannten Graduiertenschulen, zweitens Exzellenzcluster sowie drittens Zukunftskonzepte zur universitären Spitzenforschung (Exzellenz-Universitäten).

Strukturell sind Exzellenzcluster als hochkomplexe Netzwerke wissenschaftlicher Akteure konzipiert, die jeweils einen fachspezifischen wissenschaftlichen Themenkreis erforschen und damit breit und interdisziplinär aufgestellt sind. Der hier vorgestellte Exzellenzcluster „Integrative Produktionstechnik für Hochlohnländer" der RWTH Aachen University forscht seit 2006 an einer produktionswissenschaftlichen Theorie, die einen ganzheitlichen Ansatz für die

---

[1] Willke beschreibt den Transformationsprozess zur Wissensgesellschaft mittels dreier Hauptfaktoren: 1. Wissen wird produktiv und zur dominanten Ressource (vgl. Willke 2004, zit. in Hinke 2007). 2. Traditionell tayloristische Organisationen entwickeln sich zu wissensbasierten intelligenten Organisationen (vgl. Willke 2001, zit. n. ebd.). 3. Produkte und Dienstleistungen werden zu wissensbasierten intelligenten Gütern umgestaltet, welche sich durch einen hohen Grad an eingebautem Wissen und Expertise auszeichnen (vgl. Willke 2001 zit. n. ebd.).

[2] Die Exzellenzinitiative teilt sich in drei Förderlinien: *Graduiertenschulen*, *Exzellenzcluster* und *Zukunftskonzepte* zur universitären Spitzenforschung.

Produktion in Hochlohnländern liefert.[3] Die Zusammenarbeit von neunzehn Lehr-
stühlen, sieben An-Instituten sowie beratenden Partnern aus der Industrie macht
unmittelbar deutlich, dass diese Förderlinie eine wichtige Maßnahme interdisziplinärer Forschungsarbeit ist. Auf Grund ihrer Größe und Komplexität sind
Exzellenzcluster, im Vergleich zu anderen Forschungsvorhaben[4], anderen strukturellen und organisatorischen Herausforderungen ausgesetzt. Diese werden im
Folgenden beschrieben.

Der Exzellenzcluster „Integrative Produktionstechnik für Hochlohnländer"
der RWTH Aachen University kann nach Sydow als „Projektnetzwerk" bezeichnet werden (vgl. Sydow 2001). In der Fachliteratur werden Projektnetzwerke auf
Grund ihrer Eigenschaft, überlegenes Wissen zu entwickeln, auch als wissensintensive Netzwerke charakterisiert. Die Initiierung solcher Netzwerke lässt sich häufig auf aktuelle politische, wirtschaftliche oder wissenschaftliche Forschungs- und
Entwicklungsbedarfe zurückführen. Daher unterliegen sie einer vergleichsweise
hohen Erwartung gegenüber ihrer Innovationsleistung (vgl. ebd.). Sie bilden jedoch
eine vorteilhafte Konstellation für die Produktion, den Transfer sowie die Nutzung
von Wissen und Informationen (vgl. Henning et al. 2003; Krücken und Meier 2003),
weil eine Balance von Kooperation und Wettbewerb unter den Akteuren existiert,
durch die Innovationen angeregt sowie Prozesse wechselseitigen Lernens ermöglicht werden. Im Rahmen der Zusammenführung bislang getrennter Kompetenzen
und Disziplinen – und der damit verbundenen Neukombination wissenschaftlichen und technischen Wissens auf allen Ebenen der Projektorganisation – lassen sich Innovationen in interdisziplinären Forschungsnetzwerken besser als in
anderen Strukturen hervorbringen. Seit langem ist bekannt, dass das Potenzial
zu grundlegenden Produkt- und Prozessinnovationen in Konsortien, die nicht
interdisziplinär aufgestellt sind und z. B. nur Konsortialpartner aus einem engen
fachlichen Spektrum – etwa im Bereich Maschinenbau – aufweisen, geringer ist
als in interdisziplinär aufgestellten Konsortien. Letztere sind z. B. aus Experten
der Bereiche Maschinenbau, Werkstofftechnik, Wirtschaftswissenschaften wie
auch Kommunikations- und Organisationsentwicklung zusammengesetzt und
sind in ihrer Gesamtheit eine gute Voraussetzung für die Bildung einer lernenden
Organisation. Lernende Organisationen sind dadurch ausgezeichnet, dass sie in
verbundartigen Strukturen systematisch Probleme lösen, mit neuen Ansätzen experimentieren, aus ihren eigenen Erfahrungen und aus denen anderer Organisationen
lernen und einen effektiven internen Wissenstransfer betreiben (vgl. Garvin 1994,
74-85). Beim Lernen von Organisationen werden ferner Eigenschaften ausgebildet,
die weder durch Eigenschaften einzelner noch durch die Summe der im Netzwerk
beteiligten Brainworker erzielt werden und damit als Synergien beschrieben wer-

---

[3] Weiterführende Informationen: http://www.production-research.de/de/projekt.html.
[4] Z. B. Sonderforschungsbereiche: „Sonderforschungsbereiche sind auf die Dauer von bis zu
zwölf Jahren angelegte Forschungseinrichtungen der Hochschulen, in denen Wissenschaftler
und Wissenschaftlerinnen über die Grenzen ihrer jeweiligen Fächer, Institute, Fachbereiche
und Fakultäten hinweg im Rahmen eines übergreifenden und wissenschaftlich exzellenten Forschungsprogramms zusammenarbeiten." (vgl. DFG 2010).

den können (vgl. Prange 1996). Daher kann auch die wissensintensive Organisation Exzellenzcluster als lernende Organisation bezeichnet werden.

Nach Willke bezieht sich das Lernen in den lernenden Organisationen auf Prozesse, auf Strukturen und auf das Regelsystem (vgl. Willke 2004). Die strukturellen, im Regelsystem einer Organisation verankerten Methoden zur Steuerung von Lern- und Wissensprozessen werden jedoch den Anforderungen von wissensintensiven Netzwerkorganisationen nicht mehr gerecht (vgl. Sauer 2005). Diese Organisationsformen erfordern aufgrund ihrer flachen Hierarchiestruktur und der gleichzeitig hohen Erwartungen an Innovationsfähigkeit neue Vorgehensmodelle und Instrumente zur Gestaltung effektiver Lern- und Wissensprozesse. Dabei sind einzelne „Stufen" der Erlangung von Innovationsfähigkeit zu beachten, wie sie beispielsweise North (1998) in seiner „Wissenstreppe" darstellt (vgl. Abbildung 2.1). Dieses Modell bildet den Prozess der Wissensschaffung ab, der für lernende Organisationen und ihre Innovationsfähigkeit von besonderer Bedeutung ist.

Abbildung 2.1: Wissenstreppe (verändert, nach North 1998)

Zusammenfassend lässt sich festhalten, dass die Effektivität und Innovationsfähigkeit einer Organisation bzw. eines wissensintensiven Projektnetzwerkes wie der Exzellenzcluster „Integrative Produktionstechnik für Hochlohnländer" nachhaltig dadurch bestimmt wird, in wieweit es gelingt, ein kontinuierliches, organisationales Lernen sowie die Entscheidung darüber, was vorrangig gelernt werden soll, strategisch zu verankern. Für diese strategische Verankerung fehlen jedoch bis zum heutigen Stand der Forschung und unter „dynaxen" Bedingungen wissensintensiver Organisationsformen zielführende Herangehensweisen zum Management vernetzter Lern- und Wissensprozesse. Projektnetzwerke wie der Exzellenzcluster stellen somit spezifische Anforderungen an Lern- und Wissensprozesse und erfordern anspruchsvolle Konzepte und Methoden, die dem entsprechenden Komplexitätsgrad gerecht werden.

2.2 Ein Ansatz zum Management wissensintensiver Projektnetzwerke: Die Cross Sectional Processes

Der große Erwartungsdruck an die hochkomplexe Forschungs- und Innovationsleistung von wissensintensiven Projektnetzwerken wie auch die Tendenz zur vermehrten Entwicklung von Managementmodellen für Wissenschafts- und Hochschuleinrichtungen, impliziert maßgeschneiderte Managementstrukturen als spezielle Form der Organisationsentwicklung, die eine effektive Zusammenarbeit von heterogenen Akteuren sicherstellt. Vor diesem Hintergrund wurde das Zentrum für Lern- und Wissensmanagement und der Lehrstuhl Informationsmanagement im Maschinenbau (ZLW/ IMA) der RWTH Aachen University mit der Vernetzung der Lern- und Wissensprozesse innerhalb des Exzellenzclusters, dem sogenannten Ansatz der *Cross Sectional Processes*, beauftragt.

Die Aufgaben der *Cross Sectional Processes* beziehen sich insbesondere auf die Vernetzung der Akteure und Teilprojekte des interdisziplinären Forschungsnetzwerks. Um die Entwicklung des Netzwerks optimal zu fördern, wird die Vernetzung in den Feldern *Scientific Cooperation, Education and Lifelong Learning, Equal Opportunities and Diversity Management* sowie *Knowledge and Technology Transfer* betrieben. Auf den unterschiedlichen Ebenen der wissenschaftlichen Zusammenarbeit (*Knowledge Organisation, Research Organisation, Communication, Knowledge Output*) werden dabei einzelne Maßnahmen implementiert. Auf den Ebenen *Research* und *Knowledge Organisation* handelt es sich z. B. um Maßnahmen, mit denen die Transparenz der wissenschaftlichen Prozesse gesteigert und der Austausch wie auch die Zufriedenheit unter den Mitarbeitern gefördert wird. Dies geschieht u. a. mittels der Durchführung regelmäßiger Mitarbeiterkolloquien auf Ebene der Wissenschaftler oder Strategieworkshops auf Ebene der Führungspersonen. Darüber hinaus obliegt es den *Cross Sectional Processes*, einen Handlungsrahmen für die Geschäftsführung des Clusters zu schaffen, mit welchem die Performance des gesamten Exzellenzclusters regelmäßig gemessen und daraus adäquate Handlungsempfehlungen abgeleitet werden können. In Anlehnung an Konzepte zur Performancemessung (vgl. Kaplan und Norton 1992; Jansen 2004) stellt die Durchführung einer jährlichen Balanced-Scorecard-basierten Evaluation hierbei für das Clustermanagement einen wichtigen Ansatz dar, um einen Überblick über den Status quo zu erhalten und gegebenenfalls gegensteuern zu können. Inwieweit dieser Ansatz, der aus dem Unternehmenscontrolling hervorgeht, an Wissenschaftsstrukturen von Forschungsnetzwerken angepasst werden muss, bleibt dabei weiterhin zu untersuchen.

Zur Koordination und Regulation der Quervernetzungsaufgaben bedarf es konkreter Praktiken des Managements im Sinne von (wiederkehrenden) Handlungen, mit denen Strukturen aktualisiert und reproduziert werden (vgl. Ortmann et al. 1997; Sauer 2005; Sydow 2001; Windeler 2002). Diesbezüglich werden Praktiken und Maßnahmen im Rahmen der *Cross Sectional Processes* nach einem Induktiv-Deduktiv-Ansatz über die gesamte Projektlaufzeit weiterentwickelt. Dabei wechseln sich Anwendungs-, Untersuchungs- und Gestaltungsphasen iterativ ab. Auf diese Weise werden bereits eingesetzte Maßnahmen an aktuelle Bedarfe der wissensintensiven Organisation Exzellenzcluster angepasst. Infolge der iterativen Vorgehensweise wurde u. a. die scorecardbasierte Performancemessung nach der ersten clusterweiten Implementierung in einem Workshop mit der Geschäftsführung des Exzellenzclusters reflektiert und spezifiziert.

Um die Frage der Übertragbarkeit eines Anwendungsmodells auf wissensintensive Netzwerke ähnlichen Typs beantworten zu können, werden in dem Begleitforschungsprojekt *ASPO* (Anwendungsmodell für das Management von *Cross Sectional Processes*) alle implementierten Maßnahmen der *Cross Sectional Processes* mittelbar und unmittelbar evaluiert und anhand der Methode des ständigen Vergleichens (vgl. Glaser und Strauss 2008) qualitativ erfasst. Die Generierung eines Anwendungsmodells ist im Hinblick auf die Fortsetzung der bundesweiten Exzellenzinitiative besonders vielversprechend, da hinsichtlich eines wissenschaftlichen Konzepts zur Bearbeitung von Quervernetzungsaufgaben großer Forschungsbedarf besteht. Um an dieser Stelle die Signifikanz solcher Quervernetzungsaufgaben zu unterstreichen, sei auf aktuelle Forschungsbemühungen aus einem weiteren Forschungsprojekt, Internationales Monitoring (IMO)[5], verwiesen. Abbildung 2.2 verdeutlicht die im Forschungsprojekt als wesentlich identifizierten wissenschaftlichen Querschnittsaufgaben in Förderschwerpunkten.

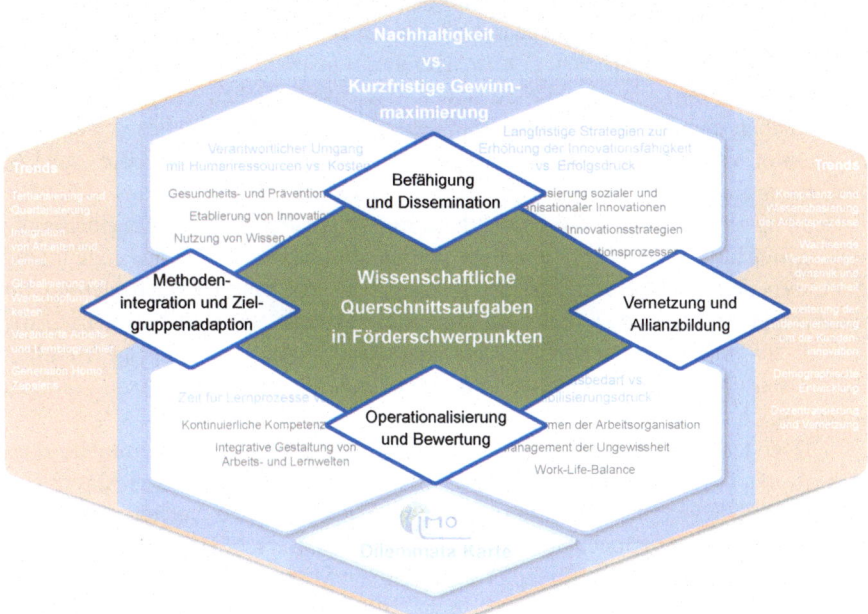

Abbildung 2.2: Wissenschaftliche Querschnittsaufgaben in Förderschwerpunkten

---

[5] Internationales Monitoring (IMO) ist ein Projekt des Zentrums für Lern- und Wissensmanagement und Lehrstuhls Informationsmanagement im Maschinenbau (ZLW-IMA) der RWTH Aachen, gefördert durch das Bundesministerium für Bildung und Forschung (BMBF) und den Europäischen Sozialfonds für Deutschland (ESF). Das IMO-Projekt beobachtet und analysiert das Themenfeld Innovationsfähigkeit im internationalen Kontext und unterstützt damit die thematische Weiterentwicklung des BMBF-Forschungs- und Entwicklungsprogramms „Arbeiten – Lernen – Kompetenzen entwickeln. Innovationsfähigkeit in einer modernen Arbeitswelt" (http://www.internationalmonitoring.com).

Die Ergebnisse aus IMO legen einmal mehr nahe, die Querschnittsaufgaben *Vernetzung und Allianzbildung, Operationalisierung und Bewertung, Methodenintegration und Zielgruppenadaption* sowie *Befähigung und Dissemination* in der Ausgestaltung kommender Forschungsschwerpunkte zu berücksichtigen. Diese wurden ferner in den bereits vorgestellten und implementierten Maßnahmen der *Cross Sectional Processes* bearbeitet. Anknüpfungsschwerpunkte zwischen den in IMO identifizierten Querschnittsaufgaben und den implementierten Maßnahmen der *Cross Sectional Processes* zeichnen sich vor allem in der Vernetzung von Akteuren und bei der Integration fachlich heterogener Methoden ab. Hieraus lässt sich schlussfolgern, dass die von IMO empfohlenen Querschnittsaufgaben auch im Exzellenzcluster „Integrative Produktionstechnik für Hochlohnländer" zu einer effektiven Vernetzung und Steigerung des wissenschaftlichen Outputs und somit zur Innovationsfähigkeit interdisziplinärer Forschungsnetzwerke beitragen.

Die ersten Ergebnisse des Begleitforschungsprojektes *ASPO* weisen darauf hin, dass bestimmte Quervernetzungsmaßnahmen während der Initiierungsphase eines hochkomplexen Forschungsnetzwerkes von besonderer Bedeutung sind. In dieser Phase ist es besonders wichtig, die wissenschaftliche Zusammenarbeit von Beginn an so anzuleiten, dass sich die Clusterakteure über eine clusterspezifische, kooperative Arbeitsweise im Exzellenzcluster bewusst werden. Um das Netzwerk frühzeitig in eine Phase hohen wissenschaftlichen Outputs zu befördern[6], haben sich Cross Sectional Maßnahmen wie die Durchführung von Mitarbeiterkolloquien, Strategieworkshops oder Weiterbildungsangebote in der Initiierungsphase als besonders zielführend erwiesen. Darüber hinaus steigt die Bedeutung einer Balanced-Scorecard-basierten Evaluation mit zunehmender Reife wissensintensiver Netzwerke, weil mit ihr die Netzwerkperformance regelmäßig gemessen und steuernd eingegriffen werden kann. Als eine Herausforderung für Quervernetzungsaufgaben stellt sich jedoch die Mitarbeiterfluktuation heraus, die im Umfeld eines universitären Forschungsnetzwerks relativ hoch ist (die Mehrheit der wissenschaftlichen Mitarbeiter, Promovierende und/ oder PostDocs, verfügen über zeitlich befristete Verträge).

Die ersten Ergebnisse des Begleitforschungsprojektes lassen vermuten, dass sich diverse Charakteristika, die nach dem Netzwerkphasenmodell von Ahrens den einzelnen Netzwerkphasen Initiierungs-, Stabilisierungs- und Verstetigungsphase zugeordnet werden können, über mehrere Phasen „verschleppen" (vgl. Ahrens 2004). Dies lässt sich am Beispiel einer hohen Mitarbeiterfluktuation während der Initiierungsphase begründen: Je höher die Mitarbeiterfluktuation in einem Exzellenzcluster ist, desto wahrscheinlicher ist auch die Verschleppung von Charakteristiken der Initiierungsphase in andere Phasen der Netzwerkentwicklung. Daher ist es wichtig, eine Balance zwischen Flexibilität und Stabilität im Exzellenzcluster herzustellen. Ob auf Grund dieser Dynamik eine Orientierung an sequenziellen Organisations- und Netzwerkentwicklungsmodellen weiterhin möglich ist, gilt es im Rahmen des Begleitforschungsprojektes zu untersuchen.

---

[6] Ahrens et al. (2004) klassifizieren Phasen der Netzwerkentwicklung in Initiierungs-, Stabilisierungs- und Verstetigungsphase.

3 Zusammenfassung

In einer Wissensgesellschaft, die durch den systematischen Erwerb und die gezielte Nutzung von Wissen gekennzeichnet ist, gilt Wissen als entscheidender Produktionsfaktor und wichtigste Ressource (vgl. Buhl und Meier zu Köcker 2009). Da interdisziplinäre Forschungsnetzwerke für die Produktion, den Transfer und die Nutzung von Wissen besonders geeignet sind, werden diese als Kernelement innovationsorientierter Wissenschaftspolitik bezeichnet (vgl. Röbbecke 2004). Entsprechende Förderprogramme und -maßnahmen können als notwendige Konsequenz der Kritik an der *Versäulung* des Forschungssektors bezeichnet werden. Unter anderem wird durch die bundesweite Exzellenzinitiative, die eine Auflösung des linearen Kaskadenmodells und die Entwicklung hin zu einem dynaxen Prozess der interdisziplinären Wissensgenerierung fördert, eine wichtige institutionelle Rahmenbedingung geschaffen. Der hohe Erwartungsdruck an die hochkomplexe Forschungs- und Innovationsleistung von interdisziplinären Forschungsnetzwerken impliziert jedoch Managementstrukturen, die eine effiziente Zusammenarbeit der *Brainworker* (vgl. Henning 2008) in diesen lernenden Organisationen sicherstellt. Ziel des Ansatzes der *Cross Sectional Processes* und des Begleitforschungsprojekts *ASPO* ist die Vernetzung der wissenschaftlichen Prozesse eines Exzellenzclusters und die Generierung eines Modells, das auf komplexe, hochvernetzte wissenschaftliche Clustervorhaben und Forschungsnetzwerke ähnlichen Typs übertragbar ist. Das Modell basiert dabei auf einer Triangulation von Daten, die aus der unmittelbaren und mittelbaren Evaluation sowie den leitfadenorientierten Interviews der *Cross Sectional Processes* Maßnahmen resultieren. Erste Ergebnisse verdeutlichen, dass sich weitere Forschungs- und Handlungsbedarfe mit der relativ hohen Mitarbeiterfluktuation in Forschungsnetzwerken auseinandersetzen müssen, da die Fluktuation den Informationsfluss der Netzwerkakteure behindern kann. Zudem deutet sich an, dass die phasenweise Zuordnung der Charakteristika von Netzwerken auf Grund der Dynamik nicht länger für Interdisziplinäre Forschungsnetzwerke wie Exzellenzcluster aufrecht erhalten werden kann.

4 Zukünftige Forschungsbedarfe

Wie jedes Forschungsprojekt ist auch das hier aufgeführte Fallbeispiel, der Exzellenzcluster „Integrative Produktionstechnik für Hochlohnländer" der RWTH Aachen University, bestimmten projektspezifischen Rahmenbedingungen (z. B. räumliche und zeitliche Bedingungen) ausgesetzt – einen standardisierten Projektablauf kann es bei interdisziplinären Forschungsnetzwerken kaum geben. Das bedeutet, dass sich ein effektives Anwendungsmodell an die jeweiligen Kontextbedingungen einer wissensintensiven Organisation anpassen muss. Demnach sollte ein Anwendungsmodell die besonderen Merkmale der gesamten Netzwerkentwicklung und Netzwerkarbeit berücksichtigen. Nichtsdestotrotz können Erfahrungen aus Evaluations- und Begleitforschungsprojekten, wie im vorliegenden Fall der Ansatz der *Cross Sectional Processes* und das Begleitforschungsprojekt *ASPO* wertvolle Erkenntnisse darüber liefern, welchen Anforderungen ein wissensintensives und interdisziplinäres Forschungsprojekt wie ein Exzellenzcluster zu bestimmten Zeitpunkten der Netzwerkentwicklung ausgesetzt ist (vgl. Schophaus et al. 2003). Die Tatsache, dass bislang keine umfassenden Konzepte zum Management von Querschnittsaufgaben in Exzellenzclustern auf Basis einer wissenschaftlich fundierten Vorgehensweise existieren, unterstreicht den weiteren Forschungsbedarf. Ansätze wie die *Cross Sectional Processes* verdeutlichen demnach die Notwendigkeit dynamischer Modelle, die in der Lage sind, die Netzwerkentwicklung solcher Exzellenzcluster abzubilden und einen Handlungsrahmen zur Entwicklung eines Clustermanagements zu schaffen. Die vorgestellten Arbeiten wurden von der Deutschen Forschungsgemeinschaft DFG im Rahmen des Exzellenzclusters „Integrative Produktionstechnik für Hochlohnländer" wie dem Bundesministerium für Bildung und Forschung im Rahmen des Projekts IMO gefördert.

5 Auswirkungen auf den Wirtschaftsstandort Deutschland

Mit dem gegenstandsbegründeten *ASPO*-Modell wird ein dynamisches Management von interdisziplinären Netzwerken wie beispielsweise Exzellenzclustern und vergleichbaren Großforschungsprojekten ähnlicher Struktur ermöglicht. Auf diese Weise kann der steigende Bedarf des deutschen Arbeits- und Wirtschaftsstandorts nach einer zunehmenden Fähigkeit, erfolgreich in interdisziplinären und integrativen Großprojekten zu arbeiten, bedient werden (vgl. Buhl und Meier zu Köcker 2009). Im Hinblick auf das betrachtete Fallbeispiel des Exzellenzclusters „Integrative Produktionstechnik für Hochlohnländer" an der RWTH Aachen University, unterstützt das Begleitforschungsprojekt *ASPO* die Entwicklung eines dynamischen Netzwerkmanagementansatzes. Dieser Ansatz trägt dabei sowohl zur Realisierung der Vision des Exzellenzclusters als auch zur Stärkung der Wettbewerbsfähigkeit Deutschlands bei:

> „Im Exzellenzcluster werden Beiträge zu einer integrativen Produktionstechnik erarbeitet. Integrativität bedeutet im allgemeinen Sinn die übergreifende Betrachtung und somit auch die übergreifende Lösung von Aufgabenstellungen. Bezogen auf die Herausforderungen, denen sich produzierende Unternehmen und im Speziellen Unternehmen aus Hochlohnländern gegenübergestellt sehen, besitzt die integrative Herangehensweise das Potenzial, die Wettbewerbsfähigkeit dieser Unternehmen langfristig zu steigern" (Exzellenzcluster „Integrative Produktionstechnik für Hochlohnländer", Missionstatement 2010).

Ein dynamischer Netzwerkmanagement- bzw. Arbeitsorganisationsansatz für interdisziplinäre Forschungsnetzwerke dient schließlich auch dazu, Deutschland als

„Enabler für die Industrieproduktion in der Welt" (vgl. Henning 2010) strategisch aufzustellen. Im Hinblick auf die übergeordnete Zielsetzung des betrachteten Exzellenzclusters kann der Wirtschaftsstandort Deutschland als ein weltweiter Vorreiter bzw. Enabler auf dem Weg zu einer ganzheitlichen produktionswissenschaftlichen Theorie betrachtet werden. In Anlehnung an Henning (2010) und Buhl und Meier zu Köcker (2009) schafft insbesondere der hohe Spezialisierungs-, Vernetzungs- & Internationalisierungsgrad der deutschen Wirtschaft, aber auch die zunehmend vernetzt agierende deutsche Wissenschaftslandschaft, einen entscheidenden Wettbewerbsvorteil. Im Hinblick auf geeignete Ansätze für eine erfolgreiche Steuerung von heterogenen, hochkomplexen Forschungs- und Entwicklungsnetzwerken, die sich zunehmend auf die Innovationsfähigkeit ganzer Länder auswirkt, besteht die Chance für Deutschland, hier zukünftig eine führende globale Rolle einzunehmen. Dabei ist allerdings zu berücksichtigen, dass die teilweise offeneren Wissenschaftskulturen anderer Nationen gleichfalls über ein hohes Potential verfügen. Insgesamt gilt jedenfalls, dass der Paradigmenwechsel von einer Industrie- über eine Dienstleistungs- hin zu einer Wissensgesellschaft für Deutschland durch die zunehmenden Innovationsaktivitäten in interdisziplinären Forschungsnetzwerken, wie beispielsweise dem betrachteten Exzellenzcluster, umfassend bestätigt werden. Zukünftig gilt es für den deutschen Wirtschaftsstandort, „Enabling Innovation by Germany" als Unique Selling Point und Standortvorteil zu nutzen und das deutsche Wissen zur Förderung von Innovationsfähigkeit global zu vermarkten.

Literaturverzeichnis

Ahrens D, Frank S, Franssen M, Riedel M, Schmette M (2004) Phasen der Netzwerkentwicklung und des Netzwerkmanagements. In: v. Oertel R, Hees F (Hrsg) Das Netzwerk-Kompendium – Theorie und Praxis des Netzwerkmanagements. Shaker, Aachen

BMBF (Bundesministerium für Bildung und Forschung) (1996) Bundesbericht Forschung. BMBF: Bonn, http://dipbt.bundestag.de/dip21/btd/13/045/1304554.asc. Zugegriffen im Mai 2010

Buhl CM, Meier zu Köcker G (2009) Kategorien von Netzwerkservices. In: Bundesministerium für Wirtschaft und Technologie (Hrsg) Innovative Netzwerkservices. Netzwerk- und Clusterentwicklung durch maßgeschneiderte Dienstleistungen. Berlin, http://www.kompetenznetze.de/service/bestellservice/medien/publikation_netzwerkservices_internetversion.pdf Zugegriffen im Juni 2010

DFG (Deutsche Forschungsgemeinschaft) (Hrsg) Sonderforschungsbereiche. http://www.dfg.de/foerderung/programme/koordinierte_programme/sfb/index.html. Zugegriffen im April 2010

Drucker P (1998) Die Zukunft bewältigen. Aufgaben und Chancen im Zeitalter der Ungewissheit. Econ, München

Exzellenzcluster „Integrative Produktionstechnik für Hochlohnländer" (Hrsg) (2010) Missionstatement, Aktennotiz – Dissertationen im Exzellenzcluster – Schriftliche Einordnung der Arbeiten in den Gesamtkontext. Geschäftsführung des Exzellenzclusters, Aachen (unveröffentlicht).

Garvin D (1994) Nicht schöne Worte – Taten zählen. In: Harvard Business Manager 1/1994

Gemeinsame Wissenschaftskonferenz (2008) Bericht der gemeinsamen Kommission zur Exzellenzinitiative an die Gemeinsame Wissenschaftskonferenz. GWK Bonn, http://www.gwk-bonn.de/fileadmin/Papers/GWK-Bericht-Exzellenzinitiative.pdf. Zugegriffen im Oktober 2009

Glaser B, Strauss A (2008) Grounded theory. Strategien qualitativer Forschung. 1. Nachdruck der 2., korrigierten Auflage Huber, Bern

Heidenreich M (1997) Netzwerke – Grundlage für ein neues Innovationsmodell? http://www.sozialstruktur.uni-oldenburg.de/dokumente/netzwerke1997.pdf. Zugegriffen im Oktober 2009

Henning K (2010) Prävention und Innovation – Strategische Ausrichtung, aktuelle Fragen und Ausblick. Mündlicher Vortrag am 28. April 2010 Aachen

Henning K, Isenhardt I, Richert A (2008) Googelst Du noch oder forschst Du schon? KISSWIN.de für Wissenschaftler von Morgen. KISSWIN – Kommunikations- und Informationssystem „Wissenschaftlicher Nachwuchs". Vortrag, KISSWIN-Tagung, 28. Oktober 2008 Berlin

Henning K, Oertel R, Isenhardt I (2003) Wissen – Innovation – Netzwerke. Wege zur Zukunftsfähigkeit. Springer, Berlin

Hinke H (2007) Wissensgesellschaft und Wissensmanagement – Konsequenzen und Szenarien für Arbeit, Personal, Organisationen und Gesellschaft. Dissertation, RWTH Aachen. Shaker, Aachen

Jansen C (2004) Scorecard für die Wissensmanagement-Performance in heterogenen Unternehmensnetzwerken. Dissertation an der RWTH Aachen. VDI Reihe 8: Meß-, Steuerungs- und Regelungstechnik, Nr 1024. VDI-Verlag Düsseldorf

Kaplan RS, Norton DP (1992) The Balanced Scorecard Measures That Drive Performance. In: Harvard Business Review, Jan-Feb 1992: 71 – 79

Krücken G, Meier F (2003) Wir sind alle überzeugten Netzwerktäter. Netzwerke als Formalstruktur und Mythos der Innovationsgesellschaft. In: Soziale Welt 54: 71-92

North K (1998) Wissensorientierte Unternehmensführung. Gabler, Wiesbaden

Ortmann G, Sydow J, Windeler A (1997) Organisation als reflexive Strukturation. In: Ortmann G, Sydow J, Türk K (Hrsg) Theorien der Organisation. 2. Auflage: 315-355

Prange C (1996) Interorganisationales Lernen. In: Schreyögg G, Conrad P (Hrsg) Wissensmanagement. De Gruyter, Berlin

Rieckmann H (2000) Managen praktisches und führen theoretisches am Rande des Bedenkliches 3. Jahrtausends. Peter Lang, Frankfurt am Main

Röbbecke M, Simaon D, Lengwiler M, Kraetsch C (2004) Inter-Disziplinieren. Erfolgsbedingungen von Forschungskooperationen. Edition Sigma, Berlin

Sauer J (2005) Förderung von Innovationen in heterogenen Forschungsnetzwerken und Evaluation am Beispiel des BMBF-Leitprojektes SENEKA. Aachener Reihe Mensch und Technik, Bd 55. Wissenschaftsverlag Mainz, Aachen

Schophaus M, Dienel HL, von Braun CF (2003) Von Brücken und Einbahnstraßen. Aufgaben für das Kooperationsmanagement interdisziplinärer Forschung. Zentrum Technik und Gesellschaft, Diskussionspapier Nr 08/ 03, Technische Universität Berlin

Sydow J (2001) Management von Netzwerkorganisationen. Beiträge aus der Managementforschung. Gabler, Wiesbaden

Tiltmann T, Rick U, Henning K (2006) Concurrent Engineering and the Dynaxity Approach. How to Benefit from Multidisciplinarity. In: Ghodous P, Dieng-Kuntz R, Loureiro G (Hrsg) Leading the Web in Concurrent Engineering – Next Generation Concurrent

Engineering. Frontiers in Artificial Intelligence and Applications, Bd 143. IOS Press, Amsterdam: 488-495

Willke H (2001) Systemisches Wissensmanagement. Lucius & Lucius, Stuttgart

Willke H (2004) Einführung in das systemische Wissensmanagement. Carl-Auer Verlag, Heidelberg

Windeler A (2002) Unternehmungsnetzwerke. Konstitution und Strukturation. Westdeutscher Verlag, Wiesbaden

Kommentar zum Hauptartikel „Steigerung der
Innovationsfähigkeit in Deutschland –
die Rolle interdisziplinärer Forschungsnetzwerke"

Innovationspotentiale durch europäische Dimensionen von Forschungsnetzwerken stärken

Der Aufsatz der Autoren Jooß, Welter, Richert und Jeschke befasst sich mit einer auch für die europäische Union überaus wichtigen Frage: inwieweit die Innovationsfähigkeit Deutschlands durch Wissensmanagement von interdisziplinären Forschungsnetzwerken gesteigert werden kann. Am Beispiel des Begleitforschungsprojektes ASPO[2] und seiner Methodik der *Cross Sectional Processes* (integrierende interdisziplinärere Koordination und Steuerung- bzw. strategisches Querschnittfunktionsmanagement) sollen hierfür Gestaltungs- oder Handlungsansätze gefunden werden.

Der Kommentar weist auf die europäische Dimension der Anstrengungen zur Steigerung der Innovationsfähigkeit der Wirtschaft hin und bewertet die Reichweite der Aussagen des zu kommentierenden Aufsatzes.

Die Steigerung der Innovationsfähigkeit als politisches Programm hat auf europäischer Ebene durch die neue Barosso II Kommission ein besonderes Gewicht erhalten. Insgesamt hat die Europäische Kommission ihr *Regierungsprogramm* auf sieben Flaggschiff-Initiativen für das *Europa 2020* (http://ec.europa.eu/eu2020/pdf/) ausgerichtet. Eine dieser sieben Großinitiativen ist die sogenannte *Innovationsunion*, um Ideen oder Forschungsaktivitäten in Produkte und Dienstleistungen umzusetzen.

Die Strategie Europa 2020 ist eine Vision der europäischen sozialen Marktwirtschaft im nächsten Jahrzehnt und stützt sich auf drei einander bedingende und einander verstärkende Prioritäten: intelligentes Wachstum, d. h. Entwicklung einer auf Wissen und Innovation gründenden Wirtschaft, nachhaltiges Wachstum, d. h. Förderung einer emissionsarmen, Ressourcen schonenden und wettbewerbsfähigen Wirtschaft und integratives Wachstum, d. h. Förderung einer Wirtschaft mit

---

[1] Die geäußerten Ansichten des Autors sind ausschließlich seine eigenen und können in keinem Fall als offizielle Positionen der Europäischen Kommission angesehen werden.
[2] Anwendungsmodell für das Management von Cross Sectional Processes

S. Jeschke et al. (eds.), *Enabling Innovation*, DOI 10.1007/978-3-642-24299-1_31,
© Springer-Verlag Berlin Heidelberg 2011

hohem Beschäftigungsniveau sowie sozialem und territorialem Zusammenhalt. Die *Innovationsunion* ist eine Neufokussierung der Forschungs- und Innovationspolitik, um die Kluft zwischen Wissenschaft und Markt besser zu überbrücken.

Die Strategie der *Innovationsunion* wird durch mehrere Instrumente und Politiken umgesetzt. Das Forschungsrahmenprogramm (FP7) der Kommission wirkt unterstützend, indem es zukünftig noch stärker auf Innovationsproblematiken ausgerichtet wird. In diesem Kontext wird sich das Programm der Wirtschafts-, Sozial und Geisteswissenschaften (SSH) stärker der Wissensförderung dieser Problematik widmen: http://ec.europa.eu/research/social-sciences/mission_en.html. Andere Instrumente und Politiken und legislativen Maßnahmen sind besonders die Anpassung der Wettbewerbsregeln, der Einsatz der Strukturfonds, sowie die koordinierten sogenannten *nationalen Reformprogramme*, die Auswirkungen für Clusterpolitiken beinhalten.

In einer zunehmend globalisierten und komplexeren Welt gewinnen interdisziplinäre, internationale, nationale oder lokale (universitäre) Netze der Zusammenarbeit ebenso wie ihre Koordinierung an Bedeutung. Besonders die Instrumentenentwicklung zur Steuerung der Netze ist von höchster Wichtigkeit und diese nimmt mit der Internationalisierung zu. Die Begleitforschung ASPO hat mit der speziell zugeschnittenen Balanced Scorecard ein solches Instrument zum Monitoring, zur Steuerung und zur Fortschrittsberichterstattung entwickelt. Die modifizierte Balanced Scorecard vom ZLW/ IMA der RWTH Aachen University zur Bewertung der Wissensmanagement-Performance großer Forschungsverbünde soll durch jährliche Erhebungen unter allen Mitarbeitern und Professoren die Clusterperformance analysieren, um Schwachstellen der Kommunikation, Kooperation und des Informationsflusses aufzudecken. Der internationale Leser hätte sich – um eine Transferierbarkeit zu erwägen – eine ausführlichere Darstellung und eine Ergebnisbewertung der Begleitforschung gewünscht, denn die Steuerung internationaler Wissensnetze im europäischen Forschungsraum (ERA) ist eine Herausforderung. ERA baut auf diese Netzwerke und diese haben inzwischen einen beachtlichen Umfang angenommen wie der *Science, Technology, and Competitiveness Report* der Europäischen Kommission belegt.[3]

Geht es nun bei dem vorgestellten Projekt um Wissensmanagement, um (inter-disziplinäres) Netzwerksmanagement, um informatorisch-technische Komponenten oder um sozio-technische Aspekte zur Verbesserung der Netzwerkszusammenarbeit?

Das originäre Projekt, auf das sich die Begleitforschung bezieht, das Excellenzcluster *Integrative Produktionstechnik für Hochlohnländer* der RWTH Aachen verspricht die Steigerung der Innovationsfähigkeit durch konkrete Forschungs- und Entwicklungsarbeit: sprich den Ausbau industrieller Wettbewerbsfähigkeit im Sozialstaat Deutschland zu stärken. Das Ursprungsprojekt, auf das sich die Begleitforschung bezieht, ist schließlich ein Projekt bei dem 19 Lehrstühle, 7 An-Institute sowie beratende Partner aus der Industrie interdisziplinär forschen. Bei genauerem Hinsehen beschäftigt sich dieses originäre Projekt allerdings nur mit

---

[3] Vgl. http://ec.europa.eu/research/era/pdf/key-figures-report2008-2009_en.pdf: 98ff sowie 116f.

der produktionswissenschaftlichen Theorie und nicht mit der Sache selbst. Somit ist die Produktionsinnovation durch eine Anwendung im realen Leben des internationalen Wettbewerbs globaler Ökonomien – wie er im Abstrakt und Einleitung unseres zu behandelnden Aufsatzes beschworen wird – nur mittelbar (über eine Entwicklungsvision einer zu entwickelnden Theorie) gegeben. Noch vermittelter muss somit das Begleitprojekt vorgehen. Es geht also mittelbar-mittelbar oder indirekt-indirekt auf Produktionsinnovationen ein. Allerdings wird damit dialektisch aus einer quasi doppelten Mittelbarkeit noch keine positive Aktion. Das mag auch daran deutlich werden, dass Ergebnisse der *Cross Sectional Processes* nicht beschrieben werden sondern auf eine Begründung dieser Prozesse abgestellt wird.

Die vorgestellte Begleitforschung bezieht sich vielmehr auf ein interdisziplinäres Wissensmanagement mit *Cross Sectional Processes* und (modifizierter) *Balanced Scorecards* (vgl. Kaplan und Norton 1993) und könnte eigentlich unabhängig vom Fachgebiet des Ursprungsprojektes arbeiten auf das sich die Begleitforschung bezieht. Es ist für den Leser verwirrend, wenn mit integrierter Produktionstechnik auf den Innovationsaspekt verwiesen wird, aber der Anwendungsaspekt der Technik oder aber deren Entwicklung nicht zur Debatte steht. Die Begleitforschung beschäftigt sich schließlich mit den Kooperationsproblemen interdisziplinärer Zusammenarbeit und kommt damit nur sehr indirekt dem originären auf die Produktionstechnik bezogenen Forschungsprojekt nahe, da es instrumentell nach besseren Kooperationsmodalitäten Ausschau hält. Die ersten Ergebnisse der Begleitforschung weisen deshalb auf allein netzwerkspezifische Erkenntnisse hin, nämlich dass:

a) Maßnahmen wie die Durchführung von Mitarbeiterkolloquien, Strategieworkshops oder Weiterbildungsangebote in der Initiierungsphase (haben sich) als besonders zielführend erwiesen;
b) Leistung der Netzwerke gemessen werden können, um bei Versagen korrigierend einzugreifen (Balanced Scorecard basierte Evaluation) und
c) eine kontinuierliche Beschäftigung der Mitarbeiter in Netzwerken deren Stabilität erhöht bzw. nach Stabilisierungsfaktoren gesucht werden sollte.

Die Aachener Begleitforschung legt, mit dem Anspruch durch *Cross Sectional Processes* einen Forschungsansatz zur Steigerung der allgemeinen Innovationsfähigkeit entwickelt zu haben, die Messlatte hoch. Sie wird noch einmal höher gelegt, wenn begründet werden soll, die Innovationsfähigkeit Deutschlands durch das Begleitforschungsprojekt zu steigern. Aus dem Anliegen und aus der Sicht des europäischen Forschungsförderers gesprochen: Der Aufsatz wirft die Problematik auf, die Lösungsansätze – sofern sie zu erkennen sind – bleiben jedoch vorwiegend im akademischen Bereich der Konzeptbegründung und die ersten Forschungsergebnisse sind noch sehr unspezifisch.

Diese Erkenntnisse sind dennoch von Wert. Sie dienen schließlich möglichen zu entwickelnden Handlungsansätzen des Netzwerkmanagements, das europaweit transferierbar wäre – oder aber wegen regional soziokultureller Unterschiede auf allgemeine Umsetzungsfähigkeit überprüft werden müsste. Ein gutes

Netzwerkmanagement dient schließlich komplexen Kooperationen und auch in einiger Ferne der Innovationsfähigkeit Deutschlands – und natürlich auch der Europas.

Literaturverzeichnis

European Commission (2010) Europe 2020: A European strategy for smart, sustainable and inclusive growth. http://ec.europa.eu/eu2020/pdf. Zugegriffen im Juli 2010

European Commission (2010) The Socio-economic Sciences and Humanities (SSH) Programme. http://ec.europa.eu/research/social-sciences/mission_en.html. Zugegriffen im Juli 2010

Kaplan RS, Norton DP (1993) Putting the Balanced Scorecard to work. In: Harvard Business Review. 1993, September-Oktober: 134-147

RWTH University Aachen House of Production http://www.productionresearch.de/de/27d0 ababf8555c61c125750b002d8a84.html. Zugegriffen im Juli 2010

Teil 4

Intellektuelles Kapital –
Humanpotential als Innovationsfaktor

Wissen 2010 – Intellektuelles Kapital als Motor des Wohlstands

Peter Pawlowsky

Abstract

Der vorliegende Beitrag zielt darauf ab, Fragen zu erörtern, die die Perspektiven des Intellektuellen Kapitals (IK) und dessen Potenzial beleuchten, einen Paradigmenwechsel und Innovation in westlichen Industrienationen herbeizuführen. Es soll kein repräsentatives oder umfassendes Bild der Entwicklungen und des aktuellen Standes der Forschung gezeichnet werden, sondern auf der Basis subjektiver Eindrücke die Entwicklung der IK-Forschung und Fragen der Anwendung dargelegt werden. Der Artikel versucht einen subjektiven Beitrag zur aktuellen Debatte über immaterielle Werte, Humankapital, IK und Wissen zu leisten. Er geht davon aus, dass die Integration von IK-Konzepten in politische Strategien, regionale Entwicklung und Unternehmensrichtlinien für Entwicklung und Innovation in wissensbasierten Ökonomien von entscheidender Bedeutung ist.

Ich werde auf drei Ebenen eingehen:

- Die Länderebene: das IK von Nationen
- Die Regionalebene: das IK von Regionen, Städten und Kommunen
- Die Organisationsebene: das IK in Unternehmen

1 Einführung

Die Notwendigkeit eines paradigmatischen Wechsels wird von Leif Edvinsson[1] vertreten, der sicherlich eine der *Leitfiguren* in der IC-Entwicklung ist.

„Die Dynamik von IK nimmt zu. IK dringt in Universitäten, Bilanzierungsstandards, politische und geschäftliche Gemeinschaften vor. Das bedeutet, dass wir die Dynamik der wissensbasierten Wirtschaft begreifen und aufgreifen müssen. Andernfalls werden wir untergehen, weil die Lebenszykluskurve der Industriewirtschaft abwärts führt. Es liegt in der Verantwortung der Führungsebene, angesichts des IK-Potenzials nicht untätig zu bleiben. Eine neue Art sozialunternehmerischen Handelns kann bei der Entwicklung dieses Längsschnittwertes

---

[1] Leif Edvinsson war 1991 der weltweit erste Direktor für IK (Skandia) und 2000 der weltweit erste Professor für IK (Universität Lund) und ist auch Gründungsvorsitzender des *New Club of Paris*.

S. Jeschke et al. (eds.), *Enabling Innovation*, DOI 10.1007/978-3-642-24299-1_32,

eine entscheidende Rolle spielen!" (Edvinsson ohne Jahr; Übersetzung durch den Autor).

2 Die Länderebene: das IK von Nationen

Die Bedeutung des Wissens für Innovation und Wachstum fasziniert die Forschung seit Langem. Bereits 1768 beobachtete der schwedische Ökonom Westerman, dass das Leistungsniveau der schwedischen Werftindustrie erheblich niedriger war als das niederländischer und britischer Unternehmen. Er erklärte dieses Phänomen mit einem Mangel an *industriellem Wissen* in Schweden. Westerman verstand unter industriellem Wissen die Fähigkeit, Arbeitsabläufe und Wissen zu organisieren, und die Qualifikation für den Einsatz neuer Maschinen (z. B. Eliasson und Ryan 1987). Systematische Forschung zum Humankapital (HK) wurde erstmals Anfang der 1960er Jahre von Schultz (1961), Mincer (1962) und Becker (1964) durchgeführt, die vor allem die Auswirkung von HK auf Volkswirtschaften untersuchten. Da die Entwicklung von Volkswirtschaften stark von der Leistungsfähigkeit einzelner Firmen abhängt, ist die HK-Theorie auf die Ebene privater und öffentlicher Unternehmen angewendet worden (vgl. Kuznets 1966; Anderson und Bowman 1976; Schultz 1981; Becker 1983 und 1993). Ungeachtet der Anwendungsebene konzentrierte sich die HK-Theorie auf Investitionen in Bildung – Humanressourcen – und auf die Erträge dieser Investitionen. Die Investitionen wurden zu verschiedenen Klassen abhängiger Variablen in Beziehung gesetzt, zum Beispiel zum Wirtschaftswachstum, zur Rentabilität von Unternehmen und zu individuellen Lebenszeiteinkommen.

Die Kombination der beiden Begriffe *Intellekt* und *Kapital* bringt den Gedanken zum Ausdruck, dass dem Wissen ein bedeutendes Wertpotenzial zukommt. Flad (2009) verweist auf die Arbeit von Senior (1836) zur Nationalökonomie, die den Begriff *intellektuelles Kapital* vermutlich zum ersten Mal verwendet, wobei die intellektuelle Überlegenheit von Migranten hervorgehoben wird: „Mit diesen Migrationsinvasionen vergleichbar, doch ganz anders in den Auswirkungen sind Emigrationen in kleinerem Maßstab, die wir Kolonisierung nennen. Dabei ist ein Teil einer vergleichsweise zivilisierten Nation ausgewandert, mit seinem Wissen und Besitz, seinem materiellen, moralischen und intellektuellen Kapital, und hat sich in einer unbewohnten oder spärlich bevölkerten Gegend angesiedelt" (Senior 1836, Kap. 4.420, zit. n. Flad 2009, 5; Übersetzung durch den Autor).

Der Begriff *Informations- und Wissensgesellschaft* hat sich seit Beginn der 1990er Jahre immer mehr verbreitet. Es gibt viele unterschiedliche Darstellungen der grundlegenden Trends in westlichen Industriegesellschaften, die eine steigende Bedeutung der Ressource Wissen und einen Wandel der Klassifikationsmuster moderner Gesellschaften feststellen.

Das Konzept der Wissensgesellschaft reicht zu frühen Publikationen in den 60er und 70er Jahren des vorigen Jahrhunderts zurück. Drucker (1959 und 1969), Bell (1976) und Castells (1996 und 1998) betonen, dass Wissen und Information als neue Antriebskräfte in Wert schaffenden Prozessen moderner Gesellschaften anzusehen sind.

Die wesentlichen Schlussfolgerungen zur Messung von Wissen und IK wurden von Machlup (1980 und 1984) gezogen. Machlup's Wirtschaftsforschungsprogramm (1962), *The production and distribution of knowledge*, in dem er die Produktion und Verteilung von Wissen auf der nationalen Ebene der USA misst, mündet in Annahmen zur wissensbasierten Wirtschaft und ihrer Messung sowie einer Wirtschaftspolitik, die die wissensbasierte Wirtschaft einbezieht. Godin (2008) bewertet Machlup's Beitrag im Licht der aktuellen Diskussion: „Machlup's Studie zur wissensbasierten Wirtschaft erfüllte drei Aufgaben. Sie definierte Wissen, maß es und identifizierte politische Konsequenzen. Die Botschaft lautete, dass Wissen eine wichtige Wirtschaftskomponente ist, jedoch nicht vollständig der Wirtschaftslogik folgt" (Godin 2008, 28; Übersetzung durch den Autor). Recht interessant für die aktuelle Diskussion ist die Beobachtung von Godin (2008) bezüglich der methodologischen Auswahl, die Machlup in seiner neueren Studie von 1980 (Machlup 1980-84) zur wissensbasierten Wirtschaft traf: Er hielt an der 1962 entwickelten Methode fest, der volkswirtschaftlichen Gesamtrechnung. In der damaligen Literatur gab es zwei Berechnungsarten: die Wachstumsrechnung, die Ökonometrie einsetzt und unter Ökonomen als fortschrittlicher galt, und die volkswirtschaftliche Gesamtrechnung, die nicht als interessant angesehen wurde, da sie sich auf deskriptive Statistik statt auf Gleichungen und statistische Korrelationen stützte. Daher dürften Machlup's Ansatz und seine Beiträge in der Wirtschaftsforschung unterbewertet sein.

Bei der heutigen indikatorbasierten Messung von Wissen, wie sie in der OECD-Statistik eingesetzt wird, wird Wissen nach wie vor gemäß Machlup's Vorschlag definiert und mit Indikatoren gemessen. „Hier wird Wissen anhand einer Reihe oder Liste von Indikatoren gemessen, die unter dem allgemeinen Konzept ‚Wissen' zusammengefasst werden. Es gibt keine Gesamtsumme (keinen zusammengesetzten Wert) wie im Rechnungswesen, sondern eine Zusammenstellung der verfügbaren Statistiken zu einzelnen Wissensdimensionen" (Godin 2008, 30; Übersetzung durch den Autor).

Ein wichtiger Schritt in dieser Hinsicht ist sicherlich der Beitrag von Edvinsson und Steinfelt (1999), der auf das IK von Nationen und die Notwendigkeit des Wechsels der Perspektive von finanziellen zu intellektuellen Werten eingeht. „Es wird vorgeschlagen, dass jede Nation zusätzlich zur traditionellen Analyse der Staatsfinanzen die Visualisierung und Messung des IK einführen sollte. Der vorliegende Aufsatz untersucht auch das kontinuierliche Prototyping in Schweden, Israel und Österreich, das 1996 begonnen wurde. Außerdem beschreibt er eines der Tools, den IC Navigator for Nations, die dazu dienen, eine pädagogische und holistische Sicht zu präsentieren und intellektuelles und finanzielles Kapital ins Gleichgewicht zu bringen. Es werden Beispiele von IK-Indikatoren für Schweden und Israel beschrieben" (Edvinsson und Steinfelt 1999, 21; Übersetzung durch den Autor). Im Jahre 2010 veröffentlichte Edvinsson zusammen mit Dr. Carol Lin vom Taiwan IC Research Center ein Buch über die Entwicklung von Intellektuellem Kapital in 40 Ländern über 14 Jahre (siehe www.NIC40.org).

Doch die grundlegenden methodologischen Probleme sind bis heute nicht gelöst. Die Messungen von Wissen und immateriellen Werten beruhen im Wesentlichen auf den Investitionen und Erträgen der Wissen schaffenden Teile der Wirtschaft, zum Beispiel Forschungs- und Entwicklungsabteilungen oder Bildungseinrichtungen, doch es fehlt an einer überzeugenden Theorie der funktionalen Auswirkungen von Wissen und immateriellen Werten auf Entwicklung und Wachstum in der Gesellschaft. Was politische Entscheidungen in hoch entwickelten westlichen Ökonomien – und erst recht in den wachsenden östlichen Ökonomien[2] – betrifft, so wird die Hypothese, dass Wissensinvestitionen einen ökonomischen Schub auslösen, als weitgehend zutreffend erachtet und/ oder basiert auf den zentralen Wertvorstellungen der Kultur.

Der Gedanke, dass Bildung, Wissen und intellektuelle Ressourcen wichtige Antriebskräfte für gesellschaftlichen Wohlstand sind, erfährt zusätzlichen Auftrieb durch die aktuelle wirtschaftliche und strukturelle Transformation von Industrieländern in wissensbasierte Ökonomien. Den Schätzungen der OECD-Beschäftigungsstatistik zufolge wächst die Wissensarbeit jährlich um etwa 3 %, rund 70 % der Wertschöpfung basieren auf immateriellen Faktoren. Der Marktwert des Aktienindex S&P 500, der von materiellen und physischen Ressourcen generiert wird, wurde in Eustace 2003 a für das Ende des vorigen Jahrhunderts auf rund 15 % geschätzt. Diese Entwicklungen zu einer wissensbasierten Wirtschaft haben zu einem neuen Bedarf an Indikatoren geführt, die die Schaffung von Wohlstand und die Entwicklung in einer wissensbasierten Wirtschaft quantifizieren:

Auf seinem 1995 abgehaltenen Ministertreffen kam das OECD-Komitee für Wissenschafts- und Technologiepolitik übereinstimmend zu dem Ergebnis, dass „es für Mitgliedsländer notwendig ist, gemeinsam eine neue Generation von Indikatoren zu erarbeiten, die innovative Leistung und sonstige Ergebnisse einer wissensbasierten Wirtschaft messen können" (STI Revue Numéro spécial; Übersetzung durch den Autor).

Vor allem seit der Einführung der Lissabon-Strategie im März 2000 hat die IK-Debatte an Dynamik gewonnen. Der Europäische Rat hielt am 23. und 24. März 2000 in Lissabon ein Treffen ab, um sich auf ein neues strategisches Ziel für die Gemeinschaft zu einigen, das Beschäftigung, Wirtschaftsreformen und sozialen Zusammenhalt in einer wissensbasierten Wirtschaft fördern soll. In diesem Strategiekonzept werden die Menschen als Europas wichtigste Ressource betrachtet und in den Fokus der Politik gestellt. Für Europas Position in der wissensbasierten Wirtschaft werden Investitionen in die Menschen entscheidende Bedeutung zugemessen (vgl. European Commission 2000).

Auch die Weltbank befasst sich mit dem Thema *Knowledge for Development* (K4D). Der Schwerpunkt liegt auf der „gewichtslosen Wirtschaft": „Mittlerweile hat die Weltbank ihren Schwerpunkt großenteils auf die immateriellen Werte Wissen, Einrichtungen und Kultur verlagert, um ein umfassenderes neues Entwicklungsrahmenwerk für unsere Arbeit zu schaffen. Gerade der Prozess,

---

[2] Vgl. verschiedene nationale IK-Agenden des Weltbank-Instituts.

Wissen in Menschen (Ausbildung) und Gegenständen (Anwendung) zu manifestieren, ist zeit- und ressourcenintensiv" (Stiglitz 1999).

Die Rolle von immateriellen Werten und IK wird auch von der Europäischen Investitionsbank (EIB) hervorgehoben. „Um die Ziele der wissensbasierten Wirtschaft zu unterstützen, finanziert die EIB-Gruppe Investitionen in immaterielle Werte und intellektuelles Kapital" (Mertens und van der Meer 2005, 87; Übersetzung durch den Autor).

In den Jahren 2001-2002 führte Nick Bontis Forschungen zum IK von Nationen durch. Auf der Basis von Edvinsson's Arbeit mit dem Modell des Skandia Navigator untersuchten Bontis und seine Kollegen, finanziert vom Entwicklungsprogramm der Vereinten Nationen, zehn arabische Staaten. In der Untersuchung quantifiziert Bontis den IK-Status für jede Nation und skizziert einen IK-Index, mit dem jede Nation sich im Vergleich zur Konkurrenz einordnen und letztlich von den Erfahrungen anderer Länder lernen kann. Indem das Augenmerk auf das IK von Nationen statt auf herkömmliche Messungen der nationalen Wettbewerbsfähigkeit gelenkt wird, können neue Schlussfolgerungen gezogen werden, welche Antriebskräfte den Wohlstand des Landes am ehesten fördern.

Eines der aktuellsten und aufschlussreichsten Dokumente zum IK von Nationen, vorgestellt im Januar 2003, stammt von Professor Ante Pulic und seinem Team in Kroatien (www.vaic-on.net) und trägt den Titel *Efficiency in Croatian Economy*. Es dokumentiert einen Index zur Effizienz der Wertschöpfung.

Lin und Edvinsson (2008) präsentieren einen Vergleich des IK der skandinavischen Länder auf der Basis von Längsschnittdaten von 1994 bis 2005. Die Schlüsseldimensionen sind Humankapital, Marktkapital, Prozesskapital, Erneuerungskapital und Finanzkapital. Die Ergebnisse bestätigen die Annahme, dass die skandinavischen Länder ein hohes nationales IK besitzen. In der neuen Untersuchung von Lin und Edvinsson (2010) wird die Korrelation von nationalem IK mit Längsschnittdaten von 1995 bis 2008 aus 40 Ländern fortgesetzt. Das konzeptuelle Modell und die Längsschnittperspektive sind mit Sicherheit in mehrfacher Hinsicht von politischer Bedeutung und können als Orientierungshilfe für Länder fungieren: Einerseits können sie auf konjunkturelle Abschwächungen, andererseits auf Antriebskräfte für eine nachhaltigere Wirtschaftsentwicklung hinweisen.

All diese Studien haben sich nachdrücklich für den Ausbau der Weltbankinitiativen ausgesprochen, geeignete Indikatoren für nationale Wissensentwicklung und die Planung nationaler Wissensstrategien zu schaffen. Damit Länder ihre Kapazitäten für den Zugriff auf und die Verwendung von Wissen ausbauen können, um ihre Wettbewerbsfähigkeit zu stärken und ihr wirtschaftliches und soziales Wohlergehen zu steigern, wurde das Programm „Knowledge for Development" (K4D) des Weltbank-Instituts ins Leben gerufen. „Das Programm konzipiert und entwickelt gemeinsam mit Teilnehmern realistische, durchführbare Strategien für eine wissensbasierte Entwicklung. Es hilft Ländern bei der Beurteilung, wie sie im internationalen Vergleich in der wissensbasierten Wirtschaft bestehen können, und bei der Erarbeitung einer zielführenden Politik. Außerdem gibt K4D Empfehlungen für politische Reformen in der wissensbasierten Wirtschaft, begleitet von ergänzenden Ratschlägen, was das Land unternehmen muss, um geeignete Kapazitäten für die

Umsetzung dieser Politik zu entwickeln" (The World Bank; Übersetzung durch den Autor).

Der Knowledge Assessment Methodology (KAM) zufolge ruht die wissensbasierte Wirtschaft auf vier Säulen:

PFEILER 1	PFEILER 2	PFEILER 3	PFEILER 4
Wirtschaftliches und institutionelles Regime	Bildung und Kompetenzen	Informations- und Kommunikations-infrastruktur	Innovationssystem
Das wirtschaftliche und institutionelle Regime eines Landes muss Anreize für den effizienten Gebrauch existierenden und neuen Wissens und das Gedeihen unternehmerischen Denkens bieten.	Die Menschen im Land benötigen Bildung und Kompetenzen die sie befähigen, schöpferisch tätig zu werden und zu teilen, sowie das Gelernte gut anzuwenden.	Eine dynamische Infrastruktur ist nötig, um die effektive Kommunikation, sowie die Verteilung und Verarbeitung von Information zu ermöglichen.	Das Innovationssystem eines Landes – Firmen, Forschungszentren, Universitäten, Think Tanks, Berater und andere Organisationen – muss fähig sein, die wachsende Menge an globalem Wissen anzuzapfen, sie an lokale Gegebenheiten anzupassen und zu assimilieren, und neue Technologien zu entwickeln.

Abbildung 2.1: Die vier Säulen der wissensbasierten Wirtschaft

Die aktuelle KAM-Version, KAM 2008, führt Vergleiche anhand 83 struktureller und qualitativer Variablen durch, die den vier oben beschriebenen Säulen der wissensbasierten Wirtschaft entsprechen. Rund 140 Länder können verglichen werden, darunter die Mehrzahl der Industrieländer der Organisation für wirtschaftliche Zusammenarbeit und Entwicklung (OECD) sowie etwa 100 Entwicklungsländer. Das folgende Diagramm, das mit dem Programm berechnet wurde, zeigt beispielsweise einen Vergleich der Standardvariablen für Deutschland (rot), Schweden (grün) und China (gelb).

Abbildung 2.2: KAM-Indikatoren für Deutschland, Schweden und China, www.worldbank.org/kam, eigene Berechnung

Aus diesen Indikatoren werden mehrere Indizes errechnet: Wissensindex (Knowledge Index, KI), Index der Säule Wirtschaft und Einrichtungen, Index der Säule Bildung, Index der Säule Innovation und Index der Säule Informations- und Kommunikationstechnologien (ICT). Am häufigsten wird der Index der wissensbasierten Wirtschaft (Knowledge Economy Index, KEI) zitiert, der auf breiter Basis das Gesamtniveau der Voraussetzungen eines Landes oder einer Region für die wissensbasierte Wirtschaft erfasst.

Land	KEI Rang	KEI	EIR Rang	EIR Index	Innovations- rang	Innovations- index	Bildungs- rang	Bildungs- Index	ICT Rang	ICT Index
Dänemark	1	9.58	2	9.66	4	9.57	2	9.79	7	9.32
Schweden	2	9.56	13	9.18	2	9.79	6	9.44	1	9.83
Finnland	3	9.37	5	9.47	3	9.66	3	9.77	19	8.59
Niederlande	4	9.30	12	9.18	6	9.47	9	9.21	5	9.32
Norwegen	5	9.29	10	9.25	13	9.06	5	9.59	9	9.24
Kanada	6	9.14	6	9.42	8	9.43	8	9.24	23	8.47
Schweiz	7	9.13	4	9.50	1	9.89	32	7.76	4	9.36
USA	8	9.10	14	9.16	7	9.45	15	8.79	13	9.02
Australien	9	9.09	19	8.66	19	8.71	4	9.66	6	9.32
Deutschland	10	9.01	15	8.99	15	9.00	10	9.17	15	8.86

Abbildung 2.3: KEI-Index 2008 – Voraussetzungen für die wissensbasierte Wirtschaft, www.worldbank.org/kam, S. 5

Auf der Basis dieses umfangreichen statistischen Materials kann die Beziehung zwischen Wissensindikatoren und Wirtschaftsleistung ziemlich zuverlässig angegeben werden.

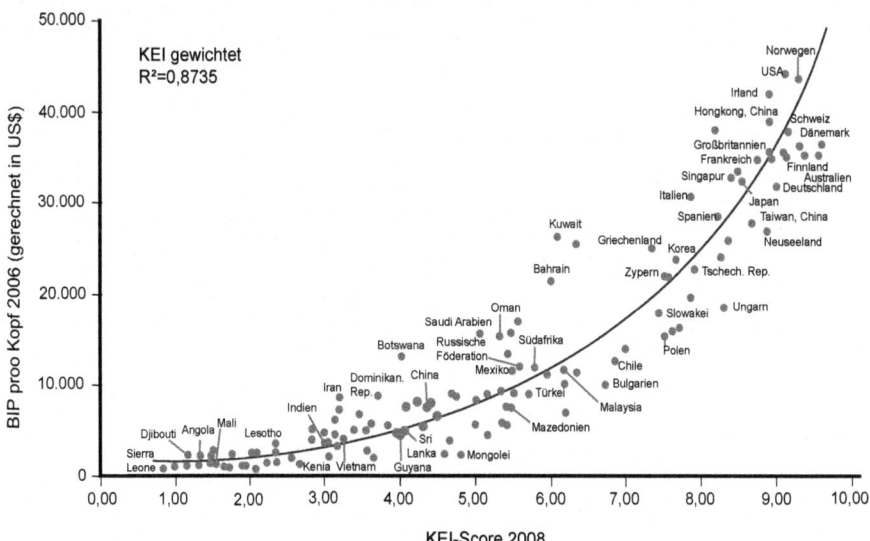

Abbildung 2.4: KEI-Index 2008 und BIP-Korrelation, www.worldbank.org/kam, S. 5

Die zu Beginn im Zusammenhang mit Machlups Arbeit beschriebenen Einschränkungen sind nicht behoben worden. Die Indikatoren beschreiben eine bestimmte Ebene der Wissensproduktion (Output) und müssen gleichzeitig als Eingangswerte (Input) für wirtschaftliche Leistung (Wachstum) fungieren. Die Korrelationen zwischen dem KEI-Wert und der vom Bruttoinlandsprodukt (BIP) erfassten Wirtschaftsleistung zeigen signifikante Beziehungen. Auch wenn aus diesen Relationen keine Kausalität abgeleitet werden kann, offenbaren ökonometrische Tests „tatsächlich eine statistisch signifikante kausale Beziehung zwischen dem Niveau der Wissensakkumulation, das vom KEI gemessen wird, und dem zukünftigen Wirtschaftswachstum"(Übersetzung durch den Autor).

Wie ein Blick auf die Projekte und Publikationen der Weltbank offenbart, haben mehrere Länder aktiv begonnen, mögliche Wege in die wissensbasierte Wirtschaft aufzuzeigen. Diese Projekte fördern die Entwicklung nationaler Strategien, die Länder in die Lage versetzen, „sich an wissensbasierten Lieferketten und Märkten, die heute die Weltwirtschaft dominieren, zu beteiligen" (Dahlmann und Utz 2005; Übersetzung durch den Autor), und die sie bei der Transfomation in wissensbasierte Ökonomien unterstützen, indem sie sich eine Reihe bestehender sozioökonomischer Vorteile zu Nutze machen (vgl. Kuznetsov und Dahlman 2008).

Pionierarbeit wurde 2007 vom New Club of Paris geleistet, der im November 2007 in Helsinki einen Runden Tisch organisierte. Premierminister Matti Vanhanen initiierte gemeinsam mit dem New Club of Paris die Diskussionen über die Chancen Finnlands in einer auf Wissen und Innovation basierenden Wirtschaft. Diese Aktivität gründet zweifellos eine neue, bedeutende nationale Politikperspektive, die dazu beiträgt, den Weg nationaler Wissenspolitik im Umfeld der globalen Ökonomie vorzuzeichnen. Der Bericht beschreibt die Ziele und Hauptergebnisse des finnischen Runden Tisches wie folgt:

„Der Runde Tisch des New Club of Paris wurde am 14. Nov. 2007 mit Finnlands Premierminister Matti Vanhanen und vierzehn weiteren internationalen und finnischen Teilnehmern abgehalten. Einige Teilnehmer beteiligten sich an dem ganztägigen Dialog und einige steuerten Vorträge bei. Abgesehen von den Vorträgen basierte der Dialog auf den strategischen Arbeiten und Dokumenten, die in den vergangenen Jahren in Finnland erstellt wurden. Das Ziel bestand darin, die bisherige Strategiearbeit zu ergänzen und nach Möglichkeit um neue Dimensionen zu erweitern. Der Runde Tisch erbrachte fünf Vorschläge für Finnlands Zukunft. Die Vorschläge haben nicht die Form herkömmlicher To-do-Listen, sondern sind auf die Notwendigkeit ausgerichtet, an der Identität und der sozialen Intelligenz Finnlands als Quellen der zukünftigen Entwicklung zu arbeiten.

1. Einen großen Traum visualisieren

Ausgangspunkt:	Erneuerung ist mit emotionalem Einsatz und Engagement verbunden.
Finnlands Stärke:	Finnland hat in Krisensituationen Leistungsstärke bewiesen.
Finnlands Herausforderung:	Nationalen Strategien fehlt es an einer Vision mit emotionaler Kraft.

2. Die Geschichte Finnlands erzählen

Ausgangspunkt: Das Selbstverständnis ist die Basis im Kampf um Anerkennung in der globalen Gemeinschaft.

Finnlands Stärke: Finnland zeichnet sich durch starke kulturelle Elemente aus: Natur, Technologie und Kultur.

Finnlands Herausforderung: Selbstanalysen waren in Finnland nur auf die Kompetenzebene ausgerichtet, nicht auf Identität und Werte.

3. Die Ziele innovativer Einstellung und Praxis in der Gesellschaft verankern

Ausgangspunkt: Innovation wurzelt in sozialen Gebräuchen.

Finnlands Stärke: Starke Basis von technologischer Innovation und Innovationssystemen.

Finnlands Herausforderung: Zu gering ausgeprägter Unternehmergeist.

4. Soziale Intelligenz auf globaler Ebene entwickeln

Ausgangspunkt: Informelle Netzwerke und netzwerkähnliche Strukturen gewinnen an Bedeutung.

Finnlands Stärke: Finnland ist ein kleines Land mit hoher Dynamik.

Finnlands Herausforderung: Zu eingeschränkte Kommunikationskultur, zu viel Konsens.

5. Eine Vorreiterrolle im Umweltschutz übernehmen

Ausgangspunkt: Die Führungsposition in Umweltfragen ist in globalem Rahmen eine große Chance.

Finnlands Stärke: Umweltbewusstsein und -technologie sind hoch entwickelt.

Finnlands Herausforderung: Risikobereitschaft.

Für jeden der fünf oben entworfenen Komplexe könnten hochrangige Arbeitsgruppen eingerichtet werden, um konkretere politische Maßnahmen zu konzipieren und die allgemeinen Ideen und die formulierten Prinzipien umzusetzen. Derartige Gruppen sollten aus Vertretern der Regierung, der Geschäftswelt und der Allgemeinheit zusammengesetzt sein" (Ståhle 2007; Übersetzung durch den Autor). Seit 2007 haben weitere Rundtischgespräche stattgefunden, unter anderem in Marokko und Kuala Lumpur, und der New Club of Paris entwickelt in Zusammenarbeit mit der Zukunftszentrum-Bewegung neue IK-Lernkonzepte und -Verfahren.

Seit Skandia 1996 durch Edvinsson das erste Zukunftszentrum als das weltweit erste Labor für die IC-Entwicklung gründete, greift diese Idee immer weiter um sich. Kune (2009) beschreibt Inhalte und Entwicklungen der Zukunftszentren: „Ein Zukunftszentrum ist ein organisatorischer, physischer, methodologischer und virtueller Raum. Es ist ein mentaler Raum, ein emotionaler Raum und vor allem ein Raum für Menschen. Es umspannt die Zeit, wechselt zwischen Vergangenheit, Gegenwart und Zukunft und folgt Wissens- und Erfahrungspfaden, um seine Ziele zu erreichen" (Kune 2009; Übersetzung durch den Autor). Dieser Trend zeigt, dass das Thema IK auch in qualitativer Hinsicht Dynamik entwickelt: Es bezieht Entscheidungsträger auf den politischen Ebenen ein, schafft Begegnungsräume für Menschen und Ideen und konzentriert sich auf klar definierte Ziele, um die Konsequenzen verschiedener

Optionen in menschenfreundlichen und denkfreundlichen Arbeitsumgebungen zu untersuchen, in denen die Teilnehmer Grenzen im Verhalten und Denken überwinden können. Einige Beispiele solcher Zukunftszentren: das *Country House Future Center* für die Landesverwaltung der Niederlande, das *Shipyard Future Center* der niederländischen Steuer- und Zollverwaltung, das *Dialogues House* der ABN AMRO Bank, das *Momentum Regional Ideas House* in Dänemark, das *Mindlab Future Center* für drei Ministerien in Dänemark (Wirtschaft und Handel, Steuern und Arbeit), das *futurefocus Future Center* für drei Ministerien in Großbritannien, das *Future Nest Made in Hong Kong 2009*, das *KDI Future Center* in Tokyo und das *OpenFutures* der Europäischen Kommission, Specific Support Action.

Auf qualitativer Basis hebt Leif Edvinsson unterschiedliche internationale IK-Aktivitäten und nationale IK-Strategien hervor:

„Finnland, das als das Land mit den am schnellsten wachsenden Investitionen in Forschung und Entwicklung beschrieben und daher zuweilen das Kuwait unter den ICT-Nationen genannt wird, hat eine nationale IK-Agenda entwickelt. 2010 betrat es mit der Ausrichtung des weltweit ersten Camps für gesellschaftliche Entwicklung an der Aalto Innovation University erneut Neuland (www.acsi.aalto. fi; Übersetzung durch den Autor).

Dänemark schuf vor einigen Jahren einen Nationalen Kompetenzrat, der die Zusammenarbeit zwischen Regierung und Geschäftswelt koordinieren soll, um Dänemarks Wettbewerbsfähigkeit im Bereich IK aufzuzeigen. Dies führte unter anderem zu Richtlinien für die Wissensdokumentation und zur Errichtung eines MindLab.

In Norwegen sind mehrere interessante Initiativen konzipiert worden. Ein Beispiel ist die IK-Bewertung der Kommune Larvik. Ein anderes Beispiel ist die IK-Bewertung der norwegischen Ölindustrie. Ein weiteres Beispiel ist das Konzept eines Zukunftszentrums zur Förderung unternehmerischer Initiativen in der Gesellschaft.

In den USA wurde die Region Minneapolis/ St. Paul im weltweiten Wissensvergleichsindex als Nummer eins eingestuft, vor Silicon Valley und Austin, Texas.

Im September 2003 wurde Dubai offiziell zur führenden Wissensstadt erklärt (im Wettstreit mit Singapur), und zwar aufgrund einer Reihe von Projekten, die Bildung und Humankapital ins Zentrum rücken, unterstützt durch die Infrastruktur eines Hightech-Campus mit eindrucksvoller Architektur.

Überall entstehen sogenannte Wissensstädte, ein besonders prominentes Beispiel ist Barcelona. Im Kern geht es darum, das Stadtkonzept im Hinblick auf die wissensbasierte Wirtschaft und ihre Wissensarbeiter umzugestalten."

Sehen wir uns diese Aktivitäten auf der Ebene der Regionen und Städte genauer an.

3 Die Regionalebene: das IK von Regionen, Städten und Kommunen

Wenn wir unseren Blick auf die Entwicklung von IK (und IK-Perspektiven) ändern und die Ebene von Regionen und Städten ins Auge fassen, treffen wir auf das historische Beispiel der Stadt Ragusa (heute Dubrovnik). Leif Edvinsson, der auf der Arbeit von Dedijer (2002) und einer Magisterarbeit von Radovanovic (2004) aufbaut, beschreibt den IK-Reichtum von Ragusa und betont dessen Bedeutung für die Entwicklung und den außerordentlichen Wohlstand der Region zwischen 1300 und 1800. „Bei Ragusa zählten zu den Antriebskräften und Nachhaltigkeitsfaktoren organisierte strategische Aufklärung und Sicherheit, politisches Durchhaltevermögen und diplomatisches Geschick, Diversität durch intensive Immigration im Streben nach kollektivem Wohlstand, reichhaltiges Kulturleben, Mehrsprachigkeit mit drei Schriftsprachen, wissenschaftliches Umfeld und kultivierte Wissenstradition sowie günstige geopolitische Lage und Infrastruktur für Transport und Kommunikation" (Edvinsson 2004; Übersetzung durch den Autor). Die meisten der für Ragusa angeführten Indikatoren lesen sich wie eine Liste der aktuellen Wissensbilanz einer modernen Region oder Stadt. Doch es sind nicht so sehr die Indikatoren selbst, die den Prozess des Wachstums auf der Basis von IK beleuchten. Vielmehr ist es die Fähigkeit, interne und externe Sensoren für Entwicklungen andernorts zu schaffen. „Ragusa kann als intelligente Stadt angesehen werden: Die Regierung fing über ihre internationalen Kontakte Signale aus der umgebenden Welt auf und vermochte es, rasch zu lernen und sich anzupassen. Sie bildete zum Beispiel bestimmte junge Dragomane für die Rolle als Wissensvermittler oder offizielle Botschafter aus" (Edvinsson 2004; Übersetzung durch den Autor). Sicherlich geht es im *globalen Dorf* von heute weniger um die Rolle der offiziellen Botschafter oder um die Frage des Zugangs zu externen Entwicklungen, sondern eher um die Geisteshaltung und um die Art, wie man Integration fördert und von neuen und abweichenden Entwicklungen profitiert. Ein Blick auf das Konzept der intelligenten Stadt gibt unterschiedliche Ansätze zu erkennen.

Die IT-Perspektive, die beispielsweise Breitbandinfrastruktur und digitale Demokratie umfasst (www.intelligentcommunity.org/). Als entscheidende Merkmale hat das Intelligent Community Forum eine Reihe von Erfolgsfaktoren für intelligente Gemeinden in Industrie- und Entwicklungsländern benannt:

„Breitbandkonnektivität: Eine Breitbandverbindung ist das neue essenzielle Versorgungsgut, für das Wirtschaftswachstum genauso wichtig wie sauberes Wasser und gute Straßen. Intelligente Gemeinden bekunden eine klare Vision ihrer Breitbandzukunft und gestalten Richtlinien zur Förderung der Implementierung und Einführung.

Wissensarbeiter: Ein Wissensarbeiter ist eine Arbeitskraft, die durch die Beschaffung, Verarbeitung und Nutzung von Informationen einen wirtschaftlichen Wert schafft. Intelligente Gemeinden zeichnen sich durch die Entschlossenheit und nachgewiesene Fähigkeit aus, Arbeitskräfte auszubilden, die für die Ausführung von Wissensarbeit qualifiziert sind – von der Fabrikhalle bis zum Forschungslabor, von der Baustelle bis zum Callcenter oder Webdesignstudio.

Digitale Gleichstellung: Wenn eine Breitbandverbindung in weiten Teilen einer Gemeinde implementiert ist, besteht das ernsthafte Risiko, dass dies den Ausschluss von Personen verschärft, die ohnehin in Wirtschaft und Gesellschaft eine marginale Rolle spielen, sei es wegen Armut, mangelnder Qualifikation, Vorurteilen oder Herkunft. Intelligente Gemeinden fördern die digitale Gleichstellung, indem sie Richtlinien erstellen und Programme finanzieren, die solchen Personen Zugang zu digitalen Technologien und zu einer Breitbandverbindung verschaffen. Zu diesem Zweck bieten sie Schulungen an und stellen die überzeugenden Vorteile heraus, die die Breitbandwirtschaft deren Leben bringen kann.

Innovation: In der Geschäftswelt ist eine Breitbandverbindung mittlerweile ebenso wichtig für Innovationen wie Dünger für die Saat. Intelligente Gemeinden bemühen sich, die lokale Innovationskapazität neuer Unternehmen auszubauen, weil diese das gesamte Jobwachstum in modernen Ökonomien generieren, und investieren in E-Government-Programme, die Kosten senken und zugleich jederzeit und überall verfügbare Services bereitstellen, wie sie an digitale Medien gewöhnte Bürger erwarten.

Marketing und Überzeugungsarbeit: Ebenso wie Unternehmen, die einem größeren globalen Wettbewerb gegenüberstehen, müssen Gemeinden höheren Aufwand treiben als je zuvor, um ihre Vorzüge zu kommunizieren und darzulegen, wie sie ihre Position als wunderbar Ort für Leben, Arbeit und wirtschaftliches Wachstum behaupten oder verbessern. Effizientes Marketing macht dies in der ganzen Welt bekannt, während Überzeugungsarbeit eine neue Vision der Gemeinde von innen heraus aufbaut" (www.intelligentcommunity.org; Übersetzung durch den Autor).

Andere Konzepte (Komninos 2002; Bugliarello et al., siehe Edvinsson 2005, 24ff.) verweisen auf die Produktion von Wissen, auf Technologietransfer und besonders auf die Fähigkeit zu Anpassung und Erneuerung durch Wissen und Bildung. Edvinsson (2005, 25) schlägt die folgenden Indikatoren für eine intelligente Stadt vor:

- Anzugspunkt für Wissensarbeiter und Kulturschaffende
- Gute geopolitische Lage
- Mobile Stadt mit Netzwerken zu verschiedenen Clustern und vielfältigen Treffpunkten
- Kommunikative Stadt mit guter Logistik
- Kooperative Stadt mit hoher Wertschöpfung durch vielfältigen Austausch
- Gesund, frisch und menschenfreundlich im Interesse hoher Lebensqualität
- Neugierige Bürger mit aktivem Interesse an Unerforschtem
- Großzügige Stadt mit kulturellem Kapital und gemeinschaftsfördernden Werten
- Aktionsreiche Stadt mit einer Vielzahl aktiver Schnittstellen
- Wohlstandschaffend
- Sicher und friedlich

Im Licht dieser konzeptuellen Überlegungen ist eine Reihe von Aktivitäten entstanden, etwa der Most Admired Knowledge City Award (MAKCi). „Der Most Admired Knowledge City Award (MAKCi) ist ein internationaler Beratungsprozess, der

2007 ins Leben gerufen wurde, um die Gemeinden rund um die Welt zu ermitteln und zu würdigen, die sich unter der Flagge der Wissensstadt erfolgreich für formelle und systematische wissensbasierte Entwicklungsprozesse einsetzen. Die MAKCi-Vorgaben folgen Definitionen der Wissensstadt (Knowledge City, KC) als einer Stadt, die 'bewusst im Hinblick auf Wissensförderung konzipiert' wurde (Edvinsson 2002; in Dvir and Pasher 2004, 17); einer Stadt, 'deren Bürger durchdacht und systematisch versuchen, ihr Kapitalsystem mit einem ausgewogenen, nachhaltigen Ansatz zu ermitteln und weiterzuentwickeln' (Carrillo, 2004 34). KC ist auch 'eine Kurzformel für eine regionale Ökonomie auf der Basis von Exporten mit hoher Wertschöpfung, die mithilfe von Forschung, Technologie und Intelligenz erzeugt werden' (Melbourne City Council 2002; in Ergazakis et al. 2004, 6). Tatsächlich ist eine KC 'eine Region, die ihre Fähigkeit, Wohlstand zu schaffen, auf ihre Kapazität stützt, ihr Wissenspotenzial über wissensbasierte, erweiterte Netzwerke aus Unternehmen und Menschen zu generieren und zu nutzen' (Chatzkel 2004, 62)" (www.worldcapitalinstitute.org/makci/makci-awards-most-admired-knowledge-city; Übersetzung durch den Autor).

Zu den Städten, die als Wissensstädte eingestuft wurden oder sich selbst als wissensreich bezeichnen, zählen etwa Singapur, Barcelona, Manchester, Kopenhagen, Malmö, Dubai, Melbourne, Shanghai, Sao Paulo, Hong Kong und die Wissensregion Frankfurt/ Rhein-Main.

Hier sehen wir eine unscharfe Grenze zwischen wissenschaftlichen Ansätzen, die Determinanten von Wohlstand und Wachstum für Städte und Regionen analysieren, einerseits und bloßem Marketing des öffentlichen Sektors andererseits. In jedem Fall aber haben die Erklärungen vieler Städte und die Preisverleihungen einen Wandel der Perspektive und Wahrnehmung möglicher Wege städtischer Entwicklung bewirkt (z. B http://www.wissensportal-frankfurtrheinmain.de).

Systematischer und auf der Basis einiger theoretischer Annahmen zur Ermittlung und Messung von IK (zu Einzelheiten vgl. Gutachten Kneisel et al. 2009) hat die deutsche Methodik der *Wissensbilanz* (Knowledge Scorecard) ebenfalls ihren Weg in die Ermittlung regionaler und städtischer Potenziale in der wissensbasierten Wirtschaft gefunden. Aufgrund des wachsenden europäischen und sogar weltweiten Wettbewerbs von Regionen und Kommunen um Investoren, Wissensarbeiter und Finanzierungsquellen haben die Ermittlung relevanter Standortfaktoren und das Verständnis ihrer gegenseitigen Abhängigkeit erheblich an Bedeutung gewonnen. Basierend auf dem vorherrschenden Modell zur IK-Erfassung (vgl. Gutachten Kneisel und Rößel 2009) und der Methodik der *Wissensbilanz – Made in Germany* können drei Hauptarten immaterieller Werte unterschieden werden: Humankapital, Strukturkapital und Beziehungskapital. Aus dieser Pionierarbeit entwickelten sich von der europäischen Kommission geförderte Projekte für fünf Länder, siehe www. incas-europe.org sowie kürzlich www.cadic-europe.org und die in Japan durch die METI erfolgte Anwendung.

Das Verfahren zur Entwicklung einer Wissensbilanz umfasst sechs Schritte: (1) Entwicklung eines Zielmodells, (2) Ermittlung signifikanter Einflussfaktoren, (3) Analyse systematischer Relationen zwischen diesen Faktoren, (4) Bewertung der Faktorqualitäten, (5) Ermittlung statistischer Vergleiche und (6) Deduktion konkreter Handlungsempfehlungen. Die in diesen Bilanzen enthaltenen Daten beruhen sowohl auf verfügbaren statistischen Indikatoren als auch auf der Bewertung wichtiger Interessengruppen in der Region oder Stadt. Was die Entwicklung eines Zielmodells betrifft, so werden die Teilnehmer gebeten, ein Zielmodell für das betreffende System zu entwickeln und anschließend die Schritte 1 bis 4 durchzuführen. Die Wissensbilanz-Toolbox (http://www.akwissensbilanz.org/Toolbox/toolbox-download.htm) bietet Tools zum Download an, die die Entwicklung einer Wissensbilanz unterstützen.

Claus Nagel und Siegfried Mauch (2009) haben eine Wissensbilanz für den Ortenaukreis in Baden-Württemberg erarbeitet, die die wichtigen Potenziale und Defizite der Region als Basis für die politische Planung und Strategie darstellt. Die ermittelten Einflussfaktoren für die regionale Entwicklung werden auf das Zielmodell projiziert und daraus werden relevante Strategien abgeleitet. Während der Entwicklung dieser Wissensbilanz erfahren die beteiligten Interessengruppen und die einzelnen Teilnehmer mehr über die relevanten Faktoren der lokalen Entwicklung. Auf der einen Seite entwickeln sie so ein Verständnis der wechselseitigen Beziehungen zwischen diesen Einflussfaktoren. Dies kann zu einem gemeinsamen geistigen Modell führen, das als Blaupause für zukünftige Strategien oder einfach als Roadmap für politische Entscheidungen dienen kann.

Auf der anderen Seite muss festgestellt werden, dass die Methodik das grundlegende Problem, das in Verbindung mit Machlup's Ansatz angesprochen wurde, immer noch nicht überwunden hat – die Tatsache nämlich, dass diese Indikatoren unter dem Etikett *Wissen* erfasst werden, ohne eine gültige Hypothese zur kausalen Beziehung zwischen unabhängigen und abhängigen Variablen. *Die Wissensbilanz – Made in Germany* umgeht dieses methodische Problem, indem sie sich auf die kollektive Intelligenz der bewertenden Parteien stützt, unter der Annahme, dass diese auf der Basis ihres Erfahrungswissens urteilen. In der Tat ist dies wohl nicht die schlechteste Quelle für gültige Vorhersagen, wie aktuelle Forschungen zu wiedererkennungsgesteuerten Entscheidungen (RPD-Modelle, vgl. Klein 2003) und intuitiven Entscheidungsprozessen (vgl. Gigerenzer 2007) zeigen. Doch selbst wenn diese Heuristik, die in sorgfältig erstellten Wissensbilanzen entwickelt wurde, sich in jedem Einzelfall als gültig erweisen sollte, bleibt immer noch das Problem der Vergleichbarkeit. Jedes Modell definiert einen Satz von Indikatoren, die auf das jeweilige System zugeschnitten sind; weil aber die Indikatoren und Größenbereiche nicht vergleichbar sind, können keine Benchmarks angewendet werden.

Dies mag der Grund sein, weshalb sich die Zuversicht, Investitionen in immaterielle Werte würden wirtschaftlichen Erfolg garantieren, schlagartig verflüchtigt, wenn wir die Ebene der Unternehmensrealität erreichen.

4 Die Organisationsebene: das IK in Unternehmen

Die wertorientierte Annahme in der Öffentlichkeit, IK sei ein wichtiger Motor für wirtschaftlichen Erfolg, gilt nicht in gleicher Weise, wenn wir uns auf die Ebene der Unternehmen begeben.[3] Hier reicht die Aussage „Das wichtigste Kapital sind die Humanressourcen" nicht weit über die Leitsprüche in Hochglanzprospekten hinaus und hält mit Sicherheit keinem Wirtschaftsabschwung stand. Die implizite Annahme, Investitionen in immaterielle Werte führten zu einer Steigerung des Unternehmenswertes, wird allgemein als weniger gültig betrachtet als die offensichtlichen Auswirkungen von Kostensenkungen auf die Wirtschaftsleistung von Unternehmen. Wir stoßen immer noch auf dasselbe Problem, das Eberhard Witte (1962) vor fast 50 Jahren hervorhob:

Er stellte fest, Unternehmen seien sich nicht hinreichend der Wichtigkeit von Investitionen in immaterielle Werte wie Forschung, Marketing und Bildung bewusst und es gebe einen hohen Druck, in wirtschaftlich schwierigen Phasen die Kosten zu senken. Dieses Verhalten zeige, dass sie nicht an den Erfolg immaterieller Investitionen glaubten, denn sonst hätten sie sich genau umgekehrt verhalten müssen (vgl. Witte 1962).

Diese fehlerhafte Managementhypothese war vermutlich im einen oder anderen Fall unglücklich, doch in einer wissensbasierten Wirtschaft könnte sie sich als fatal erweisen.

In den letzten 50 Jahren ist es immer offensichtlicher geworden, dass der Unterschied zwischen dem Marktwert eines Unternehmens und den Kosten für den Austausch seiner physischen und finanziellen Ressourcen zunimmt. So ist der Gedanke gewachsen, dass zum wirtschaftlichen Erfolg mehr gehört als die Sachwerte, die wir so sorgfältig und systematisch in unsere Finanzberichte eintragen. Sehen wir uns diese Entwicklungen genauer an.

Während die Volkswirtschaftstheorie technisches und organisatorisches Wissen und intellektuelle Ressourcen einer Gesellschaft als Mittel zur Kombination klassischer Produktionsfaktoren – Arbeit, Land und Kapital – betrachtet, denkt die frühe Managementtheorie auch über Wissen als Ressource nach. Ein Grundsatz von Taylors wissenschaftlichem Management war die Nutzung des Erfahrungswissens der Arbeitskräfte zur Konzipierung von Managementprinzipien. In seinen Experimenten zur Metallbearbeitung beobachtete er in der Praxis erprobte Verfahren erfahrener Arbeitskräfte und bezog dieses Wissen daraufhin systematisch in Organisationsprozesse und -entwürfe ein.

Copley veranschaulicht diesen Prozess durch ein Beispiel (1923). Um sicherzustellen, dass die Maschinen ordnungsgemäß geölt wurden, konnten anhand von Taylors Beobachtungen detaillierte Arbeitsanweisungen gegeben werden: „Es wurden Listen mit allen Ölbohrungen und zu ölenden Oberflächen angefertigt. Darin wurde festgehalten, zu welchem Maschinenteil die Bohrungen das Öl führten und welche Art von Öl jeweils verwendet werden sollte. Duplikate dieser Listen wurden im Büro abgeheftet. Hier sehen wir eine frühe Entwicklung des Prinzips,

---

[3] So präzisierte Witte (1962) mit seinem Hinweis auf das mangelnde Investitionsbewusstsein hinsichtlich *immaterieller* Investitionen in Forschung, Werbung und Ausbildung dieses Phänomen: „Man fühlt sich zu Sparmaßnahmen verpflichtet und kürzt die genannten Etat-Positionen. Im Grunde offenbart eine solche Entscheidung, daß man nicht an den Erfolg immaterieller Investitionen glaubt. Denn sonst müsste man gerade umgekehrt reagieren" (Witte 1962, 223).

alle wiederkehrenden Prozeduren auf einen Standardablauf zu reduzieren und diesen aufzuzeichnen. Normalerweise wird eine solche Prozedur vollständig einer Einzelperson überlassen, die im Laufe der Zeit eine ziemlich gute Methode ausarbeiten dürfte. Ihr gesamtes Wissen befindet sich jedoch in ihrem Kopf. Wenn sie also krank wird, wird der Arbeitsablauf beeinträchtigt; wenn sie das Unternehmen verlässt, muss jemand anders ganz von vorn beginnen" (Copley 1923, 270, zit. nach Jelinek, 1979, 12; Übersetzung durch den Autor).

Im Rahmen der HK-Perspektive wurden die wichtigsten Lehren für die IK-Erfassung wieder einmal von Machlup gezogen (1980, 1984). Er differenzierte das HK-Konzept, indem er drei Hauptklassen von Wissensbestand unterschied: Wissen, das sich in einzelnen physischen Geräten manifestiert, einzelne Personen als Träger von Wissen und nirgendwo verkörpertes Wissen. Diese generelle Differenzierung zwischen in Menschen als dessen Trägerverkörpertem Wissen (z. B. Kenntnisse, Qualifikationen) einerseits und nicht verkörpertem Wissen, das entweder als Ergebnis oder als Produktversion bezeichnet werden kann, andererseits ist eine zentrale Unterscheidung in der IK-Diskussion. Sie dient dem Verständnis der Unterscheidung zwischen *Humankapital* und *Organisationskapital* innerhalb der IK-Perspektive.

Auch wenn menschliche Erfahrung, Wissen und intellektuelle Kapazität in der Entwicklung von Theorie und Praxis des Managements eine wichtige Rolle gespielt haben, wurden diese Ressourcen nicht explizit als Kapital angesehen.

In den 1970er Jahren differenzierten das Human Resource Accounting und das Human Value Accounting (Hermanson 1964; Flamholtz 1974; Spencer 1986; Cascio 1987; Schmidt 1982; Marr 1982; Fitzenz 1990) die Kosten- und Nutzenaspekte von Humanressourcen. Im Mittelpunkt standen dabei der finanzielle Wert der Arbeitskräfte auf der Basis des vorhergesagten Nutzens für das Unternehmen sowie die Kosten für den Personalersatz. In diesen Konzepten wird HK explizit in Abrechnungen und Bilanzen des Bereichs Humanressourcen integriert. Doch dadurch wird intellektuelle Kapazität teuer, ohne dass ihre Kapitalrendite einkalkuliert würde. Diese Ansätze lassen die Generierung dieses Kapitals und die Entwicklung von Wissen als Ressource außer Acht. Die Beschränkung auf Messungen der Geldeinnahmen und -ausgaben vermittelt keine weiteren Einsichten in die Entwicklung von HK und die konkreten Mechanismen, durch die dieses Kapital zur Wertschöpfung beiträgt. Zudem sind die Indikatoren, die in diesen Systemen verwendet werden, an früheren Entwicklungen orientiert und der Vorhersagewert von HK für Investoren bleibt ziemlich unklar. Davon abgesehen wird die kausale Beziehung verfälscht, weil die Zeit, bis Investitionen in immaterielle Werte Wirkungen entfalten, nicht den üblichen ROI-Abfolgen und Bewertungsperioden entspricht. Eine Wissensinvestition wirft wahrscheinlich später Erträge ab als eine Investition in Automatisierung.

Als die Diskrepanz zwischen Buchwert und Marktwert von Unternehmen in den 1980er und 1990er Jahren zunahm, trat die Frage in den Vordergrund, wie diese Diskrepanz zu interpretieren sei und wie diese immateriellen Werte verwaltet werden könnten. Bis dahin war wirtschaftlicher Erfolg eng an die physischen und finanziellen Ressourcen der Unternehmen gekoppelt, doch der Vorhersagewert dieser abrechnungsbasierten Indikatoren nahm mit dem zurückgehenden Anteil des Buchwerts am gesamten Marktwert der Unternehmen ab.

Zu den Ersten, die Modelle zur Bewertung dieser immateriellen Werte entwickelten, zählten Mitglieder der Konrad-Gruppe in Schweden. Als Mitglied dieser Gruppe entwickelte Sveiby (1997) ein als Intellectual Capital Monitor bezeichnetes Tool, um drei Dimensionen in Organisationen zu bewerten, die als Antriebskräfte für Wachstum, Effektivität und Stabilität angesehen wurden: die externe Struktur, die interne Struktur und die Kompetenz.

„Die externe Struktur kann als Gesamtheit der immateriellen Beziehungen zu Kunden und Lieferanten betrachtet werden, die die Basis für die Reputation (das Image) der Firma bilden. Einige dieser Beziehungen können in juristisches Eigentum wie Handelszeichen und Markennamen umgewandelt werden. Der Wert solcher immateriellen Ressourcen hängt in erster Linie davon ab, wie gut das Unternehmen die Probleme seiner Kunden löst, was ein Element der Unsicherheit ins Spiel bringt. Reputation und Beziehungen können gut oder schlecht sein und sich mit der Zeit ändern. Sie sind teilweise unabhängig von Einzelpersonen.

Wenn Menschen ihre Aktionen nach innen richten, erschaffen sie eine interne Struktur. Die Gesamtheit der internen Struktur umfasst Patente, Konzepte, Modelle, Schablonen, Computersysteme und weitere administrative, mehr oder weniger explizite Prozesse. Diese werden von den Mitarbeitern geschaffen und ‚gehören' in der Regel dem Unternehmen. Allerdings kann das Unternehmen im juristischen Sinn nur einen kleinen Teil der internen Struktur besitzen. Auch das informelle Kräftespiel, die internen Netzwerke, die ‚Kultur' oder der ‚Geist' können der internen Struktur zugerechnet werden. Es ist sinnvoll, auch die Kompetenz von Personen, etwa Supportabteilung, Buchhaltung, IT, HR und Management, in die interne Struktur aufzunehmen, weil die interne Struktur nicht von ihren Urhebern getrennt werden kann. Somit ist die interne Struktur teils abhängig, teils unabhängig von Personen. Selbst wenn die wertvollsten Mitarbeiter ein Unternehmen verlassen, das stark auf sie angewiesen ist (etwa bei einer Beratungsfirma), bleibt vermutlich sowohl die interne als auch die externe Struktur (der Markenname) zumindest teilweise intakt und kann als Plattform für einen Neubeginn dienen (Sveiby und Lloyd 1987).

Die Gesamtheit der menschlichen Kompetenz besteht aus der Kompetenz des Fachpersonals, der Experten, der Forschungs- und Entwicklungsabteilung, der Fabrikarbeiter, der Vertriebs- und Marketingabteilung – also aller Personen, die direkten Kontakt zu Kunden haben und deren Tätigkeit direkt das Image des Unternehmens beeinflusst" (Sveiby 2001; Übersetzung durch den Autor).

Erstens erweitert Sveiby in seinen Arbeiten die Betrachtung von HK: Er macht die Beschränkungen finanzieller Perspektiven klar und spricht sich für nicht an den Finanzen ausgerichtete Messungen aus, die der Quelle der Wertschöpfung in wissensintensiven Unternehmen näherkommen. Zweitens stellt er Menschen in den Mittelpunkt des Wertschöpfungsprozesses und betont, dass finanzieller Erfolg zu Unrecht dem Buchwert zugeschrieben wird, sondern von Wissen und Kompetenz der Menschen abhängt.

Diese grundlegende Idee wurde auf verschiedene Konzepte übertragen und in mehreren Unternehmen eingeführt (Skandia, Celemi, WM-data). Das prominenteste Beispiel ist das in Schweden beheimatete internationale Versicherungsunternehmen Skandia, bei dem Leif Edvinsson, inspiriert von der Konrad-Gruppe, ein Modell entwickelte, das alle immateriellen Aspekte vereinigte, die das immaterielle Kapital von Skandia darstellen.

Die diesem Instrument – dem Skandia Navigator – zugrunde liegende Architektur berücksichtigt fünf Dimensionen, die für den zukünftigen Erfolg des Unternehmens relevant sind:

(1) Die finanziellen Indikatoren, die die frühere Leistung darstellen

(2) Die Kundenperspektive, die Indikatoren für Kundenbeziehungen wie Marktanteil, Jahresumsatz pro Kunde, Dauer der Kundenbeziehungen usw. umfasst

(3) Die Menschenperspektive, die Indikatoren bezüglich der Unternehmensmitglieder, z. B. Kompetenz der Führungskräfte, Fluktuation, Schulung oder Übertragung von Verantwortung, berücksichtigt

(4) Die Prozessperspektive, die sich bemüht, die Qualität der internen Organisationsfunktionen zu messen, zum Beispiel die Qualitätsleistung, ihre Kosten in Bezug auf die Verwaltungskosten, die Verarbeitungszeit, fehlerfrei ausgefüllte Verträge usw.

(5) Die Perspektive der Unternehmenserneuerung und -entwicklung, die das Potenzial des Unternehmens für seine zukünftige Entwicklung berücksichtigt. Hier wurden bei Skandia Indikatoren wie Schulung, Alter der Kunden, Entwicklungsstunden als prozentualer Anteil der gesamten Arbeitszeit, Zufriedenheit der Mitarbeiter und weitere Faktoren vorgeschlagen und erfasst.

Alles in allem wurden über 160 Indikatoren verwendet, den Unternehmensbestand an IK zu messen. Edvinsson prägte den Begriff *intellektuelles Kapital*, um die Kluft zwischen dem Marktwert und dem bereinigten Buchwert zu überbrücken (vgl. Edvinsson und Malone 1997). Er ging davon aus, dass sich das IK aus den Unternehmenspotenzialen zusammensetzt, die von Kunden-, Human-, Prozess- und Erneuerungsindikatoren gemessen werden.

Ein Blick auf diese Entwicklung zeigt, dass die Konzepte von HK und IK nicht nur die vergangenheitsbezogene Perspektive der Bilanzierungsmodelle überwinden, sondern auch mehr als die Kompetenzen einzelner Personen umfassen, da IK in den internen und externen Strukturen und Beziehungen von Unternehmen realisiert wird.

Der Anwendungsbereich der aktuellen Konzepte, die die Messung von IK anstreben, kann unter verschiedenen Aspekten systematisiert werden.

Die grundlegende Differenzierung ist die zwischen Humankapital und Strukturkapital und den verschiedenen *Inhalten*, die einbezogen werden (vgl. Roos 1997; Sveiby 1997; Stewart 1997; Brookings 1997): Humankapital, Strukturkapital, Organisationskapital, Innovationskapital, Prozesskapital, Infrastrukturressourcen, menschenorientierte Ressourcen sowie dem *methodologischen Verfahren*, das als Ebene der Messung angewendet wird, zum Beispiel komponenten- und organisationsbezogene Ansätze, finanzielle und nicht-finanzielle Messungen (vgl. Reinhardt et al. 2001), atomistische Methoden, holistische Methoden und Bilanzmethoden.

Was die theoretischen und methodischen Probleme der Konzeptualisierung von IK auf Unternehmensebene betrifft, so lässt sich beobachten, dass die Debatte zur IK-Praxis überwiegend von Praktikern bestritten wird. Demzufolge gibt es eine wachsende Anzahl praxisbezogener Aufsätze zu IK-Messung und IK-Management. Bedauerlicherweise ist der Mangel an theoretischer Untermauerung derartiger Konzepte nicht nur für Akademiker unbefriedigend, er zieht auch in dreifacher Hinsicht größere Managementprobleme nach sich:

Problem Definition: Viele Autoren definieren IK formal als die Differenz zwischen dem Marktwert und dem Buchwert eines Unternehmens (vgl. z. B. Brooking 1997; Edvinsson und Malone 1997; Roos et al. 1997; Sveiby 1997; Stewart 1997). Der Marktwert wird gewöhnlich näherungsweise über Börsenbewertungen bestimmt, was zu dem Schluss führt, dass ein Unternehmen innerhalb weniger Tage Millionen Euro an *Intelligenz* gewinnen und verlieren kann. Es erscheint unbefriedigend, IK auf der Basis eines Indikators zu definieren, der sich täglich ändert.

Problem Inhalt: Was die theoretischen Annahmen betrifft, wurzeln die IK-Dimensionen in unvereinbaren Theorien. Organisationskapital und Humankapital auf der einen Seite entstammen der neoklassischen Wirtschaftstheorie und dem Institutionalismus, Dimensionen wie Kundenkapital oder Innovationskapital auf der anderen Seite wurden auf der Grundlage der Verhaltenstheorie des Managements entwickelt. Da sich dieses Interessengebiet gerade erst entfaltet, versuchen viele Autoren, neue, idiosynkratische Modelle beizusteuern, die eine eher verwirrende Vielfalt an Ansichten zur Folge haben. Darüber hinaus haben sich die Bemühungen zumeist auf die Dimensionen als solche konzentriert (isolierter, reduktionistischer Ansatz) und nicht auf deren wechselseitige Abhängigkeiten (vgl. Edvinsson und Malone 1997); dabei sind es diese Abhängigkeiten, die das *intelligente* Unternehmen kennzeichnen (vgl. Quinn 1992). Demzufolge muss erforscht werden, inwiefern eine Flussperspektive des IK-Wandels aufgezeigt werden kann, um die Beziehungen zwischen den verschiedenen IK-Komponenten zu verstehen.

Problem Messung: Die Probleme bei der Messung erstrecken sich auf die Objekte der Messung (Eingabewerte, Prozessvariablen, Ausgabewerte), auf ihre Auswahl und die Definition der entsprechenden Indikatoren, auf die Intervalle und Methoden der Messung, auf die Vergleichbarkeit und schließlich auf die Kosten und Vorteile des Messvorgangs (vgl. Schneider 1998). Dies führt zu der Frage, ob es Sinn ergibt, IK sowohl qualitativ als auch quantitativ zu erfassen, und wenn ja, wie diese beiden Perspektiven miteinander verknüpft werden können.

Eine theoretische Interpretation der oben diskutierten Ansätze zeigt, dass die IK-Dimensionen nicht explizit mit Schulen der Wirtschafts- und Managementtheorie verknüpft sind. Die Analyse der Messperspektiven führt zu der folgenden Bewertung (vgl. Reinhardt et al. 2001):

- Eine Messung immaterieller Ressourcen, die auf dem Geschäftswert oder der Differenz zwischen Marktwert und Buchwert basiert, scheint arbiträr zu sein, da derartigen Messungen keine theoretischen Erklärungen zugrunde liegen.

- Es ist eine Überbetonung hochgradig aggregierter Finanzmessungen zu verzeichnen, die keine Einsicht in die Relationen zwischen Ursache und Wirkungen vermitteln.
- Es gibt nur wenige Methoden zur Beschreibung und Bewertung konkurrenzfähigen Wissens. Vor allem Aktivitäten wie Wissensentwicklung und Wissenstransfer werden in den Messungen nicht gesondert betrachtet (Kapital- vs. Flussperspektive).
- Es liegt ein höheres Gewicht auf der Messung der Fähigkeiten und Kompetenzen von Einzelpersonen, statt kollektives Wissen und kollektive Fähigkeiten zu messen.
- Die Messungen sind auf Aufwand, selten auf Ertrag ausgerichtet. Falls Messungen von Ertragswerten existieren, werden sie nicht ausreichend zu Indikatoren der Finanzleistung in Beziehung gesetzt.
- Bei der Erstellung von IK-Konzepten scheint das Hauptargument die Verfügbarkeit von Daten und die Einfachheit der Messung zu sein statt theoretischer oder konzeptueller Kohärenz.
- Für materielle und immaterielle Ressourcen werden unterschiedliche Messskalen verwendet, demzufolge sind die Messungen nicht direkt vergleichbar.
- Der Zeitrahmen der IK-Messung scheint zu kurz zu sein. Wenn Verhaltenseingriffe als Investitionen in IK behandelt werden, muss der zu berücksichtigende Zeitrahmen offensichtlich wesentlich länger sein als eine traditionelle Abrechnungsperiode.

Aufgrund dieser Schlussfolgerungen scheint die Modellierung und Messung von IK sowohl theoretisch als auch praktisch eine Herausforderung darzustellen: Es muss ein kohärentes theoretisches IK-Rahmenwerk entwickelt werden, damit Manager nicht länger mit Problemen zu kämpfen haben, die durch unzuverlässige IK-Indikatoren verursacht werden. Hier treffen wir auf dasselbe Problem, das bereits früher angesprochen wurde: Die IK-Indikatoren sind meist auf den Kontext zugeschnitten, in dem sie angewendet werden sollen, was wiederum die Vergleichbarkeit erschwert.

5 IK- und Wissensmanagement in der Praxis

Neben den dargestellten konzeptuellen Entwicklungen der IK-Diskussion nimmt die Nachfrage nach praktischen Instrumenten und Methoden für das Management immaterieller Werte in der Unternehmenspraxis rasch zu.

Eine *repräsentative Umfrage* bei kleinen und mittelständischen Firmen in Deutschland aus dem Jahr 2006 (vgl. Pawlowsky et al. 2006) zeigt, dass Aktivitäten im *Wissensmanagement* weit verbreitet sind.

Aus der Untersuchung geht hervor, dass insbesondere *Konsequenzen aus Projekterfahrungen* (80 %), *Identifizierung von Wissensdefiziten* (55 %), Übertragung von Ideen in Produktentwicklungen (51 %), *Ausbau der Geschäftskontakte* (48 %), *Erhaltung des Wissens von Mitarbeitern, die das Unternehmen verlassen* (43 %)

und *Lernen von anderen Unternehmen* (40 %) Aktivitäten und Bereiche sind, in denen Unternehmen Investitionen planen. Wie die Studie zeigt, ist der Bedarf an Management immaterieller Ressourcen eng an das strategische Profil des Unternehmens gekoppelt. Hinsichtlich der Frage, welchen Wettbewerbsvorteilen die größte Bedeutung zugeschrieben wird, verlassen sich kleine und mittelständische Firmen in Deutschland hauptsächlich auf *höhere Qualität, maßgeschneiderte Lösungen, zielgerichteten Umgang mit internem Wissen, das Unternehmensimage* und *besonderes Know-how.* Diese strategischen Profile stehen in enger Korrelation zu den Wissensmanagementaktivitäten des Unternehmens.

Es gibt weitere Indikatoren für die zunehmende Aufmerksamkeit, die den Aspekten des Managements immaterieller Ressourcen zuteilwird:

Dank der frühen Aktivitäten zur Wissensdokumentation des *AK-WB* (Arbeitskreis Wissensbilanz) haben das Wissen zum Thema sowie das Interesse kleiner und mittelständischer Firmen in Deutschland stark zugenommen. Dies war eines der erfolgreichsten Programme, die das Ministerium für Wirtschaft und Arbeit bislang gefördert hat. Die *Wissensbilanz – Made in Germany* führte zu einem umfangreichen Projekt der Europäischen Kommission, das Hunderte von Unternehmen in fünf Ländern einbezog (www.incas-europe.org). Diese Unternehmen haben nicht nur ein Rahmenwerk für ihre IK-Ressourcen entwickelt, sondern auch Indikatoren definiert, die in einen Systemdynamikansatz integriert sind, mit dessen Hilfe sie ihr strategisches Potenzial in einer zunehmend komplexen und dynamischen Umgebung entwickeln können. Erst kürzlich in 2010 wurde das Projekt ausgeweitet (www.cadic-europe.org).

In diesem Zusammenhang sollten auch die kontinuierliche Arbeit der European Federation of Financial Analysts Societies (EFFAS) (www.effas.com) und ihre Richtlinien für Finanzanalysten sowie die WICI-World IC Initiative bei den führenden Wirtschaftsprüfungsfirmen erwähnt werden. Die EFFAS hat die folgenden *Principles for Effective Communication of Intellectual Capital* für Investmentfirmen definiert (Welzl 2009), auch um vergleichbare Offenlegungen von IK zu fördern:

1. Klare Bindung an zukünftige Wertschöpfung
2. Transparenz der Methodik
3. Standardisierung
4. Konsistenz im Zeitverlauf
5. Kompromiss zwischen Offenlegung und Vertraulichkeit
6. Ausgleich der Interessen von Unternehmen und Investoren
7. Vermeidung von Datenüberflutung
8. Zuverlässigkeit und Verantwortlichkeit
9. Risikobewertung
10. Effektive Platzierung und Terminierung der Offenlegung

Im globalen Rahmen existiert auch eine Zusammenarbeit zwischen den größten Wirtschaftsprüfungsunternehmen bei der Suche nach anwendbaren Regeln für die Bilanzierung (www.worldici.com).

6 Ausblick

Am 18. September 2009 wurde bei einem Arbeitstreffen der IMO-Konferenz in Potsdam als Experiment die Soziale Intellectual Capital Partei (SIC) gegründet. Die Idee war, einen Programmentwurf für die SIC-Partei zu entwickeln und Aspekte der politischen Agenda von IK mit Soziologen und Politikern zu diskutieren. Wie aus der bei diesem Treffen entwickelten Mindmap hervorgeht, wurde IK als Hauptantriebskraft für Innovation in Deutschland betrachtet. Doch damit diese Antriebskraft die Innovationsdynamik beschleunigt, muss eine Reihe von Barrieren überwunden werden:

- Zuerst muss das oben angesprochene „Investitionsproblem" (Witte 1962) gelöst werden: Private IK-Investitionen (beispielsweise Personalentwicklungsprogramme) sind kein Eigentum des Investors, da Mitarbeiter das Unternehmen jederzeit verlassen können. Deshalb steht das Risiko von Verlusten notwendigen Investitionen in dieses wichtige immaterielle Kapital im Wege.
- Zweitens kann durch den IK-Komplex die Segmentierung in Unternehmen in Kerngruppen und gering qualifizierte Arbeitskräfte, die an den Rand des Systems gedrängt werden, verstärkt werden. Wie kann dieser Konflikt politisch gelöst werden?
- Ein weiteres Problem ist die älter werdende Belegschaft, die als erfahrene Ratgeber in Organisationen fungiert. Wegen der Überalterung der Bevölkerungen in den westlichen Ländern und in Japan gibt es nicht genug jüngere Kollegen, die deren bevorstehendes Ausscheiden aus dem Erwerbsleben kompensieren können. Allerdings hält die älter werdende Belegschaft an alten Führungsstilen und -strukturen fest, die der Förderung von IK nicht dienlich sind.
- Ein entscheidendes Hindernis für die Anwendbarkeit von IK ist das Problem der Messung und Standardisierung, das den übergreifenden Vergleich von Werten erschwert. Wie kann dieses Hindernis überwunden werden?
- Die wachsende Bedeutung von IK als Wohlstandsmotor und die rasch fortschreitende Digitalisierung des Wissens machen es erforderlich, die Frage der Eigentumsrechte anzusprechen. Die globale Verfügbarkeit von Informationen und die ‚Googleisierung' könnten zur Enteignung intellektuellen Eigentums und zu zunehmender Macht wissensbasierter Einrichtungen führen. Die Diskussion der IK-Entwicklung bewegt sich zwischen den Polen kollektives Eigentum (metaphorisch: Linux-Paradigma) und Schutz der Rechte an intellektuellem Eigentum (metaphorisch: Microsoft-Paradigma).

Der Schwerpunkt dieses Beitrages war, mehr über die Perspektive westlicher Industrienationen auf Intellektuelles Kapital und sein Potential als Motor für Paradigmenwechsel und Innovation zu erfahren. Bei Betrachtung der verschiedenen Ebenen – Länder, Regionen/ Städte und Organisationen – ist festzustellen, dass das Verständnis von immateriellen Werten als bedeutender Motor für Innovation und Wachstum steigt, jedoch Modelling und Messung von IC sowohl von theoretischer als auch praktischer Seite her noch Herausforderungen stellt. Ohne empirische Beweise für Wirkungszusammenhänge entsteht dasselbe Problem auf allen Ebenen: Indikatoren für IC sind meist spezifisch für den Kontext, in dem sie angewendet werden sollen, und dies führt wiederum zu Schwierigkeiten bei der Vergleichbarkeit.

Literaturverzeichnis

Anderson CA, Bowman MJ (1976) Education and Economic Modernization in Historical Perspective. In: Stone L (Hrsg) Schooling and Society: Studies in the History of Education. John Hopkins University Press, Baltimore

Andriessen D, Stam C (2004) The intellectual capital of the European Union – Measuring the Lisbon agenda. Centre for research in Intellectual Capital, INHOLLAND University, http://www.intellectualcapital.nl/publications/ICofEU2004.pdf. Zugegriffen im Mai 2011

Arbeitskreis Wissensbilanz, Toolbox zum Herunterladen, http://www.akwissensbilanz.org/Toolbox/toolbox-download.htm. Zugegriffen im Mai 2011

Becker GS (1983) Human Capital (2ndedn.). University of Chicago Press, Chicago

Becker GS (1993) Human Capital (3ndedn.).University of Chicago Press, Chicago

Bell D (1976) The coming of post-industrial societies. Harper Colophon Books, New York

BITKOM, Wichtige Trends im Wissensmanagement 2007-2011, position paper of BITKOM, Berlin, http://www.bitkom.org/files/documents/Trendreport_WM_zur_KnowTech2007.pdf. Zugegriffen im Mai 2011.

Bontis N (2004) National Intellectual Capital Index – A United Nations initiative for the Arab Region, Journal of Intellectual Capital, Bd 5, Nr 1: 13-39

Brooking A (1997) Intellectual Capital, Core Asset for the Third Millenium Enterprise. Thompson, London

CADIC – Cross-Enterprise Assessment and Development of Intellectual Capital, http://www.cadic-europe.org. Zugegriffen im Mai 2011

Carrillo FJ (2004) Capital cities: a taxonomy of capital accounts for knowledge cities, Journal of Knowledge Management, Bd 8, Nr 5: 28-46

Cascio W (1987) Costing Human Resources: The Financial Impact of Behavior in Organizations. PWS Kent, Boston

Castells M (1996) The Rise of the Network Society, The Information Age: Economy, Society and Culture, Bd 1. Blackwell, Cambridge

Castells M (1998) End of Millennium. The Information Age: Economy, Society and Culture, Bd 3. Blackwell, Cambridge

Chatzkel J (2004) Greater Phoenix as a knowledge capital. Journal of Knowledge Management, Bd 8, Nr 5: 61-72

Croatian IC Center, Measuring IC Efficiency – the first Croatian IC Project, http://www.vaic-on.net/start.htm. Zugegriffen im Mai 2011

Dahlman CJ, Utz A (2005) India And The Knowledge Economy: Leveraging Strengths And Opportunities. World Bank Publications

Drucker PF (1959) Landmarks of Tomorrow: A Report on the New 'Post-Modern' World. Harper Colophon Books, New York

Drucker PF (1969) The Age of Discontinuity. Harper & Row, New York

Dvir R, Pasher E (2004) Innovation engines for knowledge cities: an innovation ecology perspective. Journal of Knowledge Management, Bd 8, Nr 5: 16–27

Edvinsson L (ohne Jahr) Emerging Perspectives of Assessing and Navigating both Regional and Business Value Creation. http://www.gurusonline.tv/uk/conteudos/edvinsson1.asp. Zugegriffen im Mai 2011

Edvinsson L (2000) The next generation of IC measurement – The Digital IC landscape. Journal of IC, Nr 3

Edvinsson L (2002) Corporate Longitude. Pearson Education, Harlow

Edvinsson L (2004) Regional Intellectual Capital in Waiting – a strategic IC Quest. Vortrag bei der Italian Innovation week, 22.-26. Nov. 2004, http://www.eucluster.net/files/Firenze%20IC.pdf?fileid=197. Zugegriffen im Mai 2011

Edvinsson L (2005) Some Emerging Perspectives of Leadership for Value Creation. In: Amidon DM, Eunika ML, Formica P (Hrsg) Knowledge Economics, Emerging Principles, Practices and Policies. Tartu University Press, Estland

Edvinsson L (2006) Aspects on the City as a Knowledge Tool. Journal of Knowledge Management, Nr. 5

Edvinsson L (2008) Knowledgenavigation's Weblog. http://knowledgenavigation.wordpress.com. Zugegriffen im Mai 2011.

Edvinsson L, Bounfour A (2005) Intellectual Capital for Communities, Nations, Regions and Cities. Butterworth-Heinemann, Elsevier

Edvinsson L, Lin YY, C, (2008) National Intellectual Capital, Comparison of the Nordic Countries. Journal of IC, Nr 9

Edvinsson L, Lin YY, C, (2010) National Intellectual Capital. A comparison of 40 countries. Springer

Edvinsson L, Malone MS (1997) Intellectual Capital: Realizing your Company's True Value by finding its Hidden Brainpower. Harper Collins, New York

Edvinsson L, Steinfelt C (1999) Intellectual Capital of Nations — for Future Wealth Creation. Journal of Human Resource Costing & Accounting, Bd 4, Nr 1: 21-33, http://www.emeraldinsight.com/journals.htm?articleid=1656166&show=pdf. Zugegriffen im Mai 2011

EFFAS – The European Federation of Financial Analysts Societies, http://www.effas.com. Zugegriffen im Mai 2011

Eliasson G, Ryan P (1987) The Human Factor in Economic and Technological Change. In: Eliasson G, Ryan P (Hrsg) OECD Educational Monographs (Nr 3). OECD, Paris

Europäische Investitionsbank, http://www.eib.org. Zugegriffen im Mai 2011

European Commission (2000) An information society for all: Progress Report for the Special European Council on Employment, Economic Reforms and Social Cohesion – "Towards a Europe based on Innovation and Knowledge" (6978/00)

Eustace C (2003) A new perspective on the knowledge value chain. Journal of Intellectual Capital, Bd 4, Nr 4: 588-596

Fitzenz J (1990) Human Value management: The Value-adding Human Resource Strategy for the 1990's. Jossey-Bassey, San Francisco

Flad S (2009) Intellectual Capital. Annäherung an eine wertschöpfungsorientierte Definition und Umriss eines zweidimensionalen Modellierungsansatzes. Technische Universität Chemnitz (unpublished dissertation), Chemnitz

Flamholtz EG (1974) Human Resource Accounting. Dickenson, Encino

Gigerenzer G (2007) Bauchentscheidungen: Weniger ist (manchmal) mehr. In: Gigerenzer G (Hrsg), Bauchentscheidungen: Die Intelligenz des Unbewussten und die Macht der Intuition. Bertelsmann, München: 29-48

Godin B (2008) The Knowledge Economy: Fritz Machlup's Construction of a Synthetic Concept. Project on History and Sociology of S&T Statistics. Working Paper Nr 37, http://www.csiic.ca/PDF/Godin_37.pdf. Zugegriffen im Mai 2011

Hermanson RH (1964) Accounting for Human Assets. Bureau of Business and Economic Research, Michigan State University, East Lansing, Michigan

InCaS – Intellectual Capital Statements for Europe, http://www.incas-europe.org. Zugegriffen im Mai 2011

Intelligent Community Forum: http://www.intelligentcommunity.org. Zugegriffen im Mai 2011

Jelinek M (1979) Institutionalizing Innovation: A Study of Organizational Learning Systems. Praeger Publishers, New York

Klein GA (1993) A recognition primed decision (RPD). Model of rapid decision making, in: G. A. Klein GA, Orasanu J, Calderwood R, Zsambok C (Hrsg). Decision making in action.Models and Methods. Ablex, Norwood, New York

Kneisel E, Rößel (2009) Überblick über die Entwicklung und den gegenwärtigen Stand der Intellectual Capital-Debatte aus Metaperspektive – Ausgangspunkt und Entwicklungen. Expertise im Rahmen des Projekts „International Monitoring", IMA/ZLW & IfU, RWTH Aachen University, http://www.internationalmonitoring.com/fileadmin/Downloads/Experten/Expertisen/Expertisen_neu/Expertise_Kneisel_Roessel.pdf. Zugegriffen im Mai 2011

Komninos N (2002) Intelligent Cities. Innovation, knowledge systems and digital spaces. Routledge, London and New York

Kune H (2009) The Future Center Experience: A View from the Work Floor. Intellectual Capital for Communities in the Knowledge Economy, Educore: Future Center Alliance, IC 5, Paris, 28.-29. Mai, 2009, http://info.worldbank.org/etools/docs/library/251742/Kune_Session6_IC5.pdf. Zugegriffen im Mai 2011

Kuznetsov Y, Dahlman C (2008) Mexico's transition to a knowledge-based economy. Challenges and Opportunities, Washington: The World Bank Institute, http://web.worldbank.org/WBSITE/EXTERNAL/WBI/WBIPROGRAMS/KFDLP/0,,contentMDK:21698120~menuPK:1727232~pagePK:64156158~piPK:64152884~theSitePK:461198,00.html. Zugegriffen im Mai 2011

Kuznets S (1966) Modern Economic Growth. Yale University Press, New Haven

Machlup F (1980) Knowledge: Its Creation, Distribution, and Economic Significance. Knowledge and Knowledge Production (Bd 1). University Press, Princeton

Machlup F (1984) Knowledge: Its Creation, Distribution, and Economic Significance. The Economics of Information and Human Capital. Princeton University Press, Princeton

Machlup F (1962) The Production and Distribution of Knowledge in the United States. University Press, Princeton

Marr R (1982) Humanvermögensrechnung: Entwicklung von Konzepten für eine erweiterte Rechenschaftslegung in Unternehmen. In: Schmidt H (Hrsg), Humanvermögensrechnung, de Gruyter. Berlin: 45-50

Mertens JJ, van der Meer J (2005) Intangibles and Intellectual Capital in the European Investment Bank Project Appraisal. In: Bounfour A, Edvinsson L (Hrsg). ElsevierButterworth-Heinemann, Oxford

Nagel C, Mauch S (2009) Regionale Wissensbilanz Ortenaukreis, Offenburg, Ortenau: WRO, http://www.wro.de/fileadmin/user_upload/Alle%20Bilder/Wissenbilanz_Ortenau.pdf. Zugegriffen im Mai 2011

Nahapiet J, Ghoshal S (1998) Social Capital, Intellectual Capital and the Organizational Advantage Academy of Management Review 199. Bd 23, Nr 2: 242-266

New Club of Paris, www.new-club-of-paris.org. Zugegriffen im Mai 2011

Pawlowsky P, Gerlach L, Hauptmann S, Puggel A (2006) Verbreitung von Wissensmanagement in KMU – Studie zur Nutzung von ‚Wissen' als Wettbewerbsvorteil in deutschen KMU. In: Gronau N, Pawlowsky P, Schütt P, Weber M (Hrsg). Mit Wissensmanagement besser im Wettbewerb, Tagungsband zur KnowTech 2006. Bitkom, München: 17-22

Quinn JB (1992) Intelligent Enterprise. A Knowledge and Service Based Paradigm for Industry. Free Press, New York

Reinhardt R, Bornemann M, Pawlowsky P, Schneider U (2001) Intellectual Capital and Knowledge Management: Perspectives on Measuring Knowledge.in: Dierkes M, Berthoin Antal A, Child J, Nonaka I (Hrsg) Handbook of Organizational Learning and Knowledge. Oxford University Press, Oxford: 794-820

Roos J, Roos G, Edvinsson L, Dragonetti N (1997) Intellectual Capital. Navigating in the New Business Landscape. New York University Press, London

Schmidt H (Hrsg) (1982) Humanvermögensrechnung. De Gruyter, Berlin

Schneider U (1998) Forming and Developing Intellectual Potential. Vortrag auf dem 2. World Congress on the Management of Intellectual Capital, McMaster University, Hamilton, Ontario, 21.-24. Januar

Schultz TW (1981) Investing in People: The Economics of Population Quality. University of California Press, Berkely

Spencer L (1986) Calculating Human Resource Costs and Benefits. John Wiley and Sons, New York

Stewart TA (1997) Intellectual Capital. The New Wealth of Organizations. Doubleday Currency, New York

Ståhle P (Hrsg) (2007) Five Steps for Finland's Future. Tekes, Helsinki, http://the-new-club-of-paris.org/doc/Finland_Five%20steps%20for%20Finlands%20future_FINAL_VERSION.pdf. Zugegriffen im Mai 2011

Ståhle P, Markkula M (2009) ACSI – Aalto Camp for Societal Innovation. New generation innovation agenda. Aalto University, http://acsi.aalto.fi/binary/file/-/id/4/fid/77. Zugegriffen im Mai 2011

STI Revue Numéro special, Nouveaux Indicateurs de la Science et de la Technologie. OECD Nr 27: 7

Stiglitz J 1999, Remarks at the Department for Trade and Industry and Center for Economic Policy Research. The World Bank Group London, U.K., 27. Januar 1999

Sveiby KE (1997) The New Organizational Wealth: Managing and Measuring Knowledge-based Assets. Berrett-Koehler, San Francisco

Sveiby KE (2001) A Knowledge Based Theory of the Firm to Guide Strategy Formulation. Journal of Intellectual Capital, Bd 2, Nr 4

Sveiby KE, Lloyd T (1987) Managing Knowhow. Bloomsbury, London

WICI – The world's business reporting network, http://www.worldici.com. Zugegriffen im Mai 2011

Witte E (1962) Forschung, Werbung und Ausbildung als Investitionen. In: Ortlieb HD (Hrsg). Hamburger Jahrbuch für Wirtschafts und Gesellschaftspolitik. Mohr, Tübingen: 210-226

Welzl AG (2009) The EFFAS Principles for Effective Communication of Intellectual Capital – a Guideline for Investment Professionals. Handout IC 5 Conference, Paris, World Bank, 28. Mai 2009

Weziak-Bialowolska D (2008) Wirtschaftsschule Warschau, Institut für Statistik und Demografie. Al. Niepodleglosci 162, 02-554 Warschau, Polen. Vortrag auf der Tagung der IMO-IK-Gruppe am 10. Nov. 2008 in Berlin

Wissensportal FrankfurtRheinMain, http://www.wissensportal-frankfurtrheinmain.de. Zugegriffen im Mai 2011

The World Bank, Measuring Knowledge in the world economies Knowledge for Development (K4D) Program, The World Bank Institute, www.worldbank.org/kam. Zugegriffen im Mai 2011

World Capital Institute, http://www.worldcapitalinstitute.org/makci/makci-awards-most-admired-knowledge-city. Zugegriffen im Mai 2011

Einige wichtige Fragestellungen zum Intellektuellen Kapital der Zukunft

Leif Edvinsson

Befinden wir uns bereits auf dem Weg in ein neues, über die Wissensgesellschaft hinausgehendes Wirtschaftssystem?

Welche Denkweisen rüsten uns für die Zukunft des Intellektuellen Kapitals?

Welche Art von Intelligenz unterstützt uns bei der Navigation in den Wohlstand für die zukünftigen Generationen, und wie lernen wir, mit dem Unerwarteten und dem Unbekannten umzugehen?

Zweifellos sind die Katastrophen des Jahres 2010 (Aschewolken, Überflutungen, verheerende Brände) höchst besorgniserregende ökologische Signale. Aber auch unsere Volkswirtschaften senden ernst zu nehmende Signale aus, insbesondere in Europa. Die wirtschaftlichen Signale aus Griechenland und Portugal könnten frühe Vorboten kommender gesellschaftlicher und sozialer Erosion von Vermögensbildung sein ...?

1 Das Konzept des Intellektuellen Kapitals (IK)

Grob vereinfacht bedeutet der Begriff IK im Wesentlichen, dass die *Wurzeln* einer Unternehmung betrachtet werden müssen, nicht die momentanen Früchte. Differenzierter gesehen fasst der Begriff die *gewonnenen Erkenntnisse über den Wert und die Bedeutung des Wortes „Kopf"* zusammen, da der Begriff Kapital seinen Ursprung im Lateinischen hat und dort „Kopf" bedeutet. Eine weitere Definition ist die *zukünftige Gewinnfähigkeit* beziehungsweise das zukünftige Gewinnpotenzial.

Berücksichtigt man diese Differenzierungen, müssen die sogenannten Krisen systemisch betrachtet werden, insbesondere in den westlichen Volkswirtschaften. Hat man sich bei der Navigation in Richtung Vermögensbildung verirrt? Wesentlich für das IK ist es, ein besonderes Augenmerk auf die Zukunft sowie die immateriellen Triebkräfte für Wertschöpfung und Innovation zu legen. Wie

S. Jeschke et al. (eds.), *Enabling Innovation*, DOI 10.1007/978-3-642-24299-1_33,
© Springer-Verlag Berlin Heidelberg 2011

schon im Jahr 1968 von J. K. Galbrath formuliert: Intellektuelles Kapital kann als
Wertschöpfungsprozess betrachtet werden...

Die asiatische Sicht betont, dass Wissen mehr als nur eine objektive Größe
ist, sondern vielmehr eine Relation ausdrückt. Ich bin zunehmend der Meinung,
dass die Werttreiber für zukünftigen Wohlstand im Raum der Beziehungen und
Netzwerke oder im Bereich dazwischen liegen. In Asien wurde dieser Entwicklung
der chinesische Ausdruck *Guanxi* zugeordnet.

2 Auf der Suche nach mehr Produktivität

Dies ist eine weitere wichtige Dimension der Wissensgesellschaft. Wie entwickeln wir den Wert des Wissens und der Innovationen und Investitionen im
Bereich der Wissenschaft weiter? In einer traditionellen Volkswirtschaft wäre es
womöglich einfacher, die Produktivitätsmetriken zu erkennen. Wie können aber
die Geschwindigkeit des Denkens, die Auswirkungen des medizinischen Wissens
auf die Biowissenschaften oder die Einführungszeit einer Innovation bewertet und
gemessen werden? Die Metriken des Wohlstands auf der Makroebene sind ein
wesentlicher Anhaltspunkt für die Entwicklung von Metriken für die Mikroebene
des Unternehmens.

Viele Länder haben hierzu bedeutende Maßnahmen ergriffen. Unter ihnen
Schweden, Dänemark, Norwegen, Finnland, Israel, Österreich und Italien, um
nur einige Vorreiter zu nennen. Ein wesentlicher Meilenstein könnte Deutschland
und die BMWA-Initiative zum Thema Wissenskapital sein. Die Initiative war
die Pionierarbeit von KMU zum Thema Anwendung von Prozessdenken und
Systemdynamiken. Später wurde sie durch die Europäische Kommission auf fünf
weitere Länder und das japanische Ministerium METI ausgeweitet: siehe www.
incas-europe.org.

In jüngster Zeit führte dies außerdem zu einem weiteren Schwerpunktthema:
der zwischenunternehmerischen Entwicklung von IK, oder, wie bereits erwähnt,
von Networking- und In-between-Wertschöpfung: siehe www.cadic-europe.org.

Eine weitere in der Entwicklung befindliche Metrik mit dem Schwerpunkt
Accounting ist WICI, eine weltweite Rahmenvereinbarung zur Messung und
Berichterstattung von und über IK: siehe www.worldici.com. WICI, ein Netzwerk
zur unternehmerischen Berichterstattung, entstand am 7. November 2007. Die
Begründer von WICI sind das Enhancer Business Reporting Consortium, die
European Federation of Financial Analyst Societies, das japanische Ministerium
für Wirtschaft, Handel und Industrie, die Organisation für wirtschaftliche
Zusammenarbeit und Entwicklung, die Society for Knowledge Economics, die
Universität von Ferrara und die Waseda-Universität. Die Europäische Kommission
beteiligt sich als Beobachter an WICI.

3 IK-Makromapping

In der Taxonomie des IK finden sich die folgenden drei Hauptelemente: *Humankapital, relationales Kapital und Organisationskapital*. Zur Verdeutlichung des nationalen IK können die Komponenten mithilfe dieses zunehmend an Bedeutung gewinnenden Modells als Statistiken der Kategorien *Humankapital, Marktkapital, Prozesskapital, Erneuerungskapital* sowie *Finanzkapital* grafisch dargestellt werden. Im kürzlich erschienenen Buch *National Intellectual Capital* wurde eben dies umgesetzt: siehe www.NIC40.org. In diesem Buch wird die Entwicklung der immateriellen Dimensionen untersucht, die in den Jahren 1995-2008 den Wohlstand in 40 Ländern prägten. Es wurden 28 Indikatoren mit einbezogen, sieben für jede Kategorie.

Bei Betrachtung dieser von Dr. Carol Yeh-Yun Lin am IK-Forschungszentrum in Taiwan erarbeiteten einzigartigen Datenbank können wir eine Reihe unterschiedlicher Kartendarstellungen des IK auf nationaler Ebene entwickeln. Da jede Navigation Angaben zu Positionsbestimmung, Richtung und Geschwindigkeit benötigt, können wir nun allmählich Muster der IK-Entwicklung erkennen. Das Forschungsprojekt lädt dazu ein, bedeutende und vertiefende weitergehende Fragen zu Erneuerung und gesellschaftlicher Innovation des nationalen IK zu stellen, damit die Bürger eines Landes von zukünftigem Wohlstand und Wohlergehen profitieren können.

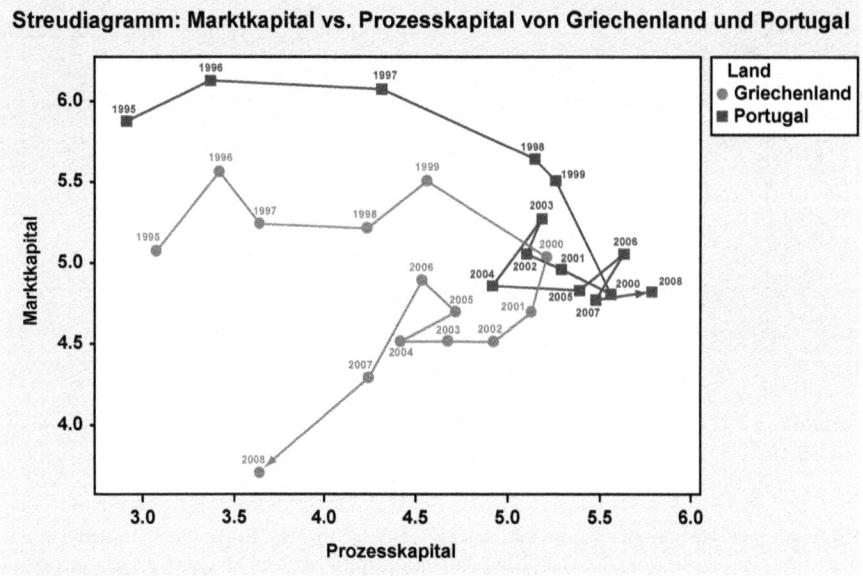

Abbildung 3.1: Marktkapital vs. Prozesskapital. Quelle: Quelle: Dr. Carol Lin, TICRC, www.NIC 40.org

Von ganz besonderem Interesse, mehr noch als die Positionsbestimmung, ist die relative Position im Verhältnis zu anderen Ländern und die Langzeitentwicklung des IK.

Sehen wir uns einige Fallbeispiele aus Europa an. Ein Punktwolkendiagramm dieser Länder ist weiter unten abgebildet, es wurden zwei Kategorien einbezogen: Marktkapital und Prozesskapital. Die erste Perspektive verdeutlicht die Fähigkeit, Geldumlauf für die Wohlstandsevolution zu generieren.

Die IK-Navigationskarte zeigt einen Abwärtstrend, der bereits im Jahr 1998 einsetzte, also zwölf Jahre, bevor die Krise im Jahr 2010 zum Thema der Schlagzeilen in den Nachrichtenmedien wurde. Die beiden Länder zeigen einen unterschiedlich hohen IK-Wert. Während das IK in Portugal vom Stand 62 ungefähr auf den Stand 48 sank, sackte es in Griechenland von 55 auf einen ungefähren Wert von 37 ab. Anders ausgedrückt schließt Griechenland auf einem niedrigeren Niveau bei gleichzeitig starkem Abwärtstrend.

Die Darstellung verdeutlicht auch, dass bei einem vorbeugenden Ansatz in Bezug auf das IK viel Zeit und Raum für Innovation und Erneuerung zur Verfügung gestanden hätte. Dies wirft die Frage auf, ob eine durchdachtere Wirtschaftsnavigation für die gesellschaftliche Entwicklung vonnöten ist.

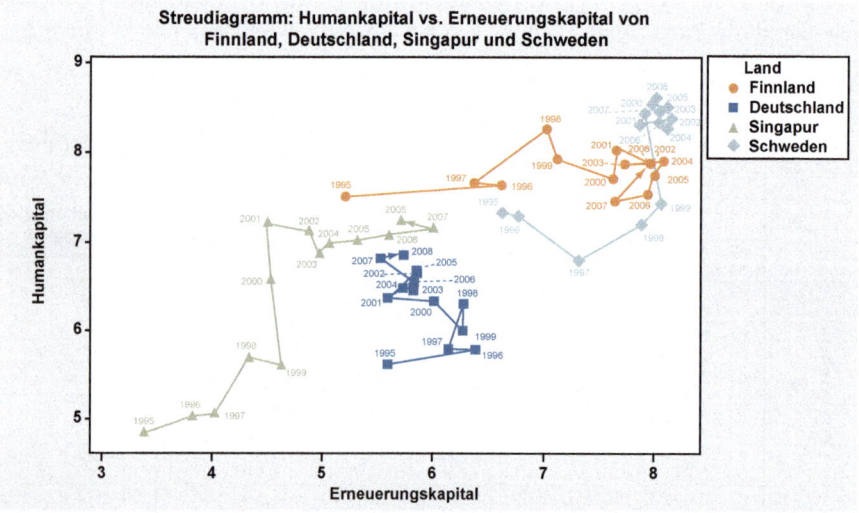

Abbildung 3.2: Humankapital vs. Erneuerungskapital. Quelle: Dr. Carol Lin, TICRC, www. NIC40.org

Eine weitere Kategorie innerhalb der IK-Darstellung in Form von Punktwolkendiagrammen ist die Hervorhebung der Fähigkeit zur *Erneuerung*, mit anderen Worten: *Innovation.* Für Deutschland als größte Volkswirtschaft in Europa weist die unten abgebildete Erneuerungsentwicklung nach 14 Jahren auf ein verbessertes, also an hoher Position stehendes Humankapital hin. Der Weg dorthin verlief jedoch nicht gerade, und seit 1996 wird beim Erneuerungskapital vorwiegend ein

Abwärtstrend verzeichnet. Die Entwicklung Finnlands, insgesamt die Nummer 1 des IK, zeigt ein verbessertes Erneuerungskapital, aber keine bemerkenswerte Entwicklung des Humankapitals.

Die oben abgebildeten einfachen Darstellungen zeigen die zunehmende Bedeutung des IK auf gesellschaftlicher Ebene.

4 Der New Club of Paris

Um sich mit den Fragen zur Entwicklung von Intelligenz und dem Vormarsch der Wissensgesellschaft zu beschäftigen, wurde der New Club of Paris ins Leben gerufen: siehe www.new-club-of-paris.org. Die Organisation setzt Schwerpunkte in den Bereichen:

- Unterstützung bei der Einrichtung einer *Wissensagenda für die Nationen, Regionen und Städte der Wissensgesellschaft*
- Eine aktivierende Rolle bei der *Kultivierung* gesellschaftlichen und politischen Unternehmertums
- Beteiligung an Projekten und an der Entwicklung von Plattformen zur weltweiten *Schaffung gesellschaftlicher Innovationen*

5 Gesellschaftliche Innovationen

Gesellschaftliche Innovationen lassen sich als Kontexterneuerung innerhalb einer Gesellschaft betrachten, die Raum für Sozialleistungsinnovationen und entwicklung schafft und das Wohlstandsangebot vergrößern soll. Oftmals wird es auf der Mikroebene als soziales Unternehmertum wahrgenommen, beispielsweise in Form von Mikrokredit-Banken wie der Grameen Bank. Gesellschaftliche Innovationen sind jedoch eigentlich Makro- und Regulierungssysteme, die zu einem fortschrittlichen und inspirierenden Kollektivverhalten innerhalb einer Gesellschaft oder Gemeinschaft führen. Sie könnten der Entwurf für einen „Freihafen des Wissens" beziehungsweise für eine besondere Zone der Wissensinnovation (Knowledge Innovation Zone, KIZ) sein, wie zum Beispiel Singapur. Eine solche KIZ wird von Dr. Debra Amidon als „eine geografische Region, ein Produkt-, Service- oder Industriesegment oder eine community of practice, bei dem bzw. der Wissen von einem Ausgangspunkt *dorthin fließt*, wo es benötigt wird oder genutzt werden kann" (Übersetzung durch den Autor) beschrieben. Mehr dazu auf www.inthekzone.com.

Die Aalto Innovation University in Finnland hat ganz im Sinne dieses Pionierdenkens zusammen mit dem New Club of Paris das weltweite erste Trainingslager für gesellschaftliche Innovationen ins Leben gerufen. Im Juli 2010 fand zum ersten Mal ein Trainingslager dieser Art statt. Mehr als 100 Teilnehmer aus verschiedenen Ländern konzentrierten sich auf drei Themenbereiche: Stadtplanung, Entwicklung pädagogischer Angebote und die Entwicklung von Angeboten für ältere Menschen. Das nächste Trainingslager findet Ende August 2011 statt. Offene Serviceinnovationen über die Grenzen der Länder, Disziplinen und Generationen hinweg werden mit diesem Projekt anschaulich demonstriert. Energizing Society: siehe www.aalto.acsi.fi

6 Der zukünftige Wohlstand der Nationen

Die Arbeiten zum Intellektuellen Kapital sind facettenreich, fächerübergreifend und weisen über traditionelle Produktivitätsparadigmen im Accounting hinaus. IK betrifft unsere Zukunftsfähigkeit und die notwendigen wirtschaftlichen Entwicklungen auf dem Gebiet der materiellen und immateriellen Ökologie.

Der Wohlstand der Nationen hängt mehr und mehr von den Technologien ab, die überall auf der zunehmend grenzenlosen Welt entwickelt werden. Diese Technologieinnovationen laufen in einer sehr hohen Geschwindigkeit ab. Nicht ganz so schnell entwickelt sich die Erneuerung der Sozialdienstleistungsfunktionen. Das Verständnis für die Triebkräfte und die Evolution und Kultivierung gesellschaftlicher Innovationen wird auf jeden Fall eines der Hauptmerkmale der erstrebenswerten Gesellschaft der Zukunft sein. Dies könnte dann als Verhältnis zwischen den momentanen und den potentiellen IK-Werten der Nationen dargestellt werden. Dieses neue Verhältnis betont eine neue IK-Agenda – schon heute ist es unsere Aufgabe, uns mit der Geschwindigkeit der Veränderung des IK zu befassen.

Einige interessante Links

www.aalto.acsi.fi
www.cadic-europe.org
www.corporatelongitude.com
www.incas-europe.org
www.inthekzone.com
www.new-club-of-paris.org
www.NIC40.org
www.worldici.com

Über die Messung von Intellektuellem Kapital

Sabine Bischoff, Gergana Vladova und Sabina Jeschke

Abstract

Stetige Wissensproduktion und hohe Innovationsfähigkeit sind ausschlaggebende Merkmale, wenn nicht sogar notwendige Voraussetzungen für Unternehmen, um im heutigen Markt wettbewerbsfähig zu sein und zu bleiben. Mit dem *Open Innovation-Ansatz* wird im Rahmen dieses Artikels eine Möglichkeit der Steigerung der Innovationsfähigkeit von Unternehmen vorgestellt. Darüber hinaus befasst sich der Artikel mit der Fragestellung, wie Intellektuelles Kapital als ein Faktor im Innovationsprozess gemessen werden kann.

1 Einleitung

Im Zuge der Entwicklung zu einer Wissensgesellschaft ist es in den letzten 25 Jahren in einer Vielzahl von Branchen zu erheblichen Verschiebungen zugunsten des Produktionsfaktors Wissens gekommen. Bereits im Jahr 2000 betrug der Anteil dieses Produktionsfaktors an der gesamtunternehmerischen Wertschöpfung durchschnittlich 60% (vgl. Wuppertaler Kreis 2000, 10). Hohe Innovationsfähigkeit sowie die erfolgreiche Generierung von Innovation gilt grundsätzlich als Schlüssel für den nachhaltigen Unternehmenserfolg und sicheres Wachstum, gerade für den *Innovationsmotor Mittelstand*. In Anbetracht dieser Tatsachen ist die Forderung nach mehr Information über den Produktionsfaktor Wissen seitens vieler Unternehmensleitungen verständlich. Darüber hinaus spielen auch bei Unternehmensbewertungen (d. h. aus Shareholdersicht) immer mehr die immateriellen Faktoren, zu denen auch der Produktionsfaktor Wissen zu zählen ist, eine zentrale Rolle (vgl. Strina 2005, 106). Auch wenn der Marktwert der so genannten *Intangible Assets* denjenigen des Buchwertes übersteigt (vgl. Helin 2001, 247), weisen Bilanzen auch heutzutage fast ausschließlich materielle Werte aus. Zusatzreports werden zunehmend verpflichtend, so etwa in den Vorschriften des International Accounting Standard (IAS) und des International Financial Reporting Standard (IFRS).

Die Begriffe Intangible Assets, Intellectual Capital, Intellektuelles Kapital, Wissenkapital oder Immaterielle Vermögenswerte werden sowohl in der Literatur als auch in der Unternehmenspraxis vielfach synonym verwendet. Aufgrund der Fokussierung auf das zentrale Thema *Enabling Innovation* des BMBF-Projektes International Monitoring und dem thematischen Schwerpunkt „Humanpotenzial

S. Jeschke et al. (eds.), *Enabling Innovation*, DOI 10.1007/978-3-642-24299-1_34,
© Springer-Verlag Berlin Heidelberg 2011

als Innovations- und Wettbewerbsvorteil" wird im weiteren Verlauf der Begriff des Intellektuellen Kapitals (Intellectual Capital) verwendet werden.

Der Beitrag befasst sich vor dem beschriebenen Hintergrund mit der Klassifizierung und Bewertung von Intellektuellem Kapital sowie mit der Verdeutlichung der Wichtigkeit des Beziehungskapitals als Teil desselben. Aufgezeigt wird dies am Beispiel vom Open Innovation Konzept.

2 Klassifizierung von Intellektuellem Kapital

Edvinsson und Brünig (2000) differenzieren zwischen dem Finanziellen Kapital und dem Intellektuellen Kapital, die beide gemeinsam den Marktwert eines Unternehmens ausmachen (vgl. Abbildung 2.1). Während das Finanzielle Kapital aus dem Sach- und Anlagevermögen des Unternehmens gebildet wird, findet eine weitere Detaillierung des Intellektuellen Kapitals statt. Zunächst unterscheiden Edvinsson und Brünig weiter zwischen Human- und Strukturkapital. Ihrer Meinung nach basiert Humankapital auf Erfahrung, Fähigkeiten und Wissen. Demgegenüber steht das Strukturkapital, das seinerseits aus Kundenkapital (charakterisiert aus der Kundenbasis, der Kundenbeziehung und dem Kundenpotenzial) und Organisationskapital besteht. Letzteres differenziert wiederum zwischen dem Innovationskapital und dem Prozesskapital.

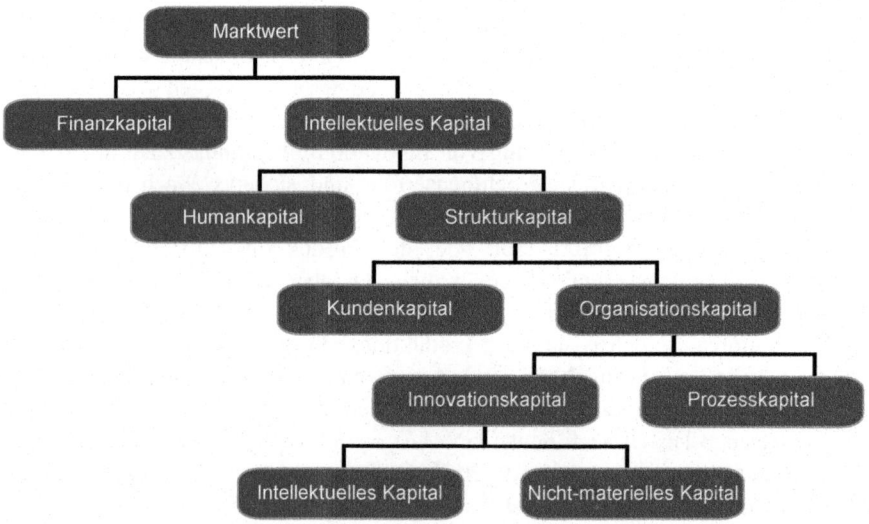

Abbildung 2.1: Kategorisierung des Intellektuellen Kapitals nach Edvinsson und Brünig (Edvinsson und Brünig 2000, 44)

Eine andere, im deutschsprachigen Raum weit verbreitete Unterteilung, ist jene von Koch und Schneider 1998 entwickelte Gliederung, die zwischen Human-, Struktur-, und Beziehungskapital differenziert. Im Rahmen der allerersten Wissensbilanzkonzeption für das damalige österreichische Forschungszentrum Seibersdorf lag somit im Jahre 1999 eine Wissensbilanz vor, die so gut wie vollständig das bis heutige gültige Grundmodell anwandte (vgl. Koch et al. 2000). Die Fortentwicklung in eine an betriebswirtschaftliche Bilanzierungsform der Wissensbilanz erfolgte im Jahr 2007 durch Koch und Leitner.

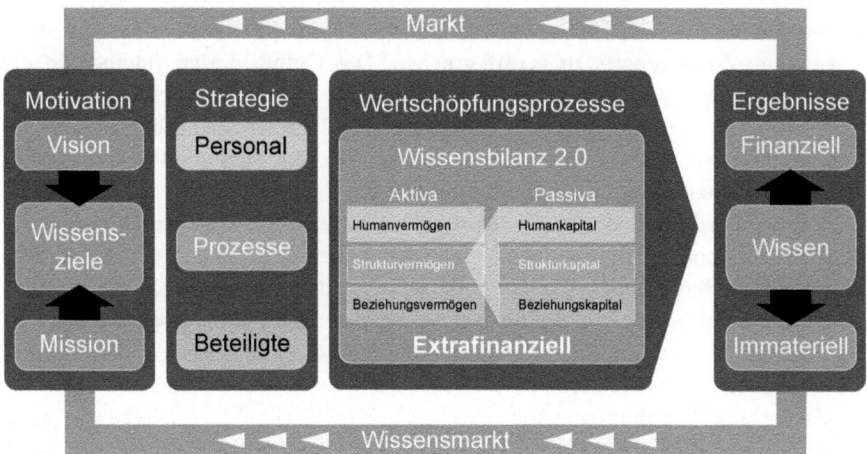

Abbildung 2.2: Wissensbilanz 2.0 (Koch et al. 2000)

3 Messung und Bewertung von Intellektuellem Kapital

Die Innovationsfähigkeit von Unternehmen hängt nicht nur von dem Wissen und Potential einzelner Individuen ab, sondern insbesondere von ihrem interdisziplinärem und interaktivem Denken und Handeln. Die Voraussetzung für die Entstehung von Innovation ist in Netzwerken eingebettet und wird erst durch die Beziehung bzw. Interaktion zwischen den Individuen hergeleitet (vgl. Landry und Nabil 2003). Innovationsfähigkeit und -potential befindet sich demzufolge in „knowledge resource networks" (Lengrand und Chatrie 1999) und kann je nach Qualität der Beziehungen zwischen den einzelnen Knotenpunkten eines Netzwerks zu Innovationen führen. Innovation kann in diesem Sinne als Synergieeffekt der Beziehung einzelner Individuen verstanden werden. Um innerhalb einer Organisation die Innovationsfähigkeit messen und bewerten zu können (vgl. Bischoff et al.

2010) fehlt es jedoch an wissenschaftlich fundierten Modellen, welche das Intellectual Capital des Individuums betrachten und beschreiben. Es müssen daher geeignete Bewertungsverfahren entwickelt werden, die das Intellectual Capital beschreiben und objektiv bewerten, damit es als Teil des Beziehungskapitals als Aktivposten im Unternehmen verbucht werden kann. Demzufolge ist noch keine Aussage über die Innovationsfähigkeit eines Unternehmens möglich.

Existierende Verfahren zur Berücksichtigung wichtiger immaterieller Ergebnisse, wie beispielsweise die Balanced Scorecard (vgl. Kaplan und Norton 1996), sind aufgrund ihres generischen Charakters nicht spezifisch genug, um als ausreichend fundiertes Modell dienen zu können. Darüber hinaus existieren jedoch viele weitere Ansätze und Methoden zur Bewertung von betrieblichem Wissen (vgl. Sveiby 2001).

Die wohl bekannteste Methode ist der „Skandia Navigator" (vgl. Edvinsson und Malone 1997) des Schwedischen Versicherungs- und Finanzkonzerns Skandia. Hier wurde bereits Mitte der 1990er Jahre angefangen, immaterielle Vermögenswerte in sogenannte Zusatzreports zu veröffentlichen. Der Output dieser Methode ist der *Intellectual Capital Report*. Es handelt sich hierbei um einen Bericht zum betrieblichen Intellectual Capital, der als Ergänzung zum Jahresbericht gilt. Der Wert des Intellectual Capital wird nach dem sogenannten Skandia Marktwert-Schema ermittelt, das den Marktwert hierarchisch strukturiert.

Eine weitere Methode ist der *Intangible Asset Monitor* (vgl. Speckbacher und Halatek-Zbierchoswi 2002). Es handelt sich dabei um ein auf der *Knowledge Organisation* basierendes System zu Messung des immateriellen Vermögens. Als nicht-finanzielles Kennzahlensystem ist der Intangible Asset Monitor als ergänzende Darstellung des Finanzerfolgs und des Shareholder-Values eines Unternehmens zu betrachten.

Sveiby fasst zusammen:

„No one method can fulfil all purposes; One [...] must select method depending on proposes, situation and audience" (Sveiby 2001, 3).

4 Innovationsprozesse und Open Innovation

Nachdem gezeigt wurde wie intellektuelles Kapital klassifiziert werden kann und wie wichtig die Messung der immateriellen Vermögenswerte für ein Unternehmen ist, soll hier am Beispiel von Open Innovation ein relativ junges theoretisches Konzept diskutiert werden, mit dem Ziel, die Bedeutung externer Beziehungen eines Unternehmens für seine Innovationsfähigkeit und daher auch für seinen Erfolg aufzuzeigen.

Die Effizienz der Produktentwicklung und die eigene Innovationsfähigkeit zu steigern ist für Unternehmen immer eine wichtige Erfolgsvoraussetzung gewesen. Mit der Verwertung von Ideen und Technologien in Innovationen können Unternehmen neue Märkte erschließen und ihre Wettbewerbsfähigkeit erhalten. Während Großunternehmen über die notwendigen finanziellen und personellen Ressourcen verfügen, um eigene Forschungs- und Entwicklungsprojekte durchzuführen, sind knappe Ressourcen und limitiertes Know-how kennzeichnende Eigenschaften von kleinen und mittelständischen Unternehmen (KMU). Dadurch erweist es sich für sie als schwierig, neue Wege zu finden und die Herausforderungen zu bewältigen, die durch die sich verändernden Marktbedingungen einerseits und der Neuausrichtung von Großunternehmen andererseits entstehen (vgl. Becker et al. 2007). In diesem Kontext sind Unternehmen und KMU in besonderer Weise auf Einbeziehung von externen Ressourcen und Know-how angewiesen, um ihre Innovationsfähigkeit und dadurch die Wettbewerbsfähigkeit in einer vernetzten Zusammenarbeit zu erhöhen.

Mögliche Gruppen externer Partner im Innovationsprozess sind laut von Hippel (1987):

1) Kunden und Lieferanten
2) Universitäten, öffentliche Einrichtungen
3) Wettbewerber und
4) andere Nationen.

Im Kontext von Wissensmanagement räumt Sveiby externen Akteuren eine bedeutende Rolle im Unternehmen ein und nennt den Erwerb von neuem Wissen „immaterielle Einnahmen" (Sveiby 1998). Es ist für Unternehmen wichtig, die eigenen Kunden gut zu kennen, um die besten Lösungen anbieten zu können. Weiterhin wirken sich zufriedene Kunden positiv auf die Imagebildung aus, da Unternehmen auf sie referieren können. Besonders wichtig ist jedoch die Möglichkeit, das Wissen und die Erfahrungen der Kunden sowie der Geschäftspartner (am Beispiel der Lieferanten) in den eigenen Innovationsprozess zu integrieren und zu nutzen. Auf der Suche nach geeigneten Lösungen kann das Unternehmen das externe Know-how nutzen, mit den Zielen der Gewinnoptimierung und des Wachstums (vgl. Sveiby 1998; von Hippel 1987).

Der *Open Innovation-Ansatz* bietet hierzu Unternehmen neue Möglichkeiten zur Strukturierung der externen Beziehungen und des Wissensflusses, stellt jedoch auch neue Herausforderungen für das Innovationsmanagement (vgl. Vanhaverbeke et al. 2008). In der Vergangenheit haben Unternehmen vorzugsweise interne Forschungs- und Entwicklungs- (F&E-) und Innovationsressourcen genutzt, um neue Produkte zu entwickeln und zu vermarkten und die externe Umwelt kaum involviert (vgl. Chesbrough 2003; Gopalakrishnan und Bierly 2006). Eine Vielzahl von Faktoren, wie Globalisierung, neue Marktteilnehmer, kürzere Produktlebenszyklen, geringere F&E Budgets und steigende F&E-Kosten haben zum Ende des letzten Jahrhunderts diese *Closed Innovation*-Strategie abgelöst (vgl. Gassmann und Enkel 2006; Gerybadze und Reger 1999). Als Antwort auf die neuen Herausforderungen wurde von Chesbrough der Terminus *Open Innovation* geprägt. In diesem Ansatz wird externen Ressourcen im Innovationsprozess eine signifikant höhere Bedeutung zugeordnet, als das in der Closed Innovation-Strategie der Fall war.

Die neue Innovationsstrategie definiert Chesbrough 2003 wie folgt:

„Open Innovation is a paradigm that assumes that firms can and should use external ideas as well as internal ideas, and internal and external paths to market, as the firm look to advance their technology" (Chesbrough 2003).

Chesbrough fügt dieser Definition 2006 die folgende Erweiterung an:

„[…] open innovation is the use of purposive inflows and outflows of knowledge to accelerate internal innovation, and expand the markets for external use of innovation, respectively" (Chesbrough 2006, 1).

Eine umfassende *Open Innovation*-Strategie bietet Unternehmen viele Chancen, stellt sie jedoch auch vor neue Herausforderungen. Die wissensintensiven Innovationsprozesse müssen unter Berücksichtigung externer Akteure teilweise neu gestaltet werden und das gewonnene Wissen bedacht in die organisationelle Wissensbasis überführt werden.

Im Rahmen des offenen Innovationsprozesses und der Entwicklung einer passenden internen Wissensbasis ist dabei insbesondere die Bedeutung des informellen Wissenstransfers und der informellen Beziehungen mit externen Kooperationspartnern, Kunden, Zulieferern, sogar Wettbewerbern (vgl. Chesbrough 2006, von Hippel 1987) zu unterstreichen. Diese schwer fassbaren und formalisierbaren Beziehungen haben gerade in der Phase der Ideengenerierung einen entscheidenden Einfluss auf den Erfolg des Innovationsprozesses (vgl. Conway 1995). Die Bedeutung der Beziehungen unter internen Wissensträgern ist ebenso nicht zu unterschätzen. Die informellen Beziehungen verlaufen jedoch unstrukturiert und sind eher intransparent (vgl. Porschen 2008; Strina 2010). Das durch Sozialisation geteilte Wissen ist meist stillschweigender Natur und verbleibt in der individuellen Wissensbasis der direkt beteiligten Mitarbeiter (vgl. Porschen 2008; Eppler 2007; Nonaka und Takeuchi 1995; Ettlie und Elsenbach 2007). KMU sind in ihren Innovationsprozessen vor die Herausforderung gestellt, die Beziehungen und das Wissen zu bewerten und die damit verbundenen Prozesse des organisationalen Lernens zu strukturieren (vgl. Cohen und Levinthal 1990). Insbesondere die Identifizierung von Experten und der Austausch zwischen diesen und den Entscheidungsträgern müssen gewährleistet werden, um den Verlauf des Innovationsprozesses zu optimieren (vgl. Eppler 2007; Ettlie und Elsenbach 2007) sowie um festzustellen, wie das Unternehmen erfolgreich interne und externe Wissensquellen einbinden kann (vgl. Bougrain und Haudeville 2002).

Zusammenfassend lässt sich sagen, dass die Exploration und das Einbinden von externen Erfahrungen und Wissen und das Aufbauen eines externen Netzwerks ist in der Regel eine natürliche Fortsetzung eines gut strukturierten und tief im Unternehmen verankerten ganzheitlichen Innovationsmanagements ist. Die strategische Öffnung des Innovationsprozesses ist nur sinnvoll und ratsam, wenn die unternehmensinternen Strukturen darauf vorbereitet sind. Das funktionierende Innovationsmanagement schafft den Rahmen, in welchem es möglich wird, bestmöglich von der Nutzung Externer zu profitieren. Darüber hinaus ist ein strukturiertes Wissensmanagement, das die drei Ebenen *Technik*, *Organisation* und *Mensch* gleichermaßen berücksichtigt, essentiell für das Management komplexer Innovationsprozesse und wird besonders wichtig, wenn Unternehmen mit Externen kooperieren (vgl. Vladova und Müller 2010).

Vor dem Hintergrund dieser Entwicklungen verändert sich im Innovationsmanagement von Unternehmen zunehmend der Fokus. Die Einbeziehung des externen Umfeldes muss zunehmend zum integrativen Bestandteil des ganzheitlichen Innovationsmanagementkonzepts werden. Damit bieten sich gerade für mittelständische Unternehmen neue Chancen, ihre Innovationsfähigkeit und langfristige Wettbewerbsposition zu stärken. Zur Nutzung dieser Chancen müssen Unternehmen mithilfe vielfältiger Methoden den eigenen (offenen) Innovationsprozess steuern,

beschleunigen und optimal gestalten. Dabei sollen sie jedoch ebenso die individuellen Kernkompetenzen weiterentwickeln sowie Konzepte zum Schutz des geistigen Eigentums entwickeln.

5 Zusammenfassung

Der vorliegende Artikel hat gezeigt, dass der Produktionsfaktor Wissen sowohl
für große Unternehmen als auch für KMU in den letzten zehn Jahren deutlich an
Bedeutung zugenommen hat. Unternehmensbewertungen beziehen immer häufiger auch die immateriellen Faktoren mit ein. In diesem Zusammenhang hat sich
der Begriff des *Intellectual Capitals* gebildet. Dieses Intellektuelle Kapital vereint das Strukturkapital, das Humankapital und/ oder Beziehungskapital eines
Unternehmens. In sogenannten Wissensbilanzen werden diese Posten vereint und
ihre Aktiv- und Passivwerte ausgegeben.

Auch im Bereich der Innovationsfähigkeit stehen Unternehmen immer wieder vor der Herausforderung der limitierten internen, insbesondere finanziellen
und personellen Ressourcen. Damit verbunden ist natürlich ebenso das limitierte
Know-how. Durch den Einbezug von externen Akteuren in den Innovationsprozess
wurde dem bisher vorherrschenden Closed Innovation-Paradigma entgegenge-
treten. Der innovative *Open Innovation-Ansatz* ermöglicht den Unternehmen,
ihre internen Ideen durch externe zu ergänzen und durch dieses zusätzliche
Wissenspotenzial die Innovationsfähigkeit zu steigern. Ob Kunden, Lieferanten,
Wettbewerber, Hochschulen oder weitere Einrichtungen – der Möglichkeit des
Einbezugs von Externen sind keine Grenzen gesetzt. Wichtig ist in diesem Kontext
die Schaffung von geeigneten Strukturen im Unternehmen zum Wissensaustausch
in beide Richtungen. Dieses ganzheitliche Innovationsmanagementkonzept stärkt
die Wettbewerbsposition der Unternehmen und somit ihre Chancen, am Markt
erfolgreich zu agieren.

Es stellt sich in diesem Kontext die Frage der Messung des neu erworbenen
Wissens, dem Intellektuellen Kapital. Hier wurden mit dem Skandia Navigator
und dem Intangible Asset Monitor zwei Konzepte kurz vorgestellt. Welche
Methode letztlich im Unternehmen Anwendung finden soll bleibt aufgrund der
jeweiligen spezifischen Unternehmenssituation unbeantwortet. Allerdings zeigen
die Überlegungen, dass zukünftig die Prozesse der Wissensentstehung und des
Wissenstransfers und somit auch deren Messung und Bewertung noch mehr in den
Mittelpunkt rücken werden.

6 Zukünftige Forschungsbedarfe

Der zukünftige Forschungsbedarf lässt sich aus den bisherigen Forschungslücken
im Bereich der Messung des Intellectual Capitals ableiten. Er liegt somit u. a. in

der Entwicklung von Strukturen zur Unterstützung des Wissenstransfers zwischen Mitarbeitern. Darüber hinaus ist die Visualisierung von informellen internen und externen Beziehungen derzeit noch nicht möglich, so dass das dort *versteckte* Wissen ebenfalls nicht ohne Verluste externalisiert werden kann.

Zu diesem Zweck muss das konzeptionelle Modell des Open Innovation mit bestehenden Theorien des Wissensmanagement in den zukünftigen Forschungsbemühungen synchronisiert werden. Die Innovationsprozesse sind wissensintensive Prozesse, der Wissenstransfer innerhalb dieser muss zielgerichtet gesteuert werden. Dazu sind bestehende Wissensmanagementtheorien um innovationsspezifische Merkmale zu erweitern. Aufgrund der Wichtigkeit der informellen Netzwerkbeziehungen in (offenen) Innovationsprozessen besteht zu dieser Thematik sowohl grundlegender als auch anwendungsorientierter Forschungsbedarf (vgl. Vladova und Adelhelm 2009).

Eine weitere Fragestellung in diesem Zusammenhang ist diejenige nach dem Schutz der *Privat Property*. Denn der Einbezug externer Akteure in den Innovationsprozess ist nicht unbedenklich für das eigene Unternehmen. Durch Angabe der immateriellen Vermögenswerte, sprich, des Wissens, in Zusatzreports oder dem Jahresabschluss selbst wird das Know-how offengelegt und somit mögliche Kernkompetenzen für jeden zugänglich gemacht. Diese Offenlegung ist zentraler Hinderungsgrund für Unternehmen und der Mitarbeiter, die ihre Arbeit zum Schutz der eigenen Reputation nicht bewertet sehen wollen.

In diesem Zusammenhang müssen Unternehmen teilweise Wissensmanagement *mit umgekehrtem Vorzeichen* praktizieren: Anstatt nur die für Wissensmanagement üblichen Ziele der Wissensteilung zu verfolgen, sind die Rahmenbedingungen anzupassen, beispielsweise Erweiterungen und Anpassungen der theoretischen Ansätze in die Richtung Schutz des geistigen Eigentums. Diese betreffen insbesondere die unternehmensinternen Gegebenheiten und Schutzmaßnahmen, die dazu dienen, die internen und externen Informations- und Wissensflüsse präventiv zu gestalten, um sich von ungewolltem Wissensabfluss zu schützen (vgl. Bahrs et al. 2010). Konkret bedeutet dies beispielsweise das Verbot von USB-Sticks oder sonstigen Speichermedien. Möglich in diesem Zusammenhang ist auch die Implementierung von Cloud-Computing. Es handelt sich hierbei um einen Ansatz, der abstrahierte IT-Infrastrukturen (z. B. Rechenkapazität, Datenspeicher o. ä.) über Netzwerke zur Verfügung stellt und somit aus dem Unternehmen auslagert. Verschwiegenheitsklauseln und Geheimhaltungsvereinbarungen sind längst Bestandteil von heutigen Verträgen.

7 Ausblick

Für den Wissensstandort Deutschland ergeben sich ableitend aus dem bisher Skizzierten wesentliche Ansätze, wie das unternehmerische Wissen – das Intellectual Capital – externalisiert werden kann. Die Angabe von sogenannten Wissensbilanzen oder die Vorgehensweise des Skandia Navigators (Zusatzreports zum

Jahresbericht) sind erste Schritte auf dem Weg zu einer ganzheitlichen Unternehmenbewertung.

Darüber hinaus existieren notwendige Änderungen auf der wirtschaftlichen Mikroebene. Aus dem Schlagwort *Open Innovation* müssen zukünftig relevante Handlungsempfehlungen für die Unternehmenspraxis – und vor allem KMU-Praxis – herausarbeitet werden, um weiterhin in der zunehmend globalisierten Welt wettbewerbsfähig zu bleiben.

Auf der Makroebene, also volkswirtschaftlich betrachtet, gilt es beispielsweise zu untersuchen, ob bestimmte Industrien, die tendenziell stärker Open Innovation betreiben, auf dem Markt erfolgreicher sind.

Politisch stellt sich die Frage nach der Verbesserung der rechtlichen und wirtschaftlichen Rahmenbedingungen in Bezug auf Open Innovation in unterschiedlichen Industrien. Letztlich sollten auch Unternehmen und andere Wirtschaftszweige, die Open Innovation bisher noch nicht betreiben, durch entsprechende Regelungen und Gesetze dazu befähigt werden, Open Innovation anzuwenden.

In diesem Zusammenhang sollte der Fokus bei der Gestaltung der externen politischen und wirtschaftlichen Rahmenbedingungen für Open Innovation in Unternehmen zukünftig auf folgende Schwerpunkte gesetzt werden (vgl. De Jong 2008):

- Netzwerke und Kollaboration als Ausgangspunkt für Zusammenarbeit mit kompetenten Partnern.
- Unterstützung bei Firmenausgründungen – ein Beispiel dafür sind Spin-Offs als Quelle für zielgerichteten Wissensaustausch und enge Profilierung.
- IP-Management als Quelle für neue Ideen sowie Möglichkeit zur Vermarktung eigenen Know-hows.
- Forschung- und Entwicklungsaktivitäten im Unternehmen mit dem Ziel, die ununterbrochenen Entwicklung und Erweiterung des eigenen Wissens sowie die Zusammenarbeit von Unternehmen und Forschungseinrichtungen zu fördern.
- Gut ausgebildete Arbeitskräfte mit vielen Möglichkeiten zu Weiterbildung im Unternehmen.
- Geeignete Finanzierungsmöglichkeiten für Open Innovation betreibende Unternehmen.

Bei der Durchsetzung geeigneter politischer und wirtschaftlicher Maßnahmen sollte der Schwerpunkt nicht auf bestimmte Firmen oder Branchen gesetzt werden. Vielmehr ist der Erfolg dieser Maßnahmen von der Betrachtung von Open Innovation als Paradigmenwechsel und System abhängig.

Literaturverzeichnis

Becker T, Dammer I, Howaldt J, Killich S, Loose A (2007) Netzwerke – praktikabel und zukunftsfähig. In: Becker T, Dammer I, Howaldt J, Killich S, Loose A (Hrsg) Netzwerkmanagement – Mit Kooperationen zum Unternehmenserfolg. Springer, Berlin: 3-11

Bischoff S, Aleksandrova G, Flachskampf P (2010) Strategie der offenen Unternehmens-grenzen für kleine und mittlere Unternehmen (KMU). In: Management-Kompetenz in kleinen und mittleren Unternehmen – Jahrbuch der KMU-Forschung und -Praxis 2010. Meyer JA (Hrsg), EUL Verlag, Lohmar – Köln

Bougrain F, Haudeville B (2002) Innovation, collaboration and SMEs internal research capacities. Research Policy. Nr 31/ 2002: 735-747

Braun A, Müller E (2009) The Role of Trade Secrets in Open Innovation: Examples of Pharmaceutical SME, Paper at the 2nd ISPIM Innovation Symposium – „ Stimulating Recovery – The Role of Innovation Management". New York, 6.-9. Dezember 2009

Braun A, Müller E, Adelhelm S, Vladova G (2010) Knowledge flow at the fuzzy front-end of inter-firm R&D collaborations – insights into SMEs in the pharmaceutical industry. Paper accepted bei der XXI ISPIM Conference – The Dynamics of Innovation. Bilbao, Spanien, 6-9. Juni 2010

Chesbrough H (2003) Open Innovation. Harvard Business School Press, Boston

Chesbrough H (2006) Open Innovation: A New Paradigm for Understanding Industrial Inno-vation. In: Chesbrough H, Vanhaverbeke W, West J (Hrsg) Open Innovation – Research-ing a New Paradigm. University Press, Oxford: 1-12

Cohen W, Levinthal D (1990) Absorptive capacity: a new perspective on learning and inno-vation. Administrative Science Quarterly, Nr 35/ 1990: 128-52

Conway S (1995) Informal Boundary-spanning Communication in the Innovation Process: An Empirical Study. Technology Analysis & Stategic Management. Bd 7. Nr 3: 327-342

Deutsche Industrienorm (DIN) 1319 Teil 1, 1996

Edvinsson L, Malone S (1997) Intellectual Capital – Realizing your company´s true value by finding its hidden Brainpower. Harpar Business, New York

De Jong JPJ, Vanhaverbeke W, Kalvet T, Chesbrough H (2008) Policies for Open Inno-vation: Theory, Framework and Cases, Research project funded by VISION Era-Net. Helsinki, Finland

Edvinsson L, Brünig G (2000) Aktivposten Wissenskapital – Unsichtbare Werte bilanzierbar machen. Gabler, Wiesbaden

Edvinsson L (2002) Corporate Longitude – Navigating the Knowledge Economy. FT Pren-tice Hall, Stockholm

Eppler M (2007) Knowledge Communication Problems between Experts and Decision Makers: an Overview and Classification. In: The Electronic Journal of Knowledge Man-agement. Bd 5, Ausgabe 3: 291-300

Ettlie J, Elsenbach J (2007) The Changing Role of R&D Gatekeepers. Research Technology Management. Bd 50, Nr 5: 59-66(8)

Gassmann O, Enkel E (2006) Open Innovation. In: ZfO Wissen, 3(75): 132-138

Gerybadze A, Reger G (1999) Globalization of R&D: recent changes in the management of innovation in transnational corporations. In: Research Policy, 28(2-3): 251-274

Gopalakrishnan S, Bierly P (2006) The Impact of Firm Size on Knowledge Strategies Dur-ing Product Development: A Study of the Drug Delivery Industry. IEEE Transactions on Engineering Management, 53(1): 3-16

Helin A (2001) Quality and Measurement of Intellectual Capital at an Accounting Firm sup-plying an Intellectual Product. In: Kwiatkowski S, Stowe C (Hrsg) Intellectual Product and Intellectual Capital. Leon Koźmiński Academy of Entrepreneurship and Manage-ment, Warschau: 237-271

Kaplan RS, Norton DP (1996) The Balanced Scorecard. Translating strategy into action. Harvard Business Press, Boston

Koch G, Leitner KH, Bornemann M (2000) Measuring and reporting intangible assets and results in a European Contract Research Organization. Beitrag auf der Joint German-OECD Conference Benchmarking Industry-Science Relationships, 16.-17. Oktober 2000, Berlin

Koch G, Lindner HG, Ozcelik S (2008) Die Wissensbilanzierung. http://www.seneca.de/dl/wissensbilanz.pdf. Zugegriffen im Mai 2011

Landry R, Amara N (2003) Effects of Sources of Information on Novelty of Innovation in Canadian Manufacturing Firms. In: Fred Gault (Hrsg) Understanding Innovation in Canadian Industry. Kingston, Ont.: Queen's University: 67-110

Legrand L, Chatrie I (1999) Business networks in the knowledge-Driven Economy. Brussels, European Commission, Luxemburg

Lichtenthaler U, Lichtenthaler E (2009) A Capability-Based Framework for Open Innovation: Complementing Absorptive Capacity. In: Journal of Management Studies, Bd 46, Nr 8: 1315-1338

MERITUM (2002) Guidelines for managing and reporting on intangibles (Intellectual Capital Report). Airtel-Vodafone Foundation, Madrid. http://www.costingforum.dk/files/pdf_filer/MERITUM_Guidelines.pdf. Zugegriffen im September 2010

Muller E, Vladova G (2010) A Process-Oriented Tool Development in the Open Innovation Paradigm. Paper accepted for the poster session of the 16th Americas Conference on Information Systems. 12.-15. August, Lima, Peru

Nonaka I, Takeuchi H (1995) The Knowledge-Creating Company. Oxford University Press, New York

Porschen S (2008) Austausch impliziten Erfahrungswissens: Neue Perspektiven für das Wissensmanagement. VS Verlag für Sozialwissenschaften, Wiesbaden

Speckbacher G, Halatek-Zbierchoswi M (2002) Wertemanagement in Cee – Insights, Facts & Figures. Institut für Unternehmensführung der Wirtschaftsuniversität Wien, Wien

Strina G (2010) Zu Messbarkeit nicht-quantitativer Größen im Rahmen unternehmenskybernetischer Prozesse. Habilitationsschrift, RWTH Aachen University (im Druck)

Sveiby KE (2001) Methods for measuring intangible assets, updated updated 27. April 2010. http://www.sveiby.com/articles/IntangibleMethods.htm. Zugegriffen im Mai 2010

Sveiby KE (1998) Wissenskapital, das unentdeckte Vermögen. MI Verlag, Landsberg

Vanhaverbeke W, De Jong J, van der Vraude V, de Rochement M (2008) Open Innovation in SMEs: Trends, motives and management challenges. http://www.entrepreneurship-sme.eu/pdf-ez/H200819.pdf. Zugegriffen im April 2009

Vladova G, Adelhelm S (2009) Informal knowledge flows in open innovation: both a blessing and a curse? Paper at the 2nd ISPIM Innovation Symposium – „Stimulating Recovery – The Role of Innovation Management". New York, 6.-9. Dezember 2009

von Hippel E (1987) Cooperation between rivals: Informal know-how trading. In: Research Policy. Nr 16/ 1987: 291-302

Wuppertaler Kreis e.V. (2000) Wissensmanagement in mittelständischen Unternehmen. Deutscher Wirtschaftsdienst. http://www.wkr-ev.de/leitfaeden/bericht 54.pdf. Zugegriffen im September 2010

Kommentar zum Hauptartikel „Über die Messung von Intellektuellem Kapital"

Was man nicht messen kann, kann man dennoch managen[1]

Günter Koch

1 Ist Intellektuelles Kapital überhaupt messbar?

Die Autorinnen des Artikels *Über die Messung von Intellektuellem Kapital* haben sich ihrem Thema mit erkennbar den Schwierigkeiten genähert, die uns Wissensökonomen seit Jahren quält: So etwas wie eine Messmethode zur Bestimmung des Intelligenzquotienten eines Unternehmens, einer Organisation, einer Region, einer Nation, kurzum den Konstituenten der Wissensgesellschaft zu identifizieren. Der Autor proklamiert seit Jahren, dass im Kennzahlensortiment zur Steuerung von Organisationen neben den i.a.R. klassischen Führungsparametern wie Umsatz, Ertrag, Kapitalrendite etc. es eine Größe geben müsste, mit der sich *das Wissen* z. B. eines Unternehmens messen und die Veränderung des *Wissens* als Kriterium zur zukünftigen Ausrichtung einer wissensbasierten Organisation interpretieren lassen sollte.

In der konventionellen Aufteilung der Zuständigkeiten von Disziplinen ist jedoch die ökonomische Perspektive nur eine unter vielen. Wissen lässt sich per definitionem nicht nur einer Disziplin zuweisen. Aber was heißt hier *per definitionem*? Das einfache Experiment einer Befragung von intelligenten Auskunftgebern wird schnell beweisen, dass man fast so viele Definitionen einsammeln kann, wie man Interviewpartner mit verschiedenen disziplinären Qualifikationen befragt. Diese Unklarheit führt in den meisten Beiträgen zum Thema Wissensökonomie und Wissensmanagement dahin, dass gar nicht mehr der Versuch unternommen wird, eine axiomatische Definition zu liefern, oder dass der/die AutorIn wenigstens erkennen lässt, von welchen definitorischen Prämissen sie/er ausgeht.

---

[1] Der Slogan „Was man nicht messen kann, kann man nicht beherrschen/ managen" wir mehreren Autoren zugeschrieben, so in der historischen Reihenfolge Lord Kelvin, Albert Einstein oder Peter Drucker u.a.m. Mit dem Zweifel am Primat der (konventionellen) Ökonomie im Kontext dieses Artikels soll auch diese These in Zweifel gezogen werden.

S. Jeschke et al. (eds.), *Enabling Innovation*, DOI 10.1007/978-3-642-24299-1_35,
© Springer-Verlag Berlin Heidelberg 2011

Dieser Verzicht an Definition hat sogar seine Berechtigung, denn der Begriff des Wissens ist

- nicht disziplingebunden, wird aber immer disziplingebunden interpretiert
- nicht normativ: es gibt nicht *das* Wissen
- abstrakt, sowohl nach Inhalt als auch was die Verwendungsebene betrifft
- erstreckt sich *quer zu den Ressorts* (was für die Etablierung einer operativen Wissenspolitik ein relevantes, praktisches Problem darstellt)
- mit Sicherheit kein Objekt vergleichbar einem Datenbankeintrag oder, wie es die Vertreter des *Intellectual Property* begreifen, ein Rechtstitel und damit ggf. Handelsgegenstand, sondern ein Prozess, in dem Sachverhalte ständig neu (re-) konfiguriert werden. Demgemäß wird die Semantik dessen, was unter Wissen zu verstehen ist, in verschiedenen disziplinären, kulturellen und zeitlichen Kontexten unterschiedlich entwickelt.

Selbst im engeren Definitionsraum der Wissensökonomie finden wir, wie im Artikel Über *die Messung von Intellektuellem Kapital* nachzulesen ist, eine Vielfalt von Ansätzen und keinesfalls die eine klare und schon gar nicht eine einzige Festlegung vor.

Aus der Sicht der Autoren lassen sich folgende methodische Zugänge in der Definition von Wissen im ökonomischen (und evtl. soziologischen) Sinn, also, für Begriffe wie Wissenskapital, Wissensvermögen usw. unterscheiden:

1.1 Der modellbasierte Ansatz

Erfindung neuer, angepasster Modelle zur Beschreibung dessen, was man (ökonomisch) unter Wissen verstehen möchte.

Wie in jeder neu emergierenden Disziplin ist das der Ansatz der Protagonisten, die sich mit dem Thema befassen. Es gibt, wie sich aus der Literatur dazu schließen lässt, Dutzende von Modellen zur Erfassung des *Wissenswerten* einer Organisation. Der Autor war selbst Mitbegründer eines heute in Europa unter der Bezeichnung *Wissensbilanz* gängig gewordenen Referenzmodells, dessen wesentlichen Elemente sind: der (politische, gesellschaftliche und ökonomische) Kontext, die Wissensstrategie im Sinne des Setzens von Wissenszielen, das Human-, Struktur- und Beziehungskapital, die Schlüsselprozesse und der Ausweis der intangiblen Vermögenswerte = *Wissenswerte*. Das den Modellen zugrundeliegende Konzept ist, dass eine Organisation neben den klassischen Kapitalfaktoren wie Energie, Finanzen, Arbeit und (materiellen) Ressourcen auch Wissenskapital benötigt, das durch die Unternehmensaktivitäten in nachhaltiges Wissensvermögen umgesetzt und gesteigert werden soll. Da es aber für Wissen keine metrische Bemessungsgröße und damit keine Maßzahl gibt, wird das Wissensvermögen durch intellektuelle Kapazitäten, Kompetenzen, Struktur- und Beziehungskomplexitäten usw. umschrieben, die sich per repräsentativen Indikatoren näherungsweise darstellen und manchmal auch quantifizieren lassen. Sofern ein solches Modell mithilfe eines breiten Konsens den Level eines Standards erreicht, kann es auch gelingen, ein solches *Standardmodell* – ggf. in seinen Teilen – zu *normieren* und für vergleichende Betrachtungen zwischen Organisation wie auch zwischen Gebietskörperschaften – siehe hierzu die Wissensbilanzierung von Regionen – zu verwenden.

1.2 Der Ansatz der Erweiterung vorhandener Modelle.

Modelle wie sie unter 1. charakterisiert wurden, sind nicht geeignet, um innerhalb der klassischen Regelwerke der Mikro- oder der Makroökonomie Beachtung zu finden. Der klassische Ökonom, und das betrifft in der heutigen Praxis so gut wie alle (ökonomisch) Führungsverantwortlichen, deren Entscheidungen auf einem genormten Rechnungs- und Berichtswesen gestützt sein müssen, fordert einen Ausweis des Wissensvermögens, der, wenn überhaupt, sich in die bestehenden Modelle zur Beschreibung der ökonomischen Realitäten einfügt oder diese konsistent ergänzt. Das beginnt damit, dass von dieser Gruppe erwartet wird, dass Wissen sich in einem monetären Wert fassen lassen muss. Die hier verwendeten Ansätze spiegeln sich in Analogien zu bestehenden, akzeptierten Paradigmen wieder: So wie in der materiellen Güterproduktion sich in der Kette von der Idee über die Erfindung, dem Design, der Produktion und der Vermarktung eines Produktes ein Wertschöpfungsprozess darstellt, werden in einer Wissensorganisation analog Wissensprozess(schritte) identifiziert, die jeweils einen Wertschöpfungsbeitrag zum Wissensvermögen dieser Organisation leisten. Auf der Eben der Aggregation dieser Wissenswertschöpfungen bildet sich das so erzeugte Wissens-Vermögen in der Bilanz im Abschnitt *intangible Unternehmenswerte* als Ausweitung der Kategorie des Unternehmensvermögens ab. Festzuhalten und später noch zu diskutieren ist, dass Wissensprozesse, nicht zuletzt wegen ihrer Immaterialität, kaum nur den linearen oder gering-nichtlinearen Prozessen entsprechen, die bisher betriebliche Wertschöpfungsketten abgebildet haben, sondern zunehmend durch komplexe Abhängigkeitsstrukturen zu modellieren sind.

1.3 Narrative Ansätze

Ein verbreiteter Ansatz ist, Wissen dokumentarisch zu erfassen, so z.B. mittels Wikis, in der überoptimistischen Erwartung, dass dabei eine relative Vollständigkeit in der Repräsentation des organisationseigenen Wissens erreicht werden kann, sodass es für weitere formale, semantische und quantitative Aus- und Verwertungen, die noch in der Zukunft liegen mögen, gefasst und damit *berechenbar* wird. Dieser informationstheoretische Ansatz sei aus Umfangsgründen hier nicht näher ausgeführt.

Die neuere Diskussion zur Frage, wie eine Ökonomie beschaffen sein muss, um der Zeit und noch mehr der Zukunft gerecht zu werden, ist ein Anliegen, das mit immer mehr Vehemenz an Ökonomen herangetragen wird und wo sich auf volkswirtschaftlicher Ebene einige Neuerungen, so z.B. unter der Wortführerschaft des Ökonomie-Nobelpreisträgers Joseph Stiglitz, abzeichnen. Seine These kulminiert in der Forderung, das Bruttosozialprodukt, das eine Zusammenfassung aller monetär bewerteten Leistungen einer Volkswirtschaft darstellt, als zentrale Referenzgröße abzuschaffen, weil sie a) auch negativ wirkende Leistungen wie z.B.

Umweltschädigung inkludiert und b) eine zukünftige Gesellschaft nicht mehr nur nach ökonomischen Kriterien alleine zufrieden gemacht werden kann. Der Erhalt der Umwelt, eine lebenswerte Umgebung, persönliches Glück, Bildung und Kultur usw. haben als Faktoren so viel mehr an Gewicht zugelegt, dass eine Reduktion auf den monetär messbaren Aspekt eine nicht mehr vertretbare Reduktion darstellt. Andere Ökonomen wie z.B. der Geldwertheoretiker Bernhard Lietaer gehen sogar noch einen Schritt weiter und stellen eine Wertbestimmung mittels einer zentralen Währung wie dem EURO oder US-Dollar in Frage, womit nichts anderes zum Ausdruck gebracht wird, als dass in einer resilient gestalteten Welt die *Geldwertigkeit* von Grund auf in Frage zu stellen ist. Oder anders gesagt: jede Dimension der Lebensrealitäten, also unsere materielle Basis, gesunde Umwelt, kulturelle und intellektuelle Befriedigung usw. hat ihre eigene *Währung*, deren Konvertibilität permanent neu ausgehandelt werden muss.

2 Das progressive Potential der Wissensökonomie

Die europäische Union hat, sowohl in ihrer Vision für das erste Jahrzehnt des 21. Jahrhunderts – proklamiert in der sog. Lissabon-Agenda – wie auch in ihrer für das aktuelle Jahrzehnt gültigen Strategie Europa 2020, deutlich gemacht, dass das Thema Wissen und dessen Ausprägung als wissensbasierte Wirtschaft zentraler Eckpunkt für ihre Politik ist. Ebenfalls wird von dort, wie von allen hochindustrialisierten Staaten, das Mantra wiederholt, dass Innovation der erste und wichtigste Garant für zukünftigen Wohlstand ist.

In der Diskussion zu Fragen der Transformation von Gesellschaften und speziell von Volkswirtschaften in ihrer aktuellen Evolution von der Informations- in die Wissensgesellschaft wird mit gutem Grund darauf verwiesen, dass ein maßgeblicher Indikator für den wirtschaftlichen Fortschritt die *Erneuerungsdynamik* einer Volkswirtschaft ist. Dabei geht es keinesfalls nur um eine Restitution im ökologischen Sinne, sondern vor allem um die Fähigkeit zu Innovieren und Innovationen in die Tat und in die Praxis umzusetzen. Die Wissensökonomie inkl. Wissensmanagement als Teildisziplin liefert dafür eine effiziente Basis, indem sie die Rahmenbedingungen für erfolgreiches Innovieren in dreierlei Hinsicht ermöglicht:

1. *Wissensbilanzen* (engl. Intellectual Capital Reports) als eine Form von Beschreibung von Wissenspotentialen und –ressourcen öffnen Einsichten, in welchem Kontext und mit welchem *Kapital* – z.B. Humankapital – Innovation ermöglicht und organisiert werden können.
2. *Innovationsmanagement* ist eine Form von Wissensmanagement – und vice versa. Geht es doch im Innovationsmanagement darum, intellektuelle Potentiale auszuschöpfen und zur Entfaltung zu bringen, und dies auf eine Weise, dass am Ende dabei *etwas herauskommt.*
3. Da Wissen kein Objekt sondern ein Prozess in ständiger Weiterentwicklung ist und demgemäß *Wissensmanagement* damit befasst ist, viele Elemente und

Einflussfaktoren – in Kombinationen – zu steuern und zu verfolgen, handelt es sich hier um eine Form des Managements mit einem Teilziel des *Aufbaus von Wissensvermögen*, die am besten das reflektiert, was Innovationsforscher für das adäquateste Modell für erfolgreiche moderne Innovationssysteme halten: Netzwerke konstituiert von verschiedenen Akteuren (Wissensinhabern) und Agenten jenseits klassischer Ordnungen, wie sie z.B. in konventionell geführten Unternehmen vorherrschen.

Die verschiedenen Versionen von Open Innovation Szenarien repräsentieren diesen fundamentalen Paradigmenwandel: Innovationsgewinner sind die, die am schnellsten erkennen, welche *Orchester* durch Vernetzungen hier möglich und wie diese zum gemeinsamen Spiel zu bringen sind. Am eindringlichsten demonstrieren dies Unternehmen wie Apple oder Google, die mit zwar unterschiedlichen Zielsetzungen und Geschäftsphilosophien, aber im Prinzip mit gleichen Motivationsmethoden es verstehen, das Innovationspotential nicht nur der eigenen, sondern vor allem der vielen freien Erfinder z.B. von Applet-Programmen für sich arbeiten zu lassen.

Zusammenfassend lassen sich durch die hier geführte Diskussion des Beitrags Über die Messung von Intellektuellem Kapital folgende Thesen für den Forschungs- und Bildungsstandort Deutschland ableiten:

* Alle Zeichen stehen dafür, dass die Zukunftsgesellschaft sich als Wissensgesellschaft verstehen wird und deshalb konsequenterweise die Entwicklung einer disziplinär eigenständige Wissenspolitik, Wissens-Soziologie und Wissensökonomie auf die Agenda politischer Reformprogramme gesetzt werden muss.
* Die Wissensökonomie und –soziologie mit eigenständigen wissenschaftlichen Programmen befinden sich erst am Beginn ihrer Selbstfindung. Es handelt sich um eine Agenda einer transdisziplinären Formierung eines neuen Gesellschafts- und Wirtschaftsverständnisses, das sich, vorhersagbar, Hand in Hand mit der (R)Evolution der Wirtschaftswissenschaften entwickeln wird. Die Beobachtung der Forderung nach einem neuen *großen Wurf* in der Modellierung und Theoriebildung wirtschaftlicher Systeme in Kohärenz mit den Forderungen nach ökologischer, sozialer, demokratischer und Glücks-ausgeglichener Balance bedingt auch, dass die intellektuellen Kapazitäten gesteigert werden müssen, um eine solche ganzheitlichere Strategie jenseits der klassischen Wirtschaftssysteme zu entwickeln und umzusetzen.
* Wenn es stimmt, woran niemand zweifelt, dass Innovation *der* differenzierende Wettbewerbsfaktor in einer globalen und sich beschleunigenden Entwicklung zukünftiger Gesellschaften und Ökonomien sein wird, so muss in der Bildungsrepublik Deutschland weit intensiver als bisher an der Zusammenführung der Konzepte eines zukünftigen *Innovationsmanagements* nach Philosophien wie der *Open Innovation* und eines *Wissensmanagements* als Teildisziplin der *Wissensökonomie* und dies im Rahmen eines paradigmenverändernden Reformprozesses zur Schaffung der *Wissensgesellschaft* gearbeitet werden. Die Diskussion zur Frage der bisher nicht gelösten Messbarkeit von Wissen bzw. Wissensvermögen liefert dazu einen, vielleicht sogar *den* stimulierenden Impuls.

Unternehmerische Innovationstätigkeit im Spannungsfeld typischer Dilemmata – Gestaltungsfelder des Knowledge und Intellectual Capital Management

Hans-Georg Schnauffer

Abstract

Innovationsfähigkeit ist die entscheidende Erfolgsgröße nachhaltiger Wettbewerbs-fähigkeit. Sie basiert in vielerlei Hinsicht auf dem intellektuellen Kapital der Organisation. Dem Management des intellektuellen Kapitals kommt damit eine hohe Bedeutung zu. Dies gilt insbesondere im Hinblick auf die Ausbalancierung der systemimmanenten Zielkonflikte (Dilemmata), in deren Spannungsfeld Innova-tionsfähigkeit zu gestalten ist.

Der Beitrag stellt diese Dilemmata dar und zeigt mögliche Gestaltungsansätze des Intellectual Capital Managements auf. Als zentrale Herausforderung wird angesichts der vielen denkbaren methodischen Ansätze die integrierte und an den jeweiligen organisatorischen Kontext angepasste Gestaltung ausgewiesen. Im Rahmen der Herstellung von anschlussfähigen Lösungen wird insbesondere auf je eine Morphologie der Wissensarten sowie der Innovationsarten Bezug genommen. Im Ausblick wird eine Idee vorgeschlagen, die den universitären Rahmen der Wissensvermittlung über die akademische Ausbildung hinaus weiterführt und so einen zusätzlichen Ansatz des kontinuierlichen Transfers von Innovationsimpulsen der Wissenschaft in die Praxis darstellen könnte. Von derart verbesserten Rah-menbedingungen könnte die betriebliche Innovationsfähigkeit insgesamt profitieren.

1 Fokus des Beitrages: Welche Aspekte und Maßnahmen des Intellectual Capital Managements fördern Innovationsfähigkeit?

Unter Innovationsfähigkeit soll in Anlehnung an das Verständnis im IMO-Konsortium als die Fähigkeit verstanden werden, innovative Leistungen für Markt und Kunden zu generieren, mit denen eine nachhaltige Entwicklung des jeweiligen Unternehmens sichergestellt werden kann.[1]

---

[1] Zur Definition des Begriffs der Innovationsfähigkeit vgl. Trantow et al. (in diesem Band). Zur Beschreibung des Projektes „International Monitoring" (IMO) vgl. http://www.international-monitoring.com/en/project/goals-and-benefit.html.

S. Jeschke et al. (eds.), *Enabling Innovation*, DOI 10.1007/978-3-642-24299-1_36,
© Springer-Verlag Berlin Heidelberg 2011

Fokus des Beitrages ist die betriebliche Sicht auf den IMO-Themenbereich *Enabling Innovation* entlang der Leitfrage:

Welche Aspekte und Maßnahmen des Intellectual Capital Managements (kurz: IC-Management) fördern die Innovationsfähigkeit und die Innovativität eines Unternehmens?

Die Diskussion dieser Frage erfolgt unter einer wissens- beziehungsweise Intellectual Capital-orientierten Perspektive vom Standpunkt des praktischen Innovationsmanagements eines Unternehmens.[2]

Außerhalb des Fokus dieses Beitrages stehen damit übergeordnete Aspekte der Innovationsfähigkeit, wie sie auch in verschiedenen Kontexten des IMO-Projektes betrachtet werden. Dies betrifft beispielsweise soziale, gesundheitliche, regionale oder gesellschaftliche Innovationen, also all diejenigen Aspekte, bei denen die Innovationsfähigkeit herstellenden Systeme nicht im engeren Sinne marktwirtschaftlich agierende Unternehmen sind.[3]

Das Ziel dieses Beitrages besteht in der Ausleuchtung der systemimmanenten Herausforderungen und Potenziale des etablierten industriellen Innovationsregimes unter dem Blickwinkel des Umgangs mit den Humanpotenzialen als Schwerpunkt des intellektuellen Kapitals einer Organisation. Innerhalb der Kategorie *Humanpotenziale* wiederum wird insbesondere auf fachliches Wissen und Fachkompetenzen Bezug genommen, da Innovationsfähigkeit in besonderem Maße davon abhängt.

Basierend auf aggregierten Beobachtungen und Erfahrungen im praktischen Innovationsmanagement werden generische Spannungsfelder bzw. Dilemmata dargestellt. Darauf aufbauend weisen Gestaltungskorridore Ansatzpunkte aus, in denen das IC-Management relevante Impulse für die Innovationsfähigkeit setzen kann.

Quellen für die hier dargestellten Praxis-Referenzen sind Ergebnisse und Erkenntnisse des Autors aus dem deutschen Verbundforschungsprojekt „Innohow" (vgl. Schnauffer et al. 2004, 10) sowie aus diversen Beratungsprojekten[4] einschließlich mehrerer, im Kontext der Erstellung des Beitrages gezielt geführter Gespräche mit Praxis-Vertretern im operativen Innovationsgeschehen.

2 Zur Bedeutung von Intellectual Capital (IC) und IC-Management für die Innovationsfähigkeit

Innovation basieren im weitesten Sinne auf Neuerungen, denen wiederum stets eine Komponente der Erweiterung der organisationalen Wissensbasis zugrunde

---

[2] Zum Überblick über den Stand der Forschung und Praxis des Intellektuellen Kapitals vgl. Kneisel und Rößel (2009).

[3] Zu Bedeutung und Zusammenhang von Intellektuellem Kapital und makroökonomischen Betrachtungen vgl. Pawlowsky (2009).

[4] Diese Beratungsprojekte wurden durch den Autor in seiner Rolle als Abteilungsleiter für Wissens- und Innovationsmanagement am Fraunhofer IFF geleitet. Sie unterliegen der Vertraulichkeit. Die Quellen können daher nicht spezifisch zitiert werden. Schwerpunkt dieser Projekte waren mittlere und größere Industrieunternehmen im deutschsprachigen Raum mit hohem Technologie-Bezug.

liegt. Dieses Wissen stellt in seiner Wertigkeit für die organisationale Innovationsfähigkeit intellektuelles Kapital dar, wenn es für das Unternehmen nutzbar und in Wertschöpfung übersetzbar ist. Der Aspekt der stetigen Entwicklung und Nutzbarmachung des IC stellt im Kontext der Innovationsfähigkeit eine besondere Herausforderung des IC Managements dar.

Der Grund liegt in der Natur der Entstehung von Innovationen. Der Innovationsprozess ist der Knotenpunkt für neues Wissen, hier laufen neue Anforderungen der verschiedensten Quellen zusammen und initiieren die Suche nach neuen Lösungen. Die Akteure, die im Kontext der Innovationsfähigkeit arbeiten, haben im Vergleich zu den anderen Bereichen der Belegschaft meist die längsten und teuersten Ausbildungen durchlaufen. Ihre Wissensdomänen sind fachlich so komplex und fortgeschritten, dass sie von Außenstehenden kaum nachvollzogen werden können.

Zusätzlich ist in diesen Bereichen die Halbwertszeit des Wissens aufgrund der Entwicklungsdynamik oft besonders kurz. Aus diesem Grunde stehen die beteiligten Akteure unter ständigem Druck, ihr Wissen und damit das intellektuelle Kapital zu erweitern. Doch je spezialisierter die Wissensdomänen sind, umso schwieriger wird es, die neuen Erkenntnisse, die einer innovativen Lösung zugrunde gelegt werden sollen, aus der Literatur, Weiterbildungskatalogen oder anderen klassischen Wissensquellen zu entnehmen. Vielmehr muss dieses Wissen beispielsweise meist

- aus anderen Quellen erschlossen werden (bspw. Experten-Datenbanken, Hersteller-Dokumentationen, Wissenschaft, etc.),
- entlang wesentlich gezielterer Fragestellungen recherchiert werden (bspw. bezogen auf sehr spezifische Kombinationen aus Fachgebieten und Anwendungsgebieten),
- stark interdisziplinär betrachtet werden (bspw. bezogen auf Kombination mit anderen Fachbereichen) und folglich
- in relevantem Umfang selbst erarbeitet werden.

Hintergrund dieser reduzierten Wirksamkeit der etablierten Formen und Formate der Wissensentwicklung und des Wissenstransfers sind die spezifischen Charakteristika des Wissens, das im Kontext der Innovationsfähigkeit besondere Relevanz besitzt. Die folgende Morphologie liefert eine Übersicht über mögliche Kategorien des Wissens und der Ausprägungen.

Vertieft man die Betrachtung entlang dieser Wissenskategorien die Ausprägungen im Kontext des für Innovationsfähigkeit relevanten Wissens, so lassen sich die o.a. Herausforderungen der Wissensentwicklung und des Wissenstransfers darauf zurückführen, dass beispielsweise hohe Anteile des Wissens nicht expliziert oder explizierbar sind. Das Wissen befindet sich selbst stets in Entwicklung und Veränderung. Relevante Wissensbereiche sind daher oft nicht-repetitiv und provisorisch. Vieles ist nicht dokumentiert, bzw. nicht veröffentlicht. Die Anschlussfähigkeit ist per se oft nicht gegeben und muss kommunikativ hergestellt werden. Experten-Netzwerke sind noch nicht etabliert, der dynamische Erkenntnisgewinn verändert die Wissensbasis schnell, darauf basierende Entscheidungen sind tendenziell ebenso schnell überholt. Im Innovationskontext stellt sich das Wissen als besonders volatile Ressource dar mit entsprechenden Herausforderungen an deren Management.

Sichtbarkeit des Wissens	Explizit		Implizit, aber explizierbar		Implizit, nicht explizierbar
Art des Wissensinhalts	Fachwissen		Methoden- und Prozesswissen		Überblicks- / Metawissen
Wissensreifegrad	Kennen-Wissen ("Know that")		Können-Wissen ("Know how")		Erfahrungswissen ("Know why")
Wissensvalidität	Konformes ("wahres") Wissen				Non-konformes Wissen (Meinung)
Wissensbesitz	Eigenwissen (selbst wissen)				Meta- / Vernetzungswissen (wissen, wer was weiß)
Wissensformat	Informationen, IT-Content	Kompetenz, Können		Zusammenarbeit	Kultur
Wissenstransfer	Kodifizierung des Wissens und der Wissensprozesse			Personalisierung des Wissens und der Wissensprozesse	
Wissensdynamik	Stabiles Wissen			Provisorisches Wissen	
Wiederholungscharakter	Repetitives Wissen			Nicht-repetitives Wissen	
Wissensweiterentwicklung	Thematische Vertiefung (Spezialisierung)		Thematische Verbreiterung		Interdisziplinarisierung

Abbildung 2.1: Morphologie von Wissenskategorien – Dimensionen und Ausprägungen[5]

Zusätzlich zu den Herausforderungen beim IC-Management im Kontext der Innovationsfähigkeit ist die Bedeutung insbesondere für die langfristige Innovationsfähigkeit hervorzuheben. Sie resultiert aus dem Tatbestand, dass grundlegende Innovationen, die ganze Technologie- und Produktgenerationen betreffen, in besonderem Maße vom Auf- und Ausbau des Wissens und der Kompetenzen abhängen. Aus diesem Grunde beginnt die Time to Market als einer der wichtigen Key Performance Indikatoren für Innovationsfähigkeit gerade bei grundlegenden Entwicklungen stets mit dem Know-how Aufbau. Hier liefert der Reifegrad des Wissens- und IC-Management einen direkten Beitrag für die Innovationsfähigkeit des Unternehmens.

Im Folgenden sollen die nun hergeleiteten Herausforderungen im Umgang mit dem intellektuellen Kapital im Kontext der Innovationsfähigkeit sowie deren Bedeutung für die nachhaltige Fähigkeit zum Aufbau von innovationsrelevantem Wissen anhand typischer Spannungsfelder der betrieblichen Realität weiter kontextualisiert werden. Diese Spannungsfelder im Rahmen der Erzeugung von Innovationen betreffen viele Unternehmen und Mitarbeiter der innovierenden Bereiche. Aufgrund ihrer antagonistischen Pole haben sie den Charakter von Dilemmata.

Mit der Betrachtung dieser Dilemmata im betrieblichen Innovationsmanagement soll außerdem eine logische Brücke zum IMO-Referenzrahmen der globalen Dilemmata (vgl. Hansen et al. 2010, 56ff; Trantow et al. 2010, 314ff) geschlagen werden. Auf dieser Basis wird dann zu reflektieren sein, welche Gestaltungsfelder Optionen der Weiterentwicklung des IC im Sinne der Innovationsfähigkeit darstellen. Ohne Anspruch auf Vollständigkeit sei im Folgenden eine Reihe von Beispielen vorgestellt, die zum einen insbesondere die Ebene des Unternehmens

---

[5] In Anlehnung an Schnauffer und Staiger (2006, 39). Zu weiteren Dichotomien des Wissens vgl. Heisig (2009, 8).

betreffen (Kapitel 3), und zum anderen die operative Ebene im Innovationsprozess, bzw. -projekt oder den Entwickler selbst (Kapitel 4).

3 Typische Dilemmata im betrieblichen Innovationsmanagement auf Unternehmensebene

3.1 Evolutionäre Weiterentwicklung versus Sprunginnovation

Jede technologische Basis eines Produktes unterliegt evolutionären (Weiter-) Entwicklungen und disruptiven Entwicklungen (Sprunginnovationen). Disruptive Entwicklungen finden auf verschiedenen Ebenen statt. Während auf der obersten Ebene ganze Wirtschaftsbereiche vergehen oder neu entstehen (vgl. beispielsweise die sog. *digitale Revolution*[6]), verändern andere Sprunginnovationen Teilaspekte bestehender Produkte (vgl. beispielsweise Elektromobilität oder LED Beleuchtung). Während sich evolutionäre Entwicklungen meist logisch aus dem Status Quo ableiten und infolge dessen für das Unternehmen aus einer Wissensperspektive in Reichweite liegen, bedürfen Sprunginnovationen in der Regel des längerfristigen Know-how Aufbaus. Den daraus resultierenden höheren Aufwänden und Risiken stehen entsprechend längerfristig nutzbare Chancen auf Wettbewerbsvorteile gegenüber.

Viele Unternehmen stehen damit im Dilemma, die knappen Innovationsressourcen hinsichtlich der kontinuierlichen Weiterentwicklung (schnellerer Return on Invest (ROI), geringeres Risiko, geringere Marge) versus der Vorbereitung von Sprunginnovationen (langfristiger ROI, höheres Risiko, höhere Marge) ausbalanciert zu verteilen.[7]

Die möglichen Beiträge des IC-Managements sind in diesem Kontext insbesondere strategischer Natur. So sind hier die Kenntnis und die Entwicklungen der Kernkompetenzen des Unternehmens relevant, das Wissen um Trends und Wettbewerb, sowie darauf aufbauend die Festlegung der langfristigen Entwicklungspfade. In Bezug auf den frühzeitigen Know-how Aufbau kommt der Personalstrategie und -entwicklung eine große Bedeutung zu. Schließlich ist die Frage, wie disruptiv sich eine neue Technologie nach innen darstellt, meist mit der Frage gekoppelt, mit wie viel Vorlauf die entsprechenden Maßnahmen eingeleitet werden können.

---

[6] Mit dem Begriff der digitalen Revolution wird in der Regel die Durchdringung durch den Computer auf breitester Front beschrieben. Dabei handelt es sich zwar um eine dramaturgische Überzeichnung, dennoch sind im Ergebnis völlig neue Branchen und Wirtschaftszweige entstanden.

[7] Der Umgang mit diesem Dilemma ist in praxi sehr unterschiedlich. Während viele Unternehmen das Risiko des langen und ungewissen Vorlaufes scheuen und sich auf die Ausbeutung der Reserven bestehender Technologien beschränken, investieren Technologieführer frühzeitig in Know-how Aufbau unter Inkaufnahme gewisser Fehlschläge. Nur wenige Unternehmen setzten jedoch vollständig auf Technologiesprünge, in der Regel sind dies Technologie-Start-up Unternehmen.

So bietet die Kopplung der strategischen Unternehmensentwicklung an den Auf- und Ausbau der Kernkompetenzen und dahinter liegend dem Wissensaufbau auf Ebene der Experten den nachhaltigsten Gestaltungshebel, der jedoch entsprechend viel Zeit in Anspruch nimmt. Diesen Anspruch bedienen viele Unternehmen mit Kompetenzmanagement-Ansätzen, sowie Fach- und Expertenkarriere-Modellen, die im Sinne einer Lernenden Organisation an die Unternehmensstrategie gekoppelt sind und deren Transmissionsriemen zum Know-how Aufbau darstellen. Auch Kooperationen mit Hochschulen und Forschungseinrichtungen stellen probate Ansätze des koevolutiven Wissens- und IC-Aufbaus dar. Mögliche Kooperationsformen reichen von Forschungs- und Entwicklungsdienstleistungen über die gemeinsame Entwicklung bis hin zur Übernahme von Personal.

3.2 Innovation im Labor versus Transfer ins Feld

Im Forschungs- und Entwicklungsbereich werden Innovationen bis zur Markt- und Produktionsreife ausgearbeitet. Mit dem *Start of Production* bzw. der Überführung einer Innovation aus dem unmittelbaren Kontext der Entwicklung und der Entwickelnden ist eine vieldimensionale Aufgabe des Transfers verbunden. Der Vertrieb muss Merkmale und Vorteile vermitteln lernen, die Produktion oder Montage muss die Herstellung erlernen, der Service muss die Wartung beherrschen. Dieser Transferprozess ist in vielerlei Hinsicht ein Prozess des Know-how Aufbaus und des Wissenstransfers. Er findet analog mit und bei den involvierten Lieferanten statt.

In besonderem Maße stellt sich diese Transfer-Herausforderung bei Prozessinnovationen. Hier sind oft die zentralen Wertschöpfungsprozesse betroffen, die für Entwicklungsversuche unterbrochen werden müssen. Bei Herstellern von Materialen und Halbzeugen liegt in der Schaffung und Optimierung der industriellen Herstellung ein Kern der Innovationsfähigkeit. Bei solchen Innovationen, bei denen die Skalierung aus dem Labor-Kontext des FuE-Bereichs in den Produktionsbereich einen signifikanten Teil der Innovation ausmacht, basiert die Innovationsfähigkeit insgesamt zu einem großen Teil auf der organisationalen Fähigkeit, diese Arbeiten am *laufenden Motor* durchzuführen und zu einem Stichtag, dem Zeitpunkt der Markteinführung, verfügbar zu haben.

Hierfür müssen die Know-how Träger und Anlagen einbezogen werden, die ansonsten beispielsweise mit der Akquisition oder der Abwicklung von Kundenaufträgen befasst sind, Vorprodukte beschaffen oder Wartungen durchführen. Diese Ressourcen müssen dem operativen Geschäft entnommen werden. Viele Unternehmen stehen damit im Dilemma, dass Innovationen zwar den Umsatz von Morgen sichern, aber zunächst als Störung der laufenden Produktivität wahrgenommen werden, ähnlich wie der Ausfall einer wichtigen Anlage.[8]

Die Effektivität und Effizienz, mit der dieser Transfer vom Labor ins Feld gelingt, hat entscheidenden Einfluss auf die Innovationsfähigkeit der Organisation.

---

[8] Dies ist evidentermaßen eine vorübergehende Wirkung, die jedoch im Kontext einer voll ausgelasteten Produktionskapazität eine relevante Hürde darstellt.

Beiträge des IC-Managements können in diesem Bereich personaler und prozessualer Natur sein. Auf der personalen Ebene besteht in der Herstellung von personeller Kontinuität ein Transferansatz. So kann beispielsweise die Rolle des Produktmanagers, wenn sie nicht ohnehin parallel zur Entwicklung mitgeführt wurde, aus der Rolle des Leiters des Entwicklungsprojektes besetzt werden. Prozessual hilft, den zeitlichen Vorlauf des Transfer zu strecken und möglichst frühzeitig zu beginnen. So können beispielsweise im Rahmen von Planungen und Tests der Produktions- und Servicefähigkeit das Personal der jeweiligen Bereiche direkt mit eingebunden werden. Schließlich bieten gerade im Kontext komplexerer Produkte die heute verfügbaren Formate des Produktdatenmanagements, der Produktdokumentation und des Trainings neue Möglichkeiten des Transfers.[9]

3.3 Geheimhaltung bzw. Sicherung der Intellectual Property Rights versus Einbindung von externen Experten, Innovationspartnern, Lieferanten und Kunden

Innovierende Unternehmen sind darauf angewiesen, ihre im Gegenzug für ihre Investitionen in FuE einen entsprechenden ROI zu erwirtschaften. Dies setzt voraus, dass zum Zeitpunkt des Markteintritts für eine hinreichend stabile Differenzierung gegenüber dem Wettbewerb (*Unique Selling Proposition*) gewährleistet ist. Zu früh nachziehende Wettbewerber gefährden diese Phase. Daraus resultiert ein vitales Interesse, Innovationsvorhaben und –inhalte im Allgemeinen und die dahinter stehenden Intellectual Property Rights (IPR) im Besonderen zu schützen.

Systemisch betrachtet ist die Überführung von Ideen in Innovationen prozessual an diverse Fremdreferenzen gekoppelt, die eine systematische Filterung und Veredelung der initialen Innovationsansätze sicherstellen. Diese Kopplungspunkte sind zwangsläufig außerhalb des innovierenden Systems im engeren Sinne, wie Geschäftsführung, FuE-Bereich, Konstruktion. Sie dienen der Einbindung externen Wissens, der Erhebung der Kundenbedarfe und des Kundenfeedbacks, sowie der Entdeckung und Priorisierung von alternativen Umsetzungsoptionen. Neuere Entwicklungen gehen bei Öffnung und Beteiligung externer Referenzen soweit, dass bereits der gesamte Ideenentstehungsprozess vollständig offen durchgeführt wird und damit von vornherein transparent ist, welche Ideen und Konzepte in die Innovations-Pipeline eines Unternehmens eingespeist werden.[10]

Unternehmen stehen damit dem Dilemma gegenüber, dass die gewünschte Orientierungshilfe dann umso belastbarer zustande kommt, je konkreter sie den Schleier des Innovationsvorhabens lüften. Diese Öffnung erschwert den Schutz der Intellectual Property Rights und erhöht das Risiko, das der Wettbewerb frühzeitiger auf die eigenen Entwicklungen aufmerksam gemacht wird und entspre-

---

[9] Vgl. beispielsweise Video-basierte Bedienungsanleitungen, CAD-basierte 3D-Montage- und Serviceanleitungen, sowie Trainingssimulationen, ggf. Virtual Reality- oder Augmented Reality basiert.

[10] Diesen Trend beschreiben die diversen Ansätze der Open Innovation (vgl. bspw. Reichwald und Piller 2009, 115ff).

chend reagieren kann. Für das IC-Management liegt die Herausforderung in der Wahrung der IPR durch eine explizite Festlegung der Grenze zwischen Öffnung und Abgrenzung. Für die Öffnung eignen sich kombinierte online- und offline-Maßnahmen (vgl. Reichwald und Piller 2009, 115ff). Schwieriger sind Maßnahmen des Schutzes und der Abgrenzung. Sie setzen inhaltliche Transparenz und ein gemeinsames Verständnis über dergestalt schutzwürdiger Wissensbereiche voraus. Diese Frage können viele Unternehmen im Kontext von Innovationen nur schwer beantworten. Dennoch bilden sie die Voraussetzung, um für das sensible Wissen dann klare interne Schutzmechanismen zu etablieren.[11]

4 Dilemmata auf operative Ebene von Innovation und Entwicklung

Die folgende Auflistung von Dilemmata referenziert Beispiele auf der operativen Ebene des Innovationsprozesses, eines einzelnen Innovationsprojektes und der Person des Entwicklers.

4.1 Kreative Freiheit versus Zeit- und Kostendruck

Die Innovationsfähigkeit der Organisation basiert im Kern stets auf kreativen Potenzialen der Mitarbeiter. Die Möglichkeit, auf Basis des eigenen Wissens Ideen zu entwickeln und umzusetzen, ist gleichermaßen Motivationsquelle für den Mitarbeiter und Grundlage der Innovationsleistung des Unternehmens.

Während Kreativität per se zunächst immer ungerichtet ist, ergibt sich Innovationsleistung physikalisch betrachtet aus dem Quotient aus Innovationsarbeit pro Zeit. Viele Entwicklungsbereiche erfassen heute die Zeiten für die jeweiligen Tätigkeiten sehr genau. Dies dient nicht nur der Kostenträgerrechnung, sondern auch dem Fortschrittsmonitoring der einzelnen Entwicklungsprojekte. Personelle Entwicklungsressourcen sind oft zu 100% verplant. Damit würde die Zeit für das Aufgreifen und Verfolgen eigener Ideen die ohnehin knappe operative Entwicklungskapazität verdrängen. Zusätzlich resultieren aufgrund des einem jeden Innovationsvorhaben inhärenten Überraschungspotenzials leicht Engpass-Situationen, die Stress- und Überlastungseffekte nach sich ziehen.[12]

Für die Entwickler ergibt sich daraus das Dilemma, dass eigene Ideen und Inventionen außerhalb dieser Kontingente faktisch nicht realisierbar sind, außer

---

[11] Die Sicherung der Intellectual Property Rights birgt in sich das Dilemma, dass zur Sicherung des Rechtes zumindest in Ansätzen die Offenlegung der Lösung erforderlich ist, die wiederum die Nachahmung erleichtert. So ist beispielsweise genau zu prüfen, in welchen Fällen eine Patentanmeldung tatsächlich einen wirksamen Schutz bietet, oder ob die Risiken der Veröffentlichungen zu hoch sind.

[12] Inzwischen haben diverse Studien nachgewiesen, dass der Arbeitsplatz in der Regel kein Ort der Kreativität ist. Vielmehr findet gerade auf die Arbeit bezogene Kreativität in Momenten der Ruhe statt (vgl. bspw. Gerlach et al. 2010).

entweder in außerbetrieblicher Eigenleistung oder über die Ingangsetzung eines Beantragungsprozesses, über den diese Kapazitäten dann offiziell zur Verfügung gestellt werden. Letzteres ist für viele Vorhaben eine zu große Hürde.

Ein weiterer Aspekt dieses Dilemmas der knappen Zeitressourcen besteht in den Einschränkungen der persönlichen Weiterentwicklung des eigenen Wissens, was wiederum eine weitere wichtige Voraussetzung für die nachhaltige Innovationsfähigkeit sowohl auf individueller, also auch auf organisationaler Ebene ist. Dieses Wissen proaktiv aufzubauen und kontinuierlich weiterzuentwickeln bedarf zeitlicher Ressourcen, die mit den Zeitkontingenten für operative Entwicklungstätigkeit konkurrieren.[13]

Das IC-Management kann hier beispielsweise mit der Integration von Zeitkontingenten oder darüber hinaus gehenden Fördermöglichkeiten, die dediziert für die persönliche Weiterbildung oder die Entwicklung eigener Ideen zur Verfügung gestellt werden, Rahmenbedingungen schaffen. Aber auch die Möglichkeit, eigene Ideen durch interne Vernetzung online und offline zu reflektieren und auszutauschen, ist eine wichtige Vorstufe für die offizielle Adressierung bei geeigneten Stellen, die dann wiederum entsprechende Prozesse auslösen.

4.2 „Der Weg entsteht beim Gehen" versus Prozessorientierung

Innovationsmanagement-Ansätze favorisieren in Theorie und Praxis für den Prozess von der Idee zur Innovation ein Vorgehen entlang durch Bewertungsmeilensteine (*stage gates*) klar getrennter Phasen und Prozessschritte mit definierten Input-Output Beziehungen (vgl. Cooper 1988, 238ff; Cooper 2001, 113ff). Damit wird ein Moment der Formalisierung und Standardisierung mit allen Vor- und Nachteilen bürokratischer Routinen etabliert, die von den beteiligten Experten geleistet werden muss.

Gerade im Innovationsbereich, der sich per se durch ein hohes Maß an nichtrepetitiven Aufgaben auszeichnet, können die Nachteile der Standardisierung zu Buche schlagen. So setzen bereits die Einstiege in den Prozess definierte Initialisierungskriterien voraus. Wird deren Erfüllung nicht plausibel nachgewiesen, ersticken potenziell interessante Ansätze im Keim. Diese Bewertung wiederholt sich analog bei den Stage Gates entlang der weiteren Prozesskette. Hierbei werden die Erreichung der Ziele bezüglich Zeit, Kosten und Qualität bewertet und eventuelle Korrekturmaßnahmen bis hin zu *Go* bzw. *NoGo*-Entscheidungen festgelegt.

Bei allen damit verbundenen Vorteilen auf der Steuerungs- und Controllingebene reduzieren sich damit die Freiheitsgrade für die Reaktion auf neue Entdeckungen, Erkenntnisse und Entwicklungen. Da in aller Regel Entwicklungsvorhaben im Rahmen eines Projektes bearbeitet werden, ist der Ausgangspunkt stets eine Planung über Aufgabenpakete, Abfolgen, Meilensteine, Ressourcen sowie den damit verbundenen Kosten und Zeitbedarfen. Die Bemessungsgrundlage, die im Rahmen

---

[13] Vgl. hierzu auch die detaillierte Beschreibung des Dilemmas *Zeit für Lernprozesse versus Zeitdruck* in Trantow et al. (2011).

der Planung angewendet wurde, basiert in der Regel auf Annahmen, Analogie-Schlüssen und Schätzungen vorheriger Projekte. Weil die Entwicklungsphase eines neuen Produktes einen sehr relevanten Teil der Time to Market ausmacht, sind belastbare Aussagen für alle weiteren daran gekoppelten Prozesse (Beschaffung, Produktion, Marketing, etc.) zur Synchronisation wichtig. Aus diesen Gründen kommt der Planungsphase eine besondere Bedeutung zu.

Für den planenden Entwickler ergibt sich das Dilemma, dass er je nach Innovationshöhe in größeren Umfängen wenig bis keine Anhaltspunkte für Aufwand und Dauer zugrunde legen kann. Vielmehr müssen für derartige Bereiche Annahmen getroffen werden, ohne dass die tatsächliche Machbarkeit der unterstellten Herangehensweise validiert wurde.[14] In der operativen Entwicklungsarbeit können Planabweichungen bei oberflächlicher Betrachtung dazu führen, dass selbst exzellente Leistungen aufgrund einer im Nachhinein als nicht realisierbarer Planung als solche nicht (an)erkannt werden. Oft haftet planabweichenden Projekten zunächst immer der Makel der Minderleistung an und kehrt die *Beweislast* zuungunsten des Projektes um.

Darüber hinaus beschneiden die im Rahmen der Planung etablierten Leitplanken bei Zeit, Kosten und Qualität die Exploration der sich im Prozess ergebenden ungeplanten Lösungspotenziale. Der Entwickler bewegt sich daher stets im Dilemma der Einhaltung der Planung und der *Mitnahme* der naheliegenden, nicht geplanten Innovationspotenziale.[15]

Unternehmen mit hoher Innovationsfähigkeit schaffen es, eine gesunde Balance zwischen den Prozessen der Innovationsroutinen und der Schaffung von Rahmenbedingungen für die Wahrnehmung und Erschließung emergenter Innovationspotenziale zu finden (vgl. Staiger 2008, 184).

Seitens des IC-Managements ergeben sich diverse Ansatzpunkte. Naheliegend sind zunächst Elemente des Business Process Managements und des darauf bezogenen Qualitätsmanagements, wie beispielsweise fortlaufende Dokumentationen, Informationsflüsse, Bewertungen und angekoppelte Erfolgskriterien und Entscheidungsprozesse. Darüber hinaus kann beispielsweise die Gestaltung der Kommunikationsstruktur entlang der Prozesskette wichtige Beiträge leisten. Durch gezielte Kommunikationsmöglichkeiten lassen sich sowohl Kopplungen für prozessexterne Impulse schaffen, wie beispielsweise neue Erkenntnisse aus parallelen Projekten,[16] als auch Elemente der Reflexion, wie beispielsweise Lessons

---

[14] Viele Bereiche unterstellen gar auch für fundamentale Innovationen Prognosen, die auf Extrapolationen vergangener Innovationszyklen beruhen. Vgl. bspw. das sog. *Moore'sche Gesetz* – eine empirisch über mehrere Jahrzehnte hergeleitete Faustregel, die besagt, dass sich die Leistung von Computerchips alle 24 Monate verdoppelt. Vgl. Intel http://www.intel.com/technology/mooreslaw/index.htm sowie Wikipedia http://de.wikipedia.org/wiki/Mooresches_Gesetz. Zugegriffen im Januar 2011.

[15] Es gibt viele Beispiele erfolgreicher Innovationen, die – wären sie im Rahmen eines solchen Vorgehens initiiert worden – nie zustande gekommen wären. Dies gilt insbesondere für Innovationen, die *quer* zu den etablierten Produktbereichen verlaufen oder durch Serendipitätseffekte entstehen.

[16] Vgl. hierzu den Ansatz des Geschäftsprozessorientierten Wissensmanagements nach Heisig (2005) sowie Mertins et al. (2009), 15ff.

Learned Workshops oder After Action Reviews.[17] Werden derartige Methoden regelmäßig eingesetzt bzw. im Rahmen des Stage Gate-Prozesses institutionalisiert, befördert dieses Element der Standardisierung die Aufrechterhaltung einer ausgewogenen Balance zwischen Innovationsroutinen und kreativer Potenziale. Abschließend sei auf die Möglichkeit hingewiesen, aufgrund der strukturell vordefinierten Abläufe für anspruchsvolle Teilschritte gezielt Experten einzusetzen, deren Fokus weniger innerhalb eines Projektes liegt, sondern mehr im Bereich einer Unterstützungsleistung zu einem gezielten Aufgabenkomplex, der für mehrere Projekte übernommen wird.[18]

4.3 Spezialisierung (Spezialist) versus Kombination und Integration (Generalist)

Innovationspotenziale resultieren aus diversen Quellen. Am nächstliegenden sind in der Regel Weiterentwicklungen im Rahmen der bestehenden Technologiepfade. Hiermit geht eine zunehmende Vertiefung des Know-hows und der Expertise in diesem Bereich einher.

Die meisten Technologien unterliegen jedoch Lebenszyklen und werden bei abnehmendem Grenznutzen durch neue Technologien substituiert.[19] Derartige technologische Sprünge bedürfen analog großer Schritte beim Know-how Aufbau und bedingen daher einen zusätzlichen Spezialisierungskorridor, der in der Übergangsphase parallel mitgeführt werden muss. Nicht selten sind neue Technologien gleichbedeutend mit neuen Köpfen.

Eine weitere wichtige Quelle von Innovationspotenzialen sind Technologiekombinationen, also die Integration unterschiedlicher Technologiebereiche in Systemlösungen. Der dafür erforderliche Know-how Aufbau zeichnet sich durch eine breite Multidisziplinarität aus, die eine entsprechend universelle Ausrichtung der Know-how Träger impliziert.

Für Entwickler resultiert daraus das Dilemma, die stets knappen Möglichkeiten der eigenen fachlichen Weiterentwicklung zu nutzen, um einerseits in den etablierten Bereichen Spezialistenwissen auf- und auszubauen, und andererseits neues Wissen über Folgetechnologien oder integrierte Technologien zu entwickeln.

Gestaltungsfelder des IC-Managements sind in diesem Zusammenhang Ansätze des Kompetenzmanagements und darauf bezogener Fachkarrierewege. Aufgrund der hochgradigen Spezialisierung in vielen FuE-Bereichen stellen außerdem Möglichkeiten zur selbstdefinierten Weiterentwicklung eine wichtige Rahmen-

---

[17] Unter einem Lessons Learned-Workshop verstehen Voigt et al. (2007, 32ff). ein projektbasiertes Erfahrungslernen, dass zu spezifischen Meilensteinen durchgeführt wird. Ein solcher Workshop wirkt sich nicht nur förderlich auf die Lernbereitschaft und -fähigkeit des Einzelnen aus, sondern unterstützt vor allem auch das Erfahrungslernen der Organisation und damit das organisationale Lernen.

[18] Vgl. hierzu die Rolle des Wissenspromotors in Peters und Dengler (2004, 74ff) sowie Peters und Dengler (2010, 563ff).

[19] Dieser Zusammenhang wird durch das S-Kurven Konzept beschrieben, das von Richard N. Foster 1986 eingeführt wurde (vgl. Foster 1986, 95ff).

bedingung dar, die es auszugestalten gilt. Die Wahrnehmung derartiger Möglichkeiten impliziert wiederum die Schaffung entsprechender individueller Freiheitsgrade, die den persönlichen Stärken entsprechende Entwicklungspfade erlauben.

Im diesem Kontext stark individuell getriebener Prozesse des Kompetenzaufbaus spielen Möglichkeiten und Angebote der internen Vernetzung eine wichtige Rolle. So können Unternehmen beispielsweise Community-Ansätze etablieren, die die Vernetzung von Experten katalysieren (vgl. Schnauffer et al. 2004, 27ff; Schnauffer und Nitschke 2010, 347ff). Solche Vernetzungsmöglichkeiten fördern den Aufbau von Metawissen im Kreis der innovierenden Akteure. Hiervon profitieren insbesondere die generalistisch orientierten Experten, die Kompetenz, übergreifende Zusammenhänge zu erkennen und zu interpretieren, aufbauen. Aber auch die Spezialisten werden entlastet, indem sie ihre Spezialisierungsrichtung in Kenntnis des Expertise-Portfolios ihrer Kollegen ausrichten können.[20]

5 Reflexion und Bewertung dieser Dilemmata

Die hier beispielhaft dargestellte Auflistung von Dilemmata im Kontext der Innovationsfähigkeit ließe sich noch weiter ausdehnen. Doch vermitteln bereits diese Beispiele hinreichend, dass Innovationsfähigkeit insgesamt und die dahinter stehenden Akteure im besonderen Maße systemimmanenten Spannungsfeldern ausgesetzt sind.

In der Praxis des Innovationsprozesses stellen sich viele der hier dargestellten Dilemmata für die involvierten Akteure oft als *Business as usual* dar, sei es, weil es sich um tradierte und nicht hinterfragte Spannungsfelder handelt, die von Fall zu Fall auf individueller Ebene mit entsprechenden Reibungsverlusten *gelöst* werden, oder sei es, weil es der Organisation tatsächlich gelungen ist, gangbare Mittelwege heraus zu arbeiten, die das Dilemma der expliziten Wahrnehmung als solches entziehen. Für die empirische Forschung geht mit diesem Effekt die Herausforderung einher, dass die Dilemmata als solche kaum explizit adressiert werden und meist nur mit entsprechendem Aufwand zu beobachten sind.[21]

Innovationsfähige Unternehmen und Akteure schaffen es, sich entsprechender Maßnahmen und Methoden zu bedienen, mit denen diese Dilemmata hinsichtlich ihrer Kritikalität zwar nicht gelöst, aber zumindest gedämpft werden können. Unternehmen mit nachhaltig hoher Innovationsfähigkeit haben diese Dilemmata als Herausforderung aufgegriffen und es verstanden, pragmatische Lösungen in die organisationalen Handlungs- und Interaktionsmuster einzuarbeiten. So unterschiedlich sich diese Lösungen in praxi darstellen, so redundant ist das gemein-

---

[20] Zu Metawissen, den unterschiedlichen Metawissensprofilen von Experten und Generalisten vgl. Schnauffer et al. (2004, 29ff).

[21] Die diesem Beitrag zugrundeliegenden Erfahrungen basieren auf teilweise mehrjährigen Beobachtungen und Begleitungen von Entwicklungsbereichen und Entwicklern.

same Muster, dass diese Lösungen über Jahre hinweg entwickelt wurden und auch Gegenstand der kontinuierlichen Reflexion sind.[22]

Kennzeichnend ist weiterhin, dass die jeweiligen Ansätze in der Summe ihrer Maßnahmen sich wechselseitig referenzieren, sich also gegenseitig bedingen. Es handelt sich also bei dem Set von Maßnahmen um hochgradig unternehmensspezifisch kontextualisierte Lösungen, deren Elemente systemisch zusammenwirken. So können die Wirkungen der dargestellten beispielhaften Gestaltungsfelder nicht monokausal zugeordnet werden. Vielmehr sind beispielsweise kreative Freiräume für die Mitarbeiter dann für die Innovationsfähigkeit besonders wirksam, wenn es systematisierte Prozesse gibt, mit denen derartige Ideen und Impulse aufgenommen und beispielsweise in einen Stage-Gate Prozess überführt werden können.

Damit lassen sich für Innovationsfähigkeit unter der Perspektive der Dilemmata drei wesentliche Eigenschaften festhalten:

- Erstens stellt sich Innovationsfähigkeit als die Fähigkeit dar, im Spannungsfeld der Dilemmata das unternehmensspezifische Innovationsregime immer wieder infrage zu stellen, neuen Herausforderungen anzupassen und entsprechend weiterzuentwickeln. Innovationsfähigkeit ist damit stark pfadabhängig.
- Zweitens sind die der Innovationsfähigkeit zugrunde liegenden Maßnahmen, auf organisationaler und individueller Ebene in ihrer Kausalität nur als integriertes System beschreibbar und verstehbar.
- Drittens stellen die der Innovationsfähigkeit zugrunde liegenden Maßnahmen, mit denen die prinzipiellen Dilemmata entschärft oder gar überwunden werden, aus Sicht der involvierten Akteure meist einen blinden Fleck dar, so dass die Beobachtbarkeit sowohl der Dilemmata, als auch der Wirkung der ergriffenen Maßnahmen nur mittelbar und mit entsprechendem empirischem Aufwand möglich ist.

Alle drei Eigenschaften lassen einfach transferierbare Lösungsmuster und Handlungsempfehlungen zur Steigerung der Innovationsfähigkeit nur sehr bedingt zu. Es ist damit keineswegs hinreichend mit dem Ziel der Stärkung der Innovationsfähigkeit ausschließlich auf den Transfer methodischer Ansätze zu vertrauen, die hinreichend vielfältig zu Auswahl stehen.[23]

Umso wichtiger sind neben den Beispielen guter Praxis die genaue Beschreibung des Kontextes und der Bedingungen, unter denen die jeweiligen Ansätze ihre Wirksamkeit erweisen. Neben den üblichen Kriterien, mit denen Praxisbeispiele meist grob konturiert werden, wie beispielsweise Unternehmensgröße, Produkte oder Wirtschaftsraum, kommt für das Verständnis von Innovationsfähigkeit unter dem Blickwinkel des IC-Managements zwei Bereichen eine hohe Bedeutung zu.

---

[22] Vgl. hierzu die Status Quo-Analyse im Kreis der Unternehmen des Inno-how Konsortiums in Schnauffer et al. (2004) sowie die Bestandsaufnahme im Kreis der Unternehmen des UNIKAT-Konsortiums in Kohlgrüber et al. (2003, 16ff).

[23] Zu den verfügbaren Methoden des Wissensmanagements vgl. Heisig (2005). Auch Heisig betont die Herausforderung der kontextgerechten Auswahl und Ausgestaltung der eigesetzten Methoden (vgl. Heisig 2007, 4ff).

Dies sind zum einen die bereits dargestellten Ausprägungen der Wissenskategorien, die für die jeweilige Organisation vorherrschend sind. Zum anderen sind dies analog den Wissenskategorien die unterschiedlichen Merkmale, mit denen das in einer Organisation vorherrschende Innovationsregime beschrieben werden kann. Auch bei Innovationsregimen besteht eine große Artenvielfalt, die bezüglich der Interventionen des IC-Managements sehr unterschiedlichen Ausprägungen und Vorgehensweisen implizieren.

Diese Vielfalt möglicher Dimensionen und Ausprägungen von Innovationskategorien verdeutlicht die folgende Abbildung.

Branche bzw. Wirtschaftssektor	Rohstoffe und Halbzeuge		Investitionsgüter		Konsumgüter	Dienstleistungen	Handel	
Innovationsgegenstand	Produkt	Dienstleistung	Prozess	Technologie	Organisation	Geschäfts-modell	Politik	Gesellschaft
Innovationsstrategie	Innovationsführer ("Pionier")		Innovationsfolger ("Follower")			Kostenführer		
Innovationstreiber	Technologie			Kunde			Politik, Gesetzgebung, Vorschriften	
Innovationslieferant	Unternehmensintern		Zulieferer	Kooperationspartner	Lizenzgeber	Entwicklungsdienstleister		
Innovations-Owner	Individuum	Netzwerk von Individuen	Organisationseinheit	Mehrere Organisationseinheiten	Netzwerk von Unternehmen	Politik, Gesellschaft		
Innovationsimpuls	Zufall (Serendipitätseffekt)			Spontane Kreativität		Systematisch-Methodisch induzierte Kreativität		
Innovationshöhe	Verbesserungs- oder Inkrementalinnovation			Fortschrittsinnovation		Sprunginnovation, disruptive Innovation		
Innovationsprozess	Unsystematisiertes, chaotisches Vorgehen			Diskontinuierlicher adhoc-Prozess mit Projektcharakter		Systematisierter, kontinuierlicher Kernprozess		
Innovationspartizipation	Vollständig geschlossen ("Höchste Geheimhaltung")			Selektiv partizipativ (Peers, Kooperationspartner)		Vollständig partizipativ (Crowd- / Cloudinnovationen)		

Abbildung 5.1: Morphologie von Innovationskategorien: Dimensionen und Ausprägungen[24]

---

[24] Eigene Darstellung in Anlehnung an Hartmann und König (1996) sowie Söndgerath (2003, 14ff).

Entlang dieser Innovationskategorien ließe sich nun über die Ausprägungen ein spezifisches Innovationsprofil für ein Unternehmen erstellen. Dieses Innovationsprofil wiederum lässt sich dann mit der eingangs dargestellten Morphologie von Wissenskategorien kombinieren, so dass flankierend Schwerpunktsetzungen auf der Ebene geeigneter IC-Maßnahmen eingegrenzt werden können. So sollte es möglich sein, beispielsweise für Cluster von Geschäftsmodellen, Unternehmensgrößen und Branchen, Korrelationen abzuleiten.

Derartige Clusterungen und Konturierungen könnten die Ableitung anschlussfähiger Maßnahmenkorridore auf den Ebenen Mensch, Technik und Organisation unterstützen, die ihrerseits wiederum die Innovationsfähigkeit und das intellektuelle Kapital befördern. Die spezifische Kombinatorik aus Unternehmenskontext, Wissensprofil, Innovationsprofil, Herausforderungen für die Zukunft und Gestaltungsintervention in das intellektuelle Kapital und letztlich die Innovationsfähigkeit kontextualisiert Übertragungs- und Skalierungsansätze mit Cluster-spezifischen Rahmenbedingungen, Kontextfaktoren und Gestaltungsfeldern.[25] Deren Konkretisierung stellt aufgrund des systemischen Charakters und der erforderlichen Systemkenntnis die eigentliche Herausforderung dar. Bei der Aufbereitung derart definierter Cluster und der anschließenden Aggregation empirischer Analysen besteht relevanter Forschungs- und Transferbedarf.

Von besonderer Bedeutung für eine derartige tiefergehende Erschließung von Zusammenhängen und Mustern hoher Innovationsfähigkeit ist die systemische Betrachtung. Sie impliziert, dass die Akteure und Träger eines unternehmensspezifischen Innovationsregimes keineswegs nur Mitarbeiter der FuE-Bereiche sind. Innovationen sind eine komplexe und hoch integrierte der einzelnen Organisationseinheiten, sei es Geschäftsführung, Vertrieb, Personal, Einkauf, Produktion oder Service. Auch wenn dedizierte FuE-Bereiche per se den wesentlichen Gestaltungsbereich darstellen, so umfasst die vielschichtige Verankerung von Gestaltungsmaßnahmen zur Innovationsfähigkeit die gesamte Organisation. Dies betrifft nicht nur die aufbau- und ablauforganisatorische Dimension (Primärorganisation), sondern auch die Dimension der Projekte (Sekundärorganisation), sowie die Dimension der Netzwerke und Communities (Tertiärorganisation).[26] Innovationsfähigkeit stellt damit eine integrierte und interdisziplinäre Leistung der Gesamtorganisation dar, deren kontinuierliche Aufrechterhaltung und Weiterentwicklung ebenso integriert, kontextsensitiv und interdisziplinär zu gestalten ist. Diesem Tatbestand gilt es sowohl in der weiteren Erforschung des Themenkomplexes, als auch in der betrieblichen Gestaltung gerecht zu werden.

---

[25] Zur Herleitung systematischer Gestaltungsansätze einer wissensorientierten Organisationsstruktur vgl. Staiger (2008, 151ff).

[26] Nonaka und Takeuchi beschreiben ihren Ansatz der Hypertextorganisation mit Geschäftssystem-Schicht, Projektteam-Schicht und Wissensbasis-Schicht (vgl. Nonaka undTakeuchi 1995, 160ff). Schnauffer et al. (2004, 17ff) beziehen darauf den Ansatz der Hypertextfähigkeit.

6 Nachhaltige Innovationsfähigkeit als Ergebnis einer neuen Transfervision zwischen Wissenschaft und Wirtschaft – ein Ausblick

Die bisherige Betrachtungsebene erfolgte aus einer wissens- beziehungsweise Intellectual Capital-orientierten Perspektive vom Standpunkt des praktischen Innovationsmanagements eines Unternehmens. Die Herleitung der Bedeutung des IC-Managements für die Innovationsfähigkeit, die Kategorisierung möglicher Wissensdimensionen, die Darstellung systemimmanenter Dilemmata, sowie Ansatzpunkte für konkrete Gestaltungsoptionen des IC-Managements erfolgten entlang dieser Perspektive. Im Vordergrund stand damit die Frage, welche Gestaltungsoptionen aus betrieblicher Sicht in Reichweite liegen.

Im Kontext von Sprunginnovationen wurde bereits darauf hingewiesen, dass größere Innovationssprünge in besonderem Maße vom Know-how Aufbau abhängen und diesen bedingen. Als ein Ansatz, der für Unternehmen in Reichweite liegt, wurde die Kooperation mit Hochschulen und Forschungseinrichtungen vorgeschlagen. Solche Kooperationen stellen sich im Status quo meist entweder als Dienstleistungsauftrag, Entwicklungspartnerschaft oder gefördertes Verbundforschungsprojekt dar. Fraglich ist, ob diese Ansätze dem Kooperationspotenzial der Wirtschaft mit der Wissenschaft hinreichend gerecht werden.

Bemerkenswert ist in diesem Zusammenhang, dass der Know-how Transfer im Rahmen des *Kerngeschäfts* einer jeden Universität, nämlich der Lehre, nicht zum Kanon der etablierten Kooperationsformen mit der Wirtschaft zu zählen ist. Dieser Tatbestand sollte Anlass zur Hinterfragung der Gründe sein, beziehungsweise zur Frage, ob nicht auch ergänzende Modelle vorstellbar sind, mit denen Know-how Transfer zu Lernenden, die bereits im Beruf stehen, im Rahmen der Lehre praktiziert werden kann. Im Status quo endet dieses Format des an sich sehr wirksamen Transfers regelmäßig mit einem sog. *Abschluss*, sei es Diplom, Promotion, Bachelor oder Master.

Angesichts der universellen Bedeutung des Know-how Aufbaus für die nachhaltige Innovationsfähigkeit könnte die Hypothese formuliert werden, dass derartige Modelle, mit denen das Format der Lehre über einen akademischen Abschluss hinaus weiterführbar wird, ein relevantes Potenzial darstellt, dessen konzeptionelle Vertiefung lohnend erscheint. Schließlich stehen hinter der betrieblichen Innovationsfähigkeit letztlich in vielerlei Hinsicht wissensmäßige *Ausläufer* der akademischen Ausbildung, die in Kombination mit den gewonnenen Erfahrungen kreative Potenziale freisetzen. Während im Berufsleben die Erfahrungen stetig zunehmen, verblassen die Ausläufer der akademischen Ausbildung mit der Zeit. Zusätzlich werden diese Wissensbestände ubiquitarisiert oder durch neue Entwicklungen gar obsolet.

Die heute bestehende Zwangsläufigkeit, mit der die akademische Ausbildung zu einem als solchen definierten Abschluss geführt wird, schafft eine ebenso zwangsläufige Entkopplung der Absolventen von ihrer Alma Mater. In aller Regel wird diese Entkopplung dauerhaft nicht weiter hinterfragt und zeitigt entsprechende

Nebenwirkungen, die von Berührungsängsten bis hin zur Entfernung der akademischen Lehre von der betrieblichen Praxis reichen. Folgeeffekte dessen sind ungenutzte Transfer-und Kooperationspotenziale, was letztlich nichts weniger ist, als eine vertane Chance für die nachhaltige Innovationsfähigkeit von Unternehmen.

Der Vorschlag für eine systematische Sondierung dieses Potenzials und der Entwicklung geeigneter Modelle, der diesen Beitrag abschließen soll, besteht in der Öffnung der weitgehend geschlossenen akademischen Ausbildung, dergestalt, dass es dem Berufsein- und aufsteiger überlassen ist, seinen *Abschluss* nach Bedarf weiter und weiter auszubauen. So müsste es insbesondere deutlich vereinfacht möglich sein, nach drei, fünf oder zehn Jahren entstehende Know-how Bedarfe durch den gezielten Besuch entsprechender Vorlesungen, Kurse oder Seminare abzudecken.

Wenn also im Rahmen der beruflichen Weiterentwicklung für den Berufsein- oder aufsteiger neue Wissensgebiete erforderlich werden, dann sollte die universitäre Bildungsstruktur Möglichkeiten für einen derartigen, befristeten Wiedereinstieg in den Studentenstatus ermöglichen. Damit würde das Lernen im gleichen Format stattfinden, in denen die bisherige akademische Ausbildung abgelaufen ist – nämlich als Studierender, der sich im Rahmen der üblichen akademischen Routinen das Wissen aneignet und entsprechende Nachweise erbringt. Welche Kurse mit welchem Zeitanteil absolviert werden, wäre damit Gegenstand der Festlegung mit dem Arbeitgeber und der Fakultät in Ausrichtung auf die künftigen Innovationsvorhaben des Unternehmens.

Analog eines Piloten, der Flugstunden sammelt, könnte dann die erworbene Punktezahl der besuchten Kurse über das Berufsleben hinweg mit wachsen und den Zuwachs an Qualifikationen dokumentieren – wohlgemerkt im Rahmen der etablierten Maßstäbe akademischer Leistungsnachweise.

Auf diese Weise würde für die Optionen der individuellen Weiterbildung eine zusätzliche Möglichkeit erschlossen werden, mit der gerade im Kontext der Innovationsfähigkeit der Herausforderung begegnet werden könnte, dass State-of-the-Art Wissen, welches im Wissenschaftsbetrieb generiert wird, über die etablierten Kooperationsformen nur punktuell und wenig nachhaltig transferiert werden kann. Relevante Sekundäreffekte, wie der Auf- und Ausbau persönlicher Expertennetzwerke, Zugang und Kontakte zu Forschungsinfrastrukturen bzw. Partnern, etc. ergänzen den Nutzen des rein fachlichen Know-how Aufbaus. Dieser Effekt birgt nicht nur Potenziale für die jeweiligen Akteure des betrieblichen Innovationsgeschehens, auch die Wissenschaft würde damit eine zusätzliche Möglichkeit der Rückkopplung zur Praxis erhalten.

Sicher stellt die Öffnung von Universitäten und Hochschulen gegenüber der temporären Rückkehr von ehemaligen Absolventen einen komplexen bildungspolitischen Gestaltungsbereich dar, für den tragfähige und skalierbare Modelle entwickelt, erprobt und durchgesetzt werden müssten. Gleichwohl liegen innovative Ansätze und ermutigende Erfahrungen bereits vor, auf denen aufzusetzen wäre.[27]

---

[27] Zu diversen Beispielen und Konzepten, auch ausdifferenziert nach verschiedenen Lernumgebungen, vgl. den Beitrag von Light und Hartmann in diesem Band. Dieser Beitrag weist auch eine Reihe konkreter Herausforderungen aus, die zu bewältigen sind.

Sie zeigen einerseits, dass durchaus lokal Potenziale realisierbar und Erfolge erzielbar sind. Zu konzedieren ist andererseits, dass dieser Wandel diverse institutionelle Strukturen und Grenzen zu überwinden hat und insbesondere im Anspruch der Skalierbarkeit besondere Herausforderungen liegen.

Angesichts des Potenzials für die Stärkung der unternehmerischen Innovationsfähigkeit erscheint die Erschließung dieses Potenzial von strategischer Relevanz für Mikro- und Makroökonomie. Mit der gleichen Logik, mit der Studierende während ihres Studium heute selbstverständlich Phasen der Praxiserfahrung in ihre akademische Ausbildung einbauen, könnte es perspektivisch ebenso selbstverständlich werden, dass Berufstätige während ihres Arbeitslebens Phasen des Weiterstudierens integrieren. Unternehmen könnten so ihre Belegschaft mit State-of- the-art Knowhow kontinuierlich weiterentwickeln, ohne dies jeweils über Neueinstellungen, die oft eine mehrjährige Einarbeitungsphase durchlaufen müssen, abzubilden. Dies wäre auch eine Antwort auf die steigende Lebensarbeitszeit, den demographischen Wandel sowie auf die Tatsache, dass in der Forcierung der Zusammenarbeit mit Hochschulen und wissenschaftlichen Einrichtungen bei vielen Unternehmen ein wichtiger Gestaltungskorridor gesehen wird, um künftigen Herausforderungen zu begegnen (vgl. Pawlowsky 2011).

Literaturverzeichnis

Cooper RG (1988) The new product process: A decision guide for management. In: Journal of Marketing Management, 1472-1376, Bd 3, 3. Ausgabe: 238–255

Cooper RG (2001) Winning at New Products – Accelerating the process from Idea to Launch, 3. Ausgabe. Perseus Publishing, Cambridge Massachusetts

Foster RN (1986) Innovation. Die technologische Offensive. Gabler, Wiesbaden

Gerlach R, Greiling A, Thürich J (2010) Studie Ideenfindung. Befragung von 500 Arbeitnehmern zu Kreativität und Ideenfindung. http://www.iqudo.com/de. Zugegriffen im Januar 2011

Hansen A, Trantow S, Hees F (2010) Enabling Innovation: Innovationsfähigkeit von Organisationen vor dem Hintergrund zentraler Dilemmata der modernen Arbeitswelt. In: ARBEIT. Zeitschrift für Arbeitsforschung, Arbeitsgestaltung und Arbeitspolitik. Heft 01/ 2010: 53-67

Hartmann M, König B (1996) Standortsicherung durch Innovation. Grundlagen zukünftiger Strategien und Prozesse. In: Lutz B, Hartmann M, Hirsch-Kreinsen H Produzieren im 21. Jahrhundert. Herausforderungen für die deutsche Industrie. Frankfurt: 145-192

Heisig P (2005) Integration von Wissensmanagement in Geschäftsprozesse. eureki Berlin

Heisig P (2007) Professionelles Wissensmanagement in Deutschland – Erfahrungen, Stand und Perspektiven. In: Gronau N (Hrsg) 4. Konferenz Professionelles Wissensmanagement – Erfahrungen und Visionen – 28.-20. März 2007 in Potsdam, Berlin. Band 1, GITO-Verlag, Berlin: 3–19

Heisig P (2009) Harmonization of knowledge management – comparing 160 KM frameworks around the globe. In: Journal of Knowledge Management, Bd 13, 4: 4-31

Kneisel E, Rößel C (2009) Überblick über die Entwicklung und den gegenwärtigen Stand der Intellectual-Capital-Debatte aus einer Metaperspektive. Expertise im Rahmen des

Projekts „International Monitoring", IMA/ZLW & IfU, RWTH Aachen, http://www. internationalmonitoring.com/fileadmin/Downloads/Experten/Expertisen/Expertisen_ neu/Expertise_Kneisel_Roessel.pdf. Zugegriffen im Mai 2011

Kohlgrüber M, Schnauffer HG, Jaeger D, Staiger M (2003) Sechs Schritte zur Einzigartigkeit. In: Kohlgrüber M, Schnauffer HG, Jaeger D (Hrsg) Das Einzigartige Unternehmen – Mit dem Potenzialscanner strategische Wettbewerbsvorteile entdecken. Springer, Berlin/ Heidelberg: 15-31

Light B, Hartmann E (2011) Die Integration von Innovation, Arbeit und Lernen in die Hochschulbildung – das Beispiel des Lernens am Arbeitsplatz. Vgl. diesen Band

Mertins K, Alwert K, Heisig P (2005) Wissensbilanzen. Intellektuelles Kapital erfolgreich nutzen und entwickeln. Springer, Berlin/ Heidelberg

Mertins K, Finke I, Orth R (2009) Ein Referenzmodell für Wissensmanagement. In: Mertins K, Seidel H (Hrsg) Wissensmanagement im Mittelstand – Grundlagen, Lösungen, Praxisbeispiele. Springer, Berlin/ Heidelberg: 15-22

Moore's Law Made real by Intel Innovations. http://www.intel.com/technology/mooreslaw/ index.htm sowie http://de.wikipedia.org/wiki/Mooresches_Gesetz. Zugegriffen im Januar 2011

Nonaka I, Takeuchi H (1995) The Knowledge-Creating Company – How Japanese Companies Create the Dynamics of Innovation. Oxford University Press, New York

Pawlowsky P (2009) Knowledge 2010: Knowledge Navigation Quizzics – Intellectual capital as driver of wealth. Expertise im Rahmen des Projekts „International Monitoring", IMA/ZLW & IfU, RWTH Aachen University, http://www.internationalmonitoring.com/fileadmin/Downloads/Experten/Expertisen/Expertisen_neu/Expertise%20Pawlowsky.pdf. Zugegriffen im May 2011

Pawlowsky P (2011) Wettbewerbsfaktor Wissensmanagement 2010: Stand der Praxis in der deutschen Wirtschaft. Chemnitz (in Vorbereitung)

Peters S, Dengler S (2004) Wissenspromotion in der Hypertextorganisation. In: Schnauffer HG, Stieler-Lorenz B, Peters S (2004) Wissen vernetzen – Wissensmanagement in der Produktentwicklung. Springer, Berlin/ Heidelberg: 72-92

Peters S, Dengler S (2010) Wissenspromotion als Element von Wissensarbeit. In: Moldaschl M, Steher N (Hrsg) Wissensökonomie und Innovation. Marburg: 563588.

Reichwald R, Piller F (2009) Interaktive Wertschöpfung: Open Innovation, Individualisierung und neue Formen der Arbeitsteilung, 2. Auflage. Gabler, Wiesbaden

Schnauffer HG, Nitschke M (2010) Mit Communities of Experts Potenziale der Wissensvernetzung erschließen. In: Bentele M, Gronau N, Schütt P, Weber M: Mit Wissensmanagement Innovationen vorantreiben! Tagungsband KnowTech: 345358

Schnauffer HG, Stieler-Lorenz B, Peters S (2004) Wissen vernetzen – Wissensmanagement in der Produktentwicklung. Springer, Berlin/ Heidelberg

Schnauffer HG, Staiger M (2006) Verbindungen von Kopf zu Kopf – Entwicklung maßgeschneiderter Wissensmanagement-Konzepte. In: Wissenschaftsmanagement Mai/ Juni 2006: 37-41

Söndgerath B (2003) Steuerung von Innovationsprojekten unter Einbeziehung von Erfolgsfaktoren: 14ff

Staiger M (2008) Wissensmanagement in kleinen und mittelständischen Unternehmen. Systematische Gestaltung einer wissensorientierten Organisationsstruktur und –kultur. In: Peters S Hrsg) Weiterbildung –Personalentwicklung – Organisationales Lernen. Band 6, Rainer Hampp Verlag, München und Mering

Trantow S, Schuster K, Hees F, Jeschke S (2010) Spannungsfelder der Innovationsfähigkeit. Internationales Monitoring im BMBF-Forschungs- und Entwicklungsprogramm A-L-K. In: Henning K, Bach U, Hees F. (Hrsg) Präventiver Arbeits- und Gesundheitsschutz 2020: Prävention weiterdenken! Aachener Reihe Mensch und Technik, Band 63. Mainz Verlag, Aachen: 310-332

Trantow S, Stieger J, Hees F, Jeschke S (2011) Resisting Time Pressure – Work-Integrated Learning Facing Individual Challenges in Knowledge-Based Economies. In: Cuzzocrea V and Laws J (Hrsg) The Value of Work. ID-Press

Voigt S (2009) Wissensmanagement Lösungen auswählen. In: Mertins K, Seidel H (Hrsg) Wissensmanagement im Mittelstand: Grundlagen – Lösungen – Praxisbeispiele. Springer, Berlin

Kommentar zum Hauptartikel „Unternehmerische
Innovationstätigkeit im Spannungsfeld typischer Dilemmata
– Gestaltungsfelder des Knowledge und Intellectual Capital
Management"

Auf dem Weg zu einer neuen IK-Agenda

Ahmed Bounfour

Der Blickwinkel dieses Kapitels ist äußerst stimulierend, denn das Problem der
Innovation wird als Dilemma für Management und Entscheidungsfindung betrachtet und die *traditionelle* Sicht auf das intellektuelle Kapital damit kritisch hinterfragt. Die aufgezeigten Aspekte sind insbesondere im Kontext der Entwicklung
der strategischen Perspektive der *Open Innovation* in der Mehrzahl der großen
Unternehmen in Europa, aber auch anderen großen Ländern und Schwellenländern
von Bedeutung.

Das Thema besitzt in der der IK-Forschung bekanntermaßen einen zentralen Stellenwert, weil es sehr konkrete, aber deswegen nicht minder strategische
Aspekte für Forschung und Praxis in den Vordergrund rückt: Wie soll das Verhältnis
zwischen Exploration und Exploitation, zwischen Kurz- und Langzeitperspektive
gestaltet sein? Wie lassen sich innere und äußere Innovationsfähigkeit verbinden?
Der Abriss beleuchtet darüber hinaus einen der schwierigsten Fragen beim Wissen:
seine Übertragung.

Über die vorgeschlagenen Kategorien ließe sich diskutieren, so wie es unter
Experten tatsächlich auch häufig der Fall ist, insbesondere im Hinblick auf die
Grenzziehung zwischen expliziten und impliziten Annahmen. Der Autor hat recht
damit, die strategische Natur der erörterten Aspekte hervorzuheben (S. 8). Ich bin
mir jedoch nicht sicher, ob die IK-Gemeinschaft diese Aspekte insgesamt ernst
nimmt. Mit „ernst nehmen" beziehe ich mich nicht darauf, ihre Wichtigkeit zu
betonen, sondern über die etablierten Kategorien (Humankapital, Strukturkapital,
Beziehungskapital) hinaus oder doch zumindest neben diesen auf die erforderlichen analytischen Instrumente zurückzugreifen.

Zusammenfassend lässt sich sagen, dass das Kapitel einen guten Überblick
über einige der zentralen Dilemmata im Innovationsbereich bietet, aufgrund seines
Status jedoch nicht der ganzen Sicht auf das Thema entspricht. Bestimmte der
genannten Aspekte müssen in eine erneuerte Agenda der IK-Gemeinschaft aufgenommen werden.

S. Jeschke et al. (eds.), *Enabling Innovation*, DOI 10.1007/978-3-642-24299-1_37,
© Springer-Verlag Berlin Heidelberg 2011

Learning by Playing: Potential von Serious Games zur Steigerung des Intellektuellen Kapitals

Bodo von der Heiden, Verena Bock, Anja Richert und Sabina Jeschke

Abstract

Der Artikel diskutiert die Potentiale, die sich für den Einsatz von *Serious Games* im Unternehmen ergeben. Zunächst wird ein Überblick über das Gebiet der digitalen Lernspiele geschaffen, anschließend wird der vielfach gebrauchte, aber unscharf umrissenen Begriff *Serious Games* erläutert und der allgemeine Nutzen, den eine Vermischung der beiden vermeintlichen *Gegenpole* – Spielen und Lernen – mit sich bringt, betrachtet. Anhand eines Praxisbeispiels wird schließlich eine Disziplin – das digitale Planspiel – genauer beschrieben.

1 Einführung ins Thema

Aufgrund ihres vermehrten Einsatzes in Aus- und Weiterbildung, Training und Simulation sind *Serious Games* bereits seit einigen Jahren ein wichtiger Gegenstand des wissenschaftlichen Diskurses (vgl. Eismann und Lampe 2008). Für den Begriff *Serious Games* hat sich bis dato keine einheitliche Definition etablieren können. Das Begriffspektrum reicht von einfachen Lernspielen, über mehrere Monate dauernden Planspielen bis hin zu Ego-Shootern, die in der militärischen Ausbildung eingesetzten werden[1] (vgl. Michael und Chen 2006). Trotz oder gerade aufgrund dieser weiten Spannbreite des Begriffs der *Serious Games* bieten diese für unterschiedliche Unternehmen jeweils angepasste Einsatzmöglichkeiten. Sie erlauben die Möglichkeit, die Innovationsfähigkeit eines Unternehmens zu stärken und so Wettbewerbsvorteile zu generieren oder diese auszubauen. Dies liegt vor allem daran, dass durch den Einsatz von *Serious Games* das intellektuelle Kapital durch entstehende Verbesserungen der Soft-Skills (*know-how*) der Spieler/ Mitarbeiter eines Unternehmens gesteigert und so die Wahrscheinlichkeit des wirtschaftlichen Erfolgs erhöht werden.

---

[1] Spiele bei denen der Spieler die Rolle einer menschlichen oder menschenähnlichen Spielfigur einnimmt und in einer virtuellen Welt mit Schusswaffen gegen andere Spieler oder computergesteuerte Gegner kämpft.

S. Jeschke et al. (eds.), *Enabling Innovation*, DOI 10.1007/978-3-642-24299-1_38,
© Springer-Verlag Berlin Heidelberg 2011

2 Lernspielen, Serious Games und Planspielen

2.1 Spielen und Lernen

Die vorherrschende Lernkultur des deutschsprachigen Raumes betrachtet eine Synthese aus Lernen als ernster und Spielen als unterhaltsamer Tätigkeit eher kritisch (vgl. Meier und Seufert 2003). Beide Bereiche werden, insbesondere im schulischen Kontext, weitestgehend polarisiert (Lernen vs. Unterhaltung), was sich u. a. darin zeigt, dass computergestützte Lernkonzepte bisher kaum Zugang zum Klassenzimmer fanden (einen Überblick zu den Potenzialen computergestützten Unterrichts bietet Petko 2008). In der wissenschaftlichen Auseinandersetzung zeigt sich jedoch, dass Spielen und Lernen keinesfalls Gegenpole bilden, sondern eine Verknüpfung beider einer langen Tradition folgt (vgl. Bopp 2006) und Spielen einen wichtigen Platz im menschlichen Lernprozess einnimmt (vgl. Vester 2003).

Parallel – und auch aufgrund dieser Erkenntnisse – verblassen allmählich die gesellschaftlichen Stereotype, die einen kausalen Zusammenhang zwischen einem angeblichen Werteverfall der Jugend und dem übermäßigen Gebrauch von Computerspielen proklamieren. Im Zeitalter des Web 2.0 haben Computerspiele längst nicht nur in Kinder- und Wohnzimmern Einzug gehalten, sondern auch im unternehmerischen (Aus- und Weiter-) Bildungsbereich geht der Trend zu computerbasierten Lernspielen, dem so genannten *Game-Based Learning* (vgl. Breitlauch 2009) oder *Serious Games* (vgl. Zyda 2005).

Das Konzept computerbasierter Lernspiele beruht auf dem Gedanken, dass eine enge Verbindung von Lern- und digitalen Spielangeboten das Erwerben und Festigen von Wissen und Fähigkeiten unterstützt. Das geschieht durch den Transfer spielerischer Lernprozesse in einer am Computer generierten virtuellen Umgebung. In Abgrenzung zu traditionellen nicht computergestützten Lernspielen nutzen sie Motivationsmethoden aus digitalen Unterhaltungsmedien – wie bspw. *parasozialen Beziehungen* zwischen Spielern und NPCs (Non Personal Character) (vgl. Klimmt und Vorderer 2002) –, um den Spieler zum Lernen zu animieren (vgl. Bopp 2006 und 2007).

2.2 Überblick über das Genre

2.2.1 Zum Begriff Serious Games

Der Begriff der *Serious Games* wurde bereits vor Einführung des Computers Ende der 1960er Jahre von Clarc C. Abt verwendet, der sich in seinem Buch *Serious Games* (1987) mit dem Einsatz nicht-digitaler Spiele und Simulationen in der Bildung befasst. Heute findet sich unter diesem Label ein breit gefächertes Angebot von digitalen Lernanwendungen mit spielerischen Elementen. Nicht immer ist klar umrissen, was genau sich dahinter verbirgt. Es existiert sowohl im deutschsprachigen wie im englischsprachigen Raum eine Vielzahl von Begriffen, wie Game-Based-Learning, Digitale Lernspiele, Computerlernspiele oder Educational Games, die in ähnlicher Weise verwendet werden. In einigen Fällen sind sie synonym zu verwenden, aber in der Mehrzahl der Fälle unterscheiden sich die Begriffe hinsichtlich der dahinter stehenden Konzepte. Einen guten Überblick hierzu bieten Lampert, Schwinge et al. (2009).

Zwar etabliert sich der Begriff Serious Games zunehmend in der Literatur, jedoch findet sich keine einheitliche Definition. Zyda (2005) definiert sie als „a mental contest, played with a computer in accordance with specific rules, that uses entertainment to further government or corporate training, education, health, public policy, and strategic communication objectives." Der Autor grenzt sie von konventionellen Computerspielen wie folgt ab:„[…] activities that educate or instruct, thereby imparting knowledge or skill. This addition makes games serious. Pedagogy must, however, be subordinate to story—the entertainment component comes first. Once it's worked out, the pedagogy follows." Welche pädagogischen Intentionen konstitutiv für das jeweilige Spiel sind und wie die Lernumgebung entsprechend gestaltet wird, ist letztlich abhängig von verschiedenen Faktoren wie dem Lernziel, -bedarf, -motivation der Zielgruppe. Im Laufe der Zeit hat sich somit eine Vielzahl unterschiedlicher Formen innerhalb des Genres *Serious Games* herausgebildet.

2.2.2 Typen von Serious Games

Eine systematische Einordnung der unterschiedlichen Formate der Serious Games bietet die Typologie digitaler Lernspiele von Meier und Seufert (2003) (vgl. Abbildung 2.1).

	CBT/WBT	Planspiel/ Simulation	CBT/WBT mit Spiel-elementen	Quiz, Memory, Solitaire, etc.	Virtuelle Lernwelt	Abenteuer Lernspiel	sonstige Spiele
Sichtbar-keit von Lernzielen	klar definierte Lernziele; didaktisch orientierter Aufbau	klar definierte Lernziele; didaktisch orientierter Aufbau	klar definierte Lernziele; ansprechende Story & Charaktere	klar definierte Aufgabe	wenig vorstruktu-riertes & entdeckendes Lernen	Integration von Spielehand-lung und Didaktik	unbemerktes, nicht geplantes Lernen (bzw. „heimlicher Lehrplan")
Vermit-telbare Inhalte/ Kompeten-zen	v.a. wissens-orientierte Inhalte („know what")	v.a. Handlungs-kompetenz & systemische Zusammen-hänge („know how", „know why")	v.a. wissens-orientierte Inhalte („know that")	Abruf/Über-prüfung von Gelerntem („know that")	Orienterungs-verhalten, wissensorien-tierte Inhalte („know that"), Handlungs-kompetenz („know how")	v.a. wissensorien-tierte Inhalte („know that"), Handlungs-kompetenz („know how")	v.a. kognitive & senso-motorische Fertigkeiten, Medienkom-petenz
Motivation vor allem durch	erwarteter Lernerfolg, Zertifikat	erwarteter Lernerfolg, Rollenüber-nahme & Neugierde, Kontext/Story	erwarteter Lernerfolg, Kontext/Story, Spiel-/ Spaßelemente	Unmittelbare Rückmeldung (Erfolg)	Neugierde, Erfolgserleb-nisse beim Aufgaben-lösen, Kontext & Charaktere	Eigendynamik des Spiels, erwarteter Lernerfolg	Eigendynamik des Spiels, erwartete Spannung
Beispiel	„MySQL für Einsteiger"	„TopSIM Logistics"	„Das Vermächtnis des Amun"	„KnowCar", „The Challenge"	„Mathica", „Addy-Serie"	„The Monkey Wrench Conspiracy"	„Tomb Raider"

Abbildung 2.1: Typen von Lernspielen nach Meier und Seufert (2003)

Auf Basis der pädagogischen Dimensionen interaktiver Lernsysteme nach Reeves (1992) weisen die Autoren den einzelnen Typen jeweils einen Platz zwischen den Polen „objektivistisch" und „konstruktivistisch" zu (vgl. Abbildung 2.2).

Als Merkmale zur Unterscheidung der einzelnen Typen werden die Kategorien *Sichtbarkeit von Lernzielen, vermittelbare Inhalte und Kompetenzen* sowie *Moti-*

vationswirkung herangezogen. Die prototypische Ausprägung des objektivistischen Didaktikkonzeptes zeigt sich in klar definierten Lernzielen und einer hohen Strukturierung der Lerninhalte, wodurch Lernziele für den Nutzer deutlich sichtbar werden. Im Vordergrund steht die Wissensvermittlung – das *knowingthat* – im Gegensatz zu konstruktivistischen Konzepten, die zudem den Erwerb des *knowinghow*, also Handlungskompetenzen fokussieren. Priorität hat in konstruktivistischen Lernspielen zudem das Erfahrungslernen durch den Umgang des Spielers mit Lerngegenständen. Die Lernziele sind damit relativ unspezifisch. Spiele, die auf letztgenanntem Konzept beruhen, bieten dem Nutzer die Möglichkeit, sich die Inhalte eigenständig oder in Kooperation bzw. Interaktion im Rahmen einer Lern- und Spielcommunity anzueignen. Damit einher geht eine intrinsische Lernmotivation, insofern der Teilnehmer durch die Eigendynamik bzw. positive Spielerfahrung belohnt wird. Anders als bei objektivistischen Lernspielen, in denen die Nutzer eher von außen angeregt werden, beispielsweise im Rahmen von Korrekturen durch ein implementiertes Feedback.

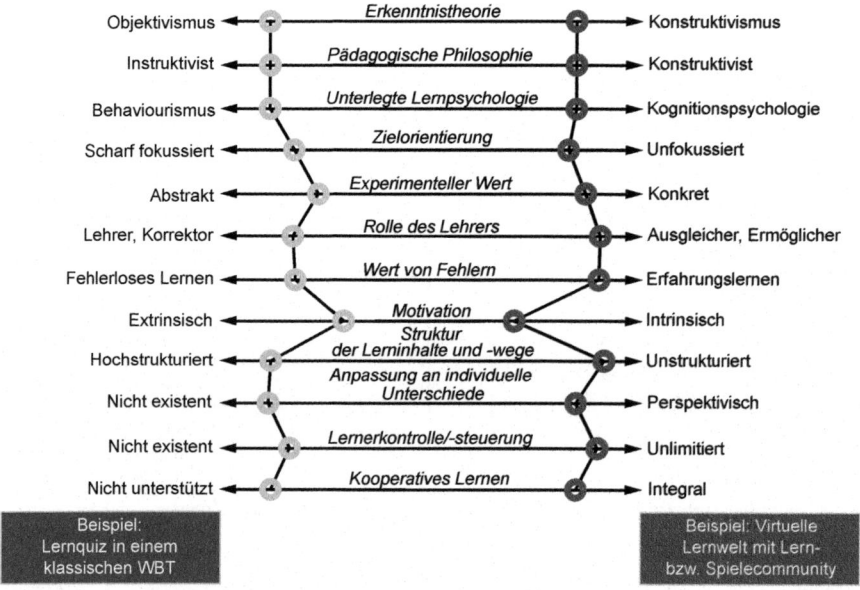

Abbildung 2.2: Pädagogische Dimensionen interaktiver Lernsysteme nach Reeves (1992)

An dieser Stelle sei erwähnt, dass sich neben der Unterscheidung der Serious Games auf Basis ihrer didaktischen Konzeption in der Literatur noch weitere Typologien finden (beispielsweise von Ritterfeld 2009), die eine Differenzierung einzelner Formen auf Basis anderer Merkmale, beispielsweise dem Alter der Zielgruppe oder dem Ausbildungsstand der Nutzer vornehmen (vgl. Breuer und Bente 2010).

3   Planspiele und Unternehmenssimulationen

3.1   Einordnung und Überblick

3.1.1   Was sind Planspiele?

Aufgrund der Tatsache, dass der Bereich der Serious Games, wie in Kapitel 2.2.1 beschrieben, sehr weit gefasst werden kann, wird im Folgenden ein spezieller Typ von Serious Games, das Planspiel, genauer betrachtet. Diese Klasse von Serious Games wurde gewählt, da sie im angloamerikanischen Sprachraum bereits öfters eingesetzt wird, im deutschsprachigen Raum jedoch noch ausbaufähig ist (vgl. Raffoul 2009).

Für das Planspielkonzept hat sich im englischsprachigen Raum der Begriff Gaming Simulation oder Simulation Game etabliert. Dies weist auf die enge Verbindung von Planspiel und Simulation hin. Nach Henning und Strina (2003) sollte eine Definition des Planspielbegriffs vor allem den Simulationsaspekt und weniger das Planungsverhalten als zentrales Merkmal betonen. Diesen Aspekt greifen u. a Ameln und Kramer (2007) in ihrer Planspieldefinition auf: „Planspiele sind dynamische Modelle zur Simulation einer (betriebs-, volkswirtschaftlichen, sozialen und psychologischen) Systemdynamik, mit dem Ziel diese besser verstehen, einschätzen und gestalten zu können". Die Simulation ist zwar zentrales Element eines Planspiels, jedoch können beide nicht gleichgesetzt werden, da eine reine Simulation keinen Plan-Aspekt besitzt (vgl. Geilhardt und Mühlbradt 1995). Es existieren in der einschlägigen Literatur noch eine Vielzahl weiterer Planspieldefinitionen, die weitestgehend konform gehen und beispielsweise den simulativen Charakter als wesentliches Merkmal von Planspielen hervorheben (vgl. Geuting 2000).

3.1.2   Unterscheidungskriterien und Einsatzmöglichkeiten von Planspielen

In Deutschland sind derzeit etwa 400-500 Planspiele auf dem Markt und dabei sind – wie Ameln und Kramer (2007) richtig feststellen – „Planspiele [...] so vielfältig wie die Wirklichkeit, die sie abzubilden versuchen". Eine Übersicht über die Unterscheidungskriterien und Einsatzmöglichkeiten von Planspielen geben, auf der Basis des Klassifikationsschemas nach Blötz (2005) (vgl. Abbildung 3.1), Ameln und Kramer (2007). Sie unterscheiden zwischen Gruppenplanspielen und Individualplanspielen, Unternehmens-, Funktions- und Branchenplanspielen, offenen und geschlossenen Planspiele[2] und manuellen und computergestützten Planspiele.

---

[2] Bei geschlossenen Planspielen geht es um das Problem und wie der Spieler es lösen will, bei offenen Planspielen um die Situation und wie diese zu bewältigen ist.

Klassifikation nach Art des / der			
Spielmediums	Modellbereichs/ Bezugssystems	tutoriellen Begleitung	sozialen Arrangements
PC-gestützte interaktive Planspiele ✓	Unternehmens- planspiele (Allg.) ✓	Trainergeführte Planspiele ✓	Gruppen-Planspiele im Parallel-Betrieb ✓
Formular- gestützte Planspiele (✓)	Funktionsplan- spiele ✓	Planspiele ohne Trainer ✓	Gruppen-Planspiele mit Wettbewerb (✓)
interaktive Online-Spiele ✓	Branchen- Planspiele ✓	Online- Tutorials (✓)	Individualplanspiele ✓
Wettbewerbs- zentrale (elektr.) ✓	Verhaltens-, Rollen- planspiel (✓)		Fernplanspiel- wettbewerbe ✓
Wettbewerbs- zentrale (konv.) (✓)	frei gestaltbar (offen) (Free-Form- Games) (✓)		
Brettplanspiele ✓			

Abbildung 3.1: Planspielformen nach Blötz (2008)

Kritisch sei hier angemerkt, dass die Ausgestaltung der einzelnen Klassen proto-typisch ist. Viele Spiele lassen sich dem Klassifikationsraster entsprechend nicht eindeutig einer Kategorien zuordnen, sondern weisen Charakteristika mehrerer Kategorien auf. Die Grenzen sind in der Praxis häufig fließend.

3.1.3 Vorteile von Planspielen
Die Vorteile von Planspielen gegenüber klassischen Lernansätzen fasst Eichhorn (2000) wie folgt zusammen:

- Übertragung von komplexen und unübersichtlichen Theorien in ein vereinfach-tes Modell
- Befähigung der Teilnehmer, ihre vorhandenen theoretischen Kenntnisse in prak-tische Fähigkeiten umzusetzen

Der Lernnutzen von Planspielen ist dann besonders hoch, „wenn sich die in der simulierten Realität gelernten Sinnzusammenhänge in die bekannte Umgebung des Lernenden oder eine spätere Anwendungssituation (Realität) übertragen (transferie-ren) und anwenden lassen [...] Aus dieser Reflexion werden die Spielerfahrungen für die eigene Wirklichkeit nutzbar gemacht" (Capaul 2002). Zur Ähnlichkeit von Spiel- und Realsituation geben Kerres, Bormann et al. (2009) allerdings zu bedenken: „Bei Unternehmensplanspielen kann die Simulation das reale System nur nachahmen, da dessen Konstruktionsprinzipien unbekannt sind. Regeln für die erfolgreiche Unternehmensführung können zwar auf der Grundlage von Modellen plausibel formuliert, aber kaum in Funktionsgleichungen überführt werden, die zuverlässig z. B. reale Unternehmensentwicklungen abbilden." Die im Spiel geleb-ten Situationen sind vereinfachte Abbildungen der Realität, wobei z. B. durch die Nutzung von *Augmented Reality Konzepten*, also einer computergestützte Ausweitung der Realität, dieser Abstand in zukünftigen Entwicklungen geringer wird. Ob und inwiefern eine solche Entwicklung zu weiteren Problemen führt, hängt auch davon ab, in wie weit die Spieler noch zwischen Realität und virtuellem Raum unterscheiden können.

3.2 Der Nutzen von Planspielen für Unternehmen

3.2.1 Rolle von Planspielen beim Auf- und Ausbau beruflicher Handlungskompetenzen

Um im beruflichen Alltag die richtigen Entscheidungen zu treffen, bedarf es Erfahrungen, die sich nur eingeschränkt durch theoretischen Input erwerben lassen. In der Regel werden sie in der Praxis gesammelt, durch das Handeln im beruflichen Alltag und zumeist auf Basis der Erkenntnisse, die durch richtige oder falsche Entscheidungen gewonnen werden. An dieser Stelle können Planspiele einen besonderen Beitrag leisten: Sie schaffen einen risikofreien Raum, in dem die Nutzer diverse Strategien für den beruflichen Alltag erproben können, ohne mögliche negative Konsequenzen tragen zu müssen, die das Handeln in der Realität nach sich ziehen würden und erhalten unmittelbar Feedback darüber (vgl. Eichhorn 2000; Breitlauch 2009). Planspiele tragen zur Verbesserung des Planungs- und Entscheidungsverhaltens von Einzelpersonen und Gruppen bei (vgl. Henning und Strina 2003).

3.2.2 Steigerung des Intellektuellen Kapitals

Wissen ist ein zentraler Produktionsfaktor unserer heutigen und künftigen Wissens- und Informationsgesellschaft. Damit einher geht ein endogenes, also von innen getriebenes Wachstum von Wissen. Wissen von morgen generiert sich aus dem heutigen Wissensbestand und dessen Umfang nimmt schnell zu. Um mit dieser Entwicklung Stand halten zu können, sind die verschiedenen gesellschaftlichen Gruppen gezwungen ihr (Fach-)Wissen stetig zu aktualisieren. Die Struktur unserer Wissensgesellschaft unterstreicht die Notwendigkeit des Lebenslangen Lernens (vgl. Meier und Seufert 2003). Zudem stellt eine steigende Mitarbeiterfluktuation (demographisch- und strukturellbedingt), kürzere Verweildauer (vgl. Hübner und Kühl 2003) und der damit einhergehende Wechsel der Arbeitnehmer, Unternehmen einerseits vor das Risiko des Wissensabflusses, also Wissen, dass ihre Mitarbeiter mitnehmen. Zum Anderen besteht die Notwendigkeit, Wissen auf neue Mitarbeiter zu transferieren und ggf. deren Soft-Skills an die Notwendigkeiten des Unternehmens anzupassen.

Nach Brooking (1997) umfasst der Begriff des *Intellektuellen Kapitals* bezogen auf die Mitarbeiter sowohl ihr (Fakten-)Wissen, ihre Kompetenzen, ihr arbeitsrelevantes Know-how und ihre Netzwerkfähigkeit. Serious Games, im Speziellen Planspiele, erlauben neue Konzepte für die Realisierung Lebenslangen Lernens von Wissen und Soft-Skills, weil sie die Möglichkeit bieten, bestehendes Wissen im Unternehmen zu verteilen und neues – beispielsweise durch Beobachtung des Planspielprozesses – ins Unternehmen zu integrieren. Gleichzeitig bieten sie die Möglichkeit, das *gewusst wie* allen Mitarbeitern zu vermitteln.

3.2.3 Ein Blick auf die Lernkultur der Next Generation

Es wächst eine Generation heran, die sich von Kindesbeinen in der digitalen Welt bewegt. Ihr Umgang mit Webtechnologien ist entsprechend natürlich und intuitiv. Dieser Entwicklung müssen sich, da Personalentwicklung zukünftig auch die Mitglieder der *Next Generation* weiterentwickeln muss, auch Unternehmen stellen.

Prensky (2001) bezeichnet die neue Generation als *Digital Natives* (singularity) – im Unterschied zu *Digital Immigrants,* der heutigen Erwachsenengeneration, die zwar nicht mit der digitalen Welt aufgewachsen ist, aber in der Lage ist, sich diese zu erschließen. Veen und Vrakking (2006) sprechen von dieser digitalen Generation als den *Homo zappiens* und definieren sie wie folgt „This generation, that we describe as Homo zappiens is the generation that has grown up using multiple technological devices from early childhood". Damit verbunden sind neue Sprach-, Ausdrucks- und Kommunikationsformen, aber auch neue Lern- und Denkstrukturen, deren Ausprägung sich nicht in linearer, sondern vernetzter Weise darstellt – „Homo zappiens are active processors of information, skilled problem solvers using gaming strategies and effective communicators" (Veen und Vrekking 2006). Vor diesem Hintergrund wächst der Druck im Bildungsbereich, entsprechende Formen zu finden, die dieser Lernkultur in neuen Medien gerecht werden. Dazu gehört auch die Verknüpfung von Lernangeboten und Computern.Dies ist eine Herausforderung, der sich Unternehmen künftig vermehrt stellen müssen. Planspiele und Simulationen können neben anderen E-Learning-Formaten eine Lösung sein, um sowohl der Next Generation als auch der derzeitigen Generation der Digital Immigrants einen adäquaten Raum für die Aus- und Weiterbildung ihres Qualifikationsprofils zu ermöglichen und außerdem den Wissenstransfer des Mitarbeiterwechsels von der einen zur nächsten Generation sinnvoll zu gestalten.

4   Ein Praxisbeispiel – Planspielportal für große Gruppen

4.1 Einführung ins Praxisbeispiel

Planspiele zeigen bereits seit Jahrhunderten, dass sie die Möglichkeit bieten, „träges Wissen, d.h. Wissen, das zwar theoretisch beherrscht wird, jedoch in einer konkreten Anwendungssituation nicht aktiviert, werden kann" (Seufert und Meier 2003, 13ff.) zu aktivieren. Planspiele versuchen das Lernen von trockenem Wissen mit dem Spaß am Spiel (vgl. Heidack 1992, 46f.) zu verbinden. Hierbei handelte es sich in der Vergangenheit meist um brettbasierte Versionen, wie z. B. die beiden wahrscheinlich bekanntesten Planspiele *Schach* und *Go* (vgl. Knabke 2004). Konkrete Beispiele für bereits erfolgreich eingesetzte Planspiele sind *Q-Key* (Haferkamp 2000), *Micro-Key* (Henning und Strina 2003, 135ff.), *LogisticPLUS* (Eichhorn 2000) und *Mastering Project Management* (Meier und Seufert 2003). Hierbei zeigte sich, „dass insbesondere die direkte, reale Interaktion der Spielteilnehmer entscheidende Lerneffekte hervorbringt, die eine virtuelle Interaktion nicht ersetzen könnte." (Henning und Strina 2003, 132). Trotz dieser Einschätzung wurde der Versuch unternommen, diese Planspiele webbasiert spielbar zu machen. Wie die meisten herkömmlichen brettorientierten Planspiele sind auch *Q-Key* und *Micro-Key* nur mit relativ wenigen Personen (5-10 Spieler) gleichzeitig spielbar. Hierdurch ergibt sich ein persönlicher Kontakt der Spieler, wobei die Kosten für jede Durchführung einer einzigen Spielrunde jedoch erhalten bleiben.

Ziel dieses Versuchs ist es, diese Spiele „für einen großflächigen und kostengünstigen Einsatz (beispielsweise auch im Rahmen von Hochschulvorlesungen) webbasiert umzusetzen" (Heiden 2008). Neben dem Einsatz in der universitären Lehre ist auch ein Einsatz in (großen) Unternehmen geplant. Dieses von Högsdal (vgl. 2001, 96ff.) als *Effizienzziel* beschriebene Ergebnis einer erfolgreichen Umsetzung dient somit neben der Kosteneinsparung bei gleichbleibendem Lernerfolg der Spieler und der damit einhergehenden Steigerung des intellektuellen Kapitals (vgl. Kapitel 3.2.2), auch der Schaffung der Möglichkeit eines Einsatzes im Rahmen einer Großveranstaltung, wie einer Hochschulvorlesung, oder eines groß angelegten Fortbildungsprogramms eines Unternehmen.

4.2 Q-Key und Micro-Key

Das Planspiel *Q-Key* wurde entwickelt, um das Qualitätsbewusstsein der Mitarbeiter eines Unternehmens zu steigern. Die Spieler erfahren, dass die Qualität eines Produktes oder einer Dienstleistung untrennbar mit diesem verbunden ist. Die Nutzung des Planspiels ermöglicht es den Spielern, die vernetzten Zusammenhänge bei der Entstehung von Qualität im Unternehmen zu erleben. Zentral ist hierbei die Erkenntnis, dass die Qualität eines Produkts eben auch von der Zusammenarbeit unterschiedlicher Abteilungen (in einer konkreten Umsetzung Produktion, Versand/ Vertrieb, Marketing/ Service, Entwicklung/ Konstruktion und Beschaffung) abhängig ist. Hierzu nimmt jeder Spieler die Rolle einer Abteilung ein, in welcher er nicht selbst beschäftigt ist (vgl. Haferkamp 2000). Durch eine Anpassung der Namensgebung der einzelnen Abteilungen, wird das Spiel optimal für unterschiedliche Unternehmen aufbereitet.

Haferkamp (2000) beschreibt in seiner Dissertation die Entstehungsgeschichte, sowie die Prinzipien nach welchen *Q-Key* entwickelt wurde. Weiterhin beschreibt er in zwei Fallstudien, in wieweit der Einsatz bei einem Modellautohersteller und einem Hersteller von Fernbetätigungssystemen für Fahrzeuge zur Verbesserung der abteilungsübergreifenden Zusammenarbeit und der Entwicklung eines gemeinsamen Qualitätsbildes geführt hat.

Bei *Micro-Key* handelt es sich um ein von Nußbaum (2004), aufbauend auf der Arbeit von Haferkamp (2000), entwickeltes Planspiel zur Steigerung der Handlungskompetenz von Microunternehmern[3]. Entsprechend wurden von Nußbaum (2004, 73ff.) sechs Lernziele definiert, welche sich damit beschäftigen, wie Microunternehmer Erfahrungen in Kooperationen sammeln, durch Reflexion des eigenen

---

[3] Auch Kleinstunternehmer, meist Selbständige, welche häufig im Bereich wissensintensiver Dienstleistungen tätig sind, sich bewusst für die Selbständigkeit entschieden haben, will Kleinstunternehmer bleiben, vermarktet sich selbst und schafft sich ein unterstützendes Beziehungsnetzwerk (vgl. Schmette et al. 2002).

Verhaltens Anregungen zum Ausbau eigener Kompetenzen erhalten und Hinweise und Tipps zur Gestaltung von Arbeitsprozessen aufgezeigt bekommen können. Diese Lernziele werden dadurch erreicht, dass die Microunternehmer die Aufgabe erhalten, gemeinsam einen Messeauftritt zu organisieren, auf welchem zwar jeder Unternehmer sein eigenes Produkt präsentiert, gleichzeitig aber auch aufgezeigt wird, dass bei Bedarf die Leistungen der anderen Unternehmen das eigene Produkt ergänzen. Im Spiel selbst sind die Aufgaben Koordination, Vortrags-Erstellung, Organisation der Standbesetzung, die Flyer-Erstellung und die Standausstattung und -gestaltung von unterschiedlichen Spielern abzudecken.

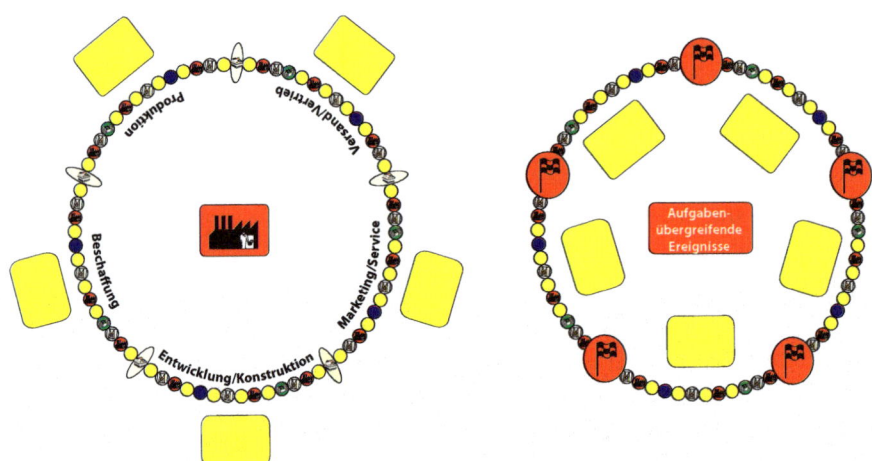

Abbildung 4.1: Spielplan *Q-Key* (links), Spielplan *Micro-Key* (rechts)

Bei beiden Spielvarianten sitzen alle Spielteilnehmer um einen Tisch (vgl. Abbildung 4.1) und übernehmen für die Zeit des Spiels die Verantwortung für die Abteilung eines fiktiven Unternehmens oder eines Microunternehmens. Es wird der Reihe nach gespielt, wobei einzelne Aktionen eines Spielers auch Auswirkungen auf andere Spielteilnehmer haben können. Sowohl in *Q-Key* als auch in *Micro-Key* lernt der Spieler durch seine Interaktionen und die der Mitspieler.

4.3 Webbasierte Umsetzung

Aufgrund der Erkenntnis, dass die Entwicklung komplett neuer Planspiele relativ teuer ist und sich das Konzept von *Q-Key* auch bei der Übertragung auf den Kontext der Microunternehmer (*Mirco-Key*) bewährt hat, wurde ein Portal für Spiele mit zu *Q-Key* und *Micro-Key* vergleichbarem Aufbau (vgl. Heiden 2008) entwickelt. Eine webbasierte Version macht einige Änderungen am Spielprinzip notwendig, darunter die *Parallelisierung* der bisher seriellen Spielweise (vgl. Abbildung 4.2), die Veränderung der Sicht auf das Spielfeld (vgl. Abbildung 4.3) und die Einführung von parallel spielenden Gruppen zur Schaffung einer Konkurrenzsituation.

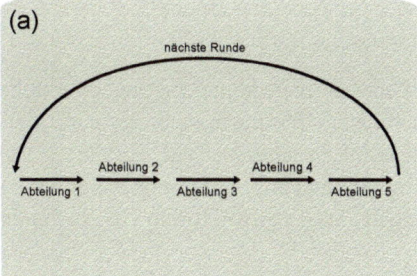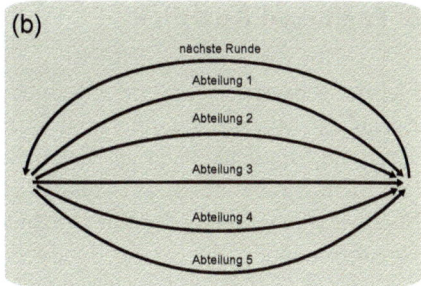

Abbildung 4.2: (a) *serielle* Spielweise in der brettbasierten Version, (b) *parallele* Spielweise in der webbasierten Version (Heiden 2008)

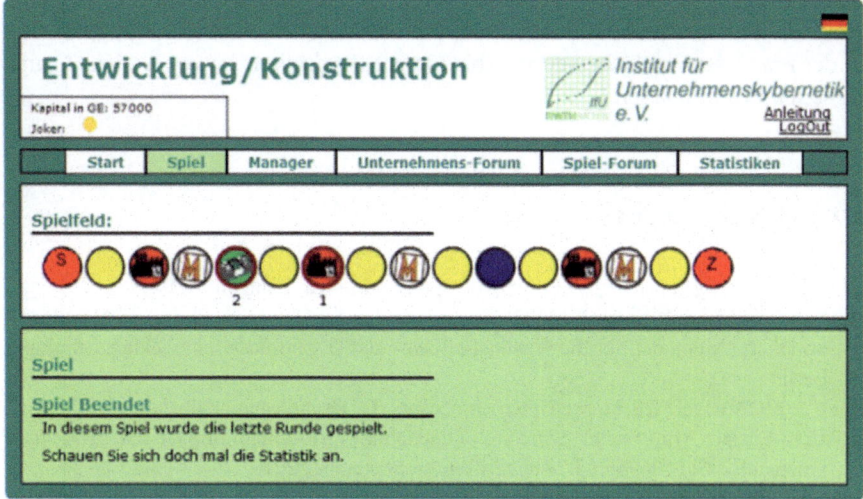

Abbildung 4.3: Das Planspielportal – Ansicht Spiel (Heiden 2008)

Das größte Problem einer webbasierten Version stellt jedoch die fehlende Face-to-Face-Kommunikation dar, da gerade diese in der brettbasierten Version einen großen Teil des Lernerfolgs darstellt. In Anlehnung an Fischer (2006) wurde das Planspielportal daher nicht als reines Web-Portal entwickelt, sondern vielmehr als Ergänzung eines integrierten Lernkonzepts, das virtuelle Lerneinheiten mit Präsenzveranstaltungen kombiniert. Konzepte wie z. B. Forum, Chat etc., aber auch eine Preisverleihung sind geeignet, die Integration von virtuellen und Präsens-Anteilen zu forcieren und gleichzeitig die Lernmotivation zu steigern (vgl. Heiden 2008).

Eine eingehende Evaluation des Portals steht noch aus. Erste Erfahrungen zeigen jedoch, dass ein Anreizsystem geschaffen werden muss, da auch die Qualität des Lernens für den Einzelnen sinkt, wenn nicht alle Beteiligten gemeinsam für diese Qualität sorgen (vgl. Heiden 2008).

5 Fazit und Ausblick

Ziel des Einsatzes von Serious Games im Unternehmenskontext ist es, eine hohe Anzahl an Mitarbeitern hochqualifiziert schulen. Unternehmen bietet sich hierdurch die Möglichkeit ihr intellektuelles Kapital zu steigern (vgl. Kapitel 3.2.2) und sich bereits heute auf zukünftige Entwicklungen, wie einer veränderten Mitarbeitergeneration oder einer Veränderung der Wissensstruktur im Unternehmen vorzubereiten.

Serious Games und insbesondere Planspiele werden zwar aktuell intensiv untersucht, jedoch gibt es an mehreren Stellen noch intensiven Forschungsbedarf. Dieser liegt zum einen in der Frage der *Portierbarkeit* bestehender, häufig erfolgreich eingesetzter brettorientierter Planspiele in eine webbasierte Form und den damit einhergehenden Fragestellungen an Spielkonzeptanpassungen, aber auch Kommunikations- und Awarenesskonzepten. Ein weiterer Forschungsbedarf liegt in der Frage der Erfolgsbewertung (bis hin zur Zertifizierung) von Serious Games basierten Fortbildungen.

Literaturverzeichnis

Abt CC (1987) Seriousgames. University Press of America, Lanham MD

Ameln F von und Kramer J (2007) Organisationen in Bewegung bringen: Handlungsorientierte Methoden für die Personal-, Team- und Organisationsentwicklung. Springer, Berlin

Back A (2009) Web 2.0 in der Unternehmenspraxis. Grundlagen, Fallstudien und Trends zum Einsatz von Social Software. Oldenbourg, München, http://www.gbv.de/dms/ilmenau/toc/601406966.pdf. Zugegriffen im September 2010

Blötz U (2008) Planspiele in der beruflichen Bildung. Bertelsmann, Bielefeld

Bopp M (2006) Didactic Analysis of Digital Games and Gem-Based Learning. In: Pivec M (Hrsg) Affective And Emotional Aspects of Human-computer Interaction. Game-based and Innovative Learning Approaches. 1 (Future of Learning). IOS Press, Amsterdam

Bopp M (2007) Storytelling as a motivational tool in digital learning games. In: Hug T (Hrsg) Didactics of microlearning. Concepts, discourses and examples.Waxmann, Münster

Breitlauch L (2009) Lernen heute: mobil und unterhaltsam. In: Zeitschrift Wissensmanagment – Das Magazin für Führungskräfte, Nr 01: 30–32

Breuer J, Bente G (2010) Why so serious? On the Relation of Serious Games and Learning. In: Eludamos. Journal for Computer Game Culture, Bd 2010, 4 (1): 724, http://www.eludamos.org/index.php/eludamos/article/viewArticle/78/146. Zugegriffen im Mai 2010

Brooking A (1997) The management of intellectual capital. In: Long Range Planning, Bd 30, 3: 364–365, http://www.sciencedirect.com/science/article/B6V6K-3SWXXNT-5/2/0cdced1416152accc6e69d1fece5d48b. Zugegriffen im Mai 2011

Capaul R (2002) Didaktische und Methodische Analyse der Planspielmethode. In: Erziehungswissenschaft und Beruf, 50 (1): 3–14, http://www.sembbsrp.de/fileadmin/Seminare/Neuwied/UploadFL/BWL/Planspielmethode_Theorie.doc. Zugegriffen im Mai 2010

Eichhorn M (2000) Logistische Entscheidungen und ihre Auswirkungen: Die Unternehmenssimulation LogisticPLUS. Dissertation, Göttingen, http://deposit.ddb.de/cgibin/dokserv?idn=964390310&dok_var=d1&dok_ext=pdf&filename=964390310.pdf. Zugegriffen im Mai 2011

Eismann A, Lampe U (2008) Konferenzen zum Themenkomplex „Serious Games" – Eine Übersicht. Vorlesungsbegleitende Arbeit, Darmstadt,_http://www.gris.informatik.tudarmstadt.de/lehre/courses/SeriousGames/ss08/slides/Ausarbeitungen/Konferenzen%20zum%20Themenkomplex%20Serious%20Games.pdf. Zugegriffen im Mai 2011

Fischer M (2006) Erklärungskomponenten für interaktive Internet-Planspiele. Forschungsbericht, Basel

Geilhardt T, Mühlbradt T (1995) Planspiele im Personal- und Organisationsmanagement. Hogrefe, Göttingen

Geuting M (2000) Soziale Simulation und Planspiel in pädagogischer Perspektive. In: Simulation und Planspiel in den Sozialwissenschaften. Eine Bestandsaufnahme der internationalen Diskussion. Herz & Blätte, Münster: 15–62

Haferkamp S (2000) Entwicklung und Anwendung eines brettorientierten Planspiels zur Qualitätsentwicklung in Unternehmen. Shaker Verlag GmbH, Aachen

Heidack C (1992) Lerninstrument an Hochschulen und in der Wirtschaft. In: Graf J (Hrsg) Planspiele – simulierte Realität für den Chef von morgen. Gabel, Speyer: 45–58

Heiden B von der (2008) Planspielportal für große (Studierenden-)Gruppen zur webbasierten Umsetzung von strategischen Lernspielen wie Q-Key und Micro-Key. Diplomarbeit, RWTH Aachen University, Aachen

Henning K, Strina G (2003) Planspiele in der betrieblichen Anwendung. Unternehmenskybernetik in der Praxis. Shaker Verlag, Aachen

Högsdal N (2001) Internetplanspiele im praktischen Einsatz. In: Mandl H (Hrsg) Planspiele im Internet: Konzepte und Praxisbeispiele für den Einsatz in Aus- und Weiterbildung. Bertelsmann, Bielefeld: 95–113

Hübner W, Kühl A (2003) Kompetenzerhalt und Kompetenzentwicklung älterer Mitarbeiter in Unternehmen. In: Arbeitsgemeinschaft QUEM (Hrsg) Quem-Report Schriften zur beruflichen Weiterbildung, Nr 84

Kerres M, Bormann M, Vervenne M (2009) Didaktische Konzeption von Serious Games: Zur Verknüpfung von Spiel- und Lernangeboten. In: Zeitschrift für Theorie und Praxis der Medienbildung, Nr 08, http://www.medienpaed.com/2009/kerres0908.pdf. Zugegriffen im Mai 2011

Klimmt C, Vorderer P (2002) Lara ist mein Medium. Parasoziale Interaktionen mit Lara Croft im Vergleich zur Lieblingsfigur aus Film und Fernsehen. In: Rössler P, Kubisch S, Gehrau V (Hrsg) Empirische Perspektiven der Rezeptionsforschung. Fischer, München: 177–192

Knabke T (2004) Konstruktion von Planspielen mit Hilfe von Generatoren. Bachelorarbeit Universität Göttingen

Lampert C, Schwinge C, Tolks D (2008) Der gespielte Ernst des Lebens: Bestandsaufnahme und Potenziale von Serious Games (for Health). In: Zeitschrift für Theorie und Praxis der Medienbildung, Themenheft 15/16, http://www.medienpaed.com/15/lampert0903.pdf. Zugegriffen im Mai 2011

Meier C, Seufert S (2003) Game-based Learning: Erfahrungen mit und Perspektiven für digitale Lernspiele in der betrieblichen Bildung, Deutscher Wirtschaftsdienst, Köln, http://www.alexandria.unisg.ch/EXPORT/DL/34407.pdf. Zugegriffen im Mai 2011

Michael D, Chen S (2006) Serious games. Games that educate, train and inform, Thomson Course Technology, Boston, Mass, http://www.gbv.de/dms/bowker/toc/9781592006229. pdf. Zugegriffen im Mai 2011

Nußbaum C (2004) Ein Planspiel für Mikrounternehmer mit wissensintensiven Dienstleistungen zur Förderung ihrer Handlungskompetenz in Kooperationen. Dissertation an der RWTH Aachen University, Aachen

Peter VAM, Vissers, GN (2004) A Simple Classification Model for Debriefing Simulation Games. In: Simulation Gaming, Nr 35: 70–84, http://sag.sagepub.com/cgi/reprint/35/1/70. Zugegriffen im Mai 2011

Petko D (2008) Unterrichten mit Computerspielen. Didaktische Potenziale und Ansätze für den gezielten Einsatz in Schule und Ausbildung. In: Zeitschrift für Theorie und Praxis der Medienbildung, Themenheft Nr 15/16, http://www.medienpaed.com/15/petko0811. pdf. Zugegriffen im Mai 2011

Pivec M (2006) Affective and Emotional Aspects of Human-computer Interaction. Gamebased And Innovative Learning Approaches. 1 (Future of Learning). IOS Press, Amsterdam

Prensky M (2001) Digital Natives, Digital Immigrants. In: On the Horizon, Bd 9 Nr 5: 1–6

Reeves T (1992) Effective dimensions of interactive learning systems. In: Proceedings of the Information Technology for Training and Education Conference (ITTE '92). Brisbane, Australia

Ritterfeld U (2009) Serious games. Mechanisms and effects. Routledge, London.

Rössler P, Kubisch S, Gehrau V (2002) Empirische Perspektiven der Rezeptionsforschung. Fischer, München, http://www.gbv.de/dms/bs/toc/340083921.pdf. Zugegriffen im Mai 2011

Schmette M, Nußbaum C, Strina G (2002) Positionspapier: Der Mikrounternehmer. zur Vorbereitung des Arbeitsforums "Stand und Perspektiven im Forschungsfeld Mikrounternehmertum". Positionspapier, Mülheim an der Ruhr, http://www.ifu.rwth-aachen. de/downloads/positionspapier_mikrounternehmer.pdf. Zugegriffen im Mai 2011

Seufert S, Meier C (2003) Game – based Learning: Erfahrungen mit und Perspektiven für digitale Lernspiele in der betrieblichen Bildung. In: Hohenstein A, Wilbers K (Hrsg) Handbuch E–Learning für Wissenschaft und Praxis. Deutscher Wirtschaftsdienst, Köln

Seufert S, Meier C (2003) Planspiele und digitale Lernspiele: Neue Edutainment Welle oder nicht erkannte Potenziale neuer Lernformen. http://elearningreviews.org/seufert/docs/lernspiele-planspiele-edutainement.pdf. Zugegriffen im September 2010

Veen W, Vrakking B (2006) Homo zappiens. Growing up in a digital age, Network Continuum Education, London, http://www.gbv.de/dms/hbz/toc/ ht015223608.pdf. Zugegriffen im September 2010

Vester F (2003) Planspiele in der betrieblichen Anwendung. In: Henning K, Strina G (Hrsg) Unternehmenskybernetik in der Praxis. Shaker Verlag, Aachen

Wolf D (2010) Unternehmenssimulationen: Spielend Erkenntnisse gewinnen. http://www. business-wissen.de/fileadmin/doc/DruckdateiPDF/Unternehmenssimul ationPlanspiele. pdf. Zugegriffen im Mai 2011

Zyda M (2005) From Visual Simulation to Virtual Reality to Games.In: IEEE Computer. Computer Society Press, Los Alamitos, CA, USA: 25–32

Kommentar zum Hauptartikel „Learning by Playing:
Potential von Serious Games zur Steigerung des
Intellektuellen Kapitals"

Serious Rigor für Serious Games

Sebastiaan Meijer und Wim Veen

Spielen ist so alt die Menschheit (vgl. Huizinga 1971), doch wissen wir bemerkenswert wenig darüber, was Menschen dazu bringt, aus dem Spielen zu lernen. Aus unserer Sicht leistet dieses Kapitel einen dreifachen Beitrag. Zunächst werden im Haupttext verschiedene Möglichkeiten erörtert, die unterschiedlichen Arten von Spielen zu kategorisieren, um die jeweiligen Lernergebnisse zu erklären. Zweitens werden Unterschiede zwischen zwei Communitys of Practice angesprochen, die bei relativ geringer geografischer Distanz deutlich durch den Sprachraum getrennt sind. Drittens wird die computergestützte Version eines im Original in Papierform vorliegenden Spiels vorgestellt, das vielversprechend für Unterrichtsanwendungen scheint. Unser Kommentar wird diese drei Beiträge nacheinander besprechen und Möglichkeiten für weitere Untersuchungen aufzeigen.

Die Autoren liegen richtig mit ihrer Beobachtung, dass auf dem Gebiet der Serious Games eine Vielzahl in Bedeutung und Interpretation leicht unterschiedlicher Definitionen und Begriffe verwendet wird. Die verschiedenen Klassifikationen, die bereits existieren und zweifellos in den kommenden Jahren hinzukommen, haben ihre Berechtigung, doch wurde für keine eine universelle Anwendbarkeit nachgewiesen. Die Arbeit von Ben Sawyer (2008) kommt dem am nächsten, weist jedoch keine Verbindung zum Lernen auf und wird daher zumeist in der Literatur zu Computer- und Unterhaltungsspielen verwendet. Nach fünf Jahrzehnten akademischer Publikationen auf diesem Gebiet stellt sich die Frage, ob wir nur ein einziges Phänomen diskutieren. Die Autoren stellen die strikte Unterscheidung zwischen Lernen und Spielen infrage, die in der deutschsprachigen Welt vorherrscht (vgl. Meier und Seufert 2003). Es steht außer Zweifel, dass Kinder durch Spielen lernen. Was sie jedoch lernen, ist schwierig zu bewerten. Im Spielebereich wird davon ausgegangen, dass Serious Games speziell für die Vermittlung bestimmter Kompetenzen entwickelt werden können. Druckman (vgl. 1994) meint, dass spezifischere Kompetenzen Spiele mit mehr *Fidelität* (d. h. Prozess- oder Strukturvalidität nach Raser 1969) erfordern. Kato u. a. (vgl. 2008) haben nachgewiesen, dass medizinische Kompetenzen in Spielen erlernt werden können, die die Realität nachahmen, während Bekebrede (vgl. 2010) Lerneffekte

S. Jeschke et al. (eds.), *Enabling Innovation*, DOI 10.1007/978-3-642-24299-1_39,
© Springer-Verlag Berlin Heidelberg 2011

zur Komplexität in simulierten Hafenentwicklungsprojekten nachwies. Armeen und Rettungsdienste verfügen über enorme Erfahrungen mit realitätsnahen Lernumgebungen. An dieser Stelle verlassen wir die Welt des Spielens und betreten die Welt der Simulation. Die Autoren dieses Kapitels verwenden die Begriffe Simulationsspiel und Spielsimulation, um zu beschreiben, was sie als einen spezifischen Zweig von Serious Games und implizit zum Lernen besser geeignet betrachten. Wir bezweifeln, dass die Spielsimulation einen besonderen Zweig der Serious Games bildet, wenn man bedenkt, dass nach Duke und Geurts (2004; Übersetzung durch den Autor) eine Spielsimulation „ein besonderer Typ Modell [ist], in dem Spieltechniken zum Modellieren und Simulieren eines Systems verwendet werden. Eine Spielsimulation ist ein funktionierendes Modell eines echten Systems, in dem Akteure in Rollen das Verhalten des Systems teilweise nachstellen". Wir gehen davon aus, dass das Werkzeug zum Vermitteln von Kompetenzen immer eine Spielsimulation statt eines reinen Spiels ist, da jedes dokumentierte *ernsthafte Spiel* zur Vermittlung von Anwendungen Aspekte der Realität beschreibt, die mal realer und mal abstrakter modelliert sind, jedoch immer mit dem Zweck, das Systemverhalten nachzustellen.

Nun kann man fragen, wieso diese Einordnung wichtig ist. Dies führt uns zum zweiten Beitrag des Kapitels: den Unterschieden zwischen den Communities of Practice.

Kultur wird als „kollektive Programmierung des Geistes" definiert (Hofstede und Hofstede 2005; Übersetzung durch den Autor) und unterscheidet Gruppen von Menschen. Nach der Theorie der Hofstedes können Kulturen mithilfe von fünf Dimensionen beschrieben werden. Die unterschiedlichen Communities of Practice, von denen das Hauptkapitel spricht, sind nach Sprache getrennt und können Gruppen von Ländern zugeordnet werden. Auf der einen Seite steht die englischsprachige Welt, zu der Amerikaner, Briten, Australier und Akademiker aus aller Welt gehören und für deren Beiträge breites Interesse besteht. Die zweite Gruppe ist die deutschsprachige Welt, in der Deutsche, Schweizer und Österreicher ihre Spiele entwickeln und in Fachliteratur veröffentlichen, die außerhalb des Sprachraums selten wahrgenommen wird. Wenn wir uns die kulturellen Unterschiede dieser Gruppen von Ländern ansehen (vgl. Hofstede, WEB), finden sich die wichtigsten Unterschiede auf der Ebene des Individualismus (hoch in ENG, mittel in DEU) und der langfristigen Orientierung (kurz in ENG, mittel in DEU). Was bedeutet dies für die Praxis des Spielens in den beiden Communities?

Hofstede betont, dass aus den Punktwerten der Kulturdimensionen keine direkten Aussagen zum Verhalten abgeleitet werden können, sondern dass Trends, Tendenzen und Wahrscheinlichkeiten für bestimmtes Verhalten erklärt werden (vgl. Hofstede und Hofstede 2005). Meijer (vgl. 2009) hat das Wechselspiel zwischen Kultur und der Organisation von Transaktionen und den Versorgungsnetzwerken besprochen, wie etwa der Spielgemeinschaft im Bezugssystem von Williamson (vgl. 2000). Unter diesen Einschränkungen können wir anhand der Kulturdimensionen einige Annahmen hinsichtlich der Trends in der Spielgemeinschaft treffen.

In der englischsprachigen Welt führt die Kombination aus starkem Individualismus und kurzfristiger Orientierung dazu, dass die sofortige Zufriedenstellung der Teilnehmer bevorzugt wird. (Serious) Games sind daher eine ideale Methode, da sie Spaß, sofortiges Feedback sowie aktive Partizipation und Interaktion mit Lernerfolgen verbinden. Die Ergebnisse einer Person bei einem Spiel werden als wichtig erachtet, wodurch sowohl Spiele für Einzelspieler als auch solche für mehrere Spieler ermöglicht werden. Dies passt ideal zum Konzept des *Homo Zappiens* (vgl. Veen und Vrakking 2006). So lange der Teilnehmer einen Lerneffekt erlebt, sind alle zufrieden, sowohl der Bildungsanbieter als auch der Bildungsteilnehmer.

Die deutschsprachige Community legt mehr Wert auf die Aspekte der Gruppe oder Organisation, die sich auf den Prozess auswirken, über den etwas gelernt werden soll, da der Grad des Individualismus niedriger und die Gruppe daher wichtiger ist. Der mittlere Wert bei der langfristigen Orientierung bewirkt, dass sofortige Zufriedenstellung weniger wichtig ist und Spiele länger dauern können, bis ein Lernerfolg erzielt wird. Diese beiden Aspekte bewirken, dass Lernspiele, die unter dem angloamerikanischen Paradigma entwickelt wurden, zu sehr als Spaß und zu wenig auf die komplexen Prozesse zwischen Menschen, der Organisation und dem Vorgang gerichtet angesehen werden, über den etwas gelernt werden soll. Die Simulation eines Prozesses passt besser zur wahrscheinlichen Einstellung in der deutschsprachigen Welt. Bei der Spielsimulation wird, wenn der Begriff präzise verwendet wird, mehr Betonung auf den Prozess und die Struktur des untersuchten Systems gelegt. Daher ist es wahrscheinlich, dass nach dem gegenwärtig in den Medien zu beobachtenden Hype um Serious Games in der deutschsprachigen Community die Spielsimulation übrig bleiben wird. Der dritte Beitrag des Kapitels ist die Präsentation einer computergestützten Version der bekannten Spiele Q-Key und Micro-Key. Webbasierte Spiele können an sich nützlich sein, doch stellen die Autoren zu Recht die Frage, ob es sich noch um das gleiche Spiel wie bei der Analogversion handelt. Der Mangel an persönlicher Interaktion (in diesem Fall durch Prozessunterstützung gelöst), der Mangel an physischen Gegenständen zur Interaktion sowie der geänderte Spielmodus von seriell zu parallel lässt die Frage nach dem Wert dieses Versuchs aufkommen. Im Buch *Why do games work* (de Caluwé et al. 2006) beleuchten alle Beitragenden, was sie für das Wesentliche halten. Vermittlung, Kreativität durch Interaktion mit Objekten und, am wichtigsten, die weit gefasste soziale Umgebung stehen dabei ganz oben. Was im Kapitel fehlt, ist eine Auswertung der Ergebnisse. Dies überrascht nicht, da die wichtigste Kritik von Bildungsentwicklern ist, dass die *Propheten* der Serious Games die Auswertung der meisten positiv bewerteten Fälle vermissen lassen. Die deutschsprachige Welt hingegen hat den ausgefeiltesten Auswertungsrahmen hervorgebracht (vgl. Kriz und Hense 2006). In den Niederlanden hat Harteveld (in Druck, 2011) das Triadic Game Design eingeführt, das auf diesen Punkt gerichtet ist.

Damit kommen wir zu unseren Schlussfolgerungen. Das Hauptkapitel zeigt eine positive Einstellung gegenüber Spielen für Lernanwendungen. Mögliche Nachteile werden nicht erwähnt. Wegen der kulturellen Unterschiede zwischen Communities of Practice ist es für die Vertreter dieser innovativen Methode wichtig, sich der Präferenzen und Einstellungen bei Schlüsselaspekten des Spielens bewusst zu sein. Mit der korrekten Verwendung des Vokabulars werden nicht nur Unklarheiten beseitigt, sondern auch die Entwicklung von Spielen wird in Richtung *Spielsimulationen* gelenkt, wie sie in der deutschsprachigen Welt bevorzugt werden. In den Niederlanden kann schon ein ähnlicher Trend beobachtet werden. Die Umwandlung existierender Spiele zu webbasierten Versionen kann nicht die Antwort auf die Fragen in der Branche sein. Die gründliche Untersuchung möglicher Trainingsinhalte mit einer angemessenen Auswertung und Aufmerksamkeit für regionale Präferenzen dient der Verbreitung des Spielens als Innovationsmethode besser.

Literaturverzeichnis

Bekebrede G (2010) Experiencing Complexity: A Gaming Approach for Understanding Infrastructure Systems. PhD thesis, Delft University of Technology

Caluwé L de, Hofstede GJ, Peters V (2008) Why do games work? In search of the active substance. Kluwer, Deventer, Niederlande

Druckman D (1994) The educational effectiveness of interactive games. In Crookall D, Arai, A (Hrsg) Simulation and gaming across disciplines and cultures. SAGE publications: 178-187

Duke RD, Geurts JLA (2004) Policy games for strategic management. Dutch University Press, Amsterdam, Niederlande

Harteveld C (2011 im Druck) Triadic Game Design. Springer-Verlag

Hofstede G, Hofstede GJ (2005) Cultures and Organisations: Software of the Mind. Third Millennium Edition. New York, McGraw-Hill

Hofstede G (WEB) Hofstede Dimension Data Matrix. http://www.geerthofstede.com/research--vsm/dimension-data-matrix.aspx. Zugegriffen im Oktober 2010

Huizinga J (1971) Homo Ludens: a study of the play-element in culture. Beacon Press

Kato PM, Cole SW, Bradlyn AS, Pollock BH (2008) A Video Game Improves Behavioral Outcomes in Adolescents and Young Adults With Cancer: A Randomized Trial. Pediatrics, Bd 122, 2 August 2008: e305-e317

Kriz WC, Hense JU (2006) Theory-oriented evaluation for the design of and research in gaming and simulation. Simulation Gaming 37: 268 – 285

Meijer SA (2009) The organisation of transactions: studying supply networks using gaming simulation. Wageningen Academic

Raser JC (1969) Simulations and society: an exploration of scientific gaming. Allyn & Bacon, Boston

Sawyer B (2008) Serious games taxonomy (Serious Games Summit). http://www.seriousgames.org/presentations/serious-games-taxonomy-2008_web.pdf. Zugegriffen im Oktober 2010

Seufert S, Meier C: Planspiele und digitale Lernspiele: Neue Edutainment-Welle oder nicht erkannte Potenziale neuer Lernformen. http://elearningreviews.org/seufert/docs/lernspiele-planspiele-edutainement.pdf. Zugegriffen im Oktober 2010

Veen W, Vrakking B (2006) Homo zappiens. Growing up in a digital age. Network Continuum Education, London

Williamson OE (2000) The New Institutional Economics: Taking Stock, Looking Ahead. Journal of Economic Literature, 38, 3: 595-613

Future Center – Internationale Impulse für die Innovations- und Wissenskommunikation

Erkundungen neuer Kommunikationskonzepte für das Intellektuelle Kapital

Günther M. Szogs

Abstract

Allerorten wird in Deutschland die Wissensgesellschaft beschworen und gleichzeitig eine unzureichende Kultur des gesellschaftlichen Dialogs beklagt. Prominenteste Beispiele sind die Kontroversen zu Stuttgart 21 oder die Überlegungen dazu, wie eine andere Partizipation der Bürger an den auch geistigen Auseinandersetzungen zu gestalten sei. Am Beispiel der Finanzkrise beklagen Politiker wie der Ex-Kanzler Helmut Schmidt oder der seinerzeit verantwortliche Finanzminister Steinbrück einen Verlust an nachhaltigem Dialog und ernsthaftem gemeinsamen Nachdenken. Ob Medien oder Mediator – die Vermittlung zwischen gesellschaftlich Handelnden und nicht nur von Themen erscheint als großer Schwachpunkt. Und dafür braucht es auch Orte der Begegnung – die Bundesregierung denkt zum Beispiel an ein *Haus der Zukunft*.

Anlass genug, sich *Häuser der Zukunft*, Future Center, in anderen Ländern anzuschauen, sie exemplarisch mit deutschen Einrichtungen zu vergleichen und erste Überlegungen für einen dem verantwortungsvollen gesellschaftlichen Denken und Handeln verschriebenen adaptiven Ansatz anzustellen.

Einführung

Innovationsfähigkeit ist ein notwendiges Accessoire jeder Nation, die im internationalen Konzert *ernsthaft mitspielen* will. *Ernsthaft mitspielen* – man fühlt sich fast an die *serious games* erinnert. Das dahinter stehende Paradigma gilt es auch gesellschaftlich zu verstehen. Die Verknüpfung von Ernsthaftigkeit, Bestimmtheit, Sich-verpflichtet-fühlen auf der einen Seite und Spiel, Lässigkeit, Spaß auf der anderen fällt nicht immer leicht. Man liebt da eher die Entgegensetzung. Sie kommt zum Ausdruck in der Kommentierung, die bei der *Spaßgesellschaft* an belanglose Unverbindlichkeit denkt, bei der Arbeit den Menschen dagegen mit dem *Ernst des Lebens* kommt. Die Bezugnahme aufeinander setzt aber Kreativität frei. Stärkung der Innovationsfähigkeit zeigt sich so darin, wieweit diese Verknüpfung gelingt.

S. Jeschke et al. (eds.), *Enabling Innovation*, DOI 10.1007/978-3-642-24299-1_40,
© Springer-Verlag Berlin Heidelberg 2011

Für technische Entwicklungen ist dies selbstverständlich. Das Experiment betont Erkenntnisgewinn durch systematisches Ausprobieren, also Spielen mit unterschiedlichen Optionen. Eine Übertragung des *Experiment*-Gedanken auf das gesellschaftliche Leben bewirkt dagegen Ängste. *Keine Experimente!* hat manchen Wahlkampf beflügelt, obwohl doch das englische Wort für Erfahrungen, also beurteilte Erlebnisse, *experience* heißt. Die Ängste scheinen zu entstehen, weil Resultate von Innovationen als unwiderrufbar, als „end"-„gültig" befürchtet werden. Daher *spielt* man nicht *ernsthaft* mit, sondern aus *Spielen* wird *Ernst* und da *versteht* man *keinen Spaß*.

Und doch verbaut man sich so gesellschaftlichen Fortschritt, weil man die Fähigkeit zur Innovation untergräbt, weil man den Spaß tatsächlich nicht *versteht*. Man sollte ihn aber verstehen!! Und zwar nicht im Sinne der gleichnamigen populären Fernsehsendung *Verstehen Sie Spaß?*, die Toleranz gegenüber jedem Ulk einfordert, sondern im Sinne des Begreifens oft auch spielerisch gewonnener Effekte.

Die Future Center machen sich dieses *Spaß verstehen* als eine Komponente ihres Ansatzes zu Nutze. Ausgehend von Skandinavien haben sie sich als Konzepträume entwickelt, die gesellschaftliche Innovationsfähigkeit fördern, ernsthaftes Mitspielen ermöglichen und zu gemeinsamer Kreativität bei der Lösung anstehender Probleme anregen. Sowie der Naturwissenschaftler im Labor seinen geschützten Raum hat, erhält hier ein gesellschaftlicher Prozess die Chance, sich behutsam (im Wortstamm auch *behütet*) mit weniger Angst vor endgültigen Resultaten zu entwickeln.

In Deutschland gibt es inzwischen ebenfalls Zukunftslabors, Zukunftswerkstätten und Zukunftsakademien. Den in Skandinavien entstandenen *Future Centern* scheint es aber in besonderer Weise zu gelingen, Innovationsprozesse voranzubringen. Insofern ist es lohnend, sich auf diesen Ansatz spielerisch ernsthaft einzulassen, also die eigene Innovationsfähigkeit zu stärken, indem man solche Innovationen aus anderen Ländern auf Adaptionspotential für hiesige Herausforderungen überprüft.

Dieser Beitrag versucht das mittels einer *Knowledge Journey* – getreu Goethes Erkenntnis, dass Reisen bildet. Sie nimmt ihren Ausgang mit der Hoffnung, die sich mit der Gestaltung der Zukunft verbindet, mit 1. *Happy Future*, knüpft in Kapitel 2 kurz am Verhältnis von *Intellektuelles Kapital und Future Center* an, um in 2.1 *Knowledge Journey: Die Entstehung der Future Center* den Erstgründungen nachzuspüren. In 2.2 werden die Adaptionen in den Niederlanden beleuchtet. Kapitel 3 gönnt sich die Reflexionsschleife *Future Center – Was sind sie eigentlich?* mit Ausführungen in 3.1 zu *Die tatsächlichen Auswirkungen des Intellektuellen Kapitals* und einem kleinen Ausflug in 3.2 zu *High Performance Teams oder Voetbal total*. Mit Kapitel 4 beginnt der zweite Reiseteil der *Knowledge Journey: Nutzung von Future Centern in Deutschland?* Er betrachtet *Konzepthäuser*, die nicht als Future Center und dazu auf ganz unterschiedlichem Terrain agieren. Und doch lässt sich aus der Differenz die Eigenheit der Future Center deutlicher herausarbeiten. Kapitel 5 beschließt die Betrachtung zu Future Centern mit *Perspektive der Adaption: ACSI als offenes europäisches „Future Building"*. An dem finnischen Projekt zu gesellschaftlicher Innovation wird deutlich gemacht, dass die Nutzung des Future Center-Ansatzes über das plumpe Kopieren eines *Einrichtungshauses zur Innovation* weit hinausweist und Prozesse ins Leben ruft, die in der Tat eines befördern: *Innovationsfähigkeit.*

1 Happy Future

Wer will nicht die Zukunft für sich reklamieren? *Future* hat eine ähnlich positive Konnotation wie *Wissen* und *Innovation*. Ähnlich wie diese scheint ein qualitatives Attribut kaum von Nöten. Die Verbindung einer Organisation, eines Programms, eines Anliegens damit, es sei wissensbasiert, innovativ und zudem zukunftsorientiert, scheint selbige fast unangreifbar zu machen. Wer will dem Intellekt, dem Wandel, der Zukunft schon im Wege stehen?

Aber Vorsicht! Trotz des Werte- und Bewusstseinswandel der letzten Jahre, trotz der Tatsache, dass wir uns doch in einer *Wissensgesellschaft* befinden, der größte Rohstoff zwischen den zwei Ohren sitze, wurde mit Milliarden das Wissen derer durch Boni gekrönt, die mit nicht-bonitären (sub-prime) Papieren hochinnovativ ganze Volkswirtschaften an den Rand des Ruins getrieben haben. Auch so kann Zukunft aussehen.

Die Eigenheit der Zukunft liegt darin, dass wir sie nicht kennen. In welche Richtung wir sie uns wünschen, wie wir sie gemeinsam ausgestalten möchten, muss sich in strukturell relevanten Kriterien für diesen Zukunfts-Bildungsprozess widerspiegeln. Bei der Erörterung von *Future Centern* als ein mögliches Mittel zur Beförderung von Potentialen des Intellektuellen Kapitals wird daher relevant sein, inwieweit sie dem gerecht werden, was persönliches Glück mit gesellschaftlichem Fortschritt und Wohlergehen verbindet. Oder, wie es einer ihrer Initiatoren und Promotoren, Leif Edvinsson, bündig in die Grußformel seines Facebookprofils fasst: *Happy Future.*

2 Intellectual Capital und Future Center

Wenn Future Center als ein Mittel zur Entfaltung des Potentials von Intellektuellem Kapital diskutiert werden sollen, dann soll zumindest kurz das diesem Beitrag zu Grunde liegende Verständnis von Intellektuellem Kapital (IC) benannt werden. Ansonsten verweisen wir auf ausführliche Darstellungen des von Prof. Peter Pawlowsky geleiteten IMO Aktionsfeldes *Intellektuelles Kapital*.

Intellektuelles Kapital bezeichnet das wertschöpfende Zusammenspiel von Human-, Struktur-, und Beziehungskapital. Es wird daher in diesem Kontext gerade nicht, wie manchmal üblich, auf die intellektuellen Potentiale des Humankapitals reduziert. Neben den unterschiedlichsten persönlichen Fähigkeiten und Kompetenzen stehen also immer auch die dazu passenden Prozesse, Ausstattungen, Systeme und die unterschiedlichen relevanten Beziehungen, in deren Zusammenspiel Human-

und Strukturkapital nur ihre Wirkung entfalten können im Fokus. Den Intellectual Capital Statements oder den in Österreich und Deutschland in unterschiedlichen Ausrichtungen eingeführten *Wissensbilanzen* liegt dieses Verständnis von IC zu Grunde.

Bleibt die zweite Komponente des hier thematisierten Bezugs: Future Center. Schon die Entstehung der Future Center lässt über die enge Verknüpfung mit dem hier vorgestellten Begriff des IC keinen Zweifel:

> „Wertschöpfung entsteht in der Wechselwirkung zwischen Menschen (Humankapital) und dem organisatorischen strukturellen Kapital, wie z. B. F&E Prozessen. Nonaka (vgl.1994) bezeichnet dies als Wissen schaffende Dialektik und Kinetik. Er bezeichnete sie als Ba, was auf Japanisch ‚Raum für Anerkennung' bedeutet. Bei Skandia nannte man es *Future Center"* (Edvinsson 2006, 370).

2.1 Knowledge Journey: Die Entstehung der Future Center

Versuchen wir eine erste Annäherung an diesen *Raum der Anerkennung*, reisend von den Pionieren hin zu den erfolgreichen *Adaptierern*.

Pioniere in Unternehmen und Ministerien
Turning the Future into an asset war im Jahr 1996 die Begründung vom CEO von Skandia, Björn Wolrath, für das *Skandia Future Center (SFC)* in Vaxholm. Skandia, berühmt durch den Skandia Navigator, einem der ersten IC-Reports über die immateriellen Vermögenswerte, machte Ernst mit der Erkenntnis, dass die IC-Reports keinen Selbstzweck haben sondern einen Prozess begleiten, der hier in einem Unternehmen verantwortungsvoll achtsam Kreativität befördert. Dies Nachdenken über neue Wege, Umkrempeln gewohnter Vorgehensweisen, Lösungssuchen zur Überwindung für positions-, alters-, geschlechtsbedingte Spannungen und zur Freisetzung gemeinsamer Kreativität für den Erfolg des Unternehmens brauchte seine Entsprechung im Raum. Das SFC strahlte genau dies spektakulär unspektakulär aus. Der legendäre Teergeruch des alten Bootshaus, kontrastierende Stilrichtungen, die bewusst Herkunft und Zukunft in Verbindung bringen und auf rein effekthaschende Hightech-Szenarien verzichten, dabei aber selbstverständlich moderne Technologien nutzen – all das sind erste Grundbausteine der Future Center Philosophie.

Solche Entsprechungen wurden in einem weiteren FC eines schwedischen Unternehmens, dem *InnoVision der Sydkraft* in Malmö, weitergetrieben. Dem öden Büro, selten inspirierender Ort für zukunftsweisende Gedanken, setzen sie eine an zentralen Eckpunkten moderner Projekte orientierte räumliche Aufteilung entgegen. Erstes Brainstorming findet zum Entwickeln von Vorentwürfen spielerisch stehend um Architektentische statt, zu meditativen Phasen kann man sich in einen zeltartigen Bereich zurückziehen, aber auch gemeinsame inspirierende Beratungs- und Entscheidungsräume stehen zur Verfügung. Alles in einem nicht streng abgeteilten sondern inspirierend integrativen Ambiente.

Diesen beiden dem Unternehmenskontext entspringenden FCs ist gemeinsam, dass sie über klassische *Training Center* mit ihren obligatorischen Seminarräumen deutlich hinausgehen. Die Sinne werden in alle Phasen des miteinander Arbeitens und Entwickelns eingebunden und nicht als reine Regenerationsbereiche funktional abgetrennt.

Verlassen wir die Unternehmenswelt und trauen uns in ein FC in doch eher als trocken, humorlos und uninspiriert geltenden Ministerien. Das *Mind Lab* in Kopenhagen. Mind Lab ist eine trans-organisationale Einheit für nicht weniger als drei Ministerien: dem Wirtschafts-, Finanz- und Arbeitsministerium.

Bei einem Besuch mit anschließendem gemeinsamen Essen mit Initiatoren, Machern und Gestaltern, an dem der Verfasser teilnehmen durfte, erzählten die Gesprächspartner, wie sie einen Bühnenbildner aus dem Theater mit einem nicht gerade umfangreichen Budget, dafür aber mit umfangreichen Freiheiten für die Gestaltung dieses FC ausgestattet hatten. Dieser setzte ihnen dann unter anderem eine Art SpaceLab als *intellektuelle* Aufwärmmöglichkeit für die Besucher und Nutzer des FC vor die Nase. In dessen Enge kann man die wiederbeschreibbaren Wände mit ersten Botschaften an andere Teilnehmer in einer Art eisbrechenden Speed Dating versehen. Den europäischen Regierungschefs war dieses FC einen Besuch während des Treffens zur Zeit des dänischen EU-Ratsvorsitzes wert.

Die transorganisationale Ausrichtung führt uns dabei weitere Eigentümlichkeiten des FC-Ansatzes vor Augen. Flexible, zum Teil provokative Raumkonzeption gepaart mit modernsten Vernetzungstechnologien für gemeinsames, ortsunabhängiges Arbeiten der Nutzer setzt aber auch eine völlig neue Prozessbegleitung voraus. Geht es weder um die übliche standardisierte Weitergabe von Wissen noch um einen reinen *Austausch von Ideen* oder aber der Plattform für Veranstaltungen von Interessensgruppen wie etwa in Bildungszentren oder *Häusern der Begegnung*, dann zieht das eine Reihe weiterer erfolgskritischer Änderungen nach sich. Soll ein Future Center dazu dienen, gerade auch institutionsübergreifend, Hierarchie-relativierend, voneinander sachlich aber nicht disziplinarisch abhängige Akteure zu möglicherweise neuen gemeinsamen Herangehensweisen bei der Lösung von Herausforderungen, die alle tangieren, bewegen, bedarf es mehr als einer *Moderation*. FCs brauchen unabhängige Prozessbegleiter, einfühlsame Beobachter, die den Nutzern situativ die nötigen methodischen, materiellen und technischen Hilfsmittel zur Verfügung stellen. Sie vermitteln kein *Ergebnis*, keinen Lehrstoff, keine Kunst. Sie vermitteln *Vermittlung*. Das aber ist mehr als technischer Support oder psychologische Hilfe in Konfliktsituationen. Sie helfen beim Zustandekommen eines ko-kreativen Prozesses mit per definitionem nicht vorab festgelegtem Ausgang.

2.2 Wichtige Adaptionen in den Niederlanden

Auch im Dialogues House in Amsterdam, auf Initiative der ABN-AMRO Bank in einem alten Händlersaal gelegen, finden sich die unterschiedlichsten flexiblen Raumkonzepte. Inmitten der Halle kann man sich für Konferenzen in eine überdimensionale und multimedial ausgestattete Kapsel zurückziehen, die um vielfaches größer ist als das kleine SpaceLab im Kopenhagener FC, aber auch Assoziationen zu Raumschiff Enterprise wachruft. Und Enterprise ist das Stichwort. Wie in einer leicht futuristischen Agora erlaubt das Dialogues House die Nutzung unterschiedlichster Raumangebote – von hängenden Sitzecken über Dialogbänke zu integriertem Casino. Der Innovator Paul Iske steht dabei für ein Konzept, das Gründerinitiativen und auch Public Private Partnerschaft Projekte an die flexiblen freien Räume des Hauses bindet. Das junge und alte Unternehmen etwas unternehmen – vielleicht gemeinsam und auch mit öffentlichen Trägern – dazu möchte das Dialogues House beitragen.

2.3 LEF – Courage in der Behörde?

Auf der Learntec 2010 präsentiert Cees Plug, der Direktor des Utrechter LEF Future Center, diese Einrichtung des niederländischen Ministeriums für Wasserwirtschaft:

> "We are continually challenged to search for durable, boundary-expanding solutions and innovative breakthroughs. This is hard to achieve with traditional approaches in conventional surroundings."[1]

Das LEF (LEF bedeutet Courage, Mut) setzt, seinem Namen gerecht werdend, die Eigenheiten, die wir an den Future Centern geschildert haben, mutig um. Neue Medien werden kompromisslos in den Dienst von Innovationsprozessen gestellt. Im Zentrum steht eine kleine Halle, die sich unter Nutzung von neuropsychologischen Erkenntnissen in entspannende Wüstenszenarien mit orientalischer Musik und im nächsten Moment zu einer medialen wilden Zeitreise durch das Jahrhundert nutzen lässt. Wie ein großer Kubus sind Boden, Decke, Wände integrativ medial einbezogen. Alle Möbel sind eigens designt, um sich multifunktional nutzbar an die jeweilige Situation der im LEF stattfindenden Entwicklungsprozesse anzupassen. Wert legt man auch hier auf Mitarbeiter, die als Facilitator, als Incubatoren arbeiten. Die Nähe zu unseren eingangs dargestellten Beziehungen zu Konzepten des Intellektuellen Kapital wird dadurch unterstrichen, dass sich das LEF selbst dem Prozess der Erstellung einer Wissensbilanz unterwirft. Sie nennen das Kompass. Das Vorgehen ähnelt sehr den *Wissensbilanzen – Made in Germany*. Humankapital zum Beispiel bleibt dabei keine abstrakte Kategorie. Sie definiert Kompetenzen und Skills, die für den Ansatz des LEF erfolgskritisch sind. In der Lage zu sein, Teilnehmern wechselnd Raum zu geben oder Raum zu nehmen, Ihnen Komfortzonen zu lassen und sie dann wieder zum Los- und Verlassen der Komfortzonen zu drängen, gehört zu solchen Skills beim LEF. Und dies Humankapital wird nach QQS (Qualität, Quantität und Systematik) beurteilt und im Kompass neben den anderen Komponenten nachgehalten.

---

[1] Siehe ausführlicher http://www.learntec.de/cgi-bin/x-mkp/newsletter/newsletter.pl?language =1&eve_id=9&txt_no=7&arch_id=28. Zugegriffen im Mai 2011.

3 Future Center – Was sind sie eigentlich?

Wir haben uns den Future Centern bewusst auf einer kleinen Explorationsreise genähert. Dabei haben wir folgende exemplarischen Beobachtungen gemacht.

1) FC scheinen sowohl in Unternehmen wie auch in kommunalen oder staatlichen Behörden einsetzbar zu sein.
2) FC legen großen Wert auf eine offene, die Sinne ansprechende, multifunktional nutzbare, mitunter provokante Architektur und auf Einrichtungen, die ebenfalls dieser situativ unterschiedlichen inspirierenden Verwendung Rechnung tragen.
3) FC benötigen ein hohes Maß an Unabhängigkeit gegenüber Ihren Kunden. Auch ihre disziplinarische Zuordnung darf Ihren Auftrag als Distanz wahrende, dabei aber durchaus engagierte Prozessbegleiter nicht gefährden.
4) FC nutzen viele auch aus anderen Bereichen bekannte Methoden und Techniken, sei es moderne Vernetzungssoftware, sei es Elemente der von Robert Jungk begründeten Zukunftswerkstatt.
5) FC – das vielleicht die wichtigste Beobachtung – ist ein ganzheitlicher Ansatz, der in einem physischen Gebäude zwar eine wichtige *Repräsentanz* hat, der aber einen Prozess zur Unterstützung des gesellschaftlichen oder unternehmensbezogenen Wandels beschreibt.

Gehen wir von der ersten Beobachtung einen Schritt weiter und betrachten das gemeinsame Selbstverständnis. Für die *Open Futures*-Bewegung, in der zahlreiche Future Center im losen Verbund kooperieren, hat dies Hank Kune präzise und charismatisch zugleich formuliert:

"A Future Center is an organizational, physical, methodological and virtual space. It is a mental space, an affective space, and above all a people space. It exists across time, moving between past, present and future as it navigates knowledge and experiential pathways to achieve its objectives." (Kune 2010, 1)

Und etwas konkreter:

"Future centers are special working environments that help organizations and people break out of patterns and routines, see issues from multiple perspectives, and choose effective courses of action. They are high-touch, technology-enhanced learning spaces, which enable people to create, develop, prototype, and communicate ideas, strategies, plans, solutions and actions that help them to:

a) deal effectively with today's challenges
b) achieve middle- and long-term goals
c) deliver sustainable solutions and results" (ebd.)

3.1 Die tatsächlichen Wirkungen auf das Intellektuelle Kapital

Erfolgstorys reihen sich ein neben Berichten darüber, dass selbst Vorzeigeein-
richtungen, wie dem Skandia Future Center, die Unterstützung des Managements
entzogen wurde. Wie misst man den ,Erfolg' bei der Beförderung des Intellektuellen
Kapitals? Umfassende seriöse empirische Untersuchungen über die Wirkung von
Future Centern liegen bislang nicht vor. Aber auch das hat mit unserem Thema zu
tun.

Wie eingangs kurz angerissen, umfasst das Intellektuelle Kapital das wertschöpfende Zusammenwirken von Human-, Struktur- und Beziehungskapital.
Die Kritik an klassischen Bilanzierungssystemen, die inzwischen sogar von
zahlreichen Nobelpreis-dekorierten Ökonomen geteilt wird, bezieht sich auf das
Herauslassen solcher intangiblen Werte aus unternehmensbezogener und nationaler Berichterstattung. Umgekehrt wird das Bruttosozialprodukt eben auch
dann enorm gesteigert, wenn auf das Massivste CO_2 produziert und Teile der
Lebensbedingungen zerstört werden. Die Berichterstattung über die Ergebnisse
von Future Centern müssten sich eben auf die immateriellen Werte, Erarbeitung
gesellschaftlicher oder unternehmensbezogener fortschrittlicher Lösungen, positive
Veränderungen in Lebens- und Arbeitseinstellungen etc. beziehen. So etwas kann
zum Beispiel durch Wissensbilanzen erfolgen. Die wiederum sind bislang zwar
als geeignete Instrumentarien durchaus anerkannt, aber nicht durchgesetzt – eine
Druck-erzeugende Öffentlichkeit ist ebenfalls nicht auszumachen.

Es zeichnet sich eine dem Innovationsthema strukturell geschuldete, klassische
Deadlock-Situation ab: ein Thema bekommt die Unterstützung nicht, weil es nicht
durchgesetzt ist, brauchte aber gerade deshalb, weil es nicht durchgesetzt ist, die
Unterstützung umso dringender. Hier helfen nur *Anschubfinanzierungen* und für
sie lässt sich strukturell-analytisch argumentieren.

3.2 Highperformance Teams oder „Voetbal total"

Dass Future Center Sinn machen, dass sie einen Anspruch auf gesellschaftliche und unternehmensbezogene Entwicklung unterstützen können, der allenthal-
ben erhoben aber nur unzureichend umgesetzt wird, soll mit einem qualitativ-
strukturellen Vergleich aus dem Fußball erläutert werden. Schon im Jahr 2006
vor der Fußballweltmeisterschaft haben wir im Rahmen der Learntec unter dem
Titel *Wissensweltmeister Deutschland? – Wege aus der Abseitsfalle* Vertreter der
Wissensbilanzen mit Top-Sportlern (die Fußball-Weltmeisterinnen Nia Künzer und
Renate Lingor) zusammengebracht und das Zusammenspiel von Human-, Struktur-
und Beziehungskapital am Fußball erläutert. Der KSC hat übrigens inzwischen eine
Wissensbilanz eingeführt. Stolz verkündet er das auf seiner Website.[2]

Hier möchten wir diesen Gedanken um einen Aspekt der Forschungen
zum Highperformance Management, die Prof. Peter Pawlowsky mit weiteren

---

[2]   Vgl.   http://www.ksc.de/aktuelles/anzeigen/news/karlsruher-sc-erstellt-als-erster-bundesligist-
eine-wissensbilanz/6.html. Zugegriffen im Mai 2011.

Wissenschaftlern erhoben hat, erweitern (vgl. Pawlowsky und Mistele 2010).[3] Spitzenteams, so wird Pawlowsky nicht müde zu unterstreichen, entwickeln eine unglaublich intuitive Meisterschaft des Zusammenwirkens, die höchste Reaktionsgeschwindigkeit auch in unerwarteten Situationen ermöglicht. Eine, sicher nicht die einzige, wichtige Voraussetzung dafür ist die Überlappung von Kompetenzen. Sozusagen Kompetenzredundanz, was jeden klassischen Personalmanager sofort den Rotstift ansetzen lassen würde. Sie erweisen sich als ein hervorragendes Mittel, die wechselseitige Einfühlsamkeit und daraus folgend optimal aufeinander bezogenes Handeln zu befördern.

Die Fußballweltmeisterschaft 2010 bestätigt solche Erkenntnisse von Pawlowsky in der fachlichen Diskussion. Hatte die öffentliche Berichterstattung den Blick zunächst immer nur frei für die Solo-Superstars, wandelt sich plötzlich das Kriterium dafür, was *Superstars* ausmacht. Dem deutschen Team wurde beim Spiel gegen Spanien nachgesagt, hier spiele Kopie gegen Original – so fasziniert ist man von der spanischen Spielintelligenz. Und der spanische Superstar? Wenn der spanische Trainer del Bosque über seinen Torgaranten David Villa redet, dann falle stets der Nachsatz: Villa sei ein außergewöhnlicher Stürmer, weil er enorm viel für die Defensive mache. Ein merkwürdiges Lob für einen Stürmer, das aber schnell einleuchtet, wenn man sich das strukturelle Prinzip des vom Niederländer Johan Cruyff begründeten als weltführend angesehenen spanischen Fußballstils ansieht

> „Dieser Stil ist bekannt als Fußball der beweglichen Dreiecksformationen, bei dem jeder Spieler alles spielen kann. [...] Genannt wird er ‚Voetball total'" (Frankfurter Rundschau 10.7.2010, Sport, 5).

Jeder Spieler alles – also Kompetenzüberlappung zum intelligent flexiblen *Andocken* – bedeutet sicher nicht, dass es keine Funktionsschwerpunkte, sprich Stürmer und Verteidiger gibt.

Das Beispiel aus dem Fußball soll nicht überstrapaziert werden. Es macht aber klar, dass solche Perspektivänderungen auf das *Zusammenspiel* völlig andere Arten des Trainings, der Nachwuchsförderung, der Teamentwicklung nach sich ziehen. Human-, Struktur- und Beziehungskapital werden neu gemischt. Neue Einrichtungen entstehen (z. B. tolle neue Zentren beim FC Bayern oder bei den Durchstartern von 1860 Hoffenheim), die diese Ansätze unterstützen.

Was bei den Sportprofis andachtsvoll bewundert wird, wo hohe Kosten als Zukunftsinvestition selbstverständlich akzeptiert und durch entsprechende Eintrittspreise honoriert werden, was eine Nation virtueller Nationaltrainer auf Fanmeilen oder Kneipen heißer diskutieren als es die dabei verzehrten Grillwürste sind, scheint für das gesellschaftliche *Zusammenspiel* fast undenkbar. Wieso reduzieren wir gesellschaftliche *Trainingsräume* auf oft borniert trostlose Hörsäle, standardisierte, oft schlecht ausgerichtete Seminarräume oder steril wirkende Stadthallen? Warum gönnen wir uns als gesellschaftliche Akteure nicht den hohen

---

[3] Vgl. auch die Sendung im ZDF Abenteuer Wissen. Siegen lernen – Das Geheimnis des Erfolgs. Ausgestrahlt am 28. Juli.

Standard an medialer Unterstützung, an *Betreuungsteams*, an genialen *Trainings-geräten*, die wir offensichtlich bei den *Profis* für gerechtfertigt, bei uns selbst aber für völlig überzogen halten? Die Future Center in den skandinavischen Ländern und in den Niederlanden zeigen, dass hier auch eine andere Haltung möglich ist.

4 Knowledge Journey: Nutzung von Future Centern in Deutschland?

Mit deutschem Kulturhintergrund erwartungsgeladen skandinavische oder nieder-ländische *Future Center* (inzwischen gibt es insgesamt ca. 60 auch in anderen euro-päischen, asiatischen und amerikanischen Ländern) zu besuchen, führt leicht zu anfänglicher Reserviertheit. Hier wird einem Vieles als *neu* präsentiert, was einem oft nicht nur bekannt, sondern auch in der Ausgestaltung hierzulande manchmal qua-litätvoller erscheint. Längst haben auch hiesige Protagonisten erkannt, welch wich-tigen Einfluss Gebäude, Einrichtungen, Materialien auf die Kreativitätsentfaltung der in diesen Umgebungen agierenden Menschen haben. Nicht zufällig wird so manches Führungsseminar in die attraktive Umgebung eines Schlosshotels verlegt, wissenschaftlicher Nachwuchs treibt sich herum an von exquisiten Jurys ermittelten dekorierten Orten in *Deutschland – Land der Ideen*. Viele Bauten der Industriekultur sind zu begeisternden Lernwelten mutiert. Auch die klassische Form der dozieren-den Wissensvermittlung ist längst durchbrochen. Die schon in den 80iger Jahren von C. G. Jungk eingeführten Zukunftswerkstätten haben Einzug gehalten in Summerschools und Führungsakademien. Spinner-Suites auf der Learntec konkur-rieren mit World-Cafés und tausenden 2.0 social-somethings, die den Vorteil haben, über eine in die Zukunft weisende nach oben offene arithmetische Skala zu verfü-gen. Kurzum: so schnell sind wir auf unseren Wissensreisen bei den europäischen Nachbarn nicht zu beeindrucken.

Sicher dürfen nicht Äpfel und Birnen miteinander verglichen werden. Lässt man unsere Eingangs-Überlegungen zu *Intellektuellem Kapital* außen vor, würden wir zu einer Ansammlung von Ingredienzien gelangen, ohne das Rezept und das Gericht mit in die Überlegungen einzubeziehen. Ein Future Center an Einrichtungen zu messen, die ganz andere Zwecke verfolgen, macht keinen Sinn. Umgekehrt ist eine hiesige Institution, die sich innovativer Wissensvermittlung verschreibt, sicher nicht durch Hinweise auf Future Center zu provozieren, wenn deren Fokus gar nicht in ihrem Blickfeld liegt. Allerdings erhellen solche Vergleiche die differentia specifica, was wiederum Sinn macht. Zwei konträre Ansätze aus der Wissensregion Frankfurt Rhein Main, das House of Finance in Frankfurt und das Schloß Freudenberg in Wiesbaden, sollen das illustrieren.

1. *Goethe-Universität – House of Finance*
   Ausgezeichnet als Ort in *Deutschland – Land der Ideen* ist das House of Fi-nance, auf dem neuen Campus der Goethe Universität angesiedelt, eines der aktuellen *Houses of...*-Konzepte. In diesen *Häusern* sucht man Wirtschaft,

Wissenschaft und Politik transdisziplinär in Public Private Partnerschaft zusammenzuführen. Für die Finanzwirtschaft geht dieses Konzept weit über die klassisch-universitären Ansätze hinaus. Das Architekturbüro Kleihues+Kleihues hat in hervorragender Weise der Lage des neuen Baus im Kontext des IG Farben Gebäudes von Poelzig Rechnung getragen und im Stil der ‚neuen Sachlichkeit' eine Wirkungsstätte für das Prestigeprojekt des Landes und der Finanzindustrie in Sachen Exzellenzbildung geschaffen. Vom Finanzminister über den Ministerpräsident bis zu den mit Ehrenprofessuren unverhofft akademisch geadelten Größen der Finanzwirtschaft sind alle wichtigen Player im Kuratorium dieser transdisziplinären Institution vertreten, die, was die Betitelung der Hörsäle angeht, sich auch keineswegs vornehm zurückhalten. Ihre Sponsorenschaft dokumentieren sie bei der Benennung der Hörsäle ohne Umschweife mit dem Namen ihres Instituts ähnlich wie bei den Sportarenen inzwischen üblich. Die Materialien sind vom Feinsten. Und doch: der geistig postulierten Experimentierfreude entspricht wenig in der funktionalen Gestaltung. Seminarräume, Café, Gruppenarbeitsplätze, Bibliothek, Büros – alles ist edel vorhanden. Hörsäle sind klein aber fein. Ansonsten unterscheiden sie sich kaum von einem ‚Standardhörsaal'. Nur eben: alles ist perfekt ausgestattet mit elektronischen Zugängen. Räumlichkeiten, Medien und Materialien, die ähnlich z. B. dem MindLab geistige Arbeit bewusst koppeln mit anderen Formen auch sinnlicher Projektarbeit und die zum experimentellen, auch künstlerisch spielenden Prozessen einladen, sucht man vergebens. Hier bleibt man strikt klassisch – dokumentiert aber, dass kein Mangel herrscht. Man mag es als *imperfekten Perfektionismus* bezeichnen.

2. *Schloss Freudenberg*

Der Gegenpol zu diesen Umgebungen für Wissensvermittlung sind Einrichtungen wie das von dem Ex-Zirkuschef Schenk begründete und von der Stadt Wiesbaden unterstützte Schloss Freudenberg. Auch dahin schicken bisweilen Banker ihre Einsichten suchende Mitarbeiter. Das Imperfekte ist das sich bis in die Architektur niederschlagende Gestaltungsprinzip. Hier möchte man komplementär fast vom *perfekten Imperfektionismus* sprechen. Bauliche Ausbesserungen werden zum Teil inszeniert unterlassen, überall erreicht einen die Botschaft: wäre es fertig, wäre es tot. Hier aber lebt ein Prozess, der Erkenntnis auch natürlich-sinnlich erfahrbar machen will. „Es ist wie mit dem Küssen.", heißt es zur Begrüßung auf der Website. „Was ist das? Man muss es tun. Dann erst weiß man, was es ist. So verhält es sich auch mit dem Erfahrungsfeld"[4]. Dazu zitieren sie ihren großen Mentor Hugo Kükelhaus:

> „Erfahren hat eben mit Fahren zu tun. Hier liegt die Hürde. Wir sind seit Jahrhunderten darin geübt, die Erfahrung durch die Kenntnis zu ersetzen. Und leben in einer Ersatzwelt. In der nichts anderes ersetzt wird als das Leben selbst, eben: die Erfahrung" (ebd.).

---

[4] Vgl. http://www.schlossfreudenberg.de/html/index.php. Zugegriffen im Mai 2011.

Und so pilgern die Besucher aller Alters- und Hierarchieklassen in die beein-
druckenden Dunkel-, Hell-, Duft- und Klangwelten dieser beeindruckenden
Institution, um sich über sich selbst und manches in ihrem Umfeld auf andere
Weise mehr Klarheit zu verschaffen.

Gleichen wir diese heimische Knowledge Journey mit unserer Reise zu den Future
Centern ab, kristallisiert sich in Überschneidung und Abgrenzung zu den zwei exemplarisch herausgegriffenen Einrichtungen die Intention der Future Center deutlicher
heraus. Das Einbeziehen der sinnlichen Welten ist ein Charakteristikum, auf das
Future Center kaum verzichten würden. Aber das steht keineswegs im Gegensatz zu
traditionellen Formen des Wissensaustausches. Es ist (fast) alles erlaubt, was unterschiedliche Stakeholder, die aber voneinander abhängig sind, in Lösungsszenarien
unterstützt. Insofern halten sie – anders als ein House of Finance – im Rahmen der
von ihr begleiteten Projekte selbst eher Distanz, verstehen sich als *neutral solu-
tion spaces*, die selbst keine Lösung parat haben. Auch die sinnlichen Erfahrungen
oder eingesetzte Konzepte, die den Zukunftswerkstätten verwandt sind, sind immer
eingebunden in einen über die Selbsterfahrung oder Gruppenerfahrung hinausgehenden gesellschaftlichen oder unternehmensbezogenen Gestaltungsprozess.
Future Center lösen in Bereichen und für Themen, wo es Sinn macht, die klassische Trennung zwischen ergebnisorientierter Projektarbeit auf der einen und
Aufrüstung in Sachen Wissen, Moral und Kreativität auf der anderen Seite, auf.
Sie wollen den Gestaltungsspielraum phantasievoll erweitern. Insofern verstehen
sie sich auch nicht als eine die Zukunft erkundende Forschungsinstitution, sondern als eine Einrichtung, die Menschen in Projekten mit gemeinsamen Anliegen
aber unterschiedlichen Bezügen dabei hilft, mit aus der Vergangenheit erwachsenen, in der Gegenwart zu bewältigenden, dabei aber zukünftig Bestand haben-
den Herausforderungen fertig zu werden. Das erfordert weniger eine thematische
Lösungskompetenz sondern eine hohe Prozesskompetenz – bezogen auf alle drei
Komponenten des Intellektuellen Kapitals.

Funktion als Funktionsergänzung
Die Frage nach der Sinnhaftigkeit des Einsatzes von *Future Centern* auch in deutschen Regionen muss mit einbeziehen, inwieweit durch sie über andere Einrichtungen
hinaus Erfolge im gesellschaftlichen Fortschritt erzielt werden können. Die
Ausführungen haben deutlich gemacht, dass man sich vom Aufmachen falscher
Alternativen verabschieden sollte. Die hohe Leistungsfähigkeit wie eines House
of Finance oder eines Schloss Freudenberg ist für Ihre jeweiligen Zielsetzungen
unbestritten. Gemeinschaftliche Zielsetzungen lassen sich darüber aber nur schwer
bearbeiten. Institutionell und hierarchisch übergreifende Fragestellungen wirklich gemeinschaftlich zu bearbeiten, dafür fehlt geeigneter Raum, angemessene
Methoden und systematische Begleitung. Die Funktion der Future Center wäre
also die Ergänzung speziell ausgerichteter Wissensvermittlungseinrichtungen um
die Katalysatorfunktion bei Bearbeitung übergreifender Anliegen. In Frankfurt
lässt sich gut zeigen, wie hilfreich solch ein Bereich wäre. Von allen Seiten wird
die Denkschrift *Frankfurt für alle* des Architekten und Stadtplaners Albert Speer

hochgelobt. Obwohl diese Denkschrift der Stadtgesellschaft eine Vielzahl von sehr konkreten, von den gesellschaftlichen Gruppen gemeinsam abzuarbeitenden Vorschlägen unterbreitet, fehlt ein Bereich, in dem dieser gesellschaftliche Diskurs auch handlungsorientiert stattfinden kann. Dem steht aber nicht nur das Fehlen eines solchen *Future Space* entgegen, sondern eine verengende Haltung bei der Beurteilung solcher Ansätze. Die aktuelle öffentliche Diskussion versucht durch Stadtgespräche, Konfrontation aller Beteiligter mit diesen Konzepten und immer wieder neuen Kommentaren diese Ansätze im Gespräch zu halten. Sie scheitert an den *Zuständigkeiten*. Mit der Klassifikation von Speer´s Denkschrift als interessantem Beitrag erweisen alle seinen Konzepten ihre Referenz und legen sie gleichzeitig ad acta. Darin ähnelt die regionale Begutachtung der nationalen. Der Zukunftsgipfel der Bundesregierung mit den Top-Repräsentanten von Wirtschaft und Gewerkschaft im Juli 2010 in Schloss Meseberg limitierte dieses Treffen auf drei Stunden und ersetzte damit konkrete gemeinsame Erarbeitung und Abstimmung über eine Agenda durch eh bekannte Bekenntnisse, dass man der Zukunft verpflichtet sei. Umgekehrt spüren auch Regierungskreise, dass die Wissensgesellschaft andere Orte des Vorantreibens der gesellschaftlichen Themen braucht: Auch in Berlin wird über ein *Haus der Zukunft* nachgedacht:

> „Ausgangspunkt dafür ist der Koalitionsvertrag, in dem vereinbart wurde, dass unter wissenschaftlicher Leitung und mit Unterstützung der Wirtschaft in Berlin ein Ort entstehen soll, an dem Deutschland sich als Wissensgesellschaft und Innovationstreiber präsentiert. Als erstrangiges ‚Schaufenster' für den Wissenschafts- und Innovationstandort Deutschland soll dieses ‚Haus der Zukunft' Raum bieten für die wechselnde Präsentation von Wissenschaftsthemen und Forschungsprojekten. Zugleich soll es als hochflexibles Veranstaltungsforum ein herausgehobener Ort des Dialogs zwischen Wissenschaft, Wirtschaft, Politik und Öffentlichkeit sein" (http://www.partnerschaften-deutschland.de/projektberatung/aktuelle-projekte-der-pd/hochbau/haus-der-zukunft).

So begrüßenswert das sein mag, die Ankündigung belehrt über das zu Grunde liegende traditionelle Denkmodell. Man will sich präsentieren, Schaufenster sein. Ort des Dialogs bereitstellen. Aber *Häuser der Begegnung* gibt es bereits viele und immer wieder werden auch Ergebnisse von Innovation vorgestellt. Dass man das Ganze nun mit dem Attribut Zukunft belegt, verändert nicht die herkömmliche Herangehensweise. Future Center dagegen wollen sich nicht auf die Bereitstellung eines Diskussionsraums ggf. ergänzt um Ausstellungen beschränken. Sie wollen Raum für das Starten von Projekten bieten, die neue Lebens- und Denkräume konkret erobern – daran misst sich die Architektur, daran misst sich die Einrichtung, daran messen sich die neuen Kompetenzen und Skills. Wenn das Future Center Katalysator und Inkubator sein soll, brauchen die dort als Prozessbegleiter arbeitenden eben auch besondere Fähigkeiten als *Möglichmacher*, Facilitator.

Will man also die Chancen nutzen, welche die Future Center zur Entfaltung des Intellektuellen Kapitals bieten, braucht es den Mut zum Überschreiten der üblichen eigenen Komfortzonen. Es ist ein sich Einlassen auf einen gesellschaftlichen Frei- und Spielraum des Wissens, der keinen Platzhirsch kennt, der nicht von vornherein dominiert ist durch die Interessenslage eines speziellen Stakeholders. Future Center beruhen auf dem Konsens, dass selbst die eigenen Interessen manchmal besser bedient sind, wenn man sie vorübergehend zurückstellt, um einem gemeinsamen Ansatz Raum zu geben. Dann aber steht der Entfaltung des Intellektuellen Kapitals nichts im Wege.

5 Perspektive der Adaption: ACSI als offenes europäisches *Future Building*

Wir haben in unserem kurzen Abriss die Pioniere der Future Center besucht, wir haben beispielhaft dargestellt, welche Adaptionen in den Niederlanden vorgenommen werden, wir haben zur Verdeutlichung sich als zukunftsweisend verstehende aber thematisch anders fokussierte Einrichtungen der Frankfurt Rhein Main Region vorgestellt und schließlich auf eine Frühphasenuntersuchung zum *Haus der Zukunft*, das vom BMBF geplant wird, verwiesen. Anhand dieser Explorationen haben wir zahlreiche implizite und explizite Argumente zusammengetragen, die das nicht nur auf ein Gebäude zu reduzierende Konzept der Future Center als sehr geeignet erscheinen lassen, Intellektuelles Kapital in seinem ganzheitlichen Sinn zu befördern. Bislang haben wir uns darauf beschränkt, Future Center in ihrem Ergebnis zu diskutieren. Abschließen möchten wir mit einem beeindruckenden Beispiel für den *Weg* dorthin, weil er der deutschen Diskussion eine Perspektive weisen kann. Eine Perspektive, die ohne die Reduktion der Debatte auf moralische Vorhaltungen und Anmahnungen auf der einen Seite und Delegation wichtiger gesellschaftlicher Entwicklungsprozesse an die üblichen verdächtigen Projektträger auf der anderen Seite einen alle wichtigen Player einschließenden Weg zur *Societal Innovation* einschlagen kann.

Erst 2010 haben sich im Raum Helsinki drei wichtige Universitäten zur Aalto-Universität zusammengeschlossen. Mit Unterstützung des Komitees für die Zukunft des finnischen Parlaments und mit dem Kommunalverband der Region sowie dem New Club of Paris haben sie das *Aalto Camp for Societal Innovation* ins Leben gerufen. Für sie ist dieses im Stil und mit Beratung und Begleitung führender Experten von Future Centern durchgeführte Camp nichts weniger als „a next-generation innovation agenda, that brings forth a concept, operating mode and a network for a global innovation platform" (Aaalto University 2010). Das Vorgehen fassen sie so zusammen: „ACSI builds up a self-renewing collaboration network and integrates global innovation activities for learning, research and rapid implementation" (ebd.). Hervorzuheben ist dabei das Zusammenspiel von *self-renewal* und *rapid implementation*. Ständige Infragestellung und Weiterentwicklung sind so systemimmanent, sofortige Umsetzung scheitert nicht an dem Gefühl, man installiere etwas Unumkehrbares.

Umsetzen kann man aber nur Dinge, bei denen alle mit am Tisch sind. Und so stellt ACSI heraus, dass Studenten, Forscher, Experten aus der Arbeitswelt und Entscheidungsträger mit von der Partie sein müssen. Nur so können im Camp Herausforderungen angenommen werden, die sich auf das wirkliche Gesellschafts- und Geschäftsleben beziehen:

"Their themes focus on learning in a knowledge society, the strategic design of communities and new service concepts for ageing people. Each real-life case bears significance to the structural changes currently ongoing in society and has the potential to be developed into globally unique results by Aalto and its partners " (ebd.).

In diesen Projekten des täglichen Lebens, die aber strukturell eingebunden, aufgearbeitet und vorangetrieben werden, kann man auch für den deutschen Kontext lernen, was *rapid development* heißt: Kommunalpolitiker, Sozialarbeiter, Parlamentarier, Europaabgeordnete, internationale Experten, örtliche Sachverständige, Professoren und Studenten, Unternehmensmanager haben im Camp sechs solcher *Real Life Cases* in einem ersten Schritt 9 Tage bearbeitet. Mit zum Teil wirklich Perspektiven öffnenden Ergebnissen. Die wurden dann mit knallenden Sektkorken in der abschließenden Ausstellung, der ACSI-bition, ACSI-llent präsentiert.

Und so eine Herangehensweise, verankert mit entsprechenden Einrichtungen, z. B. einem *Future-Building* bei dem Substantiv und Verb in eins fallen, soll für deutsche Kommunen, Unternehmen, Universitäten keine Perspektive darstellen? Wär doch gelacht. Womit wir zu der eingangs geschilderten erforderlichen Grundhaltung zurückkehren: *Happy Future!*

Literaturverzeichnis

Aalto University (2010) Towards Creativity and Innovation. http:// www.digijulkaisu.fi/ aaltorae/aalto_future. Zugegriffen im Mai 2011

Edvinsson L (2006) Das unerschöpfliche Potenzial des Kapitals. In: Mertins K, Alwert K, Heisig P (Hrsg) Wissensbilanzen. Intellektuelles Kapital erfolgreich nutzen und entwickeln. Springer, Berlin: 361-373

Henkel M (2010) Voetbal total. In: Frankfurter Rundschau vom 10. Juli 2010, Sport: 5 oder siehe online http://www.fr-online.de/sport/fr-videos/voetbal-total/-/1473512/4451920/-/index.html. Zugegriffen im September 2010

Kune H (2010) The Reality of Future Centers in Europe. Intellectual Cafe Presentation Paper, http://resilientcommunities.org/wp-content/uploads/2010/04/FutureCentres.pdf. Zugegriffen im Mai 2011

Pawlowsky P, Mistele P (2008) Hochleistungsmanagement: Leistungspotenziale in Organisationen gezielt fördern. Gabler, Wiesbaden

ZDF Abenteuer Wissen. Siegen lernen – Das Geheimnis des Erfolgs. Ausgestrahlt am 28. Juli 2010. http://abenteuerwissen.zdf.de/ZDFde/inhalt/17/0,1872,8093777,00.html. Zugegriffen im Mai 2011

Die Zukunft ermöglichen

Hank Kune

1 Über das Glück von Zukünften: Man bekommt, worauf man nicht vorbereitet ist

Happy Futures? Günther Szogs zitiert die legendäre Grußformel von Leif Edvinsson, dem Wegbereiter der Zukunftszentren, räumt jedoch ein, dass die Dinge sich nicht immer so günstig entwickeln. Zukünfte sind nicht notwendigerweise *glücklich* und zweifellos nicht für jeden Einzelnen, selbst dann nicht, wenn hart darauf hingearbeitet wird. Man bekommt nicht immer, worauf man vorbereitet ist. Die Arbeit muss jedoch *trotzdem* geleistet werden – sonst bleibt nur noch das übrig, worauf man nicht vorbereitet ist.

Führt die Ermöglichung von Zukunft tatsächlich zu einem Innovations- und Wettbewerbsvorteil? Und sollte dies der Fall sein: Lässt sich das Potenzial der Innovationsfähigkeit von Organisationen zum Nutzen der Gesellschaft ausschöpfen? Wenn wir den berühmten Satz von William Gibson akzeptieren, nämlich dass „die Zukunft schon da ist, nur nicht gleichmäßig verteilt" (Übersetzung durch den Autor) dann sollten wir die Zeichen, die uns umgeben, genau lesen, um einen schärferen Blick auf die Welt zu gewinnen. Zunächst sollte jedoch berücksichtigt werden, wie die Gesellschaft über die Zukunft denkt. Die Äußerung von Marshall McLuhan, dass „wir mit Blick in den Rückspiegel in die Zukunft fahren" (Übersetzung durch den Autor), gilt heute genauso wie in den 60er Jahren, als McLuhan anmerkte, dass die meisten Menschen Änderungen erst dann absehen, wenn diese bereits eingetreten sind, und im Anschluss regelmäßig die Folgen falsch abschätzen.

Andere Denkweisen sind erforderlich, um Sprungbretter in *glückliche Zukünfte* zu schaffen. Wir leben zwar in einer Wissensgesellschaft, aber nicht alle akzeptieren diesen Umstand oder handeln entsprechend. In Abwandlung von Gibsons Statement über die Zukunft ließe sich sagen, dass die Bedeutung des intellektuellen Kapitals bekannt ist, aber kein entsprechendes Handeln nach sich zieht. Am Beginn des 21. Jahrhunderts sollten Zusammenarbeit, fortlaufende Wissensentwicklung und Innovation in wirtschaftlichen, sozialen und gesellschaftlichen Kontexten heiß begehrt sein. Leider wird sich die Anerkennung von Wissen, intellektuel-

S. Jeschke et al. (eds.), *Enabling Innovation*, DOI 10.1007/978-3-642-24299-1_41,
© Springer-Verlag Berlin Heidelberg 2011

lem Kapital, Innovation und Nachhaltigkeitsdenken als Wegweiser für den Wertekompass von Unternehmen nicht von allein einstellen. Der Weg ist lang, und es müssen Reisemöglichkeiten geschaffen werden.

Wie Szogs in seinem Artikel sagt, haben Zukunftszentren in verschiedenen Teilen der Welt gezeigt, wie Möglichkeiten für diese Reise aussehen können, bei der es darum geht, Vergangenheit und Zukunft gleichermaßen zu entdecken, da beide mit unserem Denken und Handeln in der Gegenwart in Beziehung stehen. Es geht aber auch darum, Schritte in der Gegenwart zu gehen, nachdem die möglichen Konsequenzen dieser Schritte verstanden und berücksichtigt sind. In diesem Sinn bieten Zukunftszentren Hilfestellungen, um die Zukunft zu ermöglichen.

2 Erkenntnisse an Rändern: Was Zukunftszentren gerade lernen

Wie Günther Szogs hervorhebt, haben Zukunftszentren ihren Nutzen als Beschleuniger und Vermittler für intellektuelles Kapital der Zukunft für Organisationen an verschiedenen Orten in Europa und Asien unter Beweis gestellt. Die Tätigkeit an solchen Zentren löst die Mitarbeiter aus ihren täglichen Angelegenheiten, gewohnten Denkmustern, Annahmen und Routinen heraus und verlangt von ihnen, ihre beherrschenden Logiken auf den Prüfstand zu stellen, schwierige und manchmal beunruhigende Fragen zu stellen und die Dinge aus einer Vielzahl von Blickwinkeln zu betrachten. Um zu verstehen, warum Zukunftszentren funktionieren, ist es zentral nachzuvollziehen, wie solche Zentren die Innovationsfähigkeit stimulieren.

Raum ist ein wichtiges Konzept für Zukunftszentren und geht dabei über die Gebäudedimension hinaus. Zukunftszentren arbeiten ausgehend von der Synergie von physischem und virtuellem Raum, Funktionsphilosophie, aktiver Ermöglichung, Arbeitstechniken und der Vielfalt der zusammenarbeitenden Personen. Der Mensch ist von zentraler Bedeutung, und die mentalen und emotionalen Räume der Beteiligten sind unabdingbare Elemente im Ganzen. Szogs weist darauf hin, dass der neutrale, ausfallsichere Raum und das spielerische Vorgehen wichtige Aspekte für die Gründe sind, aus denen Zukunftszentren funktionieren. Ein weiterer entscheidender Faktor ist die Akzeptanz von *Scheitern*. Aus Fehlern lernen zu können stellt eine grundlegende Kompetenz dar. *Rapid Prototyping* ist eine zentrale Technik in Innovationsumgebungen und ein iterativer Prozess aus Handeln und Lernen, bei dem gilt: *gut = gut genug*. *Rapid Prototyping* ist fortlaufende Verbesserung im Schnellverfahren, das oft als *sich seinen Weg scheitern* („failing your way forward") beschrieben wird.

Dieser Unternehmergeist ist nötig, um mit der Vielzahl an Herausforderungen umzugehen, denen moderne Wissensorganisationen und Wissensgesellschaften gegenüberstehen. Dazu zählen die hohe Geschwindigkeit von Veränderung und die in Wandlung begriffene Natur der Arbeit, die gestiegene Notwendigkeit grenz-, kultur-, fach- und generationenübergreifender Zusammenarbeit, institutionalisierter Territorialismus und stark gegliederte Arbeitssysteme, in denen

Verantwortungsbereiche als Silos strukturiert sind, und die ineffektive Zukunftsausrichtung in Wirtschaft und Verwaltung.

In den Niederlanden gibt es eine Reihe vielversprechender Ansätze für den Umgang mit Herausforderungen dieser Art. Der Ansatz des LEF Future Center besteht darin, ausgehend von den Erkenntnissen der Neurowissenschaft und der Kognitionspsychologie zur Arbeitsweise des Gehirns bewusst nach Durchbrüchen für die Probleme der Auftraggeber zu suchen. Kern der Arbeit am LEF ist Courage: Er stellt den Namen des Zentrums und ist das Persönlichkeitsmerkmal, das Projektmanager und Programmleiter mitbringen müssen, um Durchbrüche zu schaffen. Darüber hinaus geht es am LEF darum herauszufinden, *warum* seine unterschiedlichen Arbeitsumgebungen funktionieren und wie sich deren Erfolg weiter steigern lässt. Zu diesem Zweck werden Forschungsprojekte an einer Reihe niederländischer Universitäten gefördert, die sich damit befassen, den Einfluss des Raums auf Verhalten und Kreativität zu messen.

Das Dialogues House der ABN AMRO Bank geht von einer anderen Vision aus und schafft einen physischen und intellektuellen Raum, um *gemeinsam mehr möglich zu machen* und hervorzubringen, was Gründer und Direktor Paul Iske als *Kollaboratorium* bezeichnet: einen Ort, an dem Bankmitarbeiter und Außenstehende in Dialog zu den Themen Innovationssteigerung, Entrepreneurship, Nachhaltigkeit und Zusammenarbeit treten und im Zusammenhang damit unterschiedliche Ziele verfolgen können. Das Dialogues House beherbergt auch den *Inkubator* der Bank, eine Arena für die Vorstellung starker neuer Ideen, und das Institute of Brilliant Failures, eine Einrichtung, die geschaffen wurde, um neue Perspektiven zu Scheitern und Unternehmergeist in der Muttergesellschaft zu entwickeln.

The Shipyard, das Zukunftszentrum der niederländischen Steuer- und Zollbehörde, ist ein Ort mit Unternehmenstradition, bei dem es sich aber definitiv *nicht* um einen normalen Arbeitsplatz handelt. Behördenmitarbeiter kommen hierher, um ihr innovatives Potenzial aufzuschließen und zur Steigerung von Innovation und Effektivität der Arbeit der Organisation einzusetzen. The Shipyard macht aktiven Gebrauch von der *Lizenz zum Stören* („license to disturb"), um die Organisation auf neue und lohnende Wege zu führen.

Was Asien betrifft, ist ein steigendes Interesse an den Konzepten von Zukunftszentren zu verzeichnen. Hongkong verfügt bereits über ein solches Zentrum, eine Reihe anderer Städte in China erwägen, neue Einrichtungen in Wissenschafts- und Technologieparks zu gründen, und Taiwan und Malaysia prüfen, was Zukunftszentren für sie bedeuten können. Die interessantesten Entwicklungen finden jedoch in Japan statt. 2009 eröffnete die Knowledge Dynamics Initiative von Fuji-Xerox KDI ein Zukunftszentrum. Konzepte für Zukunftszentren gelten als einer der Wege, Unterstützung bei der Transformation der Organisation von Arbeit in Japan zu leisten. Das Zukunftszentrum der KDI koordiniert die Gemeinschaft japanischer Zukunftszentren mit mehr als 40 Mitgliedsorganisationen. Ursprünglich standen europäische Konzepte für Zukunftszentren Pate, ist es heute Ziel, neue, maßgeschneiderte Modelle für die japanische Kultur zu entwerfen, die den Umgang mit den Herausforderungen erlauben, denen die Gesellschaft Japans gegenübersteht.

Was passiert mit den in Zukunftszentren gewonnenen Erkenntnissen? Sie dienen dazu, Prototypen für neue Arbeitsumgebungen zu entwerfen, die auf Konzepten wie den folgenden fußen:

- *Spielerische Räume.* Die spielerische Praxis von Zukunftszentren erfüllt eine Reihe von Funktionen: Personen, die an schwierigen und komplexen Problemen arbeiten, zu beruhigen und zu entspannen, Stress bei Personen abzubauen, die normalerweise in denkunfreundlichen Arbeitsumgebungen tätig sind, und den Bereich der Arbeitsabläufe von der kreativen Zone zu trennen. *Spaß bei der Arbeit an ernsten Angelegenheiten* gilt als entscheidender Faktor für die Leistungsfähigkeit von Zukunftszentren. Daraus ergibt sich unmittelbar die Frage, warum spielerische Praxis und Kreativität nicht Teil normaler Arbeitsplätze sein sollten.
- *Umsetzungsräume.* Über den gesamten Prozess von Zukunftszentren liegt der Schwerpunkt stets darauf, *konkrete Ergebnisse zu erreichen.* In Zukunftszentren werden fortlaufend Prozessprototypen entwickelt, um Ideen in umsetzbare Pläne, Leitlinien, Produkte und Dienstleistungen zu überführen. Eine gute Idee reicht nicht, um Innovation herbeizuführen, egal, wie verbreitet sie ist. Organisationen und Regionen profitieren am Ende am meisten von Räumen, in denen Ideen in die Praxis umgesetzt werden. Entscheidendes Kriterium ist dabei die schnelle Umsetzung in der Realität.
- *Zusammenarbeit zählt.* Erfolgreiche Innovatoren arbeiten hervorragend mit anderen zusammen. Die Zusammenarbeit erfolgt in *Laboratorien,* Wissenschafts- und Technologieparks und erweiterten Netzwerken, wobei Erkenntnisse aus Vergangenheit und Gegenwart ausgeschöpft und relevante Arbeiten aus unterschiedlichen Quellen herangezogen werden, um in ihrer Kombination etwas Neues zu schaffen. Das gilt sowohl für Innovationen in der Technologie als auch in den Sozialwissenschaften und für gesellschaftliche Prozesse. Paul Iske vom Dialogues House bezeichnet dieses Vorgehen als *kombinatorische Innovation* und beschreibt, warum es von entscheidender Bedeutung ist, „die Bedingungen zu schaffen, unter denen Parteien mit unterschiedlichem Hintergrund ihr Wissen kombinieren und so neue Wege in der Wertschöpfung auftun können".
- *Allianz von Zukunftszentren.* Im Jahr 2010 gründete eine Gruppe von Praktikern an Zukunftszentren aus acht Ländern auf dem Zukunftszentrengipfel in Tokio eine internationale Allianz. Die Future Center Alliance bringt Personen und Organisationen mit unterschiedlichen Interessen und Hintergründen ausgehend von ihrer gemeinsamen Leidenschaft für Innovation durch Zusammenarbeit und das *Denken von Zukünften* und von dem Wunsch zusammen, Kernkompetenzen, ergänzende Fähigkeiten und ihre ausgedehnten Netzwerke gemeinsam zu nutzen, um mit komplexen, multidisziplinären Herausforderungen für Organisationen und Gesellschaft umgehen zu können.

2.1 Finnland schafft Wert in der Praxis

Wie Günther Szogs am Ende seines Artikels erläutert, gibt es viele Möglichkeiten, Innovation und Zukunft zu ermöglichen. Das Aalto Camp for Societal Innovation

(ACSI) in Finnland ist eine Initiative, bei der es darum geht, unser Verständnis davon zu erweitern, wie gesellschaftliche Innovation zustande kommt, und gleichzeitig eine tatsächliche Wertschöpfung in der Praxis zu erreichen. Das ACSI ist so vielversprechend, weil die Initiative die Veränderung der Einstellung gegenüber gesellschaftlichem Wandel auf mehreren Ebenen erlaubt: bei den für ein Problem zuständigen Personen, die wirkliche Probleme zur Behandlung einbringen, bei den zugehörigen Interessengruppen aus Nutzern und Endnutzern und bei den Camp-Teilnehmern. Zentrales Anliegen ist die Art und Weise, auf die Personen Probleme in einen neuen Rahmen stellen und Organisationen und Regionen über die Zukunft denken.

Eine weitere finnische Perspektive auf Innovationssysteme ist das *regionale Innovationsökosystem*, ein zentrales Konzept für Initiativen, die über die Aalto-Universität und das ACSI organisiert sind. Der Begriff beschreibt einen systemischen Ansatz dafür, wie Kooperation und umfassendes gemeinsames Schaffen Verwaltung, Wirtschaft, Universitäten, NGOs und Bürger einer Region einbindet. Das Ziel einer Reihe von Projekten besteht darin herauszufinden, wie intakte Innovationsökosysteme funktionieren und welche Bedingungen Selbstorganisation und sich selbst erneuernde Innovationsprozesse fördern.

Warum fallen Initiativen wie das ACSI und Praxiskonzepte für Arbeit wie das regionale Innovationsökosystem in Finnland auf fruchtbaren Boden? Das finnische Innovationssystem rangiert bei Bewertungen der weltweit besten nationalen Innovationssysteme zwar durchgängig auf den ersten Plätzen, aber es herrscht Konsens über die Unzulänglichkeit dieses Systems im Hinblick auf zukünftige Herausforderungen. Es herrscht keine nationale Selbstzufriedenheit darüber vor, zu den Besten zu zählen, sondern vielmehr der Drang, das System weiter zu optimieren, um besser für die Zukunft gewappnet zu sein.

3 Die Relevanz von Zukunftszentren in Deutschland

Die erfolgreichen Organisationen und Innovationsökosysteme der Gegenwart fußen auf *bestehenden* Technologien und Erkenntnissen, nicht auf *zukünftigen* Technologien und Erkenntnissen. Die Zukunftsorientierung muss beim Nachdenken über eine Reihe von Aspekten stärker in den Vordergrund gerückt werden: über Organisationen und was sie bieten können, über Regionen und was aus ihnen werden kann und unsere Gesellschaft und wohin sie geht.

Deutschland kann auf eine Vielzahl einschlägiger Inspirationsquellen zurückgreifen, die von der Arbeit von Jungk und seinen Mitarbeitern mit Zukunfts-Workshops bis zu den faszinierenden Gedankenexperimenten reichen, die Helmut Volkmann in den 80er Jahren bei Siemens durchführte. In Deutschland gab es schon immer eine ganze Palette innovativer Initiativen zu Erfahrungswissen, und heute sind es mehr denn je. Es sei nur an das Betahaus in Berlin, die T-City der Deutschen Telekom oder das dynamische temporäre Zukunftszentrum des Zeche Zollvereins im Jahr 2010 erinnert, als das Ruhrgebiet Kulturhauptstadt Europas war.

Bei Betrachtung dieser Beispiele durch die Brille von Szogs treffender Unterscheidung zwischen *perfekter Imperfektion* und *imperfektem Perfektionismus* werden ihre Grenzen, aber auch ihre Möglichkeiten sichtbar. Mit Freudenberg lässt sich die Erfahrung der Welt erweitern – aber wo bleibt die fokussierte Anwendung auf Probleme der Realität? Beim House of Finance kann man erfahren, wie Steine und Daten auf attraktive Weise kombiniert werden können, um eine Auseinandersetzung mit Themen der Gegenwart zu ermöglichen – aber wo bleibt der weiter gefasste gesellschaftliche Kontext, in dem sich Stakeholder *schmutzig machen*, während sie mit realen Problemen der Zukunft ringen? Braucht ein Haus der Zukunft nicht auch Raum für partizipative Prozesse, in dem unterschiedliche und gegensätzliche Parteien agieren und interagieren können – und Raum für die Umsetzung, in dem die Zukunft gemeinsam gestaltet wird?

Mit den verschiedenen verfügbaren Bausteinen, dem enormen Umfang an intellektuellem Kapital und der starken wissensbasierten Wirtschaft scheint Deutschland ideal für die Entwicklung einer neuen Generation von Zukunftszentren aufgestellt zu sein. Welche Hindernisse stehen dem im Weg? Für die Behinderung von Innovation in wissensbasierten Gesellschaften lässt sich eine Reihe mutmaßlicher Faktoren anführen. Wie Szogs in seinem Artikel erläutert, treffen diese Faktoren auch auf Deutschland zu und führen möglicherweise zu einem eingeschränkten Willen, neue Konzepte für Zukunftszentren zu entwickeln:

* *Das beeindruckt uns nicht.* Während Deutschland über eine beeindruckende Zahl an Zutaten verfügt, mangelt es an Rezepten, wie Szogs sagt. Und neben dem Rezept fallen noch der Koch, die Küche und die Zubereitung als solche ins Gewicht.
* *Das können wir schon.* Oft sind Selbstgefälligkeit und Selbstzufriedenheit Teil des Problems: *Das ist doch nicht neu* ist ein klassischer Innovationstöter. Wenn die Zutaten bekannt aussehen, ist *kombinatorische Kreativität* gefordert, um neue Rezepte und Zubereitungsmethoden zu entwickeln.
* *Perfektionsstreben.* Beim Prototyping geht es nicht darum zu warten, bis die *richtige Antwort* gefunden ist, sondern es mit dem besten Versuch zu wagen, auch wenn das bedeutet, *sich seinen Weg zu scheitern.* Lernen durch Experiment und Erfahrung spielt eine zentrale Rolle.
* *Paralyse durch Analyse.* Innovation erfordert harte Arbeit und Einsatz – die berühmten 99 % Schweiß von Thomas Edison. Analyse allein führt nicht zu Innovation, egal, wie gut sie ist.

3.1 Die *Houses of* von Frankfurt am Main

Szogs führt ins Feld, dass das Rhein-Main-Gebiet sein *House-of*-Konzept stärker nutzen könnte. Es ist eine interessante Übung, unter Heranziehung dieses *House-of*-Modells zu überlegen, wie die Konzepte der einzelnen Häuser mit dem *Zukunftszentrumsdenken* kombiniert werden könnten, um daraus ein leistungsstärkeres Instrument für die Nutzung intellektuellen Kapitals zur Erneuerung der Region zu gewinnen. Ein noch stärkerer Ansatz wäre es, ein *House of Houses* zu konzipieren, das die Arbeit der einzelnen Häuser in dem weiter gefassten Kontext Deutschlands, Europas und der globalisierten Welt zusammenführt und realisiert. Ein solches *House of Houses* wäre ein Haus der Verbindungen und ein Haus der Wirkungen: eine ausfallsichere Umgebung, in der herausfordernde Annahmen zu regionalen Zielen, Rollen, Ressourcen, Beziehungen, treibenden Kräften und Umsetzungsfahrplänen möglich sind, und ein Zentrum für die Umsetzung, durch das Pläne in die Praxis überführt werden. Das wäre ein Zukunftszentrum der nächsten Generation.

Aufgabe des Hauses der Wirkungen wäre es herauszufinden, wie mit dem *Houses*-Ansatz Wirkungen in den einzelnen Sektoren und über diese hinaus geschaffen werden können. Es würde einen kontextorientierten Dialog für die gemeinsame Entwicklung vielversprechender Lösungen, bester Optionen für sinnvolle Investitionen und neuer Ideen für die Wissenschaft der nächsten Generation organisieren, um die Pumpe für positive Effekte in 40 Jahren und konkrete gesellschaftliche Wirkungen ab 2020 in Gang zu setzen. Ein *House of Houses* würde durch die Schaffung eines neutralen Raums zwischen konkurrierenden Städten Ansätze der Zusammenarbeit bündeln und Kooperation ermöglichen. Dieses Haus würde nicht zu Frankfurt oder Darmstadt gehören, sondern wäre ein regionales Zentrum für Innovation und Umsetzung in die Praxis: Die regionalen Akteure würden hier nicht alte Muster neu aufleben lassen, sondern diese im Kontext von Durchbruchdenken und entsprechendem Handeln heranziehen. Dazu würden sie die ineinandergreifende Kapazität leistungsfähiger Sektoren ausschöpfen – Mobilität, Logistik, Pharma, Medizin, Finanzdienste und IKT – um einen attraktiven Ort für Leben, Arbeit und Entfaltung in einer vernetzten Welt zu schaffen.

3.2 Lehren für Deutschland?

Intakte wissensbasierte Volkswirtschaften der Zukunft werden sich dank Innovationsfähigkeit, aktiver Netzwerke und Sinn für Zusammenarbeit entfalten. Unternehmergeist ist ein wichtiger Faktor, während Governance nötig ist, um Voraussetzungen für aktive Beteiligung und die Überwindung von Ängsten zu schaffen. Solche Volkswirtschaften benötigen Räume zum Arbeiten: Innovationsumgebungen. Wie Szogs bemerkt, zieht dies einen integrierten Ansatz nach sich, in dem Raum, geeignete Methoden, die Verschiedenartigkeit der Teilnehmer und die systemische Verankerung von Ergebnissen in Organisationen von zentraler Bedeutung sind. Diese Räume für Innovation sind Orte, an denen das *Was* in einen neuen Rahmen gestellt und aktiv mit dem *Wie* gearbeitet werden kann. Die zentrale Frage ist immer wieder: *Will die Organisation wirklich innovativ sein?*

Gibt es daraus für Deutschland etwas zu lernen? Möglicherweise aus den Lehren der niederländischen Zukunftszentren, die mit Courage Fragen zu Aspekten in Politik, Wirtschaft und Gesellschaft in Prototypen und mögliche Durchbrüche übersetzen und dabei Gebrauch von ihrer *Lizenz zum Stören* machen. Möglicherweise aus den Lehren aus Japan, wo über Zukunftszentren internationale Zusammenarbeit geleistet wird, während Prototypen neuer, eigener Modelle für Zukunftszentren entwickelt werden, die für die Gesellschaft Japans maßgeschneidert sind. Möglicherweise aus den Lehren aus Finnland, das sich im Spiegel internationaler Bewertungen *unter den Besten* sah und dafür entschied, jetzt zu handeln, um sicherzustellen, dass seine Innovationsfähigkeit auf diesem Niveau erhalten bleibt.

Auf dieser Reise ist es weniger wichtig, schlau zu sein als sich schmutzig zu machen und mit realen Menschen und ihren Problemen zu ringen, um den eigenen Blick auf das Ziel und den Weg dorthin zu bereichern. So ist man in einigen kleinen, aber wichtigen Hinsichten besser vorbereitet, selbst wenn die Zukunft irgendwann da ist und man bekommt, worauf man sich nicht vorbereitet hat.

Literaturverzeichnis

Benedetti P, DeHart N (Hrsg) (1997) Forward Through the Rearview Mirror: Reflections on and by Marshall McLuhan. Prentice-Hall Canada Inc., Ontario

Dvir R (Hrsg) (2008) OpenFutures – Operating System for Future Centers. Veröffentlicht von OpenFutures (Projekt der Europäischen Kommission)

Iske P (2010) Combinatoric Innovation: Envirwonments for creation and mobilization of intellectual capital. Antrittsvorlesung, Universität Maastricht

Kosterbok, Kune und Meines, Van Dijk (2006) Work in Progress (Video). Het Buitenhuis, Den Haag

Kune H (2005) Future Centers: Ruimte voor innovatie. XPIN, Den Haag

Kune H (2008) Future Centers: Environments where Innovations Emerge. METI, Tokio

Markula M (2010) Energizing Society: The Role of Aalto Camp for Societal Innovation in Creating the Regional Innovation Ecosystem 2.0. Internes Projektdokument

Teil 5

Erkenntnisse aus dem deutschen F&E-Programm
„Arbeiten – Lernen – Kompetenzen entwickeln.
Innovationsfähigkeit in einer modernen Arbeitswelt"

Innovationsfähigkeit – Lernfähigkeit – Transferfähigkeit. Innovationen systematisch fördern

Max Haarich, Sylvia Sparschuh, Claudio Zettel, Sven Trantow, Frank Hees

Abstract

Der Artikel „Innovationsfähigkeit – Lernfähigkeit – Transferfähigkeit. Innovationen systematisch fördern" gibt einen Überblick über Inhalte, Struktur und Steuerung des BMBF-Forschungsprogramms „Arbeiten – Lernen – Kompetenzen entwickeln. Innovationsfähigkeit in einer modernen Arbeitswelt". Der Forschungsgegenstand Innovationsfähigkeit weist heterogene Entstehungsbedingungen und Erscheinungsformen auf, die flexibler und spezifischer Förderinstrumentarien bedürfen. Es zeigt sich, dass die Förderung von Innovationsfähigkeit unverzichtbar mit der Erhöhung von Lernfähigkeit und Transferfähigkeit des Förderprogramms selbst verbunden sind. Auf diese Anforderungen reagiert das BMBF mit offenen Programmstrukturen, die die inhärente Lern- und Transferfähigkeit unterstützen, um den wechselnden Herausforderungen effizient und zeitnah entgegenzutreten. Abschließend wird der Beitrag der Monitoring- und Metaprojekte zur Herstellung dieser Lern- und Transferfähigkeit des Programms dargestellt.

Einleitung

Deutschland ist das Land der Innovationen. In kaum einem anderen Industrieland wird ein so hoher Anteil der Wertschöpfung mit forschungs- und wissensintensiven Produkten und Dienstleistungen erwirtschaftet. Innovative Unternehmen, Bildung, Forschung und Technologie sind daher das Rückgrat für Deutschlands Position im internationalen Wettbewerb und die Grundlage für Wohlstand und Beschäftigung.[1] Innovationen müssen sich allerdings daran messen lassen, wie sie zu gesellschaftlichem Fortschritt und zu wirtschaftlichem Erfolg beitragen (vgl. BMBF 2007a, 9). Erfolgreich und nachhaltig wirksam sind sie in der Regel dann, wenn das Zusammenspiel zwischen den Faktoren Mensch, Organisation und Technik gelingt (vgl. Bullinger 1994; Trantow in diesem Band). Die große Herausforderung für Deutschland in Anbetracht globaler Ressourcenknappheit und dem Aufschließen von Wirtschaftsmächten im internationalen Wettbewerb besteht darin, diese Inno-

---

[1] Vgl. hierzu Forschungsunion Wissenschaft – Wirtschaft 2009, 4; Spath et al. 2009, 156.

S. Jeschke et al. (eds.), *Enabling Innovation*, DOI 10.1007/978-3-642-24299-1_42,
© Springer-Verlag Berlin Heidelberg 2011

vationskraft zu stärken und zu verstetigen (vgl. Forschungsunion Wissenschaft – Wirtschaft 2009, 4).

Aus diesem Grund ist die Innovationsfähigkeit eine grundlegende Voraussetzung, die untrennbar verbunden ist mit kompetenten Menschen und wandlungsfähigen Unternehmen. Personal-, Organisations- und Kompetenzentwicklung stehen damit in einem ganzheitlichen Innovationsmanagementsystem gleichberechtigt nebeneinander und sind deshalb in den Querschnittszielen der High-Tech-Strategie verankert (vgl. BMBF 2006, 11ff.). Die Innovationskraft wirkt am stärksten, wo Unternehmen Menschen im Prozess der Arbeit fordern und fördern. Hohe Priorität haben dabei Praxis- und Forschungsaktivitäten zum präventiven Arbeits- und Gesundheitsschutz sowie zu den Auswirkungen des demografischen Wandels in der Arbeitswelt. Diese Themen bilden daher einen Schwerpunkt im Forschungs- und Entwicklungsprogramm „Arbeiten – Lernen – Kompetenzen entwickeln. Innovationsfähigkeit in einer modernen Arbeitswelt" des Bundesministeriums für Bildung und Forschung (BMBF).

Die Ziele dieses BMBF-Programms sind inhaltlich eng an den Zielen der High-Tech-Strategie angelehnt. So trägt das Förderprogramm dazu bei, Rahmenbedingungen zu gestalten, die zu umfassenden Innovationsstrategien bei unterschiedlichen Anwendern führen. Das Programm setzt insbesondere darauf, deutsche Unternehmen (vor allem KMU) und Einrichtungen zu befähigen, flexibel und zeitnah auf neue technologische Trends zu reagieren und Brücken zwischen Wissenschaft und Wirtschaft zu schlagen. Mit seiner programmatischen Ausrichtung auf FuE-Förderung zur Gestaltung innovationsfreundlicher Rahmenbedingungen und der Erforschung bzw. Etablierung kohärenter Strategien zwischen Wissenschaft, Wirtschaft und Politik entspricht das Programm den Kernzielen der High-Tech-Strategie.

Dieser Artikel gibt einen Überblick über Inhalte, Struktur und Steuerung des Forschungsprogramms. Im Fokus stehen neu eingeführte Förderinstrumente und deren zielgerichtete Abstimmung auf die spezifischen Charakteristika des Forschungs- und Entwicklungsgegenstandes *Innovationsfähigkeit*. Besonders hervorgehoben werden dabei die Bedeutung der Lern- und Transferfähigkeit des Programms zur Förderung von Innovationsfähigkeit in Wirtschaft und Gesellschaft und der Beitrag der Monitoring- und Metaprojekte.

1 Programmsteuerung und Vernetzung

Der hohe Anspruch an Spitzenforschung und die erfolgreiche und schnelle Umsetzung von Forschungsergebnissen in innovative marktgängige Produkte und Dienstleistungen stellt spezifische Anforderungen an die Gestaltung von Forschungs- und Entwicklungsprogrammen (FuE-Programmen). Gerade ein FuE-Programm zur Stärkung der Innovationsfähigkeit steht auch selber vor der Herausforderung, seinen eigenen inhaltlichen Ansprüchen gerecht zu werden. Das Forschungsprogramm „Arbeiten – Lernen – Kompetenzen entwickeln. Innovationsfähigkeit in einer modernen Arbeitswelt" des BMBF geht hier beispielhaft voran. Mit dem Programm werden seit 2007 neue Ansätze der Personal-, Organisations- und Kompetenzentwicklung gefördert, die dafür sorgen, dass sich Arbeiten und Lernen zu einem Prozess verbinden und zum Erhalt der Arbeits- und Beschäftigungsfähigkeit beitragen. Das Programm stellt sich seinen eigenen Herausforderungen ganz bewusst mit einer neuen Struktur des Programm-Managements, in der die eigene Lernfähigkeit genauso aufgenommen ist wie ein breiter Fächer an innovativen Elementen, die auf allen Ebenen der Forschungsförderung ansetzen.

2 Innovationsfähigkeit und Lernfähigkeit

In einer zunehmend komplexen und dynamischen Welt sind die Bedingungen, unter denen Innovationsfähigkeit gedeiht oft hochgradig kontextspezifisch und meist nur für begrenzte Zeit gültig. Aus förderpolitischer Perspektive verlangt dies nach einer ebenso präzisen wie zeitnahen Identifizierung und Adressierung akuter Problemstellungen. Um diesen Anforderungen über die gesamte Förderdauer des Programms gerecht zu werden, wurde das Programm als Lernendes Programm aufgesetzt. Das Programm ist in einem wohlbestimmten Maße von Anfang an flexibel, anpassungsfähig, kurz, lernfähig gestaltet worden, um auf neue Herausforderungen durch eine zeitnahe Nachjustierung der förderpolitischen Aktivitäten reagieren zu können. Diese inhärente Lernfähigkeit wird durch eine Programmsteuerung mit neuartiger Struktur und innovativen Instrumenten hergestellt, über die gezielt Verbesserungsimpulse aus den Projekten in das Programm rückgekoppelt werden können.

2.1 Instrumente des Lernenden Programms

Die Idee eines Lernenden Programms wurde bereits in dem Vorläuferprogramm „Innovative Arbeitsgestaltung – Zukunft der Arbeit" erprobt und wurde beim aktuellen Programm „Arbeiten – Lernen – Kompetenzen entwickeln. Innovationsfähigkeit in einer modernen Arbeitswelt" erstmals als integraler Bestandteil in die Programmkonzeption aufgenommen. Das Lernende Programm sieht während der Programmlaufzeit Reflektionen auf allen Ebenen der Förderung vor. Gleichzeitig werden Lernschleifen gefordert, die Reflektionen nach sich ziehen müssen, um die Weiterentwicklung der inhaltlichen Schwerpunkte wie auch geeigneter Förderinstrumentarien zuzusichern.

Als Bestandteile dieser „offene[n] Programmstrukturen" (BMBF 2007a, 26) sind u.a. folgende Instrumente in der Programmkonzeption aufgenommen worden und kommen im Rahmen der Forschungsförderung und Programmsteuerung zum Tragen:

1. „Wirkungsanalysen und strategische Audits, die auf das BMBF-Förderprogramm insgesamt abzielen (nach etwa fünf Jahren) und die der Gesamtbewer-

tung der Fördermaßnahmen hinsichtlich unmittelbarer und mittelbarer Wirkungen und der strategischen Weiterentwicklung des Programms dienen" (BMBF 2007b, 16).

2. „Regelmäßige internationale Monitoringprozesse, die der Einordnung von Forschungsaktivitäten in den internationalen Kontext und als Basis kritischer Diskussionen über die Weiterentwicklung des BMBF-Förderprogramms [...] dienen" (BMBF 2007a, 26).

Während evaluative Elemente und ggf. auch Instrumente des Programm-Monitoring in dieser oder ähnlicher Form in anderen Forschungs- und Entwicklungsprogrammen zu finden sind, machen seine weiteren Instrumente der Programmsteuerung die Spezifik dieses Programms aus. Sie wurden explizit von einer Expertengruppe im Rahmen einer Evaluation im Vorfeld des jetzigen Programms als Empfehlungen formuliert und im Zuge der Neukonzeption des Programms von Beginn an aufgenommen (vgl. Hermann 2007, 502ff.).

Folgende Instrumente werden nun in ihrer Funktionsweise skizziert (vgl. Abbildung 2.1):

- Förderschwerpunkte,
- Fokusgruppen,
- Verbundprojekte,
- Metaprojekte,
- Monitoring-Projekte und die
- Strategische Partnerschaft „Fit für Innovation"

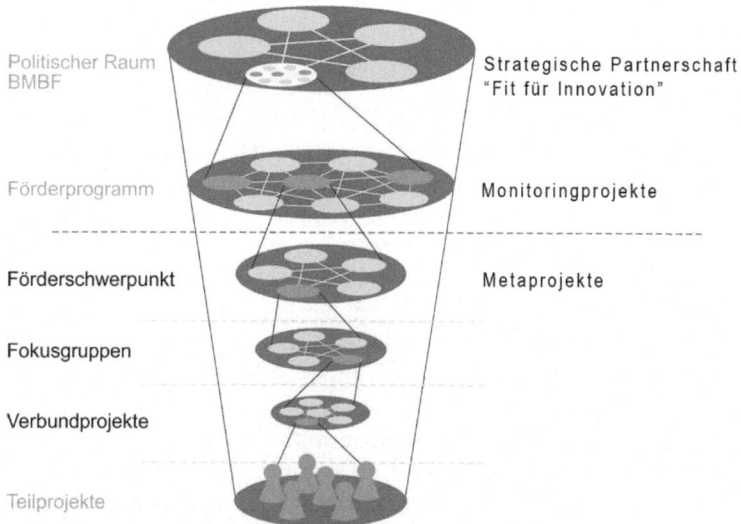

Abbildung 2.1: Instrumente und begleitende Vorhaben des Programms „Arbeiten – Lernen – Kompetenzen entwickeln. Innovationsfähigkeit in einer modernen Arbeitswelt"

2.1.1 Förderschwerpunkte

Als erstes Instrument sind die Förderschwerpunkte des Programms zu nennen. Förderschwerpunkte spiegeln durch Bekanntmachungen eingeleitete fachliche Handlungsfelder des Programms oder aktuell entstandene Themenfelder wider, in denen Forschungsvorhaben gefördert werden.

Bislang sind in dem Programm drei Förderschwerpunkte eingerichtet worden: „Innovationsstrategien jenseits traditionellen Managements", „Balance von Flexibilität und Stabilität in einer modernen Arbeitswelt" und – als jüngster Schwerpunkt seit 2010 noch im Aufbau begriffen – „Innovationsfähigkeit im demografischen Wandel". Ein weiterer Förderschwerpunkt „Präventiver Arbeits- und Gesundheitsschutz" startete 2005 noch unter dem Vorläuferprogramm „Innovative Arbeitsgestaltung – Zukunft der Arbeit" und wurde bis zu seinem erfolgreichen Abschluss 2010 unter dem neuen Programm weitergeführt.

Die Bekanntmachungen der Förderschwerpunkte wurden in zeitlichen Abständen von ca. einem Jahr veröffentlicht. Dieses Vorgehen bietet den Vorteil einer kontinuierlichen programmatischen Reflektion, damit die inhaltlichen Vorgaben der Bekanntmachungen an jeweils akuten gesellschaftlichen Fragestellungen ausgerichtet werden. Durch eine enge Kooperation des Projektträgers im Deutschen Zentrum für Luft und Raumfahrt e.V. (DLR) und des BMBF mit Vertretern der Förderschwerpunkte können neue Forschungsfragen und Handlungsbedarfe zeitnah aufgegriffen und zur Nachjustierung der bestehenden bzw. zur Ausrichtung neuer Förderschwerpunkte genutzt werden. Neben diesem Beitrag zur Lernfähigkeit des Programms bildet der Förderschwerpunkt eine thematische Klammer zur Vernetzung und zum Austausch zwischen den Projekten, die aufgrund des hohen Umfangs der Förderschwerpunkte noch weiter untergliedert ist.

2.1.2 Fokusgruppen

Eine Fokusgruppe ist eine thematisch fokussierte Untergruppe zu einem Förderschwerpunkt, in der mehrere inhaltlich nahestehende Verbundprojekte zusammengebracht werden. Die Fokusgruppe arbeitet auf freiwilliger Basis ohne formaljuristische Grundlage. Fokusgruppen dienen unter anderem dazu, den fachlichen Austausch auf einer höheren Aggregationsebene zu fördern, die interne Vernetzung zu sichern, die Außenwirkung z.B. durch gemeinsame Publikationen zu steigern sowie Handlungs- und Forschungsempfehlungen zu erarbeiten. Sie setzen sich zusammen aus Mitgliedern der Projekte, die im Rahmen einer Bekanntmachung zur Förderung ausgewählt wurden. Erfahrungen durch externe Experten sollen dabei genutzt und einbezogen werden (vgl. Sarkar 2010).

Aufgrund der thematischen Nähe sind Erwartungen an die Fokusgruppe die Durchführung gemeinsame Aktivitäten (bspw. Tagungen, Öffentlichkeitsarbeit), ein wissenschaftlicher Erfahrungsaustausch sowie die Früherkennung neuester Entwicklungen im Themenfeld. In einem Lesson-Learned-Bericht weist das Projekt „Strategischer Transfer im Arbeits- und Gesundheitsschutz" (StArG) auf die Stärken des Fokusgruppenkonzeptes hin, welche vor allem in der Netzwerkbildung gesehen werden. StArG verschweigt aber auch nicht die offenen Fragen, die sich in der Umsetzung ergeben haben, darunter beispielsweise Fragen nach finanziellen Ressourcen für Fokusgruppensprecher oder den Herausforderungen bei der Abstimmung von (gemeinschaftlichen) Zielen (vgl. Bach et al. 2011, 16).

Das Instrument der Fokusgruppe wird beim Ministerium, dem zuständigen Projektträger wie auch in einzelnen Rückkopplungen mit Projekten als Instrument der Netzwerkbildung (community building) insgesamt positiv wahrgenommen. Im Vergleich zur traditionellen Einzelprojektförderung wird ein klarer Mehrwert unter anderem beim Transfer und der Synergieförderung erkannt.

2.1.3 Verbundprojekte

Verbundprojekte zwischen Unternehmen, Forschungspartnern und Intermediären bilden einen thematischen Nukleus, unter dem sich mehrere Teilprojekte zusammenfinden und eine Forschungsidee formulieren. Der Verbundkoordinator reicht stellvertretend für den Verbund auf eine Bekanntmachung die gemeinsame Projektskizze ein. Im Falle der Aufforderung zur Antragstellung wird im Verbundprojekt eine gemeinsame Vorhabenbeschreibung als verbindliche Grundlage für die spätere Projektausgestaltung abgestimmt und eingereicht. Trotz der fachlichen Abstimmung, die im Verbund über ein Konsortialabkommen geregelt ist, erhält förderrechtlich jedes Teilvorhaben eine eigene Zuwendung. Damit wird einerseits die inhaltliche Zusammenarbeit gesichert, andererseits aber auch die Individualität und Vertraulichkeit bei fördertechnischen Fragen gewahrt.

2.1.4 Metaprojekte

Als weiteres Instrument der Programmsteuerung werden die Förderschwerpunkte jeweils von einem Metaprojekt sowie ggf. von Metastudien begleitet, die Querschnittsthemen bearbeiten. Metastudien, so lautet die Empfehlung des Programms, sollen zu einzelnen Förderschwerpunkten vergeben werden und deren Ergebnisse in die laufenden Schwerpunkte einbringen (vgl. BMBF 2007a, 26). Alle Förderschwerpunkte werden derzeit von einem Metavorhaben begleitet.

Metavorhaben bearbeiten innerhalb ihres Förderschwerpunktes vorhabenübergreifende Fragestellungen und tragen so zur inhaltlichen Weiterentwicklung des gesamten Forschungs- und Entwicklungsbereichs bei. In engem Dialog mit den Fokusgruppen und Verbundprojekten sammeln und verdichten sie kontinuierlich aktuelle Projektergebnisse, um diese an den Zielen des Programms zu spiegeln. Die Handlungsbereiche einer Bekanntmachung werden damit verknüpft und konsistent zu einem integrierten Gesamtbild verbunden. Damit können Akteure etwa in der Forschung, der Personalplanung, in Bildungseinrichtungen, Kammern und bei den Sozialpartnern entsprechende Hinweise auf wichtige Trends, Entwicklungen und Diskurse erhalten, um diese in ihren Aktivitäten berücksichtigen zu können. Somit gehen von den Metavorhaben zusätzliche Impulse zur Weiterentwicklung des Förderprogramms aus.

Zu den bisherigen Förderschwerpunkten zur Prävention, Innovationsstrategien und Balance von Flexibilität und Stabilität wurden die Metaprojekte „Strategischer Transfer im Arbeits- und Gesundheitsschutz" (StArG), „Innovationsfähigkeit als Managementaufgabe, Synthese, Transfer und Begleitung von Forschungs- und

Entwicklungsvorhaben" (MANTRA) und BALANCE eingerichtet. Zum Förderschwerpunkt Demografie wird 2011 ein neues Metaprojekt starten. Aufgrund der Laufzeiten der Förderschwerpunkte wurde das Projekt StArG aus dem Förderschwerpunkt Präventiver Arbeits- und Gesundheitsschutz als erstes abgeschlossen (vgl. Abbildung 2.2). Im Lessons-Learned-Bericht verweist das Projekt StArG unter anderem darauf, dass durch das neue Instrumentarium neue Funktionen und damit auch neue Rollen entstanden sind, die nicht nur im individuellen Fall passend ausgefüllt, sondern auch in geeigneter Weise miteinander agieren müssen. Genannt werden dabei die Fokusgruppensprecher, Betreuer der Fokusgruppen beim Metaprojekt und Verantwortliche für die Fokusgruppen beim Projektträger im DLR (vgl. Bach et al. 2011, 14ff.).

Abbildung 2.2: Übersicht der Metaprojekte des Programms samt ihrer Laufzeit und Zuordnung zu den Förderschwerpunkten

2.1.5 Programmbegleitende Vorhaben: Monitoring-Projekt

Analog zu den Metaprojekten haben Monitoringprojekte die Aufgabe, Forschungsergebnisse aus sämtlichen Förderschwerpunkten des Programms prozessbegleitend zu bündeln, zu reflektieren und daraus Erkenntnislücken und Handlungsbedarfe für die Programmentwicklung zu identifizieren, die allein über Bekanntmachungen nicht ableitbar waren. Damit erfüllen die Monitoringprojekte eine elementare Funktion im Rahmen des Lernenden Programms. Die Aufgaben der Monitoringvorhaben beinhalten daneben die Beobachtung von internationalen Entwicklungen, die Spiegelung der Programmerkenntnisse im internationalen Kontext und die Identifizierung und Bewertung von nationalen und internationalen Dilemmata sowie von geeigneten Lösungsansätzen. Ebenso soll ein über die nationale Community hinausgehendes Expertennetzwerk aufgebaut werden.

Im BMBF-Programm „Arbeiten – Lernen – Kompetenzen entwickeln. Innovationsfähigkeit in einer modernen Arbeitswelt" ist der Lehrstuhl für Informationsmanagement im Maschinenbau/ Zentrum für Lern- und Wissensmanagement (IMA/ZLW) der RWTH Aachen University mit dem programmbegleitenden „Internationalen Monitoring" (IMO) beauftragt. Nachfolgend wird die Vorgehensweise des Projektes IMO zur Erfüllung der benannten Aufgaben dargestellt, wobei besonderes Augenmerk auf den Einfluss der Transferfähigkeit von FuE-Programmen auf die Möglichkeiten und Grenzen zur Steigerung von Innovationsfähigkeit gelegt wird.

2.1.6 Programmbegleitende Vorhaben: Strategische Partnerschaft

Die Strategische Partnerschaft „Fit für Innovation" ist als Wissens-, Transfer- und Lernforum aufgebaut, das programmbegleitend mit speziellem Fokus auf die Zielgruppe *Praxis* etabliert wurde. In dem Forum tauschen sich Unternehmen aus und werden wissenschaftlich unterstützt, geeignete Instrumente zu finden, mit denen Innovationen stimuliert und die dazu erforderlichen Veränderungen in Unternehmen erfolgreich gestaltet werden können. Gleichzeitig bahnt die Strategische Partnerschaft Unternehmen den Zugang zu Forschungsergebnissen und neuen Methoden der Personal-, Organisations- und Kompetenzentwicklung. Mit der Strategischen Partnerschaft wird daher ein wichtiger Akzent gesetzt, um die Innovationsdynamik in Unternehmen gezielt zu erhöhen, die Entwicklung der Innovationsfähigkeit auf breiter Ebene nachhaltig zu unterstützen und damit das Innovationsklima in Deutschland zu fördern.

Mitglieder und zentrale Wissensträger der Partnerschaft sind Unternehmensvertreterinnen und –vertreter, die flankiert werden von Partnern aus Wissenschaft und Forschung. Zur Fokussierung auf unterschiedliche Bedarfe und Interessen der Unternehmen ist die Partnerschaft entlang von Fachthemen gegliedert, denen sich interessierte Unternehmen zuordnen können. Derzeit sind bei der Strategischen Partnerschaft „Fit für Innovation" in sechs themenspezifischen Arbeitskreisen 100 Unternehmen engagiert. Sie engagieren sich in der Form, dass sie ihre Erfahrungen zu Verfügung stellen oder basierend auf den Erfahrungen anderer wirksame Handlungsempfehlungen für sich ableiten. Zentrale Inhalte der Arbeitskreise sind die Erfahrungen und pilotmässig in Unternehmen eingesetzten Instrumente aus dem Forschungsprogramm „Arbeiten – Lernen – Kompetenzen entwickeln. Innovationsfähigkeit in einer modernen Arbeitswelt." Um die in den Arbeitskreisen im Dialog Wirtschaft – Wirtschaft vorgestellten Erfahrungen gezielt weiteren Unternehmen zur Verfügung zu stellen, greift die Strategische Partnerschaft sowohl konventionelle als auch innovative Möglichkeiten des Transfers und der Aufbereitung von Wissen auf.

Die Erwartung an die Strategische Partnerschaft ist, dass der Austausch unter den Unternehmen und der Dialog mit den Forschungspartnern, die über die Partnerschaft einen direkten Zugang zu innovativen Instrumenten und Erfahrungen der Personal- und Organisationsentwicklung erhalten, zu einer unmittelbaren Innovationsbeschleunigung in den Unternehmen führt. Dazu tragen wesentlich auch die Sprecher der Partnerschaft bei, die sich aus einem hochrangigen Unternehmervertreter eines renommierten mittelständischen Unternehmens in Deutschland sowie dem Leiter eines Fraunhofer-Institutes zusammensetzen.

3 Innovationsfähigkeit und Transferfähigkeit

Mit der *Hightech-Strategie für Deutschland* und ihrer Fortentwicklung *Hightech-Strategie 2020 für Deutschland* hat die Bundesregierung ein ressortübergreifendes Innovationskonzept entwickelt, auf den Weg gebracht und umgesetzt (vgl. BMBF 2006 bzw. BMBF 2010). Darin eingebettet sind die Arbeits- und die Dienstleistungsforschung mit ihren aktuellen Förderprogrammen. Ein zentrales Anliegen dieser Programme besteht darin, wissenschaftliche Erkenntnisse in praktische Anwendung zu transferieren (vgl. BMBF 2007a, 19). Derzeit gestaltet sich die Überführung wissenschaftlicher Erkenntnisse in die betriebliche Personal-, Organisations- und Kompetenzentwicklung häufig als Hürde, für die aus diesem Grund in dem Forschungsprogramm „Arbeiten – Lernen – Kompetenzen entwickeln. Innovationsfähigkeit in einer modernen Arbeitswelt" projektübergreifend zusätzliche Instrumente zur Verfügung gestellt werden.

3.1 Der Transferauftrag des Projektes IMO

Zur Verbesserung des Transfers von Wissenschaft zu Wissenschaft auf internationaler Ebene und von Wissenschaft in Praxis werden die aktuell im Programm generierten Ergebnisse zur Stärkung der Innovationsfähigkeit durch das Projekt IMO gesammelt, verdichtet und deren Transfer unterstützt. Dabei bedarf es einer spezifischen Aufbereitung der Ergebnisse für die Zielgruppen Wirtschaft, Wissenschaft und Politik. Um die nationalen Ergebnisse zu validieren, Forschungslücken zu identifizieren und Forschungsbedarfe frühzeitig aufzudecken, werden diese durch IMO im internationalen Kontext gespiegelt.

Zur Umsetzung dieser Aufgaben greift IMO auf ein umfangreiches Portfolio diverser Monitoring-Instrumente zurück. Die von IMO eingesetzten Instrumente reichen von der Teilnahme an Förderschwerpunkt- und Fokusgruppenveranstaltungen über Experteninterviews bis hin zur Durchführung eigener Summerschools, Innovationsworkshops und internationaler Konferenzen. Wichtige Instrumente zur Herstellung der Lernfähigkeit des Programms sind die beiden Expertenpanels: IMO koordiniert ein nationales und ein internationales Panel, dessen Mitglieder sowohl aus Wissenschaft als auch Politik und Wirtschaft stammen.

Um auf die vielfältigen Herausforderungen zur Förderung von Innovationsfähigkeit zeitnah reagieren zu können, wurden im Rahmen des nationalen Panels programmergänzende Aktionsfelder identifiziert und durch Experten-Teams bearbeitet. Dazu haben Experten aus Wissenschaft und Praxis Expertisen, Trendstudien und sogenannte Dachpapiere verfasst, in denen detailliert aktuelle Ergebnisse und zukünftigen Forschungsbedarfe für das politische Handeln formuliert sind.[2]

Im Zuge ihrer Arbeit wiesen die Experten der IMO-Aktionsfelder wiederholt auf eine fast schon paradoxe Erkenntnis zur Förderung von Innovationsfähigkeit

---

[2] Die bisher erarbeiteten Trendstudien, Expertisen und Dachpapiere sind auf der Homepage des Projektes IMO (www.internationalmonitoring.com) als Download verfügbar.

hin, die im Rahmen von vertiefenden Experteninterviews (vgl. Busch et al. 2011) benannt wurden: Eines der zu transferierenden Ergebnisse zur Steigerung von Innovationsfähigkeit ist, dass der Ergebnistransfer selbst überdacht und verändert werden muss. Innovationsfähigkeit und Transferfähigkeit sind eng miteinander verknüpft; die Befähigung zur Generierung und Adaption von Lösungen über interaktive Wissensgenerierung, Informationsselektion und Erfahrungsaustausch ist eine wichtige Voraussetzung für die Innovationsfähigkeit von Unternehmen (vgl. ebd., 69). Daraus lässt sich die These ableiten, dass für eine weitere Entwicklung und Stärkung von Innovationsfähigkeit zusätzlich zur intensiven inhaltlichen Forschung über hemmende und fördernde Faktoren der Innovationsfähigkeit auch die Wahrnehmung und zielgerichtete Anwendung bereits vorhandene Erkenntnisse aus der Unternehmenspraxis unverzichtbar ist.

Das oben angeführte zentrale Programmanliegen, wissenschaftliche Erkenntnisse in praktische Anwendungen zu transferieren und wissenschaftlich fundierte Konzepte in die betriebliche Personal- Organisations- und Kompetenzentwicklung oder in geeignete Geschäftsmodelle zu überführen, ist in der Auffassung der Experten mit einem ausschließlich einzelprojektbezogenen Förderinstrumentarium nicht umzusetzen. Das Förderprogramm „Arbeiten – Lernen – Kompetenzen entwickeln. Innovationsfähigkeit in einer modernen Arbeitswelt" greift diese Bedarfe auf: der Wissenschaftsstandort Deutschland verfügt über vielfältiges Wissen zur Stärkung von Innovationsfähigkeit in der Verbindung von Maßnahmen der Personal-, Organisations- und Kompetenzentwicklung. Die Kompetenz zur Verbreitung und Umsetzung dieses Wissens am Wirtschaftsstandort Deutschland ist vorhanden und muss gefördert werden. Daher geht das Programm einen deutlichen Schritt über die Projektförderung hinaus. Im Kontext dieses Programms werden grundsätzlich nur Verbünde, also Konsortien, gefördert, in denen Praxis und Forschung bereits ab der initialen Forschungsphase eng zusammenarbeiten. Damit ist die Transferfähigkeit innerhalb dieses Konsortiums bereits gewährleistet.

Die OECD weist in ihrem Innovationsbericht 2010 darauf hin, dass in Deutschland an dieser Stelle grundsätzlich zu viel Zeit von der Idee bis zur Markteinführung vergeht (Time-to-Market Performanz) vergeht, so dass an dieser Stelle grundsätzlicher Veränderungs- und Verbesserungsbedarf besteht.

3.2 Grundsätzliche Problemfelder des Ergebnistransfers in Projekten

Im Rahmen der Experteninterviews und nationalen Arbeitskreise wurden von den befragten Expertinnen und Experten aus der Forschung folgende zentrale Problemfelder und Dilemmata im Bereich der anwendungsorientierten Forschung mit Innovationen benannt, mit denen FuE-Programme allgemein konfrontiert sind:

- *Transfer nach Ende der Förderung:* In einigen, inzwischen größtenteils beendeten FuE-Programmen, wurde ein Transfer von Ergebnissen der Forschungstätigkeit nachgeschaltet. Damit war die Überlegung, *wie* ein Transfer der Ergebnisse erfolgen kann, ebenfalls in die Abschlussphase eines Projektes verlagert. Dies widerspricht der Erfahrung und klaren Empfehlung der Experten, für einen erfolgreichen Transfer den Praxispartner unmittelbar in ein Projekt einzubeziehen – je früher, desto besser. In der Praxis wird zwar anerkannt, dass mit Abschluss eines Forschungs- und Entwicklungsprogramms zu jedem Projekt zwar umfangreiche Abschlussberichte und eine Fülle von Veröffentlichungen als Forschungsergebnisse vorliegen, deren Verwertung bei einem nachgeschalteten Transfer aber nicht mehr sichergestellt werden kann.

- *Übertragbarkeit von Ergebnissen:* Ein häufig adressiertes, aber in Einschätzung der Experten zu wenig analysiertes Problem ist die Übertragbarkeit erfolgreicher Gestaltungslösungen – hinsichtlich der Lern- und Kompetenzförderlichkeit der Arbeit – aber auch dem Lernen von Organisation. Hier bestehen auf Empfehlung des Expertenkreises zum organisationalen Lernen und zu erfolgreichen Transferkonzepten noch Forschungslücken mit dringendem Handlungsbedarf, damit lernförderliche Bedingungen hergestellt oder auf andere Organisationen übertragen werden können (vgl. Hartmann 2011, 16).
- *Ressourcen für Transferarbeit:* In FuE-Programmen wird neben der eigentlichen Förderung zunehmend auch eine verstärkte Transferförderung eingefordert. Im Zuge dessen empfiehlt der Expertenkreis dringend, einen ausreichenden Zeit- und finanziellen Ressourcenrahmen für Forschung, wissenschaftliche Begleitung und Transfer in den Forschungs- und Gestaltungsprojekten einzuplanen und auf Seiten der Fördergeber zu berücksichtigen (vgl. Busch et al. 2011, 73f.).
- *Zielgruppengerechte Aufbereitung:* Als Transferdilemma wurde von den befragten Wissenschaftlern angegeben, dass mit einer zielgruppengerechten Aufbereitung von Ergebnissen für die Praxis eine sprachliche Vereinfachung und plakative Darstellung verlangt sei, die im akademischen Umgang häufig mit einer Trivialisierung gleichgesetzt würde. Gleichzeitig erfordert die sprachliche Aufbereitung eine zusätzliche, eher journalistische Kompetenz. Die für die Wissenschaft erforderliche hohe wissenschaftliche Professionalität und der Anspruch zu Forschen stünden damit im Konflikt zum zusätzlichen, gleichzeitig aber genauso professionell eingeforderten zielgruppengerechten Transfer. Da sowohl die wissenschaftliche Darstellung als auch die Übertragung der wissenschaftlichen Ergebnisse in der Sprache und Denkwelt der Unternehmen grundlegend für den Erfolg eines Projektes sind wird unter anderem vorgeschlagen, die Adressaten in den Prozess der Wissensgenerierung von Anfang an einzubinden und zusätzliche unternehmensnahe Institutionen (z.B. Verbände, Transferagenturen) in die Vorhaben einzubinden (vgl. ebd., 75).
- *Information-Overload seitens der Unternehmen:* Von Praxispartnern vorgetragen wurde als zentrales Dilemma des Transfers das Verhältnis von angebotener Menge an Erkenntnissen im Gegensatz zur Kapazität zur Verarbeitung und Anwendung. Unternehmen *ertrinken* in einer Flut von Informationen in Form von Newslettern, Broschüren, Blogs etc. Den Mittlern beim Transfer kommt dadurch zusätzlich zur Informationsversorgung auch eine Verantwortung bei der Informationsselektion zu (vgl. ebd., 76).

3.3 Ein neues Transferverständnis

Zusammenfassend ist aus den bisherigen IMO-Ergebnissen sowohl des nationalen Panels als auch aus den vertiefenden Experteninterviews fest zu halten:
Transfer bedarf sowohl aus Sicht der Wissenschaftler als auch der Wirtschaftsakteure einer gezielten Steuerung und programmatischen Einbettung. Mit der
Wissens- und Dienstleistungsgesellschaft bestehen teilweise komplexere und
höhere Transferanforderungen als in der Industriegesellschaft – ein neues Transferverständnis wird gebraucht. Traditionelle Auffassungen, nach denen die Wissenschaft Problemlösungen bereithält, die nur noch angewendet werden müssen, sind
überholt. Zeitgemäßer und effektiver Transfer kann nur über die aktive Einbindung
und Kommunikation aller Beteiligten aus Wissenschaft und Praxis erfolgen. Gefragt
sind neue interaktive und kommunikative Modelle einer gemeinsamen Generierung
von Wissen und Lösungsansätzen. Das FuE-Programm „Arbeiten – Lernen –
Kompetenzen entwickeln. Innovationsfähigkeit in einer modernen Arbeitwelt"
erprobt aus diesem Grund neue Ansätze, indem grundsätzlich Verbundprojekte in
enger Kooperation zwischen Wissenschaft und Praxis gefördert werden und unterschiedliche Instrumente für den Transfer und die Zusammenarbeit in Netzwerken
zur Anwendung kommen. Zusätzlich stehen programmbegleitend sowohl das
Projekt IMO als auch die Strategische Partnerschaft „Fit für Innovation" für ein
neues Transferverständnis.

3.4 Das IMO-Aktionsfeld „Transfer"[3] und seine vier Querschnittsaufgaben

Auf Basis der oben skizzierten Komplexität und Dringlichkeit der Transferproblematik hat das Projekt IMO in enger Abstimmung mit dem BMBF ein
neues Aktionsfeld der Verbesserung der Transferfähigkeit von FuE-Programmen
im Bereich der Innovationsfähigkeit aufgebaut. Das Projekt möchte Anreize setzen, ein neues Transferverständnis auszuarbeiten und zu etablieren. Das konkrete
Ziel des Aktionsfeldes ist es Handlungsempfehlungen auszusprechen, wie dieses
Transferverständnis in der aktuellen und zukünftigen Programmförderung umgesetzt werden kann.

Insgesamt wird sich das Transferverständnis klar von technizistischen Sender-
Empfänger-Modellen distanzieren und den Wissensgewinn in partnerschaftlicher und kontinuierlicher Interaktion aller relevanten Stakeholder begründen.
Transfer darf nicht als modulares Arbeitspaket betrachtet werden, dass erst nach
Fertigstellung der wissenschaftlichen Ergebnisse angegangen wird und sich mit
dem Druck von Fachpublikationen begnügt. Transfer fördern bedeutet mehr als
die Erhöhung der Auflage. Transfer fördern heißt die individuelle und organisationale Kompetenz zum Transfer zu erhöhen und das zu transferierende Wissen
selbst zu optimieren; mit Hinblick auf die Bedürfnisse der Zielgruppe und unter

---

[3] Die exemplarischen Aussagen von Experten aus Wissenschaft und Wirtschaftspraxis machen
nachvollziehbar und deutlich, dass ein anderer Transferansatz notwendig ist. Daher ist der
Name *Transfer* als vorläufiger Arbeitstitel anzusehen.

Einbezug dieser Zielgruppe schon zu Beginn der Wissensproduktion (vgl. Haarich und Leisten 2010, 292f.).

Der Erfolg eines Forschungs- und Entwicklungsprogramms zur Stärkung der Innovationsfähigkeit darf nicht allein auf Basis der inhaltlichen Qualität der erarbeiteten Lösungen bewertet werden, sondern muss sich auch an der nachfolgenden Verbreitung dieser neugewonnen Erkenntnisse in die unternehmerische Praxis messen lassen. Nicht nur die Produktion des Wissens, sondern auch dessen Transfer ist eine Aufgabe, die Forscher (mit)gestalten müssen, um die Nachhaltigkeit der Förderung zu erhöhen. Das Rollen- bzw. Aufgabenverständnis der Forschung muss erweitert werden und über die Generierung neuen Wissens hinaus auch die aktive Sicherstellung seiner Anwendung umfassen, und zwar durch Einbezug der Anwender selbst. Sowohl Forscher als auch Praktiker müssen stärker zum Transfer von Gestaltungslösungen und zur Herstellung und Stärkung der Innovationsfähigkeit befähigt werden. Die Zielsetzung des Transfers verschiebt sich von der Wissensproduktion zum *Enabling*, bei dem Transferpartner nicht bloß über Handlungsbedarfe informiert, sondern zum Handeln befähigt werden.

„Prinzipiell müssen KMU besser befähigt werden, den Innovationstransfer bei der Nutzung moderner Technologien und der Umsetzung wissenschaftlicher Erkenntnisse – insbesondere auch der Arbeitsgestaltung und des Managements zu erhöhen. Es gilt, innovative Lösungen schneller, breiter, wirkungsvoller und praxisnäher zu transferieren. Dafür müssen andere und effektivere Transferformen gefunden werden" (Brall et al. 2009, 44).

Im Zuge der Monitoring-Aktivitäten empfiehlt das Projekt IMO vier Querschnittsaufgaben[4] als Ansätze zur nachhaltigen Etablierung eines erfolgreichen Transfers im Programm „Arbeiten – Lernen – Kompetenzen entwickeln. Innovationsfähigkeit in einer modernen Arbeitswelt" sowie nachfolgender Förderprogramme zur Stärkung der Innovationsfähigkeit:

- Operationalisierung und Bewertung,
- Methodenintegration und Zielgruppenadaption,
- Vernetzung und Allianzbildung und
- Befähigung und Dissemination (vgl. Abbildung 3.1).

Die Querschnittsaufgaben stellen fachthemenübergreifende Aktivitäten dar, die im Rahmen des Transferdesigns eines Förderprogramms zu berücksichtigen und erhöhen die Erfolgswahrscheinlichkeit des Transfers, indem sie grundlegende Prozesskomponenten des Transfers zu implementieren helfen. Nachfolgend wer-

---

[4] Die vier Querschnittsaufgaben sind als Leitdifferenzen zu verstehen, die die Spannweite des avisierten Transferbegriffes abstecken sollen, so wie er in der aktuellen Situation zielführend erscheint. Unberührt bleibt dabei die Frage, wie stark die Überschneidungen zwischen diesen Themenkomplexen sind, wie lange genau diese vier Querschnittsaufgaben ihre Gültigkeit behalten, oder ob sie im Laufe der Forschung fokussiert oder ergänzt werden müssen.

den die Querschnittsaufgaben im Einzelnen beleuchtet und damit einhergehende Forschungsfragen benannt.

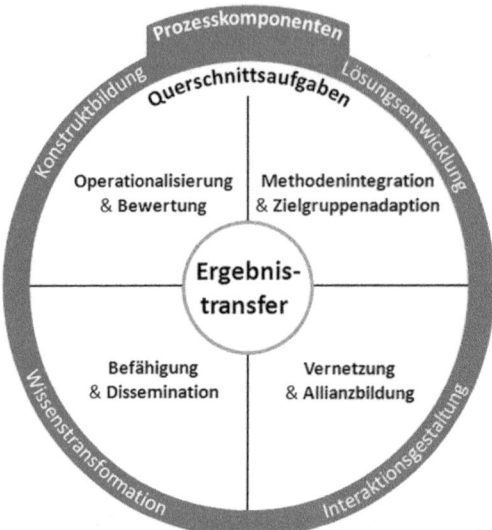

Abbildung 3.1: Querschnittsaufgaben zur Förderung der Transferfähigkeit von FuE-Programmen.

3.4.1 Operationalisierung und Bewertung

Operationalisierung und Bewertung zielt auf die Bildung, Abgrenzung und Messung von „Innovationsfähigkeit" und damit verbundener Faktoren ab. Die Fähigkeit von Individuen, Organisationen, Netzwerken und Gesellschaften zu Innovationen als Schlüssel der Wettbewerbsfähigkeit hängt in entscheidendem Maße vom zugrundeliegenden Begriffsverständnis und dessen Zielsetzung ab. Eine Selektion von geeigneten Strategien, Methoden und Maßnahmen beruht auf möglichst objektiven Bewertungen, die eine Vergleichbarkeit und hinreichend ähnliche Operationalisierungsverfahren voraussetzen. Letztlich ist die Frage nach positiven und negativen Einflussfaktoren von Innovationsfähigkeit und damit die Frage nach dem Konzept „Innovationsfähigkeit" im Allgemeinen auf reliable und valide Operationalisierungs- und Bewertungsmethoden angewiesen. Dabei mangelt es häufig nicht daran, dass Daten nicht verfügbar sind, sondern daran, dass vorhandene Methoden und Daten die komplexen Untersuchungsphänomene oft nur unzureichend abbilden, nicht allgemein anwendbar sind oder keine verbreitete Akzeptanz finden. Aus pragmatischer Perspektive kommt hinzu, dass die Umsetzung der Ergebnisse im Unternehmen meist noch einen Nutzennachweis mittels quantitativer Daten erfordert.

Exemplarische Forschungsfragen zu dieser Querschnittsaufgabe lauten:

- Welche Aspekte müssen bei der Operationalisierung einer ganzheitlichen *Innovationsfähigkeit* berücksichtigt werden?

- Welches sind neben quantitativen Indikatoren auch entscheidende qualitative und subjektive Aspekte in der Bewertung weicher Faktoren?
- Wie kann trotz individueller Operationalisierungsmethoden die Vergleichbarkeit der Konstrukte bewahrt werden?

3.4.2 Methodenintegration und Zielgruppenadaption

Methodenintegration und Zielgruppenadaption umfasst die Identifikation notwendiger Schritte bei der Entwicklung individualisierter Lösungen. Die fachlichen Spezifizierungen und auch Bemühungen um Interdisziplinarität haben zu einer heterogenen Methodenvielfalt in den Wissenschaften geführt und bieten Raum für Optimierung. So kann eine mangelnde Verbreitung von wissenschaftlichen Erkenntnissen, Verfahren und Lösungsansätzen in der wirtschaftlichen Praxis nicht nur eine Folge begrenzter Anwendungsmöglichkeiten sein, sondern könnte auch durch intensiver gelebte Interdisziplinarität und Integration neuer Methoden z.B. unmittelbar während ihres Entstehungsprozesses erheblich gesteigert werden. Ziel und Herausforderung darf jedoch nicht die Konglomerierung von Einheitskonzepten sein, sondern die gemeinschaftliche Erarbeitung flexibler Methoden, die sich den spezifischen Bedürfnissen der Unternehmen (teils sogar durch die Unternehmen selbst) anpassen lassen (vgl. BMBF 2007a, 9).

Exemplarische Forschungsfragen zu dieser Querschnittsaufgabe lauten:

- Wie können Methoden disziplinenübergreifend konstruiert werden?
- Wie können Methoden den individuellen Bedingungen und Anforderungen von Organisationen angepasst werden?
- Wie kann das Expertenwissen der Praktiker für die Methodenintegration nutzbar gemacht werden?

3.4.3 Vernetzung und Allianzbildung

Vernetzung und Allianzbildung befasst sich mit den Prozessen und der technischen Infrastruktur zur Gestaltung der virtuellen und realen Interaktion zwischen relevanten Akteuren. Um eine tatsächliche Implementierung von (integrierten) Methoden optimal vorzubereiten, bedarf es über die theoretische Zusammenführung von Inhalten hinaus auch einer praktischen Zusammenführung relevanter Akteure und Institutionen aus Forschung und Praxis. Nur über Vernetzung und intensiven Austausch lassen sich die theoretischen Inhalte der Forschung an die jeweiligen praktischen Bedarfe der Unternehmen anpassen und für diese nutzbar machen (vgl. Haarich und Leisten 2010, 291f.). Dabei sind über die notwendige Zusammenführung von Wissenschaft und Praxis hinaus auch praxis- und forschungsinterne Vernetzungen von großer Bedeutung (vgl. Bullinger 2006, 12).

Exemplarische Forschungsfragen zu dieser Querschnittsaufgabe lauten:

- Mittels welcher Vernetzungsstrukturen und technischer Infrastruktur können effektive, langfristige und gleichzeitig flexible Kooperationen zwischen Forschung und Praxis aufgebaut werden?

- Welche relevanten Akteure müssen zu welchem Zeitpunkt in den Transferprozess eingebunden werden?
- Wie können Motivation und Nutzen für alle Transferpartner erhöht werden?

3.4.4 Befähigung und Dissemination

Befähigung und Dissemination beleuchtet Prozesse der Wissenstransformation zur Aufnahme, Verbreitung und Anwendung von Ergebnissen. Das Grundproblem des Befähigens ist die Unmöglichkeit des simplen Kopierens von Wissen. Nur explizites Wissen kann direkt übermittelt werden, jedoch befähigt gerade implizites Wissen zum Handeln (vgl. Polanyi 1985). Somit liegt die Herausforderung in der kommunikativen Gestaltung von Transformationsprozessen zwischen explizitem und implizitem Wissen. Die Anwendung expliziten Forschungswissens erfordert die Fähigkeit zu kontextualisieren, d.h. das Wissen auf neue Praxisprobleme anzuwenden. Von den mannigfaltigen Forschungsergebnissen aus verschiedenen wissenschaftlichen Teilbereichen könnte dadurch vielen der Weg in die wirtschaftliche Praxis geebnet werden. Einer erhofften Eigendynamik bei der Verwertung von hervorragenden theoretischen Ergebnissen und auch prototypisch gelungenen praktischen Implementierungen im Rahmen von Verbundprojekten könnte dadurch erheblicher Vorschub geleistet werden (vgl. Leisten und Hees 2008). Aus Projektsicht wird daher empfohlen, die Idee des Transfers um das aktive Moment der praktischen Umsetzung und die Idee der Befähigung zu ergänzen oder durch sie sogar abzulösen (vgl. Trantow et al. 2010, 327f.).

Forschungsfragen zu dieser Querschnittsaufgabe lauten:

- Wie können Forscher und Praktiker zur wechselseitigen und zielgruppenadäquaten Wissensforderung und -bereitstellung befähigt und motiviert werden?
- Wie können Translations- oder Vermarktungsprozesse zur Verringerung der Wissenskluft zwischen Forschung und Praxis eingesetzt werden?
- Wie können Modelle der Wissens-Co-Produktion (*Action Learning*, *Work Based Learning*,...) zeiteffizient und flächendeckend gestaltet werden?

4 Zusammenfassung

Die Förderung der Innovationsfähigkeit ist ein zentraler Hebel zur Sicherung und zum Ausbau der wirtschaftlichen Stellung und der Forschungsposition Deutschlands im internationalen Wettbewerb. Dies wurde mit der nationalen High-Tech-Strategie der Bundesregierung erkannt und u.a. im FuE-Programm „Arbeiten – Lernen – Kompetenzen entwickeln. Innovationsfähigkeit in einer modernen Arbeitswelt" des BMBF in zielgerichtete Fördermaßnahmen übersetzt und angewendet. Der Forschungsgegenstand *Innovationsfähigkeit* weist dabei komplexe heterogene Entstehungsbedingungen und Erscheinungsformen auf, die flexible und spezifische Förderinstrumentarien erfordern. Diesen Anforderungen trägt das BMBF mit offenen Programmstrukturen Rechnung, die eine inhärente Lernfähigkeit herstellen, um den wechselnden Herausforderungen effizient und zeitnah entgegenzutreten. Neben der Lernfähigkeit des Programms stellt die Transferfähigkeit des Programms eine zentrale Kompetenz dar, mit der die Innovationsfähigkeit unterstützt wird. Das Monitoring-Projekt IMO wird diesem Thema mit einem eigenen Aktionsfeld gerecht, in dem ein neues Transferverständnis für den Ergebnistransfer von FuE-Programmen im Bereich der Innovationsfähigkeit ausgearbeitet wird, die „Strategische Partnerschaft" stellt einen bislang sehr erfolgreichen Versuch dar, Transfer mit Praxispartnern im Netzwerk zu (er-)leben.

Während IMO seine Aktivitäten auf Ebene des Gesamtprogramms ausführt, operieren die Metaprojekte des Programms auf Ebene der Förderschwerpunkte. Ihre bisherigen Erkenntnisse über förderschwerpunktinterne- und -externe Transferaktivitäten stellen einen Großteil der wissenschaftlichen Basis zur Destillierung der vier von IMO vorgeschlagenen Querschnittsaufgaben zur Erhöhung der Transferfähigkeit dar. Aufgrund ihrer Nähe zu den Projektnehmern kommt den Metaprojekten eine besondere Bedeutung für die Herstellung und Steigerung der Transferfähigkeit und schließlich der Innovationsfähigkeit zu. Unabhängig von den durch die jeweiligen Förderschwerpunkte bedingten unterschiedlichen thematischen Ausrichtungen der Metaprojekte, obliegt ihnen allen gemeinsam die Aufgabe der Bündelung und Aufbereitung von Ergebnissen.

In den folgenden drei Artikeln geben die bisherigen Metaprojekte StArG, MANTRA und BALANCE einen kurzen Überblick der bisherigen Ergebnisse der von ihnen begleiteten Förderschwerpunkte. StArG skizziert dabei das Potential des Präventiven Arbeits- und Gesundheitsschutz zur Verbesserung von Arbeitsbedingungen und der Förderung von Leistungsbereitschaft und -fähigkeit der Beschäftigten als Voraussetzung für die Innovationsfähigkeit und Wettbewerbsfähigkeit von Unternehmen. Das Projekt MANTRA befasst sich mit Prozessen der Arbeitsorganisation und zeigt auf, dass Innovationsstrategien quer zu thematischen Schwerpunkten in drei Dimensionen konvergieren: Nicht-Linearität, Überschreitung der Organisationsgrenzen und Subjektivierung. Das jüngste Metaprojekt BALANCE widmet sich schließlich dem Einsatz von Social Software in der Projektarbeit zur Identifikation von Netzwerkpartnern, zur Organisation von Netzwerken und zur Archivierung und Weitergabe von Projektinhalten über institutionelle, disziplinäre und räumliche Grenzen hinweg.

Literaturverzeichnis

Bach U, Hees F, Leisten I (2011) Prävention & Transfer. Lessons Learned-Bericht des Metaprojektes StArG. (bisher unveröffentlicht)

Bullinger HJ (1994) Ergonomie: Produkt- und Arbeitsplatzgestaltung. Teubner, Stuttgart

Bullinger HJ (2006) Verdammt zur Innovation. In: RKW-Magazin, 57: 12–14

Busch S, Lammert C, Sparschuh S, Hees F (2011) Innovationsfähigkeit im Gespräch. Forschungsbedarfe und Handlungsempfehlungen. Trendstudie im Rahmen des Projekts „International Monitoring", IMA/ZLW & IfU, RWTH Aachen University

Bundesministerium für Bildung und Forschung (2006) High-Tech-Strategie für Deutschland. Berlin

Bundesministerium für Bildung und Forschung (2007a) Arbeiten – Lernen – Kompetenzen entwickeln. Innovationsfähigkeit in einer modernen Arbeitswelt. BMBF-Forschungs- und Entwicklungsprogramm. Berlin

Bundesministerium für Bildung und Forschung (2007b) Innovationen mit Dienstleistungen. BMBF-Forschungs- und Entwicklungsprogramm. Berlin

Bundesministerium für Bildung und Forschung (2010) Ideen. Innovation. Wachstum. Hightech-Strategie 2020 für Deutschland. Berlin

Forschungsunion Wirtschaft – Wissenschaft (Hrsg) (2009) Woher das neue Wachstum kommt. Innovationspolitische Impulse für ein starkes Deutschland in der Welt. Empfehlungen der Forschungsunion Wirtschaft – Wissenschaft 2009, Berlin

Haarich M, Leisten I (2010) Langfristiges Verstehen durch kurzfristiges Missverstehen. Die Bedeutung der interaktiv-transkriptiven Störungsbearbeitung für den Transfer von Wissen. In: Henning K, Bach U, Hees F Präventiver Arbeits- und Gesundheitsschutz 2020: Prävention weiterdenken! Mainz Verlag, Aachen

Hartmann EA (2011) Ergebnispapier Kompetenzentwicklung, Arbeitssysteme, Arbeitsprozesse – eine innovative Herausforderung. In: Jeschke S, Hees F (Hrsg) Ergebnispapiere der Aktionsfelder. Ergebnisse der Aktionsfelder im Rahmen des Projekts „International Monitoring", IMA/ZLW & IfU, RWTH Aachen University (in Vorbereitung)

Herrmann T, Jahnke I, Klick H, Skrotzki R (2007) Ex-post und ex-ante Evaluation des BMBF-Rahmenkonzeptes „Innovative Arbeitsgestaltung – Zukunft der Arbeit": Zukunft eines Forschungsprogramms. In: Streich D, Wahl D (Hrsg): Innovationsfähigkeit in einer modernen Arbeitswelt. Personalentwicklung – Organisationsentwicklung – Kompetenzentwicklung. Beiträge der Tagung des BMBF. Campus Verlag, Frankfurt a.M.: 501-528

Leisten I, Hees F (2008) Strategische Transferkommunikation von Innovations- und Forschungswissen. In: Tagungsband der GWS Jahrestagung „Innovation und Information", 4.-5. Dezember 2008, Oestrich-Winkel

Polanyi M (1985) Implizites Wissen. Suhrkamp, Frankfurt a. M.

Sarkar R (2010) Fokusgruppen als innovatives Instrument des Forschungsprogammmanagements. In: Krcmar H, Böhmann T, Sarkar R (Hrsg) Export und Internationalisierung wissensintensiver Dienstleistungen. Eul-Verlag, Lohmar-Köln

Spath D, Ganz W, Tombeil AS (2009) MARS – International Monitoring of Activities and Research in Services. In: Spath D, Arbeits- und Dienstleistungsforschung als Innovationstreiber: Bilanzen, Herausforderungen, Zükünfte. Fachtagung, 22. Mai 2009. Stuttgart: 155-167

Trantow S, Schuster K, Hees F, Jeschke S (2010) Spannungsfelder der Innovationsfähigkeit. Internationales Monitoring im BMBF-Forschungs- und Entwicklungsprogramm A-L-K. In: Henning K, Bach U, Hees F (Hrsg) Präventiver Arbeits- und Gesundheitsschutz 2020: Prävention weiterdenken! Mainz Verlag, Aachen: 260-280

Präventiver Arbeits- und Gesundheitsschutz als Innovationstreiber

Ingo Leisten, Ursula Bach und Frank Hees

Abstract

Die Verbesserung von Arbeitsbedingungen und die Förderung von Leistungs-bereitschaft und -fähigkeit der Beschäftigten stärkt die Innovationsfähigkeit und unternehmerische Wettbewerbsfähigkeit. Mit dem Förderschwerpunkt Präventiver Arbeits- und Gesundheitsschutz des Bundesministeriums für Bildung und Forschung (BMBF) wurde eine Plattform geschaffen, um den Herausforderungen einer modernen Arbeitswelt in gesundheits- und arbeitsschutzpolitischer Perspektive zu begegnen. Der demografische Wandel beeinflusst die Rahmenbedingungen, unter denen der Präventive Arbeits- und Gesundheitsschutz sich neu positionieren muss. So sind die Integration von Sicherheit und Gesundheit in das betriebliche Handeln und die Unterstützung der überbetrieblichen Akteure Voraussetzung für eine erfolgreiche Integration von Prävention in Unternehmen. Im vorliegenden Artikel wird das Verhältnis von Innovationsfähigkeit und Prävention vor den aktuellen Dilemmata der Innovationsfähigkeit diskutiert (vgl. Kapitel 1). Diese Dilemmata beschreiben die Herausforderungen, mit denen sich der Förderschwerpunkt Präventiver Arbeits- und Gesundheitsschutz und seine Fokusgruppen auseinandersetzen (vgl. Kapitel 2). Dazu werden die Erkenntnisse der Fokusgruppen vor den jeweiligen Fragestellungen zusammenfassend dargestellt (vgl. Kapitel 3). Im Sinne von *Prävention weiterdenken* werden im *Aachener Impuls zur betrieblichen Gesundheitsförderung und Prävention in der modernen Arbeitswelt* die Forschungsergebnisse zusammengefasst und das Potenzial des Zukunftsfeldes Prävention aufgezeigt (vgl. Kapitel 4). Der Artikel schließt mit einer Einordnung des Förderschwerpunktes in den europäischen Kontext im Bereich der Prävention.

1 Innovationsfähigkeit und Prävention

Der Innovationsdruck sowie die enorme Dynamik der Arbeitswelt fordern eine hohe Flexibilität, Autonomie und Vernetzung, nicht nur von Unternehmen, sondern auch von Beschäftigten. Zusätzlich stellt der demografische Wandel Unternehmen vor die Herausforderung, die Arbeitsfähigkeit ihrer Mitarbeiter möglichst lange zu erhalten. Die Veränderungsdynamik mit ihren Flexibilitätsanforderungen führen zu einem Wandel der Erwerbs- und Lernbiographien. Durch die verstärkte Wissens- und Kompetenzbasierung in allen Bereichen der Produktion und Dienstleistung

S. Jeschke et al. (eds.), *Enabling Innovation*, DOI 10.1007/978-3-642-24299-1_43,
© Springer-Verlag Berlin Heidelberg 2011

wachsen gleichzeitig die Anforderungen an Prozesse und Strukturen. Ein ständiges Um- und Weiterlernen der Menschen auf individueller und organisationaler Handlungsebene wird notwendig. Der Schlüssel zur Bewältigung dieser Herausforderungen liegt in der Entwicklung von Innovationsfähigkeit auf individueller, organisationaler, Netzwerk- und Gesellschaftsebene unter Beachtung der jeweiligen Interdependenzen.

Die Bedeutung der körperlichen und geistigen Gesundheit von Beschäftigten wird häufig gemäß dem Motto *nur ein gesunder Mitarbeiter ist ein innovativer Mitarbeiter* als wichtiger Faktor der Innovationsfähigkeit betont. Motivierte und engagierte Mitarbeiter sind Garanten für Wettbewerbs- und Innovationsfähigkeit der Unternehmen (vgl. Jochmann 2008, 5). Zum Zweck der körperlichen und geistigen Gesunderhaltung von Arbeitskräften entwickelt die Arbeitsforschung deshalb seit langem umfangreiche Konzepte des Arbeits- und Gesundheitsschutzes. Gesundheitsmanagement sowie beratungsbasierte betriebliche Gesundheitsförderung sind heute in deutschen Unternehmen bereits vielfach anzutreffen. So werden Erträge betriebs- und personalwirtschaftlicher Art zum Beispiel durch die Regulierung krankheitsbedingter Fehlzeiten oder durch Programme zur Förderung des Leistungsvermögens erzielt und im betrieblichen Handeln bewusst eingesetzt (vgl. Zahn-Elliott 2010, 3):

> „Ökonomische Vorgaben und die soziale Verpflichtung zur Schaffung sicherer und gesundheitsgerechter Arbeitsbedingungen sind demnach keine zwingenden Gegensätze, sondern bedingen sich wechselseitig" (Bullinger 1999, 29).

Allerdings ist eine nachhaltige Integration von Sicherheit und Gesundheit im betrieblichen Handeln, insbesondere im Sinne einer proaktiven, innovationsförderlichen Prävention, sowie die Unterstützung der überbetrieblichen Akteure bei der Neuorientierung ihrer Aufgaben vielfach noch nicht erfolgt (vgl. Zahn-Elliott 2009). Besonders dringlich machen dies die gesundheitspolitischen Herausforderungen in einer hochgradig dynamisierten Arbeitswelt und der fortschreitende demografische Wandel. Eine Steigerung wettbewerbsförderlicher Innovationen in der Wirtschaft setzt diesen zukunftsorientierten Arbeits- und Gesundheitsschutz voraus, der über Gesundheitsförderung und den klassischen Gefahrenschutz weit hinausgeht. Es gilt eine nachhaltige Gestaltung von Arbeitsplätzen und Arbeitsbedingungen zu schaffen, die gleichzeitig den Erfordernissen der Wirtschaft und den Bedürfnissen der Menschen genügt (vgl. Jochmann 2008). Dieser kann Synergien zwischen den Effizienzzielen des Unternehmens und den Anforderungen der Menschen an eine gute Arbeit realisieren. Es gilt, die Potentiale die durch Prävention entfesselt werden können, zu erkennen und für das Unternehmen nutzbar zu machen (vgl. Bullinger 1999, 29). Maßnahmen zum Präventiven Arbeits- und Gesundheitsschutz liefern so einen elementaren Beitrag zur Innovationsfähigkeit und können selbst betriebliche Innovationsstrategien beschreiben, die ein bedeutender Wettbewerbsfaktor sind (vgl. Jochmann 2008, 7).

Im BMBF Förderschwerpunkt „Präventiver Arbeits- und Gesundheitsschutz", in dem 18 Verbundprojekte mit insgesamt 52 Teilvorhaben sowie neun Einzelvorhaben gefördert werden, steht die Erarbeitung und Vermittlung von zukunftsgerichteten, anwendungsorientierten Konzepten zur betrieblichen Prävention im Fokus. In den einzelnen Projekten erarbeiten unterschiedliche Forschungsanstalten, Unternehmen, Akteure aus Kammern, Verbänden, Intermediären und Interessensvertretungen vielseitige Forschungsergebnisse und Lösungsansätze (vgl. PT im DLR 2008, 4). Mit diesem Förderschwerpunkt wird u. a. ein Beitrag zur Wettbewerbsfähigkeit der Wirtschaft geleistet, indem

- wirtschaftlichem Verlust durch mangelnde Prävention begegnet wird,
- den Veränderungen der modernen Arbeitswelt Rechnung getragen (vgl. BMBF 2005) sowie
- die Intermediären in ihrer Funktion als Dienstleister unterstützt werden (BMBF 2006, 263).

Im Rahmen des BMBF Förderprogramms „Arbeiten – Lernen – Kompetenzen entwickeln. Innovationsfähigkeit in einer modernen Arbeitswelt" und damit auch in der High-Tech-Strategie der Bundesregierung nimmt Prävention eine Querschnittsfunktion ein (vgl. BMBF 2007). Sicherheit und Gesundheit bei der Arbeit sowie gute Arbeitsbedingungen werden so zu einer „konstituierenden Bedingung einer Innovationspolitik" (Zahn-Elliott 2010, 6), die einen ganzheitlichen Innovationsbegriff wählt, der sich nicht auf technologische Entwicklungen beschränkt.

2 Prävention in einer modernen Arbeitswelt

Unternehmen und ihre Mitarbeiter müssen sich heute stetig schnellen Veränderungen stellen. Diese sind durch einen verschärften Wettbewerbsdruck, immer kürzeren Produkt- und Innovationszyklen, eine globalisierte Arbeitsteilung und die Entlokalisierung von Arbeit charakterisiert. Sie müssen alle Ressourcen bündeln, um auf einem globalisierten Markt bestehen zu können, ihre Innovationsfähigkeit zu sichern und damit ihre Wettbewerbsfähigkeit nachhaltig zu bewahren (vgl. Henning et al. 2009a). Je mehr sich die technischen Möglichkeiten weiterentwickeln und je schneller sich die Arbeitswelt durch Globalisierung verändert, desto stärker wachsen die Herausforderungen an einen innovationsstärkenden Arbeits- und Gesundheitsschutz (vgl. Zahn-Elliott 2010, 3). „Wenn die Nachhaltigkeit von Arbeit´ eine Säule der Innovationsfähigkeit des Standorts Deutschland ist, dann liegt hier eines der drängendsten Probleme" (vgl. Moldaschl et al. 2007, 14). Dabei stellt sich der Handlungsraum für Unternehmen zunehmend in Dilemmata dar. Dies sind sozio-ökonomische Spannungsfelder, die die heutige Arbeits- und Lebenswelt beschreiben (vgl. Trantow et al. 2010). Unternehmen und die darin tätigen Menschen stehen vor diesem Hintergrund vor komplexen Entscheidungen. Trantow et al. (2010) identifizieren als *Dilemmata der Innovationsfähigkeit* solche, die gleichsam die Rekursionsebenen Individuum, Organisation, Netzwerk und

Gesellschaft auf dem Weg zur Innovations- und globalen Wettbewerbsfähigkeit betreffen und beeinflussen (vgl. auch Trantow et al. in diesem Band.):

- Verantwortlicher Umgang mit Humanressourcen vs. Kostendruck,
- Langfristige Strategien zur Erhöhung der Innovationsfähigkeit vs. Erfolgsdruck,
- Zeit für Lernprozesse vs. Zeitdruck,
- Stabilisierungsbedarf vs. Flexibilisierungsdruck.

Zunehmend, so auch das Ergebnis einer international angelegten Expertenbefragung, steht die Arbeitswelt also vor der Herausforderung, Arbeitsleistungen schnell, günstig, in hoher Qualität und mit maximaler Variabilität zu realisieren, um wettbewerbsfähig zu bleiben (vgl. Brall et al. 2009). Diese Spannungsfelder, mit denen Akteure der modernen Arbeits- und Lebenswelt umgehen müssen, lassen sich dem übergeordneten Meta-Dilemma Nachhaltigkeit vs. kurzfristige Gewinnerwartung zuordnen – also dem Widerstreit von Ökonomie und Ökologie. Präventionsangebote und -strategien bewegen sich in eben diesem Kontext. Prävention muss „sich daran messen lassen, ob [sie] einen Beitrag zur Potenzialentwicklung des Unternehmens leistet, zur Fähigkeit, sich auf Veränderungen einzustellen" (Volkholz 2007, 43).

Im Rahmen eines Foresight-Prozesses (vgl. Cuhls et al. 2009) wurde Handlungsbedarf in drei wesentlichen Bereichen aufgezeigt:

Zum Einen verringert sich demnach durch die Zunahme von flexiblen und atypischen Arbeitsformen die Bedeutung des traditionellen Standardmodells von Arbeit und Beschäftigung, verbunden mit einer weiteren Segmentierung von Arbeit und Arbeitsmarkt. Neben den daraus erwachsenen Risiken muss der Präventive Arbeits- und Gesundheitsschutz den Entwicklungen mit situationsgerechten Lösungen begegnen. Denn eine schlichte Übertragung der arbeitswissenschaftlichen Ergebnisse auf neue Arten von Arbeit, z. B. in der IT-Branche, ist nicht möglich und wird den spezifischen Situationen nicht gerecht (vgl. Moldaschl et al. 2007, 14).

Ein zweiter Handlungsbedarf erwächst aus dem erhöhten Wunsch nach Selbststeuerung und Eigenverantwortung seitens der Arbeitnehmer und Selbstständigen. Für Beschäftigte ergeben sich daraus neue Handlungsspielräume, aber auch neue Gefährdungen (vgl. Zahn-Elliott 2009). Dies erfordert den Kompetenzaufbau von Selbstmanagement und Selbstregulation, um die individuelle Beschäftigungsfähigkeit zu erhalten.

Drittens erwachsen Aufgaben für den Präventiven Arbeits- und Gesundheitsschutz aus den sich stetig verändernden globalen Rahmenbedingungen. Es werden vermehrt Regionalkonzepte benötigt und Engagement von Berufsorganisationen, die bisher noch nicht im Arbeits- und Gesundheitsschutz aktiv waren (vgl. Zahn-Elliott 2009, 4). Der traditionelle Arbeitsschutz wird vor allem von normativen Anforderungen sowie einer sicherheitstechnischen bzw. arbeitsmedizinischen Kausallogik und Herangehensweise determiniert. Der Präventive Arbeits- und Gesundheitsschutz lässt sich so allerdings nur unzureichend erklären (vgl. Bullinger 1999, 31).

Aus den aufgezeigten Entwicklungen der modernen Arbeitswelt erwachsen neuartige Aufgaben für einen Präventiven Arbeits- und Gesundheitsschutz und es lassen sich neue Forschungsfragen an die Forschungscommunity formulieren. Einige dieser Fragen wurden schon 2005 vom BMBF in der gleichnamigen Bekanntmachung (vgl. BMBF 2005) an den zu konstituierenden Förderschwerpunkt mit seinen Fokusgruppen adressiert:

Integration von Prävention in betriebliche Innovationsstrategien

1) Um Gesundheitspotenziale als innovations- und wettbewerbsförderndes Element nutzbar zu machen, sind Maßnahmen aufzuzeigen, die präventive Arbeitsgestaltung in wirtschaftliche Handlungsstrategien von Unternehmen einbinden und deren Wirtschaftlichkeit praxistauglich messbar machen. Ziel ist eine Optimierung der Beziehungen zwischen Arbeitskultur, Produktivität und Gesundheit.

2) Der zunehmenden Flexibilisierung sollen Strategien zur Bewältigung psychischer Anforderungen und zum Aufbau individueller Ressourcen entgegengesetzt werden, die auf individueller, technisch-organisatorischer und organisationaler Ebene positiv wirken.

3) Die Entwicklung ganzheitlicher Managementkonzepte, die Prävention als Bestandteil des betrieblichen Innovationsmanagements in die Routinen einer Organisation integriert und die besondere Rolle der Führungskräfte für eine Präventionskultur in Unternehmen aufzeigt, ist zu fördern.

4) Die Herausforderungen des demografischen Wandels rücken die Gestaltung demografiegerechter Prävention insbesondere hinsichtlich altersgemischter Belegschaften (Diversity) in den Fokus.

Neue Akteursallianzen in der Prävention

1) Betriebliche Prävention und Gesundheitsförderung sind in der Wissensökonomie unter den veränderten Anforderungen moderner Arbeit zu gestalten. Hier sollen Unternehmen der IT-Branche beispielhaft für die Wissensökonomie in den Fokus gerückt und die IT-Fach- und Branchenverbände für Präventionsthemen gewonnen werden.

2) Die umfangreichen Beteiligungsrechte von Beschäftigten sollen aktiv für Präventions- und Gesundheitsprozesse genutzt werden, in dem sie in ihren (Präventions-)Kompetenzen gefördert und organisationale Lernprozesse (insbesondere unter Berücksichtigung der Führungskultur) ermöglicht werden.

3) Die Unterstützung von Präventionsdienstleistern bei der Umsetzung einer präventiven, gesundheitsförderlichen Organisations- und Arbeitsgestaltung sowie bei der Kooperation von unterschiedlichen überbetrieblichen Akteursgruppen erfordert die Bildung neuer Akteursallianzen. So sollen Präventionsakteure neue Dienstleistungsnetzwerke entwickeln und die jeweiligen Partner dadurch selbst ihre Innovationskraft stärken.

Neue Wege des Transfers in der Prävention

Der Transfer von Präventionswissen ist durch spezifische Maßnahmen zu gewährleisten, wobei Erkenntnisse zu deren Erfolg zu erzielen sind. Dabei geht es um die

Breitenwirkung, aber ebenso um den Auf- und Ausbau angemessener Kommunikationswege zwischen den Beteiligten im Hinblick auf den Erfolg der Kooperation.

3   Der Förderschwerpunkt als Lösungsraum

3.1 Innovative Förderstrukturen

Der Projektträger im DLR und das BMBF führten bei der Bewilligung des
Förderschwerpunktes innovative Förderstrukturen über die Verbundprojekte hinaus
ein: Fokusgruppen[1], das Metaprojekt StArG[2], der Förderschwerpunkt als solcher
und das Monitoringprojekte IMO[3] wurden als Transfer- und Lerninstrument eingeführt (vgl. Abbildung 3.1).

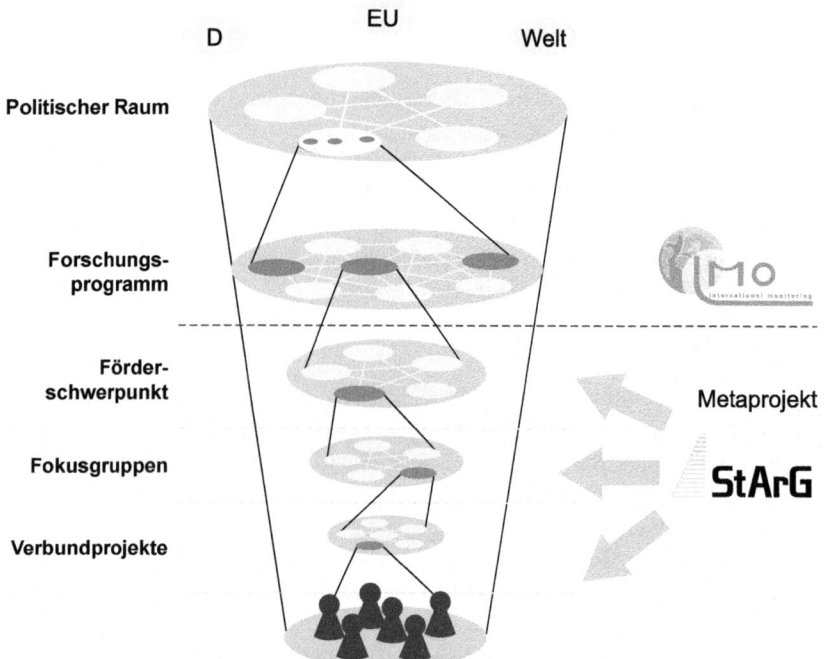

Abbildung 3.1: Innovative Förderstrukturen im BMBF-Programm „Arbeiten – Lernen -
Kompetenzen entwickeln. Innovationsfähigkeit in einer modernen Arbeitswelt"

---

[1] Fokusgruppen sind Zusammenschlüsse von vier bis zu sechs Projekten, die sich mit inhalt-
     lichen Schwerpunkten des Förderschwerpunkts auseinander setzen.
[2] Zur Begleitung der Transferaktivitäten und des Netzwerkmanagements des Förderschwerpunk-
     tes wurde das Metaprojekt Strategischer Transfer im Arbeits- und Gesundheitsschutz bewilligt.
     Aufgabe des Transferprojektes ist es Dienstleistungen, für den Förderschwerpunkt anzubieten
     sowie Forschungsarbeiten am Thema Breiten- und Tiefentransfer zu leisten.
[3] Nähere Erläuterungen siehe hierzu in diesem Band Zettel und Haarich.

Auf diesen Ebenen realisierte sich gemeinschaftlicher Wissensaustausch und Wissens-produktion, die in unterschiedlichen Maßnahmen und Medien im Sinne von Transfer veröffentlicht wurden (vgl. Henning et al. 2009, 14-17). Durch die Bündelung, Systematisierung und Konzentration der unterschiedlichen Projektakteure und durch die Nutzung zielgerichteter Kommunikationskanäle wurden neue Akteurs- und Institutionengruppen als Zielgruppen identifiziert und angesprochen. Damit ist es gelungen, die Sichtbarkeit der Forschungsgemeinschaft nach Außen zu erhöhen. Durch die gemeinsame Forschungsarbeit in den Fokusgruppen und der Interaktion auf der Ebene des Förderschwerpunktes konnten die Akteure aus diversen wissen-schaftlichen Disziplinen, aus unterschiedlichen Branchen und den verschiedenen Zielgruppen eine inter- und transdisziplinäre Forschungsgemeinschaft zu Präventiven Arbeits- und Gesundheitsschutz herausbilden (vgl. Bach et al. 2010, 276). Zur Beför-derung der Interaktion und der Wissensaustausch- bzw. -produktionsprozesse im Förderschwerpunkt wurde mit der interaktiven Arbeits- und Diskussionsplattform iDA ein umfassendes Onlinearbeitssystem pilotiert, das nach erfolgreichem Role out in Zukunft allen Förderschwerpunkte im Themenfeld zur Verfügung gestellt wird.

Der Förderschwerpunkt Präventiver Arbeits- und Gesundheitsschutz trägt durch eine Fülle fundierter Forschungsergebnisse sowie Praxiserfahrungen, Wis-sen um die innovationsförderliche Wirkung von Prävention zusammen. Diese Erkenntnisse werden durch unterschiedliche Methoden erhoben und in einer Vielzahl von Branchen und Praxisfeldern validiert. Durch die Zusammensetzung der Fokusgruppen sind die inhaltlichen Beziehungen der jeweiligen Projekte zuei-nander formuliert. Die bewusst divers zusammengesetzten Akteure der Projekte werden durch ein Netzwerkmanagement aktiv begleitet. Das Metaprojekt StArG übernimmt die Weiterentwicklung und Gestaltung des Netzwerkmanagements (vgl. Bach et al. 2010, 267). Die Ergebnisse der Diskussionen, der wissenschaftlichen Diskurse und der methodischen Auseinandersetzungen der einzelnen Fokusgruppen sind in Broschüren zusammengetragen. Diese stellen eine inhaltliche Sammlung und Konzentration der wissenschaftlichen Arbeiten der einzelnen Projekte in Bezug auf die Themenstellung der Fokusgruppe dar. In Positionspapieren konden-sieren die jeweiligen Fokusgruppen ihre Thesen und zeigen Forschungsdesiderate auf. Im Folgenden werden ausgewählte Themen und Inhalte der Fokusgruppen aufgeführt, die direkt den Positionspapieren und Broschüren entnommen sind:

3.2 Prävention als Bestandteil des betrieblichen Innovationsmanagements[4]

Die Basis für die Entwicklung und Umsetzung neuer Produkte und Dienstleistungen im globalen Wettbewerb sind qualifizierte, gesunde und leistungsfähige Mitarbei-

---

[4] Instrumente und Strategien für betriebliche Gesundheitsförderung im Rahmen eines betrieb-lichen Innovationsmanagements sind über die jeweiligen Projekte der Fokusgruppe zu erhalten: IMMMA – Interaktive Module zur Umsetzung der Maschinenrichtlinie in der Entwicklung und Nutzung von Anlagen und Maschinen (www.immma.net), Inope – Netzwerkbasierte Gesund-heitsförderung und Prävention in der Finanzverwaltung (www.inope.de), PräGo – Präventives Gesundheitsmanagement durch integrierte Personal- und Organisationsentwicklung (www.praego.net) und Noah – Nutzenoptimierter und kostenreduzierter Arbeits- und Gesundheitsschutz in Handwerksbetrieben (www.noah-projekt.de).

ter. Eine erfolgversprechende betriebliche Gesundheitsförderung im Rahmen eines betrieblichen Innovationsmanagements nutzt dazu die bewährten Präventionsstrategien der Verhältnis- und Verhaltensprävention in einem systematischen Rahmen. Als Organisationskonzept hat sich das Gesundheitsmanagement für größere Organisationen etabliert und kleinere Organisationen nutzen ein systematisches Führungs- und Organisationsmodell unter Einbeziehung externer, überbetrieblicher Akteure. Die Förderung der individuellen und strukturellen Ressourcen muss damit einhergehen. Dem passiven Schutzkonzept der Reduktion bzw. Eliminierung von Gefährdungen und Belastungen wird ein salutogenetisches Konzept der individuellen Stärkung der Eigenverantwortung und der Ressourcen gegenüber gestellt. Dabei soll die individuelle bzw. gruppenspezifische Ressourcenorientierung, deren gesundheitsförderliche Wirkung gezeigt wurde, die Schutzkonzepte ergänzen. Die stetige Dynamisierung und Komplexitätssteigerung betrieblicher Prozesse erzeugen zunehmend auch psychische Belastungen und Erkrankungen, denen durch angemessene Maßnahmen der Gesundheitsförderung begegnet werden sollte. Diese Maßnahmen sind je nach Risikogruppe sowie Geschlechts- und Lebensphasenspezifik in ihrer Art und Weise zu gestalten, um die Gesundheit, Arbeitsfähigkeit, Lebenserwartung sowie die individuellen Ressourcen zu stärken (vgl. Positionspapier der Fokusgruppe *Betriebliches Innovationsmanagement* 2010, 13 ff.).

3.3 Prävention als Wettbewerbsfaktor[5]

In dieser Fokusgruppe wird die Fragestellung verfolgt, wie und unter welchen Bedingungen Maßnahmen zum betrieblichen Präventiven Arbeits- und Gesundheitsschutz über reine Kostenaspekte hinaus einen relevanten Beitrag zur Wettbewerbsfähigkeit von Unternehmen leisten können. Es wurde gezeigt, dass die Integration humaner und sozialer Aspekte in die Unternehmensstrategie einen erheblichen Einfluss für den wirtschaftlichen Erfolg und damit auch für die Wettbewerbsfähigkeit eines Unternehmens hat. Ein ganzheitlicher Ansatz im Arbeits- und Gesundheitsschutz beeinflusst sowohl Leistungsfähigkeit als auch Leistungsbereitschaft von Mitarbeitern und kann dadurch einen nachhaltigen Beitrag zur positiven wirtschaftlichen Entwicklung von Unternehmen leisten. Durch die Veranschaulichung der Beziehung zwischen Gesundheitsmanagement und leistungsrelevanten Ergebnissen auf Unternehmens- und Mitarbeiterebene wird der ökonomische Vorteil von Präventionsstrategien sichtbar. Durch die Entwicklung von Kennzahlen erhalten Unternehmen die Möglichkeit, in komprimierter Form einen Ist-Stand im Arbeits- und Gesundheitsschutz zu erhalten, auf dessen Basis auch ein unternehmensübergreifendes Benchmarking initiiert werden kann. Darüber

---

[5] Spezifische Ergebnisse und Erkenntnisse zum Themenfeld können über die entsprechenden Publikationen der Projekte PARSAG – Partizipatives Systemisches Arbeits- und Gesundheitsmanagement (www.parsag.cbm-ac.de), PAGSmonitor – Ökonomischer Arbeitsschutz durch Benchmarking (www.pags-monitor.de) und BiG – Benchmarking in einem Gesundheitsnetzwerk (www.projekt-big.de) eingesehen werden.

hinaus löst dieses Benchmarking einen themenbezogenen Austausch zwischen den Unternehmen aus, wodurch Kommunikationsnetzwerke entstehen. Unternehmen erhalten durch die Erkenntnisse und praxisnahen Handlungshilfen erstmals aus arbeitswissenschaftlicher, arbeitsmedizinischer, personalwirtschaftlicher, psychologischer, ressourcenorientierter und Controlling-Sicht ein umfangreiches Bild zum eigenen Arbeits- und Gesundheitsschutz und verdeutlichen dessen Auswirkungen auf Produktivität und Leistungsfähigkeit (vgl. Positionspapier der Fokusgruppe *Prävention als Wettbewerbsfaktor* 2010, 31ff.).

3.4 Innovationsstrategie und Gesundheit[6]

Thematische Klammer dieser Fokusgruppe sind die Bedingungen betrieblichen Arbeits- und Gesundheitsschutzes in der Wissensökonomie. Die IT-Branche ist als Leitbranche in besonderem Maße von den veränderten Anforderungen moderner Arbeit betroffen: extreme Wissensdynamik, flexible Arbeitsformen, Job-Nomaden, befristete Arbeitsverhältnisse, diffuse Arbeitsorte, Verschwimmen der Grenzen zwischen Arbeit und Privatleben etc. Während die gesundheitlichen Risiken damit wachsen, werden zugleich die Grenzen bisheriger Präventionskonzepte deutlich. Die Studien der Projekte zeigen: gesundheitlich belastete Beschäftigte der Wissensökonomie sind weniger motiviert, weniger engagiert und weniger innovativ. Um die Wettbewerbsfähigkeit der Branche zu sichern, sind wirksame Strategien zur Bewältigung psychischer Anforderungen und zum Aufbau individueller Ressourcen zu entwickeln. Punktuelle Interventionen bei psychischen Belastungen (entweder nur auf individueller oder nur auf organisationaler Ebene) bleiben oft erfolglos, da sie (autonomieorientierte, betrieblich entkoppelte) Mitarbeiter, Mobile Worker oder Freelancer nicht erreichen. Sowohl dafür, als auch zur systematischen Umsetzung von Prävention in ein betriebliches Gesundheitsmanagement ist die Interaktion zwischen Person, Situation und Organisation zielgerichtet zu optimieren. Dabei müssen diese Strategien berücksichtigen, dass es in den KMU der Branche, die mehr als 80 Prozent der Unternehmen stellen, häufig an organisatorischer Masse fehlt, um betriebliche Maßnahmen der Gesundheitsförderung umzusetzen. Entscheidende Wirkung können die Stärkung von persönlichen Ressourcen und Eigenverantwortung, die innerbetriebliche Interaktionsarbeit zur Schnittstellengestaltung, die Entwicklung passgenauer Lösungen durch die Beteiligten vor Ort sowie die Schaffung außerbetrieblicher, integrierter Präventionszentren entfalten (vgl. Positionspapier der Fokusgruppe *Innovationsstrategien und Gesundheit* 2010, 16ff.).

---

[6] Den Forschungsstand zu diesem Themenfeld sowie Entwicklungsnotwendigkeiten in der IT- und Softwarebranche für den Präventiven Arbeits- und Gesundheitsschutz zeigen die Projekte GemNet – Vernetzung und Steuerung des betrieblichen Gesundheitsmanagements (www. gemnet.de), pragdis – Präventiver Arbeits- und Gesundheitsschutz in diskontinuierlichen Erwerbsverläufen (www.pragdis.de), ITG – Präventiver Gesundheitsschutz in der IT-Branche (www.uni-due.de/~sx0172/cms/startseite.html), PräKoNet – Entwicklung von Präventionskompetenz in ITK – Unternehmen durch gezielte Vernetzung der Akteure (www.praekonet.de) und PRÄWIN – Prävention in Unternehmen der Wissensökonomie (www.projekt-praewin.de).

3.5 Gesundheitsförderung im demografischen Wandel[7]

Betriebliche Gesundheitsförderung im demografischen Wandel erfordert die Entwicklung und Förderung von Humanressourcen über das gesamte Arbeitsleben. Dazu müssen betriebliche und gesellschaftliche sowie die Eigenverantwortung des Einzelnen für die eigene Gesundheit ineinandergreifen. Demografieorientierte Gesundheitsförderung setzt ein Mehr an Prävention voraus, da nur durch einen ganzheitlichen Ansatz die Belastungssituationen der Beschäftigten in all ihren betrieblichen und individuellen Aspekten Berücksichtigung finden und gestaltet werden können. Nur durch die Passung zwischen betrieblichen Angeboten und individuellen Bedürfnissen und Voraussetzungen kann eine so verstandene Prävention wirksam werden. Die Integration von Prävention in betriebliche Handlungsfelder wird unumgänglich, um bereits bei der Konzipierung von Arbeitssystemen und Abläufen die Wirkungen auf die Gesundheit der Beteiligten zu beachten – also vorausschauend und präventiv Arbeitsgestaltung voranzutreiben.

Eine Gesellschaft im demografischen Wandel muss seine Arbeitsumwelten verstärkt als Lernumwelten begreifen. Eine kontinuierliche Qualifizierung und das Lernen auf individueller wie betrieblicher Ebene schafft erst die Voraussetzung für ein gesundes Leben und Altern, das die Arbeitsfähigkeit stärkt und unterstützt. Eine betriebliche Kultur der Wertschätzung kann dazu beitragen, Gesundheit zu fördern.

Die ganzheitlichen Ansätze der Projekte der Fokusgruppe zeigen, dass Prävention unter den Bedingungen des demografischen Wandels nicht allein die Aufgabe von Sicherheitsfachleuten, Ergonomen oder Arbeitsmedizinern ist. Vielmehr sind alle Akteure, die betriebliche Strukturen und Prozesse schaffen und gestalten, aber auch überbetriebliche Promotoren der Gesundheitsförderung aufgerufen, die vorliegenden Ansatzpunkte, Instrumente und Vorgehensweisen umsetzen zu helfen und den jeweiligen Anforderungen anzupassen (vgl. Positionspapier der Fokusgruppe *Gesundheitsförderung im demografischen Wandel* 2010, 23f.).

3.6 Partizipation, Führung und Prävention[8]

In dieser Fokusgruppe wird zum Zusammenhang von Präventivem Arbeits- und Gesundheitsschutz mit der Beteiligung von Beschäftigten, der Rolle von

---

[7] Die Projekte Demopass – Auswirkung von Passung/Nichtpassung zwischen Aspekten des human- und Sozialvermögens, der Unternehmensstrategie und der Arbeitsorganisation auf die körperliche und psychische Gesundheit am Arbeitsplatz, DiWa-IT – Demografischer Wandel und Prävention in der IT (www.diwa-it.de), TAQP – Technologieinnovation, Arbeitsorganisation, Qualifizierung, Prävention – Systematisches Handlungskonzept für Produktivität und Gesundheit (www.taqp.de), MeGaWandel – Menschen- und alter(n)sgerechte Gestaltung der Arbeit – Gestaltung des demografischen Wandels in einem Unternehmen der Abwasserbranche, LEGESA – Lebenslang gesund arbeiten (www.lebenslang-gesund-arbeiten.de/), GeFüDo – Gesundheitsorientierte Führung im demografischen Wandel zeigen Konzepte und Instrumente für Prävention unter den Bedingungen des demografischen Wandels auf.

[8] Aus den Erfahrungen der Projekte 3P – Partizipative Präventionskompetenz Pflege (www.alice-3p.de), PaPsD – Partizipative Prävention im Arbeits- und Gesundheitsschutz durch sozialen Dialog (www.papsd.de), Quiero – Qualifizierung durch Integration erfahrungsbezogener Ressourcen in Organisationen der Pflege (www.quiero-online.de) und PARGEMA –Partizipatives Gesundheitsmanagement (www.pargema.de) lassen sich für die basalen Aspekte von partizipativer Prävention konkrete Fallstudien zur Umsetzung sowie verallgemeinerte Beispiele benennen.

Führungskräften und innovativer Arbeitsgestaltung geforscht. Klassische Präventionsanweisungen geben oftmals standardisierte Verhaltensanweisungen vor, Präventionsmaßnahmen werden von Beschäftigten teilweise als Belästigung erfahren und reichen in vielen Fällen über die Arbeitswelt ins Privatleben und werden als *von Außen* kommende Reglementierung erfahren. Das Konzept der Partizipativen Prävention für die Gestaltungsprozesse von Arbeits- und Gesundheitsschutz kann ein entscheidendes Vermittlungsmoment zwischen dem objektiven Charakter der Präventionsanforderungen und persönlichen Gestaltungsanforderungen sein. Die Beschäftigten werden als Fachleute für die Arbeitsgestaltung und -organisation gesehen, wobei sie die Befähigung (Empowerment) zur Interessenswahrnehmung und Zielbestimmung entwickeln müssen. Partizipation ist demnach dann erfolgreich,

• wenn sie einen Prozess der (innovativen, modernisierenden) Organisationsentwicklung befördert, die einer Reorganisation der Präventions- und Beteiligungsziele dient.
• wenn Führungsstrukturen und -verhalten sich im Zusammenspiel mit den Partizipationsanforderungen neu bestimmen.
• und nachhaltig, wenn sie stabile Verfahrensmöglichkeiten bekommt, in denen sie sich dynamisch und dauerhaft entwickelt.

Partizipation ermöglicht so die gleichwertige und gleichberechtigte Anerkennung von Präventionszielen und wirtschaftlichen Zielen. Dem Führungsverhalten und einer Vertrauenskultur im Unternehmen kommt bei der sozialen Unterstützung (i. S. bewertend, emotional, instrumentell und informationspolitisch) partizipativer Präventionsprozesse eine hohe Bedeutung zu (vgl. Positionspapier der Fokusgruppe *Partizipation und Führung* 2010, 25ff.).

3.7 Überbetriebliche Allianzen[9]

Studien der Projekte zeigen, dass der betriebliche Bedarf an Präventions- sowie Arbeits- und Gesundheitsschutzthemen hoch ist, wobei sich dieser eher aus aktuellen Anforderungen und Problemen ableitet als in *klassischen* Aktionsfeldern des Arbeitsschutzes. Erfolgversprechende Präventionsstrategien erfordern demnach eine stärkere Berücksichtigung der spezifischen (regional orientierten und branchenspezifischen) Handlungsanforderungen der KMU anstelle einseitiger, normativer Botschaften. Dieser Bedarf an innovativen und praxistauglichen Präven-

---

[9] Die Projekte PräSend – Betriebliche Prävention durch Service Engineering und Dienstleistungsmanagement (www.prae-send.de), PräTrans Transferpotenziale der Kammern und Fachverbände für gesundheitliche Prävention in Klein- und Ein-Personen-Unternehmen (www.gesundheit-unternehmen.de), InnoGeMa – Netzwerkentwicklung für innovatives Gesundheitsmanagement (www.innogema.de) sowie NeuPrag – Neue Präventionsallianzen für mehr Gesundheit in KMU der Baustoffindustrie (www.neuprag.de) erarbeiten innovative Präventionsstrategien für kleine und mittlere Unternehmen, wobei ein Schwerpunkt im Aufbau nachhaltig angelegter Netzwerke mit intermediären Organisationen und Unternehmen liegt.

tionskonzepten wird von Fachinstitutionen des Arbeits- und Gesundheitsschutz aus unterschiedlichen Gründen wenig wahrgenommen und bearbeitet. Aber auch die Funktionsbereiche von Verbänden sowie Wirtschafts- und Berufskammern wie Weiterbildung, Information, Beratung, Erfahrungsaustausch und Branchendialog haben präventionsstrategisches Potenzial, das es zu nutzen und weiterzuentwickeln gilt. Aufgrund der insgesamt oft begrenzten personellen und materiellen Ressourcen wird dies aber nur gelingen, wenn auf allen Seiten Kooperationsfähigkeit und -bereitschaft, teilweise auch in neuen Formen der Zusammenarbeit, zunimmt. Eine stärkere, kontinuierliche Kooperation und Vernetzung von Kammern und Verbänden, Dienstleistern und Institutionen des Arbeits- und Gesundheitsschutzes mit einer entsprechend nachhaltigen strukturellen Verankerung kann insbesondere die Informationslage und die Verfügbarkeit von Beratungsangeboten verbessern. Sowohl bei der Entwicklung von Präventionsinstrumenten als auch beim Transfer der Produkte und Dienstleistungen in die Praxis sollten Betriebe und Netzwerke eingebunden werden, so dass betriebliche Prävention verstärkt als Dialog- und Dienstleistungsangebot begriffen wird. (vgl. Positionspapier der Fokusgruppe Überbetriebliche Allianzen 2010, 34ff.).

3.8 Strategischer Transfer im Arbeits- und Gesundheitsschutz

Für die Transferkommunikation in der Prävention kann die Kombination der Maßnahmen des Breiten- und Tiefentransfers einen Beitrag zur Optimierung der Transferproblematik leisten. Die expliziten Wissensformen sind demnach durch den Breitentransfer öffentlichkeitswirksam aufzubereiten und mit Hilfe zielgruppenadaptiver Methoden (meist in einem Medienmix) zu kommunizieren. Während die Entwicklung impliziten Wissens durch interaktive Methoden des Tiefentransfers eher möglich scheint (vgl. Hees et al. 2010, 14). Erfolgreicher Tiefentransfer auf Projektebene setzt eine systematische Kommunikations- und Kooperationsentwicklung der jeweiligen Präventionsakteure und der unternehmerischen Praxis voraus, so dass die Anforderungen, Interessen und Zielsysteme aller Beteiligten in der Zusammenarbeit berücksichtigt werden. Prävention muss vom Bedarf bzw. Nutzen der Unternehmen abgeleitet werden, um so in das betriebliche Handeln überzugehen. Transfer darf sich nicht mit einer oberflächlichen Vermittlung von Information begnügen, sondern muss Möglichkeiten der gemeinsamen Wissensproduktion und nachhaltigen Integration in Handlung aufzeigen, um den jeweiligen individuellen und organisationalen Voraussetzungen gerecht werden zu können.

4 Prävention weiterdenken

Im Rahmen der Jahrestagung des Förderschwerpunktes 2009 wurde der *Aachener Impuls zur betrieblichen Gesundheitsförderung und Prävention in der modernen Arbeitswelt* ein Perspektivpapier konsolidiert und verabschiedet. Dieser Impuls (vgl. Abbildung 4.1) fasst die Forschungsergebnisse und das zukünftige Potenzial des Forschungsfeldes *Präventiver Arbeits- und Gesundheitsschutz* zusammen. Die Inhalte wurden von den Tagungsteilnehmern aus Wissenschaft, Wirtschaft, Verbänden und Kammern, Intermediären und Interessensvertretungen diskutiert sowie von den Fokusgruppen des Förderschwerpunktes durch die Erarbeitung von Positionspapieren mit aktuellen Forschungsergebnissen der einzelnen Projekte unterlegt. Der Impuls stellt ein politisch-strategisches Positionspapier dar. Dadurch, dass der Impuls in Vorbereitung der Tagung breit diskutiert wurde und während der Veranstaltung gemeinsam verabschiedet wurde, konnte ein Status Quo der Forschungsleistung beschrieben, aber auch ein gemeinsamer Blick in die Zukunft gestaltet werden.

Durch das Konstrukt des Förderschwerpunktes mit seinen speziellen Strukturen und Prozessen ist es möglich, verdichtete Informationen, zum Beispiel in Form des Aachener Impulses, an das Monitoringprojekt IMO und das Lernende Programm weiterzugeben (vgl. Bach et al. 2010, 276). Dadurch und aufgrund der Diskussion des Impulses im International Panel des Monitoring Projektes werden die national erzielten Ergebnisse im internationalen Diskurs eingebunden und die Forschungsleistungen können innerhalb der jeweiligen europäischen Präventionsstrategien eingeordnet werden.

Auf europäischer Ebene werden Präventionsthemen im Forschungsnetzwerk zur Arbeitsgestaltung, zu Arbeitsbedingungen und zum Arbeits- und Gesundheitsschutz innerhalb des ERA-NET Programms der Europäischen Kommission adressiert. Bei diesen Aktivitäten stehen „die Zukunftsfähigkeit einer modernen Arbeitswelt sowie die Frage, wie Forschungs- und Innovationspolitik in diesem Kontext positioniert werden können" (Zahn-Elliott 2009, 3), im Mittelpunkt. Gemäß der *Luxemburger Deklaration zur Gesundheitsförderung* sind die Förderung von physischem, psychischem und sozialem Wohlbefinden bei der Arbeit sowie die Entwicklung von Kompetenz, Zuständigkeit und Verantwortungsgefühl durch koordinierte Maßnahmen anzugehen (vgl. European Foundation 1997). Dies soll durch die Verbesserung der Arbeitsbedingungen und -organisation sowie der Förderung der aktiven Mitarbeiterbeteiligung unter Zusammenarbeit von Arbeitgebern, Arbeitsnehmern und Gesellschaft erfolgen (ebd.). Mit dem Förderschwerpunkt konnten neben der eher technischen Optimierung von Arbeitsbedingungen Gestaltungsansätze einer präventionsorientierten Organisations- und Personalentwicklung aufgezeigt werden.

Die gemeinsame Erklärung des 18. Weltkongresses für Sicherheit und Gesundheit bei der Arbeit in Seoul (2008) formuliert als Orientierungsrahmen,

„dass angesichts von Globalisierung und Internationalisierung es letztlich ein anzuerkennendes Menschenrecht auf sichere und gesunde Arbeit für alle Menschen geben sollte, dass in diesem Kontext Erziehung, Bildung, der Austausch über gute praktische Beispiele (…) ganz entscheidend werden und dass letztlich der Staat und alle anderen Akteure, d. h. die Sozialpartner und die professionellen Einrichtungen des Arbeits- und Gesundheitsschutzes, hier eine vordringliche Aufgabe haben" (zitiert nach Zahn-Elliott 2009, 4).

Aachener Impuls

„Präventionsforschung neu ausrichten – Innovationsfähigkeit stärken"

Die Innovationsfähigkeit des Arbeits- und Wirtschaftsstandortes Deutschland mit seinen Technologien, leistungs- und wettbewerbsfähigen Unternehmen sowie seinen kompetenten Menschen erfordert betriebliche Prävention und eine humane Arbeitsgestaltung, die nachhaltig in der Praxis verankert ist.
Betriebliche Prävention umfasst eine den Menschen fördernde und schützende Arbeits- und Organisationsgestaltung sowie Personal- und Kompetenzentwicklung, die auch andere Lebensfelder berücksichtigt. Sie zielt auf die Erhaltung der Kreativität und Arbeitsfähigkeit der Menschen in einer Arbeitswelt, die durch dynamische, vernetzte Arbeitsformen im demografischen Wandel geprägt ist.
Wissenschaftlerinnen und Wissenschaftler, Akteure aus Unternehmen und Präventionsdienstleister bilanzieren nach drei Jahren gemeinsamer Arbeit:

Forschung zur betrieblichen Prävention
* stärkt die Innovationsfähigkeit,
* fördert Beteiligung und Kreativität,
* fördert Potenziale in der modernen Arbeitswelt,
* unterstützt innovative Arbeitsgestaltung,
* erfordert dienstleistungsorientierte und kooperationsfähige Akteure.

Die Forschungsergebnisse belegen die Möglichkeiten und Notwendigkeiten betrieblicher Präventionsforschung. Um diesen erfolgreichen Weg fortsetzen zu können, bedarf es auch weiterhin gezielter Förderung von interdisziplinärer Forschung und von wissenschaftlichem Nachwuchs. Die Ergebnisse des Förderschwerpunktes zeigen weiteren **Forschungsbedarf** auf:

Partizipation und Führung für eine präventive Arbeitsgestaltung
* Strategien, Modelle und Instrumente, mit denen partizipative Prävention zum Bestandteil von Führung und Organisationskultur wird
* Ambivalentes Verhältnis von Partizipation und Führung
* Rahmenbedingungen zur Förderung von Veränderungsbereitschaft
* Innovative Beteiligungsansätze für Prävention in sich wandelnden Unternehmens- und Lernkulturen

Prävention zur Verbesserung der Arbeits- und Lebensqualität
* Modelle kreativitätsförderlicher und alternsgerechter Erwerbsverläufe
* Veränderungsmanagement, das die Wechselwirkungen zwischen Arbeit und anderen Lebensfeldern positiv gestaltet

Präventive und innovative Unternehmens- und Lernkulturen
* Zusammenhang von Unternehmens- und Lernkultur, Prävention sowie Innovation
* Kontinuierliche Lernprozesse zu Prävention und Innovation als Bestandteile der Unternehmenskultur
* Präventive Arbeitskulturen über Unternehmensgrenzen hinaus

Prävention als Hebel für nachhaltige Unternehmenspolitik
* Modelle für Unternehmenspolitiken, in denen Risiken vorausschauend erkannt werden
* Konzepte und Kriterien zur Unternehmensbewertung und zur wert(e)schaffenden Unternehmenssteuerung
* Verknüpfung von Prävention und sozialer Verantwortung von Unternehmen (CSR)

Innovative Präventionsallianzen
* Regionale Ansätze und Gewinnen neuer Akteure, um insbesondere kleine Unternehmen zu erreichen
* Kooperationskompetenzen der Akteure
* Marktfähige Transferstrategien
* Prozessorientierte und ganzheitliche Dienstleistungsangebote

**Prävention weiterdenken –
Forschung und Wirtschaft im Dialog –
gemeinsam lernen und handeln**

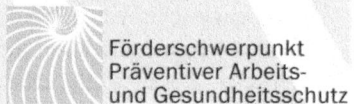

Förderschwerpunkt
Präventiver Arbeits-
und Gesundheitsschutz

Abbildung 4.1: Aachener Impuls: Umgestaltung der Präventionsforschung – Stärkung der Innovationsfähigkeit.

Es gehe darum,

> „eine landesweite Kultur für vorbeugenden Arbeits- und Gesundheitsschutz zu entwickeln, bei dem Staat, Arbeitgeber, Arbeitnehmer und alle Institutionen gemeinsam zusammenwirken, Perspektiven entwickeln und diesen Punkt als höchste Priorität auf ihre Agenda setzen" (ebd., 5).

Der Förderschwerpunkt „Präventiver Arbeits- und Gesundheitsschutz" erarbeitet durch die Forschung und Entwicklung praxisorientierter und wissenschaftlich fundierter Lösungen wichtige Voraussetzungen und richtungweisende Impulse, um die jeweiligen Akteure in die Lage zu versetzen, Prävention zum integralen Bestandteil ihres Handeln zu machen.

Der Förderschwerpunkt „Präventiver Arbeits- und Gesundheitsschutz" und seine Einbettung in die nationale High-Tech-Strategie sowie den internationalen Anforderungen an Sicherheit und Gesundheit bietet Methoden und Ergebnisse an, die den Herausforderungen und Dilemmata einer modernen Arbeitswelt gerecht werden. Durch die Erfahrungen in der unternehmerischen Praxis sind Beispiele der guten Praxis erarbeitet worden. Es hat sich gezeigt, wie sich der Präventionsgedanke erfolgreich in das unternehmerische Handeln integrieren lässt. Durch die Entwicklung und Festigung einer Forschungsgemeinschaft Präventiver Arbeits- und Gesundheitsschutz ist die Implementierung dieser Themen- und Fragestellungen in der Gesellschaft nachhaltig gesichert.

Literaturverzeichnis

Aachener Impuls „Präventionsforschung neu ausrichten – Innovationsfähigkeit stärken". In: Henning K, Bach U, Hees F (Hrsg) Präventiver Arbeits- und Gesundheitsschutz 2020: Prävention weiterdenken! Mainz Verlag, Aachen: 11-12

Bach U, Leisten I, Hees F, Jeschke S (2010) Innovative Förderstrukturen im Förderschwerpunkt Präventiver Arbeits- und Gesundheitsschutz – das Metaprojekt StArG als Netzwerkmanager. In: Henning K, Bach U, Hees F (Hrsg) Präventiver Arbeits- und Gesundheitsschutz 2020: Prävention weiterdenken! Mainz Verlag, Aachen: 264-277

Brall S, Sparschuh S, Hees F (2009) The Future of Work and Learning, Aachen.

Bullinger HJ (1999) Innovation und Prävention. In: Eichendorf, W et al. (Hrsg) Arbeit und Gesundheit – Jahrbuch 2000. Universum Verlagsanstalt, Wiesbaden: 19–40

Bundesministerium für Bildung und Forschung (BMBF) (2005) Bekanntmachung zur Förderung von Forschung und Entwicklung auf dem Gebiet „Präventiver Arbeits- und Gesundheitsschutz". www.bmbf.de/foerderungen/4655.php. Zugegriffen im August 2010

Bundesministerium für Bildung und Forschung (BMBF) (2006) Bundesbericht Forschung 2006. Berlin

Bundesministerium für Bildung und Forschung (BMBF) (2007) Arbeiten – Lernen – Kompetenzen entwickeln. Innovationsfähigkeit in einer modernen Arbeitswelt. BMBF Forschungs- und Entwicklungsprogramm. Berlin

Cuhls K, Ganz W, Warnke P (2009) Foresight-Prozess im Auftrag des BMBF. Zukunftsfelderneuen Zuschnitts, Stuttgart

European Foundation for the Improvement of Living and Working Conditions (1997) Workplace Health Promotion in Europe. Programme Summary. Office for Official Publications of the European Communities: Luxemburg

Jochmann H (2008) Innovationsfähigkeit in einer modernen Arbeitswelt. In: Henning K, Richert A, Hees F (Hrsg) Präventiver Arbeits- und Gesundheitsschutz 2020. Mainz Verlag, Aachen: 2-9

Henning K, Leisten I, Bach U, Hees F (2009) Präventionsforschung und unternehmerische Praxis: Zwei Seiten einer Medaille. In: Henning K, Leisten I, Hees F (Hrsg) Innovationsfähigkeit stärken – Wettbewerbsfähigkeit erhalten. Präventiver Arbeits- und Gesundheitsschutz als Treiber. Mainz Verlag, Aachen: 12-31

Hees F, Leisten I, Bach U (2010) Strategischer Transfer im Präventiven Arbeits- und Gesundheitsschutz. Broschüre des Metaprojektes StArG. Aachen

Moldaschl M, Ludwig J, Schmierl K (2007) Arbeitsforschung und Innovationsfähigkeit in Deutschland. In: ebd.. Rainer Hampp Verlag, München/ Mering: 11-21

Positionspapier der Fokusgruppe „Betriebliches Innovationsmanagement". In: Henning K, Bach U, Hees F (Hrsg) Präventiver Arbeits- und Gesundheitsschutz 2020: Prävention weiterdenken! Mainz Verlag, Aachen: 13-15

Positionspapier der Fokusgruppe „Gesundheitsförderung im demografischen Wandel". In: Henning K, Bach U, Hees F (Hrsg) Präventiver Arbeits- und Gesundheitsschutz 2020: Prävention weiterdenken! Mainz Verlag, Aachen: 23-24

Positionspapier der Fokusgruppe „Innovationsstrategie und Gesundheit". In: Henning K, Bach U, Hees F (Hrsg) Präventiver Arbeits- und Gesundheitsschutz 2020: Prävention weiterdenken! Mainz Verlag, Aachen: 16-22

Positionspapier der Fokusgruppe „Partizipation und Führung". In: Henning K, Bach U, Hees F (Hrsg): Präventiver Arbeits- und Gesundheitsschutz 2020: Prävention weiterdenken! Mainz Verlag, Aachen: 25-30

Positionspapier der Fokusgruppe „Prävention als Wettbewerbsfaktor". In: Henning K, Bach U, Hees F (Hrsg): Präventiver Arbeits- und Gesundheitsschutz 2020: Prävention weiterdenken! Mainz Verlag, Aachen: 31-33

Positionspapier der Fokusgruppe „Überbetriebliche Allianzen". In: Henning K, Bach U, Hees F (Hrsg): Präventiver Arbeits- und Gesundheitsschutz 2020: Prävention weiterdenken! Mainz Verlag, Aachen: 34-38

PT im DLR (2008): Themenheft Präventiver Arbeits- und Gesundheitsschutz. Bonn. www.starg-online.de/publikationen. Zugegriffen im August 2010

Trantow S, Schuster K, Hees F, Jeschke S (2010) Spannungsfelder der Innovationsfähigkeit. Internationales Monitoring im BMBF-Forschungs- und Entwicklungsprogramm A-L-K. In: Henning K, Bach U, Hees F (Hrsg): Präventiver Arbeits- und Gesundheitsschutz 2020: Prävention weiterdenken! Mainz Verlag, Aachen: 310-332

Volkholz V (2007) Capability für Innovation. In: Moldaschl M, Ludwig J, Schmierl K (Hrsg) Arbeitsforschung und Innovationsfähigkeit in Deutschland. Rainer Hampp Verlag, München/ Mering: 41-49

Zahn-Elliott U (2009) Innovation und Prävention – eine forschungs- und innovationspolitische Perspektive. In: Henning K, Leisten I, Hees F (Hrsg) Innovationsfähigkeit stärken – Wettbewerbsfähigkeit erhalten. Präventiver Arbeits- und Gesundheitsschutz als Treiber. Mainz Verlag, Aachen: 2-11

Zahn-Elliott U (2010) Gesundheitsförderung in einer modernen Arbeitswelt. In: Henning K, Bach U, Hees F (Hrsg): Präventiver Arbeits- und Gesundheitsschutz 2020: Prävention weiterdenken! Mainz Verlag, Aachen: 2-8

Innovationsfähigkeit als Managementaufgabe – Welche organisationalen Strategien können Innovationsprozesse fördern?

Heike Jacobsen, Arno Georg und Milena Jostmeier

Abstract

Gibt es spezifische neue Formen der Arbeitsorganisation, die die *Innovationsfähigkeit* einer Organisation fördern? Und welche Implikationen bringen diese Formen für den Arbeitsprozess mit sich? Diese Fragen sind Gegenstand von 43 Forschungs- und Entwicklungsvorhaben im Förderschwerpunkt „Innovationsstrategien jenseits traditionellen Managements" innerhalb des Programms „Arbeiten – Lernen – Kompetenzen entwickeln. Innovationsfähigkeit in einer modernen Arbeitswelt" des Bundesministeriums für Bildung und Forschung (BMBF).

Der vorliegende Beitrag gibt einen skizzenhaften Einblick in die Arbeit der in diesem Schwerpunkt zu thematischen Fokusgruppen zusammengefassten Verbünde aus Wissenschaft, Wirtschaft und Transfereinrichtungen. Es zeigt sich, dass unterhalb der Ebene der thematischen Schwerpunkte und quer zu ihnen neue Innovationsstrategien im Wesentlichen in drei zentralen Dimensionen konvergieren: Nicht-Linearität, Überschreitung der Organisationsgrenzen, Subjektivierung.

1 Einleitung

Mit der Förderbekanntmachung „Innovationsstrategien jenseits traditionellen Managements" (Februar 2007) hat das BMBF Möglichkeiten geschaffen, im Verbund von Wissenschaft und Wirtschaft „[…] Treiber und Hemmnisse im Innovationsprozess zu identifizieren sowie praxisgeeignete Konzepte, Instrumente und Strategien zu entwickeln, die zur Stärkung der Innovationsfähigkeit beitragen und eine erfolgreiche Gestaltung von Innovationsprozessen ermöglichen." Das diesem Förderschwerpunkt zugrunde liegende Verständnis von Innovationsfähigkeit ist sehr weit gefasst – es schließt die grundlegenden Voraussetzungen produktiver und persönlichkeitsförderlicher Arbeit ebenso ein, wie die Chancen, die in der Zusammenarbeit mit Kund/-innen, anderen Unternehmen, Bildungseinrichtungen u.ä. liegen könnten. Innovation erscheint in diesem Förderschwerpunkt als ein sehr komplexer und voraussetzungsvoller Prozess, der den Kenntnisstand vieler wissenschaftlicher Disziplinen und die Kooperationsbereitschaft vieler Akteure mit unterschiedlichen Handlungsbedingungen herausfordert.

S. Jeschke et al. (eds.), *Enabling Innovation*, DOI 10.1007/978-3-642-24299-1_44,
© Springer-Verlag Berlin Heidelberg 2011

Der vorliegende Beitrag gibt einen Einblick in die Arbeit der 43 in diesem Schwerpunkt aktiven Verbünde aus Wissenschaft, Wirtschaft und Transfereinrichtungen. Angesichts der Vielzahl der geförderten Projekte – insgesamt werden 166 Teilprojekte bearbeitet – kann es dabei nur um einen skizzenhaften Aufriss der bearbeiteten Themen gehen. Die Verbünde wurden zu sechs Fokusgruppen zusammengefasst; die folgenden thematischen Skizzen greifen diese inhaltliche Strukturierung des Schwerpunkts auf (Kap.2). Es zeigt sich, dass unterhalb der Ebene dieser thematischen Schwerpunkte und quer zu ihnen neue Innovationsstrategien im Wesentlichen in drei zentralen Dimensionen konvergieren: Sie beruhen auf nicht-linearen Organisationsformen, sie versuchen, Unternehmensexterne einzubinden und sie stellen die Subjektivität der beteiligten Beschäftigten in den Mittelpunkt (Kap.3). Was folgt aus dem Durchgang durch die Vorhaben dieses Förderschwerpunkts? Welche neuen Forschungsfragen sollten angesprochen und in künftigen Programmen weiterverfolgt werden? (Kap.4). Schließlich, wenn die Beobachterin/ der Beobachter sich frei macht von etablierten Fragestellungen und bereits vorhandenen Beispielen guter Praxis – was zeichnet sich am Horizont der möglichen Förderung von Innovationen ab? (Kap. 5).

2   Neue Innovationsstrategien – Einblicke in die Arbeit der Verbünde und Fokusgruppen

2.1 Fokusgruppe „Innovationsstrategie und Gesundheit"

Gemeinsamer Gegenstand der Verbünde dieser Fokusgruppe sind die Bedingungen für gesundes und sicheres Arbeiten in der Wissensökonomie, speziell im IT-Bereich, einer Branche mit einem hohen Anteil hochqualifizierter Beschäftigter in flexiblen Arbeitsformen. *Job-Nomaden*, *Arbeitskraftunternehmer*, befristete Arbeitsverhältnisse, häufig wechselnde Arbeitsorte, verschwimmende Grenzen zwischen Arbeit und Privatleben sowie überdehnte, unregelmäßige Arbeitszeiten sind hier relativ häufig anzutreffen.

Für den Umgang mit veränderten gesundheitlichen Risiken bieten die bisherigen Konzepte von Arbeitsschutz und betrieblicher Gesundheitsförderung noch zu wenig Hilfestellung. Die Gruppe widmet sich daher besonders Forschungs- und Umsetzungsfragen präventiven Gesundheitsmanagements. Im Sinne eines ganzheitlichen Managementprozesses sind dabei die branchenspezifischen Anforderungen an Präventionsmaßnahmen, die Ausgestaltung einer Präventionsstrategie mit überbetrieblichen/ regionalen Akteursallianzen sowie die Förderung individueller Präventionskompetenz zu integrieren und in praxisgerechte Konzepte für zielgruppenspezifische Beratungsangebote zu übersetzen.

Untersuchungen der Verbünde belegen eindrucksvoll, dass gesundheitlich belastete Beschäftigte der Wissensökonomie weniger motiviert und engagiert sind und weniger innovativ werden können, wenn nicht wirksame Strategien der Bewältigung von Stress, hohen Arbeitsanforderungen, Entgrenzungs- und Individualisierungsfolgen umgesetzt werden.

Solche Strategien müssen den hohen Anteil an Freelancern, Kleinst- und Kleinunternehmen, die durch Entgrenzung der Arbeit verringerte Bindung der Beschäftigten an Betriebe und betriebsförmig organisierte Prävention sowie die durch indirekte Steuerungsmodi geprägte Leistungskultur selbstständigen Arbeitens in Rechnung stellen. Sie müssen weiter berücksichtigen, dass es in den KMU der Branche häufig an speziellem Personal fehlt, um betriebliche Maßnahmen umzusetzen. Da KMU von den intermediären Akteuren des präventiven Arbeits- und Gesundheitsschutzes in zu geringem Umfang erreicht werden, sind hier, mehr als in größeren Betrieben, Führungskräfte als Promotoren und Treiber für Gesundheitsförderung und Prävention zu gewinnen.

Der PRÄWIN-Verbund versteht unter seiner *Huckepack-Strategie* für KMU die Integration von Methoden und Prinzipien der Betrieblichen Gesundheitsförderung (BGF) in bestehende Arbeitsprozesse, Arbeitsorganisation und Management-Instrumente. Danach kann eine gesundheitsförderliche Gestaltung der Arbeit durch rückkopplungsintensive *Veralltäglichungsprozesse* von Aspekten der BGF erwachsen. Hierzu stehen ein *Achtsamkeits-Radar* sowie eine spezielle Toolbox bereit.

Es fehlt aus der Sicht der Fokusgruppe an praktikablen Managementstrategien für die gesundheitsförderliche Laufbahngestaltung. Sie müsste zur Burnout-Prävention z. B. flexible Arbeitszeiten und Tätigkeits- und Positionswechsel entlang erwerbsbiografischer Anforderungen an Kompetenzentwicklung und Work-Life-Balance möglich machen.

Der PRAGDIS-Verbund hat mit dem *Burnon-Zentrum* in Düsseldorf das erste arbeitswissenschaftliche Burn-out-Zentrum deutschlandweit gegründet. *Burnon* ist ein Expertennetzwerk aus Psychologen/-innen, Medizinern/-innen und Arbeits-wissenschaftlern/-innen. Analysen des Burnoutrisikos und Präventionsberatungen bieten die Basis für die Auswahl von Interventionsmöglichkeiten verschiedenster Fachdisziplinen (Psychologie, Medizin, Arbeitswissenschaft, Recht). Es werden Präventionsdienstleistungen angeboten, die sich sowohl an Betroffene als auch an Unternehmen richten und bei denen die Arbeitsbedingungen einen zentralen Stellenwert bei der Analyse und Intervention einnehmen.

Durch die Entwicklung und Erprobung innovativer Verfahren, Instrumente und Konzepte der Prävention geben die Projekte der Fokusgruppe wirksame Anstöße zu einer veränderten betrieblichen und außerbetrieblichen Präventionspraxis.

2.2 Fokusgruppe „Hightech-Strategien im Innovationsprozess"

Wissensintensive Unternehmen sind gezwungen, das für sie erforderliche Inno-vationspotential durch Einbeziehung ihrer Außenwelten und die verstärkte Ein-bindung aller Beschäftigten nachhaltig zu sichern. Die Verbünde dieser Fokusgruppe wollen neue Innovationsstrategien in Zukunftsfeldern der Hightech-Strategie entwi-ckeln, indem sie technische Innovationen mit neuen Konzepten der Organisations- und Personalentwicklung, mit der Integration von externem Wissen und einer krea-tivitäts- und kompetenzförderlichen Arbeitsgestaltung verbinden. Als gemeinsamen Gegenstand hat die Fokusgruppe die Konturierung der Kategorie *Innovationsarbeit* gewählt. Innovationsarbeit manifestiert sich im alltäglichen Innovationsgeschehen

von Unternehmen und Netzwerken in neuen Denkmustern und situativ angepass-
ten Handlungspraktiken im Spannungsfeld zwischen Freiräumen und planvollem
Managen von Innovationsprozessen.

MANKIP z. B. befasst sich mit der Entwicklung von Konzepten für kreativi-
tätsintensive Prozesse, der Modellierung dieser Prozesse sowie der Entwicklung
unterstützender Softwaretools. Die neu geschaffene Organisations- und Kommuni-
kationsplattform für kreative Teams lässt der User-Gruppe größtmögliche Freiheit,
sich selbst zu organisieren und unterstützt Arbeitsabläufe für kreative Aufgaben
und zur Generierung neuer Ideen.

Die traditionelle Perspektive der Entwicklung neuer Technologien auf der Basis
strukturierter Innovationsprozesse reicht nicht mehr aus. Unternehmensgrenzen
können zum Zweck der Innovationsförderung durchlässig gemacht, Impulse
aus dem gesamten Unternehmen oder Teilen der Unternehmensumwelten durch
Enterprise 2.0-Technologien vernetzt werden. Zudem sind verschiedene Rollen neu
zu definieren, wie z. B. die der *Boundary Spanner* zwischen den Organisationen.
Die Arbeitsgestaltung muss selbst Hightech-Technologien anbieten, um weitere
Innovation anzuregen:

Der Verbund 2nd TECH-CYCLE erprobt die Distribution gebrauchter High-
Tech-Geräte. Das Innovationskonzept besteht darin, diese Geräte kleinen und mittelständischen Organisationen anzubieten, um sie dort zur Aktivierung des Inno-
vationspotentials zu nutzen. Hierdurch sollen diese Unternehmen (z. B. aus dem
Bildungs- und Gesundheitswesen) in die Lage versetzt werden, schnellere Produkt-
und Prozessinnovationen zu generieren.

Über neue Innovationsstrategien lassen sich, so die Erwartung der Fokusgruppe,
Handlungspraktiken etablieren, die (neue) Gewohnheiten herstellen und stützen. Sie ordnen Realisierungsformen des Handelns, die sich als praktikabel für
Innovationen erwiesen haben und fördern damit stabile Situationseinschätzungen
und Handlungsprozesse in einem innovationsfreundlichen Milieu.

2.3 Fokusgruppe „Innovationsstrategien und Partizipation"

Der Begriff Partizipation beinhaltet per definitionem immer Be-Teiligung bzw.
Mit-Sprache, bedeutet also begrenzte Entscheidungs- oder Verfügungsgewalt (vgl.
Kratzer et al. 2008). Die Verbundprojekte dieser Fokusgruppe gehen davon aus,
dass Partizipation eine wesentliche Voraussetzung für erfolgreiche Innovationen
darstellt, weil die Beschäftigen als entscheidende Ressource für ganzheitliche und
wirksame Innovationsprozesse angesehen werden. Es sollen *Partizipationskulturen*
weiterentwickelt werden, die neben bewährten Partizipationsformen im Rahmen
der gesetzlichen Mitbestimmung auch Beteiligungsoptionen durch Einbeziehung
informeller Strukturen und ungeplanter Kooperationsprozesse umfassen.

Ziel der gemeinsamen Arbeit ist es, die Wettbewerbsfähigkeit insbesondere von
KMU durch eine höhere Qualität der Produkte und Dienstleistungen sowie die
Schaffung besserer Arbeitsplätze zu stärken. Mit Hilfe externer Unterstützungs- und
Anreizsysteme wird erprobt, wie innerbetriebliche Potentiale für die Entwicklung
und Umsetzung nachhaltiger Innovationsstrategien mobilisiert und gestaltet wer-

den können, d.h. auf welche Weise Beschäftigte und deren Vertretungen zur Verbesserung der Unternehmensleistung gewonnen und systematisch einbezogen werden. Die konkreten Partizipationsformen sollen in einem fairen Verhältnis zu den Kooperationsbeiträgen der Wertschöpfungspartner stehen.

Zu den Bedingungen, unter denen sich die Potentiale der Beschäftigten im betrieblichen Alltag entfalten können, gehören insbesondere Kompetenzentwicklung und lebensbegleitendes Lernen, präventiver Gesundheitsschutz, demografiefeste Organisations- und Personalentwicklung sowie die Qualifizierung von betrieblichen Interessensvertretungen.

In den vom BM INNO-Verbund untersuchten Ansätzen zur Gestaltung von betrieblichen Innovationen in der Metall- und Elektroindustrie geht es vorrangig um Betriebsvereinbarungen zur Umsetzung von Innovationsprozessen und die Begleitung der Akteure bei der Umsetzung dieser Vereinbarungen. In Zusammenarbeit mit den überbetrieblichen Sozialpartnern sollen die in betrieblichen Sanierungs- und Innovationsvereinbarungen relevanten Bedingungsfaktoren für strategisches Empowerment und Partizipation dargestellt werden. Auf der Ebene der Fokusgruppenarbeit werden die in den Verbünden gewonnenen Erkenntnisse systematisiert und generalisiert. Durch entsprechende Beratungs- und Weiterbildungsansätze sollen die Ergebnisse weiter verbreitet werden.

2.4 Fokusgruppe „Technologie- und Netzwerkmanagement"

Diese Fokusgruppe befasst sich mit Innovations- und Wertschöpfungspotentialen aus der Vernetzung von Organisationen. Kleinen und mittleren Technologieproduzenten und –dienstleistern fehlen oftmals die nötigen Ressourcen, um in eigene Forschung und Entwicklung und damit in Produktinnovationen investieren zu können. Zudem müssen marktliche Beziehungen entlang der Wertschöpfungskette im Wettbewerb mit größeren Konkurrenten geknüpft und aufrechterhalten werden. Die These ist, dass aus der Vernetzung unterschiedlicher Akteure Synergien entstehen und Produkte und Märkte gemeinsam (weiter-)entwickelt werden können.

Die Verbundprojekte dieser Fokusgruppe untersuchen unterschiedliche Arten von Netzwerken und prüfen die Bedingungen für erfolgreiches *Netzwerken*:

NET-MANAGEMENT untersucht, wie KMU in Netzwerke mit großen Unternehmen integriert werden können. Der Erfolg hinge v.a. davon ab, die spezifischen Ressourcen, aber auch Defizite der Unternehmenspartner und ihrer Kooperationen offen zu legen und zu reflektieren. Nötig sei die „Entwicklung systematisierter Wahrnehmungs-, Reflexions- und Lösungsfähigkeiten bezüglich der spezifischen Probleme und Widersprüchlichkeiten der heterogenen Partner im Wertschöpfungsverbund" (Duschek und Sydow 2010, 184).

KMU 2.0 untersucht, welche Innovationspotentiale Web 2.0-Technologien in der (regionalen) Zusammenarbeit von KMU erschließen können. Die These ist, dass der Erfolg von der stringenten Umsetzung des Prinzips der Selbstorganisation abhängt (vgl. Lindermann et al. 2009).

Wie beeinflussen die unterschiedlichen Motivlagen der Beteiligten die Qualität der Kommunikation in einem Netzwerk?

Dieser Frage geht KREANETS nach. Die durchaus eigennützigen Motive der Einzelnen funktionieren nur auf Basis eines wechselseitigen, offenen Austausches: „Insofern, als Transparenz, Reziprozität und gegenseitiges Vertrauen als wesentliche personale Anforderungen und Bedingungen erfolgreicher Zusammenarbeit im virtuellen Verbund gelten [...], scheinen [...] vor allem offene, transparente und wenig hierarchiebetonte Mittel der Durchsetzung und Einflussnahme legitim und langfristig erfolgreich zu sein" (Staar und Janneck 2009, 9f.).

KREANETS ermittelte in einer deutschlandweiten Befragung von 11 440 KMU, dass bereits ein Drittel (3 822) der befragten Unternehmen in einem Netzwerk aktiv waren, von denen wiederum knapp ein Drittel deutschlandweit und ca. ein Fünftel regional organisiert war. Insgesamt zeigte sich, dass in 58% der Fälle (2 204 Unternehmen) bereits eine wirtschaftlich verwertbare Neuerung hervorgegangen war, auch wenn die Netzwerke nicht explizit F&E-Verbünde waren (Glückler et al. 2009).

Ziel der Fokusgruppe ist es, Tools zu erarbeiten, die kleinen und mittleren Unternehmen unterschiedlicher Branchen Handlungsempfehlungen geben für den nachhaltigen Aufbau und das Agieren in Innovationsnetzwerken.

2.5 Fokusgruppe „Organisations- und Personalentwicklung"

Die subjektiven, in der Person liegenden Ressourcen wie Kreativität und Flexibilität werden von Unternehmensleitungen zunehmend als wichtige Voraussetzung für Innovationen betrachtet. Welche Formen und Instrumente der integrierten Personal- und Organisationsentwicklung sind geeignet, eine Balance zwischen Kanalisierung und Kontrolle innovativer Arbeit sowie zwischen Innovation und Routine zu etablieren? Dieser Frage widmen sich die Verbünde dieser Fokusgruppe.

IKM entwickelt ein Konzept für ein *Integriertes Kompetenzmanagement*, das die wechselseitige Bedingung individueller und organisationaler Kompetenzen berücksichtigt: „Die Entwicklung individueller Kompetenzen hängt ab von den Rahmenbedingungen der Organisation. Die Gestaltung dieser Rahmenbedingungen wird wiederum beeinflusst von den Kompetenzen der Mitarbeiter" (IKM 2009, 2).

Das Projekt IIRLICHT setzt am Basisdilemma des Organisierens an: der Notwendigkeit, organisationale Regeln und Verfahren einzurichten, die das Funktionieren der Organisation gewährleisten sollen, indem sie es vom Subjekt unabhängig machen. Innovationsfähigkeit jedoch als Fähigkeit, auf Unvorhergesehenes zu reagieren, hänge zentral vom frei handelnden, kompetenten Subjekt ab. Um die Organisation zur Veränderung zu befähigen, müssten Metaregeln implementiert werden, die die Organisation mit ihren etablierten Regeln und Verfahren konfrontieren: „Reflexivität bedeutet, systematisch Optionsräume zu öffnen (z. B. Szenarien zu kreieren), regelmäßig die Handlungsfolgen zu evaluieren – auch die nichtintendierten – und dies ggf. kritisch auf die eigenen Handlungsprämissen zu beziehen" (Moldaschl und Manger 2010, 285).

MICC geht davon aus, dass es für die Förderung von Innovationsfähigkeit von zentraler Bedeutung ist, auch organisationale und individuelle Tatbestände zu reflektieren, die sich jenseits quantitativ darstellbarer Kennziffern bewegen. Mit dem Einsatz von Musik untersucht MICC ein Medium, das diesen Mangel aufzufangen sucht.

Das Projekt IPOB problematisiert mangelnde Rekursivität in Organisationsberatungen. Aufgrund der Spezifik dieser wissensintensiven Branche, gegenüber den Klienten als Experten/-innen gelten zu müssen, kaschierten Berater/-innen tendenziell eigene Fehler. Eine bessere *Fehlerkultur* könne dem entgegenwirken.

Als wesentliche Barriere einer innovationsförderlichen Organisations- und Personalentwicklung erscheint eine gewisse Diskrepanz zwischen strategisch eingesetzter Innovations-Rhetorik und der Unternehmens-Realität, die sich vor Veränderung sträubt (vgl. Argyris und Schön 1999). Die Fokusgruppe hat sich zur Aufgabe gemacht, „das Verhältnis von Realität und Rhetorik bei der Entwicklung organisationaler und individueller Kompetenz für Innovationen zu erkennen und Beiträge zum Abbau vermuteter Diskrepanzen zu erarbeiten" (Fokusgruppe Selbstdarstellung 2010). Viele der Projekte zeigen, dass diese Diskrepanz am besten mit Entwicklung bzw. dem Ausbau der organisationalen und individuellen Fähigkeit zur Reflexion der eigenen Handlungsmuster überwunden werden kann.

2.6 Fokusgruppe „Management offener Innovationsprozesse"

Dass Innovation nicht notwendigerweise innerhalb eines Unternehmens erzeugt werden muss, sondern auch in Auseinandersetzung und Zusammenarbeit mit betriebsexternen Akteuren/-innen, Strukturen und Prozessen stattfindet, ist in der jüngeren Vergangenheit zunehmend thematisiert worden (vgl. z. B. Duschek 2002; Strebel und Hasler 2003). In jüngerer Zeit beanspruchen insbesondere solche Innovationsprozesse zunehmend Aufmerksamkeit, an denen nicht nur Unternehmen, Forschungseinrichtungen und weitere Organisationen, sondern auch individuelle Nutzer/-innen, Kund/-innen und Konsument/-innen beteiligt sind. Wenn auch in der Vergangenheit Unternehmen immer schon gut beraten waren, Rückmeldungen von ihren Kund/-innen in die Weiterentwicklung ihrer Produkte einzubeziehen, so ermöglicht nunmehr insbesondere das Internet neue Formen der Interaktion mit Kund/-innen. Darüber hinaus erlauben Internetanwendungen es auch, dass Konsument/-innen untereinander in vielfältiger Weise in Kontakt treten (vgl. von Hippel 1976; Chesbrough 2003; McAfee 2006; Buhse und Stamer 2008).

Die Vorhaben dieser Fokusgruppe behandeln solche neuartigen Innovationsprozesse, an denen Unternehmen, aber auch Privatpersonen beteiligt sind. Eine Reihe von Vorhaben fragt, wie die *Intelligenz der Vielen* für Innovationen genutzt werden kann: Welche technischen, organisatorischen und personellen Faktoren sind wichtig, um in Interaktion mit betriebsexternen Einzelnen und Communities Innovation zu ermöglichen?

Das Projekt STRATALL untersucht nachhaltigkeitsorientierte strategische Allianzen zwischen Unternehmen, staatlichen Einrichtungen und/ oder Bürgern/-innen. Gefragt wird nach dem besonderen Innovationspotential, das sich im Austausch zwischen heterogenen, unterschiedlich motivierten gesellschaftlichen Akteur/innen ergibt: „Eine besondere Innovationskraft können sektorenübergreifende bzw. intersektorale Kooperationen zwischen Unternehmen, zivilgesellschaftlichen und staatlichen Organisationen entfalten, da hier unterschiedliche Wissens- und Erfahrungskontexte aufeinandertreffen" (Bluszcz 2007).

Auch neue Kommunikationstechnologien, die es ermöglichen, dass zeitgleich mehrere Nutzer/-innen interagieren, insbesondere IT-basierte Interaktions- und Kooperationsplattformen, spielen bei den Antworten auf diese Frage eine wichtige Rolle:

Das Projekt KOPIWA will die Öffnung von Innovationsprozessen der digitalen Wirtschaft durch einen unternehmensübergreifenden Austausch verschiedener Akteur/-innen wie etwa alleinselbstständiger Entwickler/-innen mit Hilfe von Web 2.0-Technologien unterstützen.

Die Projekte arbeiten daran, die für offene Innovationsprozesse notwendigen Qualifikationen und Fähigkeiten zu identifizieren und sie z. T. auch systematisch und kontinuierlich zu erfassen im Sinne eines *Humankapital-Controllings*.

Interessant ist darüber hinaus, dass einige dieser Verbünde den Blick weit über den einzelwirtschaftlichen Innovationserfolg hinaus richten. Für bestimmte technologische Neuerungen scheint es essentiell, dass neue Rahmenbedingungen auf Seiten der Nutzer/-innen geschaffen werden. Strategien einzelner Herstellerunternehmen reichen nicht aus, um in diesen Fällen Innovationen erfolgreich zu etablieren.

Der Verbund SITE untersucht die Bedingungen für die Verbreitung telemedizinischer Anwendungen, an deren Durchsetzung ein gewisses öffentliches Interesse besteht, deren Nutzung jedoch höchst voraussetzungsvoll ist, weil nicht nur privatwirtschaftlich interessierte Akteure, sondern z.B. auch die Krankenversicherungen und nicht zuletzt private Endnutzer/-innen aktiv beteiligt sein müssen. In diesem Fall wird also ein mögliches öffentliches Interesse an der Durchsetzung einer konkreten Innovation thematisiert.

Einen noch weiter reichenden Problemhorizont spricht der Verbund AKINET an, indem er davon ausgeht, dass nicht nur betriebliche Veränderungsbereitschaft und die Bereitschaft, neue Rahmenbedingungen zu schaffen, sondern auch *rekursive gesellschaftliche Lernprozesse* eine notwendige Voraussetzung für dauernde Innovationsfähigkeit seien.

Diese Beispiele zeigen, dass die Vorhaben des Förderschwerpunkts Innovationsfähigkeit auch als Herausforderung für die Politik und die Gesellschaft erfassen.

3 Zusammenfassung: Dilemmata nicht-traditioneller Innovationsstrategien

Die im Förderschwerpunkt bearbeiteten Projekte decken ein breites Spektrum von Ansätzen ab, die in Wissenschaft und Wirtschaft als wesentlich für die Förderung individueller, organisationaler und gesellschaftlicher Innovationsfähigkeit betrachtet werden. Die Gliederung des Förderschwerpunkts in sechs Fokusgruppen dient einerseits dazu, diese Vielfalt und Komplexität zu strukturieren und zu organisieren. Vor allem aber schaffen sie inhaltliche und methodische Synergien zwischen den Verbünden und den Personen in Wissenschaft und Unternehmen.

Quer zu den Fokusgruppen kristallisieren sich drei Dimensionen heraus, die das im Förderschwerpunkt repräsentierte Verständnis von Innovationsfähigkeit zusammenfassen: Nicht-Linearität, Überschreitung der Organisationsgrenzen, Subjektivierung (ausführlicher dazu siehe Jacobsen et al. 2010).

3.1 Innovation durch nicht-lineare Organisationsformen: Kontrolle vs. Offenheit für Unvorhergesehenes

Organisationen versuchen, ihre Innovationsfähigkeit zu steigern, indem sie dezentrale selbstorganisierte Strukturen und Prozesse etablieren, die die Rekombination vorhandener und das Hinzufügen neuer Elemente ermöglichen. Die Individuen und die Organisation sollen angehalten werden, ihre Handlungen im Sinne einer „schöpferischen Zerstörung" immer wieder selbst zu reflektieren und so zu lernen. Nicht-linear können sowohl Kommunikationsprozesse innerhalb einer Organisation sein, wenn etwa der lineare Produktlebenszyklus – von der Entwicklung, zur Applikation über Produktion und Vertrieb bis hin zum Service beim Kunden – durchbrochen und durch ein Gegenstromprinzip in der Wertschöpfungskette ersetzt wird, so dass das Wissen, das an jeder Station entsteht, zu jeder Zeit an jeder anderen Station zugänglich gemacht wird (SINN). Auch mit Externen können nicht-lineare Organisationsformen entwickelt werden – oftmals gestützt über Enterprise 2.0-Lösungen. Zwingend für den Erfolg ist dabei die Einbettung in eine kreativitätsförderliche Organisationskultur, die *trial und error* nicht bestraft. Eine solche Fehlerkultur stößt jedoch organisationstheoretisch und betriebswirtschaftlich an Grenzen. Es müssen sich Routinen in Struktur und Prozess ausbilden, die ein Erreichen der Organisationsziele gewährleisten können (vgl. Lewin et al. 1953; Argyris und Schön 1978 und 1999). Die konkrete Innovationsleistung einer Organisation besteht darin, so scheint es, dass Organisationen ein individuelles Gleichgewicht suchen zwischen Planung einerseits und Offenheit für Unvorhergesehenes – und damit für Innovation – andererseits.

3.2 Interaktion über Organisationsgrenzen hinaus: Konkurrenz vs. Kooperation

Open Innovation eröffnet Zugänge zu wettbewerbsrelevanten Informationen aus anderen Organisationen oder Kontexten: Produkte werden mit Hilfe von Kunden/ -innen und nach ihren Wünschen und Bedarfen beispielsweise ko-produziert (vgl. Prahalad und Ramaswamy 2002; Jacobsen und Jostmeier 2010). Unternehmen werden Teil einer neuen Wertschöpfungskette, indem sie sich mit anderen Unternehmen etwa vertikal vernetzen. Lösungen zwischen ähnlich strukturierten Unternehmen werden auf Webportalen gemeinsam entwickelt. Gerade für kleine und mittlere Unternehmen bieten solche Vernetzungsstrategien enorme Innovationspotentiale und einen nicht zu unterschätzenden Wettbewerbsvorteil gegenüber größeren Konkurrenten. Untrennbar verbunden mit diesem *Outside in-Prozess* und für das nachhaltige Funktionieren solcher Vernetzungen gleichsam unabdingbar, ist jedoch der *Inside out-Prozess* (vgl. Gassman und Enkel 2006), d.h. die Kommunikation lebt davon, dass dieser Öffnungsprozess wechselseitig erfolgt: Wenn Lösungen gemeinsam entwickelt werden sollen, müssen die Probleme offengelegt werden; wenn Produkte oder Märkte (weiter-)entwickelt werden sollen, müssen die jeweiligen Daten über diese Produkte oder das unternehmensspezifische Bedienen von Marktsegmenten preisgegeben werden. Damit Unternehmen die Chancen, die durch die Interaktion mit anderen entstehen können, verwerten können, ist eine kontinuierliche Reflexion der Ziele sowie der jeweils eingesetzten Ressourcen und Maßnahmen des Netzwerks zwischen den Netzwerkpartnern nötig (vgl. Huxham 2005). Die Frage, wie solche komplexen Prozesse und Beziehungen mittel- und langfristig stabil zu handhaben sind, wird sicher noch auf der Tagesordnung bleiben.

3.3 Subjektivität als Quelle von Kreativität und Innovation: Kreativitätsfreiräume vs. Erfolgsdruck

Die klassische Frage *Wie kommt das Neue in die Welt?* wird häufig damit beantwortet, dass es die Kreativität des Einzelnen sei, die für Abweichung vom Hergebrachten und damit für Innovation den Anstoß gibt. Nicht-lineare Organisationsformen werden oftmals mit dem Ziel eingesetzt, den in der Person liegenden subjektiven Potentialen der Beschäftigten wie Kreativität und Selbstorganisationsfähigkeit Raum zu geben und sie durch Kooperation zu potenzieren.

Freiräume, die Beschäftigten(-gruppen) gewährt werden, wenn z.B. Google seinen Fach- und Führungskräften zehn Prozent der Arbeitszeit zur freien Beschäftigung mit selbst gewählten Projekten überlässt, dienen aber letztlich nicht (nur) der Entfaltung der eigenen Person, sondern unterliegen indirekten Steuerungsformen (vgl. Peters und Sauer 2006; Georg und Peter 2008), insofern Handlungsspielräume nicht als Selbstzweck, sondern mit dem Ziel der Innovation geschaffen werden.

Viele Projekte zeigen Möglichkeiten auf, wie der/ die Einzelne zur Innovationsfähigkeit der Organisation beitragen kann: Neben Formen der Arbeitsgestaltung, die die Kreativität der Beschäftigten im Prozess der Arbeit fördern, stehen Qualifizierung und Kompetenzförderung der Beschäftigten auch im Sinne der Stärkung ihrer eigenen Präventionskompetenz im Fokus (vgl. Ciesinger et al. 2009). Der Konflikt zwischen Handlungsspielraum einerseits und Erfolgsdruck und Vereinnahmung des Subjekts andererseits wird auch in Zukunft ein zentrales Thema der Arbeits- wie der Innovationsforschung sein.

4 Zukünftiger Forschungsbedarf

Einige offene Forschungsfragen wurden schon benannt. Einige weitere werden im Folgenden skizziert:
- Eine zentrale Herausforderung besteht darin, die Erkenntnisse dieses Förderschwerpunkts und das hier entwickelte umfassende Verständnis von Innovation und Innovationsfähigkeit auf weitere Branchen und Handlungsfelder der Hightech-Strategie zu übertragen. Das Verhältnis zwischen technologischen

und sozialen Innovationsprozessen sollte sehr viel detaillierter untersucht und in *technologieorientierte Programme* und Vorhaben integriert werden. Auch die Bedeutung regulierender Institutionen oder neuer Berufsbilder für den Erfolg technologischer und sozialer Innovationen sind zu untersuchen.

- Forschungsbedarf hinsichtlich der *Technologiediffusion in Klein- und Mittelbetrieben* besteht insbesondere über Innovationsallianzen und Technologieverbünde für die *Basistechnologien* Elektronik und Mikrosysteme, Softwaresysteme und Wissensverarbeitung sowie Kommunikationstechnik und Netze.

- *Personalmanagement und Führung* spielen eine zentrale Rolle im Innovationsmanagement. Welche Möglichkeiten Führungskräfte haben, mit *wertebasierten* und auf ökologische und soziale Nachhaltigkeit setzenden Strategien zur Innovationsfähigkeit beizutragen, sollte weiter geprüft werden (vgl. Holbeche 2009; Buß 2008).

- Insbesondere *Arbeit im Kontakt mit Organisationsexternen* – Dienstleistungsarbeit im Kundenkontakt sowie *boundary spanning* oder Netzwerkarbeit in organisationsübergreifenden Kooperationen und Wissensarbeit im Kontakt mit externen *Innovation Communities* – verlangt nach neuen Konzepten für ihre innovations- und persönlichkeitsförderliche Gestaltung. Hier besteht Forschungs- und Entwicklungsbedarf, von dessen Realisierung der Arbeitsalltag einer zunehmenden Zahl von Erwerbstätigen profitieren kann.

5 Was kommt nach den neuen Innovationsstrategien?

Der Blick des/ der geneigten (arbeitsorientierten) Innovationsforschers/-in geht in das Jahr 2050: Vor dem durch eigene Forschungserfahrung, Lektüre und (nicht zuletzt) Lebenserfahrung geschulten Auge tut sich eine zum Teil neue Welt auf: Die Zukunft der Arbeit ist weiterhin in der Reduzierung *einfacher* Arbeit in Produktion und Dienstleistung und in der relativen Ausweitung wissensintensiver und kreativer Arbeit zu suchen. Die Bedingungen, unter denen diese Arbeit geleistet wird, sind von gesellschaftlichen Entwicklungen und politischen Entscheidungen abhängig. Technologische Entwicklungen lassen sich sehr viel einfacher *voraussagen* als diese sozialen Prozesse... Nur so viel sei gemutmaßt: Das Beschäftigungsverhältnis, das den/ die Erwerbstätige/-n nicht nur als Wirtschaftsakteur betrifft, sondern auch als Bürger/-in mit Rechten und Pflichten ausstattet, dürfte auch in Zukunft weiter an Bedeutung verlieren. Für *selbstständige* Arbeit in jeder Form sind neue Regulierungen notwendig, die bisher noch nicht ansatzweise erkennbar sind – eine Herausforderung für Wissenschaft und Politik gleichermaßen!

Literaturverzeichnis

Argyris C, Schön DA (1978) Organizational Learning: A theory of action perspective. Reading MA: Addison-Wesley

Argyris C, Schön DA (1999) Die Lernende Organisation. Grundlagen, Methode, Praxis. Stuttgart

Bluszcz O: Strategische Allianzen zwischen Profit- und Non-Profit-Organisationen. In: Hafner et al. (2007) Gesellschaftliche Verantwortung in Organisationen. Fallstudien unter organisationstheoretischen Perspektiven. München und Mering: 107-117

Buhse W, Stamer S (2008) Enterprise 2.0 – Die Kunst, loszulassen. Berlin

Buß E (2008) Managementsoziologie – Grundlagen, Praxiskonzepte, Fallstudien. Oldenbourg, München

Chesbrough H (2003) Open Innovation. The New Imperative for Creating and Profiting from Technology, Boston

Ciesinger KG, Klatt R, Siebecke D (2009) Präventiver Arbeits- und Gesundheitsschutz in diskontinuierlichen Erwerbsverläufen – Neue Konzepte betrieblicher und individueller Gesundheitsprävention in der Wissensökonomie (pragdis). Vortrag zur GfA-Jahrestagung, Illmenau

Duschek S (2002) Innovation in Netzwerken: Renten – Relationen – Regeln. Wiesbaden

Duschek S, Sydow J (2010) Aktionsforschung zum Management von Innovationsnetzwerken. In: Schallock B, Jacobsen H (Hrsg) Innovationsstrategien jenseits traditionellen Managements. Beiträge zur Ersten Tagung des Förderschwerpunkts des BMBF, 8.-9. Oktober 2009, Berlin.

Fokusgruppe „Organisations- und Personalentwicklung", Selbstdarstellung zur Zweiten Tagung des Förderschwerpunkts des BMBF, 24./25. Juni 2010, Dortmund

Gassmann O, Enkel E: Open Innovation: Externe Hebeleffekte in der Innovation erzielen. In: Zeitschrift Führung + Organisation, Heft 3/2006: 32-138

Georg A, Peter G (2008) Subjektivierung der Arbeit – Subjektivierung der Arbeitswissenschaften. Was folgt aus dem Epochenbruch? In: Arbeit – Zeitschrift für Arbeitsforschung, Arbeitsgestaltung und Arbeitspolitik, Heft 1/2008: 38-50

Glückler J, Armbrüster T, Janneck M, Dehning W, Hammer I, Staar H (2009) Unternehmensnetzwerke in Deutschland: Ergebnisse einer Unternehmensumfrage. http://www.kreanets.com/fileadmin/documents/Publikationen/Bericht_Online-Screening_.pdf. Zugegriffen im Oktober 2010

Hippel E v: The Dominant Role of Users in the Scientific Instrument Innovation Process. In: Research Policy, Heft 3/1976: 212-239

Huxham C (2005) ‚Grasping Collaborative Advantage: Enhancing serendipity through reflective practice.' In: PSL (Hrsg) Partnering for Profit, London

Holbeche L (2009) HR Leadership. Oxford

IKM-Abstract zur Ersten Tagung des Förderschwerpunktes des BMBF, 8.-9. Oktober 2009, Berlin

Kratzer N, Dunkel W, Menz W: Partizipation im betrieblichen Gesundheitsmanagement. In: Henning K, Richert A, Hess F (Hrsg) (2008) Präventiver Arbeits- und Gesundheitsschutz 2020. Tagungsband zur Jahrestagung 2007 des BMBF-Förderschwerpunkts, Aachen: 175-180

Lewin K, Weiss Lewin G, Frenzel HA (1953) Die Lösung sozialer Konflikte. Bad Nauheim

Lindermann N, Valcárcel S, Abram I, Blinn N, Fäcks K, Jung R, von Kortzfleisch H, Nüttgens M Netzwerken 2.0 in KMUs. Kleine und mittlere Unternehmen im Zentrum Web 2.0 basierter Kooperation. Arbeitsberichte aus dem Projekt KMU 2.0. Nr 1/2009

Lindermann N et al (2009) Netzwerken 2.0 in KMUs. Kleine und mittlere Unternehmen im Zentrum Web 2.0 basierter Kooperation. Arbeitsberichte aus dem Projekt KMU 2.0. Nr 1/2009

Jacobsen H, Jostmeier M (2010) Dienstleistungsinnovation als soziale Innovation: neue Optionen für soziales Handeln und produktive Aktivität. In: Howaldt J, Jacobsen H (Hrsg) Soziale Innovation. Auf dem Weg zu einem postindustriellen Innovationsparadigma, Wiesbaden

Jacobsen H, Georg A, Jostmeier M (2010) Das Profil des Förderschwerpunkts: Was ist das Neue an den nicht-traditionellen Innovationsstrategien? In: Schallock B, Jacobsen H (Hrsg) Innovationsstrategien jenseits traditionellen Managements. Beiträge zur Ersten Tagung des Förderschwerpunkts des BMBF, 8.-9. Oktober 2009, Berlin

McAfee A: Enterprise 2.0: The Dawn of Emergent Collaboration. In: MIT Sloan Management Review, Heft 3/2006: 20–28

Moldaschl M, Manger D (2010) Institutionelle Reflexivität als Modus der Kompetenzentwicklung von Organisationen. In: Schallock B, Jacobsen H (Hrsg) Innovationsstrategien jenseits traditionellen Managements. Beiträge zur Ersten Tagung des Förderschwerpunkts des BMBF, 8.-9. Oktober 2009, Berlin

Peters K, Sauer D (2006) Epochenbruch und Herrschaft – Indirekte Steuerung und die Dialektik des Übergangs. In: Scholz D et al. (Hrsg) Turnaround? Strategie für eine neue Politik der Arbeit. Münster

Prahalad CK, Ramaswamy V: The Co-Creation Connection. In: strategy + business, Heft 27/2002: 1-12

Staar H, Janneck M (2009) Einer für alle, alle für einen? – Eine Analyse mikropolitischer Prozesse in virtuellen Netzwerken, In: Meißner K, Engelien M (Hrsg) Virtuelle Organisation und Neue Medien 2008. Dresden: 271-282

Strebel H, Hasler A (2003) Innovations- und Technologienetzwerke. In: Strebel H (Hrsg) Innovations- und Technologiemanagement, Wien: 347-381

IT-basierte interaktive Forschung – über die Verwendung von Social Software in der Forschung

Uta Renken, Angelika C. Bullinger

Abstract

Der vom Bundesministerium für Bildung und Forschung (BMBF) ins Leben gerufene Förderschwerpunkt „Balance von Flexibilität und Stabilität in einer sich ändernden Arbeitswelt" soll untersuchen, wie zur Förderung von Innovationen erfolgreich eine Balance zwischen Flexibilität und Stabilität hergestellt werden kann. Landesweit werden von akademischen Einrichtungen und Unternehmen mehr als 150 interdisziplinäre Projekte durchgeführt. Sie sollen die Frage beantworten, wie die Chancen und Herausforderungen der modernen Arbeitswelt genutzt werden können, um durch die gelungene Balance von Stabilität und Flexibilität Innovationen zu fördern. Zur Unterstützung ihrer Arbeit setzen die Forscher IT-basierte interaktive Forschungswerkzeuge ein. Soziale Forschungsnetzwerke ermöglichen den Wissenschaftlern, miteinander in Kontakt zu treten und zusammenzuarbeiten. Diese Netzwerke sind der aktuelle Stand der Technik bei internationalen Forschungsprojekten und überbrücken institutionelle, disziplinäre und geografische Grenzen. Durch die Nutzung von Social Software ist es den Forschern nicht nur möglich, neue Projektpartner zu finden und ihr Netzwerk zu organisieren, sie führt auch zu einer themenbezogenen Archivierung und Weitergabe der Programminhalte, da eine internetbasierte Plattform zukünftigen Mitgliedern erlaubt, sich über den aktuellen Forschungsstand zu informieren.

1 Einführung

Wie kann ein junger Forscher aus Tansania neue Kooperationspartner für ein Projekt zum Thema *Typ-2-Diabetes* in Deutschland, Israel, Kanada und den USA finden? Vor 50 Jahren hätte man diese Frage mit *wohl gar nicht* beantworten müssen, und selbst noch vor wenigen Jahren wäre dies eine schwierige Aufgabe gewesen. Obwohl das Internet Informationen über jedes erdenkliche Thema bereitstellt, ist es alles andere als einfach, passende Forschungspartner zu finden. Seit dem Aufstieg der Web 2.0-Technologien verwenden Forscher – wie auch alle anderen Internetnutzer – soziale Netzwerke wie *facebook.com* oder *linked.in* jedoch immer häufiger. Über *ResearchGATE*, eines der speziell an Forscher gerichteten neuen sozialen Netzwerke (vgl. Use 2010), fand der junge tansanische Forscher tatsächlich Kooperationspartner. Die Bandbreite dieser neuen Websites reicht von kom-

S. Jeschke et al. (eds.), *Enabling Innovation*, DOI 10.1007/978-3-642-24299-1_45,

merziellen bis zu öffentlich geförderten Plattformen. Sie eröffnen neue, innovative Möglichkeiten, um im 21. Jahrhundert interaktive Forschung zu betreiben. Das erfolgreiche Auffinden qualifizierter und geeigneter Forschungspartner ermöglicht Wissenschaftlern internationale und interdisziplinäre Kooperationsprojekte. So können Forscher geografische, institutionelle, kulturelle und disziplinäre Grenzen überbrücken. Durch die Kooperation mit geeigneten, kompetenten Partnern ist eine wichtige Voraussetzung für hohe Innovationsfähigkeit erfüllt, da die Ansichten Außenstehender und neue Perspektiven mit in die eigene Arbeit einfließen.

Zusätzlich zu dieser Technologie können soziale Initiativen das Netzwerk vergrößern, so zum Beispiel politische Programme, die sich an im gleichen Gebiet arbeitende Forscher richten und diese miteinander vernetzen. Die Einrichtung einer Onlineplattform ist eine Möglichkeit, solche Kooperationsprojekte innerhalb einer anonymen Gemeinschaft von Forschern mit ähnlichem Tätigkeitsbereich zu verwirklichen. Im Folgenden wird dargestellt, wie die Forscher des Förderschwerpunkts BALANCE (gefördert vom Bundesministerium für Bildung und Forschung) durch die Verwendung von Social Software miteinander in Verbindung stehen. Darüber hinaus wird erläutert, wie Social Software zur Förderung von Innovationen beiträgt, indem sie die Entwicklung neuer Forschungskooperationen erleichtert. Es werden aktuelle Forschungsabläufe beschrieben und die Möglichkeiten der IT-basierten Unterstützung vorgestellt. Im Anschluss wird ein Einblick in die Arbeit des Metaprojekts BALANCE gegeben, das eine Gemeinschaft von Forschern miteinander vereint. Eine Schlussfolgerung und ein Ausblick schließen den Beitrag.

2 Balance von Flexibilität und Stabilität in einer sich ändernden Arbeitswelt

Um Methoden zur erfolgreichen Balance von Flexibilität und Stabilität zu untersuchen, hat das Bundesministerium für Bildung und Forschung (BMBF) den Förderschwerpunkt „Balance von Flexibilität und Stabilität in einer sich ändernden Arbeitswelt" ins Leben gerufen. Diese Initiative umfasst mehr als 150 Projekte, die in 40 Projektgruppen miteinander zusammenarbeiten. Die interdisziplinären Forschungsprojekte werden von akademischen und privaten Einrichtungen durchgeführt. Sie sollen die Frage beantworten, wie die Chancen und Herausforderungen der modernen Arbeitswelt genutzt werden können, um durch die gelungene Balance von Stabilität und Flexibilität Innovationen zu fördern. Während Flexibilität im Allgemeinen als entscheidende Voraussetzung für Innovationen angesehen wird, gilt Stabilität oftmals als Ursache für Stillstand. Diese simple Zweiteilung ist aber oftmals irreführend: Eine funktionierende Balance zwischen beiden Konzepten kann die zentrale Triebfeder für Innovation und Wertschöpfung in modernen Gesellschaften und Volkswirtschaften sein.

Das Ziel der Forscher des BMBF-Förderschwerpunkts ist die Erhaltung und dauerhafte Erhöhung der Innovationsfähigkeit von Unternehmen. Flexibilität ermöglicht den Firmen in dieser Hinsicht, auf die Anforderungen eines dynamischen Marktes und der sich schnell wandelnden Kundenbedürfnisse zu reagieren. Die Voraussetzung für Innovation ist nichtsdestoweniger Stabilität im Firmenalltag. Ohne Stabilität kann die Planung individueller Karrieren und eine zuverlässige Personal- oder Organisationsentwicklung nicht verwirklicht werden.

Die geförderten Projekte untersuchen verschiedene Interessengebiete und können in acht verschiedene Fokusgruppen unterteilt werden. Die erste Fokusgruppe beschäftigt sich mit dem Thema *Interne und externe Vertrauensbeziehungen* und identifiziert die Balance zwischen Flexibilität und Stabilität als einen wesentlichen Faktor bei der Aufrechterhaltung intra- und extraorganisatorischer Kooperationsbeziehungen. *Vertrauen in Innovationsprozessen* analysiert die gegenseitige Abhängigkeit der beiden Größen Vertrauen und Innovation. Die Frage, wie eine nachhaltige Industrieproduktion geschaffen werden kann, wird von der Gruppe *Flexibilisierungsstrategien für Produktionssysteme* beantwortet. *Veränderungsprozesse gestalten* bezeichnet eine Gruppe von Projekten, die sich mit den auftretenden Problemen beschäftigen, wenn Unternehmen in zu kurzer Zeit zu viele Innovations- und Veränderungsprozesse durchführen. Die Gruppe *Inner- und überbetriebliche Kooperationsstrategien* untersucht, wie neue Formen der Kooperation, die mit einer nachhaltigen Personalpolitik und Unternehmensplanung verbunden werden, dazu beitragen können, effiziente Sicherheits- und Flexibilitätskonzepte zu realisieren. In der Gruppe *Zukunftsorientierte Arbeitszeitformen* werden neue Beschäftigungsformen und Arbeitszeitmodelle (Teilzeit, Schichtarbeit etc.) hinsichtlich der Anforderungen veränderter Unternehmensbedürfnisse und Angestellteninteressen überprüft. Die von der Gruppe *Arbeits- und Beschäftigungsformen im Wandel* bearbeiteten Projekte entwickeln innovative Konzepte für Personaleinsatz, Personalentwicklung und Arbeitnehmerüberlassung. Die Fokusgruppe *Work-Life-Balance* untersucht schließlich, wie das sich ändernde Arbeitsumfeld mit dem individuellen Bedürfnis des Einzelnen nach Stabilität in Einklang gebracht werden kann. Ein zusätzliches Projekt untersucht die Übereinstimmung zwischen Innovationsfähigkeit und nachhaltigen Organisationsmodellen.

Die Projekte bringen die Forscher mit Firmen, Politikern und Partnern aus der Gesellschaft zusammen. Die Interdisziplinarität der Forschungspartner und die Verschiedenartigkeit der beteiligten Unternehmen innerhalb des Förderschwerpunkts eröffnen unterschiedliche Perspektiven auf die Probleme der Firmen und deren bisherige Lösungen.

Vereint werden diese Gruppen vom Metaprojekt BALANCE, das die Grenzen zwischen den Projekten überbrückt, indem es thematische Beziehungen identifiziert und eine Internetplattform (www.balanceonline.org) zur Verfügung stellt, die die Projektmitglieder miteinander verbindet. Durch die Vernetzung von Forschern und Einrichtungen gleicher Arbeitsgebiete unterstützt das Metaprojekt BALANCE das innovative Potential des BMBF-Förderschwerpunkts und entfesselt die innovative Kraft der Gemeinschaft. Dieser Zusammenschluss eines funktionierenden Innovationsnetzwerks wird durch Social Software unterstützt, die auf dem neuesten Stand der Entwicklung der computergestützten Zusammenarbeit ist.

3 Die Lösung: Internet und Innovation

In einer sich immer schneller wandelnden Umwelt mit kürzeren Wissenszyklen wächst die Nachfrage nach neuen Produkten, Dienstleistungen und Technologien. Viele Organisationen ersetzten als Antwort darauf ihre bisher geschlossenen Innovationsprozesse und öffneten sich interessierten Teilnehmern von außen. Die allgegenwärtigen Breitband-Internetverbindungen vernetzen alle Teile der Welt miteinander und fördern die Beteiligung neuer Innovatoren. Diese Tendenz wird seit Beginn des neuen Jahrtausends unter der Bezeichnung *Open Innovation* erforscht. In jüngerer Zeit hat sich eine neue Arbeitsform herausgebildet: IT-basierte interaktive Innovationsarbeit. Damit ist eine Reihe von Personen gemeint, die interaktiv an der Entwicklung von Innovationen zusammenarbeiten und im engen gegenseitigen Austausch über ihre Arbeit stehen. Ein Beispiel für diese interaktive Arbeitsweise ist die Zusammenarbeit von Forschern und Forschungsgruppen, die Mitglieder akademischer Einrichtungen oder in Abteilungen für Forschung und Entwicklung beschäftigt sind. In der Wissenschaft und industriellen Forschung tätige Wissensarbeiter müssen einen immer größer werdenden virtuellen Kontext überbrücken, beispielsweise große geografische Entfernungen oder IT-gestützte Teamarbeit. Gleichzeitig erschaffen sie hoch komplexe Innovationen, indem sie neue Methoden, empirisch validierte Erkenntnisse oder moderne Technologien entwickeln. Die durch diese Innovationsprozesse nötigen Interaktionen werden von ersten IT-basierten Plattformen unterstützt, die sich auf Wissensarbeiter spezialisieren (z. B. researchgate.com oder academia.edu). Erste Untersuchungen zeigen jedoch, dass die bisherigen Angebote sich nicht mit den Anforderungen der Wissenschaftler decken und die notwendigen Hilfsfunktionen nicht anbieten.

4 Forschung 2.0 – der Vormarsch IT-basierter interaktiver Forschung

In den letzten beiden Jahrzehnten konnte eine deutliche Zunahme wissenschaftlicher Zusammenarbeit beobachtet werden. Temporäre Kooperationen formten sich zwischen Wissenschaftlern verschiedener Abteilungen, Institutionen, Disziplinen und Ländern. Der Anteil wissenschaftlicher Publikationen, die von international zusammenarbeitenden Partnern veröffentlicht wurden, stieg von 8 % im Jahr 1988 auf 20 % im Jahr 2000 (vgl. Atkins et al. 2003). Im gleichen Zeitraum stieg die Anzahl Veröffentlichungen von Autoren von mehr als einer Institution von 40 % auf 61 % (vgl. Bullinger et al. 2010). Das US-amerikanische National Science Board (Atkins et al. 2003; Übersetzung durch den Autor) fasst zusammen: „[...] Forschung ist eine zunehmend gemeinschaftliche Tätigkeit". Das bedeutet, dass für effiziente wissenschaftliche Forschung die Zusammenführung von Experten notwendig ist, indem zeitlich begrenzte kooperative Allianzen zwischen Wissenschaftlern verschiedener Abteilungen, Institutionen, Disziplinen und Ländern gebildet werden. Verschiedene politische Programme wurden ins Leben gerufen, um die Zusammenarbeit weit voneinander entfernt arbeitender Wissenschaftler zu erleichtern und so die Entwicklung von Innovationen zu fördern oder Ressourcen zu schonen.

Ein gutes Beispiel für technologiegestützte Forschungspraxis mit weit verstreuten Teilnehmern ist die gemeinsame Nutzung eines teuren Instruments. Es kann gleichzeitig von verschiedenen Forschern genutzt und die Beobachtungen können simultan diskutiert werden. Der Erfolg dieser Forschungspraxis wurde ausgewertet. Sonnenwald und Kollegen untersuchten ein wissenschaftliches *Collaboratory*, also „ein Zentrum ohne Wände, in dem die Forscher unabhängig von ihrem physikalischen Aufenthaltsort ihren Forschungen nachgehen und sich dabei mit ihren Kollegen austauschen können." Das Team von Sonnenwald fand heraus, dass beim Vergleich der Zusammenarbeit vor Ort und auf Entfernung die Qualität der wissenschaftlichen Arbeit gleich blieb. Außerdem wurden beide Formen der Zusammenarbeit von den Forschern im *Collaboratory* als angenehm und befriedigend empfunden (vgl. Sonnenwald et al. 2003). Dem widersprechend argumentieren Bozeman und Corley (2004), dass die Entfernung durchaus entscheidend ist und die Wahrscheinlichkeit einer Co-Autorenschaft von der räumlichen Distanz zwischen den Wissenschaftlern abhängt. Nach Untersuchung der Formen der Zusammenarbeit von 451 Wissenschaftlern und Ingenieuren US-amerikanischer akademischer Forschungszentren resümierten sie, dass Wissenschaftler bevorzugt mit Mitgliedern der eigenen Arbeitsgruppe zusammenarbeiten. Die Autoren führen einige Gründe für die Zusammenarbeit an (z. B. Zugang zu Ausrüstung, Ressourcen, Fördermitteln und Wissen, erhöhte Produktivität oder mehr Freude an der Arbeit) und betonen die Bedeutung erfolgreicher informeller Kommunikation als Basis für zukünftige Zusammenarbeit. Informelle Kommunikation wird auch von der räumlichen Nähe beeinflusst. Deshalb, so Bozeman und Croley (2004), führt eine größere räumliche Distanz zu einer sinkenden Zahl von Co-Autorenschaften.

Durch das breite Angebot internetbasierter Kommunikationstechnologien und neuer Generationen von webbasierten Kollaborationswerkzeugen, die oft unter dem Begriff *Social Software* zusammengefasst werden (vgl. Avram 2006; Boulos und Wheeler 2007; Green und Pearson 2005; Raeth et al. 2009), kann die Notwendigkeit räumlicher Nähe stark reduziert und informelle Kommunikation auf globaler Ebene ermöglicht werden. Social Software kann die Forschungsarbeit auf vielfältige Weise unterstützen, angefangen bei der Hilfe für den einzelnen Forscher bis hin zu Lösungen, die die Kommunikation, Koordination und Zusammenarbeit innerhalb von Teams unterstützen (vgl. Söldner et al. 2009). Eine Reihe von Studien, die sich mit wissenschaftlicher Kommunikation und ihrer unterschiedlichen Verwendung befassen, fanden einen Zusammenhang zwischen den Disziplinen (vgl. Walsh et al. 2000, Kling und McKim 2000). Walsh et al. erforschten die Nutzung von Computerkommunikation bei der wissenschaftlichen Arbeit (2000), Kling und McKim beschäftigten sich mit den Unterschieden bei der Nutzung elektronischer Medien in der wissenschaftlichen Kommunikation (2000). Thelwall und Price analysierten ausgehend von Angaben der Websites akademischer Einrichtungen disziplinäre Unterschiede bei der Verwendung des Internets unter britischen Wissenschaftlern (2003). Matzat untersuchte die Nutzung von Diskussionsgruppen im Internet im Hinblick auf disziplinäre Unterschiede (2009).

Studien über die Nutzung von IT-basierten interaktiven Wissenschaftsanwendungen (z. B. das Europäische Forschungsnetzwerk GARNET) haben gezeigt, dass deren Akzeptanz und Nutzung innerhalb der verschiedenen Disziplinen und demografischen Variablen variiert (vgl. Riemer et al. 2008). Frauen interessierten sich beispielsweise im Allgemeinen mehr für die Beteiligung an solchen Plattformen, Postdocs weniger. Zusammenfassend zeigen die übrigen Quellen, dass interaktive Forschung sowohl innerhalb eines gewachsenen Teams als auch über die Grenzen der Einrichtungen hinaus gut durch soziale Technologien unterstützt werden kann.

Für den Einsatz von Social Software in der Forschung wurde der Begriff *open research* geprägt (vgl. Söldner et al. 2009). Er steht in Bezug zu verschiedenen Trends und Initiativen wie *e-Research*, auch bekannt als *cyberinfrastructure* (vgl. Atkins et al. 2003, Lawrence 2006), *OpenData* (vgl. Arzberger et al. 2004, Uhlir und Schroeder 2007), *OpenAccess* (vgl. Harnad und Brody 2004), *OpenScience* oder *eScience* (vgl. Goble 2005, Schroeder 2007).

Eines der Grundprinzipien von Social Software ist die Einbindung der Nutzer in ein soziales Netzwerk. In den 1950er und 1960er Jahren vertraten mathematische Soziologen die Ansicht, dass die Gesellschaft in ein Netzwerk unterteilt werden kann. Sie untersuchten die Auswirkungen großer Netzwerke auf die Verbreitung von Informationen, Krankheiten und Innovationen (vgl. Rapoport und Horvath 1961, Coleman et al. 1966). Im Jahr 1967 veröffentlichte Milgram sein Experiment *Small World*. Es zeigte, dass zwischen zwei beliebigen Einzelpersonen überall auf der Welt eine Verbindung hergestellt werden kann und dass jede Person nur sechs Mittelspersonen von einer anderen entfernt ist. Jede Information könnte also theoretisch durch nur fünf vermittelnde Personen von einem beliebigen Sender zu einem beliebigen Empfänger transportiert werden – ein Forscher könnte jeden Kollegen überall auf der Welt erreichen. Nicht einmal ein Jahrzehnt später untersuchte Granovetter (1973) Arbeitssuchende und unterschied zwischen starken und schwachen Beziehungen.

Solche Beziehungen existieren auch in den sozialen Netzwerken für Forscher. Während der letzten Jahre kam eine große Zahl von Werkzeugen speziell für Wissenschaftler auf den Markt, die auf Social Software und IT basieren. Dennoch bleibt die Frage bestehen, wie Forscher von dieser Technologie profitieren können.

Unter den verschiedenen Social Software-Anwendungen, die direkte Kommunikation, Interaktion und Bekanntheit/Zusammenfinden unter den Forschern unterstützen, sticht die Anwendung *soziale Netzwerke* als besonders geeignetes Werkzeug heraus. Im nächsten Abschnitt wird sie vorgestellt – zuerst allgemein, dann speziell im Hinblick auf die Anforderungen von Wissenschaftlern.

5 Soziale Netzwerke und soziale Forschungsnetzwerke

Soziale Netzwerke, die wie oben beschrieben eine besondere Form von Social Software sind, werden im Hinblick auf ihre Funktionalität definiert: „eine webbasierte Anwendung, die es dem Einzelnen ermöglicht, 1) innerhalb eines begrenzten Systems ein öffentliches oder halböffentliches Profil zu erstellen, 2) eine Liste anderer Nutzer anzulegen, mit denen er in Verbindung steht und 3) seine eigenen Kontaktlisten und die Kontaktlisten anderer innerhalb des Systems zu betrachten und zu durchsuchen." (Boyd und Ellison 2008; Übersetzung durch den Autor). Soziale Netzwerke gewinnen mehr und mehr an Bedeutung. Ein bekanntes Beispiel ist die Website facebook.com, die im Jahr 2009 zwischen Juli und September 50 Millionen neue Nutzer verzeichnete und damit eine Gesamtnutzerzahl von 350 Millionen erreichte (vgl. Zuckerberg 2009).

Soziale Netzwerke umfassen die Basisfunktionen von Social Software (vgl. Koch und Richter 2007). Sie ermöglichen *Identitäts- und Netzwerkmanagement*, *Informationsmanagement* und die *Kommunikation* mit Kollegen. Da wirkungsvolle Werkzeuge für die kooperative Forschungsarbeit mindestens diese drei Basisfunktionen erfüllen müssen, eignen sich soziale Netzwerke ganz besonders zur Unterstützung virtueller Forschungsgemeinschaften. (vgl. Möslein et al. 2009). In jüngster Vergangenheit entstanden immer mehr soziale Netzwerke, die sich speziell an Forscher richten (z. B. ResearchGate oder academia.edu) und eine große Zahl von Nutzern anziehen. Deshalb erscheint es notwendig, das Phänomen soziale Forschungsnetzwerke besser zu verstehen. Um die für Forscher konzipierten sozialen Netzwerke von den freizeitorientierten Netzwerken abzugrenzen, halten sich Bullinger et al. (2010) an die von Ellison (2008) formulierte Definition der sozialen Netzwerke. Der funktionelle Aspekt von Zusammenarbeit – relevant für die Nutzer von sozialen Forschungsnetzwerken – wird mit dieser Definition jedoch noch nicht abgedeckt. Deshalb ergänzen sie die Basisfunktion *Zusammenarbeit* und schlagen folgende Definition vor:

> „*Soziale Forschungsnetzwerke* sind webbasierte Anwendungen, die es dem einzelnen Forscher ermöglichen, 1) innerhalb eines begrenzten Systems ein öffentliches oder halböffentliches Profil zu erstellen (*Identität*), 2) eine Liste anderer Forscher anzulegen, mit denen er in Verbindung steht und kommuniziert (*Kommunikation*), 3) innerhalb des Systems Informationen mit anderen Forschern zu teilen (*Information*) und 4) innerhalb des Systems mit anderen Forschern zusammenzuarbeiten (*Zusammenarbeit*)." (Bullinger et al. 2010; Übersetzung durch den Autor)

In einer Studie über soziale Forschungsnetzwerke zur Unterstützung der virtuellen Forschungsgemeinschaft stellten Bullinger und Kollegen fest, dass die Entwickler von sozialen Forschungsnetzwerken davon überzeugt sind, dass ihre Plattformen *sich stark von bestehenden sozialen Netzwerken unterscheiden*, die als ungeeignet für die Anforderungen von Forschern angesehen werden. Im Folgenden präsentieren Bullinger et al. diese Unterschiede gemäß der Grundstruktur von Koch und Richter (2007). Entsprechend dem Klassifikationsschema für Social Software ermöglichen Werkzeuge des *Informationsmanagements* die Strukturierung von Daten – Wikis sind ein bekanntes Beispiel. Dieser Bedarf spiegelt sich in einem der zehn sozialen Forschungsnetzwerke aus Bullingers Auswahl wider, die explizit für den Zweck entwickelt wurde, *Informationsmanagement* zu erleichtern. Über individuelle

Gebiete hinaus können soziale Forschungsnetzwerke das *Informationsmanagement* innerhalb von Gruppen unterstützen und so beispielsweise die *Interaktion, Kommunikation* und *Zusammenarbeit* innerhalb einer (virtuellen) Gemeinschaft effizient fördern. *Identitäts- und Netzwerkmanagement* ist eine weitere Hauptfunktion von Social Software und wird hauptsächlich von sozialen Netzwerken repräsentiert. Die Website facebook.com ist das wohl bekannteste Beispiel. Sie erlaubt die Darstellung der eigenen Persönlichkeit und die Verwaltung eigener Kontaktlisten. Diese Möglichkeiten bieten sich auch auf sozialen Forschungsnetzwerken, deren erklärtes Ziel es ist, ein facebook.com für Forscher zu werden. Die Profildetails sollen dabei über die Erfahrung der Forscher mit speziellen Forschungsmethoden oder ihre bisherigen Veröffentlichungen informieren. Ein weiterer von der Funktion *Identitäts- und Netzwerkmanagement* abgedeckter Aspekt ist die Gewinnung eines Überblicks über die Akteure im gleichen Forschungsgebiet, also eine Unterstützung von Bekanntheit/ Zusammenfinden. Die Basisfunktion *Kommunikation* wird innerhalb von sozialen Netzwerken am deutlichsten durch Instant-Messaging-Systeme repräsentiert. Eine solche Funktion findet sich auch in fast allen von Bullinger ausgewählten sozialen Forschungsnetzwerken (in 8 von 10).

Zusätzlich zu diesen drei Basisfunktionen von Social Software (vgl. Koch und Richter 2007) umfassen soziale Forschungsnetzwerke neue Werkzeuge zur Unterstützung der Forscher und erweitern somit das Angebot der hedonistischen sozialen Netzwerke. Viele forschungsspezifische Funktionen wie beispielsweise Werkzeuge zur Verwaltung von Wissen und Zitaten oder Empfehlungsmaschinen, die über Veröffentlichungen informieren, wurden implementiert und werden auf den Plattformen gewöhnlich miteinander kombiniert. Diese Werkzeuge ermöglichen es Forschern, ihre Arbeit im Internet gemeinsam zu strukturieren, zu koordinieren und durchzuführen. Deshalb schlagen Bullinger et al. (2010) vor, das Klassifikationsschema für Social Software um eine zusätzliche Basisfunktion zu erweitern, die *Zusammenarbeit*.

6 Das Forschungsnetzwerk „Balance von Flexibilität und Stabilität in einer sich ändernden Arbeitswelt"

Betrachtet man die Faktoren, die wissenschaftliche Arbeit unterstützen, ist ein entscheidendes Element die Identifikation neuer Partner für die Zusammenarbeit und die Bewältigung der Herausforderungen geografisch weit verstreuter Forschung. Beide Phasen (Identifikation und Zusammenarbeit) können durch IT-basierte interaktive Forschungswerkzeuge unterstützt werden. Prominentes Beispiel innerhalb dieser Kategorie ist das oben beschriebene soziale Forschungsnetzwerk.

Um die Zusammenarbeit der Gemeinschaft von Sozialwissenschaftlern zu unterstützen, die die sich wandelnden Arbeitsbedingungen in Europa erforscht, richtete das vom BMBF geförderte Metaprojekt „Balance von Flexibilität und Stabilität in einer sich ändernden Forschungswelt" ein soziales Forschungsnetzwerk ein, das speziell auf die Bedürfnisse der Forschungsgemeinschaft zugeschnitten wurde.

Hintergrund dieser Website ist das vom deutschen Bildungsministerium geförderte Forschungsprogramm zur Analyse neuer Arbeitsmethoden im 21. Jahrhundert, das die Innovationsfähigkeit erhöhen soll. Dieses Forschungsprogramm wird von ungefähr 500 Forschern (Sozialwissenschaftlern, Psychologen und Ökonomen) in etwa 150 kleinen Projekten durchgeführt, die in 40 Projektclustern organisiert sind. Obwohl die Forscher geografisch weit verstreut sind, verbindet das soziale Forschungsnetzwerk www.balanceonline.org die Einzelpersonen, begünstigt den Austausch untereinander und überbrückt so geografische und disziplinäre Grenzen. Die meisten dieser Projektcluster werden sowohl von Universitäten als auch von Firmen betreut und die Mitglieder innerhalb dieser Strukturen kennen sich gut. Dennoch ist die Aufnahme neuer, vertrauensvoller Kooperationsbeziehungen von Wissenschaftlern mit ähnlichen Forschungsinteressen eines der wichtigsten Ziele des mit öffentlichen Geldern finanzierten Projekts. Die Rolle von BALANCE ist dabei die Schaffung der Voraussetzungen für Innovation zwischen den verschiedenen Forschungsclustern: Neue Kontakte sind die Grundlage für neue Ideen, Ideen sind die Basis für Forschungsergebnisse, Forschungsergebnisse sind die Voraussetzung für wissenschaftliche Innovationen und Innovationen garantieren den sozialen und wirtschaftlichen Erfolg von Gesellschaften und Volkswirtschaften. Entsprechend stellt die Plattform den Forschern Informationen über die jüngsten Entwicklungen innerhalb des Forschungsprogramms zur Verfügung und ermöglicht den wissenschaftlichen Austausch, indem Neuigkeiten oder andere Beiträge der Forscher veröffentlicht werden. Die Aufnahme oder Intensivierung von Beziehungen wird gefördert, wodurch neue Innovationen möglich werden.

7 Schlussfolgerung und Ausblick

Soziale Forschungsnetzwerke bieten eine Vielzahl Möglichkeiten, geografisch weit verstreute Forschungsgemeinschaften zu unterstützen. Dieser gezielte Einsatz von Social Software fördert *direkte Kommunikation, Interaktion* und *Bekanntheit/ Zusammenfinden* ebenso wie *Zusammenarbeit*. Nichtsdestoweniger sind bis heute Erkenntnisse über diesen speziellen Typ webbasierter Anwendungen rar gesät. Generelle Fragen zu den Funktionen müssen ebenso beantwortet werden wie Fragen zu Vertrauen und der Organisation von Zusammenarbeit. Wie muss ein soziales Forschungsnetzwerk aufgebaut sein, um viele Nutzer anzuziehen? Was können die Entwickler von hedonistischen sozialen Netzwerken und den Supportanforderungen virtueller Gemeinschaften lernen? Ein zusätzliches wichtiges Element von sozialen Forschungsnetzwerken ist ein tragfähiges Geschäftsmodell. Der Nutzen für die an einem sozialen Forschungsnetzwerk teilnehmenden Wissenschaftler kann am Beispiel des jungen tansanischen Forschers jedenfalls gut illustriert werden: Seelenverwandte Wissenschaftler existieren tatsächlich irgendwo da draußen – man muss sie nur finden. Soziale Forschungsnetzwerke weisen in eine Zukunft, in der diese Suche einfacher sein wird als heute und in der Innovationen durch IT-basierte interaktive Forschung erleichtert werden.

8 Danksagung

Wir danken allen internen und externen Innovatoren, die uns auf unserer fortlaufenden Reise der Innovationsforschung unterstützen. Für die Förderung bedanken wir uns außerdem beim deutschen Bundesministerium für Bildung und Forschung (BALANCE von Flexibilität und Stabilität in einer sich wandelnden Forschungswelt, FKZ 01FH09153).

Literaturverzeichnis

Arzberger P, Schroeder P, Beaulie A, Bowker G, Casey K, Laaksonen L et al (2004) Promoting Access to Public Research Data for Scientific, Economic, and Social Development. Data Science Journal, (3): 135-152

Atkins DE, Droegemeier KK, Feldman SI, Garcia-Molina H, Klein ML, Messerschmitt DG et al (2003) Revolutionizing Science and Engineering Through Cyberinfrastructure. http://www.nsf.gov/cise/sci/reports/atkins.pdf. Zugegriffen im Mai, 2011

Avram G (2006) At the Crossroads of Knowledge Management and Social Software. Journal of Knowledge Management, 4 (1): 1-10

Boulos MN, Wheeler S (2007) The Emerging Web 2.0 Social Software: an Enabling Suite of Sociable Technologies in Health and Health Care Education. Health Information and Libraries Journal, 24: 2-23

Boyd DM, Ellison NB (2008) Social Network Sites: Definition, History, and Scholarship. Journal of Computer-Mediated Communication, 13 (1): 210-230

Bozeman B, Corley E (2004) Scientists' collaboration strategies: implications for scientific and technical human capital. Research Policy, 33: 599-616. doi: 10.1016/j.respol.2004.01.008

Bullinger AC, Hallerstede SH, Renken U, Söldner J, Möslein K (2010) Towards Research Collaboration – a Taxonomy of Social Research Network Sites. In Proceedings of the 16th AMCIS, Lima.

Coleman JS, Katz E, Menzel H(1966) Medical innovation: A diffusion study. Indianapolis, Bobbs-Merrill

Goble C (2005). Putting Semantics into e-Science and Grids. In Proceedings of the First International Conference on e-Science and Grid Computing (e-Science'05)

Granovetter MS (1973) The strength of weak ties. American Journal of Sociology, 78 (6): 1360–1380

Green D, Pearson J (2005) Social Software and Cyber Networks: Ties That Bind or Weak Associations within the Political Organization? In Proceedings of the 38th Annual Hawaii International Conference on System Sciences

Hafner K, Lyon M (1996) Where Wizards Stay Up Late: The Origins of the Internet. Simon and Schuster

Harnad S, Brody T (2004) Comparing the Impact of Open Access (OA) vs. Non-OA articles in the Same Journals. D-Lib Magazine, 10 (6): 2-6

Hillery GA (1955) Definitions of Community: Areas of Agreement, Rural Sociology (20): 111-123

Ishida T (1998) Community Computing. John Wiley and Sons

Kling R, McKim G (2000) Not just a matter of time: Field differences and the shaping of electronic media in supporting scientific communication. Journal of the American Society for Information Science. 51, 14 (2000): 1306-1320

Koch M, Richter A (2007) Enterprise 2.0 – Planung, Einfuehrung und erfolgreicher Einsatz von Social Software im Unternehmen. Oldenbourg, Muenchen

Lawrence KA (2006) Walking the Tightrope: The Balancing Acts of a Large e-Research Project. Computer Supported Cooperative Work, 15: 385-411

Matzat U (2009) Disciplinary differences in the use of internet discussion groups: differential communication needs or trust problems? Journal of Information Science. 35, 5 (2009): 613-631

Milgram S (1967) The Small World Problem. Psychology Today, 1(1): 61-67

Möslein K, Bullinger AC, Söldner J (2009) Open Collaborative Development: Trends, Tools, and Tactics. In: Jacko JA (Ed.) Human-Computer Interaction, 1. Teil, HCII 2009, LNCS 5610: 874–881, 2009. Springer, Berlin

Raeth P, Urbach N, Smolnik S, Zimmer C (2009) Towards Assessing the Success of Social Software in Corporate Environments. In Proceedings of the 15th AMCIS, San Francisco

Rapoport A, Horvath WJ (1961) A study of a larger sociogram. Behavioral Science (5): 279-291

Riemer K, vom Brocke J et al. (2008) Cooperation Systems in Research Networks – Case Evidence of Network (Mis)Fit and Adoption Challenges. 16th European Conference on Information Systems (ECIS), Galway (IRL), 9.-11. Juni 2008

Schroeder R (2007) e-Research Infrastructures and Open Science: Towards a New System of Knowledge Production? Prometheus, 25: 1-17

Söldner J, Haller J, Bullinger AC, Möslein KM (2009) Supporting Research Collaboration – on the Needs of Virtual Research Teams. In Proceedings of the 9th WI 2009, Wien: 275-284

Sonnenwald DH, Whitton MC, Maglaughlin KL(2003) Evaluating a Scientific Collaboratory: Results of a Controlled Experiment. ACM Transaction on Computer-Human Interaction

Thelwall M, Price L (2003) Disciplinary Differences in Academic Web Presence – A Statistical Study of the UK. 53, (2003): 242-253

Uhlir PF, Schroeder P (2007) Open data for global science. Data Science Journal (Open data issue) (6): 36-53

Use EO (2010) ResearchGATE and Its Savvy Use of the Web. New York, 2009-2010, http://www.businessweek.com/print/innovate/content/dec2009/id2009127_441475.htm. Zugegriffen im Mai 2011

Walsh JP, Kucker S et al (2000) Connecting minds: Computer-mediated communication and scientific work. Journal of the American Society for Information Science. 51, 14 (2000): 1295-1305

Zuckerberg M (2009) An Open Letter from Facebook Founder Mark Zuckerberg. http://blog.facebook.com/blog.php?post=190423927130. Zugegriffen im Mai 2011

Autoren

Ursula Bach, M.A.
Wissenschaftliche Mitarbeiterin des Institutsverbunds Lehrstuhl Informationsmanagement im Maschinenbau, Zentrum für Lern- und Wissensmanagement und An-Institut für Unternehmenskybernetik e.V. (IMA/ ZLW & IfU – RWTH Aachen University). Arbeits- und Forschungsschwerpunkte: Neben der Projektleitung des Metaprojektes StArG (Strategischer Transfer im Arbeits- und Gesundheitsschutz) Kommunikations- und Organisationsentwicklung, Wissens- und Forschungstransfer, Netzwerk- und Forschungsmanagement, Governancestrukturen in der Drittmittelforschung.

Dipl.-Kff. Sabine Bischoff
Studierte Betriebswirtschaftslehre mit Schwerpunkt Technologie- und Innovationsmanagement an der RWTH Aachen. Zweijährige Tätigkeit am Dekanat der Fakultät für Maschinenwesen der RWTH Aachen als wissenschaftliche Referentin für Haushalt und Finanzen sowie Struktur; seit 2008 Promotionsstipendiatin im Rahmen der Exzellenzinitiative an der RWTH Aachen am An-Institut für Unternehmenskybernetik. Forschungsinteressen: Wissenschaftsmanagement und -ökonomie, Performance Measurement im Bereich der Hochschulen sowie Innovationsmanagement.

Verena Bock
Studiert an der RWTH Kommunikationswissenschaft, Soziologie und Politische Wissenschaft. Sie befasst sich schwerpunktmäßig mit Web-Design und Usabilityforschung, Alterskommunikation sowie Gebärdensprache. Seit 2007 ist sie studentische Mitarbeiterin im Bereich Wissensmanagement am Institutsverbund Lehrstuhl Informationsmanagement im Maschinenbau, Zentrum für Lern- und Wissensmanagement und An-Institut für Unternehmenskybernetik e.V. (IMA/ ZLW & IfU – RWTH Aachen University).

Prof. Dr. Fritz Böhle
Professor für Sozioökonomie der Arbeits- und Berufswelt an der Universität Augsburg (bis 2008). Studium der Soziologie in Verbindung mit Volkswirtschaft und Psychologie. Seit 1972 Forschungstätigkeit am Institut für Sozialwissenschaftliche Forschung München e.V. (ISF) und seit 1998 Vorsitzender des Vorstands des ISF. Forschungsschwerpunkte: Entwicklungen von Arbeit, Verwissenschaftlichung und Erfahrungswissen, erfahrungsgeleitetes-subjektivierendes Handeln, Grenzen der Planung und Ungewissheit, informelle Prozesse und Vertrauen in Unternehmen, Innovationsarbeit und Arbeitsgestaltung.

S. Jeschke et al. (eds.), *Enabling Innovation*, DOI 10.1007/978-3-642-24299-1,
© Springer-Verlag Berlin Heidelberg 2011

Prof. Dr. Ahmed Bounfour

Professor für Intellectual Capital und Innovation an der Universität Paris-Sud, Gründer und Titular des Europäischen Lehrstuhls für Intellectual Capital Management (www.chairedelimmateriel.u-psud.fr), sowie stellvertretender Vorsitzender des New Club of Paris. Ahmed Bounfour graduierte am Institut d'Etudes Politiques de Paris und promovierte über Wirtschaft und strategisches Management an der Universität Paris-Dauphine. Er war von 1994 bis 2004 außerordentlicher Professor für Innovationspolitik und strategisches Management an der Universität von Marne-La Vallée (Paris-Ost), davor hatte er den Posten des Direktors für High-tech-Programme bei Euroconsult inne, wo er insbesondere für Raumfahrtprogramme (Telekommunikation und Erdobservierungen) zuständig war (1984-1994). Bounfour hat das IC-dVAL(r) – Intellectual Capital dynamic Value – als eine Leitlinie für die Auswertung und Messung von immateriellen Werten entwickelt, und arbeitet als Reviewer oder Mitglied des wissenschaftlichen Gremiums bei verschiedenen Zeitschriften im Bereich Innovation, Wissensmanagement und Managementwissenschaften.

Prof. Michael T. Brannick, PhD

Professor und Leiter des Fachbereichs Psychologie an der University of South Florida in Tampa. Ausgebildeter Arbeitspsychologe, hat u. a. zu den Themen Aufgabenanalyse, Messung von Einzel- und Teamleistungen sowie Forschungsmethoden veröffentlicht.

Dr.-Ing. Peter Brödner

Studium des Maschinenbaus in Karlsruhe und Berlin, ab 1968 Assistententätigkeit und Promotion (1974) am Institut für Produktionstechnische Automatisierung der TU Berlin. 1976 bis 1989 Management industrieller Entwicklungsprojekte auf den Gebieten NC-Programmierung, flexible Fertigungssysteme, Produktionsplanung und -steuerung, anthropozentrische Produktionssysteme bei den Projektträgern Humanisierung des Arbeitslebens und Fertigungstechnik. 1989 bis 2005 Forschungsdirektor und Leiter der Abteilung Produktionssysteme am Institut Arbeit und Technik im Wissenschaftszentrum Nordrhein-Westfalen mit den Arbeitsgebieten Gestaltung computerunterstützter Arbeit und organisationaler Wandel. Seither im Ruhestand.

Dr. Angelika C. Bullinger

Wissenschaftliche Assistentin am Lehrstuhl Wirtschaftsinformatik I – Innovation und Wertschöpfung der Universität Erlangen-Nürnberg, Studium der Betriebswirtschaftslehre mit Schwerpunkten Informations-, Technologie-, Medien- und Kommunikationsmanagement, Masterabschluss in Betriebswirtschaft an der École des Hautes Études Commerciales (HEC) in Paris. Forschungsinteressen: Grenzbereich zwischen Informationssystemen und dem Innovationsmanagement, insbesondere interaktive Innovationsprozesse von Forschungs- und Entwicklungsteams in Wissenschaft und Praxis.

Dr. oec. habil. Ulrich B. Busch

Zentrum Technik und Gesellschaft an der Technischen Universität Berlin und Leibniz-Sozietät der Wissenschaften e.V. Berlin; Studium der Finanzwissenschaft, Promotion und Habilitation an der Humboldt-Universität zu Berlin, leitende Tätigkeit im Bankwesen, Hochschullehrer für Volkswirtschaftslehre, Redakteur wissenschaftlicher Journale, Ostdeutschlandexperte und wissenschaftlicher Publizist.

Dr. Petra Dassen-Housen

Studium der Politologie und der Romanistik, promovierte am Institutsverbund Lehrstuhl Informationsmanagement im Maschinenbau, Zentrum für Lern- und Wissensmanagement und An-Institut für Unternehmenskybernetik e.V. (IMA/ ZLW & IfU – RWTH Aachen University) zum Thema Lernkompetenzen. Projektleiterin bei FORUM, Institut für multikulturelle Fragestellungen, Niederlande. Forschungsschwerpunkt: Integration des Islams in der niederländischen Gesellschaft, Fragestellungen des multikulturellen Zusammenlebens.

Stephen Downes

Leitender Wissenschaftler am National Research Council Canada und einer der wichtigsten Befürworter des Einsatzes von Onlinemedien und -diensten im Bildungsbereich. Für seine Vorreiterrolle im Bereich des Onlinelernens (Online-Newsletter OLDaily) hat er internationale Anerkennung erhalten. Er hat ein vollständig neues Lernmanagementsystem entworfen und ist Autor des Essays „The Future of Online Learning", der mittlerweile als Klassiker gilt. Stephen Downes hat Pionierarbeit bei der Konzipierung von Lernobjekten geleistet und zählt zu den Ersten, die RSS-Content-Syndication im Bildungsbereich übernommen und weiterentwickelt haben. Gemeinsam mit George Siemens hat er das Konzept des E-Learning 2.0 eingeführt und das Konzept des Konnektivismus aufgestellt und ausgearbeitet. Unter Rückgriff auf den Ansatz sozialer Netzwerke konnten so 3000 Teilnehmer zwei Jahre lang an offenen Onlinekursen teilnehmen.

Prof. Leif Edvinsson

Richtungsweisender Pionier bei der Entwicklung der Theorie und praktischen Umsetzung des Konzepts Intellektuelles Kapital. Im Jahr 1991 wurde er der weltweit erste Director of Intellectual Capital; 1994 stellte er zum allerersten Mal einen Jahresbericht über Intellektuelles Kapital vor. 1996 wurde er vom American Productivity and Quality Center (USA) ausgezeichnet, 1998 erhielt er von Business Intelligence (UK) den Preis Brain Trust „Brain of the Year". Außerdem wurde ihm die Auszeichnung „The KEN Practitioner of the Year 2004" verliehen. In einem vom Verlag London Business Press herausgegeben Buch wurde er als einer der 50 einflussreichsten Denker der Welt aufgeführt (*The 50 most influential Thinkers in the World.*). Edvinsson studierte an der Berkeley Universität in Kalifornien, USA und an der Universität von Lund in Schweden. Seit 2000 ist er Professor für Intellektuelles Kapital an der Universität von Lund. Im Januar 2006 wurde er als außerordentlicher Professor an die Polytechnische Universität in Hongkong berufen, im Jahr 2007 erfolgte die Ernennung zum ordentlichen Professor. Er ist

Autor zahlreicher Artikel zu den Themen Service-Management und Intellektuelles Kapital.

Prof. Dr. Martin Elbe
Unterrichtet an der H:G Hochschule für Gesundheit und Sport, Berlin, sowie der Fachhochschule für angewandtes Management, Erding. Schwerpunkte: Arbeit und Personal, Sozialisation und Salutogenese, Organisation und Organisationsberatung.

Prof. em. Frank Emspak, PhD
CEO von Diversified Media Enterprises, Professor emeritus des Department of Labor Education (School for Workers) an der University of Wisconsin-Extension, studierte Zoologie und Geschichte und erlangte einen Doktortitel im Fach Amerikanische Geschichte. Ausgebildeter Maschinist, Gewerkschaftsführer, Leiter des Center for Applied Technology und Moderator/Organisator von Joint-Labor-Management-Projekten.

Francesco Garibaldo
Industriesoziologe. Direktor der Stiftung IpL (Istituto per Lavoro, Institut für Arbeit), Bologna; davor als Direktor des IRES (Istituto Ricerche Economiche e Sociali, Institut für Wirtschafts- und Sozialforschung) tätig, dem Forschungsinstitut der wichtigsten italienischen Gewerkschaft CGIL. Er war in den vergangenen 20 Jahren an einer Vielzahl von Forschungsprojekten in Italien, Europa, Brasilien und Indien beteiligt. Seine Projektbeiträge erstrecken sich von interaktiven und partizipativen Methoden wie Diskussionsgruppen und Forschungstagungen bis zu gemeinsam mit Kollegen durchgeführten Szenariokonferenzen. Diese Methoden wurden zur Unterstützung partizipativer Prozesse des organisationalen Wandels herangezogen.

Dipl.-Soz. Wiss. Arno Georg
Diplom-Sozialwissenschaftler und wissenschaftlicher Mitarbeiter an der Sozialforschungsstelle Dortmund, Zentrale Wissenschaftliche Einrichtung der Technischen Universität Dortmund, Studium der Sozialwissenschaften, Geschichte und Philosophie, Koordinator des Forschungsbereiches „Arbeitspolitik und Gesundheit", Arbeitsschwerpunkte: Präventionsforschung, Gesundheits-, Arbeit- und Sozialpolitik, Arbeit und Demographischer Wandel.

Prof. Dr. Rainer Greca
Professor für Wirtschafts- und Organisationssoziologie an der Geschichts- und Gesellschaftswissenschaftlichen Fakultät der Katholischen Universität Eichstätt-Ingolstadt.

Max Haarich, M.A.
Hat an der RWTH Aachen Kommunikationswissenschaft mit den Nebenfächern Psychologie und Soziologie studiert und ist nun wissenschaftlicher Mitarbeiter am Institutsverbund Lehrstuhl Informationsmanagement im Maschinenbau, Zentrum

für Lern- und Wissensmanagement und An-Institut für Unternehmenskybernetik e.V. (IMA/ ZLW & IfU – RWTH Aachen University). Dort arbeitete er für das BMBF-Metaprojekt „StArG" sowie aktuell für das BMBF-Monitoringprojekt „International Monitoring". Seine Forschungsschwerpunkte liegen in den Bereichen Innovationsfähigkeit, Wissenstransfer und intelligente Systeme.

PD Dr. Ernst A. Hartmann

Ist Leiter des Bereichs „Gesellschaft und Wirtschaft" der Berliner VDI/VDE Innovation + Technik GmbH und außerdem Leiter des Instituts für Innovation und Technik (iit) von VDI/VDE-IT. Er hat Psychologie mit Spezialisierung auf Arbeits- und Organisationspsychologie studiert. Seine Interessenschwerpunkte sind das Zusammenspiel von Lernen und Innovation, Technologievorausschau, Design und Bewertung öffentlich finanzierter Forschung, Entwicklung und von Innovationsprogrammen.

Dr. rer. nat. Frank Hees

2. Stellvertretender Institutsdirektor des Institutsverbunds Lehrstuhl Informationsmanagement im Maschinenbau, Zentrum für Lern- und Wissensmanagement und An-Institut für Unternehmenskybernetik e.V. (IMA/ ZLW & IfU – RWTH Aachen University). Arbeits- und Forschungsschwerpunkte: Entwicklung von Qualifizierungskonzepten, Reorganisation von Geschäftsprozessen in klein- und mittelständischen Betrieben, Kommunikations- und Teamentwicklung in Industrie- und Handwerksunternehmen, Konzeption und Unterstützung von Lernprozessen zur Dienstleistungs- und Kundenorientierung, Moderation von Arbeitsprozessen zur Neugestaltung betrieblicher Weiterbildung, Wissensmanagement in Unternehmen- und Unternehmensnetzwerken, Entwicklung Hochschuldidaktischer Weiterbildungskonzepte und Gestaltung organisationaler und interorganisationaler

Dipl. Inform. Bodo von der Heiden

Diplom Informatiker, ist seit 2009 wissenschaftlicher Mitarbeiter im Bereich Wissensmanagement am Institutsverbund Lehrstuhl Informationsmanagement im Maschinenbau, Zentrum für Lern- und Wissensmanagement und An-Institut für Unternehmenskybernetik e.V. (IMA/ ZLW & IfU – RWTH Aachen University). Hier beschäftigt er sich mit der Weiterentwicklung einer Wissenslandkarte im EU-geförderten Projekt ROLE und der Weiterentwicklung des KISSWIN-Portals (KISSWIN.de). Mit seiner Diplomarbeit „Planspielportal für große (Studierenden) Gruppen zur webbasierten Umsetzung von strategischen Lernspielen wie Q-Key und Micro-Key" gewann er den 3. Platz beim Deutschen Planspielpreis. Lernprozesse.

Prof. Dr. Josef Hochgerner

Gründer (1990) und wissenschaftlicher Leiter des ZSI (Zentrum für Soziale Innovation) in Wien. Ausbildung: HTL für Flugtechnik (1963-68); Studium der Sozial- und Wirtschaftswissenschaften in Wien und Freiburg/D (1969-74), Promotion 1978, Habilitation (Soziologie) 1986. 2001-2005 Präsident der Österreichischen

Gesellschaft für Soziologie. Hauptsächliche Arbeitsgebiete in Forschung, Lehre und Praxis: Innovation, Wissenschafts- und Technologiepolitik, Arbeit, Lernen und Leben in der Informationsgesellschaft. Lehrtätigkeit an zahlreichen Universitäten im In- und Ausland.

Prof. Dr. Jürgen Howaldt
Direktor der Sozialforschungsstelle Dortmund (Zentrale wissenschaftliche Einrichtung der TU Dortmund) und Professor für Arbeits- und Organisationssoziologie an der Technischen Universität Dortmund. Forschungsschwerpunkte: betriebliche und regionale Innovationsprozesse, Organisationsentwicklung und -beratung, Wissens- und Netzwerkmanagement.

Prof. Dr. Heike Jacobsen
Studium der Sozialwissenschaften und der Psychologie in Göttingen und Berlin; Beschäftigung als wissenschaftliche Mitarbeiterin am Max-Planck-Institut für Bildungsforschung, Berlin, am SOFI, Göttingen, am Wissenschaftszentrum Berlin und an der Sozialforschungsstelle Dortmund. Seit 2002 wissenschaftliche Geschäftsführerin der Sozialforschungsstelle; Privatdozentin für Soziologie an der TU Dortmund, Stellvertretende Sprecherin des Vorstands von SAMF e.V. (Deutsche Vereinigung für sozialwissenschaftliche Arbeitsmarktforschung). Mitherausgeberin der Zeitschrift ARBEIT. Arbeitsgebiete: Arbeits-, Industrie- und Wirtschaftssoziologie, Arbeitsmarktforschung, Geschlechterforschung; Schwerpunkte: soziale Innovation, gesellschaftliche und kulturelle Aspekte der Entwicklung von Dienstleistungen, wissenschaftliches Arbeiten als Beruf, Qualität von Arbeit in Forschung und Politik der Europäischen Union.

Harold Jarche
Ist Master of Education und einer der Direktoren der Internet Time Alliance, einem internationalen Think Tank zu intelligentem Arbeiten in vernetzten Wirtschaftssystemen. Er ist leidenschaftlicher Verfechter der Idee, Arbeit und Lernen wieder zusammenzuführen. Als Absolvent des Royal Military College ist Harold Jarche mehr als 20 Jahre in der kanadischen Armee in Führungs- und Schulungspositionen tätig gewesen. Im letzten Jahrzehnt haben sich Kunden über seinen Blog (jarche.com) und seine Beratungstätigkeit an Harold Jarche gewandt, um Impulse für innovative Ideen in den Bereichen Geschäftsaktivitäten, Technologie, soziale Netzwerke und Lernen zu erhalten.

Prof. Dr. rer. nat. Sabina Jeschke
Direktorin des Institutsverbunds Lehrstuhl Informationsmanagement im Maschinenbau, Zentrum für Lern- und Wissensmanagement und An-Institut für Unternehmenskybernetik e.V. (IMA/ ZLW & IfU – RWTH Aachen University). Zuvor war sie als Professorin am Institut für IT Service Technologien (IITS) und gleichzeitig als Direktorin des Rechenzentrums (RUS) an der Universität Stuttgart tätig und davor als Juniorprofessorin an der Technischen Universität Berlin eingestellt. Sie studierte Mathematik und Informatik und machte einen Abschluss in Physik

und promovierte in der Mathematik. Einige ihrer Forschungsschwerpunkte sind: Komplexe IT-Systeme wie z.B. Cloud Computing und Green IT, (heterogene, kooperative) Robotik und Virtuelle Welten für Forschungskooperationen wie z.B. virtuelle Labore und Intelligente Assistenten.

Claudia Jooß, M.A.
Kulturwissenschaftlerin, ist als wissenschaftliche Mitarbeiterin und Doktorandin am Institutsverbund Lehrstuhl Informationsmanagement im Maschinenbau, Zentrum für Lern- und Wissensmanagement und An-Institut für Unternehmenskybernetik e.V. (IMA/ ZLW & IfU – RWTH Aachen University) tätig. Ihre Schwerpunkte liegen im Bereich Wissens- und Netzwerkmanagement in nationalen und internationalen Forschungsprojekten („Cross-Sectional-Processes" des Exzellenzclusters „Integrative Produktionstechnik für Hochlohnländer" der RWTH, Fokusgruppenbetreuerin „Prävention als Wettbewerbsfaktor" des Förderschwerpunktes „Präventiver Arbeits- und Gesundheitsschutz", Koordination des EU-Projektes RELOAD).

Dipl.-Soz. Wiss. Milena Jostmeier
Diplom-Sozialwissenschaftlerin und wissenschaftliche Mitarbeiterin an der Sozialforschungsstelle Dortmund, Zentrale Wissenschaftliche Einrichtung der Technischen Universität Dortmund, Forschungsbereich „Dienstleistungen im gesellschaftlichen Wandel", Arbeitsgebiete: Arbeits- und Organisationssoziologie, Wissenschaftssoziologie, Schwerpunkte: arbeitsorientierte und soziale Innovation, Wissensproduktion im Verbund von Wissenschaft und Praxis, Arbeitsforschung als transdisziplinäres Feld.

Prof. DI Günther Koch
ist Chairman der Wiener Beraterpartnerschaft *execupery* und Partner der Knowledge Management Austria Beratungsgruppe (KM-A). Er vertritt den global agierenden New Club of Paris, der sich als „Developer of the Knowledge Society" versteht und der Berichte zur Transformation von Staaten in die Wissensgesellschaft und Wissensökonomie veröffentlicht, als deren Generalsekretär.

In seiner Funktion als Vorstandsvorsitzender der größten österreichischen Forschungsgesellschaft (heute: Austrian Institute of Technology (AIT), vergleichbar Fraunhofer in Deutschland) hat er gemeinsam mit der Grazer Professorin Ursula Schneider und Assistenten das heute als Referenzstandard geltende Modell der Wissensbilanz entwickelt und erstmals 1999 im AIT eingeführt. Wissensbilanzierung (Intellectual Capital Reporting) nach diesem Modell ist heute gesetzliche Verpflichtung für alle österreichische Universitäten und hat darüber hinaus als „Wissensbilanz Made in Germany / Europe" auch in der Wirtschaft größere Verbreitung gefunden.

Dr. Anna-Maria Köck
Wissenschaftliche Mitarbeiterin an der ZBW – Leibniz-Informationszentrum Wirtschaft in Hamburg. War tätig am Institut für Wissensmanagement der TU Graz,

dem Know-Center Graz sowie am Lehrstuhl für Innovations- und Technologiemanagement der Universität Wien. Interdisziplinäre Dissertation über die Förderung und Unterstützung von Kreativität im Innovationsprozess mittels Web-
Anwendungen. Forschungsgegenstand: Web 2.0 und Open Innovation.

Drs. A. W. Ton de Korte, MMC
Ist Direktor des Niederländischen Zentrums für soziale Innovation (NCSI). Bis
2006 war er leitender Direktor bei Berenschot, einer niederländischen Consulting-
Firma. De Korte ist Gastprofessor an der Freien Universität Amsterdam und Autor
mehrerer Bücher zum Personalwesen und zu Arbeitsbeziehungen.

Hank Kune, M.Ed
Ist Gründer und Direktor von Educore, einer Organisation, die sich auf die praktische Lösungssuche in Projekten zur systemischen Innovation auf den Gebieten
der öffentlichen Politikgestaltung, der nachhaltigen Zukunft und der sozialen
und gesellschaftlichen Erneuerung spezialisiert hat. Sein Hintergrund liegt in
der Bildungstechnologie, dem organisationalen Lernen und der vergleichenden
Literatur. Er ist Mitglied des New Club of Paris und Mitgründer der Future Center
Alliance. Außerdem ist er Autor zahlreicher Veröffentlichungen zu Innovation
und Zukunftszentren, Mitglied des internationalen Vorstands des Aalto Camp for
Societal Innovation (ACSI) sowie Mitorganisator dreier internationaler Zukunftszentrengipfel.

Ingo Leisten, M.A.
Wissenschaftlicher Mitarbeiter des Institutsverbunds Lehrstuhl Informations-
management im Maschinenbau, Zentrum für Lern- und Wissensmanagement und
An-Institut für Unternehmenskybernetik e.V. (IMA/ ZLW & IfU – RWTH Aachen
University). Arbeits- und Forschungsschwerpunkte: Neben der Projektleitung des
Metaprojektes StArG (Strategischer Transfer im Arbeits- und Gesundheitsschutz)
Kommunikations- und Organisationsentwicklung, Transfer-Engineering, Netzwerk-
und Forschungsmanagement.

Dr. Barbara Light
Beraterin bei der Entwicklung von Hochschullehrplänen. Expertin für innovative
Akkreditierungsprozesse bereits erworbener Kenntnisse, arbeitsbasierten Lernens
und Methoden der Wissenserzeugung. Sie arbeitet mit Universitäten und der
Industrie zusammen, um anspruchsvolle Lernkonzepte für Einzelpersonen und
Organisationen zu identifizieren und weiterzuentwickeln.
   Dozentin am Institute for Work Based Learning der Middlesex University in
London. Im Rahmen von Konferenzen und Workshops hält sie regelmäßig Vorträge
in ganz Europa. Sie forscht und schreibt für Sach- und Fachpublikationen.

Dr. ir. Sebastiaan Meijer
Assistenzprofessor an der Fakultät für Technik, Politik und Unternehmensführung
der Technischen Universität Delft. Untersucht die sozialen Aspekte komplexer und

nicht hierarchisch organisierter Produktionssysteme wie Lieferketten und Netzwerke sowie organisationsübergreifender Services. Derzeitigen Forschungsschwerpunkte: Eisenbahnsystemen, (Nahrungsmittel-)Lieferketten und Katastrophenhilfsdiensten. Besondere Interessen: die methodologischen Beiträge, die Spielsimulationen als Forschungsinstrument leisten können. Verantwortlich für mehrere Kurse in Unternehmensführung und Organisation, entwirft und koordiniert die Delft Minor Consultancy.

Prof. Dr. Rita Meyer
Professur für Berufliche und Betriebliche Weiterbildung an der Universität Trier; Berufsausbildung zur Industriekauffrau; Studium der Beruf- und Wirtschaftspädagogik, Soziologie und Philosophie; Arbeitsschwerpunkte: Berufs- und Professionsforschung, Zusammenwirken von Kompetenz- und Organisationsentwicklung, Lernen im Prozess der Arbeit, Professionalisierung des Berufsbildungspersonals.

Prof. Dr. Peter Pawlowsky
Lehrstuhl Personal und Führung/ Forschungsstelle organisationale Kompetenz und Strategie an der Technischen Universität Chemnitz, Studium der Sozial- und Wirtschaftswissenschaften. Wichtige Stationen seiner Laufbahn: Leitende Tätigkeit bei der Bertelsmann Stiftung im Bereich: Gesellschaftspolitische Fragen und Unternehmensführung, Gründungsmitglied und Präsident der Gesellschaft für Wissensmanagement, Leiter des Kompetenzzentrums „Technologie- und Wissensmanagement" am Chemnitz Management Institute of Technology. Internationale Forschungsprojekte : Personalentwicklung, organisationales Lernen, Knowledge Management, Hochleistungsmanagement, Human Ressource Management und Führungsforschung.

Dr. Edith Perlebach
Leitet die Stabsstelle „Gesellschaftlicher Wandel und Demographie" im Stabsbereich Prävention der Deutschen Gesetzlichen Unfallversicherung (DGUV). In der Initiative „Neue Qualität der Arbeit" (INQA) hat sie den Thematischen Initiativkreis „30, 40, 50 plus –Älterwerden in Beschäftigung" 2003 mit gegründet und bis 2008 geleitet. Als Mitglied des DIN-Spiegelgremiums hat sie die Entwicklung der ISO 26 000 „Guidance on Social Responsibility" bis zur Veröffentlichung der deutschen Sprachfassung in 2011 begleitet.

Prof. Dr. Sibylle Peters
Lehrstuhl für Berufliche Weiterbildung und Personalentwicklung im Institut für Berufs- und Wirtschaftspädagogik der Otto- von- Guericke- Universität Magdeburg, Studium der Soziologie, Erziehungswissenschaft/ Erwachsenenbildung, Schwerpunkte: Führungsnachwuchsentwicklung (früher: Mentoring), Projekt- und Wissensmanagement, Wissenssoziologie, Professions- und Kompetenzentwicklung/ Management.

Prof. F.D. Frank Pot, PhD
Ist Professor für Soziale Innovation am Institut für Managementforschung an der Radboud-Universität Nijmegen in den Niederlanden. Bei der Niederländischen Organisation für Angewandte Naturwissenschaftliche Forschung (TNO) war er Direktor der Abteilung Arbeit und Beschäftigung. In dieser Funktion hat er das Niederländische Zentrum für soziale Innovation (NCSI) mitgegründet.

D.Tech. Elise Ramstad
Derzeit leitende Technologieberaterin im Technologie- und Forschungsbereich „Innovation am Arbeitsplatz und Entwicklung" bei der Finnish Funding Agency for Technology and Innovation TEKES. Sie war Mitglied des Projektteams des finnischen Programms für Arbeitsplatzgestaltung (Finnish Workplace Development Programme, 1999-2010). Elise Ramstad ist außerdem Mitglied sowie nationale Ansprechpartnerin für das WORK-IN-NET-Projekt (seit 2004) im Rahmen des ERA-NET-Instruments, das aus Mitteln des 6. Forschungsrahmenprogramms der Europäischen Kommission gefördert wird. Sie war für die Einführung gemeinsamer europaweiter Ausschreibungs- und Benchmarkingverfahren der Programme für Arbeitsgestaltung zuständig.

Assoc. Prof. Lauge Baungaard Rasmussen
Soziologe und außerordentlicher Professor an der Technischen Universität von Dänemark. Unterrichtet Verwendung interaktiver Methoden in den Ingenieurswissenschaften. Hauptforschungsgebiet: der verändernde Einfluss interaktiver Methoden auf Organisationen, Netzwerke und Kommunen unter aktiver Beteiligung der Handelnden am Veränderungsprozess.

Dipl.-Kulturw. Uta Renken
Seit 2009 Wissenschaftliche Mitarbeiterin am Lehrstuhl Wirtschaftsinformatik I – Innovation und Wertschöpfung der Universität Erlangen-Nürnberg, Diplomabschluss in Kulturwirtschaft an der Universität Passau, praktische Erfahrungen an der Deutschen Industrie- und Handelskammer und der Delegation der Europäischen Kommission in Japan. Forschungsschwerpunkte: Soziale Netzwerke und neue Forschungsmethoden.

Dr. Anja Richert
Promovierte Kommunikationswissenschaftlerin, ist Leiterin des Geschäfts- und Forschungsbereichs Wissensmanagement am Institutsverbund Lehrstuhl Informationsmanagement im Maschinenbau, Zentrum für Lern- und Wissensmanagement und An-Institut für Unternehmenskybernetik e.V. (IMA/ ZLW & IfU – RWTH Aachen University). Ihre Tätigkeits- und Forschungsschwerpunkte sind u.a. die Untersuchung und Optimierung agiler turbulenztauglicher Prozesse für wissens- und technikintensive Organisationen, die Entwicklung von Wissensmanagementkonzepten und -lösungen für diverse Branchen und Zielgruppen sowie die Erforschung und Entwicklung semantischer Wissensmanagement- und E-Learning-Konzepte.

Yvonne Salazar, M.A.
Personalentwicklerin und Erwachsenenbildnerin. Hat sich immer wieder mit den Themen Lerntransfer und -effizienz sowie dem Management von Kompetenzen auseinandergesetzt. Wichtige Stationen ihrer Laufbahn: Beratung der argentinischen Regierung zur Umsetzung einer Berufsbildungsreform, Leitung der Fort- und Weiterbildung bei den Berliner Stadtreinigungsbetrieben, Geschäftsführung eines Bildungs- und Beratungsunternehmens. Heute Projektleiterin für Kompetenzmanagement in der Festo Didactic.

Dipl. Volksw. Johannes Sauer
Diplom-Volkswirt, 40 Jahre Erfahrungen in der Erwachsenenbildung/ Weiterbildung, Forschung und Administration. Zuletzt Referatsleiter zur beruflichen Kompetenzentwicklung im Bundesministerium für Bildung und Forschung. Initiator der ABWF und der Arbeitsgemeinschaft QUEM.

Dipl.-Kfm. Hans-Georg Schnauffer
Seit 2005 fachlich verantwortlich bei der ThyssenKrupp AG im Bereich Corporate Development für das strategische Wissensmanagement und für das konzernweite Intranet. Davor Leitung diverser Beratungs- und Forschungsprojekte als Abteilungsleiter für Wissens- und Innovationsmanagement bei der Fraunhofer-Gesellschaft. Schwerpunkte: Wissensvernetzung, Innovationsprozesse, Trenderkennung und organisationales Lernen. Mitglied im Beirat der BMWi-Initiative „Fit für den Wissenswettbewerb" und im Programmkomitee der KnowTech. Dozent an der Otto-von-Guericke-Universität Magdeburg.

Dr. Michael Schwarz
Mehrere Jahre in der Leitung des Kölner ISO-Instituts, seit 2005 wissenschaftlicher Mitarbeiter der Sozialforschungsstelle Dortmund (Zentrale wissenschaftliche Einrichtung der TU Dortmund) im Bereich Organisationsentwicklung und Beratung in der Netzwerkökonomie. Forschungsschwerpunkte: nachhaltige Entwicklung und nachhaltiges Wirtschaften, Netzwerke und intermediäre Arrangements, Corporate Social Responsibility (CSR).

Dipl.-Ing. oec. Sylvia Sparschuh
Ist Wissenschaftliche Mitarbeiterin am Institutsverbund Lehrstuhl Informationsmanagement im Maschinenbau, Zentrum für Lern- und Wissensmanagement und An-Institut für Unternehmenskybernetik e.V. (IMA/ ZLW & IfU – RWTH Aachen University). Sie ist Mitglied der Forschungsgruppe „Innovations- und Zukunftsforschung" und arbeitet im Projekt Internationales Monitoring(IMO), Büro Berlin.

Die Schwerpunkte ihrer Arbeit liegen im nationalen Monitoring des BMBF Forschungs- und Entwicklungsprogramm „Arbeiten – Lernen – Kompetenzen entwickeln. Innovationsfähigkeit in einer modernen Arbeitswelt" ebenso wie in der Konzipierung, Durchführung und Auswertung von Experteninterviews und -tagungen.

Dipl.-Päd. Günther M. Szogs
Erziehungswissenschaftler und Systemanalytiker, ist Experte in ganzheitlichem Wissens- und Skillmanagement. Wichtige Stationen seiner Laufbahn: Direktor in der Commerzbank AG, Mitgründer der Bankeninteressengemeinschaft Ausbildung, Mitglied des internationalen Expertenbeirats „Wissensbilanzen – Made in Germany", Beiratsmitglied mehrerer Studiengänge, Mitwirkung im Programmbeirat von LEARNTEC und KnowTech, sowie in Expertengremien des AWV-Arbeitskreises zum Generationenmanagement, als auch des Aktionsfelds „Intellektuelles Kapital" (IMO Projekt), Gründungsmitglied des „New Club of Paris". Entwickelte für Messen und Kongresse innovative Formate für Foren zum Wissenstransfer. Ist aktiv im Initiativkreis zur Förderung der Wissensregion FrankfurtRheinMain.

Assoc. Prof. Tarja Tikkanen, PhD
Ist außerordentliche Professorin an der Hochschule Stord/Haugesund in Norwegen und wissenschaftliche Leiterin auf den Gebieten Kompetenz, Organisationen und Management in der Innovationsgruppe am International Research Institute of Stavanger (IRIS). Ihre Ausbildung hat sie an der Universität Jyväskylä in Finnland absolviert, wo sie auch 10 Jahre am Fachbereich Pädagogik gearbeitet hat.

Forschungsschwerpunkte: lebenslanges Lernen und berufliche Kompetenzen, Organisations- und Führungskraftentwicklung an Bildungseinrichtungen, Lernen und Innovation. Sie verfügt über fast 20 Jahre umfassender Erfahrungen in der internationalen und interdisziplinären Forschung, Entwicklung und Bildung. Ihre Veröffentlichungen sind zahlreich, zudem hat sie als Herausgeberin von Büchern und Zeitschriften gewirkt. Ihre Expertenmeinung ist häufig gefragt, u. a. von der Europäischen Kommission.

Prof. Dr. Klaus Tochtermann
Seit mehr als zehn Jahren an verschiedenen anwendungsorientierten Forschungseinrichtungen in Deutschland, Österreich und den USA zum Thema Wissensmanagement. Seit Juni 2010 Direktor der ZBW (ZBW Leibniz-Informationszentrum Wirtschaft) und Leiter des Lehrstuhls für Medieninformatik an der Christian Albrechts Universität Kiel.

Prof. Peter Totterdill, PhD
Anfang der 90er Jahre gründete er an der Nottingham Trent University The Work Institute. Er war Leiter des European Work & Technology Consortium mit Forschungspartnern aus der gesamten EU. Im Jahr 2005 wechselte Peter Totterdill von der Universität als Co-Direktor zum UK Work Organization Network (UKWON), das er 1998 mit Unterstützung von Sozialpartnern, Wissenschaftlern und öffentlichen Entscheidungsträgern mitgegründet hatte. Das Projektportfolio des UKWON unter seiner Leitung umfasst Forschungstätigkeiten zum Thema Arbeitsorganisation, Arbeitskonzepte in der Zukunft, Entwicklung öffentlicher Politikleitlinien, Dialog und Innovation am Arbeitsplatz und organisationsübergreifendes Lernen (weitere Informationen unter www.ukwon.net). Im Jahr 2005 war er Gastprofessor an der Kingston University London.

Sven Trantow, M.A.
Forschungsgruppenleiter „Innovations- und Zukunftsforschung" sowie Projektleiter „International Monitoring" am Institutsverbund Lehrstuhl Informationsmanagement im Maschinenbau, Zentrum für Lern- und Wissensmanagement und An-Institut für Unternehmenskybernetik e.V. (IMA/ ZLW & IfU – RWTH Aachen University). Aktuelle Themenschwerpunkte: Trends und Dilemmata der Arbeits- und Wirtschaftswelt, Strategien zur Stärkung organisationaler und gesellschaftlicher Innovationsfähigkeit, Entwicklung von Konzepten des Wissensmonitorings.

Prof. Dr. Matthias Trier
Freiberuflich tätiger Autor zu Themen des Lernens von Erwachsenen und der beruflichen Weiterbildung. Langjährig tätig an der Friedrich- Schiller- Universität Jena auf dem Gebiet der Erwachsenenbildung, seit 1992 Mitarbeit an Programmen des BMBF zur beruflichen Transformation in den neuen Bundesländern, zu Kompetenzentwicklung und zum Wandel des Lernens.

Arbeitsschwerpunkte: Entwicklung selbstorganisierten Lernens in der Arbeit und im sozialen Umfeld, Persönlichkeitsentwicklung in gesellschaftlichen Übergangssituationen, Interdependenzen von organisiertem und selbstorganisiertem Lernen.

Prof. Dr. Wim Veen
Professor an der Fakultät für Technik, Politik und Unternehmensführung der Technischen Universität Delft. Fokus seiner Forschungen: neue Konzepte und Strategien für ICT-gestütztes Lernen in privaten Unternehmen und regulären Bildungseinrichtungen. Verwendet das Konzept des Homo Zappiens für eine Generation von Lernenden, die eine Welt ohne Internet nicht kennengelernt haben. Lehrt Corporate Learning und ist Berater von Bildungseinrichtungen sowie von privaten Unternehmen und Behören. Aktuelles Buch: *Homo Zappiens, Growing Up in a Digital Age.*

Gergana Vladova, M.A.
Seit 2006: Forschungsteam Wissensmanagement, Fraktal Kommunikation, Kultur, Kompetenzmanagement (CCCM) am Lehrstuhl für Wirtschaftsinformatik und Electronic Government an der Universität Potsdam. Masterstudium der Internationalen Wirtschaftsbeziehungen an der Universität für Nationale und Weltwirtschaft in Sofia mit Abschluss „Magistar po ikonomika" sowie Studium der Publizistik und Kommunikationswissenschaften/Volkswirtschaftslehre an der Freien Universität Berlin. Während des Studiums: Arbeit für das Fraunhofer Forschungsinstitut FOKUS, das Berliner Büro für Partnerschaften mit der Wirtschaft der Deutschen Gesellschaft für Technische Zusammenarbeit (GTZ) sowie den Internationalen Bund e. V., Stuttgart. Forschungsinteressen: Wissensmanagement, Unternehmenskommunikation, interkulturelle Beziehungen und Veränderungsprozesse.

Florian Welter, M.A.
Ist Wirtschaftsgeograph und Volkswirt. Er ist als wissenschaftlicher Mitarbeiter und Doktorand am Institutsverbund Lehrstuhl Informationsmanagement im Maschinenbau, Zentrum für Lern- und Wissensmanagement und An-Institut für Unternehmenskybernetik e.V. (IMA/ ZLW & IfU – RWTH Aachen University) tätig. Im Rahmen seiner Arbeit in verschiedenen nationalen und internationalen Projekten liegt sein Schwerpunkt auf dem Bereich Wissensmanagement, insbesondere Modelle und Methoden zur Performancemessung von interdisziplinären Forschungsverbünden.

Dr. disc. pol. Werner Wobbe
Europäische Kommission, Brüssel, Generaldirektion Forschung: Analyse und Beobachtung der nationalen Forschungspolitiken der Mitgliedsstaaten. Betreuung der Gruppe der „Wissen- und der Innovationsökonomen" der EU Forschungskommissare. Ehem. Leiter der wissenschaftlichen und technologischen Vorausschau zum Wandel der weltweiten Forschungslandschaft sowie der Aktivitäten in einem Zukunftsforschungsprogramm über "Technologie, Arbeit und Beschäftigung". Frühere Tätigkeit im SOFI Göttingen von empirischen Feldstudien zu neuen Technologien, Arbeitswandel und Unternehmensstrategien.

PD Dr. Harald Wolf
Mitarbeiter am Soziologischen Forschungsinstitut (SOFI) an der Georg-August-Universität Göttingen und Privatdozent an der Universität Kassel. Arbeitsschwerpunkte: Arbeitssoziologie, Gesellschaftstheorie.

Dr. Claudio Zettel
Ist Geograph und Wirtschaftssoziologe. Beim Projektträger des Bundesministeriums für Bildung und Forschung im DLR ist er zuständig für das Forschungsprogramm „Arbeiten-Lernen-Kompetenzen entwickeln. Innovationsfähigkeit in einer modernen Arbeitswelt" und leitet die Arbeitsgruppe „Innovative Arbeitsgestaltung". Forschungsaufenthalte zum informellen Sektor und mehrere Lehraufträge führten ihn an Universitäten in Brasilia und Talca (Chile), in Brasilien beriet er die brasilianische Regierung bei der Umgestaltung des Systems der beruflichen Bildung. Arbeitsschwerpunkte sind Innovationsstrategien, Arbeitsorganisation, Nachhaltigkeit, internationale Kooperation.

Printed by Printforce, the Netherlands